浈江年鉴

ZHENJIANG YEARBOOK

2010 · 创刊号

韶关市浈江区综合年鉴编纂委员会 编

廣東省出版集團
广东人民出版社
· 广州 ·

图书在版编目（CIP）数据

浈江年鉴（2010·创刊号）/ 韶关市浈江区综合年鉴编纂委员会编. —广州：广东人民出版社，2011.6

ISBN 978-7-218-07162-6

Ⅰ. ①浈…　Ⅱ. ①韶…　Ⅲ. ①区（城市）-韶关市-2010-年鉴　Ⅳ. ①Z526.53

中国版本图书馆 CIP 数据核字（2011）第 108208 号

浈江年鉴（2010·创刊号）

韶关市浈江区综合年鉴编纂委员会　编

出 版 人：金炳亮

责任编辑：张贤明　柏　峰　陈其伟

封面设计：黄哲锋

出版发行：广东人民出版社

地　　址：广州市大沙头四马路10号（邮政编码：510102）

电　　话：（020）83798714（总编室）

传　　真：（020）83780199

网　　址：http://www.gdpph.com

印　　刷：韶关市文星彩色印务有限公司

书　　号：ISBN978-7-218-07162-6

开　　本：889mm×1194mm　1/16

印　　张：42　插页：42　字数：630千

版　　次：2011年6月第1版　2011年6月第1次印刷

定　　价：288.00元

如发现印装质量问题影响阅读，请与出版社（020-83795749）联系调换。

售书热线：（020）83790604　83791487　邮购：（020）83781421

编辑出版年鉴，很有必要，这是国家的需要，四化建设的需要。

邓小平

1979年10月

贺信

《浈江年鉴》编辑部：

欣闻新中国建立以来浈江区首部综合年鉴——《浈江年鉴》（2010·创刊号）正式出版，特致祝贺!

《浈江年鉴》是全区政治、经济、文化、社会发展等方面重要事件和人物活动的信息总汇，是区政府公报性质的大型工具书。《浈江年鉴》的编纂出版，将为我区各级党政领导研究过去、把握未来、进行科学决策和科学管理提供借鉴和参考，为各级党政机关和科研部门及企事业单位提供有价值的信息和情报，为编史修志积累资料，并将为展示浈江文化强区的崭新风貌、促进浈江与海内外经济文化的交流和合作发挥积极作用。

编写年鉴是认识过去、服务当代、开创未来的一项有意义的事业。希望《浈江年鉴》编辑部的同志以科学发展观为统领，坚持正确的编纂方针和质量第一的标准，把《浈江年鉴》越编越好，为把浈江建设成为文化强区作出新贡献!同时，也希望各部门、各单位的领导要充分认识这项工作的重要性，用真实的业绩书写年鉴、丰富年鉴，在历史发展的长河中留下我们建设幸福浈江的奋斗足迹，给后人以启迪、借鉴和思考。

盛世修史，编鉴明志。衷心祝愿《浈江年鉴》在科学发展观的统领下，开拓进取，铸就精品。

2010年12月

（作者是中共韶关市浈江区委书记、区人大常务委员会主任、韶关市浈江区综合年鉴编纂委员会名誉主任）

序 言

建区以来浈江首部综合年鉴——《浈江年鉴》(2010·创刊号)终于出版了。它以大量翔实的资料，全面地、客观地、多角度地展示了浈江区2009年间的政治、经济、文化、社会生活等方面改革和发展的轨迹，真实地记述了36万浈江人民用辛勤的汗水描绘的一幅幅建设新图。《浈江年鉴》记述客观，体现时代风貌和地方特色，是一部很好的综合性的地情资料工具书，是浈江精神、浈江水平、浈江风格、浈江效率的真实写照，是总结历史、知往鉴来的一面镜子。《浈江年鉴》(2010·创刊号)的出版，对浈江区的物质文明和精神文明建设都是一件值得庆贺的事情。

邓小平同志曾经指出："编辑出版年鉴，很有必要。这是国家的需要，四化建设的需要。"搞四个现代化，离不开信息化。年鉴是时代对信息需求的产物，是信息事业的重要组成部分。它的发展是我们坚持邓小平建设中国特色社会主义理论，走改革开放之路的结果；同时它又要为深化改革开放、为建设和谐浈江而服务。

世界上一些发达国家和国际性大都市十分重视年鉴，特别是地方性综合年鉴的编纂出版。他们不但利用年鉴对外弘扬本国的文化，还利用年鉴与外界沟通信息，扩大开放度，走向世界。随着改革开放的不断深入和四化建设的发展，《浈江年鉴》应该成为一个蕴含丰富、查检便捷的信息库，为领导决策、教育科研、经济活动和社会生活提供多方位的服务；应该成为一本好教材，为加强社会主义精神文明建设，开展形势教育、爱国主义教育提供有说服力的区情资料；也应该成为向世界展示浈江崭新风貌和发展变迁的窗口，逐年发布有关浈江的各类信息，让世界不断认识浈江、了解浈江，为浈江和国内外的经济文化交流铺路架桥。

《浈江年鉴》(2010·创刊号)的编辑出版是一项系统工程，它融汇了全区方方面面的智慧和辛勤劳动。在此，感谢编鉴者的采珠撷英，去芜存菁，为人们提供一个可信、可用的优秀读物。同时，希望《浈江年鉴》(2010·创刊号)问世后，社会各界能关心它、用好它；也希望编纂人员能不断开拓创新、锐意进取，把《浈江年鉴》越办越好，为浈江的三个文明建设作出新贡献。

是为序。

2010年12月

（作者是中共韶关市浈江区委副书记、区长、韶关市浈江区综合年鉴编纂委员会主任）

感言

有一支看似平凡，甚至不为外人所知的队伍，人很少，最多时有6人，现在只有2人。办公室极简洁，朴素无华，但精神财富却很丰厚，书橱里“汇聚着知识的海洋”，桌面上几乎被书堆满。尤其是各类厚厚的“史”、“志”、“年鉴”之书籍，排列有序，交错相映，宛如一道远洋的历史与文化的血脉，流动着岁月的激情，焕发出时代的芬芳。

甘于清贫，乐于寂寞。为编好《浈江年鉴》,他们不因自己的生活“清苦”而让思想清贫，也不因自己的工作“寂寞”而使人生寂寞。这就是浈江年鉴编辑部的同志们。

就是这些同志，在区委、区政府领导的重视和关怀下，在这特殊的岗位上默默地勤奋工作着。他们一边编年鉴，一边明心境。一张纸，一支笔，倾注心血，付出汗水，持之以恒，一年365日的磨砺，终有所获。他们以自己的智慧、责任心和使命感，圆满地完成了新中国成立以来的浈江区第一部综合年鉴的编写任务。

“为天地立心，为生民立命，为往圣继绝学，为万世开太平”，这是自古以来修志者的心愿。他们焚膏继晷，苦耕不辍，为“民族文化续脉”。而今天，这些年鉴工作者，依然怀着与前贤一样的情感，为事业“立谱”，为文化“续脉”。《浈江年鉴》编辑部自2009年成立以来，先后有6名同志在这里工作过。他们此前没有接触过年鉴，但他们有一个共同点，那就是好学，肯干，有一股执著的钻研精神。在办公条件简陋，工作难度大的情况下，他们认真研究年鉴理论，一边搜集资料，一边编写年鉴，并以工作勤恳，作风踏实获得领导和同志们的首肯。

初创时，对于编鉴工作者来说，面对的不仅仅是一张硬板凳，也不仅仅要脑勤，还要腿勤。为了查阅资料，他们经常利用节假日加班加点寻找资料。累吗？很累；苦吗？很苦！因为工作需要，他们以苦为乐，乐在其中。

“资治、存史”，心血凝练。年鉴编辑部的同志，虽然他们到编辑部工作的时间有长有短，业务熟悉程度各异，但他们有一个相同的特点：不怕困难，勤恳工作，发愤学习，不计名利，为修志编史和年鉴工作尽职尽力。特别是在编鉴过程中，为使文章不写半句空，他们多次往返有关单位查阅资料，抄写，复印。由于这本年鉴的编写工作牵涉100多家单位，有的单位没有从属关系，合作难度大，资料极其分散，但他们以大局为重，任劳任怨，数次登门造访，讨资料，查档案，商议鉴稿写作，竭尽全力促成项目完成。这期间，编辑部同志一起共收集了200多万字的资料。经过归纳整理，八易其稿，撰写出80多万字的初稿，修改成60万字的审定稿，真是一笔一字皆心血呵。

经过一年时间的艰苦努力，《浈江年鉴》正式由广东人民出版社出版发行。这部年鉴的出版，不仅对传递信息，保存历史，资政教化宣传浈江起到了很好的作用，而且对见证浈江历史、承继浈江文化、促进浈江发展发挥了其独特的功能。

2010年12月

（作者是韶关市浈江区综合年鉴编纂委员会执行副主任、主编、档案局局长、史志办主任）

编辑说明

一、《浈江年鉴》(2010•创刊号）是系统记述浈江自然、政治、经济、文化、社会的年度资料性文献，是政府公报性质的大型资料性工具书，是新中国成立以来浈江区的第一部综合年鉴。由中共韶关市浈江区委、浈江区人民政府主办，《浈江年鉴》编纂委员会主持编纂，各部、委、办、镇、办事处及驻区单位编写组供稿，《浈江年鉴》编辑部负责编纂工作。

二、本年鉴以马列主义、毛泽东思想、邓小平理论、“三个代表”重要思想和科学发展观为指导，坚持实事求是原则，全面、系统、翔实地记载浈江区政治、经济、文化、社会事业和社会生活等方面情况。

三、本年鉴内容记述时限为2009年1月1日—12月31日浈江区所发生的大事、新事和具有年度特色的事。考虑到此书为浈江区建区以来的首部综合年鉴，在照片、综述、概况和有关条目之中适当收录了某些历史资料和照片，特别是有个别条目内容或表格中的数据涉及2008年度之前的情况。为了反映2008年以前在浈江区发生的大事和近几年来的经济社会发展情况，还特设了《往事回眸》这一栏目。

四、本年鉴按事物分类编辑，设栏目、分目、条目三个层次的结构形式。全书共设24个栏目，依次为特载、大事记、概貌、党政机关、群众团体、法治、军事、经济管理、农业、工业、城乡建设、城市管理、交通邮电、通讯信息、商贸、旅游、服务、财税、金融、保险、科技教育、文化体育、医疗卫生、社会生活、镇街建设、人物、浈江新闻、往事回眸、政务信息公开、统计资料、文献法规等。卷首增设位置图、地图、城区中心图、地势图、交通图、交通区位优势图、编辑机构、贺信、序言、感言、编辑说明、数字浈江、专题照片、宣传彩页。

五、本年鉴百科栏目的条目标题用黑体字加【 】表示。有些条目下设子目，用楷体字表示。各栏目之首一般设“综述”分目，各分目之首一般设“概况”条目，集中记述各行业、各单位的总体情况。为反映浈江区在三个文明建设中的新面貌，利用各部门提供的照片，以图文并茂的形式穿插于文内。为扩大浈江区各级机关部门和企事业单位的影响，设立宣传彩页。

六、本年鉴附录中的统计资料由区统计局提供，正文中的数据由各单位提供，但主要数据已经区统计局校改。除注明以不变价计算者外，数据一般以现行价格计算。

七、本年鉴纪年，一律采用公元纪年，凡必须交代历史纪年的，以分目为单位，首次出现时在公元纪年后面括注历史纪年，以后出现不再注明。

八、本年鉴目录，分列中文目录和英文目录，均列到各分目标题。

九、本年鉴《人物》栏目，包括“新闻人物”、“先进人物”、“逝世人物”和“新浈江人”等分目。“新闻人物”以姓氏笔画为序排列，“逝世人物”以逝世先后为序排列。属于“纪念人物”的，以记述相应的纪念活动为主，分别列入有关栏目。

十、本年鉴的索引，采取主题分析索引的方法，按主题词首字汉语拼音字母顺序排列。同时，还对附表、串文图照和栏目题头照片列有辅助索引。索引使用方法，详见索引说明。

十一、本年鉴的特载作者的署名标在文题下中间；社会调查报告和条目作者的署名标在条目之后，如若同一作者撰写多个条目，则标在最后一个条目的末尾。

韶关市浈江区综合年鉴编纂委员会

名誉主任：刘卫东

主　　任：张德清

常务副主任：张广晖

麦锦祥

执行副主任：邱　斌

黄哲锋

委　　员：（按姓氏笔画为序）

马瑞华　王慧娟　叶先林　刘　飞　刘任华

丘建平　卢界群　朱明远　何世荣　余　良

吴永亮　张粤华　张玉花　张朝平　李向东

李红保　杨　雄　何绍福　陈　玲　吴新泉

林伟芳　周文杰　周伟灵　周卫新　罗　华

罗韶明　黄炳明　黄宣剑　黄海鹰　黄玉静

谢云辉　谭绍文　蔡钦泉

《浈江年鉴》编辑部

分纂阶段

总纂阶段

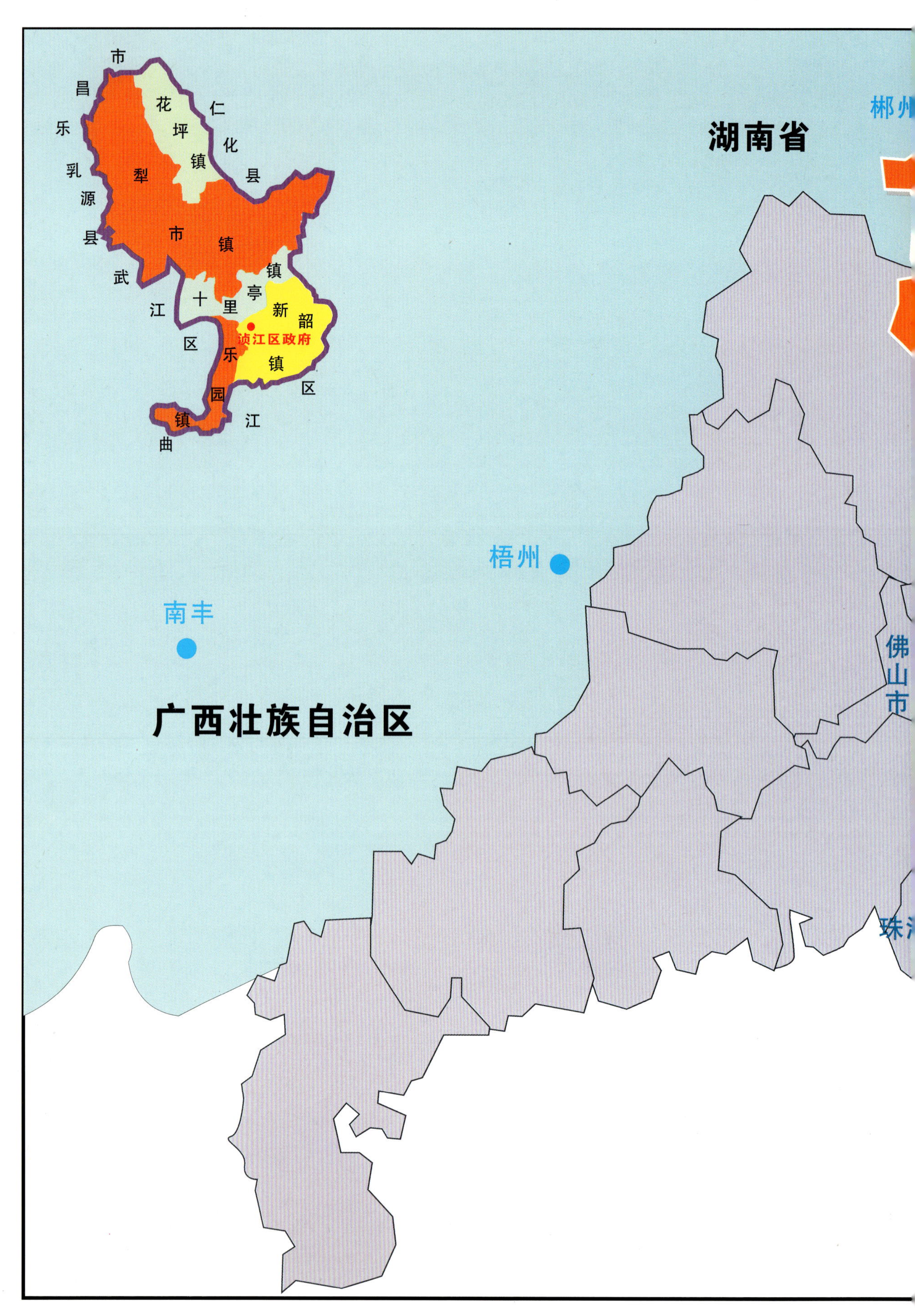

市
昌
乐
乳
源
县
花
坪
镇
仁
化
县
犁
市
镇
镇
亭
十
里
新
韶
武
江
区
浈江区政府
乐
园
镇
镇
区
江
曲
湖南省
郴州
梧州
南丰
广西壮族自治区
佛山市
珠海

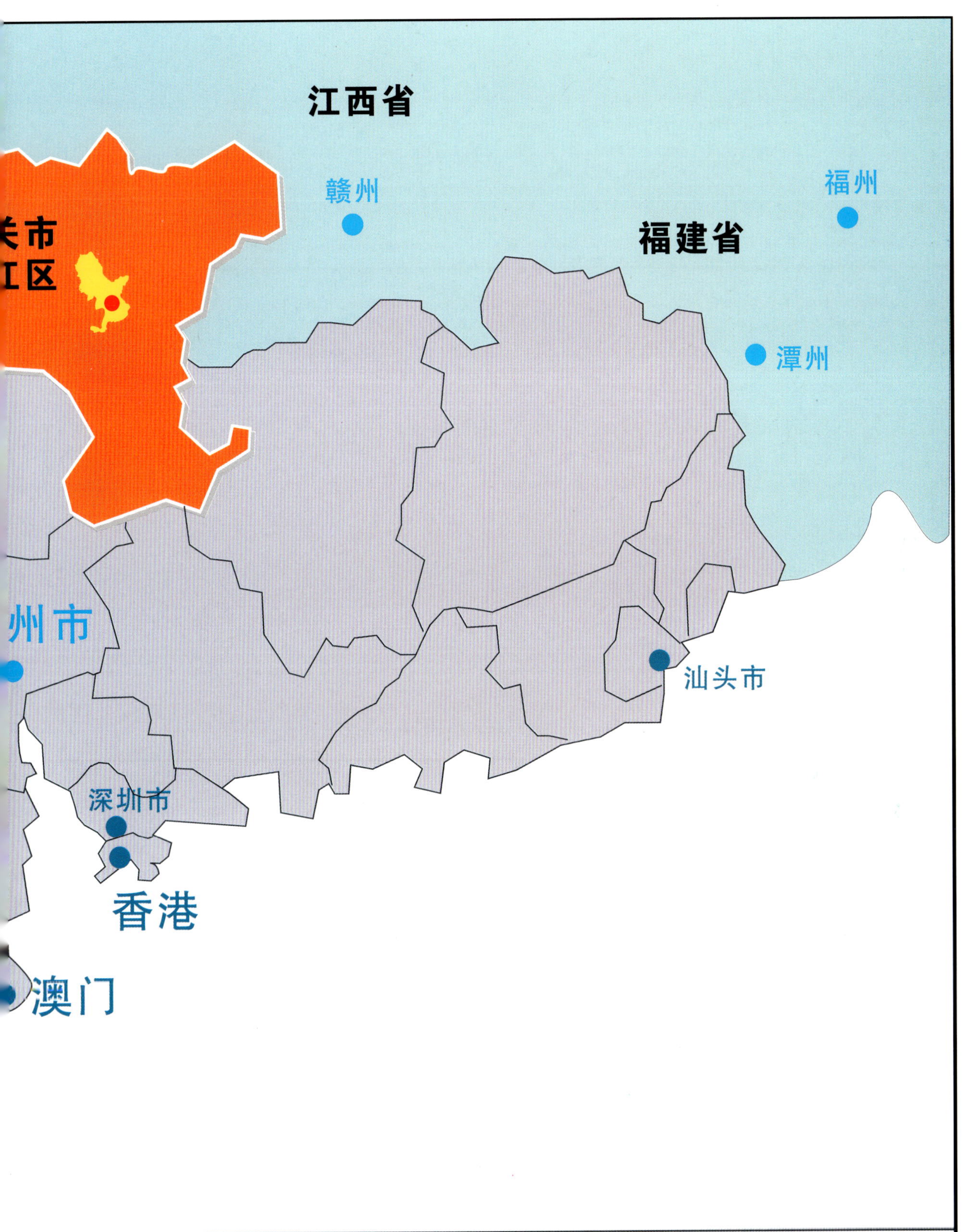

韶关市浈江区在广东省的位置图

韶关市浈江区地图

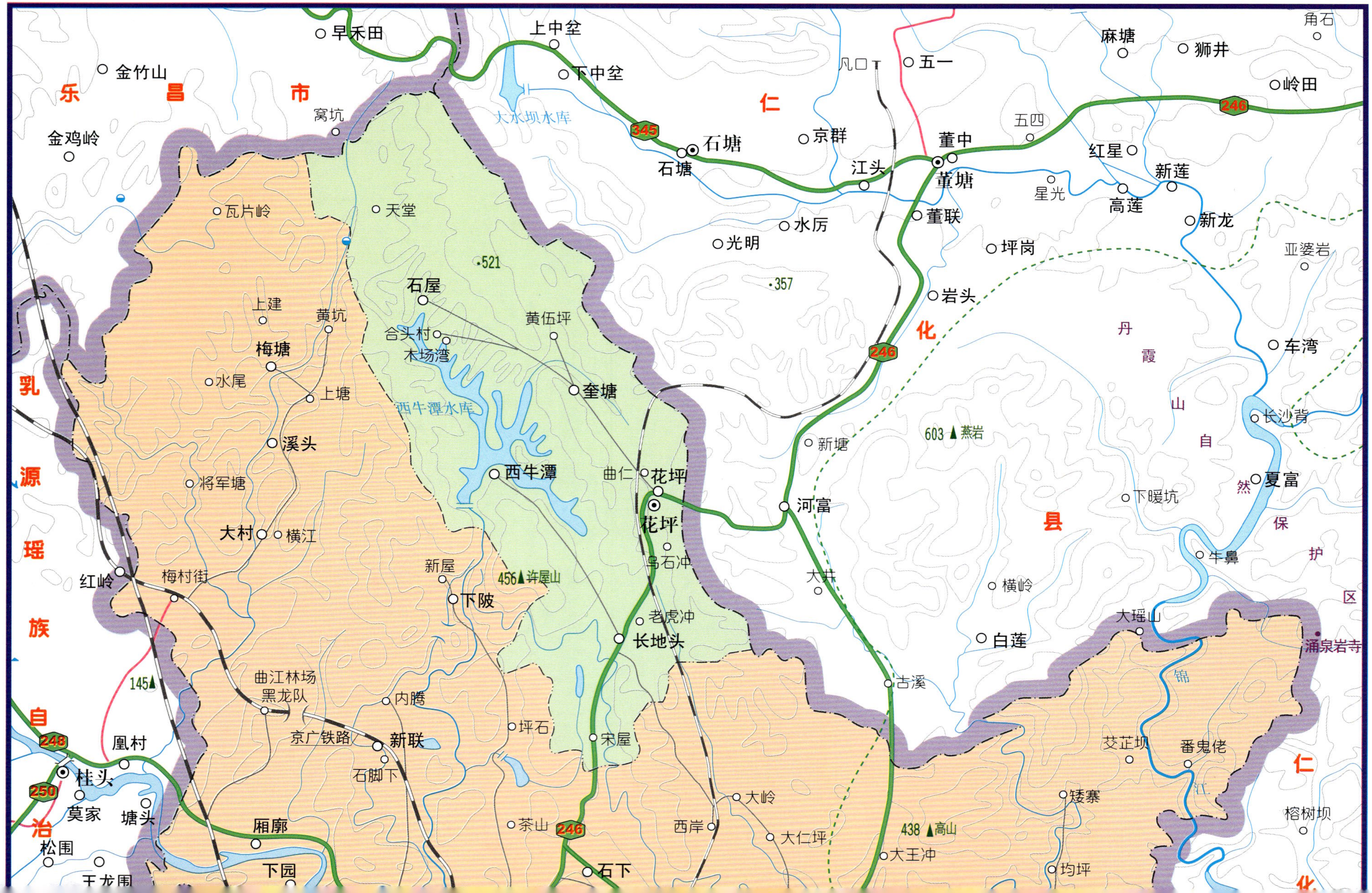

乐昌市
金竹山
金鸡岭
旱禾田
窝坑
瓦片岭
天堂
上中坌
下中坌
大水坝水库
石塘
京群
仁化县
凡口
五一
江头
董中
董塘
董联
水厉
光明
五四
麻塘
狮井
岭田
角石
红星
新莲
高莲
新龙
星光
坪岗
亚婆岩
岩头
车湾
丹霞山自然保护区
长沙背
夏富
下暖坑
牛鼻
横岭
白莲
大瑶山
涌泉岩寺
603 燕岩
新塘
河富
大井
古溪
·521
·357
石屋
黄伍坪
合头村
木场湾
西牛潭水库
奎塘
西牛潭
曲仁
花坪
乌石冲
老虎冲
长地头
456 许屋山
新屋
下陂
上建
黄坑
梅塘
水尾
上塘
溪头
将军塘
大村
横江
红岭
梅村街
145
曲江林场
黑龙队
内腾
京广铁路
新联
石脚下
坪石
宋屋
茶山
大岭
西岸
大仁坪
438 高山
大王冲
锦江
艾芷坝
番鬼佬
矮寨
均坪
榕树坝
仁化
乳源瑶族自治县
凰村
桂头
莫家
塘头
松围
王龙围
厢廓
下园
石下
246
345
248
250

韶关市　浈江区　武江区　曲江区

东河街办　新韶　风采街办　车站街办　新华街办　西河　惠民街办　朝阳　前进　教场　红星　十里亭　金凤坪　塘湾　五里亭　黄金　田螺冲　市化工厂　大陂　东山　土井　陈江　黄塘　曹村　高车　黄浪水　水口　新留塘　湾头　腊石　良村　白虎坳　494▲皇冈山　走马岗遗址　粤赣铁路　黄岗　靖村　银山高尔夫球场　侯山　大塘尾　塔桥　府管　石山　山下　下车　上下岭　塘口　东联　韶关林场　韶关学院　市技校　上村　坳下林场　大陈　莲花　328　温屋　曲江林场　陈塘坡　大塘　苏村　廖屋　左村　坳头　西林　竹园　高陂　新庄甫　长坝　106　韶赣高速　323

沙梨园　乐园　乐园　长乐　新村　大村　村头　下胡　车头　六合　韶关冶炼厂　坝厂　下坝　上坝　京珠高速　张屋　新村　阳村　阳岗　油寨　水文　上乡　中乡　孟洲坝　三都　乌泥角　赤水　芙蓉　324▲犁头石　西联　沐溪　芙蓉乐园　甘棠　韶关林科所　西联　阳山　大坡头　黄沙坪　王十万　500　马屋　下坑　丑心　山蕉　张九龄墓　什石园　黄塱　糖寮　犁市　五四　菖蒲塘　石背　社光　罗卜岭　双头厂　肖村　牛栏前　西边岭　沙园　黄塘　大夫前　九联　水口　重阳　重阳　黄岸　茅门头　青暖　瓜地　芹村　万后　坑尾　400　妙联　司兰源　后坪　729▲天门坳　带头　乳源瑶族自治县　武　江　区　曲　江　区　马渡　龙归　新茹屋　留村　冲下　龙归　乌泥角　龙安　龙归　坳头　小村　奇石　石背　江湾　253　广乐高速　五马归槽寨堡遗址　狗狮滩　县

图例

符号	说明	符号	说明
◉	市级行政中心		铁路及车站
◎	县级行政中心	京珠高速 韶关 (在建及规划)	高速公路、高等级公路及其出入口
⊙	镇级行政中心	106	国道及其编号
⊘	农、林、茶场	347	省道及其编号
○	村级行政中心		县　道
○	一般村庄		乡　道
• ♨	旅游点/温泉		县级行政区界
═	桥梁		镇级行政区界
	1. 真形水库　2. 记号性水库　3. 河流　4. 水渠		自然保护区界

广东省地图出版社 编制

资料取自《韶关市地图册》审图号：粤S(2009)013号

韶关市浈江区中心城区图

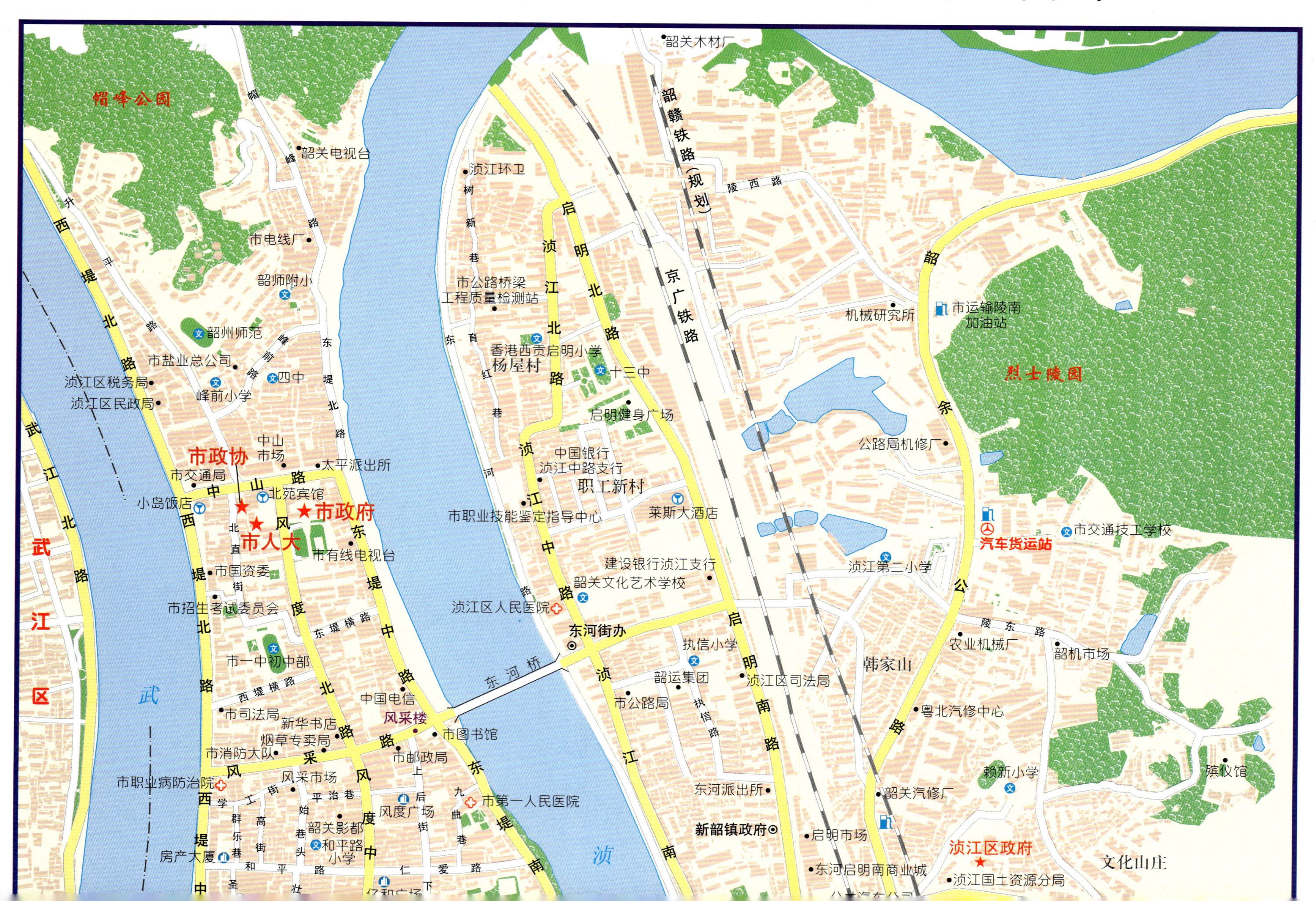

图例

★	地级市党政机关驻地	•	旅游点
★	区政府驻地	•	单位点
⊙	镇政府驻地		铁路
	汽车客运站		一级路
	医院		二级路
	学校		三级路
	酒店、大厦		区界线
	酒家、饭馆		河流及桥梁
	加油站		

市委
风采街办
车站街办
武江区
中山公园
河滨公园
火车站广场
汽车客运东站
公交车总站
大鉴寺
粤北二院分院
市林业局
市对外贸易总公司
市总工会
市公安局治安一队
中国银行
新华书店
市供销社
中国旅行社
韶关日报社
中行熏风路支行
市一院第二门诊部
聚雅轩酒店
市政管理处
市城乡规划局
浈江出入境办证厅
风度名城
太平洋电脑城
建设银行浈江分行
市体育局
和平小学
游泳场
老干活动中心
体育馆
海事局
浈江区财政局
羽毛球馆
海关
曲江桥
武江桥
北江桥
芙心岛
石油大厦
铁通公司
财富广场
韶关火车站
北江邮局
丽晶酒店
江畔广场
湾景中心
站南路派出所
农贸大厦
日用品批发市场
浈江地税分局
交警事故处理中心
福康医院
五一批发市场
市口岸管理服务中心
交通市场
养路费征收点
铁路医院
铁路文化宫
羊城铁路总公司韶关管理处
通天坡商业街
解放村
安全村
大炮山
教场村
铁路二中
铁路一小
劳动村
浈江中学
北村
铁路三小
南村
松树岭
莲花山
韶陵汽修厂
江
北江
西堤南路
解放路
风度南路
风采路
环园西路
环园东路
北江路
韶南路
安康路
大塘路
站南路
站南一路
站南三路
武江南路

广东省地图出版社　编制

资料取自《韶关市地图册》审图号：粤S(2009)013号

韶关市浈江区地势图

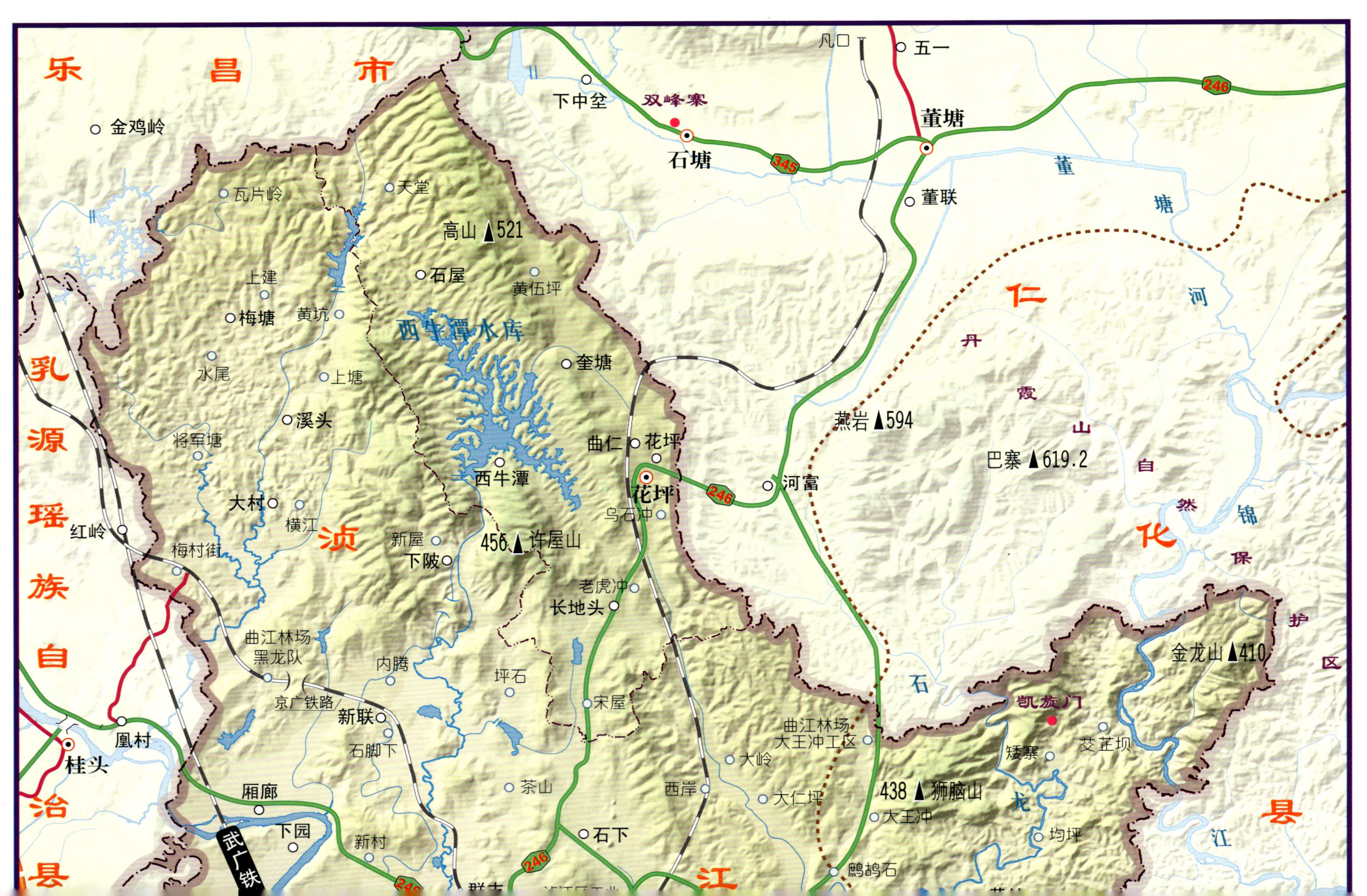

重阳
张九龄墓 山蕉
武
下坑
天门坳 729
江 沐溪水库
广乐高速
马渡 韶关北 余靖墓
甘棠
社主
南
龙归
乌泥角
区
苏拱
曲
孟洲坝
水文
白土
京珠高速
坝厂
韶关冶炼厂
六合
车头
下胡
西联
韶关
大村
村头
新村
长乐
乐园
乐园
沙梨园
芙蓉
324 梨头石
芙蓉山国家矿山公园
西联
武江区
韶关市
浈江区
韶关国家森林公园
东联
莲花
曲江林场
张屋
山子背
江
曲江区
马坝
区
大塘
左村
韶关学院
坳下林场
石山
银山高尔夫球场
府管
侯山
山下
下车
江
东山
大陂
黄金
田螺冲
区
土井
陈江
黄塘
湾
高车
曲
韶赣高速
粤赣铁路
黄浪水
水口
新留塘
湾头
长坝
腊石
良村
走马岗遗址
鸡公山 434
皇冈山 494
五里亭
靖村
十里亭
皇岗
江
江
五四
糖寮
菖蒲塘
石背
社光
罗卜岭

图 例

- 县级行政中心
- 镇级行政中心
- 农、林、茶场
- 村级行政中心
- 一般村庄
- 旅游点/温泉
- 桥梁
- 1. 真形水库 2. 记号性水库 3. 河流 4. 水渠
- 铁路及车站
- 京珠高速 韶关 (在建及规划) 高速公路、高等级公路及其出入口
- 106 国道及其编号
- 347 省道及其编号
- 县 道
- 县级行政区界
- 镇级行政区界
- 自然保护区界

广东省地图出版社 编制

资料取自《韶关市地图》审图号：粤S(2010)009号

韶关市浈江区交通图

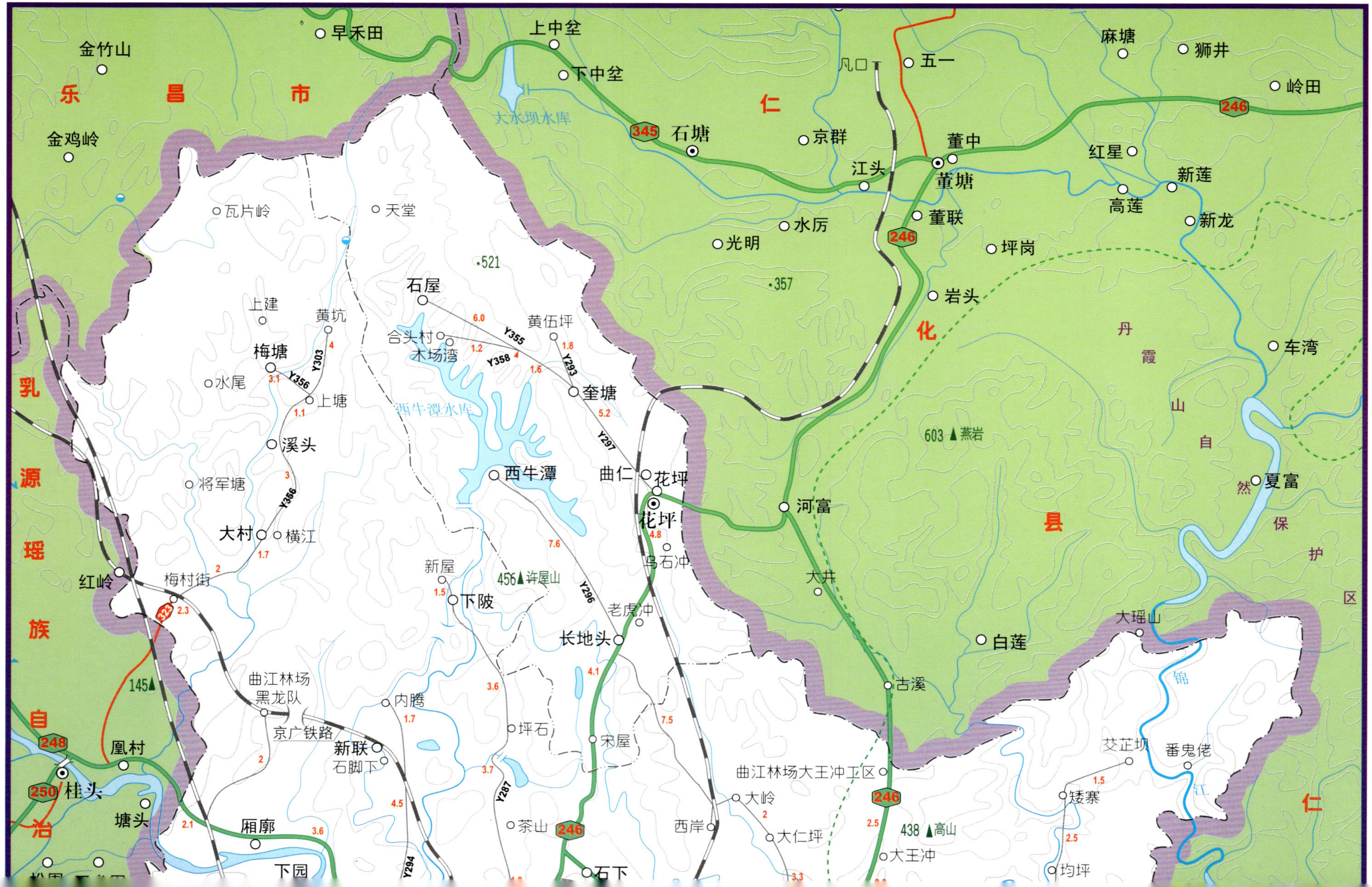

早禾田
金竹山
乐昌市
金鸡岭
上中坌
下中坌
大水坝水库
345
石塘
仁化县
京群
凡口
五一
麻塘
狮井
岭田
246
董中
董塘
江头
红星
新莲
高莲
新龙
董联
水厉
光明
坪岗
357
岩头
车湾
丹霞山自然保护区
603 燕岩
夏富
河富
大井
白莲
古溪
大瑶山
锦江
艾芷坝
番鬼佬
矮寨
均坪
高山 438
大王冲
曲江林场大王冲工区
大岭
大仁坪
西岸
瓦片岭
天堂
521
石屋
上建
黄坑
梅塘
合头村
木场湾
黄伍坪
Y355
Y358
Y293
Y303
Y356
Y297
Y296
Y287
Y294
水尾
上塘
奎塘
西牛潭水库
溪头
西牛潭
曲仁
花坪
将军塘
大村
横江
乌石冲
新屋
456 许屋山
下陂
老虎冲
长地头
红岭
梅村街
323
145
曲江林场黑龙队
京广铁路
内腾
坪石
宋屋
新联
石脚下
茶山
石下
乳源瑶族自治县
248
凰村
250
桂头
塘头
厢廊
下园
6.0
1.2
1.8
1.6
4
5.2
3.1
1.1
3
1.7
2
2.3
1.5
7.6
4.8
3.6
4.1
7.5
1.7
3.7
4.5
2
2.1
3.6
2
2.5
2.5
1.5
3.3

广东省地图出版社 编制

资料取自《韶关市地图册》审图号：粤S(2009)013号

国内生产总值及增长率
（当年价）

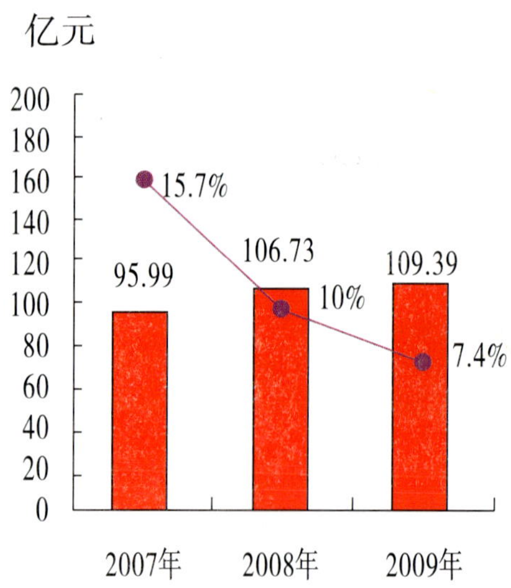

增长生长率

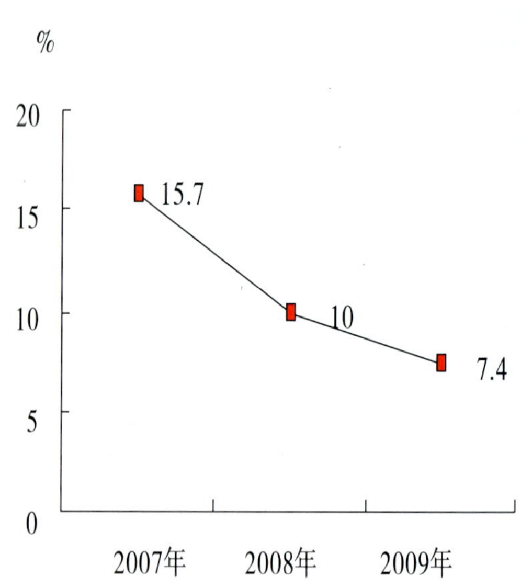

三大产业经济结构情况

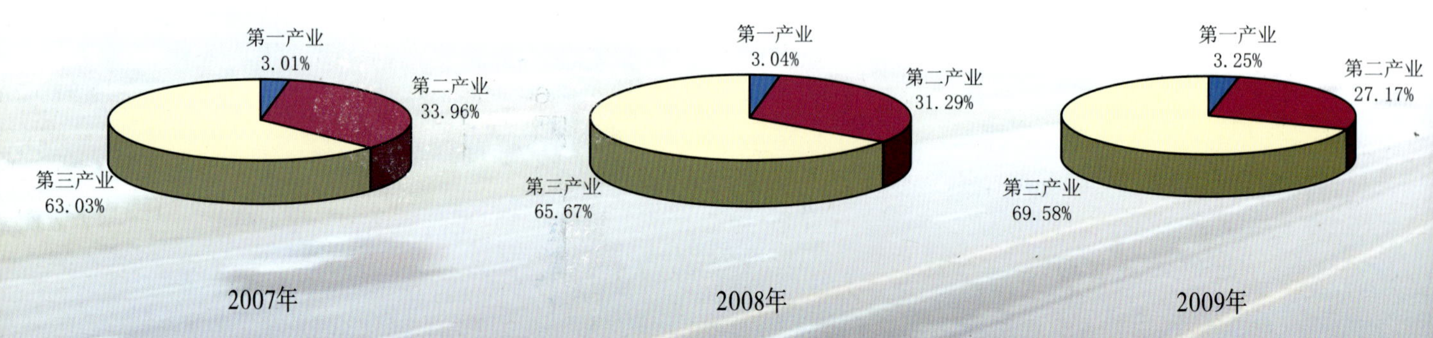

人口增长情况

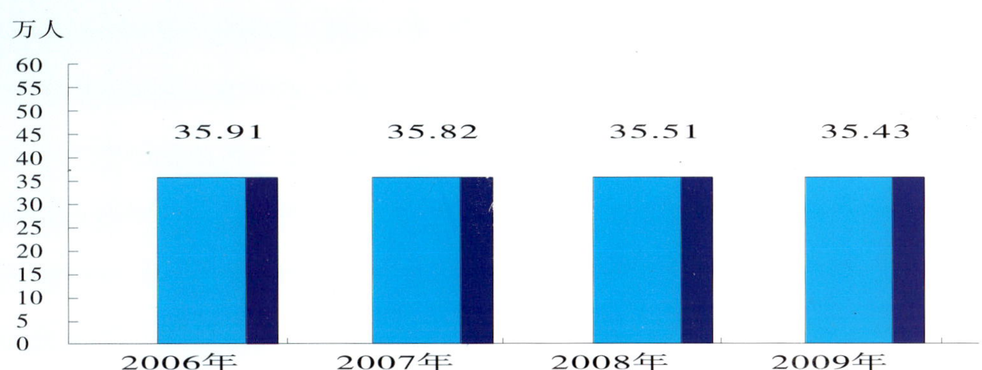

城镇居民可支配收入

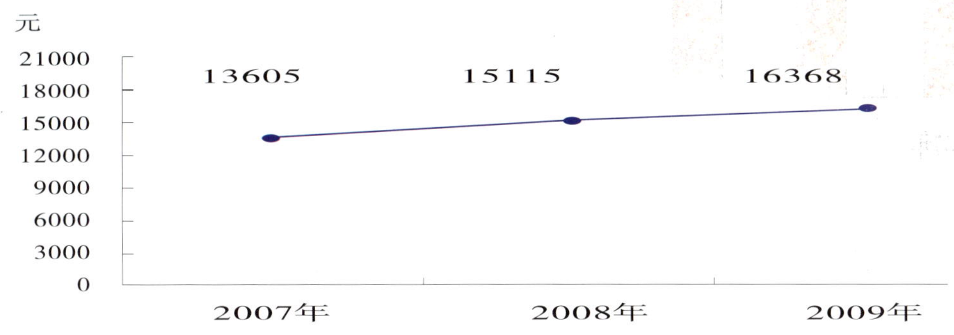

农民人均纯收入

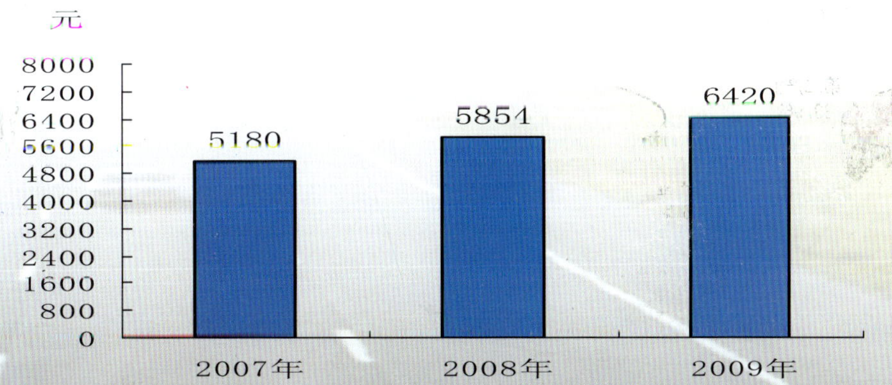

2009

2009年6月25日，中共中央政治局委员、广东省委书记汪洋（右一）看望浈江区十里亭镇金凤坪村小组老党员卢福娥（左一）。

2009年6月25日，广东省委常委、省委组织部部长吴泽君（左三）陪同中共中央政治局委员、广东省委书记汪洋（中）看望浈江区十里亭镇金凤坪村小组老党员卢福娥（左四）时与市委书记徐建华（右二）、区委书记刘卫东（左二）、镇委书记吴金宪（左一）、村委书记陈建英（右一）合影留念。

2009年6月25日，中共中央政治局委员、广东省委书记汪洋（前排左一）在浈江区十里亭镇金凤坪村走访慰问困难党员时与浈江区委书记刘卫东（前排右一）亲切交谈。

2009

2009年5月11日，广东省委副书记、省长黄华华（前排右三）考察浈江区产业转移工业园。韶关市委书记徐建华（前排左二）、市长郑振涛（前排右二）和浈江区委书记刘卫东（前排左一）、区长张德清（前排右一）等市、区领导陪同考察。

2009年5月11日下午，黄华华（前排左三）在浈江区产业园南片考察工业基地建设。

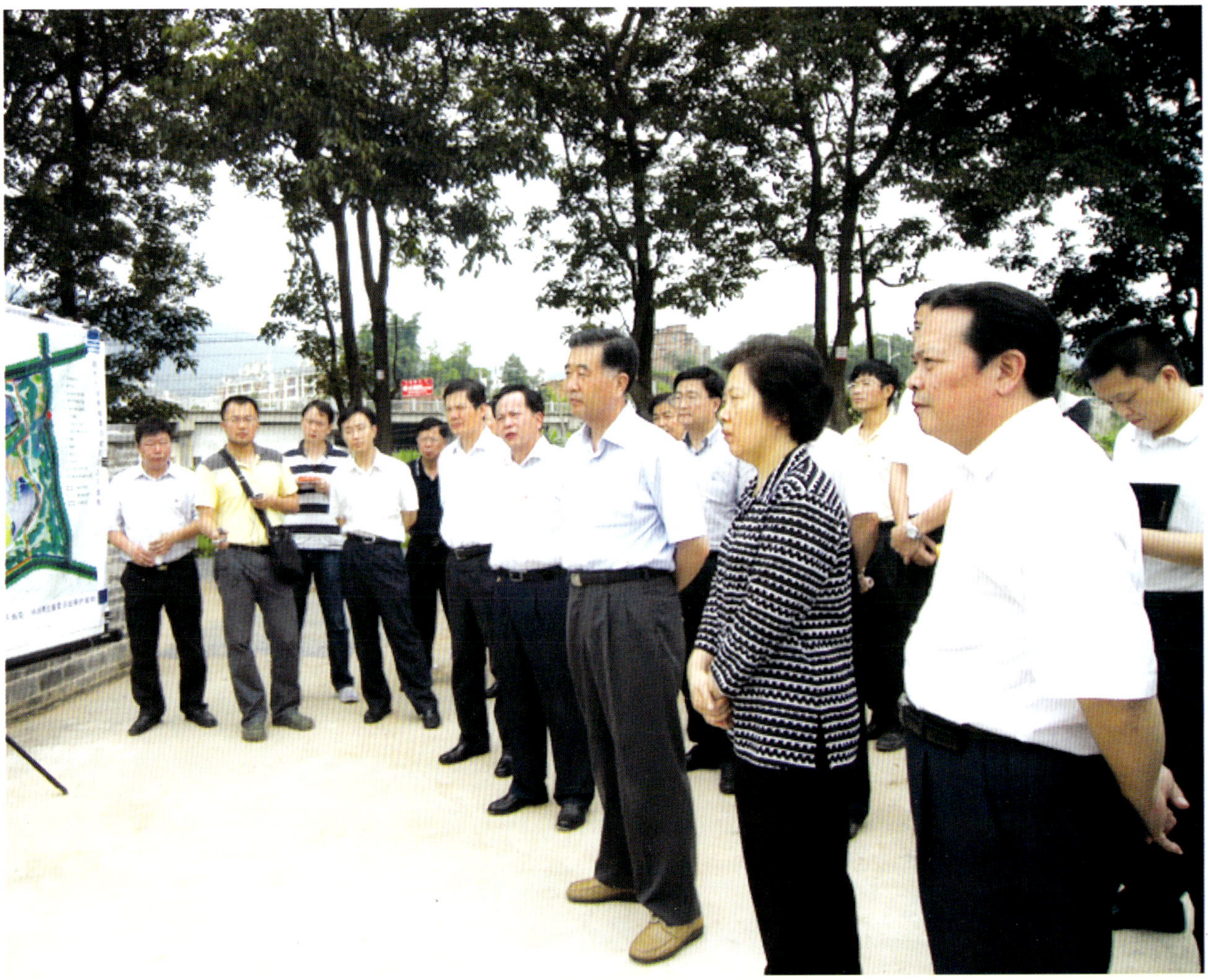

2009年6月25日，在“七一”建党88周年即将来临之际，中共中央政治局委员、广东省委书记汪洋（前排右三）专程到浈江区五里亭考察中共粤北省委旧址。

2009年3月11日，中共广东省委常委、省委秘书长徐少华（前排左一）视察浈江区五里亭中共粤北省委旧址建设情况。

2009年8月1日，省委常委、统战部部长周镇宏（右四）视察浈江区五里亭中共粤北省委旧址建设情况。

2009

2009年3月26日，省文化厅厅长方健宏（左二）到浈江区五里亭考察中共粤北省委旧址。

2009年3月7日，韶关市委书记徐建华（前排左三）在市委常委、市委秘书长李石保和浈江区委书记刘卫东（前排左四）等陪同下视察浈江区五里亭中共粤北省委旧址建设情况。

2009年8月1日，浈江区委书记刘卫东（右一）、区长张德清（右二）和市史志办主任吴土清（左一）在浈江区五里亭中共粤北省委旧址研讨如何加快该址建设进度。

2009年5月18日，浈江区委书记刘卫东（左三）带领区直部门领导到该区五里亭中共粤北省委检查旧址建设情况。

2009

2009年1月22日，中共浈江区第七届委员会第五次全体会议在区机关综合楼四楼会议中心召开。

2009年3月9日，中共浈江区委第七届纪律检查委员会第四次全体会议在区机关综合楼四楼会议中心召开。

2009年3月13日，浈江区第七届人民代表大会第三次会议在区机关综合楼四楼会议中心召开。

2009年3月13日，刘卫东（上图左一）、张德清（上图左二）、刘文（上图右一）在区人大七届三次会议上分别当选为区人大常务委员会主任、区人民政府区长、区人大常务委员会副主任。

2009

2009年3月9日，浈江区深入学习实践科学发展观活动动员大会在区机关综合楼四楼会议中心召开。

2009年7月29日，中共浈江区委常委（扩大）会议在区机关综合楼四楼会议中心召开。

2009年3月9日，浈江区组织宣传工作会议在区机关综合楼一楼会议室召开。

2009年3月3日，浈江区“庆三八学楷模”表彰大会在区机关综合楼四楼会议中心召开。

2009年3月3日，受奖人员在浈江区“庆三八学楷模”表彰大会主席台合影留念。

2009年9月9日，浈江区维稳工作暨乡村“清洁美”工程及农村社区建设实验工作动员大会在区机关综合楼四楼会议中心召开。

2009年12月27日，市委书记徐建华（左九）、市长郑振涛（左七）和区委书记刘卫东（左一）、区长张德清（右二）等市、区领导参加位于浈江区产业园内的韶关比亚迪汽车试验场及零部件基地奠基开工仪式。郑振涛（右图左一）为奠基开工仪式致辞。

2009年12月27日，市委书记徐建华（前排右一）、市长郑振涛（前排左一）为韶关比亚迪汽车试验场及零部件基地奠基。

2009年1月19日，广东省副省长林木声（左一）到浈江区慰问乡村困难群众。

2009年1月2日，市委书记徐建华（左二）到浈江区检查综合治理工作。

2009年2月23日，韶关市政协主席邓苏夏（右三）到浈江区调研。

2009

2009年11月24日上午，省委第四巡回检查组王仁福（前排左二）到浈江区车站街南韶村社区检查工作。

2009年9月16日，省政法委督导组组长、省检察院检委会专职委员林瑶卿（前排右二）到浈江区车站街道办检查综合治理工作。

2009年11月5日上午，市委常委、副市长张志才（前排右一）到车站街南韶村社区检查工作。

2009年7月1日，省人口计生委科技处副调研员李一鸣（右三）为浈江区颁发全国计划生育优质服务先进单位奖牌。

2009年6月18日，浈江区政府与韶关学院建立全面合作关系。图为区长张德清（前排右一）与韶关学院校长刘荣万（前排左一）签订合作协议书。

2009

2009年3月22日，区书记刘卫东（前排左三）率领区党政班子成员赴河源市参观考察学习。河源市东源县县长蓝岸（前排左二）陪同参观。

2009年2月7日，区长张德清（前排左一）到区烟草薄片有限公司视察。

2009年11月1日，区长张德清（左三）率领区有关部门负责人到民声热线上听取市民反映情况。

2009年12月9日下午，区委书记刘卫东（右一）到新韶镇东山村委慰问特困户温其成（左一）。

2009年1月9日，区委书记刘卫东（中）率领区有关部门领导到农村慰问孤寡老人及困难群众和党员。

2009年 12月 11日，张德清区长（右二）与陈永来夫妇（左三、左二）亲切交谈，鼓励他们大力养殖黑山羊。

2009年 12月 24日 下午，区委副书记何友权（左一）到犁市镇梅塘村委慰问特困户黄春兰。

2009

2009年1月15日，区委书记、区人大常务委员会主任刘卫东（前排右一）为区文化广场落成揭幕。

2009年1月15日，浈江区委、区政府举行2009年迎新春暨文化广场落成大型文艺演出。

2009年1月20日，浈江区组织区书法爱好者深入农村为群众书写春联。

2009年11月28日，浈江区体育代表团在韶关市第十三届运动会上获得县（市、区）组、驻韶中省企业组代表团成年组总分第一名和县（市、区）组、驻韶中省企业组代表团老年组总分第一名。区委书记刘卫东（右四）和区体育代表团代表上台领奖牌和证书。

2009

2009年，浈江区双拥工作认真贯彻国务院、中央军委关于进一步做好双拥工作，加强军政军民团结等一系列重要指示精神，遵照“同呼吸、共命运、心连心”的基本要求，把双拥工作作为事关经济发展，国防建设和社会稳定的大事来抓。每年春节、“八一”期间，区委、区政府主要领导亲自带领有关部门负责人深入基层慰问驻军和重点优抚对象，并听取部队的意见和建议，帮助部队和重点优抚对象解决实际问题。特别是在财政拮据，资金紧缺的情况下，都优先拨给部队添置生活设施，改善部队生活条件。许多部门和单位还发挥自身优势，开展拥军优属活动，各大商场、旅社、宾馆等都设置了军人优先窗口，为军人提供优先、优质服务。区人武部和驻区部队在完成自身战备军事训练的同时，积极支援地方建设，为民办实事、做好事。并多次派出兵力为地方冲洗街道，挖排水沟，清除垃圾，谱写了一曲曲军民鱼水情的赞歌。

2009年“八一”建军节，区委书记刘卫东（右二）带领有关部门负责人深入基础慰问驻区部队。

2009年“八一”建军节，区委副书记、区长张德清（右一）带领有关部门领导慰问驻区部队，并召开座谈会，共商发展大计，共叙军民鱼水情谊。

2009年，浈江区严格执行国家征兵政策，努力确保兵员质量，实现了20多年来没有出现因政治和身体等方面原因而退兵的现象。图为浈江区适龄青年踊跃报名应征。

韶关市浈江区人民武装部

参加扶贫济困捐款活动

重温入党誓词

中国人民解放军广东省韶关市浈江区人武部是中国共产党浈江区委员会的军事部和浈江区人民政府的兵役机关，受广东省韶关军分区和中共浈江区委、区政府的双重领导。区武装部机关由军事科、政工科和后勤科组成，下辖34个基层武装部。2009年，区人武部在上级军事机关和区委、区政府的正确领导和大力支持下，坚持以邓小平理论、“三个代表”重要思想和科学发展观为指导，认真贯彻上级指示精神，坚持“抓基本、促发展、构和谐、作贡献”的工作思路，突出抓好以提高核心军事斗争能力和完成多样化军事任务为龙头，以加强民兵预备建设为目标，着眼人武部工作的性质和特点加强“三支队伍”建设，严格管理，从严施训，积极探索新形势下民兵预备役建设的特点和规律，圆满完成了上级赋予的思想政治建设、队伍建设、征兵工作、民兵军事训练等各项任务，被省军区评为“先进人武部”和“先进党委”，并受到韶关军分区的表彰。

为城区冲洗街道

区民兵高炮分队在进行训练

区民兵轻舟队组织水上编队训练

2009

韶关市浈江区人民检察院

——实施“文化育检”工程，打造活力检察机关

韶关市浈江区人民检察院座落于浈江区良村公路6号。

2009年，浈江区人民检察院在区委和上级检察机关的正确领导下，在区人大及其常委会和区政协的监督下，在区政府和社会各界的支持下，大力推进检察文化建设，通过探索新模式，创造新途径，丰富新举措，实施“文化育检”工程。他们丰富了电子图书阅览室、健身房、舞蹈室等文化健身设施，开通了检察三级网、政务网、政法系统网、互联网和审讯室、电视电话会议室，着力营造文明庄重、优雅和谐、井然有序、文化气息浓厚的工作环境；充分发挥检察文化的教育功能，积极构建素养文化。

通过开展形式各样的文体活动，弘扬检察文化，干警的职业责任感、集体荣誉感和工作效率、工作热情大大提高，全院形成了“心齐、力聚、风清、气正、人和”的工作氛围，促进了各项检察工作全面健康发展，树立了良好的检察形象。近年来，先后有18个集体和30名干警受到市级以上表彰，有一大批调研、信息和宣传作品被各类新闻媒体采用。该院先后获得全区文明示范窗口单位、全市先进基层检察院、全省先进检察院、省特级档案综合管理单位等荣誉称号。

韶关市浈江区人民检察院全体干警合影

检察长饶纲奎（右）亲自出庭，有力地打击和震摄了犯罪

“举报宣传周”让民众参与医治贪腐痼疾

韶关市浈江区人民检察院大楼外貌

传送奥运圣火，点燃检察激情

“检察开放日”为社会敞开监督之门

检察长饶纲奎亲自接访群众，化解社会矛盾

检察长饶纲奎（中）深入农户访贫问苦，排忧解难

公检法联袂歌唱祖国，合力打造平安和谐浈江

浈江区2001-2005年度
文明示范窗口单位
中共韶关市浈江区委
韶关市浈江区人民政府
二〇〇六年三月

文明示范窗口单位

广东省检察机关
先进检察院
广东省人民检察院
二〇〇六年一月

全省先进检察院

省特级
档案综合管理单位
广东省档案局

省特级档案综合管理单位

2009

浈江区城乡建设局

局长 黄宣剑

浈江区城乡建设局 前身是浈江区城乡建设委员会，于1984年成立。1996年机构改革，根据韶关市有关文件精神，浈江区城乡建设委员会更名为浈江区城乡建设局。2004年韶关市区域调整，原浈江区与北江区合并为今浈江区，北江区城乡建设局也随之并入今浈江区城乡建设局，原称谓至今未变。局现有编制9人，其中局长1人，副局长3人，设有办公室、建筑与房地产业管理股、村镇规划股、生态文明管理股和交通公路管理股五个股室。

2009年，该局以实践科学发展为指导，围绕区委、区政府提出的”建设经济强区，构建和谐浈江”这一总目标，以全新的举措，大力促进建筑房地产业发展并取得了显著成效，创税收入达到20860万元，成为本地集群特色的龙头企业。

展望未来，我们将进一步通过优化旧城改造开发布局和节约用地规划、创新工作思路，探索推进建筑房地产业科学持续发展的新模式，为浈江区的经济社会发展作出新贡献。

浈江区城乡建设局历年来荣获的荣誉奖状

浈江区城乡建设局组织机关党员参观北伐纪念馆，接受革命传统教育

浈江区人口和计划生育局

浈江区人口和计划生育局前身是浈江区计划生育委员会，于1985年成立。1996年机构改革，将浈江区计划生育委员会更名为浈江区计划生育局。2004年韶关市区域调整，撤销韶关市北江区后，将原北江区的计划生育局合并到浈江区计划生育局，称为韶关浈江区人口和计划生育局。局现有编制9人，其中局长1名，副局长3名。设有办公室、法规股、发展规划与信息股、流动人口服务管理股、宣传教育股、科学技术服务股、责任制考核股7个股室。

2009年，区人口和计划生育局全面贯彻省、市、区人口计生工作会议精神，积极开展创建“两无”(镇办无政策外多孩出生、村居无玫策外出生)活动、创建计划生育新农村新家庭活动、创建计划生育村民自治规范示范区活动、创建“全国计划生育优质服务先进单位”活动四项活动，促进人口计生工作再上新台阶。通过上述创建活动，使全区政策生育率达到95.26%，60%的镇（办事处）无政策外多孩出生，62.62%的村（居）委无政策外出生。

2009年被评为“全国计划生育优质服务先进单位”。

国家人口计生委副主任王培安（中）、广东省人口计生委主任张枫（右一）、韶关市市长郑振涛为浈江区安居工程奠基。

浈江区委书记刘卫东（左六）陪同国家计生委发展规划与信息司司长于学军（左五）视察区计生技术服务站时与市、区计生部门领导合影留念。

韶关市委副书记林耀明（左三）在浈江区委书记刘卫东（右三）、区政府副区长黄祖平（右一）、区人口和计划生育局局长马瑞华（右二）陪同下视察区人口和计划生育服务站。

浈江区委书记刘卫东（左二)陪同韶关市政府副秘书长、市计生局局长蔡建明（右一）慰问来自慰问四川绵阳的流动人口计生户钟江、刘强夫妇。

2009

浈江区林业局

广东省林业局长张育文（右二）在韶关市副市长张志才（右一）和韶关市林业局长罗育平（右三）及浈江区林业局长李志斌（左一）的陪同下到浈江区犁市镇梅村油茶基地检查指导工作

韶关市浈江区林业局领导班子，左起彭月华（副局长），田上生（党支部书记、副局长），李志斌（局长）、何树春（副局长）

位于五里亭席前路1号的新办公楼

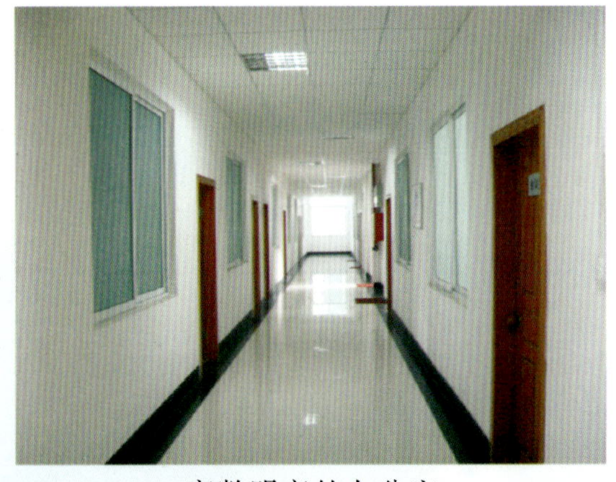

宽敞明亮的办公室

浈江区林业局位于五里亭席前路1号，1984年10月成立，是浈江区政府直属机构，为浈江区林业行政主管部门，该局共有在职职工103人，下辖犁市木材检查站，犁市林业站、花坪林业站、花坪林场、浈江区林业站、马蹄坪综合示范林场及浈江区护林大队等7个单位。

2004年区划调整以来，区林业局在区委、区政府的正确领导下，在上级主管部门的亲切指导下，以科学发展观统领全局，紧紧围绕“创建森林生态市、林业生态区”这一中心扎实开展各项工作，争取上级各类专项资金、引进非公制资金4000余万，造林面积8.7万余亩；组建护林队伍，加强野外火源管理，使我区森林火灾逐年减少，有林地面积逐年增加；健全完善各项管理制度，林地林木管理更加规范，野生动物得到有效保护，至2009年底，森林覆盖率为50.0%，森林蓄积量149万立方米，为韶关市市区提供了一个良好的生态环境。

韶关市浈江区工商局

韶关市浈江区工商局位于中山路韶禧大厦，于2005年9月挂牌成立，由韶关市工商局原浈江分局、北江分局和原曲江工商局犁市工商所、花坪工商所合并而成，内设机构有人监股、办公室、登记股、经检股、企管股、市场合同股、商标广告股、法规股、信息中心等9个职能部门，设经检大队、机关服务中心和个私协会，下辖站南、东郊、东河、南门、和平、十里亭和犁市7个工商所。2009年全局现有干部职工162人，其中在职136人，机关34人，基层工商所102人。

中央纪委派驻国家工商总局纪检组长石见元视察区工商局廉政建设工作

←浈江区工商局长期坚持开展打击假冒伪劣行为，维护了商家的正当权益，获得好评。图为金龙鱼广东总经销向局赠送锦旗。

→和平工商所登记窗口获得韶关市妇联颁发的“巾帼文明岗”称号。

韶关市工商行政管理局粤北工业开发区分局

厂家送锦旗，表谢意

韶关市工商行政管理局粤北工业开发区分局于2001年11月27日经省编办批准成立，内设4个股(室)，下设2个工商所，编制人员57人。担负着韶关市南郊、西联片、百旺、草鞋洲、沐溪工业园等范围内个体工商户、企业法人、合伙企业、个人独资企业的登记、年检、验照工作，负责市场主体经营行为的监管，受理消费者投诉，组织查处辖区内不正当竞争、走私贩私、传销和变相传销等违法违章经营行为。

2009年，粤北工业开发区分局坚持以科学发展观为指导，积极履行职能，服务地方经济发展，各项工作取得了显著的成绩。先后被省人事厅、省工商局评为“全省工商行政管理系统先进集体”，韶关市委、市政府评为“韶关市创建国家卫生城市工作先进单位”，省工商局评为“抗洪救灾模范单位”，浈江区委、区政府授予“招商引资优质服务奖”，分局党总支部还被市直机关工委授予“先进基层党组织”等荣誉。

走访农村，为合作社排忧解难

2009

韶关市浈江区档案局

2009年12月10日，浈江区委书记刘卫东（左二）、韶关市档案局局长卢中强（右二）和浈江区政府党组副书记麦锦祥（右一）等领导到区档案局（馆）调研。

浈江区档案局、浈江区档案馆于1989年2月成立，为区人民政府正科级机构，实行局馆合一体制，两块牌子、双重职能、一套人员、合署办公。局（馆）内设机构3个职能股室：办公室、档案管理编研股、党史、地方志办公室(对外称“史志办公室”)。编制5人，其中局（馆）长1名，副局（馆）长1名，股长职数2名。

2009年，区档案局按照区委、区政府的要求，以“满足人民群众的文化需求”为主线，积极开发档案信息资源，产生了大量的反映和记载全区物质文明、精神文明和政治文明建设以及体现改革发展成果的珍贵档案资料。目前，区档案馆保管的档案资料共24037卷（件），其中文书档案7905卷和1052件、基建档案61卷、会计档案333卷、已故人员档案65卷、专门档案10321卷、照片31册共1873张、实物档案828件和各类图书资料4493册。这些档案资料已经过数据扫描、微缩、复印和计算机编目检索。并还将档案进行光盘存贮。目前，全区5个镇5个办事处和39个区直单位全部建立了档案室，其中6个单位的档案室被评为省特级档案室，16个单位的档案室被评为省二级档案室达标单位。

2009年12月26日，浈江区档案局召开年终总结会议。区档案局局长黄哲锋（上图左一）在会上总结了2009年档案工作，部署了2010年档案工作。下图为区档案馆的荣誉室。

2009年12月10日下午，韶关市档案局副局长申爱平（左一）在浈江区档案管库房检查档案。

韶关市浈江区史志办公室

韶关市浈江区党史、地方志办公室(简称史志办)于2005年成立，负责各级党史、地方志和《浈江年鉴》编纂工作，并指导辖区内部门的专业志、乡（镇）、村志等有关志书编写出版工作。2008年增设《韶关市浈江区志》编辑部，编纂《韶关市浈江区志》，2009年12月底，初步完成了《浈江区志》的编纂工作。200余万字的《浈江区志》记述了浈江区在各个时期所发生的大事、要事，涉及天文、地理、经济、政治、军事，文化、教育、卫生，人物、生活、风俗、文物古迹等方面的史实，较为全面地勾勒出了各个时期的浈江概貌，揭示历史发展规律，预计《浈江区志》于2011年12月底完成终审。

《浈江区志》编辑人员在区档案馆查找有关浈江区的历史资料和照片。

《浈江区志》编辑部全体成员合影。主编黄哲铎（左五），副主编苗仪（左四）、曾万利（右四）、何露（左二），编辑赵华（左二）、李琛（右二）、于凤玲（右二）冯敏（右一）、林小琴（左一）。

2009

韶关市浈江区犁市镇

犁市镇位于韶关市北郊13公里，北与乐昌市相接，东与仁化县交界，西与乳源县相连。全镇总面积305平方公里，总户数10140户，总人口4.63万人，下辖15个村民委员会共164个村民小组和 1 个居委会。

犁市镇水陆交通便利，是通往乐昌、乳源、仁化县的交通要道。省道246线、248线、京广铁路、武广铁路及广乐高速公路，武江均从辖区越境而过；2009年开通了到市区的公交车，各村道路基本实现了与省道相通，构成网络，交通方便。

2009年，犁市镇倾力招商、大胆实践，引进了投资30亿元的比亚迪汽车项目，投资7亿元的汉鸿木业和上百家企业入驻浈江工业园区，制定和实施了“三二一一”发展工程，初步探索出了一条较好的发展路子，实现了经济社会的快速发展。2009年，全镇财政收入1931元，同比增长20%；税收5080万元，同比增长16%（国税收入3149万元，地税收入1931万元）；农民人均收入5326元，年均增长8%。

10年来，犁市镇先后被市、区评为“抗洪救灾先进单位”；连续两届被市委、市政府授予“文明镇”；连续10年获韶关市“人口与计划生育先进单位”荣誉称号。

2009年9月6日，省、市军分区及浈江区领导出席犁市大为中学揭牌庆典活动。

犁市镇为庆祝改革开放三十年，举行“犁市历史上第一盛会”。图为镇党政班子成员带领机关干部上台高歌。

犁市镇党政领导每年组织离退休老干部及城镇周边的老人，在韶关市七县三区目前唯一乡镇级公园—犁市人民公园欢度“九·九”重阳佳节。

犁市城镇全景

东河街道办事处

浈江区东河街道办事处位于韶关市区东北部，坐落莲花山南麓，地处北江支流上游口的浈江下游段。辖区总面积4.2平方公里，常住人口4.5万人，下辖6个社区居委会。

2009年，东河街道深入贯彻科学发展观，以经济建设为主线，扎实推进各项工作，实现税收总额185万元，比上年增长110%，其中房产税16万元，比上年增长120%。

10年来，东河街道办事处在三个文明建设中取得了显著的成绩，先后被评为“广东省城市体育先进社区”、“全国城市体育先进社区”、“先进基层党组织”、“韶关市文明单位”、“韶关市人口与计划生育先进单位”、“韶关市抗洪救灾先进单位、韶关市信访工作先进单位”、“韶关市卫生标兵单位”、“韶关市人民调解工作先进单位”、“韶关市创建国家卫生城市先进单位”。

东河街道办事处在六楼会议室召开2009年度人口与计划生育工作会议。

东河街道办事处在启明北健身广场举行隆重仪式，率先在全市启动创建全国和谐社区建设示范街道。

东河街工委在六楼会议室召开廉政风险防范管理工作动员会。街工委书记刘子龙（主席台左三）作动员报告。

东河街道办事处启明北社区文明礼仪课

2009

韶关市第二中学

韶关市第二中学创办于1957年，现为广东省一级学校。该校坐落于市区浈江南路，占地面积为35805平方米。学校所有的教室配备了多媒体计算机平台，有300个座位的计算机多媒体阶梯课室两间，有语音实验室、理生化探究实验室、舞蹈室、科技室、电子阅览室、生物标本室等功能室50间。学校现有教学班43个，学生2200多人，在职教职工165人，专任教师154人，高级教师60人，一级教师84人，中级以上教师占专任教师总数的93.5%。3年来，学校先后被授予“全国绿色学校创建活动先进学校”、“全国群众体育先进单位”、“广东省中小学教师继续教育校本培训示范校”、“韶关市文明单位”、“韶关市现代公民教育活动示范点”、“韶关市‘英东杯’十年文体活动先进集体”、“韶关市心理健康教育示范学校”、“韶关市先进职工之家”、“韶关市排头兵实践活动先进集体”、“韶关市卫生标兵单位”、“浈江区基层党组织建设先进单位”等荣誉称号，并于2008年经广东省教育厅组织的专家组全面评估，被评为广东省普通高中教学水平优秀学校，成为市区非重点中学唯一达到“优秀”等级的普通高中，目前在申报广东省国家级示范性普通高级中学初期督导验收。

韶关市第二中学现任校级领导班子成员集体相

韶关市第二中学校门

2009年，韶关市第二中学全面推进素质教育，以培养学生的创新精神和实践能力为重点，教育教学质量稳步提高，学生德育考核优良率历年均超过省一级学校A类标准，校学生参加高考创出佳绩，本科上线人数为127人，首次突破高考本科上线人数超百人大关，

市区同类学校本科上线人数和上线率之首；专科以上上线人数为573人，超过市教育局下达给该校高考上线任务77人，上线率为85.3%，超过全市84.5%的上线率。低分招入，高分考出，效果显著，体现了该校教育教学突出的“深加工”能力和办学特色。

学校体育馆

学校实验楼

曲仁中学

省、市、区各级领导莅临指导

曲仁中学地处浈江产业园内，创办于1958年，原隶属曲仁矿务局，是广东省煤炭系统重点学校，2004年划归韶关市浈江区，为广东省一级学校。学校占地面积365亩，校园依山而建，环境优美，绿树如荫，布局合理有序，是学生求学、生活、陶冶情操的好地方。

2009年，在市、区党委、政府与教育部门的领导和关怀下，学校教育教学设施设备不断充实。20多个先进的电子白板型多媒体课室、200多台教学办公电脑，实验室、语音室、电子阅览室、舞蹈室、美术室、探究室、钢琴房、体育场馆等教学设施、学生活动场所一应俱全，能满足教学各方面的需要。

学校现有教职工130人，其中中高级教师80多人，培育了一支“思想求新、工作求严、治学求真、教学求精”的高素质的青年教师队伍，有多人被评为“南粤山区优秀教师”、“韶关市优秀教师”、“韶关市山区优秀教师”、“韶关市优秀班主任”。他们朝气蓬勃、团结拼搏、敬业爱生，学历达标率97.2%，经过不断努力，逐步提升了适应现代课堂教学的创新能力。

学校始终以素质教育为中心，提出“明德、自强、严谨、创新”的校训，坚持以“办人民满意的教育”为办学宗旨，积极倡导“以人为本，和谐发展”的办学理念，不断优化内部管理，抓好教学常规，更新教育教学手段，教学质量稳步提升。全面开展“年级管理、分类教学”的改革实验，强化教学的针对性和实效性，使不同层面的学生得到发展，成效显著。近年来，在各级刊物发表或获奖的论文有110多篇，各种教学竞赛获奖20多人次；在同类普通高中学校中，高考上线率居同类学校前列。

在管理网络中，构建以年级组为核心的管理机制，责任落实，管理到位，形成了“自信、自律、勤思、笃学”的学风；封闭式校园管理，各班实行晚自习科任教师坐班制；运行分类教学模式，强化美术、音乐、体育术科教学，艺术类考生专业本科上线率在60%以上，在全市同类学校中人数最多。

学校始终以教学质量为工作中心，虽然办学主体几经流转，但教学质量稳步提升，不断进步，在同类普通高中学校中，成绩始终名列前茅，得到了社会和学生家长的认可。

崭新的教学大楼拔地而起

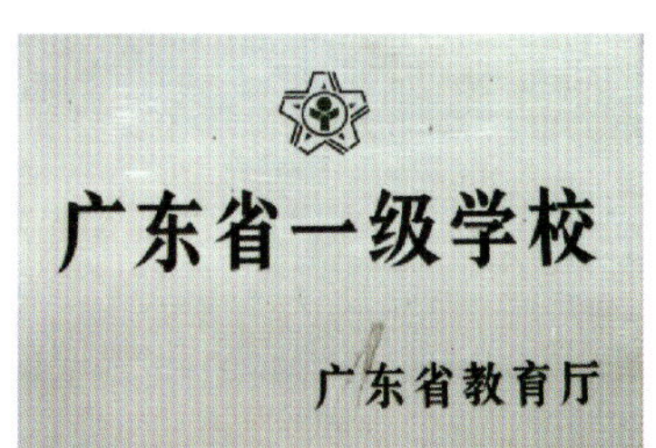

广东省一级学校

广东省教育厅

曲仁中学校晋升为“广东省一级学校”

校园中心园区

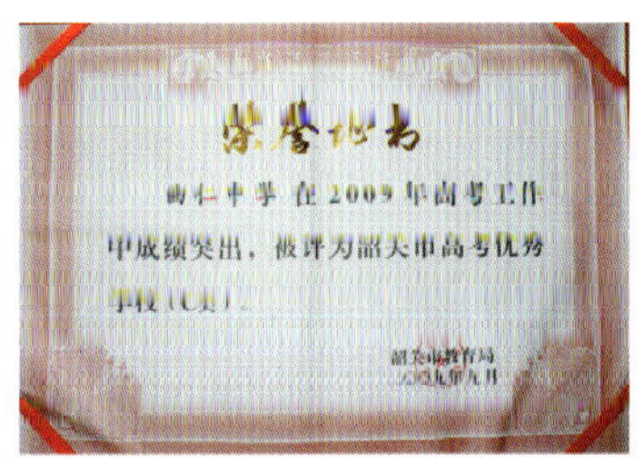

曲仁中学 在2009年高考工作

中成绩突出，被评为韶关市高考优秀

学校获得“2009年高考优秀学校”

2009

浈江产业

2009年5月11日，省长黄华华(左三）视察浈江产业园建设

中山三角（浈江）产业转移工业园(以下简称“浈江产业园”)于2006年正式成立，为“广东省产业转移工业园”。

浈江产业园主导产业定位明晰，着力培育汽车零配件和机械制造加工特色产业，园区分为“三大产业功能区”（即汽车零部件产业区、机械装备制造加工产业区和高档家具制造产业区）。

浈江产业园区位优势明显，具有良好的产业集聚条件。园区紧靠市区，便于依托城市各种优势，接受城市人流、物流、信息流和资金流的辐射，具有承接产业转移的良好条件。省道248线毗邻而过，省道246线和曲仁铁路专用支线贯穿园区，城市公交线路直达园区，广乐、韶赣高速公路连接线在园区旁设置出入口，京广铁路黄岗货运站和犁市水运码头距园区

2007年3月28日，副省长佟星（前排中）来韶调研产业转移工业园建设情况

2006年6月6日，中山三角（浈江）产业转移工业园挂牌暨项目签约开工仪式

2009年2月20日，中科院专家在市委书记徐建华（中）等领导陪同下视察产业园

转移工业园

仅一里之遥。不仅陆路、水运交通便利，而且供水、供电基础设施建设日益完善，三条10kVA专用线直入园区，保障企业用电需求。

经过3年时间的努力，浈江产业园区已签订项目投资协议85个，投资总额超过80亿元，其中三大产业龙头——比亚迪汽车基地45亿元、中国镁业25亿元、汉鸿木业7.5亿元。现已建成投产企业32家，在建项目9家（包括比亚迪和汉鸿木业）。以上项目入驻、建设、投产并达到产能后，年产值可达 85亿元以上，创税5亿元以上，提供就业岗位15000个。

今日浈江产业园区，政策环境宽松，用地、用水、用电和财税扶持等方面享受广东省产业转移政策的优惠，是个投资兴业的首选地，竭诚欢迎海内外有识之士前来浈江产业转移工业园观光考察，投资兴业，共谋发展，共享双赢。

2009年12月27日，比亚迪韶关汽车基地项目奠基

2007年11月8日，全民创业园暨嘉昶实业奠基仪式

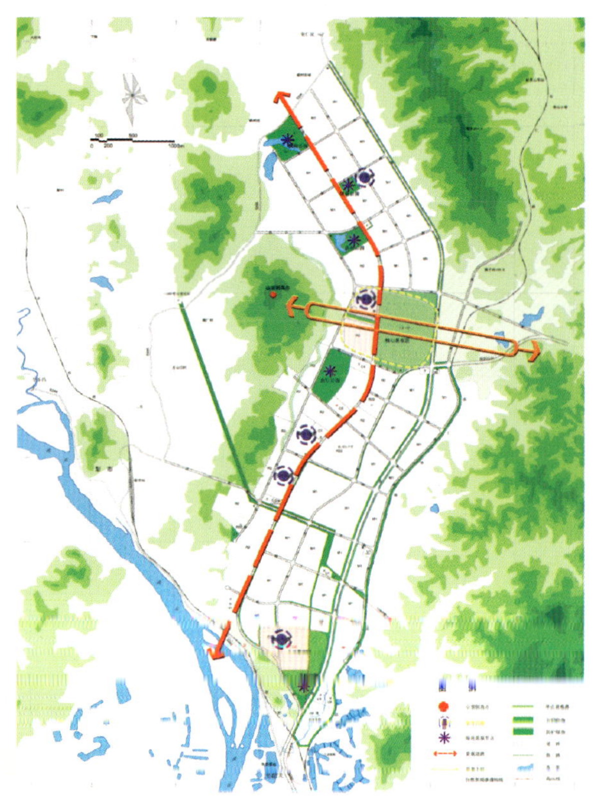

中山—角(浈江)产业转移工业园景观系统规划图

2009

韶关市中小企业创业基地

综合部

中小企业产品展示厅

为贯彻落实省“双转移”战略部署，推进韶关市全民创业工作，进一步发展、壮大民营经济，市委、市政府决定在韶关市莞（韶）产业转移工业园建设韶关市中小企业创业基地，将其建设成为一个产业集聚度高、主导产业突出、产业配套齐全、生活设施完善的中小企业创业示范基地。该基地规划面积1000亩，分三期开发建设，由政府主导，吸引民间资本投资建设标准厂房，以优惠的价格出租给创业的中小企业，降低中小企业创业成本。

基地企业生产车间

该创业基地位于韶关市莞（韶）产业转移工业园浈江黄岗片区，距市中心 8 公里，省道 246 线、曲仁铁路专用支线纵贯园区，广乐高速公路规划在园区附近与犁市互通，陆路、水运交通便利，具有良好的产业集聚条件。

2009年，中小企业创业基地一期建设已完工有26家企业进驻，创业基地二、三期建设完工后产值将达到10亿元，年纳税将超5000万元，提供就业岗位约2000个。

韶关市中小企业创业基地大门

厂房

韶关市中机重工锻压有限公司

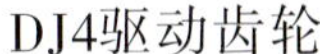
DJ4驱动齿轮

大秦重载铁路动车组机车

钻井平台舷管与齿条

韶关市中机重工锻压有限公司坐落于广东省韶关市浈江业园内，注册资本1000万元，占地98亩，二期工程完成后厂房面积约30300平方米。装备4000t水压机，8T电液锤，3T电流锤，18M热处理炉及相应的配套设备，年生产锻件产品5万吨，大型锻件热处理能力2万吨，为华南地区最具研发能力的大型锻造厂。

公司的主导产品为动车组传动装置专用锻件；海洋石油钻井平台桩腿齿条及舷管；超临界发电机组高温高压三通管件；动力机械锻件（电机、汽轮机、鼓风机、水轮机的轴件）；冶金机械锻件（轧辊，穿管芯棒、卷板机的主轴和扇形板）；大型齿轮；大型模具钢（冷作、热作、塑料）；石油石化（石化管件、钻井平台提升传动系统）锻件等；陶瓷机械（压力机）锻件；船舶用锻件（尾轴、曲轴、曲柄等）。

公司以拥有冶金、锻造、热处理等专业的高级技术人才为立足点，以新产品研发为先导，以产品运行可靠、寿命周期长、性能价格比高为经营目标。我公司科研人员与中海油、宝钢合作，成功开发替代进口的海洋石油钻井平台专用齿条钢（ASTM A517Q），为TSC海洋集团提供了高强度耐低温的海洋钻井平台升降传动系统锻件；为第二汽车制造厂生产出高寿命的热作模具钢；为陕西鼓风机厂组织生产高性能要求的高炉热能回收透平机主轴等；与武钢合作完成了大截面模具钢整体调查质工艺制定及生产应用，解决了国内700MM大型模具的预硬化问题。与郑州机械研究所合作研发出替代进口的动车组传动装置的专用锻件，其产品已成功批量装置于大秦铁路货运重载动车组。这些产品的开发得到了市场的充分肯定。

韶关中机重工锻压有限公司将以科研为先导、新产品开发为主题，生产出具有国际竞争力的优质产品。为我国装备制造业提供最优质的锻件。

高寿命穿管芯棒

电厂高温高压三通管件

锻制的前轴产品用于载荷卡车

2009

广东恒州路桥

广东恒州路桥建设有限公司系一家集房屋建筑、市政工程、公路工程、房地产开发等于一体的综合性的企业。目前，公司在职人数68人，其中各种工程技术人员50人，管理人员18人。

公司秉承“发展中求稳定，稳定中求发展”的经营宗旨，坚持走多元化、拓展新市场的经营思路。多年来公司与本省、外省、市、地区有关公司共同合作，在房屋建筑、市政道路、高速公路等工程建设方面取得了骄人业绩，曾获得国家市政金杯示范工程奖2项，广东省建设工程金匠奖3项，广东省优良样板工程奖项，打造了良好的企业信誉和品牌。

发展是企业永恒的主题。公司本着诚信、友好、互利的原则，愿与社会各界朋友、同行广泛合作，在竞争中互相支持，同谋发展，坚定不移沿着“一快三好”（速度快、质量好、管理好、服务好）的发展方向迈进，共创美好的明天。

韶赣高速公路A07标浈江大桥

韶赣高速公路A07标柴塘三桥

韶关大道立交桥

建设有限公司

荣誉证书

揭英拔先生：

鉴于您长期以来热心社会公益事业，特别在汶川地震援助活动中贡献突出，特授予您粤商爱心奖。

特发此证。

广东省青年企业家协会 广东省青年商会
二〇〇八年九月十七日

荣誉证书

深圳市市政工程总公司

韶关市韶关大道二期(土建标)工程被评为2009年度市政金杯示范工程，特予表彰。

中国市政工程协会
二〇〇九年十二月

荣誉证书

广州市市政工程机械施工有限公司

韶关市韶关大道二期(土建标)工程被评为2009年度市政金杯示范工程，特予表彰。

中国市政工程协会
二〇〇九年十二月

获2003年度广东省建设金匠奖的韶关市第一中学教学综合楼工程

韶赣高速公路A07标路基工程

韶赣高速公路A07柴塘一桥

2009

韶关市丽景房地产开发有限公司

董事长 林国超

韶关市丽景房地产开发有限公司成立于2003年7月29日，是房地产开发的专业公司。公司开发的项目有丽景花苑、聚群综合楼。

公司采取现代企业管理模式，以董事会为核心决策层，拥有一支技术专业、团结合作、开拓上进的优秀员工队伍，充分保证公司的专业水准和创新能力，以科学的经营管理，保障公司长期稳定地发展。

长期以来，公司本着“我们开发的是土地，生产的是建筑，营造的是文化”的理念，致力于推动韶关市房地产业的发展，优化韶关市人居环境，在开发项目中倡导“以人为本”的思想，致力打造“高质、健康、环保”的居家生活典范。

今后，公司继续努力前进，向社会奉献更多住宅精品，以前瞻的观念、先进的技术、优秀的品质、高效的服务为社会各界人士创造幸福、创造快乐，创造美好家园！

捐资助学 功德无量

赠：韶关市丽景房地产公司

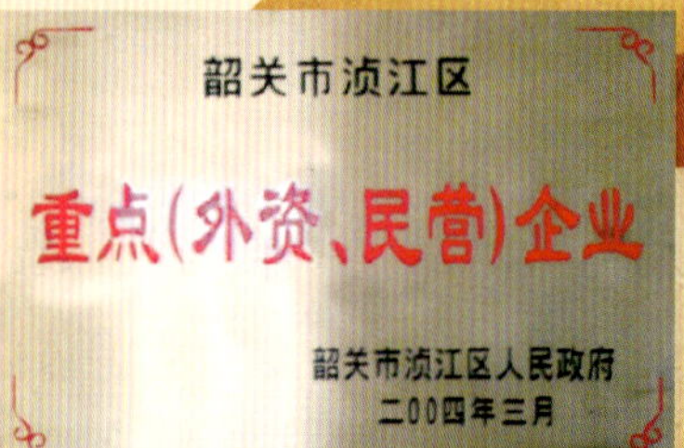

韶关市梨苑实业有限公司

御景园小区文化墙

御景园住宅小区全景

韶关市梨苑实业有限公司位于浈江区韶南大道北100号，始建于2000年，先后开发了梨苑花园、金苑大厦金沙广场、福景园、御景园住宅小区等。

公司本着诚信、大众化的营经理念，自成立至今，多次被评为“先进纳税单位”和“重合同守信用单位”；在经营过程中也不忘回报社会，积极响应政府号召，参与社会公益事业。

公司将一如既往参与本地经济建设，秉承“以人为本，诚信经营，稳步发展”的宗旨，以贴近百姓生活为目标，打造居住舒适、环境优雅的住宅小区，为韶关的经济发展和创建全国文明城市作出自己的贡献。

小区绿化一角

2009

韶关市逸升置业有限公司

“南天豪庭”位于韶关市浈江区韶南大道北112号（粤北工业开发区旁），是韶关逸升置业有限公司在韶投资的首个中高档商住小区，总投资2.5亿，总建筑面积近13万平方米。

“南天豪庭”的设计结合韶关城镇居民的居住特点，融合珠三角发达城市的先进建筑理念，采用澳大利亚与广州著名设计院的设计方案，突出地级优势和园林山水主题，倾力打造具有户型特色、外观气质、价格适中的城南名盘。

公司旗下酒店——“世联商务酒店”位于南天豪庭临街商铺，以现代、时尚、舒适为主要风格取向，设有四星标准的各类舒适型客房150多间，拥有中西餐厅、多功能会议厅，并配有健身房、休闲娱乐设施和大型停车场。是各界人士出差、旅游、休闲的理想居停之所。

南天豪庭鸟瞰图

南天豪庭小区景观

韶关市玖信置业发展有限公司

韶关市玖信置业发展有限公司，成立于2007年4月。目前正在开发的项目“金宏豪庭”商住楼，并2007年9月动工。至2008年4月开盘。

2009

韶关市雅华环保建材产销配送有限公司

雅华外观

雅华建材城位于环境优雅、交通便利的韶关市浈江区韶南大道，经营面积达三万平方米，主要代理TOTO、科勒、特地、萨米特、大自然、菲林格尔、皮阿诺、欧特朗、顶固等一百多个国内外著名建材品牌，是目前韶关地区规模最大、品种最齐、质量最好的一站式装饰材料公司。

雅华公司一直本着“以诚为本，用心为家”的经营理念，二十多年来赢得了广大消费者的普遍认可，被政府及相关部门授予重合同、守信用单位，消费者信得过单位，诚信纳税单位等多个荣誉称号。

雅华公司将不断自我创新，追求卓越，致力提高公司的服务水平，一如既往为消费者提供品种齐全、质量保证、价格合理的商品，继续保持在韶关建材行业的领先地位。

2009

韶关风度置业发展有限公司

韶关风度国际大酒店（暂名）

韶关风度名城全景

韶关风度名城坐落在韶关商业与交通的黄金地段——熏风路与解放路交汇处，位属韶关市商业最为繁华及经济发达的区域，坐拥武江、浈江、曲江三区120万消费人口，是粤北地区首个集购物、餐饮、娱乐、休闲、运动、五星级酒店于一体的商业航母。

韶关市风度名城的项目是由韶关风度置业发展有限公司投资兴建，是韶关市“十一五”重点建设项目之一，该项目由一座23层高的五星级酒店及三层高的大型现代式商场组成，总投资超过7.5亿元人民币，占地面积3.2万平方米，总建筑面积达13万多平方米，是韶关地区乃至粤北地区首个富现代气息的城市标志性的建筑物。

韶关风度名城的建立，正好填补了韶关缺乏现代SHOPPING MALL的空白，集“天时、地利、人和”的优势正好为其奠定了成为韶关商业航母的基础。作为韶关首个SHOPPING MALL，风度名城在项目的整体规划、建筑风格、功能设置等方面融入了当今世最先进的理念。独创科学合理的“复式双中庭”与至具时代感首层直达三层的超长手扶电梯“体验式参与型”消费购物品模式。风度国际大酒店（暂名）更是可每年接待611多万中外旅客中高消费力客户的顶级场所。

购物航母与五星级酒店呼应的配置方式，时尚现代完美结合的外立面造型和建筑设计，气势宏大，令美丽山城韶关，激起无限的青春活力。

商场中庭

韶关风度名城夜景

时尚长廊

韶关市北江建筑工程公司

韶关市北江建筑工程公司成立于1978年，坐落在韶关市西堤北路38号，是韶关市浈江区属集体所有制企业，房屋建筑三级，主管单位为韶关市浈江区建设局。公司主营业务有：土木工程建筑，兼营室内装修、水电安装。企业注册资本920万元，固定资产853万元。近年来平均完成建筑总产值9296万元，建筑面积86000平方米。公司现有技术和管理人员74人，中级职称14人，大专以上学历46人；项目经理24人，一级建造师1人，二级建造师6人。

公司承建“福泉酒店”项目被市建设局、市建筑协会及市质量安全检查站评为安全文明双优样板工程。迄今为止所有承建的项目工程合格率100%。公司遵循“坚持标准、规范动作、科学管理、信守合同、用户满意”的经营原则。以质量和信誉取胜是公司的服务宗旨。

龙洲岛三期商住楼

韶宏工业厂区办公大楼

碧岛华庭商住楼

地址：韶关市西堤北路38号　邮编：512000　电话：0751-8885579　传真：0751-8919778

2009

广东雷霆国药有限公司

韶关市委书记徐建华率领调研组视察雷霆国药，为打造中药强市做贡献

雷霆国药坐落在韶关市浈江区黄岗山麓，花园式厂区。公司前身为原广东省药材公司属下的韶关中药厂，创建于1970年，现已成为一家集药品生产、研究开发、经营批发为一体的民营高新技术企业，是广东省中成药及中药原料加工的重要生产厂家之一。全厂占地面积8万平方米。总建筑面积2万多平方米，建有现代化生产车间，生产使用面积约15000多平方米，仓储面积2000多平方米，中心化验室面积600多平方米。拥有片剂、颗粒剂、胶囊剂、丸剂、糖浆剂、口服剂等9种剂型生产线，年生产能力近亿元。2008年10月，公司所有的剂型和品种再次通过了国家GMP认证。

公司现有员工200多人，其中各类专业技术人员70人，质量管理和生产管理人员共30人。建立有完整的生产、质量管理制度和管理体系，严格执行产品质量标准和检验程序，严把产品质量关，保证产品质量的有效性和安全性。

公司始终重视新技术产品的开发和研究。2002年12月被广东省科技厅认定为民营科技企业；2003年被认定为广东省高新技术企业；2005年被韶关市科技局、经贸局、发改局批准组建了“韶关市粤北道地中药材及药物剂工程技术研发中心”。由公司独家研制生产并拥有自主知识产权的系列产品“冠心康片”、“解毒降脂片”已被收录为国家药品目录，曾荣获广东省科技成果奖，属国家中药保护产品。2004年以来，又相继开发了“冠心康胶囊”、“解毒降脂胶囊”、“金樱子胶囊”等新产品。为了解决我公司独家生产品种冠心康片的原料供应，确保原料质量。为进一步提高产品质量，公司于2009年10月成立“韶关市康人中医药研究所”，进行中医药制剂技术及各种产品的开发与研究和中药材的培育种植。公司在国内首次将珍稀野生南药甘木通引种获得成功，并建立了甘木通药材种植基地。

8年来，公司坚持“健康人生，真情关爱”的企业理念，坚持“守规经营、持续发展、回报社会”的基本发展思路，不断地谋求企业的壮大发展。公司2002年获“广东省医药行业抗击非典模范单位”、“百万义捐先进单位”称号；2004年获“广东省食品药品放心工程示范基地”、“广东省食品药品行业科技质量工作先进单位”；2008获省医药行业“创新企业”。公司的“康人”文字图形商标，2005年以来连续获“广东省著名商标”称号，在业界享有较高的知名度，得到广大患者的广泛认可。

2009年5月，公司董事会决定，将潮州龙华迁入整合雷霆国药。目前，扩建改造工作正在如期进行。企业整合后，力争经过3年的规范经营，把企业推上资本市场，为广大患者提供更多安全有效的产品，满足人民群众的用药需求，谋求更大的发展。

公司地址：广东省韶关市五里亭聆韶路8号　邮政编码：512000　联系电话：0751-8963376
传真号码：0751-8918988　电子邮箱：gdleiting@163.com　公司网址：www.kangren.com.c

韶关市兴亚表面活性剂有限公司

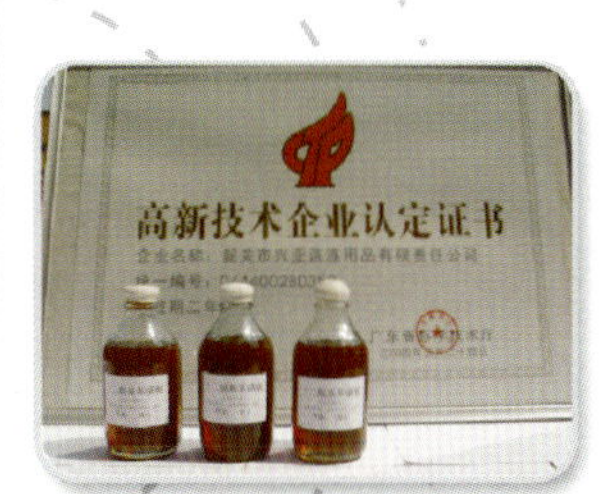

韶关市兴亚表面活性剂有限公司是韶关市兴亚洗涤用品有限责任公司投资人重新投资的一家高新技术企业。位于韶关市浈江区乐园镇长乐村（合成氨厂铁路东侧），用地62.28亩，预计一期工程投资5000万元，创建一座花园式的现代化高新技术企业。目前厂区正在建设中，预计2010年底可建成投产。

公司以生产多种表面活性剂为主，开发国际尖端技术产品，产品有十二烷基苯磺酸（LAS）、AES、AOS、MES、K12等。MES（脂肪酸甲脂磺酸盐），这是一种脱离石油、利用可再生天然资源作为原料进行生产的产品，是一种前景广阔、与我们现在的产品LAS相比更优越的产品。生产的产品主要供给“浪奇”、“广州立白”、“上海白猫”、“中山榄菊”、。K12利用光膜湍流、刮膜蒸发干燥技术来生产，能与进口原料媲美的、市场需求量大的产品。这些产品主要供给“拉芳”、“潘婷”、“飘柔”、“索芙特”等名牌生产厂家。这些尖端产品有良好的市场前景，有较高的附加值。

总体规划：分三期建设。一期拟建磺化装置一套用于生产LAS（洗衣粉、洗洁精的原料）、AES、AOS系列（香波、沐浴液及洗衣粉洗洁精的原料）。二期3.8t/h多功能磺化装置一套用于生产LAS、 K12系列（牙膏、洗发香波的原料）。三期建年产1.5万吨MES（天然环保型表面活性剂，国际高科技产品，用于洗衣粉和其它洗涤产品）生产线一条。

公司建成投产后，年生产能力48000吨，大品种5个，产值可达3.75亿元，年创利税2000万元。

韶关市永安南城百货有限公司

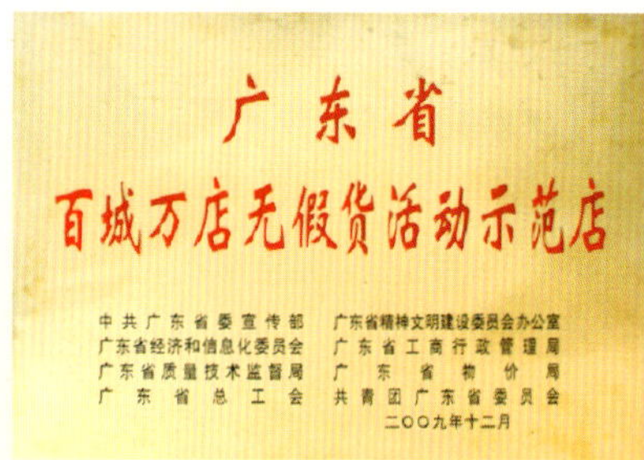

韶关市永安南城百货有限公司成立于2005年3月，位于韶关市浈江区韶南大道2.5公里城市广场。总公司位于深圳市宝安区龙华镇工业大道上塘商业大厦，成立于1998年8月，永安南城百货有限公司门店已经发展到深圳、韶关、江西等地。目前，韶关市永安南城百货已拥有7家分店，分布于韶关市区、乐昌、马坝、始兴、英德等地。公司的发展注重兼顾经济效益和社会效益，本着“开店一家，服务一方”的宗旨，真诚为社区居民服务，积极参与社区各种公益活动，努力树立良好的企业形象。

韶关市永安南城百货连续6年被韶关市消费者委员会评为“诚信单位”，并获得广东省“百城万店无假货活动示范店”荣誉称号，良好的企业形象与品牌最终获得了政府及社会各界朋友的支持和认可。

福源矿冶居民区管理委员会

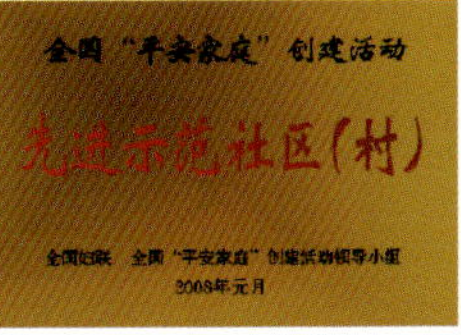

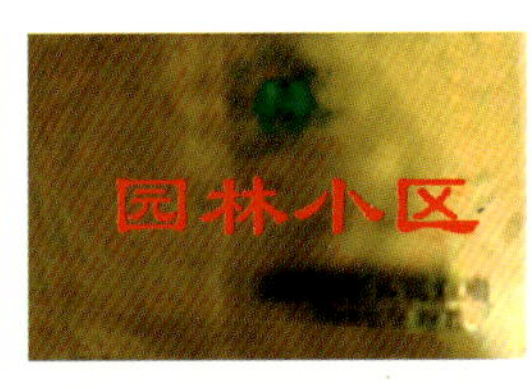

福源矿冶居民区管理委员会是原核工业七四一矿破产后，于2004年10月31日经韶关市人民政府批准成立。居民区由南郊、西郊两个生活区组成，其中南郊生活区占地面积28155平方米，位于韶南大道中七四一矿，西郊生活区占地面积11956平方米，位于武江区建设路一公里。管委会下设机构两部一室，即物业管理部、保障部、办公室。主要的工作职责：一是宣传贯彻执行党的路线、方针、政策，对居民区的居民进行政治思想教育和法制教育，负责居民区治安综合治理，社会救济、拥军优属、计划生育，治安保卫、调解工作，加强社会主义精神文明建设，努力创建和谐文明社区；二是对原企业破产后剥离出来的离退休、退养人员、伤残人员、抚恤人员的日常管理与服务工作。

中共福源矿冶居民区工作委员会，于2004年12月15日经韶关市浈江区委组织部批准成立，9个支部，500多名党员。居民区成立以来，始终坚持以邓小平理论和“三个代表”重要思想为指导，深入贯彻落实科学发展观，以人为本，强化管理，优化服务，在完善居民区的基础设施建设、开展居民区精神文明创建活动、繁荣居民区文化生活、维护居民区的安定团结等方面做了大量工作，居民区公共秩序良好，环境卫生整洁，居民安居乐业。居民区也先后被定为韶关市廉政文化进社区的示范点，韶关市园林达标单位，韶关市卫生社区示范点，全国“平安家庭”创建活动先进示范社区，一户居民被评为“韶关市十大礼仪之家”，一户家庭被评为全国“平安家庭”示范户，居民区在广东矿冶局组织的历届社区管理检查评比中，都名列前茅。

韶关市浈江区太平社区卫生服务中心

2009年11月19日，副市长兰茵（右三）等市、区各级领导主持召开全市新型农村合作医疗现场会

韶关市浈江区太平社区卫生服务中心于2008年8月由韶关市浈江区北江人民医院（浈江区北江人民医院始建于1986年）转制成立。中心地址位于浈江区风度北路6号，辖区人口7.01万人，服务区域辐射覆盖市政府、环园路等19个居委，辖区面积1.8平方公里，是韶关市城镇职工、城镇居民基本医疗保险和新型农村合作医疗定点医疗机构，现有在职员工 68 人，其中有高级职称1人，中级职称21人。中心内设：全科诊室、康复治疗室、妇女保健室、儿童保健室、免疫接种室、健康教育室、健康信息管理室、中医科、放射科、检验科、心电图室、B超室、脑血流图室、胃镜室，康复床位50张，是融预防、医疗、保健、康复、健康教育、计划生育技术服务等“六位一体”的社区卫生服务机构，为居民提供优质、高效、廉价、便捷、安全的医疗保健服务。

2010年5月2日，广州医学院公共卫生与全科医学学院院长王家骥（左一）到我中心指导工作

城区全貌

城区小岛全景

风采楼夜景

五里亭大桥夜景

2009

五里亭大桥

武江桥和西河桥

解放路金康桥

韶阳楼

北伐战争纪念馆

粤北省委旧址

东堤河堤

北江路文化长廊

曲江大桥

特 辑

大事记

全区概况

党政机关

群众团体

政法　地方军事

经济管理

农业　工业

城乡建设与管理

交通 邮电

通信　信息

商贸　旅游　服务

财税　金融　保险

科技 教育

文化　体育

医疗卫生

社会生活

镇街建设

人　物

浈江新闻

往事回眸

政务信息公开

经济社会统计资料

附　录

西堤路全貌

特辑

中共粤北省委旧址　张九龄　余靖

浈江区开展深入学习实践科学发展观活动成效显著

【概述】 2009年3月9日，浈江区委、区政府在区机关综合楼四楼会议中心召开深入开展学习实践科学发展观活动动员大会，区委书记、区人大常委会主任刘卫东作了动员报告，报告提出“党员干部受教育、科学发展上水平、人民群众得实惠”的学习实践活动总要求和“推进浈江区科学发展”的实践载体，为全区学习实践活动指明了方向。在学习实践活动中，全区55个单位和100多个党组织紧紧围绕“党员干部受教育、科学发展上水平、人民群众得实惠”的总要求，切实加强领导，精心组织实施，较好地完成了学习动员、分析检查、整改落实各个阶段的各项工作任务，基本达到了“党员干部受教育、科学发展上水平、人民群众得实惠”的总要求，并取得了明显成效。

【加强舆论宣传】 2009年，在深入开展学习实践科学发展观活动中，区委高度重视做好舆论引导，并在浈江区人民政府信息网、浈江区远程教育信息网、浈江组工通讯等统一开设了学习实践活动专栏3个，以文章、消息、通讯、综述、图片等多种形式组织开展新闻宣传，区级宣传媒体累计发稿达500多条，营造了学习实践活动的强大舆论氛围。同时，全面做好对上报道，在省、市学习实践活动的官方网站、新闻媒体等主流媒体发稿10多篇。另外，认真做好信息简报宣传。据统计，活动开展以来，各参学单位共编发简报460多期，并在省、市委学习实践活动简报刊发信息20多条，在全市位居前列，较好地展示了全区学习实践活动的特色和经验。

【加强学习调研】 2009年，在深入开展学习实践科学发展观活动中，各参学单位领导班子成员、党员干部根据学习活动的要求，结合职能特点、工作岗位，深入村组、深入农户、深入服务对象当中，采取走访座谈、问卷调查等形式，就干部管理、项目建设、党建扶贫、作风建设等进行了广泛深入的调研。区委书记、区人大常委会主任刘卫东，区委副书记、区长张德清等区领导深入到镇、办事处或村、社区或分管战线和联系点进行调研140多次。据不完全统计：全区仅处级以上领导干部深入基层调研并形成调研成果60余篇，查找和梳理出5个方面30余条意见和问题。

【提高干部素质】 2009年，在深入开展学习实践科学发展观活动中，区委先后邀请了省人大退休老领导汤维英、市委组织部副部长姚远通、市宣讲团成员等作专题宣讲报告，为全区400名党员干部做了专题报告。同时，区委还抽调了全区的理论骨干，组建了学习实践活动宣讲团，深入基层宣讲60多场次。各基层也根据区委的做法，组建宣讲团宣讲了30多场次。与此同时，各参学单位还紧紧围绕如何贯彻落实胡锦涛总书记视察兴义时的重要指示精神，如何优化投资环境，如何建设良好生态环境，如何营造和谐的勤政廉政环境；如何围绕本地本部门本单位在推动科学发展中的职能特点、作用发挥的实际，以举办“我为科学发展献一策”大讨论活动和专题演讲比赛活动等。通过学习，使全区广大党员干部对科学发展观的科学内涵、精神实质有了深刻的理解和认识，深化了对中央开展学习实践活动重大意义的认识，增强了学习实践科学发展观的自觉性和坚定性；通过开展解放思想学习大讨论，使全区广大党员干部，特别是领导干部，进一步深化了区（镇、村）情认识，在要不要科学发展、能不能科学发展、如何科学发展这一重大问题上统一了思想，形成了共识；通过广泛开展“五个一”、“请进来、走出去、身下去、请上来”和“万名干部下基层”等活动，广大党员干部纷纷深入基层调查研究，深入群众办好事实事，党性修养进一步得到加强，作风进一步转变，干群关系进一步密切。

【加强基层组织】 2009年，在深入开展学习实践科学发展观活动中，区委紧紧围绕加强党的基层组织建设，除了制定一系列有关加强基层组织的长效机制文件和建立完善科学民主决策、有效整合资源、转变工作职能、改进工作作风、联系服务基层和群众、便民利民服务、矛盾纠纷排查调处、党建工作责任制、村民自治章程、村规民约、村民议事规则、一事一议、村务公开、“一站式”服务等规章制度外，还以贯彻落实党的十七届四中全会精神为契机，把学习实践科学发展观活动同基层组织建设深化拓展年活动有机结合起来，着力在“强基础、强素质、强机制、强示范、强关怀、强创新”上下功夫，使党员的先锋模范作用进一步得到发挥，党组织凝聚人心、服务群众、推动发展、促进和谐的战斗堡垒作用得到进一步加强。

【推动科学发展】2009年，各参学单位在深入开展学习实践科学发展观活动中，通过开展学习实践活动，深化了对科学发展观的认识，明确了推动科学发展的措施，使全区经济快速增长，质量效益明显提升；城镇建设步伐加快，人居环境日益改善；农村经济稳步发展；旅游设施不断完善，发展优势日显强劲。2009年全年生产总值完成26.56亿元，同比增长10.8%；全社会固定资产投资完成24.06亿元，同比增长20.5%；地方财政一般预算收入完成1.75亿元，同比增长16.2%，比年初目标高8.2个百分点，高出全市平均增幅4.33个百分点。地域全社会消费品零售总额完成106.3亿元，同比增长20%。城镇居民人均可支配收入16324元，同比增长8%；农民人均纯收入6056元，同比增长7%。各项社会事业取得全面进步。

【人民群众得实惠】2009年，在深入开展学习实践科学发展观活动中，各参学单位紧紧围绕人民群众得实惠为重点，认真注重为群众办好事实事。并积极争取上级投资，大力加强基础设施建设，大力实施惠民工程，使年初提出的五件实事得到全面落实：一是投入300多万元新建了大为中学教学楼，并于9月份投入使用；二是西牛潭灌区改造工作已启动，申报项目资金4300多万元；三是农村1.16万人饮水安全工程已完工，累计总投资658.1万元；四是5个行政村的农民体育健身工程全面完成；五是投入资金200多万元，实施田螺冲居民区水改工程，居民区已由市自来水公司供水。

（黄哲锋）

浈江区为民谋利推动科学发展

【概述】 2009年，浈江区按照市委提出的“四着力四增强”要求，深入开展“百姓冷暖我先知”活动，积极改善民生，取得明显成效，并受到中央第三批学习实践活动第二巡回检查组的充分肯定。

【夯实党建基础推动科学发展】 2009年，浈江区“围绕经济抓党建，抓好党建促经济”的思路，开展强化“基层组织建设年”活动，并诵过制定印发《浈江区村级规章制度汇编》等一系列规章制度增强干部的执政能力。在班子配备和调整中，注重优化配置，把一批优秀干部选拔到领导岗位，建设成一支想干事、能干事、干成事的干部队伍。开展干部素质教育工程，如犁市镇依托广东青年干部学院，组织中层以上干部及村支部书记、主任上“大学”，通过健全帮扶机制为符合条件的50名农村、城镇困难老党员发放补贴金。保证街道社区一支部一阵地，把社区建设、管理、为民服务活动引向深入。组建18家规模以上非公企业党组织，为提高企业竞争力提供组织保证。在各项活动中，浈江区始终抓住党建工作不放松，促进了经济社会又好又快发展，前三季度全区生产总值同比增长8.1%，财政一般预算收入完成同比增长10.3%，一批重点项目如湾头水利枢纽工程、武广客运专线和韶赣高速公路项目和碧桂园等房地产项目进展顺利。

【“百姓冷暖我先知”助推经济发展】 2009年，浈江区把开展“百姓冷暖我先知”行动作为开展学习实践活动创新的载体，在第三批学习实践活动中全面铺开，各镇（办）党员干部理清发展思路，明确奋斗目标，发展镇域经济的热情更加高涨。犁市镇从“打造品牌推动经济发展”的角度，成立农副产品流通公司，组建专业合作社，发展城郊型蔬菜基地、“梅花香”优质水稻生产基地等，壮大村集体经济，增加了农民收入。东河街道办着眼于“抓好稳定促经济发展”，妥善解决矛盾纠纷，和谐促进经济发展，办事处税收收入比2008年同期增长一倍。新韶镇“抓基础设施建设促经济发展”，调动干部群众推动科学发展积极性，加快推进银山高尔夫球场、东山樱花基地等重点项目建设。车站办事处，借区位优势打造站南批发示范一条街，营造良好招商引资环境，对一些到办事处境内投资的企业主，联系学校解决其子女上学问题，让他们安心投资，推动了区域经济发展和税收增长。乐园镇从“抓机遇促经济发展”出发，借韶赣高速公路在镇城设出路口之机，引入金苹果、华奥汽车贸易、华展危货有限公司等企业，增加经济发展总量，同时利用资源优势发展村级企业，如沙梨园村建设韶关市三鸟批发市场，每年为村集体带来200多万元经济收入。

【干部办实事群众得实惠】　2009年，浈江区积极引导干部为群众多办好事实事，促使人居环境得到不断优化。深入开展乡村“清洁美”工程，城乡面貌明显改善。犁市镇溪头村、黄竹村等8个村党支部共筹集资金37.75万元，带领党员干部修水渠水圳；黄竹、梅塘、五四、黄沙等村党支部多方筹集资金438.3万元，铺设宽4米、总长20公里的村道；黄沙、下陂等4个村先后筹集137万元实施农村饮水安全工程，解决了4500多名群众的饮水安全问题。田螺冲党工委积极争取市、区政府支持，投入537万元启动水改工程改造供水系统，让辖区1500多户居民全部用上卫生、放心的自来水。风采街道办综治维稳中心排查各类信访维稳矛盾纠纷140多件次，较好地维护了社会稳定。

（区年鉴编辑部）

浈江区西堤路

【概述】 2009年，浈江区把文化惠民、构建和谐社会作为新时期文化工作的新思路、新走向、新要求，以重大节日为重点，以传统民族民间节庆活动为主要载体，以传承优秀文化、凝聚全区人民、构建和谐城乡为目标，认真做好文化“三下乡”工作，努力实施“文化惠民”工程，开拓出群众文化活动新局面，受到广大市民、村民的欢迎和好评。

【务实开展群众文化活动】 2009年，浈江区文化部门充分调动各方面的文艺骨干作用，精心编排了以宣传党的十七大精神、廉政文化、解放思想、情系灾区、和谐浈江、拒绝毒品、创卫进城乡等为主题的文艺节目，组织业余文艺演出队、流动舞台车到农村、社区、部队演出21场。3月，区组织一场以“解放思想，深化改革，开创科学发展新局面”为主题的专场文艺节目到田螺冲社区演出；6月，在东联村委进行了一场“情系灾区、韶城同心”的巡回演出，市委宣传部及浈江区委宣传部、组织部领导亲临现场观摩演出，节目形式有舞蹈、小品、魔术、口技、独唱等，共有1300多名社区居民、村民观看了这两场演出。在第六个全国“公民道德宣传日”和第八个“全民国防教育日”中。浈江区文化部门与区武装部、区委宣传部联合在金沙社区举办了一场以公民道德建设、国防教育为主题的文艺演出，业余演员的精彩表演，使现场几百名观众受到了生动形象的道德、国防教育。

【努力传承中华民族文化】 浈江区具有深厚的历史文化底蕴，文化旅游市场前景广阔。2009年，区委、区政府主管领导和区文化部门负责人多次带领调研人员，深入到农村、街道，对浈江区范围内的十里亭湾头清代古村、靖村张九龄庙遗址、犁市当铺、五里亭抗战时期中共粤北省委旧址、翁江会馆等进行调研考察，力求掌握第一手资料，为开发文化旅游产业打下了基础。为了能使区内非物质文化遗产“舞春牛”更好地传承下去，浈江区委、区政府主管领导和区文化部门负责人亲自带领文化馆的工作人员深入农村、社区做好培训、辅导工作。6月28日，全市世界文化遗产纪念展演活动隆重举行，浈江区非物质文化遗产“舞春牛”的演出受到热烈欢迎，为丰富韶关非物质文化遗产宝库增添了一项重要内容。

【重点营造创卫氛围】 2009年，浈江区文化部门充分发挥文艺宣传作用，结合实际制定了《浈江区创卫创园文艺巡回演出方案》，以营造创卫浓厚氛围、增强市民的创卫意识、动员广大市民创建整洁优美的市容环境迎接国家专家组的暗访，并于10月31日晚上在风度名城广场进行了首场演出，业余演员的精彩表演，博得了现场1000多名观众的热烈掌声，同时受到一场生动的创卫知识教育。

年内，浈江区加大对网吧、歌舞厅、游戏机室等五小场所卫生管理力度，分别召开了歌舞厅、网吧、游戏机室创卫工作暨健康知识培训会议，参加培训的文化娱乐场所经营业主有90多人，进一步提高业主们卫生知晓率和卫生行为形成率。

（区年鉴编辑部）

区机关干部与群众打扫环境卫生

【概述】　2009年，浈江区政府带领全区干部群众战胜各种困难、奋力前进，圆满实现年初确定的经济社会发展目标。

【十年树木　百年树人】　2009年，浈江区为加快教育事业的发展，区属教育单位全面贯彻落实义务教育减免政策，共减免学生书杂费1146.28万元。全区小学入学率、巩固率和毕业率均为100%，初中入学率、巩固率和毕业率分别为100%、98.8%和100%，“普九”成果得到进一步巩固。高中阶段毛入学率为92%，超过全市平均水平5.5个百分点，位居全市第一，提前完成市下达的指标。

【想民所想　忧民之忧】　2009年，浈江区完成区属医院转型为社区卫生服务中心的试点工作，城乡公共卫生水平有效提高，新型农村合作医疗参合率达到100%；就业和社会保障体系进一步健全，辖区各就业服务机构推荐3700多人次实现再就业，全年发放低保金407.99万元，做到应保尽保。农村劳动力培训完成年度任务115.6%，新增农村劳动力转移完成年度任务的208.7%；人口计生工作迈出新步伐。浈江区在全省率先启动“关爱女孩行动”安居工程，首批10户家庭已在2008年春节前喜迁新居；全面启动“生育关怀”活动，首批61户贫困计生户得到资助。

【丰富群众生活】　2009年，浈江区不断丰富外来工、农民工的文化生活，组织文艺演出队伍深入基层演出16场（次）。成功举办外来工迎春体育活动、第二届农民运动会和广东省第四届“莱斯杯”毽球锦标赛，完成10个行政村的农民体育健身工程，营造了全民健身良好的氛围。成功创建省残疾人社区康复示范区。

【安民居　保民安】　2009年，全区以抓好安全生产“隐患治理年”各项工作为契机，扎实开展安全生产专项整治，没有发生较大安全生产事故。严厉打击各类违法犯罪活动，刑事案件发案率下降4%，维护社会治安稳定，有力保障了人民群众的生命财产安全。严厉打击非法传销和生产、销售假冒伪劣产品等违法行为，较好地规范了市场经济秩序。

【加强基础建设　美化生活环境】　2009年，浈江区职能部门切实加强“六乱”整治、创卫基础设施建设、“四防”装置清理维护、清扫保洁等工作，不仅美化了市容市貌，还为全市创卫工作顺利通过国家暗访作出积极的贡献。农村沼气建设、农房改造全面完成市下达的任务。解决了农村1808户8337人饮水安全问题。2个新农村建设市级示范点分别获得市二等奖、三等奖。

（区年鉴编辑部）

文物普查

【概述】　2009年，浈江区启动第三次全国文物普查田野调查工作。20世纪50年代和80年代曾先后开展两次全国文物普查，由于当时各方面条件所限，以及观念、认识上还有一定局限性，漏查现象比较普遍。此次文物普查与前两次普查相比，涉及的不可移动文物包括古遗址、古墓葬、古建筑、石窟寺和石刻、近现代重要史迹及代表性建筑等6大类59个小类，规模大、涵盖内容丰富。至年底，区文物普查办悬挂“文物普查、利国利民”等宣传标语10多条，印发“保护文物、功在千秋”文物普查知识宣传单1万份，发动村民提供文物线索55条，编辑文物普查工作简报38期。

【普查机构】　2009年3月初，浈江区成立由副区长黄德乔任组长，政府办主任邱斌、文新局局长黄海鹰任副组长，成员由文新局、发改局、民政局、财政局及各镇（办）等22个单位组成的第三次文物普查领导小组，并设立文物普查领导小组办公室，办公室主任由文新局副局长谢海涵兼任，具体负责区内文物普查日常工作，同时从市博物馆、区文新局和镇（办）抽调骨干力量组成区文物普查队。

【普查宣传】　2009年，浈江区制定《文物普查宣传方案》，开展文物普查宣传栏，大力宣传《文物法》和文物普查知识，在辖区的大街小巷与镇府农村悬挂宣传标语，印发文物普查知识宣传单，下发登记文物点线索表，以“文化遗产日”等重大节日为契机举办穿插有奖文物普查问答内容的文艺晚会，邀请韶关三家媒体记者跟随普查队员前往文物点跟踪采访，多次在市电视台新闻频道和民生关注频道进行文物普查工作报道，并及时编辑文物普查工作简报宣传普查动态及最新成果。

【文物田野调查】　2009年，浈江区文物普查主要开展田野调查阶段。此次文物普查与以往有很大区别，一是在内容上以调查登录新发现的不可移动文物和历史文化街区、村镇为重点，重视近现代优秀建筑、工商业遗产、传统民居、文化景观、乡土建筑等新型文物的登记工作，拓宽了文物保护的空间与内涵。二是要充分运用数码照相、信息网络、地理信息系统和全球卫星定位系统等现代科技手段，提高普查的时效性和相关标本、数据采集的真实性、完整性。

年内，区文物普查领导小组根据普查特点和区内实际制定《文物普查实施方案》和

《文物普查培训方案》，区文物普查队员认真、细致、全面、科学地了解、考究，为确保文物普查的文字数据真实性，普查工作人员踏遍全区60个居委和375个自然村了解第一手资料。至年底，辖区的文物田野调查工作基本结束并开始进行整理、登录阶段。

文物选介

大成殿 位于韶关市浈江区风采街道办风采路，始建于宋景德三年，明代重建（历代多次维修），坐西北向东南；殿面宽23米，深16.4米，面积695.4平方米。两重檐歇山顶，黄色琉璃瓦，正脊原有石湾彩陶塑双龙戏珠，毁于“文化大革命”时期。该殿建在一高台上，台基为“凸”形，前为月台，后为殿基；台基内皆为夯土，砖石铺面，台基四周用素面花岗岩石板为压栏石，台四周设方形葫芦顶望柱，两柱间设长方形石栏板；月台左、右、前上方设石踏步，前方踏步中间置“鱼跃龙门”浮雕。1960年公布为韶关市文物保护单位。2008年公布为广东省文物保护单位。

大成殿

五里亭中共粤北省委旧址 位于广东省韶关市浈江区十里亭镇良村。为歇山顶，泥砖筑墙，两排9间房。东5间，进深15.25米，总面阔10.8米。西4间，进深4.25米，总面阔13.5米。两排之间有走道，水渠，而以围墙连接，北围墙中开门。旧址长期为韶关市乳制品厂使用，作为办公室，后期作为库房。抗日战争爆发后，中共粤北省委旧址于1938年从广州迁往韶关，之后辗转南雄、始兴，1941年春由始兴迁返韶关市郊良村，领导粤北地区人民坚持抗日战争。中共粤北省委旧址的发现，对于研究广东省委的发展、广东省委在抗战中起到的作用有着重要的意义。2009年4月27日，韶关市人民政府公布五里亭中共粤北省委旧址为韶关市文物保护单位。

中共粤北省委旧址

走马岗遗址 位于韶关市浈江区十里亭镇良村走马岗，为新石器时代遗址。走马岗俗称白虎岗，呈南北走向，椭圆形，相对高度约20米，遗址主要分布在南坡。该遗址发现于1959年，在南北长约250米，东西宽约230米的范围内，面积约57500平方米。以有段、有肩、有段的半圆柄、敞口、低圈足的陶器、扁平或宽边石环的装饰品、交错曲折纹、长方格纹、附加堆纹等纹饰为主要文化特征。1960年、1983年、1985年进行发掘。从出土器物来分析，走马岗遗址除保持自己的某些特点外，与粤北同时期的曲江石峡中层、鲶鱼转，始兴大背岭等典型的山冈、台地遗址是同一类型文化，与珠江三角洲地区的佛山河岩、南海灶岗、增城金兰寺等典型的贝丘遗址也有很多共同特征。依据石峡中层文化介于石峡文化与石峡上层青铜文化之间，参照河岩遗址碳14测定，其年代距今为3000多年。1962年公布为广东省文物保护单位，1978年重新公布。

走马岗遗址

陈江山围楼　位于韶关市浈江区新韶镇陈江村委陈江山自然村内，建于清代，坐西向东，面阔30.7米，内深30.2米，面积927.14平方米。该围楼为石木结构、青砖、灰砂砌筑，平面呈方形，二层建筑，四角为角楼，从残存情况来看，原有楼梯可以攀登。围楼开一正门，门额为“[illegible]安和”字迹模糊，落款为“同治壬戌元年立”，四面墙及角楼均布有枪眼。围楼虽现况很差，但在浈江区并不多见，且有确切纪年，对于研究地方围楼建筑有较大参考价值。

陈江山围楼

上坝围楼　位于韶关市浈江区新韶镇陈江村委上坝村内，建于清代，坐西北向东南，面阔37.8米，内深31，9米，面积约1205平方米。该建筑完全以卵石加灰砂砌筑而成，平面呈方形，两层建筑，围墙高出屋顶瓦檐，形成一个通畅的回廊，有枪眼，并有水渠排泄屋檐泻下的雨水。该围楼东门（正门）门额有“保泰”字样，两侧对联余上联的“孝友传”三字，西门（后门）门额四字字迹不清，经当地老人介绍及辨认为“乐天地命”，两侧上联“祷符轮兵宜安□”，下联“祥发桂黴应启明”。其内房间均已倒塌无存，仅余房基。四角设置角楼，布有枪眼，角楼在地面开一门，第三层再开一门联结顶层回廊。该围楼虽然残破，但从残余建筑情况可以推断出原有的大致建筑特色，对于研究区域内围楼建筑有一定帮助。

上坝围楼

余汉谋别墅　位于韶关市浈江区十里亭镇金凤坪村委韶关油泵油嘴厂后山，建于中华民国。别墅坐北向南，长31.2米，宽18.7米，面积约583.44平方米，建筑总面积645.42平方米。歇山顶，砖（青砖）木结构。正门后门均采用了岭南特色的推笼门，现在仍能使用。除正门后门外，东南、西北角也铺设有阶梯。而东西两侧均有下山石阶。主体建筑有木制吊顶，开7间房，四周有回廊。主体建筑东面原有4栋附属建筑，现仅存警卫室2栋，此外还有1个游泳池掩盖在泥中。

19世纪70年代后这里作为韶关油泵油嘴厂单身职工宿舍使用，现在无人居住。别墅为抗战时期第七战区司令长官余汉谋将军在韶关的一个居住点，对于研究广东抗战、粤北抗战均有重要的历史意义。

余汉谋别墅

余汉谋（1896～1981），字幄奇。广东高要人。抗战爆发后历任第四战区副司令长官、第十二集团军总司令、广东绥靖主任，1940年后任第七战区司令长官，参与和指挥粤北战役。

余汉谋指挥部旧址 位于韶关市浈江区十里亭镇金凤坪村委韶关油泵油嘴厂后山，建于中华民国。坐南向北，分东西两栋建筑，东为指挥部，面阔13.15米，深15.35米，面积201.85平方米，西为营房，长22.25米，宽8.85米，面积196.9平方米，建筑总面积为398.75平方米。西栋为单层6间排屋；东栋建筑歇山顶，前后均有带西式风格的回廊，

余汉谋指挥部旧址

里面设有3间房，每间房之间有过廊间隔，其中第1间房有壁炉式装饰。东栋建筑门窗均是双重设置，分向内向外开。指挥部旧址推测是余汉谋到别墅休息时，随同的警卫、副官和参谋居所及临时召开军事会议的场所。

丝茅坪遗址 位于韶关市浈江区新韶镇

丝茅坪遗址

陈江村委正下村。为新石器时代遗址。发现于1983年，属山冈类型遗址，呈南北走向，相对高度约25米，岗顶平坦；1983年发现时遗物散落在较平缓的西南坡，地面暴露有石锛、戈、刀、镞和几何印纹陶片以及个别宋瓷。从出土的器物来看，与曲江石峡中层文化一致，年代距今约3000多年，处于新石器时代末期。是浈江区内重要的新石器时代遗址。

紫金山遗址 位于韶关市浈江区新韶镇

紫金山遗址

黄浪水村委谢屋紫金山，为新石器时代遗址。发现于1983年，属于山岗类型遗址，其遗物主要有敞口、圈足、器座等，纹饰主要是曲折纹。据了解紫金山在当地指的是埋葬先人的地方，是小高地。

陈江山遗物点　位于韶关市浈江区新韶镇陈江村委陈江山村，为新石器时代末期遗址。1983年第二次全国文物普查时发现。主要遗物为方格纹陶片。遗址所在陈江山现状较差，地貌与当年有较大变化，植物茂盛，现场未能采集到新石器时代文物，有属于其他朝代的碎陶片。

陈江山遗物点

韩家山窑址　位于韶关市浈江区东河街道办启明北路居委韩家山，属于北宋窑址。1974年因修筑铁路贮木场而发现，毁坏严重，规模不复窥见，结构、样式、大小未知；1986复查，散布范围约300平方米，从废品堆积层中采集部分标本有碗、盘、杯、碟、炉等，均为单色釉，主要是青釉、酱色釉。从出土的翻口碗、漏斗形匣钵、香炉造型及胎泥的选用、施釉的方法来看，韩家山窑为北宋时期窑址。韩家山窑址是韶关市区唯一发现的宋代烧瓷窑址，对研究古代韶关地区瓷器生产历史有重要意义。

韩家山窑址

黄罗寨遗物点　位于韶关市浈江区十里亭镇腊石村委黄罗寨南坡近山顶的巨大岩石附近，为新石器时代末期遗址。1983年第二次全国文物普查时发现，之后编写的《韶关市区文物志》中登记为“越王山遗物点”。根据参加过第二次全国文物普查的老同志辨认地理环境，周围村民确认地名为黄罗寨，越王山则不能考证在何处。据老同志回忆第二次普查时在山腰的巨大石岩附近采集到不多的标本。第三次普查中难以采集到标本。黄罗寨遗物点位于韶关市浈江区十里亭镇腊石村委黄罗寨南坡近山顶的巨大岩石附近，为新石器时代末期遗址。主要遗物是三棱石镞，柱形石器，三线长格纹陶片。

黄罗寨遗物点

浸信会教堂　位于韶关市浈江区风采街道办风度中居委风度中路，始建于1922年，坐西向东，宽12.9米，长45.36米，面积

494.4 平方米。由美国南方浸信会出资，差遣山德士牧师建立教会，原建筑是一座中西结合的两进二层楼房建筑，水泥钢筋和青砖混合结构。布瓦硬山顶，由角钢焊接的金字架承托梁檩，二进为礼拜堂，余为神职人员工作地方，后因各方面原因教堂遭到破坏，2006 年原址重建。清末民国初期西方传教士在韶关市区活动范围主要在现风度路，浸信会教堂是其中重要组成部分，对于研究近现代韶关宗教发展有帮助。

浸信会教堂

基督教循道会牧师楼　位于韶关市浈江区风采街道办风度中居委风度中路，建于中华民国，为悬山顶、砖木结构中西结合的近现代三层建筑，坐东向西，面阔 12.75 米，进深 11.98 米，面积约 121.3 平方米。其整体以中央的楼梯间为分割成三部分，中间是楼梯间，三层为阁楼，南北两端则是两层房间。牧师楼墙体完全以青砖砌成。一楼正面中间开正门，为拱形；在一楼楼梯后间隔出三间小房，其中稍大的房间开侧门为牧师楼的后门。牧师楼四面墙体开有窗户，唯有正面六扇窗有窗台，而一二楼窗台亦有不同。一楼窗台在青砖上敷有砂石，窗台下装饰带弧度。二楼仅以青砖砌成窗台及其下的装饰而没有过多的修饰。

近现代史上，韶关市区风度路陆续修建了许多教堂，分属各教派，现在保留下来的已不多。作为基督教循道会在韶关早期活动的旧址，与韶关市文物保护单位原基督教循道会西教士住所有密切联系的近现代建筑，同时也是韶关市区现存不多的民国初期建筑，在宗教史、建筑史等方面都有重要意义。

基督教循道会牧师楼

武城堡　位于韶关市浈江区风采街道办升平路居委前进路帽峰公园西峰顶，为民国时期钢筋水泥建筑。门口方位 80°，平面椭圆形，高约 3.5 米，外墙厚 0.34 米，内宽直径长轴 12.85 米，短轴 4.9 米，面积 61.4 平方米。内设大小规格枪眼 21 个，内周设 0.60 米高、0.76 米宽的射击平台，左右及前方三处大规格的枪眼处的射击台增高 0.50 米并有阶梯上落。门口有匾额书“武城堡”，落款“民国二十三年二月”，原本尚有“李汉魂”字样，现已无存。1931 年，陈济棠割据广东，成立西南政务委员会，任命李汉魂为第三师师长兼广东省西北区绥靖公署主任，辖曲江、南雄等二十余县。是时，李汉魂修建帽子峰碉堡群和韶关市区两江沿岸暗堡。随着韶关市区建设，尤其是河堤改造、帽子峰公园修建，保留下的碉堡已不多。2003年韶关市人民政府公布该堡和帽子峰碉堡及定韶堡为韶关市文物保护单位。

武城堡

主峰碉堡　位于韶关市浈江区风采街道办峰升平路居委前进路帽峰公园主峰，为民国时期钢筋水泥建筑。门方位160°，平面呈圆形，直径9.5米，高出地面1米的围墙上开1门，以及4个枪口；内设八柱支撑顶盖。

主峰碉堡

湘军墓地　位于韶关市浈江区车站街道办广铁一线居委内。1931年重修。“文化大革命”的破坏及修建铁路等原因，现仅有“重修韶州湘军公墓记”碑，为混凝土建造，坐东北向西南，基座呈四方形，上半部为锥形四方体，尖顶。通高6米，碑座高2.3米，宽1.772米，底长1.772米，面积3.14平方米。基座原镶嵌有四块碑，正面即为“重修韶州湘军公墓记”碑，阴刻，为民国十九年谭延闿撰写，背面碑仅余一截，其余碑刻已无存。1924年孙中山先生组织北伐中，湘军是其中一支主要力量，阵亡将士就葬于此，韶关作为孙中山先生组织北伐时的大本营以及出发点，市区内北伐时期遗物几近无存，因此重修碑有其重要的历史意义。

湘军墓地

滇军墓地碑亭　位于韶关市浈江区车站街道办广铁一线居委莲花北路36号后。李根源于1919年初为纪念1918年“南雄之役”滇军阵亡将士而修建墓地，建葬亭一座，立“韶州沙冲坪滇军墓碑”在亭内。纪念亭为石砌，六角攒尖葫芦顶（倒塌），刻花横梁，六柱均刻有对联，分别为唐继尧、李根源、赵藩、孙光庭、岑春煊等人书。作为韶关市区民国早期文物，既是一段重要历史事件的纪念物，同时也有重要的民国早期重要人物及书法家的书法雕刻作品，有较大历史价值、艺术价值。

滇军墓地碑亭

韶关烈士陵园　位于韶关市浈江区东河街道办陵西路居委余公路石门架，坐东北向西南，占地总面积约为26万平方米。韶关是粤北地区革命摇篮之一，民主革命先驱孙中山曾莅韶督师北伐，毛泽东、朱德、彭德怀、邓小平、陈毅等无产阶级革命家都曾在韶领导过革命斗争。在第一、二次国内革命战争、抗日战争、解放战争等历次革命斗争中以李乐天、梁展如、叶发青、余贵等为代表的革命先烈们前仆后继，英勇战斗，献出自己宝贵的生命。为缅怀先烈，韶关市委、市政府于1956年兴建烈士陵园，占地66.4亩。主要建筑物有门楼、纪念碑、瞻仰平台、陵道以及陵道两侧各一凉亭，四周环绕苍松、翠柏、绿竹。是韶关市区重要的爱国主义教育基地，加强保护有助于革命精神的宣扬，也是对革命先辈的尊重和纪念。

韶关烈士陵园

太傅庙　位于韶关市浈江区风采街道办峰前路居委东堤北路太傅街，始建于东晋咸和初年（326年），也称忠惠庙，俗称津头庙，是道教南五祖发源地之一，因历史变迁，现存太傅庙由“太傅府”和“黎母宫”两部分组成。坐西北向东南。太傅庙面阔三开间12.1米，深二进16.4米；黎母宫面阔一开间9米，深二进约18米。建筑总面积约441.2平方米。砖木结构，硬山顶。正门匾额“太傅府”，落款“同治十一年壬申仲冬重修”，上联“千载颂贤明遗爱直同韩刺史”，下联“一隅资保障捍灾无异许真君”。主殿三对方柱各刻联，其中前檐柱有“咸丰二年冬月吉里”的落款，可知在咸丰年重修。右墙外壁嵌有四块碑刻组合成“重修津头太傅古庙流芳碑记”，为道光十五年碑。黎母宫在太傅庙左侧，正门额“黎母宫”匾，其内保存较差，仅余部分墙体、天井、石柱和部分屋瓦，是韶关市区重要的道教场所，对于研究道教在韶关市区传播、发展及市区古建形制等方面有重要的历史价值。

太傅庙

犁市当铺　位于浈江区犁市镇犁市居委人民路南，人民路南96号对门即为当铺原正门及1992年原曲江县保护碑所在。当铺整体建筑坐东北向西南，砖木结构晚清建筑群，分住房、油铺、仓库、铺面四部分，总面积565平方米。正门右侧墙体上有枪眼，当楼为二层硬山顶，外墙顶部有雕塑纹饰。铺面正面墙体也有雕塑纹饰。1984年原曲江县人民政府公布为县级文物保护单位，2006年韶关市人民政府重新公布为韶关市文物保护单位。

犁市当铺

1927年12月朱德率领南昌起义军400多人准备参加广州起义，经韶关时得知广州起义军失败，遂带兵转移北上犁市，以国民党范石生16军140团名义驻扎在当铺休整，朱德化名王楷，住在当铺楼上，至1928年初朱德部离开犁市向北进发。

犁市古码头　位于韶关市浈江区犁市镇犁市居委解放路西段，为原先的犁市渡口。建于清代。现残存17级青石板阶梯，长约7.35米，最宽处约3.05米。阶梯尽头有一古榕树，西距现河堤约25米。犁市镇西临武江，江面无桥梁，两岸居民来往皆靠船只摆渡，码头在犁市交通史上据有重要的历史意义。

犁市古码头

定韶堡　位于韶关市浈江区风采街道办峰前路居委帽峰路帽子峰东峰顶，现韶关市电视台发射塔下。民国时期钢筋水泥军事建筑。门口方位80°。平面呈圆形，直径19.21米，高3.5米。碉堡上分布大小两种规格枪眼37个，其中小的31个（外长20厘米，宽10厘米；内长46厘米，宽40厘米），大的6个（外长50厘米，宽24厘米；内长89厘米，宽45厘米）。内有九条圆柱，设阶梯上射击台。门有匾额“定韶堡”三字，原有落款“民国二十三年二月李汉魂”已无存。

定韶堡

余子武墓　位于韶关市浈江区乐园镇新村村委南郊九公里白芒山麓乳姑山西坡，建于1944年，2006年重修。坐东北向西南。地表半圆形封土堆，水泥结构。花岗岩墓碑为2006年重刻，书“余子武将军之墓”，上款“生于1901年10月20日终于1944年8月3

日抗日烈士”；落款“丽华 美华 爱华 芳华 光华 妙华 叩立”。墓南侧竖立三块碑，其一是2006年重刻的英文碑，其二是1944年归葬韶关时任第七战区司令长官的余汉谋将军所撰并立的“余副师长墓表”碑（高1.60米，宽1.20米），其三是2006年重修所增建的花岗岩质地，以嵌有瓷板，瓷板上印有1992年中华人民共和国民政部所颁发的革命烈士证书。作为抗日战争奋战牺牲的国民党将领之墓，有较高的爱国主义教育意义和历史价值。

余子武墓

余子武（1901～1944），广东台山人，1929年毕业于日本陆军士官学校骑科。1937年参加淞沪抗战，于上海广福镇马家宅之役立下战功，受第三战区嘉奖。1943年升任六十二军一五一师副师长兼政治部主任，1944年8月衡阳会战中壮烈牺牲，归葬于韶关。1945年6月25日国民政府追赠为陆军少将。

莲花山古塔遗址 位于韶关市浈江区车站街道办广铁一线居委森林公园顶峰韶阳楼中心，仅存塔基。建于清代。塔基平面呈六角形，边长5.85米，塔基深2.5米，面积约102平方米。坐东南朝西北，方向是340°。塔基以石灰岩块石砌筑而成，塔门前筑有四级踏跺，下级踏跺石上立有桃形顶角柱石，月台砌成半圆形。塔基面廻廊为石板块铺成，塔心室为青砖横铺叠砌错缝铺垫，室内相对四角用石板和青砖砌成四柱础。

莲花山古塔遗址

从古塔遗址发掘出土的瓦当等建筑材料以及该塔建筑形制结构的年代考证，初步定为清代建筑。清理古塔时发现石匾一块，阳刻“拔地倚天”四字，周边环绕阳刻蝙蝠、如意等吉祥图案，该匾应为古塔门匾。韶关市区新发现的古塔遗址，对于研究历史上韶关市区古塔建筑风格、古塔分布，考证《韶州府志》有一定的意义。

广富新街门楼 位于韶关市浈江区风采街道办老东门居委东堤北路广富新街东。建于民国10年。坐东向西，宽4.47米，厚2.54米。青砖砌成。正面匾额“广富新街”，上款“民国四年冬月”，下款“番禺谢履桐书广州会馆创建”。2003年广富新街整体公布为韶关市文物保护单位。

广富新街门楼

广州会馆　位于韶关市浈江区风采街道办老东门居委东堤北路，原为韶州府城东门太平关附近的东大街，民国时期为民生路。始建清乾隆年间，咸丰、光绪年重修。坐西向东。面阔3.9米，残存内深33.4米，残存面积78.2平方米。门额阳刻“广州会馆”，落款“咸丰十年立秋骆秉章敬书”。进门为会馆仅存的一段青石板路，内进约20米有一砖砌拱门，门上有匾，推测为“尔祉”二字，匾额之上隐约可见一些雕刻图纹。再向内进则完全被拆毁，仅余残墙一堵，墙后是韶关市第四中学。1960年韶关市人民政府公布为韶关市文物保护单位。1960年代因为兴建韶关市第四中学而拆除了会馆主体建筑。2006～2007年东堤路河堤改造时，拆除东堤路两侧众多房屋，广州会馆门牌得以显露出来。

广州会馆旧址

斌庐　位于韶关市浈江区风采街道办老东门居委东堤北路，建于民国。坐东北向西南。面阔23.4米，残进深23米，面积542.8平方米。两层中西结合的骑楼建筑。一楼走道处设方柱支撑。二楼中间两件稍大的阳台，两侧房门外开一小阳台，旁侧墙有雕塑纹饰。屋顶有护栏。抗战时期，广州沦陷后，广东省政府迁到韶关，接任省政府主席的李汉魂将军经常在斌庐接见官员及召开会议。是粤北抗战的一个重要史迹，同时也是韶关近现代建筑的一个典型代表，与东堤北路骑楼建筑群、广州会馆、广富新街、东堤天主教堂形成韶关最具特色的近现代建筑群体。

斌庐旧址

汉成楼　位于韶关市浈江区风采街道办市政府社区居委风度北路市政府住宅东院内，建于民国。坐西北向东南，两层中西结合砖木结构，面阔13.3米，进深17.8米，面积236.74平方米。正门、东侧门采用了具有岭南特色的推笼门。正门匾额“汉成楼”。门前走廊采用两个西式圆柱，二楼通往阳台的门额“兰陵堂”。其一楼、二楼布局相同。一楼正面开两扇窗，西侧及背面均开六扇窗，一楼东墙因为开有侧门，故仅有五窗，而二楼除正面两扇外余皆四扇。内部中央设天井，天井东侧有一旋扶梯登二楼，东侧门即开在楼梯间处。是为韶关市区现存较为完整，较有特色的民国建筑，对研究近现代韶关建筑有较大意义。

汉成楼旧址

荥阳书院 位于韶关市浈江区风采街道办学工街居委和平路始巷头。建于清代，坐北向南，悬山顶、砖木结构一开间9.96米，内深因内部结构几乎完全破坏，推测为两进，深14.43米，残余面积约160平方米。正门有

荥阳书院旧址

石匾“荥阳书院”四字，门两侧对联采用的是红砂岩，风化而字迹无存。其内部结构因被分割为多户住房而破坏殆尽，残余可见圆柱、阁楼等。荥阳书院与位于韶关市浈江区新韶镇陈江村委上塞村潘氏祠堂有渊源关系。荥阳书院为潘氏所建，潘氏始祖来自江西寻乌。对研究市区私塾性质的教育情况以及古建形制等方面有参考价值。

天主教堂 位于韶关市浈江区风采街道办老东门居委东堤中路。建于民国，坐北向南，由天主堂、婴德堂、圣物室三部分组成，为中西结合砖木结构，天主堂面阔6.53米，内深17.7米，面积约115.58平方米，婴德堂面阔15.9米。内深10.35米，面积约164.5平方米，建筑总面积约307.1平方米。天主堂正面墙体采用中式门楼形制，七重琉璃瓦檐，顶部加十字架。正门框加饰一道云雷纹饰边框。门匾“天主堂”。门内左侧角上有旋扶梯可登阁楼。前端有拱形门将天主堂内分割成两部分，后部分为教众、信徒座椅，前部地板高一层布置神父讲台、祭台。祭台右侧有一门通向圣物室。天主堂东15米为婴德堂，亦为中西结合三层建筑。2009年重建。

东堤天主教堂始为奥地利籍耿其光主教所创立的显主会女修院，对研究韶关近现代宗教发展有较大帮助，同时也与东堤北路民国骑楼群、广州会馆、广富新街组成韶关市区最集中的近现代典型风格建筑区域，对于研究韶关近现代城区建设有较大帮助。

天主教堂

广富新街洋楼 位于广东省韶关市浈江

区风采街道办老东门居委东堤北路广富新街4号，建于中华民国，坐南向北，面阔7.2米，总深13.8米，总占地面积99.36米。为西式二层建筑，平面呈长方形，两栋房屋组合，正面有门楼、围墙，后部带一小院落。广富新街门楼有匾额落款建于民国四年，历史上为番禺、南海、顺德等地商人聚居及经商之地，街道基本为岭南特色的民居、商铺，唯有4号的洋楼与众不同，对于研究地方建筑风格、商贸史等方面有重要的价值。2003年作为广富新街整体公布为韶关市文物保护单位。

广富新街洋楼

飞龙庙　位于韶关市浈江区花坪镇奎塘村委古圩场村东约1公里的山峡处，建于清代。坐西南向东北，硬山顶、砖木结构，三开间二进，面阔7.25米，内深10.4米，面积130.4平方米。整体建筑构筑在台基之上，正门前约4米有石香炉，其上有雕花。第二进为五架梁，抬梁穿斗式。采用圆柱，柱础分两层，上部是长条的圆柱形，下为圆盘形。在天井左廊悬挂清康熙五十四年铁钟一口。飞龙庙在当地又称乌龟庙，和当地流传已久的乌龟传说有关。对于研究地方民俗、建筑形制有较大价值。

飞龙庙

碉楼　位于韶关市浈江区花坪镇奎塘村委山下村内，建于中华民国时期，坐西向东，悬山顶，砖木结构，方形的四层建筑，宽2.75米，长3.1米，面积12平方米。第一层向村内开门，使用活动梯攀登，二层开始使用固定木制楼梯。第一层有三个枪眼，二层以上都是八个枪眼。碉楼是近现代山下村为防御土匪，躲避战乱，保护村民而建造的，对于研究地方社会发展、社会状况有参考意义。

碉楼

莲华寺　位于韶关市浈江区犁市镇群丰村委莲塘村口，建于清代，坐东北向西南，硬山顶、人字封火山墙、砖木结构，三开间二进布局，面阔9.96米，内深16.21米，面积168.5平方米。侧脊前后部雕刻，正面墙顶部有壁画。正门前一对圆檐柱，柱础上圆下方。两柱间横梁正面雕刻花纹。正门左壁雕刻马图，配有马鞍，缰绳系柱上；右壁雕刻鹿图，鹿背有一尊插花宝瓶。正门墩基座雕刻有花纹，基座上是平放的石鼓。第二进抬梁穿斗式，十一架梁。两对圆檐柱，无柱础。据村干部介绍本为莲塘一座庙宇，后废弃，近年曾有来自南华寺的僧人过来收拾庙宇，并取名为莲华寺，但终未做成。对于研究村落历史文化及建筑形制有参考意义。

莲华寺

厢廊洋楼 位于韶关市浈江区犁市镇厢廊村委厢廊村南，建于民国，坐北向南，硬山顶、砖木结构，四层中西结合民国方形建筑，长11.99米，宽9.1米，面积154平方米。墙体青砖砌成。屋顶四角有饰物。首层南向开正门，北向有后门。正门两旁各开一小窗，左右两侧窗带穹顶；二楼正面三扇窗带浅弧形顶，三楼两侧拱形柱，中间方形柱，两边柱上有花纹；四层通透，三对方柱围栏。东西两侧首层无窗，二、三层均开有三扇窗，形制相同。四楼与正面相同。北面一楼中间开门，仅西北角开方窗，东北则是砖砌楼梯可以登上二楼。二楼中间也开门，门前有一平台衔接一楼上来的楼梯，二楼内划分为三个区间。楼内每层隔板木质结构，由二楼开始设置木梯可上下。三、四楼正面阳台砖砌成，其内窗皆拱形。据村干部介绍，洋楼是民国时期厢廊村地主建造。是浈江区文物普查所发现的民国建筑中较特别的一栋，对研究民国建筑风格形制、当时社会发展等方面有较大意义。

厢廊洋楼

上溪庙 位于韶关市浈江区犁市镇溪头村委上塘村东，建于清代，坐东南向西北，硬山顶、砖木结构、三开间二进，面阔7.68米，内深10.87米，面积156平方米。墙体为青砖砌成。侧脊起翘。正门前8米有一对柱础，应是上溪庙原有。正门前设圆柱一对，为泥筑成，外敷砂石而成。庙内柱无存，天井青砖砌成，第二进为抬梁穿斗式，五架梁。梅村地区自然村多有村庙，上溪庙就是其中保存下来的一座村庙，对于研究地方民俗、历史文化以及古建形制等方面有一定的参考价值。

上溪庙

嘉祥楼 位于韶关市浈江区犁市镇溪头村委溪头村西南，建于民国，坐南向北，硬山顶、石木结构，五层方形建筑，面长4.83米，宽5，32米，面积25.7平方米。现存四层，文革时期顶层被毁。其墙体为方石所砌成，内部阁板是木制。正门拱形，有石匾雕刻“嘉祥楼”，其中“祥”字已模糊。二、三、四层墙上有枪眼，而第四层西北、东南角突出一间角房也布置有枪眼。据侯氏老人介绍，嘉祥楼是民国时期由侯氏族人集资建成，抗战后期，日寇侵占花坪镇后，由西牛潭附近翻越山岭入侵溪头村，当地村民大多躲入山林，部分进入嘉祥楼坚持抵抗，日寇急切之下不能攻下，只好退出溪头村，溪头古村落得以保存。对于研究粤北地区抗战有一定帮助，同时也是溪头古村落重要组成部分，对于研究地方村落形成发展有一定的价值。

嘉祥楼

侯国如烈士纪念碑 位于韶关市浈江区犁市镇梅塘村委。1950年代水泥砂石建筑。坐东向西，长12.3米，宽5米，面积65平方米。纪念碑耸立在长方形基座上，碑身长方形，正面雕刻“革命烈士永垂不朽”，其上有红色五角星。背面是侯国如烈士之子侯奕光雕刻的烈士简介。基座正面雕刻有烈士简介。纪念碑基座在长方形平台上，平台前是半椭圆形空坪。是为纪念建国初期为土匪杀害的革命烈士而建造的纪念碑，在浈江区文物普查中首次发现，对于纪念革命英雄事迹，弘扬革命精神，有较大的爱国主义教育意义。侯国如烈士生于1907年，1949年参加革命，担任曲江县第五区仁和乡副乡长，1950年农历二月三十日，率征粮队在梅塘水尾村屋背右侧塘边路上被反动武装土匪枪杀，被追认为革命烈士，粤烈字第0112号。

侯国如烈士纪念碑

沙园老庙 位于韶关市浈江区犁市镇沙园村委沙园村，建于清代，坐西北向东南，硬山顶、抬梁穿斗式、砖木结构，为三开间二进布局，面阔10.85米，内深25.5米，面积283平方米。首进正脊隆起，有雕花纹饰，侧脊人字封火山墙，前后起翘部位均有雕刻。正面屋檐下有锯齿状风檐板，屋顶下梁架皆有雕刻纹饰。正门前设圆柱一对，石柱础上圆鼓中八边下方，四面雕花。两侧山墙前壁上部有石雕。正面墙体及山墙外侧上部都有壁画。首进内有圆柱一对。首进后设天井，为青砖铺底，四周用石条构筑。第二进为抬梁穿斗式九架梁。有圆柱两对，为金柱、后檐柱。金柱柱础与正门前柱础相同。后檐柱柱础形式也相同，但规格较小。前檐柱为青砖砌成，方形，其上有雕花，雕花下是对联，上联为“集玉振金声耿耿精灵存万古”，下联为“福善人君子洋洋德意荫千秋”。第二进后原设神龛，已无存。是浈江区保存较好、较有特色的村庙，对于研究地方古建筑形制、村落历史文化有较大价值。

沙园老庙

金龙山岩庙遗址 位于广东省韶关市浈江区犁市镇黄竹村委会矮寨村东北5公里的金龙山（属丹霞山风景名胜区）。遗址坐东向西，重修于民国10年（1921年），泥砖砌筑，占地面积250平方米，岩洞西北约10米处有红砂岩条石砌寨门，门楣楷书阴刻“金龙山”三字，上款为“民国拾年仲冬月重修”。岩口当中有一巨石向岩内悬空，将此岩分为左右二室。右室平放半块“重修碑记”，近岩口有相连二小室，傍巨石而建。巨石上方为佛殿，室内方砖铺地，室墙以条石为基础，上砌泥砖，殿门两侧摆放残碑，左为“奕世流芳”、右为“重修碑记”。此岩庙原有田产，香火颇盛，僧尼常与南华、丹霞两地寺院来往。金龙山岩庙遗址是研究当地历史及宗教文化发展的重要实物资料。

金龙山岩庙遗址

广富新街住宅 位于广东省韶关市浈江区风采街道办老东门居委东堤北路广富新街21号，建于民国。坐北向南，砖木结构，二层建筑。面阔4.58米，内深14.4米，面积约65.9平方米。正门采用岭南特色的推笼门，内部有两座木结构扶手梯可登二层。广富新街门楼有匾额落款建于民国四年，历史上为番禺、南海、顺德等地商人聚居及经商之地，街道基本为岭南特色的民居、商铺，对于研究地方建筑风格、商贸史等方面有重要的价值。2003年作为广富新街整体公布为韶关市文物保护单位。

广富新街住宅

三公庙遗址 位于广东省韶关市浈江区新韶镇水口村委新留塘村黄浪水北岸与浈江相汇处。三公庙始建年代不详，原为祭祀自湖南迁居此地的侯氏三兄弟，故名三公庙。“破四旧”时期庙宇被破坏，仅存天井一处，由青砖砌成。铁钟一口被扔入黄浪水中，近年挖沙时重新发掘出来。1995年附近村民集资重建了风火三公庙。三公庙闻名于附近数个村委，受村民的祭祀，对于当地文化的研究有较大价值。

三公庙遗址

北伐大本营遗址　位于韶关市浈江区风采街道办东堤南居委东堤南路，现韶关市军分区大院内，建于民国，旧址在1980年代被拆除，如今大本营内仅仅剩下当年孙中山与宋庆龄乘凉商谈国事的大榕树。属于三级古树细叶榕，已有150多年树龄。枝叶茂盛，树冠大，直径达40多米，而树根围是15.2米。大榕树北约50米是大本营遗址。1922年在梧州军事扩大会议中孙中山先生决定北伐出师江西，集结于韶关，并设大本营于韶关。1922年5月8日孙中山及宋庆龄抵达韶关，大本营设在当年的南韶连边防督办署（韶州镇台署），即现在的韶关军分区大院内。对于孙中山领导的北伐具有重要的纪念意义，对于弘扬革命传统，进行爱国主义教育有重要意义。

北伐大本营遗址

成国荣墓　位于韶关市浈江区犁市镇沙园村委沙园村路旁，始建于明代，清道光年间重修。墓地坐西北向东南，墓葬为五座坟丘东西向排列组合而成，墓面长12.16米，坟丘最长8米，面积111平方米。以左第二座坟丘为主，其左一座，右分布三座。主坟墓面方形分两层，以青砖砌成，上层顶部圆形。墓碑为“皇明待赠大德望孝慈勤俭讳荣翁成老大人之墓”，上款是“始祖讳国荣公距生于大明正德三年”，下款为裔孙成九科等立，“道光二十七丁未年”重修。其他四座坟皆无墓碑，且墓面顶为拱形。墓地墓面、墓出手皆是青砖砌成。作为浈江区现存较完好的、有确切纪年的清代墓葬，对于研究地方墓葬形制、地方历史文化等均有较大参考意义。

成国荣墓

仙人庙遗址　位于韶关市浈江区犁市镇大村村委原梅村镇区，建于清代，2005年重建。原庙残余一对石灰岩石柱础，在新庙后约6米处土层中有青砖、瓦片堆积物，为原仙人庙的遗留物。仙人庙在梅村历史上具有特别的意义。新中国成立后，梅村地方建立公社时，就以其地有仙人庙而取名为“仙人庙公社”，其后以梅塘和大村各取一字而最终定名为“梅村”，可知仙人庙在梅村地方具有较长的历史及重要地位。

仙人庙遗址

通天塔遗址　位于韶关市浈江区风采街道办环园路居委北江江心小岛。建于明嘉靖二十五年，万历三十一年重建。坐北向南。残余塔基面积87平方米，为八角形，红砂岩石块构筑，在塔门外残存由素砖组成的门台阶在塔基西南方向的地下出土大量的素砖、瓦片和砖制构件，共有13个种类160多件，这些砖构件基本上都是预制件，都是为通天塔特制的，尤其像斗拱、转角桩、曲齿砖、飞椽、正梁柱这些古建筑的木制构件，在通天塔的建筑材料中，均烧制成预制件，这在粤北古塔的建筑史上是不多见的，具有重要的历史价值。

通天塔遗址

莲花山古道遗址　位于韶关市浈江区车站街道办广铁一线居委森林公园莲花山。建于清代，自南向北。面积约480米。保存情况很差，古道断断续续，从断层可见，原主要为石灰岩石板铺成，在较为陡峭的地方还用石条铺成阶梯。路旁有茶亭遗址1处，倒塌残余山墙一部，残长5.77米，厚37厘米，残高约4米，为青砖、砂石建造，原有两块碑刻嵌在内侧墙上，已无存。茶亭原有对联一副，现也无存。莲花山古道历史上连接南部的鹤冲村，北部的山子坝（现在的火车站一带）。是历史上韶州府南郊的一条重要交通道路。其所在的森林公园为韶关市区重要的森林保护地带，也是韶关市民主要的休闲登山场所，古道遗址具备了重要的历史意义及旅游开发价值。

莲花山古道遗址

粤汉铁路桥　（《韶关市志》中又称曲江大桥，原名韶州大桥）位于韶关市浈江区东河街道办启明北路居委启明北路北端自北向南跨越浈江，原长237.84米。清宣统二年（1910年）开工建设，为粤汉铁路株韶段较大工程之一。民国3年（1914）停工，1929年复工，1933年1月1日竣工试车。1944年，国民党军队在抗日战争撤退中炸毁6个墩，抗战胜利后修复。1949年10月7日，国民党军队又炸2、4号墩。1949年11月21日由衡阳铁路管理局广州桥梁队修复，是年12月25日通车。1950年1月18日不中断行车下重修。1964、1968、1974年三次大修。1985年修建衡广复线时废弃，于下游新建复线桥。现存七座桥墩，其中5座在江中，两岸各1座，南岸的桥墩上部损坏一部分。占地约1836平方米。

粤汉铁路桥遗址

粤汉铁路桥是民国至1980年代南北交通大动脉粤汉铁路（京广铁路）在韶关市区的唯一一座桥梁，是粤汉铁路的重要组成部分，而且建造过程涉及外国专家、庚子赔款，在韶关市近现代史具有重要的历史地位，同时在桥梁建筑史上也有其重要的意义。

浈江南岸碉堡 位于韶关市浈江区启明北路浈江南岸，碉堡坐西北向东南，门向350°。面积14.6平方米。原为古塔首层，建造年代不详。平面六角形，砖砌成，平顶，其内用木板改建出阁层，使用活动梯。门口左右侧建围墙。碉堡底层布置十个枪眼，西南面墙有三眼，其中一个内外口尺寸相同，

浈江南岸碉堡

疑为窗。上层布置十八个枪眼。枪眼有大小两种规格，大的内宽69厘米，外宽38厘米，小的内48厘米，外10厘米。根据韶关市区原有的碉堡群、暗堡群修建情况推测，可能同样是1935年前后李汉魂主政韶关时期修建的，其地理位置来看，可能是辅助帽子峰东峰的定韶堡，守卫粤汉铁路桥及浈江江面及两岸。韶关市区河堤改造后，三江六岸幸存下来的民国时期碉堡已然不多，因此有其在重要的意义，同时因为是古塔改建而成，对于考证《韶州府志》记载分布市区的各古塔有帮助。

【文物保护】 2009年，浈江区在文物普查的同时对区境粤北省委旧址、犁市当铺等文物进行重点保护维修，年内聘请华南理工大学建筑学院专家完成犁市当铺（朱德部队驻地旧址）维修保护规划，树立保护标志，并对墙壁屋顶进行保护性修缮。文物普查期间，区境的中共粤北省委旧址文物保护和维修得到省、市、区各级领导的高度重视和大力支持，省委书记汪洋专程到浈江区良村中共粤北省委旧址实地考察，市文广新局和省普查办专家、领导亲临指导，旧址文物得到很好的保护维修，并修建了内容丰富的革命历史陈列馆。此外，浈江区在年内还对北伐纪念馆、粤北省委旧址和犁市档铺（朱德旧居）等见证北伐时期、抗日战争、解放战争时期大批革命家的革命史迹和活动旧址进行了保护，为瞻仰伟人革命史迹，感受中国共产党艰苦卓绝、波澜壮阔的奋斗历程，进行爱国主义教育和革命传统教育，启迪后人饮水思源，激励后代弘扬老区革命精神和艰苦奋斗的光荣传统，开发“红色旅游”，带动区域经济发展起到较好作用。

（区编辑部、区文新局提供）

大事记

共粤北省委旧址　　张九龄　　余靖

1 月

14 日上午 浈江区委在区机关综合楼召开会议，传达学习贯彻省委十届四次全会和市委十届六次全会精神。区四套班子成员及“四办”（区委、区人大、区政府、区政协办公室）主任参加会议。

17 日上午 韶关市公安局浈江分局在风度南路步行街口举办“公安民警大走访、促和谐”现场咨询接访活动。活动当天，区委常委、政法委书记、公安分局局长谢阜生及分局政委刘任华带领法制、治安、刑侦、经侦、督察等部门领导和业务骨干在现场与市民进行面对面沟通和交流，并接受群众相关问题的咨询。

22 日 区委在机关综合楼四楼会议中心召开七届五次全会，区委书记刘卫东代表区委常委会作工作报告，区委副书记、代区长张德清在会上报告 2008 年区经济社会发展情况，并提出 2009 年经济工作意见。

2 月

10 日下午 浈江区在区机关综合楼 301 室召开区农业生态旅游产业园项目建设专题研究会。区领导刘卫东、张德清和区直有关部门主要负责人及广东万方集团韶关市景山农业开发有限公司、韶关市常青恒兴房地产开发有限公司负责人参加会议。

19 日 浈江区“南粤春暖行动”农民工现场招聘会在犁市镇电影院广场举办。招聘会有 25 家企业进场招聘，提供岗位 1000 多个，涉及餐饮、服务、机械、贸易、电子等行业，进场人数 3000 余人，达成意向 241 人，现场签订 623 人，发放“便民卡”、“致广东省农民工的一封信”等宣传资料 1200 份，为农民工免费咨询服务 538 人。

25 日 浈江区在各镇劳动保障事务所建立“返乡农民工就业服务中心”，中心将积极为农民工就业牵线搭桥，力促返乡农民工尽快实现再就业。

3 月

9 日上午 浈江区委在区机关综合楼 4 楼会议中心召开第二批深入学习实践科学发展观活动动员大会，区委书记、区委学习实践科学发展观活动领导小组组长刘卫东作动员讲话，区委副书记何友权就《活动实施方案》和有关问题作说明。

10～12 日 浈江区政协七届三次全体会议在区机关综合楼召开。会议听取和审议区政协常务委员会工作报告和区政协七届二次会议以来提案工作情况报告，听取和讨论区政府工作报告，表彰2007～2008年度先进专业委员会、优秀委员和优秀提案，并审议通过会议决议。

12日　浈江区七届三次人民代表大会召开。会议选举刘卫东为区人大常委会主任，张德清为区人民政府区长，刘文为区人大常委会副主任。

4　月

10日下午　浈江区在机关综合楼4楼会议中心召开全区创卫整改工作迎接省验收和国家技术评估动员大会。

14日下午　浈江区邀请原广东省人大常委会副主任、省总工会主席汤维英，在区综合楼4楼会议中心作题为“用哲学的道理认识人生指导人生待人处世”的学习实践科学发展观报告会。

15日　政协浈江区委员会召开七届十次常委会议，出席会议常委23名，会议增补5名政协委员，审议并通过区政协2009年工作要点及主要工作安排。

21日　区委、区政府组成5个调研组，分赴辖区重点企业开展工业企业大调研活动。

23日上午　浈江区在综合楼1楼会议室召开第一季度经济工作分析暨工业企业大调研座谈会。

27日上午　浈江区在区机关综合楼4楼会议中心召开第二批学习实践活动转入分析检查阶段工作会议，区委书记、区人大常委会主任、区委学习实践科学发展观活动领导小组组长刘卫东在会上讲话。

同日　浈江区在区机关综合楼4楼会议中心举行“转变作风推动科学发展”演讲比赛，这是作为学习实践科学发展观活动的一项重要内容。

5　月

1日　广东省省长黄华华带领省直有关部门负责人视察区工业园。

19日上午　按照学习实践科学发展观活动要求，区委召开征求人大代表意见、建议座谈会。区领导刘卫东、蓝振云、张广晖、陈植流、彭初平、黄远辉、杨岳鹏、陈炳伦参加座谈会。

6　月

10日下午　浈江区在区机关综合楼301室召开上半年全区经济发展运行分析会。张德清区长主持会议，刘卫东书记作重要讲话。

12日上午　浈江区在区机关综合楼301室召开区党政领导班子学习实践活动专题民主生活会。会议主题为：切实转变作风，推动科学发展。市委常委、宣传部部长李萍应邀参加会议并讲话。

22～23日　浈江区在区机关综合楼4楼会议中心召开2007～2008年党政领导干部基础教育工作责任考核自查汇报暨民意测评会。区委书记刘卫东作述职报告。市教育局副局长肖狄荣、市人大教科文委员会副主任张蔚玲等市考核组成员参加会议并对区四套班子成员进行考核。

24日　浈江区在丛林山庄举办村（居）支部书记、主任培训班。区委书记刘卫东到会并作辅导报告。该培训班于26日结业。

25日　中共中央政治局委员、广东省委书记汪洋带领省直机关有关领导到浈江区五里亭中共粤北省委机关旧址考察。

同日　韶关市旭日玩具厂（武江区境）

发生一起新疆籍员工与当地员工群殴事件。浈江区公安分局在区委、区政府统一指挥下，采取切实可行措施，确保辖区内社会治安及各项秩序稳定。

26 日　区长张德清和副区长黄祖平带领区有关部门和十里亭镇负责人认真做好旭日玩具厂 210 名新疆籍职工安置工作，避免了突发事件和群体性事件，有效维护社会稳定。

7　月

3 日　经韶关市人民政府批准，浈江区将太平、和平、南门 3 个街道办事处合并成一个街道办事处，街道名称为“韶关市浈江区风采街道办事处”。

6 日　浈江区开展整治非法用工、打击违法犯罪专项行动。专项行动由区劳动保障部门牵头，区有关部门参加，重点检查中小劳动密集型企业、城乡结合部、乡村企业，特别是小砖窑、小作坊、采石场及小建筑工地等生产经营场所。该项行动延续到月底。

10 日下午　浈江区在区综合楼 4 楼会议中心召开“抓作风塑形象暨纪律教育学习月活动”动员大会。会议由区长张德清主持，区纪委书记何益文宣读活动实施方案，区委书记刘卫东作动员讲话。

15 日　浈江区在区综合楼 4 楼会议中心召开全区信访维稳工作会议。区委常委张广晖主持会议并传达市信访电视电话会议精神；区委副书记何友权总结上半年信访维稳工作情况，部署下半年信访维稳工作任务；区委书记刘卫东作重要讲话。

17 日　区政协召开七届十一次常委会议。会议听取区政府常务副区长邓彩虹通报区上半年经济社会工作情况，并同意李本许辞去区政协秘书长职务。

29 日上午　浈江区在区综合楼 4 楼会议中心召开区委常委（扩大）会议，区委书记刘卫东主持会议并传达省委十届五次全会和市委常委（扩大）会议精神，区长张德清总结上半年工作情况并部署下半年工作。

8　月

1 日　广东省委常委、统战部部长周镇宏和省各民主党派负责人在市、区领导陪同下，到浈江区五里亭粤北省委机关旧址考察。

18 日上午　市委书记徐建华率市有关部门负责人到浈江区调研，先后视察风采街道办综治信访维稳中心、犁市劳动保障事务所、财富广场。区委书记刘卫东代表区委、区政府向市调研组汇报了工作。

27 日上午　市政协副主席赵志发、刘大济率市教科文卫体政协委员 30 多人，到浈江区调研社区卫生服务机构建设工作。

9　月

5 日晚上　韶关市民生创业园创业孵化基地开业仪式在浈江区北江桥头创业园创业孵化基地隆重举行。该基地由浈江区人民政府与市劳动和社会保障局共建，可提供摊位 245 个，目前已有 233 户开业经营。市委常委、常务副市长陈向新、市政协副主席王伟阳以及市经贸、财政、劳动保障、工商、税务、中小企业局和浈江区有关领导出席开业庆典。

6 日　犁市大为中学隆重举行揭牌庆典，以纪念抗洪救灾中英勇牺牲的李大为。

8 日　浈江区隆重举行庆祝第 25 个教师节暨优秀教育工作者表彰大会，全区中小学校校长和 231 名优秀教育工作者参加会议，区委书记刘卫东在会上作重要讲话。

9 日　浈江区召开迎国庆 60 周年维稳暨

乡村“清洁美”工程及农村社区建设实验工作大会，刘卫东、张德清等区领导参加了会议。

11～14日　浈江区举办农村创业青年培训班。

21日　浈江区第二批科学发展观活动总结会暨第三批开展科学发展观活动动员会在区政府综合楼召开。

22日　韶关市村庄整治工作现场会在浈江区新韶镇东联村委翻溪桥村举行，市领导张志才，浈江区委书记刘卫东，市农办和各县、市、区分管农业工作的领导，村庄整治办主任及13个示范村村长，18家市直单位负责人参加会议。会议由区委书记刘卫东致辞，浈江、曲江两区介绍经验，市委农办主任刘伟聪发言，市委常委、副市长张志才作重要讲话。

22～25日　浈江区组织辖区内的韶关市美之泉米面制品厂及韶关市浈江区杨鑫油脂精炼有限公司等企业参加在广州会展中心举办的“第六届中国国际中小企业博览会。”

10　月

1日　浈江区辖内酒店一女技师死亡，经区委、区政府及有关部门认真处理后，成功避免一宗恶性事件的发生。事后，该酒店老板和死者家属因对事件处理都非常满意，联合送了三面锦旗给区委、区政府、浈江公安分局、风采办事处。

22～25日　市委副书记林耀明带领市党风廉政建设责任制考核组到浈江区检查贯彻落实党风廉政建设情况。经检查，考核组对浈江区的落实情况表示满意，并为下一步党风廉政建设提出了指导性意见。

11　月

1日　区长张德清带领犁市镇党委书记叶东升、区民政局局长丘建平、区劳动保障局局长卢界群、区城管局局长张朝平在“民生热线”解答民生问题。

18日　浈江区隆重举行“福彩爱心助学子”资助特困学生活动，来自全区各镇（办）、村（居）的87名特困儿童得到爱心资助

23日　东莞市长安镇党政班子及部分人大代表来到浈江区新韶镇进行“爱心扶助”捐赠活动。

24日下午　市委书记徐建华带领市委常委、市委秘书长李石保和部分市人大代表、政协委员及市直部门负责人到浈江区新韶镇东联村委翻溪桥村小组视察村庄整治和乡村“清洁美”工程。视察组一行对浈江区村庄整治和乡村“清洁美”工程建设成效表示肯定，并提出下一步工作意见。

12　月

25日　区政协召开七届第十二次常委会议，出席会议的常委有25人。会议听取区人民法院、检察院和区纪委2009年工作情况汇报，审议并通过《政协浈江区委员会关于规范区政协委员参加会议活动的规定》，增补麦章彬等29人为政协委员，同意陶曼等20人不再担任政协委员，并审议通过经济委员会、社会法制委员会、科学技术委员会主任、教文卫体委员会、“三胞”委员会和农村社区委员会主任、副主任名单，审议区政协常委工作报告和提案工作报告。

27日上午　由深圳比亚迪公司投资15亿

元建设的韶关比亚迪汽车试验场暨汽车零部件生产基地在浈江区产业园隆重举行开工奠基仪式，参加开工奠基仪式人员有比亚迪公司总裁王传福，省经贸委、省科技厅有关领导，市、区四套班子成员、区直有关部门负责人，镇、办党政一把手等100多人。比亚迪公司总裁王传福、市委书记徐建华、市长郑振涛、市政协主席邓苏夏分别在开工奠基仪式上作讲话，并为基地奠基挥铲培土。

30日下午　市委常委、市纪委书记段宇飞带领市党风廉政建设考核组到浈江区召开落实党风廉政建设责任制考核汇报会，并对浈江区2007～2008年度落实党风廉政建设责任制工作情况进行考核。

31日　浈江区在文化广场举办“我快乐、我舞蹈、我健康”为主题的群众性文化活动月启动仪式，市委常委、宣传部部长李萍参加活动启动仪式。

浈江区文化广场举办以“我快乐，我舞蹈，我健康”为主题的群众性文化活动

全区概况

共粤北省委旧址

张九龄

余靖

基本情况

【建置沿革】 浈江区境在春秋时期属百越地域，战国时期属楚国，秦朝时属南海郡，赵佗立国后属南越国。元鼎六年（公元前111年）设曲江县后，区境属曲江县辖。1949年10月7日成立韶关市人民政府后，区境从曲江县划归韶关市（县级市）辖。1950年5月5日撤销韶关市后，区境重归曲江县设韶关镇。1951年6月1日恢复韶关市建制后，区境又划归韶关市管辖，设太平、风采、南门、风度、东河、车站等六个街道办事处建置，同时成立韶关市郊区办事处，辖市属东、西两厢及黄岗乡。1956年7月撤销郊区办事处，东西两厢分别建置东郊、西郊两乡，城区所属六个街道办辖区合并为三个街道办事处。1969年11月，区境分别成立南郊区、中区、南区、北区、东河区等五个街道革命委员会。1975年11月，市委、市政府对郊区和街道行政体制进行重新调整，将市属的北区、中区、南区等3个街道革命委员会辖区合并成立北江区革命委员会，将东河区、南郊区两个街道革命委员会辖区合并为浈江区革命委员会。1981年10月撤销北江区，其境域并入浈江区。1984年6月，经广东省人民政府批准，浈江区升格为县级区。是年7月，北江区地域从浈江区划出设韶关市辖县级区建制。2004年6月撤销北江区，其行政区域和原曲江县犁市、花坪镇划归浈江区管辖，延续至今。

【位置与面积】 浈江区位于广东省韶关市东北部，浈江、武江下游，北江上游。地介于北纬24°27′08″至25°08′，东经113°06′22″至113°59′57″之间，东起仁化长坝、曲江枫湾、大塘接壤处，东北邻仁化县辖董塘、长坝管理区，西至武江河东岸，与武江区隔河相望，北与乐昌长来、乳源桂头对接，南与曲江马坝、白土相连。2009年，全区总面积572.47平方公里，占韶关市总面积2.81%（占韶关市浈江、武江、曲江三区总面积18.31%）。

【地质】 浈江区境地质构造属华南褶皱带部分，火成岩分布广泛，地层发育基本齐全。境内土壤有红壤、黄壤、红色石灰土、紫色土、水稻土、潮沙泥土、石窟土等七个土类。据土壤普查资料，境内红壤面积占自然土壤面积50%以上，自然土壤占全区土地面积80.6%，土壤质地较好，表土厚中层占过半数，心地层普遍深厚，占七成左右疏松，酸性反应，有机质与氮素中量以上居多。

【地貌】 浈江区以山地、丘陵、盆地地貌为主，地势周高中低。东、南面多中低海拔山；

北部多海拔300米以上的高丘陵；中部丘陵、盆地海拔多在200米以下。区境内最高山峰是“皇岗山”，海拔494.8米。区属中心地带（市区）处于韶关盆地，最低海拔为55米。

【气候】　浈江区属中亚热带季风型气候区，有明显湿热和干冷的大陆性气候。全年盛行南北气流，冷暖交替明显，夏季长，冬季短；光热充足，雨量充沛，湿度较大，年平均温度20.1℃，最热月为7月，平均气温28.9℃，最冷月为1月，平均气温9.6℃，全年无霜期351天（每年有霜雪天气14天）全年温度在10℃以上有284天，农业生产可以一年三熟。区域气候受季风及大气环流影响，年均降水总量为53.29亿立方米，总体气候特征表现为冬短夏长，春秋交替快，四季分明；气候资源比较丰富；灾害性天气较多，低温阴雨，龙舟水、秋旱、寒露风和霜冻等灾害性天气较为频繁，对农业生产影响较大。

【河流】　浈江区河流分布密集，水资源丰富，境内有浈江、武江、北江、黄浪水、大塘水、大富河、坳背水、白虎坳水、黄岗水等9条主要河流。浈江又称浈水、东水，发源于江西省信丰县石溪湾，经南雄、始兴、曲江3县区，在东郊湾头村流经浈江区境后与武江汇合。武江又称溱水、泷水、虎溪，发源于湖南省临武县三峰岭，经坪石、乐昌、桂头，在区属犁市镇上朗村进入浈江区后，在区属韶关市区小岛南与浈江汇合。浈江、武江汇合成北江流经区境，年平均流量290立方米/秒，年径流量92.3亿立方米，径流模数43.3升/秒·平方公里，每期流深1364.6毫米。2009年，全区产水量（河川径流量）为28.58亿立方米（包括地表/地下径流），可满足全区工农业生产和人民生活用水的需要，区境年内降雨分配不匀，总水量不能充分利用。

【行政区划】　浈江区于1975年11月建区，1984年6月升格为县级区，下辖东河、火车站2个街道办事处和南郊、东郊、新韶3个农村办事处。1987年，南郊办事处改置南郊乡，东郊、新韶两个办事处合并为新韶乡（后改为乐园镇、新韶镇）。2004年6月原北江区和原曲江县犁市、花坪镇地域划归后，浈江区下辖乐园、新韶、十里亭、犁市、花坪5个镇和东河、车站、南门、和平、太平5个街道办事处及曲仁、田螺冲办事处。2009年，浈江区按《中华人民共和国宪法》和《国务院关于行政区划管理的规定》要求，对部分街道行政区划进行调整，将南门、和平、太

浈江河流

平三个街道办事处合并为风采街道办事处。至年底，全区共有5个镇、5个街道办事处。

【土地资源】 2009年，浈江区有土地面积19039公顷（285585亩），其中农林可用土壤面积14232公顷（耕地面积2181公顷、园地面积312公顷、林地面积10142公顷、牧草地7公顷、农用水面积1472公顷），占全区土地面积28.8%；石山地1321公顷，占全区土地面积0.21%；已利用土地17717公顷（265755亩），利用率为93.05%；未利用土地面积1321公顷（19815亩），占6.95%；建设用地面积3485公顷，其中居民点及工矿用地面积3190公顷、交通用地283公顷、水利水工用地12公顷（见表1）。辖区沿浈江、武江两岸多为潮泥沙土，土壤肥沃，是城郊农业作物主产区。土地资源特点是城郊林用地多、耕地少，城区因人口密度较大、市郊人口密度小，建设用地多、农地少。

浈江区土地资源利用类型情况表

表1 单位：公顷

农用地						建设用地				未用地	合计
小计	耕地	园地	林地	牧草地	水面	小计	居民点及工矿	交通用地	水利水工		
14232	2181	312	10142	7	1472	3485	3190	283	12	1312	19039

注：数据来源于《韶关统计年鉴（2009）》。

浈江区耕地类型及面积构成表

表2 单位：公顷

名称	小计	灌溉水田	旱地	菜地
浈江区	2211	1213	654	314

【矿产资源】 浈江区内成矿地质条件优越，矿产资源丰富，已发现矿产9种、矿产地9处，主要矿产有黑色金属、有色金属、煤、铁、锡锑、钨、萤石、稀土、冶金等，其中煤、铁、锡锑、钨、萤石在广东省占有重要位置，储藏量在5000万吨以上（主要分布在浈江东部和北部的山地、丘陵地带）。除此之外，区境还有燃料、化工、非金属、建筑材料等矿产。

【动植物资源】 浈江区野生动植物种类繁多，大部分在东部和北部的山丘密林及近郊的河涌水网，主要野生动物有哺乳类、爬行类、鸟类、鱼类、甲壳类和多种贝类等230种。主要野生植物有材用植物类18种、药用植物类53种、芳香植物类14种、油脂植物类9种、纤维植物类9种、果树植物类19种、栲胶植物类6种、淀粉植物类8种、野生中草药类50种、绿化植物类48种。

【旅游资源】 浈江区历史文化悠久，风景优美，名胜古迹众多，其浈江、武江、北江水上交通，自古以来是进出广东的交通要道，中原文化和岭南文化在此交汇，并与当地的自然环境和社会经济生活融为一体，积淀了众多的旅游景点和历史文物。至2009年年底，全区有旅游景点20处、历史文物230处，主要包括国家森林公园、莲花山、帽峰公园、中山公园、文化广场、环碧园、河滨公园、曲江园、振华亚热带农业示范场、湾头现代农业科技示范园、金沙生态园、黄浪水大自然公园、十里亭花场、韶州府学宫、风采楼、大鉴寺、太傅庙和韶州天主教、基督教以及余靖风采堂等。

【人口】 2009年，浈江区人口总数为43.61万，其中户籍人口354297人，流动人口8.18多万人。在户籍人口中，农业人口65525人、非农业人口288772人。城镇人口主要分布在市区半岛、东河街道办、车站街道办及新韶、乐园镇；农业人口主要分布在北郊的十里亭、犁市、花坪镇（占辖区农业人口总量80%以上）。是年，浈江区出生人口3101人，出生率8.67‰；死亡人口1445人，死亡率4.04‰；人口自然增长率4.63‰。

【语言】 浈江区境历来以汉语方言为主，除客家方言外，还分布有粤语、西南官话、闽南话以及归属未明的粤北土话。客家方言区主要分布在新韶镇、花坪镇大部分村落，十里亭镇、乐园镇、犁市镇的靠山边等的部分村落也使用客家方言。客家方言是浈江区境第一大方言；粤语主要分布在浈江区境内城区以及犁市镇的上寮、中寮和下寮等区域。粤北土话：又称“全城话”、“老韶关话”，俗称“虱婆声”、“虱乸话”。韶州土话是浈江境内最早的土著居民说的一种方言，主要分布在犁市、十里亭、乐园镇和新韶镇等四个乡镇。据《韶关土话调查研究》（李冬香、庄初升著，暨南大学出版社2009年版）统计，犁市镇分布有讲土话的村落人口共计19263人、十里亭镇有口5032人、乐园镇有3303人、新韶镇有1455人。此外，在南门街道办事处的武镇街、复兴路、井巷等部分老本城人和韶关市水运公司散居的船民原来亦使用韶关土话，约有500人。据统计，浈江区讲土话的村落人口约29553人；闽南方言区主要零星分布在浈江、北江上游两岸地区。此部分居民大多是明末清初以来从闽南、潮汕一带辗转迁徙而来的；西南官话主要分布在武江沿江两岸地区和犁市、花坪等地。历史上，因浈江区境在地理上距湖南（湘南）较近，由湘境迁入本境的人口不断增多，由此，逐步形成了以西南官话为主体的居民村落。

（区年鉴编辑部）

【民族】 浈江区是韶关多个民族散居区之一，除汉族外，区内分布有瑶族、壮族、回族、满族、蒙古族、苗族、侗族、畲族、土家族等31个少数民族。2009年，全区少数民族户籍人口为2600多人，占全区户籍人口0.73%。少数民族主要分布在城区，这些少数民族主要通过婚姻、经商、务工、招聘、工作调动、参军、升学等迁入浈江区。全区有少数民族干部、职工31人，其中政府机关工作6人、担任教师25人。

【宗教】 2009年，浈江区宗教主要有佛教、道教、天主教、基督教四个。依法正式登记的宗教活动场所8个，主要分布在市区及犁市、花坪镇，其中佛教寺院2处、道教场所1处、基督教场所4处、天主教场所1处。全区信仰宗教教徒约9000人，占全区户籍人口1.69%，其中佛教徒3000人、道教徒2000人、基督教徒2000人、天主教徒2000人。全区有宗教教职人员30人（其中佛教僧、尼10人，道教坤道9人，天主教神甫、修女6人，基督教牧师、传道、长老5人）。

（张银聚）

附：区民族宗教事务局领导班子成员名录

局　长：张银聚

经济与社会发展

【概况】 2009年，浈江区在国际金融危机大背景下，经济社会发展遇到较大困难，全区上下团结拼搏，确保经济平稳增长，社会和谐稳定，全面完成区七届人大三次会议确定的主要预期目标。至年底，全区完成生产总值26.56亿元（区属口径，下同），完成年度计划101%，同比增长10.8%，其中一、二、三产业分别达到3.55亿元、10.24亿元和12.77亿元，分别完成年度计划的101.4%、98.5%、103%，同比增长6.5%、10.1%和15%；三大产业比例为13.4∶38.5∶48.1；全年完成固定资产投资44.43亿元，同比下降15.4%；全年社会消费品零售总额47.51亿元，增长16%；出口完成2758万美元；实际利用外资1523万美元；地方财政一般预算收入完成1.75亿元，完成年度计划109.6%，同比增长16.2%。

【农业平稳增长】 2009年，浈江区克服干旱等自然因素影响，春、夏收粮食获得丰收，畜牧养殖业、水产品等生产增长较快。至年底，全区实现农业总产值5.68亿元，同比增长6.3%（可比价）；全年粮食总产量达2.64万吨，同比增长4.9%；生猪出栏8.94万头，同比增长9%；家禽出栏134.69万只，同比增长16.1%；水产品上市8187吨，同比增长3.98%。推进农业产业化和农村集体经济组织发展，培育农业产业化单位18个，其中市级农业龙头企业3个，省级现代农业科技示范区1个。

【工业稳步回升】 2009年，浈江区工业在经历国际金融风暴影响后稳步回升，初步形成以机械、化工、建材、轻工、电力、制药等产业为主的工业体系。至年底，全区有规模以上工业企业77家，其中机械制造企业39家、液压缸企业5家、化工企业3家、制药企业2家、粤北工业开发区企业28家。全区完成工业总产值22亿元，同比增长10.05%（可比价）。其中规模以上工业企业完成工业产值12.5亿元，同比增长10.2%；规模以上工业企业增加值完成4.09亿元，同比增长5.5%。园区工业取得新进展，中小企业园率先成为广东省中小企业创业示范基地。产业转移园入园企业逐步增多，其中韶关市中机重工锻压有限公司等一批企业已开始正常生产，产业转移园工业增加值达到1.83亿元，占全区工业增加值22.5%。

浈江产业转移工业园区

【产业园建设成效显著】 2009年，浈江产业园基础设施投资完成9255万元，承接能力明显增强。园区8.25公里主干道已建成通车，中机重工、德丰机械等企业顺利投产；中小企业创业基地完成5.6万平方米标准厂房建设，完成投资总额1亿元，并被认定为“广东省中小企业创业示范基地”；总投资30亿元的比亚迪汽车项目已于年底开工建设。

【市场消费持续旺盛】 2009年，浈江区受国家实施“家电下乡”、“汽车下乡”等一系列刺激消费政策拉动，区辖市场消费持续畅旺，核心城区商贸物流、饮食娱乐、旅游购物等行业龙头地位得到进一步巩固，金融、房地产、交通运输、仓储和邮政业等行业亦随工业生产的恢复快速回升。至年底，全区社会消费品零售总额达到106.39亿元，同比增长20%。

【财税收入较快增长】 2009年，浈江区加强重点税源监控征管，开展税收清缴行动，加强对零星税的收缴，确保应收尽收。通过采取以票管收等措施，进一步规范非税收入管理。至年底，全区地方财政一般预算收入完成1.75亿元，同比增长16.2%，比年初目标高8.2个百分点，高出全市平均增幅4.33个百分点。

【就业环境进一步改善】 2009年，浈江区加强对农民工、大学生就业指导和服务，鼓励创业带动就业，全年实现城镇新增就业3577人、下岗失业人员再就业2818人、新增农村劳动力转移6690人、农村劳动力技能培训转移就业803人，分别为市年度目标任务的119.2%、112.7%、102.9%和100.4%；全年城镇登记失业率为3.1%，低于3.6%的控制目标。

【重大项目建设】 2009年，浈江区委、区政府把“抓项目、保增长”作为年内经济工作首要任务，印发“浈江区2009年重点建设项目责任分工方案”，区政府主要领导亲自带领政府责任部门到各项目现场调查研究，帮助项目单位解决相关问题，有效地促进项目建设顺利开展。

年内，省道246线改建和赣韶铁路浈江段征地拆迁工作正紧张有序地开展，房地产项目投资保持平稳增长，除碧桂园项目投资比去年同期有所下降以外，汇鸿置业、林语·阳光雅园、莱斯大酒店房地产项目等均超额完成年度投资计划，占全部重点项目投资46.4%；比亚迪项目、国电粤华韶关煤矸石综合利用发电项目等前期预备项目的准备工作正在紧锣密鼓进行中。

【固定资产投资监管】 2009年，浈江区地域全社会固定资产投资累计完成44.43亿元，比去年减少8.06亿元，同比下降15.4%。新开工建设的大项目偏少：赣韶铁路项目尚处在征地拆迁工作阶段，开工起步较晚，投入与预期有较大的出入；银山高尔夫球场后九

南郊金鹏服装批发市场

洞和酒店及房地产项目受土地和规划的影响也一直没有开工；产业园新建项目的投入也处于起步阶段。续建项目的投入也不尽如人意：韶赣高速公路在区内的个别标段由于建设单位内部关系处理欠妥等问题全年基本处于停工状态；武广客专项目已进入收尾阶段，投资较少；受新建和续建项目投入有限的影响，全社会固定资产投资增长呈现负增长局面。

（区年鉴编辑部）

发展目标与效果

【年度发展目标】 2009年，浈江区根据区委七届五次全会的总体要求，同时与“十一五”规划目标相衔接，为更好地发挥预期目标的导向作用，全区经济社会发展主要预期目标（区属）确定为：生产总值增长10.0%，其中第一产业增长5%、第二产业增长10.0%、第三产业增长11.7%，农业总产值增长5.5%，工业总产值增长10.0%，农村人均纯收入和城镇居民可支配收入分别增长6.0%和8.0%，实际利用外资、外贸出口比上年有所增长，地方财政一般预算收入增长8.0%，全社会固定资产投资增长20.0%，社会消费品零售总额增长13.0%，人口出生率控制在10‰以内，人口自然增长率控制在6.10‰以内，城镇登记失业率控制在3.6%以内，节能减排完成市下达的目标任务。

【年内计划执行情况】 2009年，全区完成生产总值26.56亿元（区属口径，下同），完成年度计划的101%，同比增长10.8%，其中一、二、三产业分别达到3.55亿元、10.24亿元和12.77亿元，完成年度计划的101.1%、98.5%、103%，同比增长6.5%、10.1%和15%；三次产业比例为13.4∶38.5∶48.1；全年完成固定资产投资44.43亿元，同比下降15.4%；社会消费品零售总额47.51亿元，完成年度计划的102.6%，同比增长16%；出口完成2758万美元；实际利用外资1523万美元；地方财政一般预算收入完成1.75亿元，完成年度计划109.6%，同比增长16.2%。

【推进民生事业】 2009年，浈江区城镇居民人均可支配收入16368元，同比增长8.29%，农村居民人均收入6422元，同比增长9.7%，分别高于全年预期目标0.29个和3.7个百分点，扣除价格因素实际增长5.1%和6.5%。地方一般预算支出中教育、科技、文化体育、医疗卫生、城乡社区事务等分别增长4.5%、53.4%、27%、10.2%和37.9%。安全生产工作有序可控，食品安全得到有力保障，各类安全责任事故得到有效遏制。继续保持信访维稳工作良好局面，实现省和全国“两会”、建国60周年大庆等敏感时期到省进京零上访。继续加强社会治安综合治理，认真开展一系列专项整治行动，积极创建平安和谐社区，有力地维护了社会安定。成功实现创卫工作目标，通过国家验收。积极开展“创建森林生态市”和“生态发展区”创建活动，完成灭荒造林1.6万亩，森林生态和城市绿化美化环境进一步改善。较好地完成市下达的年度节能减排目标任务。

【发展社会事业】 2009年，全区社会事业发展较好。扎实开展科技兴区，年内有国家级高新企业1家，省级高新技术企业2家，省民营科技企业36家；共向国家知识产权局申报专利73项，已授权67项。全区义务教育水平进一步提高，小学入学率、巩固率和毕业率均为100%，初中入学率、巩固率和毕业率分别为100%、98.5%和100%，高中阶段毛入学率为92.8%。文卫体事业扎实推进。积极开展群众性文化活动，掀起文化建设新高潮。文化惠民工程深入实施，公共文化服务体系进一步完善。社区卫生得到进一步巩固和发展，农村卫生取得长足进步，公共卫生建设成效明显。目前，全区共有3家社区卫生服务中心，农村卫生站46家。新农合参合人数达到67133人，参合率达到100%。手口足病、甲型H1N1流感等防控工作做到有力、有序、有效。继续抓好先进体育社区创建工作，促进群众体育活动发展。人口计生工作取得新成效，全区人口自然增长率为4.63‰、符合政策生育率为95.26%，人口出生率为8.67‰，各项计生考核指标均达到预期目标，并成为“全国计划生育优质服务先进单位”。

【固定资产管理】　2009年，浈江区为确保全年固定资产投资增长20%的目标，有效拉动全区经济平稳较快增长，区政府将年度固定资产投资指导性计划下达给区属各单位，要求各级、各部门充分认识抓项目、促投资对保持经济平稳较快发展的极端重要性，统一思想，调动一切积极因素，将工作任务量化细分，实行“一把手”负责制，把“抓项目、保增长”作为经济工作的首要任务来抓，并加强督办，严明考核，将各单位完成项目投资情况列入镇（办）考核和机关效能监察，并实行不定期专项督查、督办。区有关部门按照各单位完成计划情况开展督办考核，遏止了固定资产投资进一步下滑的势头。

【重点项目管理】　2009年，浈江区建立重点项目责任分工制度，印发《浈江区2009年重点建设项目责任分工方案》，明确区属28个项目的区四套班子挂点责任领导和区直挂点责任单位，由区领导带头抓，区牵头责任单位直接负责，确保每个项目都抓好落实。牵头单位的主要领导为第一责任人，同时设立一名联络员，专门负责处理协调服务和联系沟通工作，极大地促进项目建设的开展。设立重点项目建设台账，做好全区重点建设项目计划安排工作，加强对重点建设项目的指导、协调和服务。

（区年鉴编辑部）

经济体制改革

【概述】　2009年，浈江区贯彻落实国家和省关于经济体制改革工作的精神，按照《2009年韶关市深化经济体制改革工作意见》要求，结合区域实际，把改革和发展有机结合起来，积极进取、扎实工作，各项经济体制改革工作均有新的发展，并取得较好成效。

【行政管理体制改革】　2008年9月，浈江区投入141万元组建政府政务网，并于2009年4月建成验收，首批共有13个行政审批单位纳入网上审批系统，接入单位60个，并对5镇5办及26个区直单位对照《行政许可法》和《广东省政务公开条例》等法律法规进行全面检查，有效地提高行政效率，完善基层民主与法制建设，较好地起到从源头上预防和治理腐败的作用。加快投资体制改革步伐，区发展和改革部门在办理申报中央和省扩大内需的投资项目及其他项目投资审批的过程中，严格按照《国务院关于投资体制改革的决定》和省市的有关规定，认真办理投资项目的审批、核准、登记备案手续，建立企业投资项目核准、登记备案信息系统，投资管理信息化水平有所提高。深化财政体制改革，按照《预算法》和《广东省预算审批监督条例》要求，不断深化部门预算管理改革，规范预算管理，认真做好区级部门预算的编制工作，逐步将政府非税收入纳入财政预算范围，实行综合预算管理。进一步推进国库集中支付改革，区级预算单位已全部纳入区财政国库集中支付平台，资金按预算进度拨付且在网上申报、审核和支付，保障各项目资金及时按进度到位，从资金上确保国家的各项惠民政策有效落实。

【企业管理体制改革】 2009年，浈江区深入开展“企业调研”、“千干扶千企”、“为企解困行动”等活动，对区域34家企业实施领导挂点帮扶，先后为深圳中金岭南股份有限公司、韶关市化工厂、广东雷霆国药有限公司等企业开展“为企业解困行动”。完善国有资产管理体制改革，全面落实《关于对区属行政事业单位资产及收益实行统管的实施意见》，继续对全区行政事业单位资产开展清产核资，根据区公共资产的存量和使用情况对公共资产的经营行为进行规范管理，有效地确保了国有资产的保值增值。

【农村体制改革】 2009年，浈江区健全农村财务管理体制改革，大力推进农业产业化和农村集体经济组织发展和改革。4月份启动集体林权制度改革工作，成立领导小组，并从区属各镇、各部门抽调138人组建领导小组办公室和林改工作队，各镇也相应成立工作机构。为有序推进林改工作，还专门出台了《浈江区推进集体林权制度改革实施方案》和《浈江区林改工作实施细则》2份指导性文件。至年底，全区45个行政村已全部实现“村账镇记”，并全部实行每月或每季度财务公开，民主理财占总村数100%；全区18个农业产业化单位年总产值12000万元，占农业总产值20%左右，带动农户6000多户；林改工作亦完成第一阶段的宣传发动和调查资料发放并进入第二阶段。

【流通体制改革】 2009年，浈江区认真贯彻落实《韶关市家电下乡工作实施方案》，于4月份在犁市镇进行“家电下乡”启动仪式，全面启动以彩电、冰箱、洗衣机、手机等主要品种的家电下乡工作。5月份，积极搭建专项资金扶持平台，为民营企业排忧解难，全区有6家中小企业列入扶持范围，有效缓解了这些企业的融资难题。8月份，认真组织辖区5家符合条件的中小企业，做好申报韶关市市级全民创业专项资金项目工作；另为3家中小企业申报了市直中小企业发展专项资金（2009年第二批）2200万元贷款的贴息项目。9月份，根据韶关市经贸部门文件精神认真开展“家电以旧换新”工作，至10月底，全区有备案登记家电以旧换新销售企业5家，以旧换新销售电器1665台，审核1034台。至年底，全区完成备案销售网点67个，并按国家对家电下乡政策的调整要求，加快推进新增加的电脑、热水器、空调、微波炉、电磁炉等五类品种销售网点的备案工作。

【劳动就业体制改革】 2009年，浈江区积极探索建立新的城乡统筹就业服务管理制度，对城乡人员求职、登记一视同仁，取消对农民工进城就业的各种限制和不合理收费，城乡就业服务管理体系逐步完善，并在抓好区职介所、劳动力市场公共就业服务机构建设的同时，按照《广东省街道（乡镇）社区劳动保障机构建设规范》要求，推进基层平台规范建设。区10个街道（镇）劳动保障事务所实现与市劳动保障招工就业信息和社会保险信息管理系统联网，同时做好农村劳动力、下岗失业人员、“4050”人员、“零就业家庭”人员四本台账。

农民工现场招聘会

【科技体制改革】　2009年，浈江区积极贯彻实施《韶关市浈江区科技事业“十一五”发展规划》，加强科技体制改革，积极引导企业建立科技研发中心，注重发挥驻区韶关学院的科研优势，为企业牵线搭桥，形成产学研相结合的科技创新机制。全年组织10个单位向省科技厅、市科技局申报科研项目共10项，其中省级星火计划1项、市级9项，申请资金总额达500多万元。积极实施名牌战略，加快产业结构优化升级，组织和协助有关单位和个人申报专利。至年底，全区有36家省级民营科技企业，涉及冶金、轧钢、机械、化工、电子、建材、电器、五金、烟草等行业；全年申请专利73件，专利授权67件，并有伟光液压油缸有限公司和雷霆国药有限公司两家企业尝试建立研发中心。

（崔思健）

附：区发展和改革局领导班子成员名录

局　长：朱明远

副局长：谢树仁、孔令德

固定资产投资

【概况】　2009年，浈江区完成固定资产投资44.43亿元，同比下降15.4%。其中：基本建设完成投资24.63亿元，增长29.4%；更新改造完成投资3.1亿元，下降58.9%；房地产开发投资14.74亿元，下降39.5%，其他项目投资1.96亿元，增长26%。商品房销售额20.5亿元，增长135%；销售面积61.89万平方米，增长138.2%。

【重大项目投资】　2009年，浈江区重大建设项目投资包括：浈江产业转移园区基础设施建设项目，共完成投资9255万元，占完成年度计划投资的92.6%；湾头水利枢纽工程项目，共完成投资32000万元，占完成年度计划投资的106.7%；武广客运专线项目，共完成投资4000万元；韶赣高速公路项目，共完成投资40000万元，均完成年度投资计划；房地产总投资占辖区重点项目投资的46.4%；此外，省道246线改建及赣韶铁路浈江段等建设项目开始征地、拆迁，新增的比亚迪项目、华电热电冷联供（浈江）项目及国电粤华韶关煤矸石综合利用发电等前期预备项目投资准备工作也已启动。至年底，全区共安排重点建设项目28个，完成年度计划91.3%。其中：交通基础设施工程完成投资5.4亿元，占年度计划105.9%；工业企业工程完成投资1.81亿元，占年度计划47.3%；城乡建设工程完成投资7.82亿元，占年度计划118.5%；旅游休闲工程完成投资2.62亿元，占年度计划77.5%；农林水工程完成投资3.55亿元，占年度计划92.2%。

（区年鉴编辑部）

工作人员查看投资项目情况

精神文明建设

【概况】　2009年，浈江区精神文明建设以全面贯彻落实科学发展观，建设社会主义核心价值体系为根本，以提高人的文明素质为核心，深入推进思想道德建设和精神文明创建活动，为稳定大局促进区域改革发展作出积极贡献。是年，浈江区先后开展“知礼”现代公民教育活动、“身边好人”道德模范评选活动及纪念建国60周年等主题宣传教育活动，通过大力弘扬以爱国主义为核心的民族精神和“敢为人先、务实进取、开放兼容、敬业奉献”的改革创新精神，培育公民核心价值观；围绕社会和谐、改善民众生活环境为重要目标，积极开展文明行业、文明村镇、文明社区、文明单位创建活动；推进文化惠民工程及乡村“清洁美”工程建设，形成人人参与创建、创建促进和谐良好局面，为辖区成功“创建国家卫生城市”和全面启动“全国文明城市创建工作”提供良好保障。

【加强文化建设与发展】 2009年，浈江区为更好地满足人民群众多方面、多层次、多样性精神文化需求，坚持文化建设面向基层、面向群众，继续实施广播村村通、文化信息资源共享、基层文化站建设、农村电影放映、农家书屋等文化惠民工程，大力开展文化下乡，促进全民阅读和全民健身活动；立足于浈江丰富历史文化资源优势，全力发掘九龄文化、龙舟文化、客家文化、水上人家文化，积极推进校园文化、广场文化、企业文化、社区文化繁荣发展；鼓励广大文化工作者创作更多群众喜闻乐见的精品，支持文化企业大力发展文化产业，为辖区提供多样的文化产品和服务，满足不同层次、不同群体、不同年龄的人健康向上的精神文化需求。是年，辖区在加大网络文化管理的同时，积极倡导文明办网、文明上网，大力发展网络电影、网络电视、网络图书、手机读报等现代文化服务业，不断推进适合青少年需要的绿色网吧建设，有效满足人民群众网络文化需求。

【强化未成年人道德建设】 2009年，浈江区围绕培育“四有”人才为目标，把道德实践活动作为提升未成年人道德情操的重要环节，通过开展“爱国歌曲大家唱”、“美德少年”评选、青少年志愿者、环保小天使等形式多样的道德实践活动，引导未成年人在参与实践中感悟，在感悟中升华，培养良好道德情操和高尚思想品格；推进净化、优化社会文化环境，开展网吧、网络、校园周边环境净化工作，通过加强整治互联网低俗之风、集中整治网吧及治理校园周边环境，形成社区良好社会文化氛围；培养“知我浈江、爱我浈江、建设浈江”乡土文化意识，努力满足未成年人精神文化需求，为未成年人健康成长营造良好的社会文化环境，并提供更多更好的精神文化产品和文化服务；加强校园文化建设，大力推进学校、家庭、社会“三结合”教育网络建设，广泛开展“传承文明、培育新人”等教育实践活动，充分利用辖区爱国主义教育基地、国防教育基地、公益性文化设施及各种社会资源，开展道德教育和道德实践活动，从而增进未成年人爱党、爱国、爱区情感。

【推进创建文明社区活动】 2009年，浈江区紧密围绕落实科学发展观和构建和谐社会两大主题，将构建社会主义核心价值体系为目标的精神文明建设纳入辖区创建文明社区活动中，并通过开展系列创建活动深化、拓展、延伸辖区社会主义精神文明建设。年内，通过开展“我推荐、我评议身边好人”活动进行现代公民道德教育，辖内个体经营户林锐生荣登“中国好人榜”，胡艳香、邝家顺被评为“韶关好人”；开展社区文化、农村文化、广场文化宣传活动，发挥浈江广场文化优势，打造“一月一演”广场文化品牌，并实施“文化惠民”活动，让送文化、送科技、送戏、送电影等活动普惠农村百姓；围绕文明单位、文明村镇、文明社区、文明示范窗口、文明家庭、文明校园等创建活动，先后开展“创建文明机关、争做人民满意公务员”、“擦亮文明窗口”等活动，重点推进文明社区建设；按“突出生态优势、彰显浈江文化、争当卫生标兵、打造特色民居”方针要求实施乡村“清洁美”工程，增强农民卫生习惯、优化乡村环境面貌；先后涌现一批先进文明单位、文明社区、文明村镇，其中风采街道办社区被授予广东省“文明社区”称号。

【社会事业蓬勃发展】　2009 年，浈江区社会事业得到较快发展。其中：创建“教育强区”工作扎实推进，完成 2 个镇（街）创建“教育强镇（街）”的申报工作，投入资金 1000 多万元改善学校办学条件，全区 6 万多名中小学生享受免费义务教育；社区文化、农村文化、广场文化全面发展，“一月一演”的文化活动蓬勃开展；参加市第十三届运动会的区体育代表团，获得总分第二名和金牌总数第二名的历史最好成绩。曲仁办事处成功创建“全国城市体育先进社区”；莲花山矿冶居民区成功创建“广东省城市体育先进社区”；犁市镇和莲花山矿冶居民区管委会被授予“全国群众体育先进单位”称号。地方志编纂工作加快推进。全区符合政策生育率达到 95.26%，60% 的镇（办）62.62% 的村（居）委无政策外多孩出生，圆满完成市下达的控制指标，并获得“全国计划生育优质服务先进单位”光荣称号。公共卫生工作得到加强，并进一步规范村卫生站建设和管理，

浈江区体育局负责人（中）在领奖台上

全年支付新型农村合作医疗补偿基金 660 多万元，新型农村合作医疗参合率为 100%，位居全市第一。

（李建华）

社会治安综合治理

【概况】　2009 年，浈江区社会治安综合治理按省、市统一部署，以维护社会稳定为第一要务，坚持打击与防治相结合，通过开展建设平安社区等活动，全区社会治安有明显好转。至年底，全区共立刑事案件 2760 宗，其中破获案件 1109 宗，共抓获犯罪嫌疑人 483 人；打掉犯罪团伙 77 个，共抓获各类逃犯 58 人；区公安分局在“创平安、迎国庆”重点打击行动中获得总分 2370 分，排名全市第二；在落实科学发展观“大走访”民意调查中，辖区的群众安全感达 83.6%。

【严厉打击犯罪】　2009 年，浈江区政法机关继续保持对违法犯罪活动进行高压态势，并在连续开展“粤安 09”、“创平安、迎国庆”等一系列专项行动中不断打击各类刑事犯罪。年内，区属公安机关破案率达 44.4%，比 2008 年提高 5.6 个百分点；区属检察机关批准逮捕刑事犯罪嫌疑人 291 人，其中提起公诉 252 人；区属审判机关认真审理各类案件，依法对 238 人作出有罪生效判决。

【缉毒、禁毒工作】　2009 年，浈江区缉毒工作成绩显著，全年破获涉毒案件 12 宗，抓获嫌疑人 21 名，缴获高纯度海洛因 734 克、“K 粉”2789 克、摇头丸 206 粒（50.2 克）、冰毒 10.3 克，并移送 106 名吸毒人员进行强制戒毒。

【治安防范工作】　2009 年，区治安管理部

门及派出所人员深入酒店、娱乐场所、商场、小商店、街边摊档等公共场所进行法制宣传，发放禁赌资料，鼓励群众积极举报赌博违法犯罪行为。同时加强对公共娱乐场所经营者的法制宣传，使经营者自觉抵制违法经营等违法违规行为，并对公共娱乐场所加强巡查，严格按照《娱乐场所管理条例》和《娱乐场所治安管理办法》规定予以处罚。经检查，发现管理制度不落实的公共场所18间，证件不全10间，发现火险隐患店铺20间。全年发出警告10份、整改通知书4份，并收缴仿制枪1支、自制枪4支、民用子弹8发、步枪子弹561发、五四式手枪子弹31发、五四式手枪教练子弹39发、六四式手枪子弹3发、猎枪子弹58发、小口径手枪子弹40发。此外，对盗窃"三电"设施违法犯罪行为进行专项打击，辖区盗窃破坏"三电"设施案件较2008年同期下降77.74%。至年底，全区共查处赌博案件147宗、抓获涉赌人员94人，打掉赌博团伙26个、收缴赌资7.31万元；查处涉毒案件30宗、查处涉毒人员67人；破获强迫妇女卖淫案1宗，查处卖淫嫖娼4宗，查获卖淫嫖娼14人、行政拘留6人。

【发挥基层维稳中心作用】 2009年，浈江区把加强镇街社会治安综合治理信访维稳中心（简称"综治信访维稳中心"）建设作为重中之重来抓，按照省、市委统一部署，高标准、高质量推进中心建设。7月初，区委、区政府将风采街道综治信访维稳中心列为全市中心建设试点，在综治信访上先行先试。至年底，全区10个镇、街道办全部建成维稳中心，并积极发挥镇、街道办维稳中心作用，对辖内发生的突发事件、群体事件在基层得到及时解决；全区镇、街综治信访维稳中心共受理个案160件，调处155件，成功调解率达97%。

（何丽芳）

开发区、工业园

【概况】 2009年，浈江开发区、工业园建设，在区属招商引资工作的快速发展中得到进一步发展。至年底，区境共有5个规模以上开发区、工业园，其中省、市级共建4个，市、区级共建1个，开发、工业园区总面积达96746亩。

【浈江产业转移工业园】 该园成立于2006年，经广东省政府认定为"广东省产业转移工业园"。园区位于韶关市浈江区犁市镇，距市区中心约8公里，毗邻京广铁路和省道248线，曲仁铁路、省道246线纵贯园区，广乐、韶赣高速连接线经过园区并设立互通。2008年年底，园区由韶关市政府整合并入东莞（韶关）产业转移工业园，实行市、区两级共建。该园区规划开发面积3万亩，首期建设2万亩，分为以比亚迪汽车零部件基地为龙头的机械装备、机械加工产业区，广东省中小企业创业基地，特色化工印染基地和韶关市口岸通关物流中心四大功能区。其中，韶关市口岸通关物流中心规划占地1500亩，贯穿物流中心的曲仁专线铁路经批准设立专用货运站，连接京广铁路，将建成为韶关市保税、物流、通关三位一体的口岸通关物流中心，并开通至深圳盐田港的集装箱货物铁路班列，进一步提升园区吸引力。

2009年，浈江产业转移园按照市委十届六次全会提出的关于掀起招商引资、园区建设"两个高潮"的精神，利用比亚迪汽车投资项目引进后的有利形势，以比亚迪的带动效应大力开展招商引资工作。开展的工程项目主要包括：（1）比亚迪汽车项目主干道工程，工程项目将比亚迪项目连通省道246线，干道建设道路宽18米，总长约1.67公里，并解决供水、排污、燃气管网等。该工程6月底完成路基建设，8月底竣工，工程费用共960万元。（2）乡村道路改道及比亚迪零部件厂区护坡工程。工程解决比亚迪项目建设及日后生产实施全封闭式管理，工程规划道路宽7米，长1.4公里，护坡长约1公里，高3至85米。6月初工程完成工程设计图，并移交比亚迪方面实施建设。（3）东山地块土地平整工程。工程建设拟招商引资10余项，按合约提供平整土地，工程费用约2400万元，开挖土方满足园区土地平整及道路建设土方填埋需要。至年底，产业园区已与50多家企业签定入园建设合同，其中有中机重工等32家企业（含中小企业基地企业）已陆续投产。园区累计投入建设资金2亿多元，完成平整土地近6000亩，8.25公里的主干道已通车，供水、供电、排污等基础设施正在不断完善，可基本满足入园企业需求。

【民营科技工业园】 该园位于浈江区韶南大道东侧，为粤北工业开发区规模延伸园区，总体规划面积为2.7平方公里，工业园重点吸引民营企业特别是民营科技企业到园内生产、经营和开发。2009年，园区已建成有广东松日、丸仁电子、韶关液压、伟光液压、富洋粉末冶金、正安机械等近30家规模以上工业企业，逐步形成以电子业、机械制造业、化工业为主的工业园区，是韶关市开发区规模以上工业企业集中地和税源经济所在地。

【北江工业科技园】 该园创建于2002年，隶属韶关市科技信息局，位于韶关市北江区五里亭良村，规划总面积为50万平方米。园区产业集群经过多年发展，初步开发成以摩托车蓄电池系列产品为龙头，以模具机械、五金塑料制品、化妆品、热水器等产品为配套的工业生产格局。2009年，园区已建成有广东金科韶关国润再造烟叶有限公司、韶关市北江区彩虹塑印厂、韶关市捷顺模具塑料制品厂、韶关市粤彩印务有限公司、韶关市浈江区荣茂电子厂、韶关市浈江新力实业发展公司模具机械厂、韶关市北江区盛飞模具厂等民营科技企业。

【韶关市科技企业创业园】 韶关市科技企业创业园位于十里亭镇黄岗，创办于2009年3月，隶属于韶关市科技信息局及韶关市颐林泉生物科技有限公司。

【十里亭靖村工业科技园】 十里亭靖村工业科技园位于韶关市十里亭靖村，总体规划面积为1000亩。2009年，园区内驻有金三江耐火材料有限公司、韶关市赛力乐液压件制造有限公司等多家企业。

（徐　喆）

工业园招商政策

【概况】 2009年，浈江区在加大改善招商环境的同时，积极制定优惠政策开展招商引资，并通过落实区域招商各项优惠政策，为落户辖区的民营企业提供政策上的扶持，有效地推动和吸引各地企业投资落户。

【浈江产业转移工业园投资优惠政策】 2009年，浈江产业转移工业园落户的民营企业可享受东莞（韶关）产业转移工业园的优惠政策，并享受省、市出台的实施“双转移”战略在用地、用电、用水等方面的优惠政策。在用地方面：园区土地价格按国家土地政策最低限价出让，再按有关规定给予优惠，最低优惠价格为4～8万元/亩。对于投资规模大、税收贡献大、科技含量高的企业，用地方面还可以进一步优惠。在用水方面：按市物价部门批准的水价，根据不同企业，入园企业用水每吨优惠0.05～0.15元。在用电方面：入园企业用电均价约为0.55元/度。其他方面：入园企业可享受浈江区出台的《关于发展总部经济的若干意见》、《浈江区促进中小企业平稳健康发展的实施意见》、《浈江区招商引资奖励实施办法》等一系列优惠政策。此外，浈江区还为入园企业实行“一站式”快速审批、“一条龙”优质服务、“一个窗口”全面代办制度。对正在洽谈或在建的新项目，产业园指定专人全程进行“保姆式”的跟踪服务，对已投产的企业，产业园建立了管委会领导和职能科室与企业经常性联系制度。

（徐　喆）

附：区工业园管委会领导班子成员名录

主　任：周耀成

副主任：胡立新、李　宏、刘俊斌、沈学平

浈江产业转移工业园

党政机关

共粤北省委旧址　张九龄　余靖

中国共产党韶关市浈江区委员会

【概述】 2009 年，中共韶关市浈江区委员会（简称“浈江区委”）加强对经济工作的领导，提出抓项目、保增长作为全年经济工作的主线，着力调结构、抓项目、挖潜力、促发展。全年完成地域生产总值 108.5 亿元，同比增长 10.3%；完成区属生产总值 26.56 亿元，同比增长 10.8%；地方财政一般预算收入 1.75 亿元，同比增长 16.2%；地域建筑业产值 25.67 亿元，同比增长 39.8%；第三产业同比增长 11.9%；地域社会消费品零售总额 106.39 亿元，同比增长 20%；农业总产值 5.68 亿元，同比增长 6.3%。按照中央和省委、市委的部署，先后开展第二批、第三批深入学习实践科学发展观活动，各级领导干部深入基层调查研究，并注重转化调研成果，加强政体机制建设，着力解决领导能力和作风建设问题，形成了推动浈江科学发展的长效机制，使学习实践活动成为群众满意工程，并得到省委、市委巡回检查组的充分肯定。积极开展“信访积案化解年”活动和书记大接访活动，高标准建设镇办综治信访维稳中心，风采街综治信访维稳中心成为全市示范点，信访维稳中心作用得到充分发挥，各种不稳定因素得到及时化解，非正常上访明显减少。加强社会治安综合治理，突出抓好重点部位的治安整治工作，保持严打高压态势，适时开展各种专项斗争，严厉打击各种违法犯罪活动，积极防范和妥善处置群体性突发事件，有力维护社会稳定。深入推进民主法制建设，支持人大、政协依法依章履行职责，支持民主党派、工商联和无党派人士积极参政议政。坚持依法治区，深入开展“五五”普法活动，全民的法制意识不断增强，各级政府的依法行政水平不断提高。巩固和发展爱国统一战线，重视发挥工青妇等群众团体的桥梁纽带作用，充分调动各方面的积极性，营造团结干事的良好氛围。注重民生工程建设，推进社会保障工程；不断加大教育投入，有效整合教育资源；完善基层医疗卫生服务体系，新型农村合作医疗参合率为 100%，并有效开展甲型流感的防控工作；有效推进文化惠民工程，广播村村通进程加快。加强领导班子和干部队伍建设，区直机关及镇（办）干部交流轮岗，干部队伍呈现生机与活力；加强党员、干部培训工作，全年选派干部 19 批 256 人次分别参加省委党校、市委党校的各类培训班，培训党员 4000 多人次。开展强化基层组织建设年活动，突出抓村级组织建设，基层党组织的创造力、凝聚力和战斗力不断增强；在各镇、办事处全面开展“百姓冷暖我先知行动”，收集群众反映的“冷暖”事项 4500 多件（次），已办结 2300 多件（次），正在办理的 2200 多件（次）。开展优化政务环境年活动，区四套班子成员率先示范，深入基层调查研究，带着感情和真情帮助基层群众解决实际困难和问题；广泛开展“抓作风、塑形象”活动，不断增强党员干部廉洁从政的意识；强化党风廉政建设责任制考核，努力构建“不想腐败、不能腐败、不可腐败、不敢腐败”的具有浈江特色的惩防体系，党风廉政建设和反腐败工作不断引向深入。

附：2009 年浈江区委书记、副书记、常委名录

区 委 书 记：刘卫东

区委副书记：张德清、何友权

区 委 常 委：谢阜生、蓝振云、何永兰
何益文、张广晖、李志雄
邓彩虹、梁　敏

【七届五次会议】　2009 年 1 月 22 日，浈江区委召开“第七届委员会第五次全体会议”。会议深入学习贯彻党的十七届三中全会、中央经济工作会议、省委十届四次全会和市委十届六次全会精神，总结 2008 年工作，全面部署 2009 年任务。

会议由区委常委会主持，区委书记刘卫东代表区委常委会作工作报告，区委副书记、区长张德清在会上发言，并围绕全会主题进行分组讨论。会议认为：2008 年区委紧紧围绕建设经济强区、构建和谐浈江的目标，团结带领全区党员干部群众，奋力拼搏，开拓进取，促进了经济平稳较快发展，政治建设、文化建设、社会建设和党的建设取得新成效。会议确定 2009 年全区工作的指导思想和主要任务。指导思想是：高举中国特色社会主义伟大旗帜，以邓小平理论和“三个代表”重要思想为指导，认真学习贯彻党的十七大、十七届三中全会、中央经济工作会议、省委十届四次全会和市委十届六次全会精神，深入学习实践科学发展观，围绕区委七届四次全会提出的奋斗目标，以抓项目、保增长作为 2009 年经济工作的主线，突出“发展与稳定”两大主题，着力推进“以改善民生为重点的社会建设和党的建设”，开展“强化基层组织建设年、优化政务环境年、加强城市管理年”三项活动，力争经济发展创一流，社会管理争先进，精神文明做先锋，和谐建设当标兵，努力开创科学发展新局面。主要任务是：坚持确保经济平稳较快增长“第一要务”，努力实现 2009 年区属生产总值增长 10%、地方财政一般预算收入增长 8%、农村居民人均年纯收入增长 6%、固定资产投资增长 20% 的目标；坚持促进社会和谐稳定“第一责任”，加强民主法制建设，切实维护社会和谐稳定；坚持抓好精神文明建设，全面提高人的综合素质，加强思想道德建设和社会主义核心价值体系建设，开展加强城市管理年活动，加快和谐文化建设；坚持以人为本，切实改善民生，大力发展科教事业，扩大就业和加快完善城乡社会保障体系，建立健全基本医疗卫生制度，加强人口和计划生育工作；坚持加强和改进党的建设，提高领导班子和干部队伍的理论水平和实际工作能力，并开展强化党的基层组织建设年活动，开展优化政务环境年活动。会议表决通过了《中国共产党韶关市浈江区第七届委员会第五次全体会议决议》。

【区委常委会议】　2009 年，中共浈江区委共召开过 5 次常委会议。

4 月 2 日，区委召开第一次常委会议，研究制定《2009 年度浈江区镇办落实科学发展观实绩考核办法（试行）》，讨论制定与之配套的指标考核细化方案，并将办法和方案统一印发至辖区各镇（办）及区直有关单位。

5 月 20 日，区委召开第二次常委会议，

会议内容：研究讨论加强干部选拔任用管理工作方案，并原则同意、批转下发区委组织部《关于进一步加强干部选拔任用管理工作的意见（试行）》；研究区属街道机构精简方案，决定对部分街道办事处实行机构精简，具体是：南门办、太平办、和平办三个办事处先合署办公，实行一套人马三块牌子，经报上级批准后再由三个办事处撤并为一个，定名为风采街道办事处，办公地址在原熏风路小学教学楼；研究落实党风廉政建设和反腐败工作部署分工，并要求以区党风廉政建设领导小组的名义，下发《关于落实2009年浈江区党风廉政建设和反腐败工作部署分工的通知》至区党政班子成员及各责任单位执行。

6月19日，区委召开第三次常委会议，会议内容：审议《中共韶关市浈江区委关于进一步加强和改进领导班子思想政治建设，提高领导科学发展能力的实施意见》（讨论稿），会议同意该实施意见，并以区委文件下发执行；审议通过《浈江区2009年科技工作计划》和《浈江区2009年党政领导干部推动科技进步目标责任制》（送审稿）。

8月25日，区委召开第四次常委会议，会议内容：讨论并原则通过《浈江区镇办综治信访维稳中心建设工作方案》；讨论同意《浈江区落实党风廉政建设责任制考核反馈意见的整改方案》。

12月31日，区委召开第五次常委会议，会议内容：研究北江金融投资公司处置工作，决定成立区清理工作领导小组，并积极与市有关部门沟通、协调，务求把该公司所负债务列入原北江城市信用社退市方案；研究区政府机构改革方案，决定区人民政府设置18个工作部门。

区委中心组学习贯彻中国共产党十七届四中全会精神报告会会场

【区委中心组学习会】　2009年，浈江区委共组织11个专题中心组学习讨论会。区四套班子成员和区纪委班子成员，区法院、检察院“两长”及副处级以上干部参加了专题学习。年内，区委中心组学习会围绕理论学习，先后组织深入学习实践科学发展观，党的十七届三中全会精神，建设社会主义核心价值体系，加强领导干部党性修养，推进党风廉政建设和反腐败斗争等专题的学习。围绕区域经济建设，中心组先后组织学习贯彻落实中央经济工作会议精神，促进区域经济保持平稳较快增长；抢抓机遇，加快推动浈江科学发展；积极推进“双转移”，建立现代产业体系；把握宏观经济形势，积极应对国际金融危机的挑战等专题。围绕发展民生、建生态文明及行政体制改革，中心组先后开展加强生态文明建设，提高科学发展能力；深化行政管理体制改革，建设人民满意的政府；关注和改善民生，促进社会和谐稳定等专题学习。

【专题调研活动】　2009年，浈江区委围绕辖区政治、经济、民生建设，共开展3次较大规模的专题调研并进行1次外出考察调研。

3月21～23日，区委书记、区委人大常委会主任、区委深入学习实践科学发展观领导小组组长刘卫东率区四套班子成员赴河源市东源县、梅州市梅江区学习考察。区四套班子学习考察团先后参观了东源县产业转移工业园、东源县灯塔镇梨园新农村建设，梅州市雁南飞茶田度假村、雁鸣湖旅游度假村，梅江区客家公园、客天下旅游产业园，并听取了东源县、梅江区的经验介绍，还召开了座谈会。

4月21日，浈江区委、区政府组织开展全区工业企业大调研活动，区四套班子成员，区法、检“两长”及区发改局、外经局、财政局、建设局等区直及驻区有关单位负责人参加了调研活动。这次调研活动的目的是了解企业生产经营状况，引导和帮助企业积极应对国际金融危机、共克时艰，帮助企业树立信心，促使企业转“危”为“机”，在“危”中抢抓“机遇”实现新发展，促进全区工业企业企稳回升。

9月底，为加强镇办综治信访维稳中心建设，进一步完善、提高辖区综治、信访、维稳中心管理运作机制，形成浈江“大综治、大服务、大稳定”的管理格局，打造更加平安、稳定、和谐的社会环境，区委、区政法委牵头组成调研组从10月中旬开始到各镇（办）、区直及驻区有关单位进行调研。

11月2日，为做好区委七届六次全会《报告》、区七届人大四次会议《政府工作报告》起草工作及编制全区十二五规划做准备，区委办、区政府办和区发改局联合组成调研组，用半个月时间对辖区各镇（办），以及区直有关单位开展调研活动。

【实践科学发展观活动】　2009年，浈江区委以“推动浈江区科学发展”为主题，在全区范围内组织开展学习实践科学发展观活动。3月9日，浈江区委在区委会议室召开全区第二批深入开展学习实践科学发展观活动动员大会，区委书记、区人大常委会主任刘卫东在会上作动员报告。会议提出“党员干部受教育、科学发展上水平、人民群众得实惠”的学习实践活动总要求。区属共55个单位、100多个党组织、3600多名党员参与第二批实践科学发展观活动。

在实践科学发展观活动学习中，区属各级党组织通过采取中心组专题学习、集中辅导学习、知识竞赛学习及个人自主学习等形式，不断提升党员干部自觉实践科学发展观的主动性，并将理论联系实际开展“身下去”（下到基层）大接访、“请上来”征询意见等活动。区委书记刘卫东、区长张德清等主要领导带头深入区属镇、办事处或村、社区调研，机关各部委积极走下去进行调研。年内，浈江区委加强舆论宣传，先后在区属人民政府信息网、浈江区远程教育信息网及《浈江组工通讯》等开设学习实践活动专栏，通过开展专家课堂、周末讲堂和实践课堂等“大课堂”（先后邀请省人大退休老领导汤维英、市委组织部副部长姚远通、市宣讲团到区委做专题报告）、开展社会调研、民生大接访及举办座谈会等活动，采取“走出去”（组织考察团到经济结构和人口总量同浈江区相类似的梅州市梅江区考察学习，犁市镇组织镇政府干部到广东青年干部学院学习取经）和科学发展观基础知识测试等形式，有效提高机关干部和广大基层党员干部对科学发展观的认识。至年底，区党委中心组共集体学习3次，开展解放思想大讨论6次；区主要领导深入基层联系点进行调研140多次，区属处级以上领导干部撰写调研报告60余篇；举办座谈会10余次，共收集有关浈江区项目建设、生态建设、城区建设、民生保障和社会稳定等方面意见、建议30余条；深入基层开展宣讲活动60多场次，辖区的各基层组织也组建各自的宣讲团，开展宣讲活动30多场次；区级宣传媒体累计发稿达500多篇，其中在省、市学习实践活动的官方网站、新闻媒体等主流媒体发稿10多篇；区委机关全年编发学习实践活动简报累计60多期，区属各基层单位编发简报400多期。

【实施民生工程】 2009年，中共浈江区委主要围绕城乡改造、职工再就业及社会保障等实施民生系统工程，全面落实向市民承诺的五件实事。全年投入300多万元新建的犁市镇大为中学教学楼（纪念抗洪英雄李大为）于9月份投入使用；启动花坪镇西牛潭灌区改造工程，并申报项目资金4300多万元；完成辖区农村1.16万人饮水安全工程，累计总投资658.1万元；完成辖区5个行政村的农民体育健身工程；投入资金200多万元，实施田螺冲居民区水改工程，居民区已实现由市自来水公司供水。至年底，辖区城镇新增就业人数比目标任务高12.4个百分点；下岗人员再就业人数比目标任务高5.5个百分点；城镇登记失业率为3.1%，实现市下达控制在3.8%以内的目标；全区参加城镇居民基本医疗保险6.4万人，共有1577户3932人享受低保待遇，对1805户5171个救济对象实施救济，全年发放低保金575.87万元；组织开展“慈善一日捐”等活动，筹集善款36.2万元；组织开展医疗服务活动，免费为280名白内障患者施行复明手术；在继续开展“加强城市管理年”活动中，通过强化城区综合执法和卫生保洁力度，辖区市容、市貌和环境卫生大幅改善，为韶关市成功创建“国家卫生城市”作出突出贡献，被韶关市委、市政府评为“创卫工作突出贡献单位”。

（谭绍文　周建君　黄会腾）

附：区委办公室领导班子成员名录

主　任：张广晖（兼）

副主任：刘　济、谭绍文、刘继平、冯志光

组织工作

【概况】 2009年，区委组织工作坚持以邓小平理论和“三个代表”重要思想为指导，全面贯彻、落实中央及省、市有关组织工作会议精神，围绕区委中心工作，以抓好基层党建、落实《干部任用条例》为重点，全面做好辖区干部统筹、监督、培训及日常管理等工作，为全区经济社会发展提供有效的组织保证和人才支持。

【干部人事制度改革】 2009年，浈江区干部人事制度改革立足于完善干部选拔、任用机制，通过扩大选人、用人上的民主管理，建立、健全主体清晰、程序科学、责任明确的干部选拔任用制度。在干部选拔方面通过坚持选人突出岗位特点，注重能力实绩，完善差额推荐、考察、酝酿、选拔干部的方式，坚决整治跑官要官、买官卖官、拉票贿选等问题。在干部任用方面，坚持德才兼备、以德为先的用人标准，通过履行岗位职责、完成急难险重任务，以及对待个人名利等方面德行的考察，选拔任用让组织放心、群众满意的干部。在干部制度考核改革方面坚持把落实科学发展观实际成效作为根本标准，把转变作风狠抓落实等作为考核干部政绩的重要内容。通过探索建立干部人事考核的激励机制，充分发挥不同年龄段和不同类别干部的作用。在公务员队伍宏观管理方面进一步加强后备干部队伍培养，通过研究制定公务员录用、调任、考核、奖励、转正、定级等实施细则和《浈江区科级后备干部管理办法》，不断完善后备干部规范化管理。对新提拔的干部进行跟踪管理，对优秀的年轻干部实行定期考察制。至年底，全区共调整干部213人。其中：提拔任用80人，调整交流87人次。此外，按照省、市规定的程序和条件，选拔1名优秀村党支部书记担任镇党委委员，从优秀大学生村官中招录1名公务员。

【干部教育培训】　2009年，浈江区围绕干部的培养与教育，积极开展大规模干部教育培训工作。全年共分19批次256人次，分别参加省委党校处级班、市委党校处级班、科级正职班、处级领导干部和镇（办）领导干部学习《规划纲要》专题培训班和处级干部学习《党的十七届四中全会精神》等专题培训班。在科级干部、后备干部培养方面，全区共有80名科级及后备干部参加市委党校组织举办的科级干部和后备干部培训班。为促进选调生培养，区委制定《浈江区加强选调生和新招录公务员实践锻炼工作方案》，规定新进的选调生和公务员，原则上都要分别在镇、办、村、机关等四个岗位锻炼半年，并在年内新录用8名选调生。年内，浈江区党员干部教育培训主要放在基层，全年下拨8.32万元党员教育培训经费，依托市、区、镇委党校、村（居）、党员活动室以及党员干部现代远程教育终端接收站点等阵地，开展基层党支部书记、党务工作者及党员轮训。全年共举办各类培训班、学习班10多期（次），累计培训党员4000多人次。

【干部组织管理工作】　2009年，浈江区继续围绕完善干部管理制度建设，把干部的管理、监督工作贯穿在培养教育、考察考核、选拔任用的各个环节中。在干部信访处理方面积极做好群众来信来访工作，对干部信访反映的问题认真进行调查核实，严格按有关政策文件要求给予答复。全年共接到群众来信来访来电案件49宗、62人次（含重复来信、来访案件）。在干部选拔任用方面对反映违规用人问题进行一次集中清理查核，并召开干部监督工作联席会议，成立“浈江区委组织部举报中心”，有效落实广大干部群众对干部工作的知情权、参与权、选择权和监督权。在干部离职审计管理方面，全年共委托审计部门对13个单位进行经济责任审计，并将审计结果公示，作为干部选拔、任用工作的重要参考依据。在干部出国（境）、离退职管理方面严格按照各项政策规定，全年共为辖区27批（27人次）办理出国（境）备案政审手续，为21名干部办理退休手续（其中处级干部3人，科级干部19人）。

【加强组工干部培养】　2009年，区委组织部按照“思想建部、学习兴部、能力强部、从严治部”方针，先后开展“组工干部下基层”、组工干部“讲党性、重品行、做表率，树组工干部新形象”等主题活动。在提升组工干部自身素质方面按照打造“学习型机关”的总体要求，加强组织部门集体学习，制定部门机关每月第一天（除节假日外）为集体学习、总结汇报日工作制度，在学习组工理论、业务知识上按组工干部要成为复合型人才的要求，采取“请进来讲，走出去看”的方式，不断提高组工干部科学文化素养，并在规范组织工作制度方面制定《浈江区关于进一步加强干部选拔任用管理工作的意见（试行）》，通过加强组织工作政治纪律、工作纪律、组织纪律等，杜绝“跑、风、漏、气”现象的发生。

【实施固本强基工程】　2009年，为推动浈江区固本强基工程的实施，组织开展“百姓冷暖我先知行动”及“基层组织建设年”活动，通过形式多样的实践活动，全区固本强基工程不断得到提升。是年年初，区委组织部为进一步加强和改进辖区党的基层组织建设，切实提高基层党组织创造力、凝聚力和战斗力，确定2009年为“基层组织建设年”。是年3月，区委组织部分别在犁市镇、东河街道办事处试点开展“百姓冷暖我先知”行动，该活动得到广东省委学习实践活动指导检查组充分肯定。7月，区委召开基层组织建设年活动动员大会，并公布采取10项措施，在全区强化基层组织建设年活动。该活动计划分集中调研、整改提高、检查验收三个阶段，到年底已完成整体活动。10月，区委在总结试点的基础上，开始在区属各镇（办）全面推广。在此次行动中，全区累计发放《百姓冷暖表》4万多张，收回2万多张，共收集群众反映“冷暖”事项4000多件（次），年底已办结1800多件（次），待办理的2200多件（次）。

【建设党员干部现代远程教育平台】 2009年，浈江区为发挥党员干部现代远程教育终端接收站点作用，先后采取多项措施，完成街道、社区远程教育终端接收站点建设任务。至是年6月，辖区共有47个街道、社区建成远程终端接收站点。是年7月，因辖区南门、和平、太平街道办事处合并成立风采街道办事处，社区远程终端接收站点有所变化，至年底，全区街道、社区共有46个终端接收站点。年内，为充分发挥党员干部现代远程教育站点的功能和作用，区委还健全网络学习收看制度，并要求每个站点每月开展学习不少于1次，党员干部半年学习时间不少于30小时，有效促进远程教育工作“学出效果、用出效益”。10月，区委建立党员干部现代远程教育辅助网站，为辖区党员干部远程教育增加更广的平台。至年底，全区共组织党员干部收看远程教育近100场（收看党员干部和团员青年2000多人次，培训在家待业和返乡青年100多人次），组织全区各站点，共同收看专题节目、及教学课件近1000场次，收看人数达万余人。

（傅雪平）

附：区委组织部领导班子成员名录

部　长：蓝振云（兼）

副部长：李　岳、吴永亮、邓新慧、黄炳明
吴仲梅

宣传工作

【概况】 2009年，浈江区委宣传工作依照“高举旗帜、围绕中心、服务人民、改革创新”的总要求，着力在改革创新、科学发展上下工夫，在武装头脑、引导舆论、营造氛围、维护改革发展稳定大局上作贡献。通过理论工作与深入实践科学发展观讨论相结合，宣传工作与实际相结合，精神文明创建活动与城乡文化相结合，较好地促进区域社会、经济健康发展，为促进社会和谐、建设文化强区提供有力的思想保证。

【理论学习宣传】 2009年，浈江区不断加强干部理论学习，提高党员干部素质，先后开展“深入学习实践科学发展观，乘势而上，开创科学发展新局面”、“深入学习贯彻党的十七届三中全会精神，加快推进农村改革发展”、“建设社会主义核心价值体系，巩固全党全国各族人民团结奋斗的共同思想基础”、“加强领导干部党性修养，推进党风廉政建设和反腐败斗争”等专题理论宣传。区委中心组共召开专题理论学习12次。在理论学习调研方面，区委理论宣传组织部门结合工作实际，先后邀请省、市专家、教授，就省市经济发展形势、新农村建设、科学发展观、“八个为什么”等方面作专题报告。年内，区委理论中心组结合理论学习开展调研，共提交8篇工作调研报告。

【社会宣传工作】　2009年，浈江区围绕辖区社会宣传工作，深入开展全区的经济形势宣传，为实现全区经济社会健康快速发展提供强有力的舆论支持。年内，区委宣传部门利用《韶关日报·浈江专版》，先后对浈江学习实践科学发展观、“双转移”、园区建设、创卫等9个专题做全面报道，全年先后在省级新闻媒体刊播稿件11篇，在市级新闻媒体刊播250多篇，并接待市级以上媒体记者120多人（次）。

【开创精神文明建设活动】　2009年，浈江区持续开展精神文明创建活动，分别在区属乡村实施“乡村清洁美”工程试点工作，在辖区镇、村开展普及生态文明乡村建设，在全区开展“我推荐、我评议身边好人活动”。年内，全区有1人荣登“中国好人榜”，2人荣获“韶关好人”称号，其中风采街道文化社区被评为广东省“文明社区”。

【实施文化惠民工程】　2009年，浈江区实施城乡文化丰富多彩的“文化惠民工程”，辖区的“广播村村通工程”在年内顺利启动，其中犁市镇黄塘村、岭背村，十里亭镇靖村等3个试点建成投入使用，辖区东河街道办文化信息资源共享试点工程建设顺利实施。在开展科技、文化、法律、卫生下乡活动中，辖区创建“一月一演”广场文化活动品牌，“农村电影放映”、“农家书屋”等一系列文化惠民活动，并成功举办以庆祝新中国成立60周年为主题的“歌颂祖国、爱我浈江”群众歌咏活动。

（李建华）

附：区委宣传部领导班子成员名录

部　长：何永兰（兼）

副部长：周文杰、李建华

统一战线工作

【概况】　2009年，浈江区委统战工作紧密围绕区委中心工作，突出以推进浈江经济发展为重点，充分发挥统战法宝作用凝聚各方面力量，维护社会和谐稳定，大力促进浈江经济和社会各项事业发展，为建设经济强区，构建和谐浈江作出新贡献。

【非公有制经济企业学习实践科学发展观活动】　2009年，浈江区委统战工作按照市委统战部的要求，成立由区委统战部主要领导任组长、分管领导兼任办公室主任的非公有制企业学习实践科学发展观活动指导小组，并联合区工商联、工商分局对辖区非公企业党组织学习进行指导。在学习活动过程中，区委统战部门根据非公经济组织不同行业、不同类型的特点和非公企业党员流动性大、文化水平偏低等实际问题，力求做到规定动作不走样、自选动作有创新的原则，采取集中讲学、上门送学、结对帮学、编组分学、分散自学5种学习模式，做到“三有”，即学习有专人负责、人手有学习手册、学习情况有反馈。在注重提高“活动”实效性方面，突出以帮助企业深化内部体制改革、增强发展后劲、优化人力资源管理、提高科技贡献率等方面内容，帮助企业摆脱困境，维护企业和谐稳定，起到积极推动作用。年内，全区有30个非公经济党组织，共331名党员参加本次活动。

【实施“三促进一保持”行动】　2009年，浈江区统战工作按照省委统战部的要求，在辖区实施“三促进一保持”系列行动，即开展浈江区产业园建设的“助力行动”（行动由区统战部联同市委统战部组织市统一战线单位，组织民营企业老板、港澳政协委员3批100多人次到浈江产业园进行考察，积极配合做好浈江产业园建设服务工作）；以统战工作优势，协调民营企业与政府有关职能部门关系、民营企业劳资关系，理顺各方面关系，化解矛盾，积极做好中小企业的融资、技改、土地、人才、信息等方面的服务工作，促进浈江辖区中小企业较好发展；发挥统战团体组织作用，通过工商联、侨联、台联、海外联谊等团体组织，多渠道广泛为浈江区“招商引资”牵线搭桥，促进区内经济快速发展（全年通过统战工作团体引入经济投资项目2个，投入资金1000多万元）；积极鼓励统战团体开展扶贫助学，并在非公有制经济领域中开展以履行社会责任为重点的“光彩行动”，以提高民营企业人士的社会责任感，引导民营企业积极投身公益事业，为保持社会稳定多做贡献。年内，全区民营企业共捐款、资助公益事业和困难群众10多万元，其中资助社区困难群众小孩读书1000多元、发动宗教界为困难群众捐款捐物3万多元、德城鞋业有限公司的钟德诚捐助7万元。

【做好各民主党派统战工作】 2009年，浈江区统战工作按照《中共中央关于进一步加强中国共产党领导的多党合作和政治协商制度建设的意见》要求，加强各民主党派工作。在加强与各民主党派联系方面，采取座谈会、通报会等形式，组织引导各民主党派、无党派人士围绕党委、政府中心工作，以及社会热点、难点问题进行建言献策，发挥党外人士参政议政作用。在制度建设方面加强和完善区领导班子成员与党外人士交友制度、重要会议和重大决策的征求意见和通报制度、区委组织部与统战部的联席会议制度等。在民主党派参政干部培训方面，注意做好民主党派领导班子后备干部队伍建设，切实落实党外干部实职安排工作要求，大力推荐高素质的民主党派和无党派人士为人大代表和政协委员。

【推进港澳台海外统战工作】 2009年，浈江区委统战部把实施“一国两制”方针和完成祖国统一大业作为统一战线的重要政治责任，努力扩大重点联系的港澳和海外代表人士，进一步拓展海外统战工作。在广泛开展与港澳同胞联谊活动方面，全面贯彻“一国两制”、“港人治港”、“澳人治澳”高度自治的方针，密切与港澳同胞的乡亲建立朋友关系；更好地争取人心，凝聚力量。在扩大统战对象方面，通过发挥统战工作包容性、灵活性的特点和优势，不断拓宽对外联谊渠道，热心为港、澳、台资企业生产经营提供优质和便捷服务，使他们安心置业、经济共赢。在执行统战政策方面，贯彻“和平统一、一国两制”方针，通过深入开展学习宣传《反国家分裂法》活动，做好涉台工作，积极开展反“独”促统工作，开展多种形式反台独、反分裂舆论斗争活动，努力构建和平稳定的两岸关系。

【发挥工商联桥梁和纽带作用】 2009年，区委统战部围绕加强对工商联的指导，帮助工商联抓好自身建设，发挥工商联桥梁纽带作用。在组织建设方面以加强工商联班子建设为重点，不断提高工商联班子成员工作水平；通过做好发展会员工作，进一步健全和完善工商联工作机制；加强与民营经济代表人士的联系，坚持“团结、帮助、引导、教育”的方针，进一步引导非公有制经济人士参与社会公益事业，多为党和政府分忧；开展深入走访民营企业进行调研活动，积极引导民营企业守法经营，依法纳税，认真听取他们的意见和建议，并及时向区委、区政府反映他们的心声，想方设法为他们解决实际问题，鼓励他们发展经济，安心在浈江区投资置业。年内，由浈江区商会主席、副主席带头出资筹建的区工商联培训基地，为非公有制经济人士提供了一个联络感情、沟通信息、互相帮助的地方，成为工商联联系非公有制经济人士之家。

【民族宗教统战工作】　2009年，浈江区内有瑶、壮、回、满、蒙、畲、土家族等31个少数民族，在宗教方面有佛教、道教、天主教、基督教等4个。为做好民族、宗教统战工作，浈江区统战部积极贯彻中央及省、市有关民族、宗教统战政策，立足于党和政府民族、宗教政策的落实，积极维护民族团结，贯彻宗教信仰自由，保护正当宗教活动，进一步促进辖区内民族、宗教统战工作稳步发展；认真做好辖区城乡少数民族工作，及时处置突发事件和群体性事件，妥善处理影响民族团结的矛盾问题，切实维护民族团结和社会稳定。是年6月25日，市内旭日公司发生新疆籍职工与汉族职工斗殴事件后，浈江区根据市政府统一部署，由区长和分管副区长带领区公安、民政局和十里亭镇政府等部门与单位，积极协助做好旭日公司210名新疆籍职工的安置工作，较好地维护民族的团结。此外，在韶关“创建国家卫生城市”期间，一些外来的少数民族小商贩随意在辖区的解放路、步行街等地段占道为市乱摆卖，严重影响市容市貌，阻碍交通，不服从城管人员劝告，并用暴力对付城管执法人员。浈江区委统战部、民宗局及时与城管、公安等部门协调，会同市民宗局、区城管、公安等部门，认真做好抗法人员工作，并深入到他们居住的地方耐心宣传政策规定，了解关心他们的困难，解析韶关市创建国家卫生城市的重要意义，帮他们做好贩卖货物的处理，有效地化解矛盾。年内，区民宗局在宗教场所管理方面认真贯彻落实《宗教事务条例》，通过积极引导宗教人士爱国爱教，坚持独立自主自办教会的原则，制止非法宗教活动，抵御境外宗教渗透，并妥善处理社会各界与宗教界之间及宗教内部之间的关系，保证宗教活动正常有序地开展，有效维护社会的和谐稳定。

（何景源）

附：区委统战部领导班子成员名录
部　长：张玉珍
副部长：肖　红、何景源、张粤华

老干部工作

【概况】　2009年，浈江区老干部工作坚持以邓小平理论、“三个代表”重要思想和科学发展观为指导，积极学习实践科学发展观，面对新形势，立足新起点，进一步落实老干部在政治、文化、医疗、生活待遇，不断推动老干部工作的顺利开展，充分发挥老干部构建和谐浈江的积极作用。至年底，全区共有离休老干部31名，其中企业离休干部8名。

【落实老干部政治待遇】　2009年，浈江区委老干局充分认识老干部工作的重要性，积极落实好老干部政治待遇。在信息通报机制方面坚持执行辖区发展情况老干部通报制度，通过定期向老干部通报辖区工作情况，使老干部及时了解区内工农业生产、城市建设及建设和谐浈江等方面情况。在政治学习方面进一步完善老干部学习制度，规定每季度最后一个月的10日为离休老干部党支部学习日，逢双月15日为副处以上退休干部学习日。通过开展学习日活动，让老干部及时了解国际国内政治经济形势，及时了解党和国家大政方针，不断增强老干部的政治意识、大局意识、责任意识和服务意识。在老干部政治关怀方面，年内为全区离退休老干部每人订一份《秋光》杂志和一份《老人报》，为离休党员干部每人订一份《南方》杂志，还为老干部活动室订阅《南方日报》、《韶关日报》、《中国老年报》、《参考消息》等报刊。

【落实老干部生活待遇】 2009年，浈江区把老干部生活待遇的落实作为一项日常重要工作常抓不懈。在离休费保障机制方面，解决了原曲江县企业离休干部庄岳、罗强的生活补贴与本区其他同级别离休干部相等的问题。在医药费保障机制方面，将全区31名离休干部的医疗费用全部纳入区财政预算，并由财政局拨款，老干部局统一审核，各单位负责落实管理，使离休干部医疗费按规定实报实销，无拖欠现象。在开展老干部健康检查工作方面，组织辖区离休干部及副处以上退休干部92人进行健康检查，检查项目包括彩色B超、心电图等15项，并在体检后为每一位老干部建立健康档案。年内，为解决区老干部工作用车，提高为老干部服务的质量，区委老干部局还争取到省、市老干部局17万元资金购置了业务、服务用车。

【老干部慰问工作】 2009年，区委老干部局共走访老干部和探视住院老干部100多人次，并在“七一”前夕前往深圳、江门、中山等地看望朱志全、胡春华、廖启新等3位离休老干部，为他们送去了慰问金。在庆祝建国60周年前夕，区委分别组成五个慰问小组，开展“三老”慰问活动，由区委书记、区长、区委副书记、组织部长、老干部局局长各带一个慰问小组，对辖区离休老干部进行走访、慰问，并为每位离休干部送上慰问金600元。对于区委、区政府的慰问，老干部们表示一定要保养好身体，继续关注和支持浈江发展，为浈江建设发挥余热。此外，区委老干部局还对3名年内病故的离休干部遗属进行了慰问。

【开展老干部关心下一代工作】 2009年，浈江区积极为老干部发挥作用创造条件。在开展培养、教育下一代活动方面，积极支持余武斌、马少芳、刘宏光、邵经传等同志，参与关工委、老促会的工作；支持、协助关工委举办“农村创业青年培训班”（参加培训班的学员，大多是立志在农村创业或在农村从事农业生产已有成就的青年，共有50名创业青年参加了为期四天的种养、农产品安全

浈江区重阳节文艺演出

等课程培训）。年内，辖区的余武斌、邵经传被评为韶关市离退休干部先进个人。

【创新离退休干部管理模式】 2009年，区委老干部局根据中组部、人力资源和社会保障部《关于进一步加强新形势下离退休干部工作的意见》，对辖区老干部管理和服务模式进行调研与探索。在老干部政治待遇方面，根据身体原因不能参加集中学习的老干部群体，采取“送学上门”、“家人助学”等形式，将党的重大决策部署和有关老干部工作最新文件精神及时传达到老干部中。在增强老干部思想政治工作的针对性和有效性方面，注重运用老干部身边的先进典型来做老干部思想政治工作，并注重发挥老干部的主体地位、政治优势，引导他们开展自我教育，将思想政治工作与解决实际问题相结合，把思想政治工作寓于老干部的日常服务之中。在处理老干部来信来访方面，解决好老干部最关心、最直接、最现实的利益问题。对反映问题比较强烈的老干部，注重做好耐心细致的思想稳定工作，对老干部的信访件做到及时办理、及时回复、及时反馈。在落实生活待遇方面，不断完善离休干部“两费”（离休费、医药费）统筹机制，协调有关部门确保老干部各项生活待遇的落实。在老干部阵地建设方面，增添一批适合于老年人的活动器材，不断增强活动中心的吸引力，使更多老干部到中心活动。此外，老干部局还注重围绕区委、区政府中心工作，重点发挥好年龄较轻、身体较好、有一定政治优势的老干部作用。鼓励他们在力所能及的情况下，继续发挥余热。

（刘玉梅）

附：区老干局领导班子成员名录

局　长：吴仲梅

副局长：刘玉梅

区直工委工作

【概况】2009年，浈江区区直机关工作根据党的十七届四中全会、省委十届六次全会和市委十届七次全会精神，按照科学发展观要求，以“三个代表”重要思想为指导，求真务实，积极探索，大胆创新，不断加强区直机关党的基层组织建设，为区直机关顺利完成各项工作任务，实现全区经济和社会又好又快地发展提供强有力的思想和组织保证。

【开创党建工作新格局】 2009年，根据工作要求准确定位，履行职责，落实责任制，将区直机关80多个单位划分为10个党总支，每个党总支具体负责8～10个单位党组织，把各项工作职责分解到总支和各支部，并按层次看好落实和责任到人，从而保证了区委的各项要求和部署面向基层落实到位；区直机关各党组织结合实际，有效开展工作，真正形成了区一级抓工委，工委抓基层党组织的层级管理体系，层层抓落实，努力开创机关党建工作新局面。

【开拓党建工作新路子】 2009年，区直机关工作激发机关党员干部的内在动力，通过规范目标管理、绩效考核、联系群众、创先争优等形式，结合工作会议制度和经验交流制度，开展思想大解放、学习实践科学发展观以及纪律教育月活动等一系列学习实践活动，并在启明北广场组办了一台庆祝建党88周年文艺晚会，受到广大干部群众赞扬。

【创新党建工作新载体】 2009年，开展“一帮一结对帮扶”活动和开展思想大解放、学习实践科学发展观以及纪律教育月等活动。

创造性地开展了城乡党组织互帮互助党建活动，使区直机关党建工作呈现出新的生机和活力。年内，全区共发展新党员18名，审批转正预备党员14名。

【开启党建工作新领域】 2009年，区直机关工委管辖的非公有制经济组织30多个，50名以上员工的企业有10个，具备条件建立党组织的有5个，并建立独立党支部5个，组建率100%。通过组建党支部，大大地发挥了党组织和党员在非公有制企业中的作用。

（廖志莲）

附：区直机关工委领导班子成员名录

书　记：李　岳

副书记：廖志莲

信访工作

【概况】 2009年，湞江区信访维稳工作围绕“保增长、保民生、保稳定”，着力从源头上预防和减少不和谐因素，积极开展书记大接访和积案化解年活动。全年共受理群众来信来访151件（宗）390人/次，其中来信50件，来访101批390人，比上年同期宗数下降62.86%，人数下降52.09%。群众越级访明显下降。至年底，全区到京上访1宗1人次，宗数、人数均比去年同期下降75%；到省上访3宗13人/次，比去年同期宗数下降25%，人数下降31.58%；从区到市越级访、群访、闹访也明显下降，到市17宗165人，比去年同期宗数下降67.52%，人数下降42.71%；到区上访83宗224人，宗数比去年同期下降60.66%，人数比去年同期下降42.74%。全年群体性上访事件2宗（去年同期为零）；在国家、省“两会”，“八一”和国庆期间没有发生到省进京非正常上访现象。全区信访维稳工作呈现良好局面。

【基层信访工作】 2009年，湞江区信访工作采取有力措施，形成了主要领导负总责，分管领导具体抓，其他领导成员“一岗双责”，一级抓一级，层层抓落实的大信访工作格局。年内，区四套领导班子成员每月定期到信访局接访，每月15日定为书记接访日，各镇办按区委、区政府的要求开展书记大接访活动，从而把矛盾化解在基层，解决在当地，有效地解决了一批容易引发信访突出问题及群体性事件的矛盾纠纷及苗头隐患。各级党委、政府紧紧围绕“事要解决”的工作方针，充分发挥党和政府维护群众权益的主导作用，扎实开展信访积案息诉罢访活动，有效地解决长年未决的信访积案35宗，积案化解率100%。坚持区办两个月排查一次，镇办每月排查一次，村居每半月排查一次的矛盾纠纷排查化解工作制度，在敏感时期开展大力度、全方位、拉网式的矛盾纠纷排查活动，对排查出来的苗头隐患及时组织力量解决。全年共排查各类不稳定因素84宗。制定敏感时期维稳工作方案和应急预案，成立应急领导小组，建立快速反应机制，提高处理突出信访问题的能力；加强镇办综治信访维稳中心建设。以风采街综治信访维稳中心建设为试点，全区五个镇、五个办事处按上级的要求建立综治信访维稳中心，并在年底通过市的验收；各镇办综治信访维稳中心不断建立健全矛盾纠纷调处机制，把社会矛盾化解在基层，真正做到“大事不出镇办，小事不出村居”。

【畅通和拓宽信访渠道】 2009年，湞江区建立健全“畅通、有序、务实、高效”的信访渠道，建立健全网络，强化预测预防，及时化解矛盾。除传统的信访和走访两种形式外，进一步拓宽信访渠道，并受理网上信访。强化基层信访信息员队伍建设，聘请懂法律、热心群众工作的党员或离退休干部为信访信息员，负责宣传信访法规政策、搜集反映信访动态，疏导一般信访矛盾。完善信息情报网，建立健全区、镇办、村居、村民小组四级调解网络，区、镇办、村居上下信息畅通。各村居委指定由一名副书记负责信访和调解工作，每个村民小组安排一名信访信息员搜集信息。至年底，全区设基层调解组织 98 个，农村首席调解员 45 人，社区调解员 270 人，由区财政核拨每人每月补贴 150 元津贴；全区增加调解员、信息员648 人，设立9 个镇（办）法律服务所，并聘请 28 名法律工作者作为镇、办事处及村、社区常年法律顾问。

【学习和宣传信访法规】 2009 年，区信访部门定期或不定期开展信访法制专题学习和宣传活动，进一步增强各级领导干部和群众的法制观念。各镇办、区直相关部门结合实际，因地制宜，采取寓教于乐、灵活多样的方式，大力开展《信访条例》宣传活动。引导群众理性合法表达利益诉求，自觉维护正常的信访秩序。上半年，个别村出现群众缠访、闹访行为，经过下半年的整治，信访秩序有明显好转。

【解决信访突出问题】 2009 年，浈江区切实解决信访突出问题，积极预防和妥善处置群体性事件，加大综合协调处理群众上访问题的力度。建立健全处理信访突出问题及群体性事件的联席会议制度，完善工作机制，充分发挥综治信访维稳中心、司法所、人民调解委员会等部门职能作用，及时做好防范，妥善处理人民内部矛盾。

【信访工作长效机制】 2009 年，浈江区认真贯彻落实中共中央、国务院《关于进一步加强新时期信访工作的意见》和《信访条例》，针对新时期信访工作出现的新情况、新问题，积极探索信访工作规律，研究加强和改进信访工作的具体措施，建立健全领导包案责任制、矛盾纠纷排查化解机制、信访信息汇集研判机制、信访督查工作机制、继续实行“五包三访一奖惩”制度，动员和督促各级领导主动接访、约访、处访和带案下访，尽早解决好“信访积案”；深入开展“信访积案化解年”活动、区（镇、办）书记大接访活动及“进家门、问民生、解难题”探访重复上访户活动。以综治信访维稳中心为平台，着力把社会矛盾化解在基层，化解在萌芽状态。继续推行领导包案处理涉及民生信访突出问题，通过专项治理，解决一批长期积累的信访突出问题。

【信访干部队伍建设】 2009 年，浈江区高度重视信访部门和信访干部队伍建设，及时解决信访部门的实际问题，帮助解决具体困难，积极改善信访部门的工作条件，认真抓好信访干部的业务学习和培训工作，增强做好新时期信访工作的光荣感和使命感，努力打造政治意识强、政策水平高、工作作风实、服务质量优的信访干部队伍。各级组织部门加大信访干部的培养、教育、使用和交流力度，全区信访干部的整体素质有了新的提高。

【加强综合信访调研】 2009 年，区信访部门紧紧围绕党委、政府的中心工作，针对群众关注的热点、难点问题，切实加大信访综合信息调研工作力度，充分发挥参谋助手作用，积极提出有价值、倾向性强、前瞻性强的意见和建议，为领导提供决策依据。

（伍　龙）

附：区信访局领导班子成员名录
局　长：冯志光
副局长：伍　龙

农办工作

【概述】　2009年，区委农办（农业办公室）紧紧围绕农村工作实际，认真组织开展好调研工作，及时为全区农村发展决策提供有价值的调研报告。全年开展农村经济发展专题调研12次，拟写调研报告21篇，其中有8篇调研报告为领导决策提供了参考，并已转化为全区农村工作决策。

【设置调研主题】　2009年，区委农办针对“十二五”规划将要到来之际，把农村工作作为“十二五”规划长远计划调研主题；针对国际金融危机对全区农村经济的影响，把应对金融危机，加强农村经济持续发展确定为2009年度重点工作调研主题。

【开展调研活动】　2009年，浈江区委针对国际金融危机对全区农村经济的影响，及时深入区属镇、村，就当前农村经济发展开展专题调研，并形成了经济形势运行分析报告。调研报告切合实际，对存在的问题分析透彻，提出的对策建议针对性较强，很有操作性，为区委、区政府制定应对国际金融危机作出决策和全区农村经济任务的顺利完成奠定了坚实的基础。

围绕热点、难点问题，开展对策性调研。近年来，随着农村经济的发展、城市结构的调整，涉及征地拆迁、经费补偿等问题越来越多，农民越级上访和群体上访事件时有发生。为切实解决信访工作存在的问题，区委农办多次深入到各镇、村系统地了解情况，发现新问题，积极探索解决举措，提出了针对性、实效性的对策，形成《关于切实加强农村综治信访维稳工作的思考》等课题，并针对全区农业农村工作发展的实际，形成了《当前我区农业农村工作发展情况调研报告》和《如何使浈江区走上特色农业发展之路》的调研报告。

【调研成果转化为决策】　2009年，浈江区委针对调研成果的运用，切实做到“四个结合”，即：调研与制定政策相结合；调研与起草领导讲话相结合；调研与加强工作相结合；调研和树立典型相结合。全年有15篇调研报告转化为全区各项政策或发展纲要、规划制定的主导意见，并形成《2009年经济形势发展调研报告》、《全区重点工作、重点项目完成情况调研报告》、《如何加快林权改革调研报告》等12个重要政策文件。

保密工作

【概况】　2009年，浈江区保密工作围绕区委、区政府中心工作和区委保密委员会年度工作要点，认真贯彻《中华人民共和国保密法》及省、市有关保密工作文件精神，通过增强保密工作人员使命感、责任感，切实做好辖区保密工作，较好地完成年内各项保密工作任务。年内，区保密局与区委、区人大、区政府、区政协等四套班子成员，及区辖各部门、单位党员干部签订保密承诺书。全区共签订保密承诺书397份。其中：科级以下干部364人，处级领导干部33人；重要涉密人员27人（含区领导7人），一般涉密人员370人（含区领导22人）。

【保密工作会议】　2009年5月14日下午，全区保密工作会议在区机关综合楼一楼会议室召开，区委保密委员会全体成员、区直各单位及驻区有关单位保密员70多人参加。会议由区委常委、区保密委副主任张广晖主持，并传达省、市保密工作会议及上级领导重要讲话精神，区委保密委专职副主任、保密局长李安良作保密局年度工作报告，区政府党组副书记麦锦祥传达《广东省2008年泄密情况通报》。会议进一步促进保密工作人员认清形势、统一思想、明确目标，对做好区内各项保密工作起到积极推动作用。

【加强保密工作检查与管理】　2009年，区保密局根据市保密委员会《关于转发开展地方党政机关保密检查的通知》精神，开展辖区机关计算机及移动存储介质专项保密检查。年初，浈江区委组成以区委副书记为组长、区政府党组副书记为副组长的区专项保密检查领导小组，并从区教育局、区信息中心抽调工作责任心强、计算机业务熟练的人员协助开展检查工作。这次检查共抽查包括辖区5镇5办及21个区直、驻区机关，共检查计算机87台（含区党政班子成员办公电脑10台），其中涉密计算机16台、非涉密计算机71台，抽查涉密移动存储介质2个、非涉密移动存储介质10个。年内，在执行高考、中考保密管理中，密切配合有关部门，圆满完成高考、中考保密管理任务，没有发生泄密现象，并对互联网网上信息保密监察、涉密计算机保密安全U盘的强制配备及涉密废旧文件打浆销毁等方面加强了监管。

【保密宣传教育工作】　2009年，区保密局结合纪律教育学习月举办了保密工作宣传教育活动。活动通过组织辖区党政干部观看保密电教片、学习保密知识及以会代培，传达中央及省、市领导对保密工作的重要指示和全国保密工作情况等，有效促进区内广大党员干部树立保密意识。此外，为加强保密工作的宣传，积极组织征订《保密工作》、《保密技术防范常识》，全区共征订《保密工作》杂志40份、《保密技术防范常识》（图文本）69册。

【政务信息安全保密工作】　2009年，区保密局加强政务信息安全保密管理，在网络安全方面指派专人负责全区网络运行监管，针对发生的异常情况，及时做出分析和排除，杜绝入侵网络环境的恶意黑客破坏区政务网络行为；在网络信息发布方面严把政务信息保密审查关，按照“能公开的，才公开，不能公开的，绝不公开”及“谁公开，谁负责”的原则，从职责上保障政务信息安全，确保政府政务门户网站没有涉密信息成分。

（谭绍文　黄会腾　汪晓龙）

附：区保密局领导班子成员名录
局　长：谭绍文
副局长：简　洁

党校工作

【概况】　2009年，浈江区委党校围绕贯彻、

机关工作人员进行理论研讨

落实十七届四中全会精神及各级党校工作会议精神，努力推动辖区内党员干部教育事业的健康发展。通过加强教师队伍建设，进一步完善党校各项培训制度、工作制度，提高办学水平，为“建设经济强区、构建和谐浈江”起到较好作用。

【学校建设与师资培养】 2009年，区党校围绕建设一支具有较高质素的教职工队伍，通过培养与优化辖区师资资源，逐步建立起一支数量充足、结构合理、素质优良，符合专、兼结合要求的党员教育培训师资队伍。年内，区委党校积极探索师资联聘动态管理机制，逐步实现优质师资资源共享。为提高教学质量和教学水平，区委党校组织兼职教师相互学习、相互促进、相互提高，积极探讨、创新辖区党校办学模式，把各类党员培训纳入党校教学计划，不断巩固和扩大学研改革成果，理顺办学体制，形成以区委党校为主体，镇（办）党校及村（居）党员活动中心为依托，把村（居）级组织活动场所、农村党员干部现代远程教育站点办成农村党员教育培训的主阵地，并采取“请进来”与“走出去”相结合的办法邀请有关专家学者开设专题知识讲座，委托市委党校及有关高等院校在辖区举办各类专业短期培训班。

【党员教育培训】 2009年，区委党校教育培训工作坚持“以人为本”的教育理念，按照因需施教的培训原则，科学确定培训内容，增强党校教育培训工作的针对性，促进全区党员干部队伍素质全面提高。年内，在党员、干部培训方面通过“以会代训”形式，分别举办由各镇（办）和区直单位党务工作人员培训班、基层村（居）委干部培训班、机关事业单位党员轮训班、农村党员培训班、街道社区党员培训班等。各镇（办）和区直单位党务工作人员培训班主要学习新《党章》、《党内监督条例》、《党的纪律处分条例》及十七届四中全会精神等，通过强化广大领导干部为民执政意识，有效提升各级领导干部执政能力；机关事业单位党员轮训重点进行政治理论、法律法规、服务群众、业务知识及实用技能，加强党员宗旨、服务意识及提高岗位素质和专业技能等培训；村（居）“两委”党员干部轮训重点学习由浈江区委编印的《村级规章制度汇编》、《农村基层组织工作条例》、《村（居）委会组织法》及社会主义新农村建设等内容，从而提高和增强村（居）“两委”干部发展经济、建设新村（居）、化解矛盾、建设和谐村（居）以及基层支部自我管理、自我发展的能力；农村党员培训重点进行农业实用技术、市场经济知识和先进生产经营模式等内容培训，以提高农村党员队伍带头致富、带领群众致富的能力；街道社区党员培训重点开展城市建设管理、经济发展和社区服务等，并对“两新”组织中的党员重点进行市场营销、企业管理、诚实守信和专业技能等内容的培训。至年底，全区各镇（办）和区直单位党务工作人员均参加培训，150多名村（居）党支部书记、村（居）委会主任参加轮训，累计培训党员9000多人次。

【社科调研成果】 2009年，区党校围绕“工业强区、新农村建设、基层组织建设、构建和谐浈江、城市建设”等主题，组织教师进行调查研究，全年完成《新时期“两新”组织党建工作的调查与思考》、《关于如何做好发展农村党员工作的调查报告》、《“百姓冷暖我先知行动”的调研报告》、《城乡基层党组织互帮互助的启示》等4篇调研报告。

【开展主题宣教活动】 2009年，按照区委统一安排，区委党校派出多名兼职教师，在辖区10个镇、办及区直部门，开展学习科学发展观涵义、区委七届五次全会精神宣讲活动。先后由区委党校主要领导为区直机关及部分基层单位作党的十七大报告精神的宣讲，组织校领导到基层单位讲授党课，选派党校教师到辖区村（居）党支部开展基层支部书记培训，讲授怎么样当好党支部书记。

【创新党校教研工作】　2009 年，区委党校结合全区工作实际，创新性地建立“党课教案”、“提高国家公务员依法行政能力”等为主要内容的课题库。课题库内容主要通过区委、区政府中心工作而设立，重点做到“三个贴近”（即贴近区委、区政府的决策，贴近区内经济社会发展的理论和现实问题，贴近学员的需求）。在教学形式上，课题库根据教育培训需求，确定培训专题，不断完善课程设计。在培训模式上，通过采取专题辅导、案例分析、交流研讨、现身说法、外出参观等方式，拓展研究式、启发式、体验式教学模式。在培训方式上，通过拓宽培训的时空领域，搭建党员在线学习平台，实施农村党员干部现代远程教育。另通过邀请各类先进典型代表、专家学者、科技人员等进村、进社区、进企业，广泛开设党校教育培训“流动课堂”。在教研发展上按照党校教育、培训发展趋势，加强对教育培训工作的战略性、前瞻性问题研究，并积极加强与外地教育培训工作的交流，及时总结经验，努力在教育培训工作上取得新的成果。

（傅雪平）

附：区委党校领导班子名录
校　长：蓝振云（兼）
副校长：吴永亮

党史工作

【概况】　2009 年，浈江区党史工作遵循上级党史工作会议精神，以邓小平理论、“三个代表”重要思想和科学发展观为指导，按照“夯实理论基础、拓展世界眼光、培养战略思维、加强党性修养”的要求，结合区委、区政府应对国际金融危机、做好新中国建立六十周年纪念活动、推进区域经济社会科学发展等系列举措和具体要求，加大党史工作力度，创造性地开展党史研究、史料收集、宣传教育、革命旧址保护开发等工作，顺利完成了浈江区 2009 年党资料收集和当年区委重大要事的编纂工作。同时，认真做好粤北省委旧址的史料征集工作；并创办了一份具有浈江党史特色的党史简报，较好地发挥了党史职能部门“以史鉴今”和“资政育人”的作用，为浈江区经济建设服务作出了应有的贡献。

【加强党的理论学习】　2009 年，党史工作部门始终按照区委的要求，坚持每月一次的理论学习制度，认真开展邓小平理论、科学发展观等理论学习活动，努力加强党史干部思想政治教育。对中央、省、市、区重要会议精神，区委、区政府重大决议、决定、目标任务等，以支部生活会的形式进行了专题传达、学习和讨论。同时积极参加组织部开展的各种学习活动。在业务学习方面，结合工作实际，组织学习了《中国革命史》、《中国共产党历史》等书籍，进一步熟悉党的历史。鼓励支持党史干部参加上级业务部门举办的业务培训，鼓励支持党史干部撰文参加学术研讨，以沟通学界、交流诸家，启迪思想，拓展视野。通过多种形式的政治学习和业务学习，提高了全区党史工作人员的思想认识、理论政策水平、业务能力，增强了党史工作者的凝聚力、战斗力和事业心、责任感，形成推动了浈江党史研究工作科学开展的合力。

【加强和改进党史工作】 2009年，浈江区党史工作紧紧围绕新时期加强和改进党的建设的任务，围绕建设现代化精品城区的目标，推进以党史文化为内容，以党史资源的利用为载体的服务功能建设，按照开展学习实践科学发展观活动的要求，提高理论修养，更新观念，开拓思路，增强推进党史工作科学发展的自觉性。按时完成浈江区建区前后的历史沿革的资料收集和编写工作。加大史料征编力度，拓宽史料征集渠道，继续推进历史名人在浈江的资料收集工作，向广度和深度延伸；重视和加强老干部口述党史资料征编，形成8篇整理稿；开展建国60年，尤其是改革开放30年浈江区民生变化之史料收集工作；积极参与上级部门党史研究会的活动，撰写党史研究论文。

【征集粤北省委旧址史料】 2009年，浈江区党史部门根据广东省委和韶关市委的工作部署，有针对性地开展了抗日战争时期粤北省委浈江区五里亭旧址修复利用的有关工作加紧进行史料收集工作。在史料征集过程中，党史工作者除了到市档案馆、图书馆、博物馆搜集史料之外，还多次到省直部门进行资料搜集。经过10个月的努力，共搜集和补充资料15万字和图片18幅。这些史料不仅丰富了党史资源，也为下一代保留了珍贵的历史文化遗存。

【强化党史宣传教育】 2009年，浈江区党史工作根据区委和上级党史部门关于开展纪念活动的部署，认真开展党史宣传教育和爱国主义教育，充分发挥党史"以史鉴今，资政育人"的作用。尤其是在加强党史成果宣传的同时，不断创新工作思路，巩固党史成果，强化党史的宣传、教育功能。配合有关部门认真开展庆祝新中国成立60周年系列活动，并为有关单位提供了大量的文字和图片资料，有效地宣传了浈江地方党史。同时，努力办好《浈江党史简报》，注重及时报道党史工作动态，截至11月底已出版10期党史简报，共上传党史信息80余条，图片80幅，以及党史的理论文章6篇，为在更大范围更深层次上宣传浈江党的历史和新时期党的建设奠定了基础。

【存在问题】 2009年，浈江区党史工作虽然取得了一定的成绩，但也存在不足，主要是区党史办长期存在人员不足的问题得不到很好的解决，再加上缺少经费，导致党史工作停滞不前。

（黄哲锋 林小琴）

浈江史志

韶关市浈江区史志办公室编

2009年12月31日

市档案局领导到我区召开档案工作调研座谈会

区委书记刘卫东到会作了讲话

……局召开调研座谈会。区委书记刘卫东（右上图左2）到会并作了讲话。

调研会上，区档案局长黄哲锋（右上图左1）汇报了今年档案工作和晋升省一级档案馆准备……

浈江史志简报

韶关市浈江区人民代表大会

【概述】 2009年，浈江区人民代表大会（简称区人大）在区委的正确领导下，依据国家的《宪法》和《监督法》规定，坚持以邓小平理论和“三个代表”重要思想为指导，深入学习实践科学发展观，解放思想、开拓创新，围绕全区工作大局，以经济建设为中心，依法履行监督职责，促进落实“三个确保”（保增长、保民生、保稳定）。充分发挥地方国家权力机关的作用，督促支持区政府服务区域企业，走访企业界和相关政府职能部门和街道（镇），针对企业融资机制等瓶颈问题，提出整合融资平台资源、建立合理的风险评估机制等建议。根据区财政收支实际情况，及时与政府部门沟通，研究合理安排预备费和超收财力。组织人大代表参与重大财政资金项目绩效评估和视察调研，督促政府部门树立勤俭节约的理念，提升财政资金使用的规范性和合理性。依法行政工作检查，通过加强对义务教育法实施情况的监督检查，确保义务教育事业健康发展；听取区人民检察院预防和查处职务犯罪工作情况和区人民法院关于执行工作情况的报告，采取视察、座谈、组织代表观摩庭审等方式，加大监督力度，促进司法水平和司法效率的提高。坚持人大常委会组成人员走访代表、代表联系选民制度，督办代表书面意见，组织代表开展相关法律学习，通过座谈会向代表通报区域经济运行和金融业发展情况，为代表履职

浈江区七届人大三次会议选举投票

创造条件。加大民生问题监督力度，继续加强和完善向社会聘请执法监督员、廉政监督员工作机制；在推进法制建设工作中，积极加强农村法制建设，积极探索现阶段有效推进农村民主法制建设的新思路，建立依法执政理念和用法守法理念；坚持把行使监督职权的情况以及专项工作报告、执法检查报告、审议意见等向社会公开，增强审议监督工作的透明度。至年底，区人大共召开常委会全体会议10次，听取和审议议题17件；召开常委会会议7次，依法补选区人大代表24人，终止代表资格16人。

附：2009年浈江区人大常委会主任、副主任、党组副书记名录

主　　任：刘卫东

副 主 任：陈植流、彭初平、黄远辉、
　　　　　刘　文、王剑兰、杨岳鹏

党组副书记：陈炳伦

办公室主任：谢云辉

【浈江区七届人大三次会议】 2009年3月11~13日，浈江区七届人大三次会议在区政府综合楼四楼召开。来自辖区的181名人大代表以及56名列席（旁听）代表参加会议。

会议由陈植流主持，代理区长张德清代表浈江区政府作《政府工作报告》。会议就《政府工作报告》、浈江区2008年国民经济和社会发展计划执行情况及2009年计划草案的报告、浈江区2008年预算执行情况和2009年预算草案的报告进行了审议，并批准2009年国民经济和社会发展计划及浈江区2009年本级预算。会议还听取、审议了浈江区人民代表大会常务委员会工作报告以及浈江区人民法院、浈江区人民检察院工作报告，并补选区人大常委会主任、副主任，区人民政府区长。

会议选举刘卫东为浈江区人大常委会主任，刘文为浈江区人大常委会副主任，张德清为浈江区人民政府区长。

【人大常委会会议】 2009年，浈江区人大常委会共召开7次常委会会议：

2月24日，区七届人大常委会召开第14次会议，会议传达省十一届人大二次会议精神，选举肖怀跃、王青西为韶关市第十二届人民代表大会代表。

4月22日，区七届人大常委会召开第15次会议，审议和通过浈江区人大常委会2009年工作要点。会议决定任命刘锋、黄祖平为韶关市浈江区人民政府副区长。

6月26日，区七届人大常委会召开第16次会议，会议听取和审议区政府关于2008年决算草案的报告、关于2008年区级预算执行及其他财政收支的审计报告。

7月23日，区七届人大常委会召开第17次会议，会议听取和审议区人民检察院预防和查处职务犯罪工作情况的报告、听取区人民法院关于执行工作情况的报告。

8月28日，区七届人大常委会召开第18次会议，会议听取和审议区政府关于农村劳动力转移工作情况的报告及关于社会主义新农村建设和增加农民收入工作情况的报告。

9月10日，区七届人大常委会召开第19次会议，会议决定免去吴文丽浈江区人民政府副区长职务（挂职期满，回市），许可区人民检察院采取限制李应龙人身自由的措施，并作出暂停李应龙执行代表职务的决定。

10月27日，七届人大常委会召开第20次会议，会议听取和审议区政府对七届人大三次会议代表建议、意见办理情况的报告，选举张德清、郑烨为韶关市第十二届人民代表大会代表。会议讨论通过《关于提高常委会审议质量的若干意见》及《规范性文件备案审查办法》2个地方法规文件。

【人大立法工作】　2009 年，浈江区人大按照人民代表大会制度立法程序，于 2009 年 10 月制定浈江区《关于提高常委会审议质量的若干意见》（2009 年 10 月 27 日韶关市浈江区第七届人民代表大会常务委员会第 20 次会议通过）；浈江区《规范性文件备案审查办法》（2009 年 10 月 27 日韶关市浈江区第七届人民代表大会常务委员会第 20 次会议通过）

【计划预算审查监督】　2009 年，浈江区第七届人民代表大会三次会议听取 2008 年浈江区国民经济、社会发展计划执行情况、2009 年国民经济和社会发展计划报告、2008 年财政预算执行情况和 2009 年预算草案的报告。经审议，批准区人民政府 2009 年国民经济和社会发展计划及 2009 年本级预算。是年 6 月 26 日，区人大常委会听取并审议区 2008 年财政决算报告和区 2008 年关于财政预算执行及财政收支情况的审计报告，批准浈江区 2008 年本级财政决算的决议。

【执法与司法监督】　2009 年，浈江区人大依据人民代表大会制度行使执法、司法监督权，开展了辖区依法行政工作检查，通过加强对义务教育法实施情况的监督检查，确保义务教育事业健康发展。是年 7 月，区人大听取区人民检察院预防和查处职务犯罪工作情况和区人民法院关于执行工作情况的报告。区人大常委会采取视察、座谈、组织代表观摩庭审等方式，加大监督力度，促进司法水平和司法效率的提高。

【议案与建议办理情况】　2009 年，浈江区七届人大三次会议期间共收到代表建议 17 件。10 月，区人大常委会听取和审议区政府关于办理代表建议、意见情况的报告，17 件建议中，已办结 4 件，办复 13 件，代表满意和基本满意率达 100%。区人大常委会建议区政府及有关职能部门继续加大对代表建议意见办理工作的跟踪、督促力度，进一步增强办理责任感，规范办理程序，不断提高办理质量和办理效率。

【代表参政管理工作】　2009 年，区人大常委会制定并下发《关于对韶关市浈江区人大代表履行职责情况实行登记的意见》，分别对会议期间和闭会期间代表履职登记内容和方式作出相关规定，敦促各代表小组认真记载代表履职情况，建立代表履职档案，宣传代表履职事迹，充分调动代表履职的积极性和主动性。年内，区人大还积极落实代表联系制度，区人大常委会组织区境的市、区人大代表分别视察浈江区整治违法违规用地情况、重点项目建设的进展情况、浈江产业园区建设情况、实施农村饮水安全工程建设和目前部分农村受旱等情况，并积极让代表参政、议政。

【人大代表选举工作】　2009 年 2 月 24 日，浈江区七届人大常委会第 14 次会议，选举肖怀跃、王青西为韶关市第十二届人民代表大会代表。10 月 27 日，区七届人大第 20 次会议，选举张德清、郑烨为韶关市第十二届人民代表大会代表。年内，区人大共接受 16 名代表请辞浈江区七届人大代表职务，补选、增选 24 名区七届人大代表。

【宣传工作】　2009 年，浈江区人大积极做好人民代表大会制度理论研究和宣传工作，全年共投稿 20 篇，其中有 4 篇在市人大刊物上刊登，7 篇作品入选韶关市人大宣传信息工作暨理论研讨论文。

【机关组织自身建设】　2009 年，浈江区人大常委会机关设有办公室、经济工作委员会、选举联络任免工作委员会、法制工作委员会、教科文卫工作委员会及依法治区办公室等6个部门。年内，区人大常委会机关在加强思想作风建设的同时，不断建立和健全各项工作制度，完善各项职能，先后开展“纪律教育学习月”、“学习实践科学发展观”活动，进一步提高区人大机关做好人民代表大会、常委会、主任会议及为人大代表服务的工作质量，增强团结协作精神，有效发挥人大机关整体效能作用。

【依法治区工作】 2009年，浈江区人大加强依法行政配套制度建设，建立健全行政决策规则和程序、重大行政决策听证和合法性审查、规范行政自由裁量权、行政首长问责、依法行政报告等制度；不断完善辖区政府依法行政和法律监督机制，强化人大监督，加大民生问题监督力度，继续加强和完善向社会聘请执法监督员、廉政监督员工作机制；在推进法制建设工作中，积极加强农村法制建设，积极探索现阶段有效推进农村民主法制建设的新思路，建立依法执政理念和用法守法理念；进一步完善辖区司法机关的机构设置，通过职权划分和管理体制改革，优化司法职权配置；通过实施政府信息、政务、村务、厂务、事务“五公开”，全面落实公开工作规范化、制度化，不断健全“党委统揽全局、各方积极推进、狠抓贯彻落实”的领导机制和工作机制。

（刘丁娣）

浈江区七届人大三次会议会场

韶关市浈江区人民政府

【概述】　2009年，浈江区政府贯彻党的十七大和十七届三中、四中全会精神，落实省市“三促进一保持”、“双转移”和区委七届五次会议、区七届人大三次会议确定的工作部署及主要目标，全年生产总值完成26.56亿元，同比增长10.8%；全社会固定资产投资完成24.06亿元，同比增长20.5%；地方财政一般预算收入完成1.75亿元，同比增长16.2%；深化“三农”工作，农民生活水平进一步提高，全区粮食、生猪、蔬菜、水产、家禽等农产品产量分别同比增长4.9%、9%、8.2%、3.98%和16.1%；农业总产值5.68亿元，同比增长6.3%；农村人均纯收入6422元，同比增长9.7%。制定出台《浈江区促进中小企业平稳发展的实施意见》、《浈江区企业互助实施方案》等政策举措，强化对辖区规模以上工业企业扶持力度，实行区四套班子领导挂点重点企业制度，区财政贴息300多万元扶持中小企业发展，工业各项指标逐月回升。全区工业总产值完成22亿元，同比增长10.05%；工业增加值完成8.13亿元，同比增长5.3%；规模以上工业增加值完成4.09亿元，同比增长5.5%。全区28个重点项目全年完成投资21.2亿元，占全社会固定资产投资的88.3%；地域建筑业产值完成25.67亿元，同比增长39.8%；浈江产业园全年基础设施投资完成9255万元，园区8.25公里主干道建成通车；中机重工、德丰机械等企业顺利投产，中小企业创业基地完成5.6万平方米标准厂房建设，入驻企业24家，创业基地被认定为“广东省中小企业创业示范基地”，并按时完成比亚迪汽车项目5074亩建设用地征地工作。全年新批外资项目同比增长33%；新签内联合同124个，同比增长15%；内联合同引资5亿元，同比增长67%；内联项目实际到位资金4.7亿元，同比增长3%。抢抓政策机遇，第三产业持续走旺，全区地域商品房销售面积61.89万平方米，销售金额20.5亿元；建筑房地产业完成税收2.1亿元，同比增长30%。全社会消费品零售总额完成47.51亿元，同比增长16%。加大安全检查力度，全区安全生产、食品药品安全、消防安全形势稳定，未发生大的安全生产事故。提高公共服务水平，努力改善民生，协助10多家企业申报技改项目12项，申请资金500万元；投入资金1000多万元改善办学条件，认真贯彻落实义务教育阶段免费政策，6万多名中小学生享受免费义务教育；全区城镇新增就业人数比目标任务高12.4个百分点，城镇登记失业率为3.1%；城镇居民参加基本医疗保险6.4万人，有1577户3932人享受低保待遇，全年发放低保金575.87万元。

附：2009年浈江区人民政府区长、常务副区长、副区长、区政府党组副书记名录

区　　长：张德清
常务副区长：邓彩虹
副 区 长：麦桥悠、刘　锋、黄德乔、庄　强、黄祖平、吴文丽、张金阳
党组副书记：麦锦祥

【区政府常务会议】　2009 年，浈江区人民政府（简称“区政府”）组织召开 8 次常务会议。

1 月 16 日上午，区政府在政府综合楼 308 会议室召开七届第十七次政府常务会议，区政府主要领导及区财政、人事、安监、监察等部门负责人参加会议。会议由代区长张德清主持，主要研究讨论 2008 年度镇（街道办）考核初评情况、审议《浈江区提高镇（办）和村（居）委工作人员待遇的实施方案》、审议《2009 年浈江区财政预算收支意见》及《2009 年国地税收入任务意见》。会议原则同意区考核办 2008 年度镇办考核综合评分并报区委审定、原则同意提高镇（办）和村（居）委工作人员待遇实施方案确定的补助标准，明确新增补助发放要与工作绩效考核相结合、原则同意 2009 年区财政预算收支意见及 2009 年国地税收入任务意见并报区委审定。

2 月 4 日上午，区政府在政府综合楼 308 会议室（下同）召开七届第十八次政府常务会议，区政府主要领导及区属局级各单位负责人参加会议。会议由代区长张德清主持，主要审议 2009 年《政府工作报告》（讨论稿），原则通过《政府工作报告》（讨论稿），要求起草小组按照会议提出的修改意见尽快修改完善后报区委常委会审定；部署出台关于提高镇（办）村（居）工作人员待遇的实施方案，调整完善《关于镇办经济体制改革的方案》、《2009 年浈江区镇办落实科学发展观实绩考核办法》；讨论印发 2009 年重点工作、重点项目责任分工方案及关于开展违法违规用地查处整治工作等。

4 月 30 日下午，区政府召开七届第十九次政府常务会议，区政府主要领导及区财政、经贸、外经、老干、人事等局级单位负责人参加会议。会议由区长张德清主持，主要传达市政府第三次廉政工作电视电话会议精神；审议《浈江区招商引资奖励实施办法》，明确奖励对象，统筹奖励标准；审议《浈江区促进中小企业平稳健康发展的实施意见》，原则通过实施意见；研究关于支持广东金科韶关国润再造烟叶有限公司二期工程建设的问题。会议原则同意支持该公司尽快启动二期 10000 吨/年生产线建设；研究韶关市兴亚表面活性剂有限公司垫资建设道路的问题，明确由区财政局按区政府七届十一次常务会议精神落实好该项工作；研究关于解决企业离休干部生活待遇的问题，原则同意自 2009 年 1 月 1 日起，区属 9 个企业离休干部的生活补贴、丧葬费和抚恤金的发放，参照机关离休干部的标准执行；研究关于设置小岛片区社区卫生服务机构的问题，原则同意太平社区卫生服务中心下设 3 个社区卫生服务站；审议《2009 年度浈江区党政领导干部推动科技进步目标责任制》、《浈江区 2009 年科技工作计划》，明确科技各项工作的开展由区科技局牵头负责，区有关部门要加强协调配合，确保完成年度目标任务；研究关于区政府领导分工的问题。

5 月 25 日下午，区政府召开七届第二十次政府常务会议，区政府主要领导及区财政、经贸、外经、发改、安监、民政、人事等部门负责人参加会议。会议由区长张德清主持，主要研究、审议关于撤并部分街道办事处的问题，原则同意撤销南门、和平、太平等 3 个街道办事处合并为 1 个街道办事处；研究关于划拨教育用地给厢廊村委会用于新建村务活动综合楼的问题；研究关于韶市当铺保

护性规划的有关问题。审议《浈江区关于开展优化政务环境年活动的实施方案》和《浈江区关于开展强化城市管理年活动的实施方案》，会议原则同意这两个实施方案；研究关于区政府与韶关学院建立全面合作关系的有关事宜；部署区内重大工作。

7月1日上午，区政府召开七届第二十一次政府常务会议，区政府主要领导及区财政、人事、建设、农业、林业、计生等单位负责人参加会议。会议由区长张德清主持，主要审议《浈江区集体林权制度改革实施方案》、《浈江区2009年人口与计划生育目标管理责任制考核方案》、《浈江区非税收入分配方案》、《浈江区关于规范政府投资项目管理暂行规定》、《关于解决社区居委会退休人员医疗保障问题的意见》、《关于创建广东省教育强区实行教育规划调整的意见》、《浈江区创建广东省教育强区工作实施方案（2009～2011年）》、《浈江区（2009～2011年）创建教育强区资金投入概算表》、《浈江区人民政府议事制度》、《浈江区人民政府廉政建设若干规定》、《浈江区关于政府财务支出管理的若干规定》、《浈江区外事工作管理制度》、《浈江区政府车队车辆管理规定》等。会议原则同意上述方案、意见与规章制度。会议还部署了年内部分工作。

9月4日下午，区政府召开七届第二十二次政府常务会议，区政府主要领导及财政、人事、教育、发改、监察等局级单位负责人参加会议。会议由区长张德清主持，主要研究关于统一浈江区中小学校非统发人员岗位津贴发放标准问题，明确按照“统筹考虑、分步实施、逐年解决”的基本原则执行；研究关于统一原市直学校非统发人员奖励工资和第13个月工资发放标准的问题，明确原市直学校非统发人员奖励工资和第13个月工资按区内非统发人员标准发放；审议同意2009年浈江区教育先进工作者名单；研究调整“为民办实事”事项的问题；审议《浈江区土地开发整理补充耕地专项规划》，原则通过该《规划》；审议《浈江区四套班子领导公务接待费管理试行办法》，原则通过该《办法》；研究关于北江城信社“资产包”拍卖处置的问题，原则同意区公共资产管理中心参与北江城信社“资产包”的拍卖处置。

11月2日下午，区政府召开七届第二十三次政府常务会议，区政府主要领导及财政、人事、科教、审计、消防大队等单位负责人参加会议。会议由区长张德清主持，主要审议创建教育强区经费投入的问题；审议《浈江区行政事业单位公共资产处置暂行办法（草案）》；审议区政府办、风采办、田螺冲办处置部分房产的问题；审议安排征兵工作经费的问题；学习新修订的《中华人民共和国消防法》，按照《区政府常务会议学法制度》的要求适时组织区政府班子成员学习与日常工作紧密联系的相关法律法规；部署年内有关工作，保障全面完成年度各项工作目标任务。

12月3日下午，区政府召开第二十四次政府常务会议，区政府主要领导及区财政、人事、审计、农业、计生、建设、十里亭镇、花坪镇等单位负责人参加会议。会议由区长张德清主持。会议听取区科技局关于全区2009年科技工作的汇报，明确进一步加大对科技经费投入、加强科技人才培养等6项工作；听取区人口和计划生育局关于2009年度全区人口计生工作的汇报，要求继续保持“特别能吃苦，特别能奉献，特别能战斗”的优良作风，扎扎实实做好人口和计划生育工作，进一步提高浈江区人口与计划生育整体工作水平，确保重点对象“三查”服务率达到100%；审议《浈江区中小学校布局调整规划》，原则通过该规划；研究解决新达公司、金三江公司扩建用地问题；研究解决花坪镇引资项目建设用地问题；研究关于对浈江城信社“资产包”进行拍卖处置的问题；研究关于扶持产业园资金项目的请示问题；研究调整区政府领导班子成员分工，原则同意区政府领导班子成员调整分工。

【重大活动】 2月10日下午，浈江区在区机关综合楼301室召开区农业生态旅游产业园项目建设专题研究会。区领导刘卫东、张德清、麦桥悠和区直部门领导参加研究会。研究会还邀请广东万方集团总经理李国安、韶关市景山农业开发有限公司总经理宋梓诚和韶关市常青恒兴房地产开发有限公司行政副总黄育忠参加。

2月19日，“南粤春暖行动”农民工现场招聘会在犁市镇电影院广场举办，有餐饮、服务、机械、贸易、电子等25家企业进场招聘，提供工作岗位1000余个。此次招聘会共有3000余人进场，发放“便民卡”、“致广东省农民工的一封信”等宣传资料1200份，为农民工免费咨询服务538人，签订应聘人数623人，达成意向人数241人。

2009年2月9日，浈江区举办农民工专场招聘会

4月21日，区政府组成调研组，分赴辖区重点企业调研，以此开展工业企业大调研活动。

6月26日，区长张德清和分管副区长黄祖平带领区公安、民政部门和十里亭镇政府做好旭日公司210名新疆籍职工的安置工作，及时处置突发事件和群体性事件，切实维护社会稳定。

9月5日晚上，区政府与市劳动和社会保障局联合共建的韶关市民生创业园创业孵化基地开业仪式在浈江区北江桥头创业园创业孵化基地隆重举行。民生创业园创业孵化基地可提供摊位245个，已开业经营233户，其中失业人员179户、大学生18户、残疾人员3户、退伍军人11户、农民工22户。市委常委、常务副市长陈向新、市政协副主席王伟阳以及市经贸、财政、劳动保障、工商、税务、中小企业局等有关部门领导及区政府庄强副区长出席开业庆典。

12月27日上午，由深圳比亚迪公司投资15亿元建设的韶关比亚迪汽车试验场暨汽车零部件生产基地在浈江区产业园举行隆重开工奠基仪式，参加人员有比亚迪公司总裁王传福，省经贸委、省科技厅有关领导，市、区四套班子成员、区直有关部门负责人，镇、办党政一把手等共100多人。开工奠基仪式上，比亚迪公司总裁王传福、市委书记徐建华、市长郑振涛、市政协主席邓苏夏分别作重要讲话，并共同为基地奠基挥铲培土。

【机关事务管理】 2009年，区政府机关事务管理围绕管好事务、做好服务、提供保障、节省开支、降低行政成本等方面，立足于服务大局、做好保障，为政府各项工作的开展提供了良好的后勤保障。年内，区机关事务局加强政府机关大院及小区的安全管理，先后在政府机关主要部门增设“四防”装置300多个，在办公大楼加装60多平方米的防盗网，并对鹅坑桥政府小区楼实行业主委员会自管制，对其他物业管理实行“谁得益，谁出钱”，以减少政府办公经费支出。在政府车队管理方面，建立健全车队管理机制，妥善处理交通事故赔偿的账务问题，加强车辆的油费、维修保养管理及车队司机的安全教育培训，实现资源有效合理配置。是年，区机关事务局认真做好政府大小会议的服务安排，接待服务工作，坚持既厉行节约又不失体面，全年共完成918批12000人次接待任务。此外，区机关事务局在年内还组织人员进行明渠改暗渠1000米，清理宿舍卫生死角10余处，清理小区内20多栋楼房天面的杂物，铺设人造草皮2处，清理淤泥垃圾60多吨，并进行30次熏杀灭蚊蝇、除鼠蚁等工作。

（区政府办）

附：区政府办领导班子成员名录

主　任：邱　斌

副主任：张翠萍、彭志红、叶丽芬、叶先林、叶伟国、李崇文

人　事

【概况】　2009年，浈江区人事工作按照省、市有关人事工作的要求，始终坚持服从区内发展大局、服务于区域经济建设做好各项工作。在履行政府人事工作职能中，区人事局承担着区属机关、事业单位机构改革和岗位编制及区内公务员、专业技术人员的管理，负责全区干部的考核、培训、录用、调配、工资福利和辖区军队转业干部的安置及大、中专毕业生就业推荐、档案管理等工作。至年底，全区共有公务员744人，专业技术人员3126人，管理人员193人；行政机关单位50个，事业单位153个。

【编制与事业单位管理】　2009年，浈江区推进事业单位改革，立足于各单位、部门职能的充分发挥，严控人员编制与事业单位的增长，理顺单位间关系，处理好以往遗留的多宗问题，做好各单位借调人员和聘用人员的报批手续等。是年1月起，全面部署事业单位网上年检，全年共办理事业单位年度检验133个、变更登记19个、注销登记9个、设立登记9个、换证34个，并按省、市事业单位登记局的要求全面规范事业单位管理。

【加强人才队伍建设与培养】　2009年，根据《广东省专业技术人员继续教育“十一五”规划纲要》，浈江区加大人才队伍培训力度，采取集中培训公共课程和部门专业培训相结合方式，不断促进人才队伍的继续教育和知识更新；组织人员到辖区企事业单位、民营、私营企业开展调研，在做好民营、私人企业人才服务工作的同时，积极为企业推荐、输送高层次紧缺人才。年内，全区通过公共课统一培训专业技术人员2620人次，部门专业知识培训1380人次；全年为辖区企业推荐大、中专毕业生就业11人次，办理人事代理41人、人事档案挂靠36人，办理各类职称评审41人。

【公务员和专业技术人员管理】　2009年，区人事局认真贯彻《公务员法》，落实有关配套法规，认真做好机关、事业单位工作人员年度考核工作。全年共考核4018人，其中国家公务员744人（评为优秀等级99人，评为称职档次645人），事业单位工作人员3274人（评为优秀档次408人，评为合格档次2847人，评为不合格档次2人，不定等次17人）。年内，辖区参照公务员法管理的事业单位工作人员登记60人，新办理录用公务员转正定级5人，办理公务员调任、转任13人；全年组织开展国家公务员学习培训《公务员责任意识》2期，参加培训810人。

【企业军转干部与离退休人员管理】　2009年，区人事部门针对企业军转干部和离退休人员的信访问题开展了专项治理工作。全年共接待群众来信来访13人次，对他们反映的

问题，符合政策的及时帮助解决，不符合政策的也耐心细致做好解释工作。对自主择业的军转干部，区人事部门为其保管人事档案，协助他们解决实际问题。

【工资和福利管理】 2009年，区人事部门积极贯彻省、市劳动人事部门有关劳动工资、福利政策、法规，掌握工资分配政策，严格把关，顺利完成年内各项工资调整和增加生活补助等工作。全年增加国家公务员津贴和中、小学校在职人员岗位津贴以及离退休人员生活补贴共计4467人次，月增资约200万元；办理在职人员的正常晋升工资2800人次，月增资9.8万元；办理区属机关、事业单位工作人员死亡后一次性抚恤金及遗属生活困难补助25人次，增加遗属生活困难补助50人次，月增加困难补助费2300元。

（邓新慧）

附：区人事局（编委）领导班子成员名录
局长（编委办主任）：黄炳明
副局长：古　丹、邓新智
编委办副主任：张朝忠

档案工作

【概况】 2009年，浈江区档案工作以档案服务民生为重点开展档案资源利用、档案信息化建设、档案为民服务和档案依法行政等工作。加强制度建设，补充和完善档案各项管理制度，并汇编成册。梳理依法行政程序，优化行政许可相关流程。举办档案便民服务活动，利用区政府公众网和上级部门信息网开设“档案信息公开”窗口，为市民提供档案查询，全年上报区档案政务信息80条。在开展档案课题研究的同时，进一步加强区级机关档案室业务建设，强化档案信息化建设，完成馆藏民生档案案卷级目录数据库、文件级数据库建库工作，共完成60万条馆藏纸质档案的全文数字化扫描和目录著录工作。加强档案安全和保密建设，积极开展档案备份工作和“窗口”规范服务工作以及推出新的服务举措，印发《查档建议与意见反馈表》，及时统计分析档案利用需求和意见反馈。群众满意度99%。

【制定档案管理制度】 2009年，浈江区档案工作结合学习实践科学发展观活动总结阶段工作，围绕“治理和谐社会建设，抓好创新服务”的工作要求，制定《浈江区国家档案馆晋升省一级档案馆的实施方案》、《浈江区国家档案馆开放档案的实施细则》、《浈江区档案局工作月报制度》。同时，将内部管理制度汇编成册，并严格实施，为确保完成区档案馆晋升省一级档案馆打下良好基础。此外，区档案馆还认真做好小城镇、新农村建设和重点建设项目档案工作，对其进行业务指导以及档案摸底和调研；为优化档案服务功能，开展各项民生档案的指导和管理工作，促使各项工作有序开展及规范管理。

【规范档案目标管理】 2009年，浈江区贯彻广东省档案局《关于进一步推动全省国家档案馆目标管理工作的通知》和《关于进一步规范和完善全省国家综合档案馆年度评估工作的通知》精神，实现档案馆综合优化管理，全面规范建设，把实现区档案馆升省一级目标作为年内档案管理工作的重点，继续推进档案检查评估工作，督促档案综合管理上新的台阶，努力达到特级档案综合管理标准。年内，区财政局、花坪镇获省特级档案室单位。大部分区直档案室达到省二级档案室标准。

【抓好法制宣传教育】 2009年，浈江区继续抓好档案法制宣传教育，利用到基层指导档案工作的机会，将有关档案法律条文复印给基层，引导基层单位工作人员提高档案管理意识。在业务方面，主动开展档案业务指导和监督工作，督促档案员有变化的单位及时配备档案员，按实际情况，采用“边干边教边学”的方法对档案员开展培训。

【接收档案资源进馆】　2009 年，浈江区档案馆藏的数量、结构和成分发生较大变化，并由过去以文书档案为主的单一结构向多种门类、多种载体的多元化结构发展，档案规模不断扩大，馆藏不断丰富，结构不断优化。至年底，区档案馆保管 107 个全宗（10 个种类）24037 卷（件）档案和各类图书资料，其中文书档案 7905 卷和 1052 件、基建档案 61 卷、会计档案 333 卷、已故人员档案 65 卷、专门档案 10321 卷、照片 31 册共 1873 张、实物档案 828 件和各类图书资料 4493 册。这些档案资料已经过数据扫描、微缩、复印和计算机编目检索，并还将档案进行光盘存贮。全区 5 个镇、5 个办事处和 39 个区直单位全部建立档案室，其中有 6 个评为省特级档案室工作达标单位，16 个评为省二级档案室工作达标单位。

【加强档案信息化建设】　2009 年，浈江区档案管理继续加强信息化、数字化建设和计划档案网站建设工作，逐步实现档案工作信息化稳步发展及数字化配套设施的完善。同时，借鉴有关单位的科技归档经验，加强对区直有关单位电子文件归档的业务指导，应用优秀档案管理软件进行计算机辅助档案管理。对档案馆个案卷级条目进行录入，对重要档案进行备份工作，对馆藏照片档案全部进行扫描备份工作，致力科技兴档工作，有效提高档案管理现代化水平。

【强化档案安全保管】　2009 年，区档案局（馆）始终遵循“安全第一，预防为主”工作方针，采取有效措施确保档案安全。是年 8 月，区档案局按照区委、区政府有关加强档案安全管理教育和提高全员档案安全意识的要求，成立了安全工作领导小组，强化领导及相关人员责任制及安全防范规章制度，落实“八防”（防高温、防潮、防霉、防虫、防尘、防盗、防火、防光）措施，定期进行档案安全检查，发现问题及时整改，确保档案安全工作落到实处，保证档案不受损毁。

【档案信息开发利用】　2009 年，浈江区重视抓好档案信息开发利用工作。积极抓好编研工作。据年底统计，全年先后完成了 11 册编研资料，其中 8 册为文件汇编（含档案法规汇编、档案局发文汇编、档案局工作总结汇编、区历年财政预决算文件汇编、历年政府工作报告文件汇编、区级机构“三定”方案文件汇编、区级机构人员编制一览表、档案局机构设置干部任免文件汇编）、1 册基础数字（即区历次机构改革实施方案文件汇编）、2 册大事记（区大事记和区档案局大事记）。同时，还创办了《党史简报》、《史志简报》、《扶贫简报》和《工作月报》等不同种类的报刊。

（黄哲锋　林小琴）

地方志工作

【概况】　2009 年，区地方志工作围绕年初的工作目标，根据国务院《地方志工作条例》的要求，依法开展地方志研究工作，继续补充《浈江区志》的缺漏资料和修改。积极筹划《浈江年鉴》有关启动工作。为《广东年鉴》和《韶关年鉴》提供有关浈江区的条目稿件。进一步强化地方志办公室的行政职能，加强对全区各单位地方志工作的指导、督促和检查。组织开发利用地方志资源，以利用地方志资源挖掘浈江独特的历史文化内涵。

【继续修改《浈江区志》】 2009年，是完成《浈江区志》总纂工作的关键年。区委、区政府要求区编辑部要按照上级的编纂要求，抓紧编修进度，继续补充《浈江区志》的缺漏资料和修改，把好质量关，务必年底完成志书总纂任务。据悉，《浈江区志》是浈江建区以来第一部志书。全书分卷、章、节、目四个层次，综合运用述、记、志、传、图、表、录等体裁，前置综述、大事记和附录，共200万字，全面反映浈江建区前后的自然、政治、经济、文化和社会等方面状况，重点记述浈江建区以来的区域经济和社会快速发展的地情变化，以及改革开放所带来的新变化、出现的新事物和取得的新成就。

【召开区地方志编辑部会议】 2009年3月12日，浈江区地方志编辑部在区档案局会议室召开全体编辑会议，总结2008年区地方志编纂工作，部署2009年编纂工作，讨论《浈江年鉴（2009）》编纂计划。区政府党组副书记、区编委会副主任麦锦祥、区编委会副主任、编辑部主编黄哲锋出席会议并讲话。会议要求，严把志稿件质量关，特别是要做好各参编单位的志稿数据核实和资料补充等工作，确保资料的真实性。同时，要求在年底做好《浈江年鉴》（2010·创刊号）的启动编纂工作，并按时完成年鉴撰稿任务。

【启动《浈江年鉴》编纂工作】 2009年12月25日，区地方志办公室召开区志编辑部编纂工作会议。会上传达了省、市有关编鉴会议精神，要求在编纂《浈江区志》的同时，起草《浈江年鉴》（2010·创刊号）的《编写工作实施方案》。年鉴设23篇及大事记、图片等篇章，记述时限为2009年1月1日至2009年12月31日，全面、客观、系统地记述浈江区2009年在自然、政治、经济、文化和社会等方面的状况工作，为当代与后人留下珍贵的精神遗产和咨政、育人的历史经验，体现浈江区人民当年的拼搏精神。

（黄哲锋　林小琴）

附：区档案局领导班子成员名录
局　长：黄哲锋（兼党史地方志办主任）

政府法制

【概况】 2009年，浈江区政府法制主要围绕依法行政、执法监督、行政诉讼及提供法律意见等工作展开。年内，区法制局为区政府及政府部门提供有关涉法文件、法律文书及法律审查意见80多件，参加与区政府相关民事诉讼4次，参加区政府常务会议等重要会议30多次，较好保障区政府各项工作依法进行。

【依法行政管理】 2009年，区法制局按照省市关于加强行政审批制度改革、完成省市行政审批清理审查工作、规范行政审批单位的审批行为及行政审批制度建设等工作。全年对区政府及各部门制订的规范性文件、涉法文件及法律文书进行认真的审查，共审查备案规范性文件1件，并对市政府及市直各部门制订规范性文件过程中积极提出修改意见和建议。在行政执法方面加强法制干部和行政执法人员的综合法律知识培训；审核、监督使用“广东省人民政府行政执法证”；协助依法推进综合执法工作；指导、监督综合执法队伍的执法工作。

【行政执法监督】 2009年，区法制局实行不定时到各执法单位进行执法检查，对市民和群众反映强烈的执法单位不良行为，法制局采取现场监督的办法，促进了各执法单位文明依法执法。在完善依法行政制度方面认真贯彻《国务院关于加强市县政府依法行政的决定》，先后在辖区内制定、实施《浈江区人民政府常务会议学法制度》、《浈江区人民政府依法行政报告制度》和《浈江区行政处罚案卷评查办法》等依法行政制度。在依法受理行政复议申请案件方面共受理14宗行政复议申请案件，其中不予受理1宗，有13宗因行政机关撤回原行政决定而终止审理。年内，区法制局参加因政府裁决等引起的行政复议、行政诉讼案件达12次。

【群众来信来访处理】　2009年，浈江区政府按照科学发展观的要求，积极处理群众来信来访工作，全年处理群众来信来访50多宗，为群众提供法律咨询服务70多人次。年内，区法制局还参与处理辖区土地权属纠纷和山林土地权属纠纷案件18宗，成功调解5宗，作出处理决定6宗。

（区政府办）

行政服务

【概况】　2009年，浈江区行政服务工作按照区委、区政府的要求，积极为各单位办理行政许可事项，社会管理事项实施管理，帮助各行政事业单位办理经营证照等事宜，为来区置业的各类投资履行服务，得到社会各界的肯定和好评。

【服务单位组成和服务项目】　2009年，区行政服务中心集中办理全区15个实行联络员制度的行政事业单位49项行政许可事项。另外还负责办理国内外投资者生产性、经营性项目需要有关行政主管机关审批核发的各项批准文件和证照，受理外来投资者业务、社会生活等服务项目的委托、联系验资、评估和审计，受理外商投资、民营企业投资和税收政策的咨询、释疑及证照申领、年检等事项。

【管理机制和运作模式】　区行政服务中心是浈江区人民政府派出的综合行政事务管理服务机构，由市、区机构编制部门批准成立，代表区人民政府行使行政服务中心的管理职责。中心对区内实行联络员制度的各行政事业单位行政许可、证照办理等事宜实施管理、指导、监督和协调，对所有服务事项实行“一站式”审批、“一条龙”服务、“一个口子”收费的运行机制，同时监督检查各部门贯彻落实行政审批制度改革、审批服务事项管理等有关政策、制度、规定的执行情况。

【主要工作成效】　2009年，区行政服务中心紧紧围绕服务型政府的目标，为市民和投资者提供了优质高效的行政服务，在清理行政许可项目，提高办事效率和依法行政方面做了大最工作，办理各类行政许可、开业证照和其他社会管理事项1万余件，收到锦旗30面，群众满意率为99%。

（庞良兵）

附：区行政服务中心领导班子成员名录
主　任：叶丽芬
副主任：何兆养、叶小飞、梁明伟

外事侨务、侨联

【概况】　2009年，浈江区外事、侨务管理部门认真贯彻省、市关于加强因公出国（境）管理规定及侨务工作的相关制度，严格出国

（境）管理制度，落实侨务政策，发展侨务经济，加大对外交流及海外联谊，扩大浈江区社会、经济、文化的宣传，有效促进浈江区社会经济的快速发展。

【对外友好工作】 2009年，浈江区对外友好协会充分发挥民间外交的独特优势，大力发展浈江区经贸、旅游、文化等各领域的对外交流做好服务，通过推动民间对外交流与合作，加深浈江区与有关单位的相互了解，为彼此交流合作打下良好基础。此外，区对外友好协会还积极协助辖区民营企业通过因公出访渠道办理出国（境）证照，为区属民营企业开展对外经贸活动提供优质的窗口服务。

【发展侨务经济】 2009年，区外事侨务办围绕“内外互动、增强优势、凝聚合力”的要求，充分发挥侨联组织的桥梁纽带作用，鼓励支持区内人员“走出去”发展，积极引导在外浈江人资金回流、人才回归，并实现双向良性互动。在“请进来”方面创造良好服务环境与形象，树立和强化“让投资者得利益，让浈江得发展”的双赢理念，吸引在外浈江人回乡投资参与家乡建设或支持家乡建设。全年引进来自香港、马来西亚客商的外资项目4个，总投资6440万美元。

【落实侨务政策】 2009年，区外事侨务坚持以侨为本扎实做好侨务工作，依法维护归侨侨眷、海外侨胞和港澳同胞的合法权益。在开展侨务接待、联谊和引资引智活动方面，区侨务办还积极做好侨务信访，及时向上级汇报侨胞反映的情况，主动与相关部门联系并认真协调解决他们提出的问题，深受归侨、侨眷和海外侨胞的好评。在落实党的贫难侨政策方面积极开展“送温暖、献爱心”活动，及时将党委、政府的关爱送到社会各界，想方设法解决他们的就业保障问题，改善和提高他们的生活条件和质量。年内，浈江区先后为特困归侨、侨眷发放慰问金和救济金达7000多元。

【宣传和联络工作】 2009年，区外事办高度重视对外宣传工作，发挥外事部门具有对外接触面广的优势，寓外宣于接待来访、团组出访之中，让世界了解浈江，让浈江走向世界。在接访方面针对外宾的特点，结合区内实际，安排参观点和赠送宣传材料，介绍浈江区悠久的历史和浓郁的风土人情，生动具体地介绍浈江区对外开放政策和经济、文化领域的成就，为宣传浈江区投资环境、让他们了解浈江收到良好的效果。在出访过程中广交朋友，扩大对外联络网络，通过加强与驻外使领馆和商会的联系，建立互通机制，开展形式多样的交流，密切与使领馆和各大商会的关系，有效成为宣传、推介浈江的渠道，成为浈江区对外交流和招商引资的桥梁。

（黄　挺）

市区金康桥

政协韶关市浈江区委员会

【概述】　2009年，中国人民政治协商会议浈江区委员会（简称区政协）在中共浈江区委领导下，认真贯彻落实党的一系列方针政策，坚持党的基本路线，突出团结和民主两大主题，积极参政议政。全年召开9次主席会议、4次常委会议、3次专题议政、5次专题协商、6次专题调研、8次专题视察，并审查办理30件提案，提案办结率为100%。年内，区政协加强廉政执法监督，选派委员先后担任驻区法院、检察院、公安分局及公安消防局等单位廉政执法监督员、行风监督员，并通过全委会、常委会、主席会、专委会主任会议、听证会、见证会和专题座谈会等形式，对区党委、政府重要工作及关系人民群众利益的重大问题进行协商议政。积极开展对外联络，通过在香港举办“贺中秋”、“庆国庆”座谈会，在区内举办港澳台眷属、港澳委员茶话会和座谈会、各民主党派和工商联负责人座谈会及联席会，节庆日走访并慰问旅居浈江的归侨侨眷等形式，团结社会各界人士，不断促进浈江社会经济发展。全年接待省内外政协各界人士16批300多人次，并组织6个专委会委员赴外地学习考察。

2009年政协浈江区委员会主席、副主席名录

主　席：余石怡

副主席：杨松生、李皖豫、张玉珍、周耀成、朱必凤、林　瑜

秘书长：余　良

政协浈江区第七届委员会三次会议会场

【区政协七届三次全体会议】　2009年3月10～12日，政协浈江区第七届委员会三次会议在区政府综合楼4楼会议中心召开，会议由余石怡主持，来自辖区177名政协代表参加会议。

会议主要听取和审议区政协常务委员会工作报告和常务委员会关于七届二次会议以来提案工作情况的报告，听取和讨论区政府工作报告及有关报告，表彰2007～2008年度先进专委会、优秀委员和优秀提案，审议通过会议决议。会议选举李本许为区政

协秘书长，张志强为区政协常务委员。

【常委会议】 2009年，区政协召开4次常委会议。

3月10日，召开七届第九次常委会议，出席会议的常委27名，会议讨论通过李本许为区政协秘书长候选人。

4月15日，召开七届第十次常委会议，出席会议的常委23名。会议审议通过区政协2009年工作要点、主要工作安排，并确定4件提案为重点提案。会议还通过增补张玉花、官定忠、王子涛、谢丙生、张义生为政协委员。

7月17日，召开七届第十一次常委会议，出席会议的常委18名，会议听取浈江区政府常务副区长邓彩虹通报区政府上半年经济社会情况，并通过李本许辞去区政协秘书长职务。

12月25日，召开七届第十二次常委会议，出席会议的常委25名，会议听取区人民法院、检察院和区纪委2009年工作情况汇报；审议并通过《政协浈江区委员会关于规范区政协委员参加会议活动的规定》；通过增补麦章彬、李春生等29名同志为政协委员，同意陶曼、朱天水等20人因工作变动不再担任政协委员的辞呈；审议并通过杨雄任经济委员会主任、张朝平任社会法制委员会主任、王韶普任科学技术委员会主任、李红保任教文卫体委员会主任、周伟灵任农村社区委员会主任，增补张粤华任经济委员会副主任、罗华任社会法制委员会副主任、刘自雄任科学技术委员会副主任、黄海鹰任教文卫体委员会副主任、邱建平任三胞委员会副主任、麦章彬和吴贤优任农村社区委员会副主任；会议还审议区政协常委工作报告及提案工作报告。

【主席团会议】 2009年，浈江区政协召开9次主席会议。

2月7日，召开第20次主席会议，经讨论研究，同意李本许为区政协秘书长候选人。

3月25日，召开第21次主席会议，审议七届三次会议重点提案。

5月15日，召开第22次主席会议，审议新增补政协委员和2009年区政协工作要点。

6月4日，召开第23次主席会议，会议主要内容是政协党组民主生活会并研究深入学习实践科学发展观等活动情况。

7月8日，召开第24次主席会议，研究区人事变动后政协常委、专委会主任及部分委员的调整补充问题。

9月4日，召开第25次主席会议，会议研究9～12月份工作、提案办理情况和专委会主任、委员调整问题及区政协招商引资工作。

9月7日，召开第26次主席会议，会议研究庆祝中华人民共和国成立60周年和人民政协成立60周年暨中秋茶话会有关事宜。

12月1日，召开第27次主席会议，主要研究区政协2009年工作总结及2010年工作设想。

12月21日，召开第28次主席会议，主要研究区政协七届第十二次常委会议议程。

【咨政建言推进科学决策民主化】 2009年，区政协围绕全区中心工作，充分发挥人才荟萃、智力密集的优势，为区委、区政府科学决策、民主决策建言献策。年内，区政协各专委会委员积极深入到镇办、挂点企业、重点项目、民营中小企业、学校、农村、全民创业园区等地开展视察调研，全年共组织3次专题议政、5次专题协商、6次专题调研、8次专题视察。区领导在年内对区政协报送的意见作出9条次批示，为区委、区政府科学决策民主化提供有益参考。

【提案办理工作】 2009年，区政协积极贯彻《全国政协办公厅关于办理提案的意见》、《政协广东省委员会提案工作条例》及《政协韶关市浈江区委员会提案工作条例》，严把提案质量、审查、立案关，并加强与承办单位的联系、沟通和合作，落实政协班子领导督办重点提案工作。年内，区政协将《关于规范火车站广场卫生执法管理人员的建议》、《关于加强韶关城区保洁力度的建议》、《关于大力扶持浈江区中小企业健康稳步发展的建议》、《关于成立区政府智囊团的提案》等4件提案为重点提案，由区委书记、区长、政协主席、副主席领衔督办，其中《关于加强韶关城区保洁力度的建议》结合区属“创卫”工作的开展得到落实，区政府根据《关于大力扶持浈江区中小企业健康稳步发展的建议》提案出台了《浈江区促进中小企业平稳健康发展的实施意见》。至年底，区政协共收到提案53件，经提案委员会审查，立案30件（教文卫体方面提案8件、经济建设方面提案4件、城市建设方面提案2件、城市管理方面提案6件、社会治安管理方面提案5件、农业方面提案3件、人口管理方面提案1件、法制建设方面提案1件），转区政协委员来信处理11件，转市政协委员递交的提案12件。由区政府转交部门办理的提案办复率100%。

【关注民生履职为民】 2009年，区政协委员提出的30件提案大部分涉及人民群众反映强烈的热点难点问题，紧扣影响和谐稳定的潜在矛盾，并积极推动党委、政府的保障和改善民生政策措施落到实处。年内，区政协委员积极参与浈江经济社会各项事业建设工作，其中韶关市新联汽车销售服务有限公司陈韶基委员为国家上缴税收200万元，安排就业岗位20多个，其公司被中共韶关市委统战部、市工商联评为“抵御金融危机、勇担社会责任”先进企业；汤金兰委员在年内投资5000多万元，完成辖区全民创业园厂房和基础设施建设，为中小企业进驻创业园区、增加就业岗位提供了发展平台。此外，林伟森、林国超、宋伟忠、郑仁德、张志强等5位委员出资扶持40多名贫困学生就学。

【参与招商引资工作】 2009年，区政协围绕区内经济建设，主动开展招商引资工作，在区政协全体会议、主席会议、常委会议、机关干部会议中多次专题研究、动员、部署开展招商引资工作，通过“走出去”、“请进来”和“内联”、“外引”等方式，区政协机关共引进项目6个，资金达5710万元。年内，区政协班子还开展走访民营企业活动，了解企业在生产经营中的困难，专访委员单位80多个，专访委员230多人次，深入经济界60多家民营企业。

【加强民主监督工作】 2009年，区政协选派委员先后担任驻区法院、检察院、公安分局及公安消防局等单位的廉政执法监督员、行风监督员，从公正执法、廉洁办案、行风建设等方面对公、检、法开展全方位民主监督。年内，区政协还通过全委会、常委会、主席会、专委会主任会议、听证会、见证会和专题座谈会等形式，对区党委、政府重要工作及关系人民群众利益的重大问题进行协商议政，通过定期和不定期听取政府有关部门及法院、检察院工作情况通报等，不断探索民主监督的新形式。

【团结各界与“三胞”联谊活动】 2009年，区政协通过在香港举办的韶关旅港澳同胞贺中秋庆国庆座谈会、节庆日走访并慰问旅居浈江的归侨侨眷和港澳台眷属、港澳委员茶话会和座谈会、各民主党派和工商联负责人座谈会及联席会等形式，积极团结社会各界人士，不断促进浈江社会经济发展，并热情接待省内外政协各界人士 16 批 300 多人次。此外，区政协在年内有计划地组织 6 个专委会委员赴外地学习考察，互相交流经验，有效促进团结和友谊。

【开展“优化政务环境年”活动】 2009 年，区政协围绕推进“阳光政务”，提高机关效能，制定《关于开展优化政务环境年活动的实施方案》，向社会各界作出公开承诺，并在区政协机关开展“优化政务环境年”活动，有效地促进机关工作作风明显好转、工作效能显著提高。

【政协组织建设】 2009 年，区政协各办公室围绕政协工作管理体制、机制创新开展组织建设。年内，区政协先后修订、出台《浈江区政协工作制度汇编》及《政协浈江区委员会关于规范区政协委员参加会议活动的规定》，并将政协组织管理、履行职能逐步走向制度化、规范化、程序化。

（赖群兰）

浈江区仁爱路口

纪检　监察

【概述】　2009年，区纪检监察工作贯彻《中共中央关于加强和改进新形势下党的建设若干重大问题的决定》，落实十七届中央纪委第三、四次全会精神和市、区委反腐倡廉决策部署，结合学习实践科学发展观活动，为区经济发展、社会和谐稳定提供有效保障。年内，区纪检、监察工作召开10次重要会议，组织开展镇、办和区直单位党政“一把手”述廉评廉、纪律教育学习、廉政专题课、廉政建设责任制报告等廉政建设责任制考核；开展以“抓作风、塑形象”整改活动；开展任前廉政谈话和廉政考试、“家庭助廉”、“算腐败代价账”教育等“八个一”廉政教育；实施村级廉政监督员制度，积极开展农村党风廉政建设示范村活动；开展“优化政务环境年”活动，并把绩效考评与优化政务环境年活动结合起来一同部署、考核；开展“小金库”专项治理，加大教育收费执法检查力度，组织有关部门对辖区32所中小学校收费情况进行专项检查，进一步规范区内中小学收费管理；开展商业贿赂专项治理，在全区17个成员单位继续开展防治商业贿赂的巩固完善工作；严格执法，充分发挥办案治腐的震慑力。至年底，全区13个单位65个行政审批项目纳入电子监察系统，办结行政审批业务134件；受理群众效能投诉7宗，办结率为100%；受理并解决民声热线问题82宗，完成政府采购预算1129.6万元，节约资金27.6万元；全年受理群众信访举报60宗，办结60宗，办结率为100%，其中转立案办结4宗。全年立案13宗，结案14宗，结案率100%。全年处理党员干部14人次，其中副科以上干部3人；给予党纪处分11人，其中开除党籍1人；给予行政处分2人；区属5个镇另有自办案件。全年通过查办案件共收缴违纪金额20.5万元，挽回经济损失85万多元。

中共浈江区委第七届纪律检查委员会第四次全体会议会场

【浈江区第七届纪委第四次全体会议】　2009年3月9日，中共韶关市浈江区第七届纪律检查委员会第四次全体会议在区政府综合楼会议中心召开。会议由区委副书记、代区长张德清主持，区委常委、区纪委书记何益文传达上级全会精神，并作题为《坚持以科学发展观为统领不断把反腐倡廉建设引向深入》的工作报告；区委书记刘卫东就全区党风廉政建设工作作重要讲话。会议讨论、通过《区纪委七届四次全会工作报告决议》（草案）。

【重要会议】 2009年，浈江区纪检监察工作共召开10次重要会议。

1月15日，区纪委、监察局召开镇、办和区直单位党政“一把手”述廉评廉会议。会议由区委常委、纪委书记何益文主持，区纪委常委参加。会议对文新局、车站办、十里亭镇及科教局的党政“一把手”进行述廉评廉。

3月16日，区纪委、监察局召开深入开展学习实践科学发展观活动动员会议。区纪委副书记何世荣主持会议并作动员部署，区委常委、纪委书记何益文在会上要求：一要思想重视；二要行动落实；三要抓出成效，确保委局学习实践活动有特色、有实效。

7月10日，区委召开抓作风塑形象暨纪律教育学习月活动动员大会。纪律教育月活动主题是“加强作风建设，保障科学发展”。会议由张德清区长主持，刘卫东书记作重要讲话，纪委书记何益文作动员部署，张德清区长传达全市治理商业贿赂会议精神，部署开展“小金库”清理工作。

7月29日，区委召开常委（扩大）会议暨上廉政专题课会议。刘卫东书记在会上作题为《加强党性修养树立良好作风努力提高拒腐防变能力》的辅导报告，随后区四套班子成员及正科级领导干部120人到北江监狱进行警示教育。

8月12日，区委召开区纪律教育学习月专题辅导报告会。会议邀请市委常委、纪委书记段宇飞到浈江区作题为《认真总结“8·14”案教训，切实加强党风廉政建设》的辅导报告。段书记对叶某案件发生的主要原因进行深刻剖析和反思，要求广大党员认真算好腐败“六笔账”，走好人生每一步。

10月10日，区委召开党风廉政建设工作汇报会。会议由区委常委、区纪委书记何益文主持，区属镇、办及区机关委局21个单位主要负责人汇报年内落实党风廉政建设责任制情况。区委书记刘卫东在会上要求各级领导干部要严守纪律，依法行政，依法依规办事；要从严要求，规范管理，强化制度建设；要端正操守，廉洁从政，以优良作风促进经济发展。

10月22日，区委召开浈江区党风廉政建设责任制报告暨评议大会，会议由区委常委、纪委书记何益文主持，市考核组第四考核组组长、市委副书记林耀明及考核组成员共8人出席会议，区四套班子成员、区纪委常委、区属各单位主要负责人和民主党派负责人共200多人参加会议。会上，市委副书记林耀明作考核前动员讲话，区委书记刘卫东报告2007~2009年落实党风廉政建设责任制情况。会议进行了民主评议测评。

10月23日，区委召开党风廉政建设责任制考核组反馈意见通报会，市考核组成员8人、区四套班子成员出席会议，区纪委常委列席会议。会上，市纪委常委谢斌通报了市委对浈江区落实党风廉政建设责任制的考核情况，区委书记刘卫东在会上表示，区委将针对市考核组提出的问题和要求，制定整改措施，逐项落实，不断推进浈江区党风廉政建设。

12月2日，区委召开区反腐败协调小组工作会议，会议由区委常委、纪委书记何益文主持，会上传达贯彻了市反腐败协调小组工作会议精神，部署浈江区下一步反腐败协调工作。区纪委、区法院、区检察院、区公安分局在会上作了反腐败协调工作情况及办案情况汇报。

12 月 17 日，区委召开区工程建设领域突出问题专项治理工作动员部署会议。区纪委副书记、监察局局长林伟芳主持会议，区委常委、纪委书记何益文、副区长庄强到会并作重要讲话。

【党风廉政建设】　2009 年，浈江区纪检监察工作按照中央关于《建立健全惩治和预防腐败体系 2008～2012 年工作规划》和省《实施办法》的任务要求，强化反腐倡廉宣传教育，组织开展以“加强作风建设，保障科学发展”为主题的纪律教育学习月活动和“抓作风、塑形象”整改活动，通过警示教育、上廉政党课、开展任前廉政谈话和廉政考试、“家庭助廉”、“算腐败代价账”、邀请市纪委书记段宇飞作专题辅导报告、举办村（居）“两委”干部党风廉政教育培训班等“八个一”廉政教育形式，进一步加强党员干部的党风党纪、廉洁从政教育。是年，区纪检监察机关充分利用信息公众网上的廉政专栏以及社区文化广场等宣传平台，结合“一月一演”活动，宣传廉政法规知识和本区反腐倡廉工作情况。深入开展廉政文化“五进”活动，在全区营造浓厚的廉政氛围。狠抓党风廉政建设责任制落实，浈江区委制定《关于落实 2009 年韶关市浈江区党风廉政建设和反腐败工作部署分工的通知》，把全区党风廉政建设和反腐败工作分解为 6 大类 55 项，逐项分解落实到 15 位区领导、24 个牵头单位负责组织实施。是年 12 月，由区委书记刘卫东、区长张德清等党员领导干部带队组成 11 个检查考核小组，对全区 43 个区直单位落实党风廉政建设责任制情况进行检查考核，有力促进区党风廉政建设责任制的落实。

【廉洁从政监督检查】　2009 年，浈江区加大廉洁从政监督检查力度，是年 4 月，区纪检监察机关对全区各单位落实科学发展观和重点工作、重点项目情况进行了专项检查，对检查中发现的问题和遇到的困难进行认真研究，提出工作建议和对策，提交区委区政府作为决策参考。重视抓好机关作风建设，加大明察暗访力度，区纪委书记、副书记亲自带队先后六次检查区直机关和镇办上班纪律，严肃了工作纪律。严格执行廉洁自律各项规定，加强对“五项费用”“四项活动”情况的检查，促进节约型机关建设。年内，区纪检监察机关积极实施村级廉政监督员制度，开展农村党风廉政建设示范村活动，区纪委按照“十个好”标准进行考核和公示，教场、黄沙、五里亭、石屋四个行政村基本达到了示范村的要求。扎实推进“五公开”工作，完善政府信息、政务、事务、厂务和村务公开制度，接受群众监督。

【执纪执法办案工作】　2009 年，区纪检监察机关严格执纪执法，充分发挥办案治腐的震慑力。全年受理群众信访举报 60 宗，办结 60 宗，办结率为 100%，其中转立案办结 4 宗。全年检查立案 13 宗，结案 14 宗，结案率 100%。处理党员干部 14 人次，其中副科以上干部 3 人；给予党纪处分 11 人，其中开除党籍 1 人；给予行政处分 2 人。全区 5 个镇均有自办案件。通过查办案件共收缴违纪金额 20.5 万元，挽回经济损失 85 万多元。

【强化行政监察工作】　2009 年，区纪检监察机关围绕依法行政和机关效能建设等工作，组织开展“优化政务环境年”活动，把绩效考评与优化政务环境年活动结合起来，一同部署、考核。在“创卫创园”督办工作中，区纪检监察机关制定《关于在全区创卫工作中实施责任追究的暂行规定》，为浈江区成功

“创卫创园”起到良好作用。严格执行问责制度，是年10月，区纪检监察机关对在土地使用管理中违规操作的3名有关人员进行问责。推进行政审批电子监察系统建设，全区13个单位65个行政审批项目纳入电子监察系统，共办结行政审批业务134件，未出现一宗黄牌或红牌警告。抓好“民声热线”工作，全区共受理解决民声热线问题82宗。加强政府采购监管，全年完成政府采购预算1129.6万元，节约资金27.6万元。加强效能投诉案件的查处，共受理群众效能投诉7宗，办结率为100%，有效地促进了依法行政。

【开展专项治理工作】 2009年，浈江区纪检监察机关认真纠正损害群众利益的不正之风。加大教育收费执法检查力度，组织有关部门对辖区32所中小学校的收费情况进行专项检查，进一步规范中小学收费管理。扎实开展工程建设领域突出问题专项治理工作，逐步建立规范的工程建设市场体系。开展“小金库”专项治理，重点检查了12个单位，纠正存在问题5个，共清理违规资金10万元上缴财政。加强治理商业贿赂专项工作，全区17个成员单位继续开展防治商业贿赂的巩固完善工作。

（谢志灵）

附：区纪委、监察局领导班子成员名录

纪委书记、副书记、常委名录

书　记：何益文

副书记：何世荣、林伟芳（兼监察局局长）

常　委：谢志灵、彭秀贞、罗奕文、林　东

监察局局长、副局长名录

局　长：林伟芳

副局长：谢志灵、李惠文

浈江区韶南大道

民主党派

【民革】　2009年，中国国民党革命委员会（简称“民革”）韶关市委员会在浈江区境有浈江一、二、三支部和韶关学院支部等4个支部，区境各民革支部年内有党员90人。

是年，民革韶关市浈江区各支部坚持抓基层建设入手，强化思想建设，不断完善会议、学习和培训制度，党员中的公务员积极参加韶关市行政机关“公务员责任意识”学习；在9月举办的民革骨干暨新党员学习班上，组织党员进行民革历史和多党合作传统教育，增强民革党员的光荣感和责任感，增强自觉接受中国共产党的领导、走社会主义道路的信念。

是年，民革韶关市委员会浈江区各支部的党员中有市人大代表1人、区人大代表1人、市政协委员2人、区政协委员4人，每位党员坚持“立党为公、参政为民、科学参政、民主参政、依法参政”原则，结合实际不断探索民主党派地方组织参政议政规律，加强和改进参政议政工作方式，以科学的思想、制度、方法推动参政议政能力的提高。全年共向市、区人大、政协提交提案、议案12件。

是年，民革韶关市委员会浈江区境各支部党员不断创新社会服务形式，拓展服务领域，积极参与捐款捐物、送医送药义诊及下乡扶贫等活动。在乐昌市长来镇遭受“7·15洪灾”后，民革韶关市委员会浈江区境各支部党员积极参与捐款捐物，并有部分党员参与送医送药义诊等活动。是年年底，民革韶关市浈江区部分党员和兄弟党派一同负责乳源瑶族自治县桂头镇草田坪村30多户的扶贫项目。

（王龙树）

民革浈江区支部主委名录

一支部主委：钟健娥

二支部主委：张嘉异

三支部主委：李　忠

韶关学院支部主委：初美华

【民盟】　2009年，中国民主同盟（简称“民盟”）韶关市委员会在浈江区境有韶关学院总支、科技一支部、科技二支部、文体机关支部、韶关冶炼厂支部、韶州师范分院支部、韶关市第一中学支部、韶关市第二中学支部、韶关市第三、第七中学联合支部、韶关市第十中学支部、韶关市第十三中学支部等11个总支（支部），年内有盟员150人。

是年，民盟韶关市浈江区境各支部以邓小平理论、“三个代表”重要思想和科学发展观为指导，围绕中共韶关市委、市政府“保增长、扩内需、调结构、促转型、惠民生”的工作重点和中共广东省委提出的“三促进一保持”系列行动，积极履行参政党职能，为韶关的科学发展做贡献。在开展庆祝新中国成立60周年活动中，广大盟员积极参加庆祝座谈会、征文、书画摄影展、歌咏会等，并积极参与政党理论研究撰写理论研究文章。

是年，民盟韶关市浈江区各支部以市、区中心工作为重点，结合“三促进一保持”活动，积极参政议政。年内，民盟韶关市委员会浈江区各支部盟员中有省政协委员2人、市人大代表3人、市政协委员12人、区政协委员7人，每位党员坚持“立党为公、参政为民、科学参政、民主参政、依法参政”原则，结合实际不断探索民主党派地方组织参政议政规律，加强和改进参政议政工作方式，以科学的思想、制度、方法推动参政议政能力的提高。全年共向市、区人大、政协提交提案、议案15件，并重视信息工作，抓好社情民意反映，参与“韶关产业园区建设”、“韶关生态市建设”、“韶关市土地流转后农民利益保障问题”等专题调研。

是年，民盟韶关市浈江区各盟员继承和发扬民盟的优良传统，牵线搭桥联系社会热心人士为中小学捐赠5万多元书籍和文具；组织盟员教师到乳源瑶族自治县大桥镇红云中学和大桥中学开展“农村教育烛光行动”，提高他们的教育教学水平；组织盟员开展送医送药送文化“三下乡”活动，免费为当地群众施医送药和书写春联，同时向乡村中小学校赠送书册和画册。

（赵桂林）

民盟浈江区支部主委名录

韶关学院总支：朱必凤

科技一支部：罗青麟

科技二支部：庞国华

文体机关支部：黄海燕

韶关冶炼厂支部：郭远海

韶州师范分院支部：岑　静

韶关市第一中学支部：张广全

韶关市第二中学支部：段光亮

韶关市第三、第七中学联合支部：户学梅

韶关市第十中学支部：潘慧琴

韶关市第十三中学支部：周永青

【民建】　2009年，中国民主建国会（简称“民建”）韶关市委员会在浈江区境有浈江一、二、三、四、五支部和韶关学院支部等6个支部，区境民建支部年内有会员122人。

是年，民建韶关市浈江区境各支部结合“深入学习贯彻科学发展观活动”和“三促进一保持”系列行动，动员全体会员深入学习中共十七届四中全会精神、民建中央九届二中全会精神和中共广东省委书记汪洋在省各民主党派负责人暑期座谈会上的讲话精神，积极参加各类辅导报告会和信息工作培训班，同时注重理论研究，并有多篇理论研究文章分别获民建省委党建理论研究优秀成果和统一战线理论研究优秀成果奖项。

是年，民建韶关市委员会浈江区各支部会员中有省人大代表1人、市人大代表1人、市政协委员5人、区政协委员10人。各支部结合自身实际不断加强和改进参政议政工作方式，以科学的思想、制度、方法推动参政议政能力的提高。围绕党委、政府中心工作，深入调研，积极建言献策。全年共向市、区人大、政协提交提案、议案19件。

是年，民建韶关市浈江区各支部结合“三促进一保持”系列行动，号召会员立足本职奉献社会。全年驻区会员企业培训劳动力200人，转移劳动力200人，帮助再就业478人。此外，区境民建会员立足本职，奉献社会，积极参与各类捐款捐物及捐资助学等活动。

（严志全）

民建浈江区支部主任名录

浈江一支部：周艳华

浈江二支部：魏　皆

浈江三支部：张时洋
浈江四支部：潘建明
浈江五支部：暂由民建市委机关负责
韶关学院支部：李　东

【民进】　2009 年，中国民主促进会（简称“民进”）韶关市委员会在浈江区境有浈江中教支部、韶关学院支部、浈江区联合支部、离退休支部、市委机关支部、浈江小教支部和曲仁支部等 7 个支部，区境民进支部年内有会员 115 人。

是年，民进浈江区各支部积极贯彻实施《民进广东省委关于深入学习贯彻科学发展观的方案》，结合政治时事学习的需要，引导各基层支部和会员深入学习贯彻科学发展观。积极参与和开展纪念中华人民共和国、中国人民政治协商会议成立暨中国共产党领导的多党合作和政治协商制度确立 60 周年的活动，组织骨干会员撰写纪念文章、论文，引导各基层组织以开展纪念活动为契机，组织会员认真学习会章会史，接受理论学习教育和历史传统教育。

是年，民进浈江区各支部会员中有市人大代表 1 人、市政协委员 5 人、区政协委员 7 人。在是年 3 月召开的政协韶关市十届三次会议上，民进韶关市委提交提案 11 件，其中立案 8 件、转为信件 3 件。民进韶关市委副主委欧阳泽宝代表市委会大会发言《关于进一步发展我市旅游商品产业的建议》获得与会人员的一致好评。此外，民进韶关市委选派民营企业家会员、韶关市新星源电讯有限公司总经理郑鸿沛，参加民进广东省委召开的民进企业界会员“应对危机、科学发展”座谈会；民进韶关市委“自主创新企业行”调研小组，赴粤北山区具有代表性的韶关东南轴承有限公司、广东省第二农机厂、广东韶关烟草机械配件有限公司等三家企业进行调研，并形成 3 份调研报告。

是年，民进浈江区各支部以科学发展观为指导，创新工作思路，完善工作机制，围绕震灾后重建、“三下乡”活动、捐资助教、扶贫开发等工作，开展社会服务。在为汶川地震灾区儿童捐赠优秀少儿读物的活动中，民进会员积极捐款捐物。是年 6 月 20 日，民进浈江区韶关学院支部部分会员赴革命老区小坑镇开展送医送药、捐资助教、家电维修、教育咨询、科普宣传等活动；12 月 17 日，辖区部分民进会员赴韶关市启智学校开展献爱心捐资助学活动，为该校 15 名品学兼优且家庭较困难学生发放助学金；民进浈江小教支部定期开展为韶关市启智学校一年级学生送温暖活动，获得民进广东省委“最具特色支部活动”奖。

（邓　华）

民进浈江区支部主任名录
市委机关支部：徐志宏
曲仁支部：廖勇会
浈江小教支部：翟卫红
离退休人员支部：罗宗玲
浈江区联合支部：梁旭彪
韶关学院支部：阙邦骝
浈江区中教支部：胡新明

【农工民主党】　2009 年，中国农工民主党（简称“农工民主党”）韶关市委员会在浈江区境有韶关市第一人民医院支部、市区综合支部、曲仁支部和浈江支部共 4 个支部，区境各支部年内有党员 91 人。

是年，农工民主党韶关市委员会浈江区境各支部认真组织干部、党员学习贯彻中共十七届四中全会、农工党十四大、中共广东省委十届四次全会和全省统战系统全面开展“三促进一保持”系列行动等会议和文件精神，结合实际制定出《农工党韶关市委关于开展“三促进一保持”系列行动的方案》，并把开展“三促进一保持”系列行动作为头号任务与深入学习科学发展观活动结合起来，努力在思想上有新的提高。韶关“6·26”群殴事件发生后，区境部分农工民主党员积极参加受伤群众的医疗救治、化解矛盾等工作，为维护社会稳定、民族团结发挥了积极的作用。在抗击甲型流感爆发过程中，在医卫战线工作的党员冒着被传染的危险，积极奋斗在第一线，充分体现医务人员救死扶伤、无私奉献的精神。

是年，农工民主党韶关市委员会在浈江区各支部党员中有市人大代表2人、市政协委员7人、区政协委员8人；每位党员坚持“立党为公、参政为民、科学参政、民主参政、依法参政”原则，结合实际不断探索民主党派地方组织参政议政规律，加强和改进参政议政工作方式，以科学的思想、制度、方法推动参政议政能力的提高。全年共向市、区人大、政协提交提案、议案11件。是年，农工民主党韶关市浈江区各支部党员不断创新社会服务形式，拓展服务领域，积极参与捐款捐物、送医送药义诊及下乡扶贫等活动。

是年，农工民主党韶关市浈江区各支部党员积极开展学术探讨和科研攻关项目的研究，撰写的学术论文在国家、省级刊物上发表10余篇，并有多个项目获得市科技成果奖；区境部分卫生战线党员参与帮扶医疗队，分别前往乐昌的黄圃和廊田、乳源游溪、曲仁花坪等边远乡镇进行送医送药活动，共为群众义诊1000多人次，免费发送药品11500多元，深受当地群众欢迎和好评。此外，区境部分卫生战线党员积极参与定点帮扶基层卫生院活动，进行坐诊、带教查房，对医技人员进行业务培训和讲座，为帮助该院提高医疗技术水平，促进卫生院的建设和发展作出积极贡献。

（吴　蔚）

农工民主党浈江区各支部主委名录

韶关市第一人民医院支部：李　亶

市区综合支部：吴志华

曲仁支部：成连孝

浈江支部：黄　瑶

【九三学社】 2009年，九三学社韶关市委员会在浈江区境有浈江支社及韶关学院基层委员会和韶关学院第一、二、三支社等5个基层组织，区境九三学社支社年内有社员77人。

是年，九三学社韶关市浈江区各支社坚持以邓小平理论、“三个代表”重要思想为指导，深入学习中共十七届四中全会精神，贯彻落实科学发展观，认真履行参政党职能，努力加强自身建设，始终把加强思想建设摆在自身建设的首位。年内，各支社社员积极开展理论研究，利用社刊和网站发表多篇文章，并在网站上新开辟的《基层组织动态》、《学习贯彻落实科学发展观》等专栏中，加大“三促进一保持”系列活动的推进力度。

是年，九三学社韶关市浈江区各支社社员中有省人大代表1人、市人大代表2人、区人大代表1人、市政协委员3人、区政协委员6人，其中：市政府副市长、社市委兰茵主委等领导参加各种协商会、座谈会、征求意见会和情况通报会10多次，并就韶关市政治、经济和社会中的重大决策及人事安排等提出意见和建议，坦诚进言，受到市委、市政府高度重视和认真采纳。年内担任各级“一表、三员”的社员参加各类参政议政活动60多人次，为各级部门提交的意见或建议33件，其中：在市政协十届三次大会上，社市委副主委罗元月代表社市委作《关于打造我市液压油缸产业集群的建议》发言；社市委在市政协大会上还提交的《关于我市旅游景区知识产权保护与运用的建议》集体提案，引起韶关市电视台《三江视线》栏目的关注，社市委副主委江兰英代表社市委就此提案接受该栏目专访；各级人大代表、政协委员发挥平台作用积极建言献策，共提出具有较强建设性和可操作性议案、提案、意见和建议 37 件，其中集体提案 3 件，重点提案 2 件。此外，兰茵主委和原主委杨筠在年内先后 5 次主持召开田七示范种植基地的协调座谈会，市委统战部和南雄市委统战部等领导也多次视察基地；区境社员积极联合市科技局等有关单位就企业自主创新和发展进行调研，推动“建设科技企业孵化器提案”到“市科技企业创业园”的全面建设和深入发展，经过市科技局的落实，“韶关市科技企业创业园”已在浈江区兴起和运作。

是年 3 月，九三学社韶关市浈江区各支社社员积极参加义务植树活动，并筹集资金作为三年管理生态林费用，其中兰茵主委率先捐款 1000 元。9 月，九三学社韶关市委委员刘凯积极争取到松日基金向市内贫困大学生及高中生捐资 100 万元。10 月，区境部分社员参加医疗队深入南雄江头镇开展义诊活动，为当地群众咨询和义诊 100 多人次，发放药品价值近 2 千元。年内，区境部分社员协助其他兄弟组织来韶开展活动 6 次，连续第三年协助社省委在乳源、乐昌开展“爱心父母”送温暖的捐资助学活动。

（谢　勇）

九三学社浈江区支社主委名录

浈江支社：夏庆祥

韶关学院基层委员会：姜向东

韶关学院第一支社：姜向东

韶关学院第二支社：李小珠

韶关学院第三支社：于文涛

市区复兴路路口

群众团体

共粤北省委旧址　张九龄　余靖

浈江区总工会

【概况】 2009 年，浈江区有基层工会组织 551 家（其中外商投资企业工会 42 家），基层工会涵盖单位 840 多个，工会会员 18348 人（其中农民工会员 2983 人）。年内，区工会工作以邓小平理论和“三个代表”重要思想为指导，深入贯彻落实科学发展观，按照全国总工会十五大提出的目标要求和市工会十六大提出的主要任务，坚持走中国特色社会主义工会发展道路，围绕保增长、保民生、保稳定的要求，为党委、政府分忧，为经济加油，为职工服务，为推进辖区经济社会又好又快发展作出贡献。

【基层工会建设】 2009 年，浈江区把组建基层工会工作作为固本强基的重要环节，以宣传《中华人民共和国工会法》为出发点，把非公有制企业工会组建作为突破口，从规模较大、员工较多、效益较好的企业入手，采取“以党建带工建”的措施来推动非公企业工会组建工作，并细致做好企业主思想工作，消除误解，扫清障碍，使工会组建工作得以顺利进行。全年新组建工会组织 33 家。

【推进和谐劳资关系建设】 2009 年，浈江区围绕建设和谐劳资关系，先后开展以宣传《劳动合同法》为主题的各项活动，让企业主和职工充分了解各自的义务和权利，增强依法办事的自觉性。在维护劳动者权益方面，区总工会以检查《劳动合同法》执行情况为手段，对集体劳动合同、工资集体协商、劳动安全防护、福利待遇等进行维权，确保职工合法权益不受侵害。在介入劳资纠纷仲裁方面，区总工会重点保护职工在被拖欠工资、企业欠缴医保、社保金方面的权益。至年底，区总工会协助劳动保障部门处理职工被拖欠工资案件 23 宗，追回欠薪 50 多万元，处理劳资纠纷 12 宗。

【加强企业民主管理制度建设】 2009 年，浈江区加强民主管理，努力调动企业职工工作积极性。区总工会进一步加强企业民主管理制度的建立，通过推进企业管理制度的公开，让职工了解企业，更好地为企业服务。年内，全区新增厂务公开企事业单位 31 个，全区共有 133 家企事业单位实行“厂务公开民主管理制度”。

【增强工会凝聚力】 2009 年，浈江区加强对困难职工和困难劳模帮扶力度，对特困劳模、特困职工进行慰问，对重大疾病职工进行紧急救助，并积极开展农民工培训。在井展帮扶特困职工子女金秋助学活动中，为5人发放助学金（每人800～1500元，共6100元）。至年底，全区累计为困难职工和困难劳模送慰问金、慰问品10万多元，全年医疗救助重大疾病6人（每人1500元），救助特困劳模、职工44人（每人800元），培训农民工60人（每人500元）。

【做好职工医疗保险工作】　2009年，为使干部职工了解医疗保险，区总工会加大宣传力度，并耐心细致地做好解释工作。经过多方努力，全年新增企业职工参加医疗保险81人、女职工安康保险98人，圆满完成市总工会交给的任务。

（谭庆喜）

附：领导班子成员名录
主　　席：黄远辉
常务副主席：李春生
副 主 席：谭庆喜

共青团浈江区委

【概况】　2009年，团区委围绕中共浈江区委中心工作和团市委工作，全面发挥团组织教育引导、服务发展、社会服务、组织凝聚四大功能，加强团的基层组织建设，积极推进青年创业就业和青少年心理咨询中心建设两大工程，不断开创浈江区共青团工作新局面。至年底，全区共有基层团组织51个，其中学校15个，镇（办事处）10个，政府3个，非公有制经济组织23个。全区团员总数14530人，占35岁以下青年总数16.9%。其中在校学生占团员总数91%，非公有制经济组织团员占团员总数5%，教师、公安、公务员团员总数占团员总数2%，外出务工团员占团员总数2%。

【学习实践科学发展观活动】　2009年年初，团区委成立深入学习实践科学发展观活动领导小组及办公室，并形成有关学习文件，布置具体学习任务，建立健全学习实践工作制度。活动采取听专题报告、参观走访、调研座谈等多种方式，深入系统地学习科学发展观理论，并为每一位参加学习实践活动的团员发放学习书籍、文件材料，建立个人学习档案、个人学习笔记，明确个人具体学习任务。

【青少年思想道德建设】　2009年，团区委利用五四、六一两个重要纪念日，贯彻落实党的十七大精神，把文明礼仪作为教育青少年的重要内容，大力提倡社会公德、职业道德、家庭美德和环境道德，帮助青少年提高道德素质，弘扬道德新风，并通过开展“南粤雏鹰之星竞赛”活动积极推进青少年思想道德教育。

【帮扶贫困家庭青少年】　2009年，通过开展法制宣传教育、“提高安全意识和增强自护技能”六一体验活动等丰富多彩的主题教育活动，积极扶助贫困家庭青少年，切实保障他们的合法权益。年内，团区委联合韶关家园网、民生热线等单位在风度名城广场举办“为特困家庭少年儿童小商放募捐的活动”，现场筹集1万多元善款。

【帮助青年创业】　2009年5月16日，团区委在韶关市浈江职业技术学校开办“农村青年就业创业培训班”，浈江区100多名农村青年参加培训。此外，团区委还成立“本岛餐饮有限公司”和“新星源电讯责任有限公司”两个青年就业创业见习基地，帮助青年积累工作经验、提高就业创业能力。年内，团区委利用各镇村党员干部远程教育终端接收站点，开展农村职业技能教育活动，并举办15

期“农科网络大讲堂”，帮助农村青年拓宽视野，提高能力，增强本领。此外，团区委在年内先后帮助农村青年创业小额贷款申请，组织辖区毕业大学生参加团市委与市劳动和社会保障局联合举办的大学生创业培训班等活动。

【开展青少年教育活动】 2009年，团区委立足于爱国主义、集体主义、社会主义及法制教育，先后组织开展多项青少年文化活动。5月初，团区委举办“纪念五四运动90周年”活动，表彰区级优秀共青团员、优秀团干部、优秀基层团组织。此外，团区委在月内还指导基层团组织通过专场演出、风采展示、团史展览、参观访问、知识竞赛、交流座谈等形式开展青少年教育活动。在6月26日的禁毒日中，团区委联合区政法委、区禁毒办、区妇联等单位在火车站广场进行一场禁毒宣传活动，区100名禁毒志愿者向过往行人发放禁毒宣传单1万多张，并向300多名过往行人进行禁毒宣传讲解。年内，团区委在开展禁毒教育活动中采取各种宣传形式，在街道、社区、学校、乡镇、农村等公共场所进行“关爱生命、远离毒品”的宣传。是年10月，团区委在中山公园开展庆祝新中国成立60周年“福彩杯”我爱我的祖国青少年书法绘画大赛，区内有30多支队伍共500余人参加现场比赛。大赛共评选出书法绘画优秀作品奖60名、入选作品奖80名、优秀组织奖16个，并颁发奖品和资金。

【青年志愿者工作】 2009年，团区委引导团员、青年积极参与志愿服务队伍，深入开展志愿服务活动，不断拓展辖区敬老助残、创卫宣传、植树造林、应急服务等公益事业，使之成为青年志愿服务的重要项目。在年内的志愿者服务日中，辖区共有300名志愿者深入学校、社区、农村、敬老院等开展志愿服务。至年底，浈江区共青团青年志愿者队伍已发展到近万人，并已逐步形成区、街道、社区三级联动志愿者服务体系。在2009年度的“韶关好人”评选中，区青年志愿者邝家顺当选为“助人为乐”好人。此外，团区委在年内以志愿服务的名义，向香港义务工作

浈江区“福彩杯”青少年书法绘画大赛颁奖仪式会场

发展局申请教育基金 2.4 万多元，为区内 33 个贫困生发放资助款，并为希望小学申请配置“希望电脑室”项目。

【基层团建工作】　2009 年，浈江区基层团建工作，坚持“党建带团建”，继续巩固机关、学校等传统领域团的建设；积极探索非公团建新模式，通过联合建团、依托建团、独立建团等多种形式设置团的基层组织，制定“以区域团建带组织团建，以大型组织带小型组织”的非公有制经济组织团建模式。年内，团区委先后在莱斯大酒店、新星源电讯有限公司等 9 家企业成立非公有制企业团组织。在队伍建设方面，通过制定《团区委工作制度》、《考勤及休假制度》等规章制度，进一步规范团区委机关作风。为加强团干部培训工作，建立健全团员和团干部教育管理长效机制，通过做好“团队衔接”，促进团队一体化建设，强化社区与学校联合互动，促进青少年工作有机融合，并做好“推优入团”工作。

【青少年中心建设】　2009 年，团区委进一步加强浈江区青少年心理咨询室建设。浈江区青少年心理咨询室是一间集青少年心理咨询、承接韶关市 12355 青少年综合服务热线平台、志愿者服务交流于一体的多功能服务中心，是韶关市第一间公开面向青少年的心理咨询室。10 月，团区委得到韶关学院教育学院大力支持，招募该学院心理系的心理辅导志愿者 30 多名，组建成立浈江区青少年心理咨询志愿者服务队，承担韶关市 12355 心理咨询热线和来访咨询工作，并聘请有心理咨询资格的教师进行指导。服务队每天安排队员利用晚上等课余时间值守 12355 心理咨询热线及预约咨询，给青少年心理求助提供专业辅导。在 12 月 5 日的第 24 个国际志愿者日中，团区委和韶关学院教育学院团委共同组织心理志愿者服务队，在市区风度名城广场承办一场以“打开心灵门窗，你我共享阳光”为主题的心理现场咨询活动，前来咨询的群众络绎不绝，网瘾、厌学、早恋、人际关系处理、隐私保护等，成为现场咨询活动大多数青少年关注的焦点话题。在活动现场，浈江区青少年心理咨询室共派发有关宣传资料及名片 3000 多份。

【交流和交往】　2009 年，团区委与香港义务工作发展局建立长期的良好合作交流关系，香港义务工作发展局长期资助浈江区贫困学生就学和希望小学的建设。年内，浈江区贫困学生获得香港义务工作发展局资助金约 4.5 万元。

（李芳芳）

附：团区委领导班子成员名录

书　记：杨荣华

副书记：李芳芳

浈江区妇女联合会

【概况】　2009 年，区妇联结合学习实践科学发展观活动，切实维护妇女儿童合法权益，积极参与社会管理和公共服务，大力帮扶有困难的妇女儿童，团结带领全区广大妇女全面参与社会经济建设，在推动科学发展和促进构建“和谐浈江、平安浈江”方面发挥积极作用。年内，浈江区妇联内设办公室、权益部，区妇女儿童工作委员会办公室亦设在区妇联，行政编制 3 人，其中妇联干部 2 人、妇儿工委办公室（事业编）定编 1 人。区妇联下设区直机关妇委会 11 个、非公有制妇委会 1 个、镇妇联 5 个、街道办事处妇联 5 个、居民区妇联 3 个、行政村妇代会 45 个、社区居委会妇代会 42 个。

【重要会议】 2009年1月15日，区妇联召开三届十次执委扩大会议，副区长、区妇儿工委主任邓彩虹，区妇联执委、各基层单位妇联主席副主席、妇委会主任近50人参加会议。会议总结2008年的全区妇联工作，布置2009年区妇联工作任务，并讨论、部署2009年度区妇联“三八”节表彰大会的相关事宜。3月8日，浈江区妇联在区政府综合楼召开“庆三八、学楷模”表彰大会。区长张德清等区四套班子有关领导及市妇联副主席马小青莅临大会，区正科级在职女领导、区直机关女干部、各镇（办）和村（居）委会妇联干部及各界妇女代表近300人参加大会。大会授予犁市镇妇联等3个区“三八”红旗集体、新韶镇妇联等3个区妇女工作先进集体、先进个人36名。8月17日下午，浈江区妇联召开三届十一次执委（扩大）会议，会议增补区妇联三届执委，选举张沁园为区妇联主席。

浈江区“庆三八 学楷模”表彰大会

【促进城乡妇女创业】 2009年，浈江区妇联继续深化“巾帼文明岗”和“巾帼创业”活动，通过搭建就业创业平台，不断促进城乡妇女建功立业。在创建巾帼文明示范岗方面，分别有浈江区教工幼儿园获全国巾帼文明示范岗，浈江区卓兴药业有限公司获省巾帼文明岗，东河街启明北社区和太平街风采社区获市级巾帼文明岗，犁市镇妇联获“韶关市三八红旗集体”称号，车站办事处妇联主席方春兰、新韶镇妇联主席麦振銮、福源居民区妇联主席阳四海获韶关市三八红旗手称号。在开展争当三八红旗手、创建巾帼示范村方面，涌现出胡艳香等区“三八”红旗手10名、钟燕萍等“巾帼建功”先进个人18名、刘细群等建设新农村女能手8名。在“巾帼示范村”、“星级妇女学校”创建活动中，年内共创建“星级妇女学校”2所、荣获市“双学双比”女能手2名、市巾帼科技兴农带头人1名。

【维护妇女合法权益】 2009年，区妇联与区司法局联合到犁市镇五四村开展三八维权周法制宣传乡村行活动，参加活动的村民达200多人。年内，区妇联组织“学习实践科学发展，构建和谐美好新浈江”法制宣传活动，共发放《平安家庭手册》100多本，《妇女法》等宣传资料200多份，并开展“科学发展观”、“妇女法”、“消防法”、“创建平安家庭”等有奖知识问答。至年底，区妇联共接待来访来电41宗，办结率达100%；区妇联系统的3名人民陪审员共参加陪审案件12宗。

【扶危助贫工作】 2009年，区妇联继续开展“爱心父母”行动，为贫困儿童健康成长服务。积极开展“爱心父母”牵手贫困儿童活动，发动广大机关干部、企事业单位及社会各界爱心人士加入爱心帮扶行列。年内，在区妇联的牵线搭桥下，发动爱心人士以小学生帮扶300元、中学生帮扶500元的标准，共帮扶困境儿童230多名，帮扶金额共10.4万元。有些爱心父母还在特殊节日为孩子们送去学习、生活用品，使困境儿童得到实实在在的帮扶。

【建设和谐家庭活动】 2009年，区妇联围绕平安和谐家庭建设，在全区城乡广泛开展"美德在农家"、"不让毒品进我家"、"平安和谐家庭"、"百户平安和谐家庭"的评选活动，通过开展"十大礼仪之家"、"卫生文明之家"创建及家庭"创卫与健康"知识竞赛等活动，引导广大妇女和家庭以德治家、文明立家、节约持家、和谐兴家，形成构建和谐家庭的强大社会声势。年内，区妇联联合区政法委、综治办、宣传部、区文新局在社区广场开展创建平安和谐家庭专场活动4场，并参加市和谐家庭活动评选，其中风采街道办事处荣获韶关市"平安家庭"创建活动先进示范街，锦园矿冶居民区、车站办南韶村居民区荣获市"平安家庭"创建活动先进示范社区称号。在创廉洁家庭方面，区妇联与区纪委召开廉内助座谈会，通过呼吁领导干部的配偶要做好家里"廉内助"，常吹家庭"廉政风"，管好家庭"廉政账"，及时提醒督促家人遵纪守法、廉洁自律，拒腐不贪，珍惜幸福生活，要求妇女们防微杜渐、慎待亲情、管好身边人、从严治家，着力构建和谐家庭。在加强未成年人教育过程中，区妇联通过邀请省家教讲师团成员开展送家教知识活动，进一步提高广大家长思想道德素质和科学教育子女的水平，并与教育局联合举办两场专题家教讲座，同时启动"净化网络，护卫孩子一万名母亲网络护卫行动"活动。

【开展妇女健康行动】 2009年，区妇联作为区妇儿工委成员单位，认真贯彻执行《浈江区推行免费婚前医学检查实施方案》，加大"政府买单、免费婚检"工作宣传，发放大量的免费婚检宣传单，在婚姻登记部门前张贴宣传标语，在村（居）计生宣传栏中把婚检知识纳入其中，并专门出版婚检专题黑板报，在婚姻登记机关内按照安静、温馨、私密的要求提供婚检咨询室等。年内，区妇联积极配合省市妇联开展"粉红春天"和"珍爱生命，关爱女性——广东妇女妇科病免费检查与医疗救治爱心行动"，全年共为500多名城乡妇女开展免费妇科病检查与救治。开展健康知识讲座10多场，内容包括有"准父母健康知识讲座"、"职业病预防知识讲座"、"手足口病预防知识讲座"、"妇科病预防知识讲座"等等。为了普及广大妇女的卫生健康知识，市福康医院医生先后到新韶镇2个村（居）和机关单位中开展妇科病普查，全区200多名妇女都进行了一次免费的身体检查，并由省妇联委派珠海惠爱医院到犁市镇、十里亭镇为200多名农村妇女进行妇女病普查、普治。

【加强妇联组织建设】 2009年，区妇联不断健全妇女组织网络，根据区委《关于进一步加强浈江区"党建带妇建"的工作意见》，深入实施"强基固本"工程，以党的基层组织建设带动妇联基层组织建设，巩固、加强镇、街道、乡村和社区妇联组织，推进党政机关、科教文卫等事业单位妇委会和团体会员队伍建设，并在全区范围内组织开展基层组织"示范"村创建工作。年内，区妇联坚持"以人为本，妇女干部与妇女工作同步发展"的指导思想，将妇女干部教育培训工作纳入培训计划的主体，坚持"内强素质、外树形象"，提高妇女干部的学习意识、创新意识、发展意识和服务意识，积极主动协助党委组织部门做好培养、推荐女干部工作，努力将妇联打造成为培养女干部的重要基地。8月24日，区妇联积极支持、配合韶关市妇联在区内举办首场女干部公务礼仪知识讲座。讲座特邀广东女子职业技术学院副教授、全国专业人才教育专家委员会礼仪专家委员、高级礼仪培训师、高级形象顾问师林艳担任主讲嘉宾，市直机关各单位，浈江、武江区各级机关女干部近400人参加讲座。

（邱少琼）

附：区妇联领导班子成员名录
主　席：张沁园
副主席：邱少琼

浈江区残联

【概况】 2009年，浈江区残疾人联合会（简称“区残联”）积极开展残疾人就业培训，开展残疾人扶贫济困，帮助残疾人做好康复工作，给残疾人享受康复服务，带领残疾人开展各类文体活动，为残疾朋友排忧解难做了大量工作，取得一定成绩，并按上级残联统一部署，换发第二代残疾人证1783个。

【就业培训】 2009年，区残联为残疾人举办培训班1期，49名残疾人参加培训上课。培训班邀请农业专家讲课，为他们传授养猪养鸡和防治病疫的专业知识及传授种好沙田柚的专业知识，主要是提高他们的种养能力和经济效益。年内，区残联选派10名残疾人或亲属到始兴培训基地学习种养技术，并争取上级对困难的残疾学生进行资助，全年共资助义务教育学生15名，中、高等教育学生13名。至年底，区残联通过就业培训，联系企业支持，安排有就业能力的残疾人就业24人。

【康复工作】 2009年，区残联为巩固残疾人社区康复示范区成果，开辟新的残疾人康复站。在省市残联的大力支持下，新建田螺冲矿、东联村等残疾人康复站，扩大残疾人康复面，让更多残疾人享受康复服务。年内，区残联坚持开展每月一天的“精防日”活动，对区内50个经济困难的精神病患者免费诊治和发药。在做好白内障复明工作方面，争取广州狮子会捐赠8万元，免费为100名白内障患者施行手术，全年共完成280例白内障复明手术。此外，区残联继续加强庇护工场（工疗站）工作，在省、市残联大力扶持下，36个精神病患者和智障人士得到不同程度的康复，并积极争取上级残联支持，得到一批（36件）康复器材赠送给有康复需求的残疾人。

【扶贫济困工作】 2009年，区残联继续深入乡村农户开展扶贫济困工作，共帮助7户贫困残疾人家庭进行危房改造，残疾人居住环境得到改善。春节期间，区残联多方筹集资金，在市残联大力支持下对180户特困残疾人户进行慰问，充分体现了政府及社会对残疾人的关怀。

【残疾人文体工作】 2009年3月中旬，区残联协助市残联组织肢协、聋协、精协的残疾人60多人去森林公园活动，并游览了森林公园的万寿寺。5月中旬（全国助残日前夕），区残联组织50名残疾人、残疾人亲属到翁源东华寺活动；同月，又组织庇护工场的残疾人及其家长近100多人去金沙生态园进行烧烤活动；5月底，组织庇护工场全体人员参加市残联的联谊活动，工场人员与四中的学生同台演唱《感恩的心》，获得市残联的表扬。9月初，区残联积极组织残疾人参加市残联举办的首届残疾人田径、游泳锦标赛，并取得优异成绩，获得全市团体总分第一名及道德风尚奖。11月，在市智协支持下，区残联组织庇护工场近50名残疾人到消雪岭果园参加采摘脐橙活动。

（王　耀）

附：区残联领导人员名录
理事长：杨德智

浈江区侨联

【概况】　浈江区归国华侨联合会（简称“区侨联”）为人民团体参照公务员管理正科级单位，是党和政府联系归侨侨眷的桥梁和纽带。区侨联下设13个基层小组，1个侨联艺术团，1个侨青会。侨联干部36人，侨联常委11人，正、副主席5人（1名副主席兼秘书长）。

2009年，浈江区有海外华侨华人约4200人，归国华侨约520人，归侨侨眷9000多人，旅外华侨、华人有18个国家和地区，归侨原侨居国主要分布在印尼、马来西亚等东南亚国家。年内，区侨联积极参与政府参政议政，维护华侨利益，进行海外联谊，开展侨务服务等方面作了一定工作。

【参政议政】　2009年，区侨联推选出市人大代表1名、市政协委员2名、区政协委员6名，是历届归侨侨眷当选人大代表、政协委员最多的一届。这些人大代表、政协委员履行为韶关市经济发展和社会事业建言献策的职责。其中：区政协委员黄挺写的《关于整治南郊二公里三鸟市场》提案被市政府采纳，该提案被政协浈江区第七届三次会议评为2007～2008年度优秀提案，黄挺也被评为优秀政协委员。

【宣传和联谊】　2009年，区侨联举行归侨侨眷迎春座谈会，大家欢聚一堂，共叙友情。年内，区侨联多次组织侨联艺术团在市区工矿企业和外地兄弟单位开展文化交流、文艺联欢活动，先后到韶关雅仕发服装有限公司、英德华侨茶场、花都镇侨联、江门市海燕农场、海南省兴隆农场、广州市越秀区侨联等地开展文化交流，并参与区政府组织的文艺下乡活动。此外，区侨联在年内信息宣传报道成绩突出，被省侨联授予“广东省侨联系统信息宣传工作先进集体”称号，年度侨联信息报道采纳量在全省侨联系统排名第二，被为韶关市侨联系统评为信息工作一等奖。

【做好侨务服务】　2009年，区侨联以服务华侨为宗旨，在做好信访接待工作方面，全年共接受办理来信、来电、来访100多人（次），做到服务热情，有问必答，有求必办；在做好事、办实事方面，主要做好对归侨侨眷的生活关怀，探望患病住院归侨侨眷，帮助归侨侨眷解决遇到困难和问题，对待老归侨定期或不定期看望，每逢中秋、春节组织侨联干部慰问困难归侨侨眷等。全年共慰问、探望老归侨或有病有难的归侨侨眷98人（次），为归侨侨眷做好事、办实事46次，参加归侨侨眷葬礼5次，为归侨侨眷送上慰问金、捐款2.2万元。

【参与经济建设】　2009，区侨联围绕区委中心工作积极为区内经济建设服务。年内，区侨联干部积极走访港澳、侨商民营企业，为他们解决生产、经营中遇到的困难和问题，全年共走访港澳侨企业和民营企业60多次，并积极向归侨侨眷、海外侨胞、港澳同胞宣传浈江区投资环境，尽最大可能实现招商引资。

（黄　挺）

附：区侨联领导班子成员名录
名誉主席：陈来春
主　席：黄　挺
副主席：钟国煌（兼）、谭友明（兼）、邓志成（兼）、李应清（兼）（女）

浈江区科协

【概况】 2009年，浈江区科学技术协会（简称“区科协”）积极开展科技服务，进行学术交流，开展科技培训、科技创新和科普工作，推进辖区青少年科技工作，科协组织建设，较好地完成职责范围的各项工作。年内，辖区企、事业单位获市科技进步奖9项，其中一等奖1项，二等奖3项，三等奖5项。

【开展科技服务】 2009年，区科协科技服务，主要做好区属企业科技计划项目申报、推进企业申报省级高新企业及引导企业申请产品或发明专利，并先后聘请专家到乡镇开展农业专用技术培训。是年5月组织开展科技活动周，6月组织开展科技活动月，并利用科技宣传栏广泛开展防震减灾、安全知识、疾病防治等宣传活动。至年底，全区科技计划项目申报和立项共9项，被评为高新企业2家（共5家），申请专利达87件，授权84件。

【学术交流】 2009年，区科协配合协助市开展学术交流活动，选拔推荐代表参加市学术交流活动。年内，区科协积极协助区教育部门、医疗部门开展教育学术交流及医术交流，还邀请区属十多家企业座谈交流科技如何创新发展。

【科普工作】 2009年，区科协定期出版更换科普宣传栏，全年共出版12期，科普图片180多张，还深入企业、社区、学校、农村开展科普活动，努力提高公民的科学素质，并先后落实科普经费人均0.30元。

【青少年科技工作】 2009年，浈江区建立一批校园科普长廊，在全区各校开展科普进校园宣传活动，并在区属学校中开展知识产权示范校试点，辖区韶关市第十中学被省确定为知识产权试点学校，浈江区执信小学正申报试点学校。是年4月，区科协会同市科协、市科技局开展“科普活动进校园”活动，发动全区各校组织地震防震为主题的应急疏散演练活动，给学校和学生上了一堂精彩生动的安全教育课，有效提高学校师生在突发事件下的应急反应能力和互救能力。5～6月，区科协有计划地组织本区中小学生参观市科技馆《青少年动漫设计坊》、《中国益智玩具展览》，参观人数达500多人次。年内，区科协积极组织辖区学校选拔学生参加各项青少年科技竞赛，并获得各类奖项41人次，名列各县（市、区）前茅。

【科协组织建设】 2009年，区科协组织机构还不完善，没有按上级规定县（市、区）科协部门专职工作人员应不少于3人的要求配齐配足人员，全区科技工作管理量大，工作面广，难以全面系统扎实有效地开展工作。

（刘自雄）

附：区科协领导人员名录

主　席：刘自雄

韶关市市长郑振涛（前排左二）考察浈江工业园

政法　地方军事

共粤北省委旧址　　张九龄　　余靖

综　述

【概况】　2009年，区委政法委与“区维护稳定及社会治安综合治理委员会”、“区防范和处理邪教问题”、“区禁毒委员会”等3个办公室合署办公，并设办公室和执法督查室2个内设机构，机关行政编制8人。年内，浈江区政法工作围绕社会矛盾化解、社会管理创新、公正廉洁执法三项重点工作，维护辖区社会大局稳定、以化解社会矛盾为主线，通过加强司法保障、提高政法机关社会管理能力及落实学习科学发展观等活动，设立基层综治信访维稳中心，有效化解各类矛盾，不断推动辖区政治文明与经济发展，为创造和谐稳定的社会环境和公正、高效、权威的法治环境发挥出积极作用。至年底，全区镇、街道办综治信访维稳中心共受理160件个案，成功解决155件，成功调解率达97%。

【维护社会稳定工作】　2009年，区委政法委将维护社会政治稳定摆在首位，通过加大对辖区社会治安维稳工作的治理，进一步增强应对突发事件、群体性事件的能力，通过完善应急预案、健全矛盾纠纷排查机制等，努力强化各类突发事件的调解、疏导能力。通过加强基层政法各部门、镇（办）综治办建设，加大对不稳定因素矛盾纠纷的排查力度，运用科学方法化解矛盾纠纷，把群体性事件解决在萌芽状态之中。年内，在应对“6·26”事件方面，区委政法委认真贯彻省、市委工作部署，全力做好相关应对、维稳工作，在保障安置事件人员、开展“6·26”专案庭审、宣判工作，辖区实现“四个无”（即涉案人员亲属对案件审理宣判无异常反应；社会各界对案件审理无异常反应；无其他外地涉案人员家属到辖区串联、组织上访、闹事；无新闻媒体到辖区炒作）。在确保国庆、“两会”期间的社会政治稳定方面，大力开展对不稳定因素的排查，各镇（办）综治中心对不稳定因素矛盾纠纷开展地毯式排查，实行领导包案、责任到人，并在国庆重点防护期间实行零报告制度。在全国“两会”、省“两会”、国庆60周年等敏感期间，浈江区没有进京到省上访等重大维稳问题出现，实现了省、市委政法委提出“今年要打赢国庆维稳和涉疆案件处置维稳两场硬仗”的目标。在打击刑事犯罪方面实行严打、严防、严管、严治并举，对暴力犯罪、“两抢两盗”及黑恶势力犯罪等严重问题继续保持严打高压态势，全年没有出现影响社会稳定的重大恶性刑事案件，较好地保证辖区社会治安的稳定。

【信访综治工作】　2009年，浈江区党委、政府高度重视综治信访维稳工作，把加强镇街综治中心建设作为重中之重来抓，按照省、市委统一部署，高标准、高质量推进中心建设。是年7月，区委政法委采取将建设风采街道综治信访维稳中心列入全市中心建设试点单位，在综治信访上先行先试。至12月20日，全区10个镇街中心全部建成并投入使用。年内，各镇街综治信访维稳中心在抓好社会治安综合治理上起到较大积极作用。

10月1日，市区园前西路的“阳光假日酒店”发生一名女技师死亡事件。由于该酒店老板处理不当，引发死者家属不满，纠集数十人在酒店门口大闹并设置灵堂，在社会上造成极大影响。为妥善处理事件，市委、区委主要领导高度重视，多次现场调解，研究解放方案，统筹部署，多次召集双方当事人协调，并就死者家属的几大疑虑，积极组织专家予以解答。由于工作做得细，讲情讲理讲法，最终双方达成一致协议，10天后事件得到圆满解决。事后，双方当事人给区委、区政府送上了“做公仆、身正气，为百姓两袖清风”锦旗，给濒江公安分局送上了“讲情讲理讲法构和谐，求真务实求情顺民意”锦旗，给风采街道办事处送来一幅写有“讲情讲理更讲法，你服我服大家服”的锦旗，表达了对政府依法依规、合情合理处理事故的真诚谢意。

在解决辖区重点项目征地拆迁、青苗补偿等引发群众漫天要价、抢插抢种抢建，严重造成征地难，影响项目进度问题上，区基层维稳中心加强依法治理，一举扭转多年来征地拆迁难度大的被动局面。年内，在区重点项目比亚迪汽车零配件生产基地征地拆迁工作中，犁市镇综治维稳中心做到关口前移、先行介入，积极化解各种苗头性问题，成功调处120多宗矛盾纠纷，完成涉及农户近500户的征地工作；在5000多亩征地中，涉及拆迁户110户，做到没有一人抢插抢种，没有一人到区、市上访。

（何丽芳）

附：区政法委领导班子成员名录

书　记：谢阜生（兼）

副书记：罗　华、杨　玲、张福有

审判工作

【概况】　2009年，濒江区人民法院（简称“区法院”）围绕全面落实科学发展观，大力推进区内司法改革，坚持司法公平、公正，强调实质司法，树立能动司法理念，开展“人民法官为人民”等活动，积极加强和推进辖区各项司法审判工作较好发展，为濒江区“保增长、保民生、保稳定”作出积极贡献。年内，濒江区法院共受理各类案件2234件（含旧存126件），审结2121件，同比上升7.9%；结案标的1.64亿元，结案率为94.9%，同比上升1个百分点。此外，全年共清理执行积案2366件，收结案数居全市法院系统前列，其中全部执行完毕案件210件、部分执结113件，到位金额990万元。

【刑事审判】　2009年，区法院围绕辖区司法审判、行政审判及民事调解、审判执行等工作，积极推进司法保障的落实，不断提高审判的法制效能。年内，区法院在刑事审判中继续深化“严打”整治行动，依法严惩抢劫、故意伤害、盗窃等各类严重犯罪。全年共受理刑事案件135件240人，其中抢劫25件57人、故意伤害14件30人、绑架1件2人、盗窃38件79人、其他57件72人。所有案件均在法定审限内审结，其中有罪判决133件238人、撤诉1件1人、移送市中院1件1人。全年被判处10年以上有期徒刑的被告人21人。

【行政审判】　2009年，区法院受理行政案件39件，受理行政非诉审查案件97件。在审理行政案件时，区法院做到既监督行政机关依法行政，又保护行政管理相对人的合法利益，得到双方当事人的理解和支持。对审理行政案件过程中发现的问题，区法院在年内向有关行政机关提出司法建议19件，有效促进行政执法规范化、合法化。

【民事审判】　2009年，区法院在民、商事审判中，坚持构建和谐社会，维护、促进社会经济发展和社会进步的要求，开展民、商事调解、审判工作，全年辖区各级法院、法庭共受理民商事纠纷案件1156件（含旧存10件），审结1135件，结案率为98.2%。民、商事案件中以金融借贷纠纷、离婚和解除非法同居、民间借贷纠纷、买卖合同纠纷、相邻纠纷、人身损害赔偿纠纷等为主。

【审判执行】　2009年，区法院为促进案件执行良性循环，坚持“任务包干，责任到人”原则，采取“定案件、定期限、定人员、定任务”的方法，不断强化执行干警的责任意识。为解决审判后执行难的问题，区法院聘请12位在镇办工作且能力较强的人员为辖区协助执行员，参与审判执行。年内，辖区共受理执行案件888件（含旧存116件），结案796件，结案率89.6%，执行标的额6638万多元。年内，区法院加大对拒执人员惩处力度，对18名拒不执行的被执行人采取拘留措施，罚款2人次，全年采取搜查、查封、扣押、冻结等其他强制措施830次。

【司法民主监督】　2009年，区法院继续坚持公开审判制度，对于依法应当公开审理的案件一律做到公开审理，曾先后6次邀请63名人大代表、政协委员及社会各界人士旁听案件审理并参与执行案件。年内，区法院继续落实人民陪审员制度，强调涉及婚姻家庭等纠纷案件及未成年人犯罪案件都邀请人民陪审员参加陪审。通过实行陪审员制度，强化司法活动监督，有效推进司法民主进程。

【实施司法救助】　2009年，区法院积极开展辖区司法救助工作，兑现“让有理没钱的人也能打得起官司”的承诺。全年为经济确实困难的当事人办理诉讼费缓、减、免案件共79件，金额达到67万余元。此外，区法院对涉及社会弱势群体合法权益的案件，一律实行快立、快审、快执，依法保障弱势社会群体享有的合法权益。

【加强法制宣传】　2009年，区法院加大辖区群众性法律、法规及司法宣传。全年共编制司法简报17期，积极向新闻媒体投稿，先后被《人民法院报》、《羊城晚报》、《南方日报》、《广州日报》、《韶关日报》、《韶关广播电视周报》、韶关电视台、韶关电台等媒体采用80余篇次。年内，区法院利用庭审开展法制宣传，向当事人以案析法，从而使法制宣传达到最佳效果。

（罗定海）

附：2009年浈江区人民法院领导名录

党组书记、院长：温桂新

副 院 长：谢冠华、谢石养、梁明坚、黄超彬

党组成员：谢冠华、谢石养、梁明坚、黄超彬、李晓萍、魏　滨、张美全

检察工作

【概况】 2009年，浈江区人民检察院（简称“区检察院”）编制52人，在职干警56人，下设政工科（与法律政策研究室合署办公）、办公室、侦查一科、侦查二科、侦查监督科（与监所检察科合署办公）、公诉科、反渎职侵权局、职务犯罪预防科、民事行政检察科和刑事申诉、控告检察科等10个职能部门及司法警察大队1个直属行政机构，办公地址在浈江区良村公路6号。年内，区检察院认真落实科学发展观，紧密围绕浈江区“保增长、保民生、保稳定”的工作大局，履行刑事检察职责，加大预防查办职务犯罪力度，依法履行诉讼监督职能，坚持从严治检，为浈江辖区政治稳定、经济发展提供有力的司法保障。

【推进检察司法改革】 2009年，区检察院积极推进检察司法改革工作，在履行司法检察职责实践中，对严重暴力犯罪、黑恶势力犯罪和“两抢一盗”等严重影响人民群众安全的犯罪作为打击重点，做到快捕快诉。是年1月，浈江区发生一起传销人员殴打被害人致死的重大案件，区检察院接到公安机关通报后立即介入了解案情、参与讨论，为该案侦查工作给出具体意见和建议。9月，区检察院在审查批捕韶关学院应届毕业生黎某仁盗窃案时，本着教育、感化、挽救的原则，依法作出不批捕决定，彰显了科学发展观要求“以人为本”的法治理念。年内，区检察院在查处新韶镇土井村村民潘某云等人聚众阻挠韶赣高速公路施工一案时，分别组织侦查监督科和公诉科人员提前介入，当案件移送到区检察院提请批准逮捕时，仅用半天时间完成批捕工作；在审查起诉阶段，一天内就审结并移送法院提起公诉，从而快速打击犯罪，维护了国家重点工程建设的生产秩序。在司法检察实践中，区检察院认真贯彻宽严相济刑事司法政策，对部分事实清楚、证据确实充分的轻微刑事案件，在法律规定的范围内实行不捕、不诉、和解处理，全年对13名犯罪嫌疑人依法作出不批准逮捕决定、对8名犯罪嫌疑人依法作出不起诉决定，有效促进社会和谐。

【加强刑事检察工作】 2009年，区检察院围绕依法严厉打击严重危害社会治安的刑事犯罪，加强与公安、法院配合，坚持快捕快诉。全年共受理提请逮捕案件166件304人，经审查批准逮捕159件291人；案件数比2008年下降2%，人数下降17%。全年共受理移送审查起诉案件162件308人，经审查提起公诉133件252人；案件数比2008年下降13%，人数比2008年上升2%；其中适用简易程序审理56件、普通程序被告人认罪案件简化审44件，有效提高办案效率，确保“稳、准、狠”地打击犯罪。

【预防和查处职务犯罪】 2009年，区检察院坚持“标本兼治、综合治理、惩防并举、注重预防”工作方针，从源头上预防职务犯罪。年内，区检察院开展系统预防回访活动，对人民群众议论大、涉及群众生命健康安全的部门作重点回访；开展廉政共建活动，先后与辖区的广东省力拓民爆器材厂、市公共汽车公司、市烟叶复烤公司等单位建立廉政共建联系；加大重点项目预防职务犯罪监督，先后对市公共汽车公司斥资2000多万元购置公交车、市烟叶复烤公司斥资1000多万元改建仓库等重点工程开展同步预防，并对工程项目的施工、监理、预结算、验收等环节重点监督。在查处打击职务犯罪方面注重法律效果、政治效果和社会效果的有机统一，进一步规范侦查行为和安全防范工作，并注重加大对涉及民生和涉农案件的查处力度，突出服务民生、保障民生和发展民生，先后立案侦查十里亭镇良村李某贪污、挪用征地款案等案件3件3人，为国家和集体挽回经济损失100余万元，取得较好的社会效果。在查办公司、企业的经济案件时，对涉案企业的财产、账户等慎用、少用查封等强制措施，坚持不开警车、不穿制服到企业办案，不因办案影响企业的生产经营，较好地维护企业的声誉和利益。全年共受理职务犯罪案件线索12件，立案9件9人，侦查终结并移送起诉8件8人，其中大案7件7人。所立案件中涉嫌贪污案1件1人、挪用公款案5件5人、受贿案2件2人、行贿案1件1人，通过办案为国家挽回直接经济损失200多万元。全年为外地检察机关调查取证20余份，协查案件3件，出动警力30余人次。

【加大诉讼监督力度】　2009年，区检察院认真履行法律监督职能，不断加大监督力度。在开展刑事立案监督方面共向侦查机关发出《要求说明不立案理由通知书》4份，侦查机关据此立案3件5人。在开展侦查活动监督方面加大对遗漏严重犯罪分子的追加逮捕、追加起诉力度，追捕10人，追诉1人。在开展刑事审判监督方面加强庭审监督，以公诉人员列席合议庭、检察长列席审委会等形式促进刑事审判的公正性，全年对审判活动中违反法定程序、侵犯当事人合法权益等违法情况提出纠正意见4件次，抗诉1件。在开展刑罚执行和监管活动监督方面共核查监外执行罪犯43人，对发现的脱管、漏管现象向监管机关发出检察意见，使辖区脱管、漏管现象得到及时纠正。

【控告申诉检察工作】　2009年，区检察院认真做好控告申诉检察工作，妥善化解矛盾纠纷。在上访、信访申诉处理方面共受理、处理群众来信、来访案件29件75人，其中，集体上访6次40人。是年9月，检察长饶纲奎在得知十里亭镇良村部分村民由于对相关政策缺乏了解有上访苗头时，主动约访这些村民，对他们反映的问题作出答复和解释，妥善化解一起社会矛盾。在刑事控告、申诉处理方面努力提高刑事申诉案件和刑事赔偿案件的质量、效果，全年受理刑事申诉案件4件，立案复查1件；受理刑事赔偿案件8件；赔偿当事人人民币1万多元，返还当事人被扣押款人民币157.4万元。在息诉、化解矛盾纠纷方面开展检察长接待日，监督执行法院判决等活动，维护社会的稳定。是年12月，刘顺年副检察长在检察长接待日中，指导侦查监督科立案监督一起拒不执行法院判决案件，为申诉人李某解决后顾之忧，消除了李某的上访念头。

【加强检察院工作信息化建设】　2009年，区检察院先后开通检察三级网、政务网、政法系统网及互联网电子阅览室，并建成、投入使用同步录音录像审讯室及电视电话会议室。通过综合信息管理系统，初步实现常规办公无纸化、档案管理电子化、流程监控网络化。通过建设检察院网站，实现检务公开、在线法律咨询及群众网络举报等。通过审讯数字录像监控系统，实现审讯过程的实时录像、领导及时指挥讯问、录像信息局域网内实时传送、录像资料的数字化形式硬盘存储。此外，区检察院在年内开办5期局域网电脑运用培训班，并利用视频会议系统，参加电视电话会议、视频培训达50余次。

【民事行政检察】　2009年，区检察院加强民事行政检察工作，在纠正人民法院确有错误的民事行政判决、裁定中，共审理民事行政申诉案件12件（含市检察院交办5件），发出检察建议1件、促成和解1件、移送其他部门处理1件，其余依法作终止审查和息诉处理。在对依法作终止审查处理的案件中，积极做好当事人的服判息诉工作，化解矛盾纠纷，维护社会和谐稳定，并进一步加大检察宣传力度，扩大民事行政检察工作知晓率，深入基层发放宣传资料100多份，让当事人了解人民检察院对人民法院已生效的民事判决、行政诉讼案件，具有法律监督和抗诉权。

（李华明）

附：2009年浈江区检察院正、副职领导名录
党组书记、检察长：饶纲奎
党组副书记、副检察长：张少华（兼反贪局局长）
党组成员、副检察长：刘顺年、李小伟

公安工作

【概况】　2009年，浈江公安分局（简称"区公安分局"）紧密围绕区委、区政府中心工作，以打造"和谐平安浈江"为目标，按照推进公安信息化建设、执法规范化建设、构建和谐警民关系"三项建设"的要求，加强辖区治安行政管理，严厉打击刑事犯罪，强化队伍教育培训，努力维护地方社会稳定。年内，区公安分局在全市开展的"创平安，迎国庆"重点打击行动量化考核中，以侦破"两抢"案件单项考核名列全市第一名，全部案件考核总分名列全市第二名。在队伍建设方面，分局荣获全市"三基"工程建设二等奖，荣获"韶关市6·26事件处置工作先进集体称号"，胡文义荣获韶关市"十佳卫士"称号，另外还有10个基层所队荣获省、市表彰奖励，有33名民警被省公安厅、市公安局记功和表彰奖励。

【维护社会政治稳定】　2009年，区公安分局坚持"稳定是第一责任"的工作理念，努力确保全区社会治安持续稳定。在做好信访维稳工作方面围绕"保增长、保民生、保稳定"的目标要求，积极排查，努力化解各类矛盾纠纷，尽量将信访问题解决在基层，控制在当地；全年共受理来信88件，其中省厅转信2件、市局转信76件、市局交办2件、区人大、政协提案2件、区信访局转信2件、分局接信4件；全年接待来访76起83人次，其中由分局领导接访45起45人，涉警上访案件比上年下降11%；在信访处理上共立案33件，不予立案55件，对违反《信访条例》的违法行为，依法予以严厉的打击。年内，区公安分局在指挥中心增加设立情报信息中心，并举办信息员和通讯员培训班，全年共收集上报各类情报信息814条、经整理上报上级部门210条、编发《信息研判与分析》60期、化解和处置群体性事件71起、协助政府信访部门处理群体性上访事件46起3200人次。在参与处置"6·26"事件工作中，区公安分局积极按照上级的统一部署，组织开展受事件影响人员的疏散、安置，并对辖区内不安定因素进行全面梳理和排查，及时掌握辖区内重点人员、重点部位及各类可能出现的重点问题，并及时落实化解措施，确保防止事态的扩大，有效维护社会稳定，受到上级机关的肯定及表彰奖励。

【加强打击刑事犯罪】　2009年，区公安分局分别开展"粤安09"、"创平安、迎国庆"等系列专项行动，全年共立刑事案件2760宗，破获1109宗，破案数比2008年上升5.6%，抓获犯罪嫌疑人483人，打掉犯罪团伙77个，共抓获各类逃犯58人。在"创平安、迎国庆"重点打击行动中，公安分局获得总分2370分，排名全市第二；在科学发展观及大走访民意调查中，群众安全感达

83.6%。在命案侦破工作中，区公安分局坚持“命案必破”的理念，综合运用现代科技和传统的侦查手段，全力侦破各类命案，基本实现“破案率高、办案质量高、发案数低”的奋斗目标，全年现行命案破案率为87.5%。在开展打黑除恶工作中严格落实《广东省打黑除恶工作责任制》，围绕社会治安突出问题和群众举报线索，从故意伤害、打架斗殴、寻衅滋事、非法持有枪支、抢劫等案件入手，从分散的案件材料着手，摸查涉黑涉恶线索，全年打掉恶势力团伙2个。在严打“两抢两盗”犯罪中认真分析其发案的规律与特点，采取有针对性的工作措施，全年破获“两抢”案件313宗，比上年增加68宗，上升27.8%，并打掉团伙17个；破获盗窃案603宗，打掉团伙25个。在年内的“创平安，迎国庆”重点打击行动量化考核中，区公安分局打“两抢”案件获得1483分，名列全市第一。在缉毒、禁毒工作中共破获涉毒案件12宗，抓获嫌疑人21名，缴获高纯度海洛因734克和“K粉”2789克、摇头丸206粒(50.2克)、冰毒10.3克。强制戒毒106人。在打击经济犯罪中共立经济犯罪案件18宗，破12宗，破案率达66.7%，挽回直接经济损失200万元，抓获和处理违法犯罪嫌疑人员17人，其中逮捕起诉6人。

【强化社会治安管理】　2009年，区公安分局进一步强化治安管理，积极预防和查处各种违法犯罪，有效维护辖内正常的社会治安秩序。全年共受理治安案件2604起，查处2195起，行政拘留387人，调解各类纠纷200多起，群众满意度和基本满意度达88.6%。在扫除“黄、赌、毒”社会丑恶现象方面，治安部门及各派出所民警深入辖区酒店、娱乐场所、商场、小商店、街边摊档进行法制宣传，散发禁赌资料，鼓励群众积极举报赌博违法犯罪行为。全年共查处赌博案件147宗、抓获涉赌人员94人，打掉赌博团伙26个、收缴赌资7.31万元；查处涉毒案件30宗、查处涉毒人员67人；破获强迫妇女卖淫案1宗，查处卖淫嫖娼4宗，查获卖淫嫖娼14人、行政拘留6人。在复杂场所、特种行业及娱乐服务场所治安管理中，加强对重点人员、重点物品、重点行业、重点场所、重点单位的清查，尤其对外来人口集居较多的出租屋和人群聚集较多的公共娱乐场所加强检查，对未按照规定配备保安员、硬件设施不合格、安全制度不健全、经营管理不规范的严格按规定予以处罚，并对组织提供营利性陪侍特别是组织未成年人从事营利性陪侍活动的娱乐场所坚决依法责令停业整顿，对情节严重的，商请文化、工商部门吊销其相关证照。全年查处管理制度不落实的18间，证件不全10间，发现隐患20处，发出警告10份，发整改通知书4份。在维护校园周边治安方面，努力加强校园内部及周边地区治安防控、强化对校园周边复杂场所的治安整治，提高学生的法制意识和自我保护能力。为保障各项警卫任务及大型活动的有序开展，全年共参加警卫任务15人次、保卫任务32次、出动警力3900人次。

此外，区公安分局在年内加大对私藏枪支、弹药收缴和清理力度，全年共收缴仿制枪1支、自制枪4支、民用子弹8发、步枪子弹561发、五四式手枪子弹31发、五四式手枪教练子弹39发、六四式手枪子弹3发、猎枪子弹58发、小口径手枪子弹40发、炸药250克。

【户政管理】　2009年，区公安分局加强辖区户口整顿及暂住人口登记、统计管理工作，实施户口登记项目规范化、标准化，管理制度亦进一步完善，有效解决户口登记、居民身份证管理中存在的突出问题，全年共办理居民身份证14990张、临时居民身份证

1970 张。

【加强公安队伍建设】 2009 年，浈江区围绕中央和省市关于“从严治警”的要求，加大对辖区公安队伍的建设。在政治思想建设方面，先后开展深入学习实践科学发展观活动及“清风金盾行”学习教育活动。在开展深入学习实践科学发展观活动中，班子成员累计深入联系点 22 次，深入基层所队 18 个，召开座谈会 20 余次，走访群众 60 人次，共收回意见和建议 80 多条；在开展“清风金盾行”学习教育活动中，教育民警认真吸取“8 · 14”案件的教训，增强民警拒腐防变能力，形成风清气正的干事氛围，树立真情为民服务新形象。在建立警民和谐关系方面开展“公安民警大走访”爱民实践活动，通过听民声、访民意、察民情、解民难、护民权，进一步构建和谐警民关系。在开展业务教育培训中着力提升民警的信息化实战水平，并推进民警绩效考核，进一步促进广大民警的工作积极性、主动性和创造性。年内，全局 55 周岁以下男民警、50 周岁以下女民警，共 302 人分 5 期参加由市局统一要求的信息化培训和考核，合格率达 97%。

【强化警务督察工作】 2009 年，区警务督察部门围绕公安工作中心警务活动，积极开展经常性督察检查，全年出动警车 230 多车次，警力 700 多人次，督察单位 300 多个次，督察民警 1800 多人次，检查值班枪支近 80 支，明察暗访餐饮娱乐场所 120 多间次，发现并现场纠正问题 6 起。

【开展“三项建设”活动】 2009 年，区公安分局按照上级公安机关的部署，积极开展“三项建设”（即加强公安信息化建设、推进执法规范化建设、构建和谐的警民关系）。加大信息化投入，提升信息化水平；实行“战训合一、轮值轮训”训练模式，使执法细则、执法标准更加具体明确，整体执法质量、执法水平明显提升；结合“大走访”活动，组织广大民警深入基层、深入实际、深入群众，整治治安隐患，化解矛盾纠纷，帮助解决实际问题，有效促进警民关系的和谐。

【警务保障建设】 2009 年，区公安分局按照“加强管理、深化服务、突出保障、提高质量”的要求，本着开源节流、计划开支、保障工作的原则，做好经费预算等后勤保障工作，确保各项公安工作的正常运作，并加大装备投入，增强队伍实战能力及装备信息化水平。

（林淑坚）

附：区公安局领导班子成员名录

局　长：谢阜生

副局长：刘任华、李广江、诸葛明、张广荣、陈亿毅、张为民、范秀尚、许春科

司法行政

【概况】 2009 年，浈江区司法行政机关积极围绕学习实践科学发展观，立足于大力弘扬法治精神，树立法律权威，以构建和谐浈江、促进科学发展为主题，继续解放思想，深化改革，为推动辖区司法行政工作的发展，维护辖区社会和谐稳定，构建平安浈江发挥出积极作用。

【推进普法宣传教育】 2009 年，浈江区司法机关围绕法治区的创建工作，以“三八”妇女维权周、人民调解宣传月、“6 · 26”国际禁毒日、律师宣传日、法律援助义务咨询“12 · 4”全国法制宣传日为契机，组织开展送法进机关、进农村、进社区、进校园、进

企业、进单位的法律“六进”活动。年内，制定《浈江区2009年普法工作要点》、《浈江区维稳专项法制宣传活动方案》、《关于加强企业经营管理人员学法用法工作的实施意见》、《关于加强农民学法用法工作的意见》、《浈江区司法局开展法治区创建活动实施方案》等文件，在辖区机关、企业、学校及镇、村社区中广泛开展普法宣传，组织普法考试、法律咨询及建立法制副校长制度等活动，不断提高全民法律意识和法律素质。全区有66所学校聘请兼职法制副校长，聘请率达100%。全年共举办各类普法宣传活动8场次，解答法律咨询3620人（次），印发法制宣传资料23600多份；组织干部年度学法考试1次，参加考试4100多人；积极开展“民主法治示范村”、“民主法治示范社区”创建活动，并做好推荐申报第四批广东省“民主法治示范村（社区）”工作。年内，犁市镇的犁市村被评为第四批广东省“民主法治示范村”；东河街道办事处的启明北路社区被评为第四批广东省“民主法治示范社区”。

【公证工作】　2009年，浈江区严格按照广东省司法厅《公证机构年度考核办法（试行）实施细则》要求，积极进行有关公证法律方面的宣传，认真做好公证处公证协会会员登记、协会会费缴交及年度考核工作。年内，浈江区将公证工作进一步深入基层，积极开展公证法律义务咨询活动，广泛宣传公证法律制度的意义和作用，启明公证处于4月9日协同区消防大队、区妇联、区文化新闻出版局等单位，到曲仁办事处送法进社区，宣传《公证法》、《中华人民共和国继承法》等相关法律，并派发宣传单、现场接受居民咨询。至年底，启明公证处办结各类公证案件488宗，其中国内民事公证426宗、涉外公证62宗。

【律师工作】　2009年，浈江区内有律师事务所4家，执业律师15名。其中辖区律师担任政府、企业常年法律顾问34家，参与刑事辩护及代理39件，办理民事诉讼代理158件，办理非诉讼法律事务31件。在信访维稳工作方面，先后有多名律师参与韶关市北江技校教职工集体上访、五里亭养鱼户上访、新韶镇陈江村委黄塘村小组与新岭下村小组土地权属信访等重点信访案件维稳工作。在参与政府部门规范性文件、重大合同审议和修改及城市拆迁等重大项目建设中，辖区律师努力从法律层面上为政府依法行政提供法律服务，当好法律参谋，推进法治政府建设进程。在参与辖区经济建设服务方面，辖区律师为浈江区承接珠三角企业、劳动“双转移”服务，在“一镇一顾问”法治工作中，亦发挥出积极作用。

【法律援助】　2009年，区司法机关充分发挥法律援助网络作用，把法律援助机构延伸到乡镇、社区及区内工、青、妇、残联等部门和社会团体，积极参与送法下乡、送法进社区的活动，现场解答困难群众的法律咨询，派发法律援助宣传单册，扩大法律援助，使更多的弱势群体受惠于政府的法律援助政策。全年共组织律师事务所、法律援助工作站、法律服务所完成各类法律援助案件113宗，其中法院指定37宗、公民申请76宗、共接待来访群众和解答法律咨询401人（次）、免费代写法律文书90份、为175名群众提供了法律援助。

【基层法律服务】　2009年，浈江区共有乡镇（街道）法律服务所8家，法律工作者28名。年内，辖区法律服务所工作者以案说法、传授调解技巧、宣传法律知识并深入基层开展人民调解等工作，充分发挥法律服务工作者的作用，进行人民调解员培训14场次，法制教育4500多人。至年底，全区法律服务所担任常年法律顾问7家，代理民事诉讼96件，协办公证2件，见证34件，非诉讼法律事务代理24件，解答法律咨询1167多人（次），挽回经济损失1036万元。

【发挥人民调解作用】　2009年，浈江区有人民调解委员会117个，其中镇（村）调委会50个、办事处（居）调委会60个、厂矿企业调委会7个；有人民调解员881人（其中首席人民调解员44人、村人民调解委员会调解员514人、居委人民调解委员会调解员276人、企业人民调解员47人），另有自然村人民调解信息员362人。年内，浈江区进一步加强和规范人民调解与劳动争议调解有机衔接，充分发挥人民调解工作职能，整合调解资源，及时解决劳动争议，促进劳动关系和谐稳定，并由区司法局与区劳动和社会保障局联合下发《关于建立人民调解与劳动争议调解有机衔接机制的意见》文件，共同创建人民调解工作室，打造浈江“三大调解衔接”机制；拟定乐园、犁市镇为调解工作衔接试点，以点带面开展人民调解与劳动争议调解有机衔接工作，并对调解员进行《关于加强人民调解与行政调解衔接工作的实施意见》、《关于进一步加强诉讼调解与人民调解衔接工作的指导意见》及关于如何开展诉调对接工作的指引和有关调解对接文书格式等人民调解工作等相关内容的培训。至年底，全区举办人民调解员培训班21场次，发行《人民调解》杂志1416份；为村（居）民调解纠纷222宗、调解成功218宗、调解成功率为98%；大量矛盾纠纷化解在基层，解决在萌芽状态，充分发挥人民调解工作在维护社会稳定中的第一道防线作用。

【刑释人员安置帮教】　2009年，浈江区刑释解教回归人员79人。年内，为进一步做好刑释人员安置帮教工作，各基层司法所均启用安置帮教工作管理软件对刑释解教回归人员情况进行登记、核实，并建立回归人员个人资料档案，切实做好刑满释放、解除劳教人员回归社会后的衔接、帮教、安置工作。5月15日，区委政法委下发《关于成立浈江区社区矫正工作领导小组的通知》，由区法院、检察院、公安分局、司法局联合下发《关于在浈江区开展社区矫正工作的通知》及《浈江区社区矫正工作实施办法（试行）》等帮教刑释人员系列文件。9月11日，浈江区委政法委牵头组织召开浈江区社区矫正工作会议；是年10月，各镇（办）全部成立社区矫正工作领导小组办公室，并制订工作方案挂牌办公。至年底，全区刑释人员帮教率达92.2%、安置率86.8%。刑满释放、解除劳教人员重新违法犯罪较少。

（甄翠美）

附：区司法局领导班子成员名录

局　长：何绍福

副局长：罗晓清、胡田福

2009年8月26日，浈江区组织有关部门执法人员参加市举办的执法培训班学习

地方军事

综　述

【概况】　浈江区境在历史上是岭南军事重镇，为历代广东地方政府拱卫岭南“北大门”的主要驻军所在地。民国初期，境内成为广东国民革命的前沿，孙中山两次在韶关督师国民革命北伐战争，境属成为广东革命军北出湘、赣的军事战略策源地、出发地。抗日战争时期，区境为战时广东省会城市所在地，是国共两党组织、领导华南抗战的中心和后方城市。新中国成立后，区境为粤北地区中心城市，韶关军分区机关驻在市区建国路。2009年，韶关市军分区下辖包括浈江区人民武装部等10个县、市、区地方武装部，兼负韶关地区军队警备工作，担负守备驻地、防敌袭扰、组织部队、民兵协助公安机关维护社会治安，以及全市国防后备力量建设、兵役工作等重大任务。战时承担动员、扩编和组建新部队，指挥地方部队和民兵配合野战兵团作战，组织实施辖区内的战争动员、参战支前、保卫后方等重大任务。

【地方武装工作】　2009年，浈江区人民武装部受韶关市军分区和中共韶关市浈江区委、区政府双重领导，下辖风采、车站、东河、曲仁、田螺5个街道（矿区）办事处，新韶、乐园、十里亭、花坪5镇以及韶冶、韶铸、韶运、凡口矿、远大机械、韶关监狱、韶关学院、市第一人民医院等21个企事业单位总共32个基层武装部。年内，浈江武装部主要负责辖区内民兵预备役组织建设、教育训练及参加地方两个文明建设；会同有关部门做好国防动员准备和开展国防教育；组织实施征兵工作和开展预备役士兵、预备役军官登记统计；协助军队做好本区域的军事设施保护等工作。在征兵工作方面，积极配合上级军事部门，做好兵员登记工作，针对征兵主体对象的重大转变，加大对辖区

中共浈江区委书记刘卫东（左二）到区人武部了解工作

征兵单位的指导力度，通过积极宣传《韶关市征兵优抚安置规定》，吸引辖区更多高学历青年报名参军。年内，浈江区武装部全面完成上级下达的征兵工作任务；在民兵工作方面，根据上级年度军事工作安排，认真做好辖区民兵的整组，不断优化民兵组织结构。

【驻区部队】　2009 年，浈江区境驻区部队有团级以上单位 6 个，独立营级单位 5 个。团级以上单位有军分区 1 个、公安武警部队 1 个、地方预备役部队 1 个，其他空军和陆军驻军 3 个。武警韶关市支队成立于 2005 年 6 月，由原武警广东省总队第三支队和韶关市支队两个团级支队合编而成旅级支队，全称为中国人民武装警察部队广东省总队韶关市支队。部队分别驻守在韶关市七县三区，主要担负看守、看押、守卫、守护、警卫、城市武装巡逻和处置突发事件等任务；支队机关设在浈江区十里亭镇乌教塘。韶关预备役团组建于 1987 年 7 月，1999 年 10 月改编为广东陆军预备役高射炮兵师第 3 团，团部机关设在浈江区东郊新韶镇；预备役团预任预编人员主要分布在韶关市党政机关、企事业单位和七县（市、区）。至年底，预备役人员专业对口率为 93%，大专以上文化程度占 58.4%；退伍军人比例和专业对口率均达到总参谋部规定要求。

（向劲松）

人民防空

【概况】　2009 年，浈江区认真贯彻《人民防空法》及《中共中央、国务院、中央军委关于进一步推进人民防空事业发展若干意见》，立足于“战备人防、效益人防、和谐人防”建设重点，着力提高人防“九种能力”（即应急指挥能力、信息支撑能力、综合防护能力、服务经济建设和社会发展能力、综合救援能力、依法行政和宣传动员能力、国有资产保值增值能力、自主创新能力、人防队伍综合适应能力），不断促进区属人防事业全面、协调、可持续发展。

【完善人防工作机制】　2009 年，中共浈江区委专门指定一位区委常委分管区属人防工作，设立浈江区人民防空办公室，配备人防办主任、副主任、财务等 3 人专职工作人员，为区人防办提供独立办公室，并安装防空专线电话机。年内，区人防办建立健全人防工作各项规章制度，开设政府人防工作服务窗口，公示人防行政性事业收费项目，执行人防办理工作纪律、服务承诺制度，切实做到人防服务工作依法行政、有章可循。

【贯彻人民防空法】　2009 年，浈江区贯彻《中华人民共和国人民防空法》、《国务院、中央军委关于进一步推进人民防空事业发展的若干意见》，努力提高广大人民群众对人民防空的认识，扩大有关人防法律、法规的学习与宣传，加强基础业务知识学习，提高工作人员专业素质。通过基层宣传栏广泛宣传人防法律、法规，增强人民群众的人防意识，并在中小学校开展“三防”教育，让中小学生从小提高人防和国防意识。年内，区人防办按照《中华人民共和国防空法》及上级有关规定，加强辖区内老蟹山防空洞和莲花山防空洞的管理，对防空洞周边道路分别进行维护，配备专人对防空洞及设施进行管理，做到无事时加强管理维护，有事时能立即投入使用，并积极配合韶关市人防办举行防空警报试鸣，协助韶关市人防办进行防空设施检查等，保证区属境内防空设备的正常运行。此外，区人防办按照《中华人民共和国防空法》，对辖区私人住宅报建实行人防易地建设收费制度，全年收取易地建设费 11.27 万元，并按辖区行政收费管理规定全额纳入浈江区财政收入。

（向劲松）

国防教育

【概况】　浈江区国防教育工作始于1989年建置区国防教育训练基地后。2001年，国家颁布《中华人民共和国国防教育法》，浈江区委成立国防教育领导小组，组长由主管宣传教育的副书记兼任，副组长由区委常委、宣传部部长担任。2009年，辖区内共建有区级以上国防教育训练基地1个，爱国主义教育基地3个。

【基地建设】　1989年5月，浈江区投资210万元，在南郊三公里货场东侧新建“浈江区国防教育训练基地”。1995年5月，中共韶关市委、市政府命名浈江区境（含原北江区，下同）的“韶关市中山公园”、“韶关市烈士陵园”为第一批“爱国主义教育基地”；2004年9月，中共韶关市委、市政府命名区境的韶关学院为第二批爱国主义教育基地；2005年9月增加区境的“国防教育馆”、“韶关军分区军史馆”为第二批爱国主义教育基地。

【教育内容与形式】　2009年，浈江区国防教育内容主要。引导广大群众牢固树立维护国家统一观念，强化反分裂、反侵略意识，树立国家利益至上，强化爱国主义、集体主义和革命英雄主义精神，促进人民群众更加自觉地履行国防义务。年内，浈江区国防教育按教育对象不同分别进行。对少年学生的教育，主要以爱国主义、集体主义及艰苦奋斗精神进行培养。对社会机关团体及青年学生教育，主要以增强国防观念、学习与了解军事知识，掌握基本的军事技能为主。开展教育的形式包括军事训练、上军事理论课、过军事生活日以及参观纪念馆、博物馆等。自2001年《中华人民共和国国防教育法》颁布后，按照韶关市委、市政府要求，辖区将每年的“全民国防教育日”作为宣传爱国主义、增加国防观念的最好时机，通过组织辖区干部、群众过“军事活动日”、“国防教育宣传日”等活动，不断提高国防教育的效果。

【学校国防教育】　1984年始，浈江区境的高校、中学每年都对在校学生进行军事训练，并在高校设有学生军训机构和军事教员、中学联系驻军教员实施学生军训。1987年，国家教委、总参谋部、总政治部颁发的《高等院校学生军训大纲》开始在区境实施，辖内高校学生训练学习课程规定在10～13周，新生安排在第1～2两个学年内完成，中学生则每学年进行军事训练72个学时。2009年，浈江区境高校、中等职业学校及初级中学，新学年开学时都对新生进行实地军事训练，各校安排一般在入学后前两周集中时间1次训练完毕。各校开展军训及国防教育，大部分聘请驻区人民解放军、武警部队帮助进行。通过军训，大部分学生都能增强国防观念和战争意识，学到基本军事知识和技能，并对学校的校纪、校风及学生自理能力都有较大促进作用。

（向劲松）

附：2009年浈江区人武部正、副职领导名录

部　长：李志雄

政　委：朱德飞

副部长：刘　飞

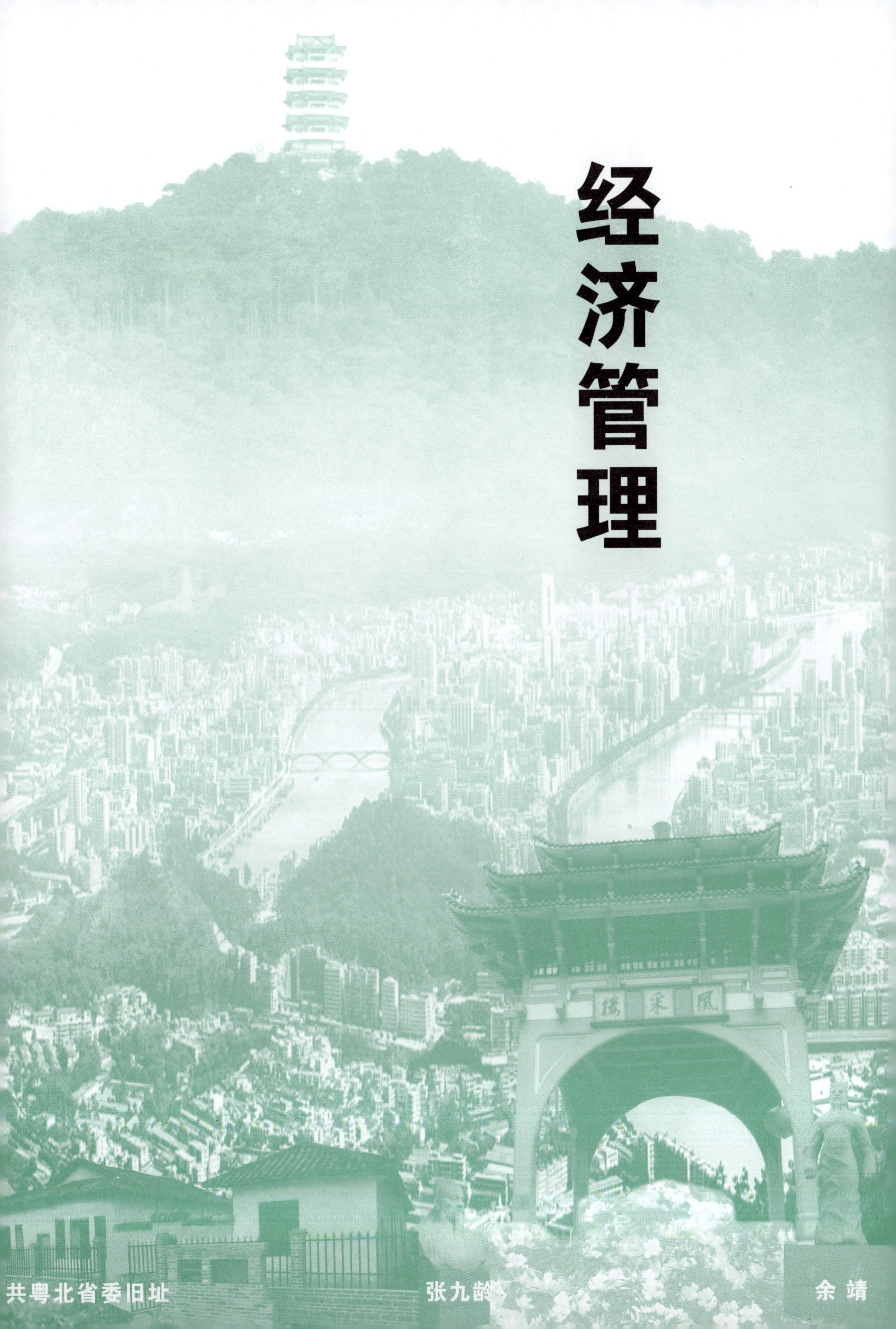
经济管理
風采樓
共粤北省委旧址
张九龄
余靖

宏观经济管理

【概况】 2009年，浈江区贯彻落实中央及省、市宏观经济调控政策，努力将保持经济增长与长远调整结构相结合，优化产业结构，落实区域经济发展政策，稳定物价，促进就业，改善民生，加强宏观经济管理，不断促进经济社会稳定发展。

【经济结构调整与产业优化】 2009年，面对国际金融危机的巨大冲击，浈江区制定“力保第一产业稳步增长、力促第二产业企稳回升、力争第三产业多作贡献”对策措施，加快产业基地建设实现优化产业结构的基础，推进现代产业体系建设。年内，浈江区从定位承接珠三角产业转移区域、韶关市区域中心城区，把“对接广州、融入珠三角”作为浈江经济结构调整及优化产业结构的突破口，通过“先进制造业的配套基地”、“现代物流基地”、“优质农产品生产加工基地”、“旅游休闲基地”四大基地建设，加强重大项目管理和服务，收到较好效果。全年区域内调整及优化产业结构28个重点项目，完成投资21.2亿元。

【重大项目与招商引资】 2009年，浈江区委、区政府按照市委、市政府提出关于掀起园区基础设施建设和招商引资“两个高潮”工作部署，完成重点投资项目占全社会固定资产投资88.3%，其中完成投资超亿元的项目有碧桂园、韶赣高速公路浈江段、风度国际大酒店等项目；建筑业产值完成25.67亿元，同比增长39.8%；浈江产业园基础设施投资完成9255万元，产业承接能力明显增强。在招商方面，全区新批外资项目同比增长33%；新签内联合同124个，同比增长15%；内联合同引资5亿元，同比增长67%；内联项目实际到位资金4.7亿元，同比增长3%。

【加大“三农”发展扶持力度】 2009年，浈江区“三农”发展，通过加大农业投入，落实惠农政策，农业基础地位得到进一步巩固。年内，辖区夏、秋、冬三季连旱，农业生产仍获得丰收，全区农业总产值5.68亿元，同比增长6.3%，其中粮食、生猪、蔬菜、水产、家禽等农产品产量分别同比增长4.9%、9%、8.2%、3.98%和16.1%；农村人均纯收入6422元，同比增长9.7%。在农村扶贫项目上，全年共投入帮扶资金30多万元，用于农村劳动力输出以及扶持贫困户发展特色种养业等，扶贫开发实行“规划到户、责任到人”。全区发展乡村农业生产共投入资金1700多万元，建设乡村公路25公里，完成

20宗农村机电排灌改造工程；筹措资金1298万元，全面启动16宗小型水库除险加固工程。

【着力推进工业回升】 2009年，濒江区加大工业生产企稳回升扶持力度，为有效应对国际金融危机，先后出台《濒江区促进中小企业平稳发展的实施意见》、《濒江区企业互助实施方案》等政策举措，加大对辖区规模以上工业企业的扶持力度，并实行区四套班子领导挂点重点企业制度，区财政贴息300多万元扶持中小企业发展，工业各项指标逐月回升。至年底，全区工业总产值完成22亿元，同比增长10.05%；工业增加值完成8.13亿元，同比增长5.3%；规模以上工业增加值完成4.09亿元，同比增长5.5%。

【促进就业和保障工作】 2009年，濒江区把控制城镇登记失业率和新增就业岗位作为宏观调控的重要指标，纳入濒江区国民经济社会发展年度计划。出台《濒江区落实农村劳动力培训和配置的实施意见规划纲要》，推进创建充分就业社区工作，做好困难群体的就业援助工作。年内，为推动辖区劳动就业工程，濒江区开展就业服务“春风行动”系列活动，举办就业公益性招聘会和见面会，为企业与高校毕业生见习、实习和就业搭建平台。此外，区劳动部门大力发展职业技能培训教育，探索“以创业培训带动就业”的新路子，对于破产企业富余劳动力进行劳动再就业培训，稳妥处置破产企业职工安置工作。至年底，全区城镇新增就业人数3577人，为目标任务的119.2%；下岗失业人员再就业2818人，为目标任务的112.7%；新增农村劳动力转移6690人，为目标任务的102.9%。城镇登记失业率为3.1%，低于市要求控制在3.6%的目标。

（区年鉴编辑部）

工商行政管理

【概况】 2009年，濒江区工商局（简称“区工商局”）深入开展学习实践科学发展观、民主评议政风行风和纪律作风建设年3项活动，积极履行工商职责，转变思想观念，创新工作思路，融监管、执法与服务于一体，为维护市场秩序、促进经济发展、确保社会稳定等方面做出积极贡献。

【清理整治无照经营行动】 2009年，区工商局按照《濒江区关于开展查处取缔无照经营专项整治行动实施方案》，对辖区内无照经营户进行清理、整治，区立案查处无照经营户案件33宗，案件总值25.65万元，罚没金额8.05万元。此外，对连续两年以上未参加验照的742户个体工商户，以及连续两年以上未参加年检的54户企业进行批量吊销经营执照的处理。

区领导带队进行食品安全检查

【食品安全专项整治】 2009年，区工商局加大食品安全专项整治的范围，在各大超市和商场建立食品安全准入制度，通过与市场开办者和超市签订《食品质量责任书》，进一步完善和推进索证、索票及进货台账工作制度，并对重点区域、重点市场、重点商品，检查商家持证亮照、索证索票、台账建立、检查QS和3C标志及证号。年内，区工商部门开展以节假日商品市场、农村食品市场、月饼市场、糖果市场等为主的专项整治行动。

【打击商业欺诈行为】 2009年，区工商部门建立联合打击传销的工作机制，加大联合打击非法传销力度，积极开展创建“无传销社区”和“无传销校园”，进一步杜绝传销组织在辖区进行传销活动。年内，区工商局在开展打击传销专项行动中，共出动执法人员91人次，执法车辆47台次，检查各种涉嫌场所35个，打掉传销窝点4个，教育、遣散涉嫌传销人员36人，解救受骗群众3人，拘留传销骨干4名。

【企业注册登记】 2009年，区工商局充分发挥工商服务地方经济的职能作用，落实省、市工商局“创业带动就业”和“促进产业和劳动力转移”的精神，试行注册资本零首期、登记管理“零收费”、放宽经营场所要求、支持产业转移园商标品牌建设等登记注册服务措施，促使浈江区经济平稳较快发展。年内，全区办理个体工商户登记2760户，比去年同期增加91户，增长3.41%；办理私营企业登记74户，比去年同期增加19户，增长34.55%；办理内资企业登记1户。至年底，全区共有个体工商户11424户（其中港澳人士个体工商户5户），从业人员24045人，注册资金数额21702.58万元；私营企业267户（其中分支机构11户），从业人员2137人（其中投资者462人、雇工1675人），注册资本（投资金额）9624.48万元；内资企业86户（其中法人企业42户），注册金额7342.96万元。

【保护和培育商标】 2009年，全区共查处2宗商标侵权案件，罚没入库金额0.63万元。年内，为推进农民专业合作社商标品牌建设，浈江区积极推动并争取逐步实现“一社一品，一社一牌”目标，确定5个单位为区商标品牌对口帮扶对象，有效促进农村经济发展。至年底，全区增加注册商标64件，注册商标总数达353件，其中有广东省著名商标3件。

【工商精神文明建设】 2009年，区工商局围绕科学发展、和谐发展和全面发展这一中心，突出“转变工作作风，密切干群关系、服务转型升级、保障科学发展”这一主题，结合开展学习实践科学发展观活动、民主评议政风行风工作以及“纪律作风建设年”三项活动，加强学习教育，完善责任体系，强化工作、纪律和效能督查，进一步提高干部队伍执行力；落实党风廉政建设责任制，完善与构建惩防腐败体系，深入开展廉政文化建设和廉政教育活动，制定行政审批行政、行政执法、财务、人事、后勤管理等廉政监督制度，完善领导干部个人重大事项报告、民主生活会、述职述廉、民主评议、诫勉谈话等工作制度，较好地推进工商队伍廉政建设。

【消费者权益保护】 2009年，浈江区消委会召开“第二届委员会换届暨第三届委员会一次全体会议”，新一届消委会由25个成员单位、35位委员组成。年内，区消委会积极为广大消费者排忧解难，受理调解消费者各类投诉。在“3·15”国际消费者权益日，结合“消费与发展”年主题，派出20人参加市消委会组织的3·15国际消费者权益日纪念活动，向市民发放法律法规宣传资料 500 多份；开展法律法规进校园宣传活动，配合学校对学生进行保护合法消费权益教育，营造学法、知法、守法、用法的良好氛围，并建立学校、家庭、社会“三位一体”青少年消费维权网络；以浈江区中小学生德育实践基地为纽带，开展创建“青少年维权岗”活动，并向基地赠送法律法规宣传小册子 1000 多份。至年底，区消委会共受理消费者来电、来访咨询 500 多人次，受理消费者投诉 208 宗，成功调解宗 205 宗，调解率达 98.6%，涉及金额 50.3 万元，为消费者挽回经济损失 46.4 万元。

（邓慧霞）

附：2009 年浈江区工商分局领导名录
局　长：王慧娟
副局长：刘孝雄、黄志忠、徐仁生、
　　　　饶　玲（挂职）

国有资产监督管理

【概况】　2009 年 5 月 31 日，浈江区编制委员会办公会议决定设立区公共资产管理中心，作为区政府公共资产管理机构。浈江区公共资产管理中心隶属区财政局管辖，为股级事业单位编制，主要职责：统一管理、运营区行政事业单位国有资产；管理政府授权经营的控股、参股企业和工商市场物业的国有资产产权及其收益；负责城市公共资产的管理、置换和处置以及资金的筹集、管理和归还等工作。年内，区公共资产管理中心按照《行政单位国有资产管理暂行办法》及《事业单位国有资产管理暂行办法》，以统管资产、融资运作、经营生财、滚动发展为目标，对全区各部门各单位的土地、房产等资产进行统一管理，并建立有效国有资产管理运营机制，积极促进浈江区资产管理向规范化、科学化、法制化和信息化方向发展。

【资产和收益统管】　2009 年，区公共资产管理中心规范辖区行政事业单位资产管理，先后拟订、出台《关于对区属行政事业单位资产及收益实行统管的工作方案》、《浈江区行政事业单位公共资产处置管理暂行办法》等相关文件。7 月起，浈江区公共资产管理中心开始对区内行政事业单位，进行资产及经营性资产收益情况的自查报送和审核汇总工作（全区共 109 个单位参加资产及收益情况自查）。据统计，全区共有房屋、汽车资产 33399.9 万元，其中自用资产 31979.5 万元、经营性资产 1420.4 万元。

【资产盘活】　2009 年，区公共资产管理中心在完成辖区公共资产清查工作后，继续承接并盘活原浈江、北江城市信用社资产包，共盘活及追收资产 429.5 万元，为区内两个城信社平稳退市铺平道路。此外，年内在区属行政事业单位资产处置管理中，共拍卖处置资产 66.8 万元。

（黄远花）

物价管理

【概况】　2009 年，浈江区物价管理工作按照省、市价格工作会议的统一部署，继续围绕“保增长、扩内需、调结构、重民生”的中心任务开展，通过解决群众关心关注的价格热点难点问题，不断完善价格公共服务工作制度。

【加强行政事业收费管理】　2009 年，浈江区行政事业收费管理，认真贯彻《广东省行政事业性收费管理条例》规定，由区直各有关部门组成联合年审小组，对区属2008年45个行政事业收费单位情况进行综合年审，共审查收费项目43项，涉及金额达773.87万元，从源头上遏制了乱收费现象的发生。进一步完善行政收费许可制度，全年共核发行政事业性收费许可证23个，经营服务性收费许可证6个，社会力量办学收费许可证7个，规范了辖区行政事业性收费行为。

【价格监督检查】 2009年，浈江区物价部门加强辖区内价格监督、检查力度，在市场价格监管上按照省、市物价局关于对重大节日及洪灾期间市场价格检查的要求，对区内大型超市重要商品及农副产品大米、食用油、鸡蛋等实行每日一查、随时抽查等制度。全年组织人员100多人次，对辖区经营的重要商品及服务和成品粮、食用油、牛奶、鸡蛋、猪肉、液化石油气、旅业收费等40多家经营单位进行检查，并发出限时整改通知6份。在涉农产品经营价格的监管上，为切实减轻农民负担，按照上级物价部门统一部署，年内多次对涉农产品价格进行专项监管、检查，尤其以农药、化肥等农资为检查重点，有效地控制了辖区内农资经营者的乱涨价现象。在教育收费的监管过程中，为实现义务教育收费政策由城镇“一费制”、农村免收学杂费，平稳过渡到义务教育阶段实行免收学生学杂费和课本费，区物价局会同区教育局对辖区部分学校义务教育收费执行情况进行抽查，对于抽查中出现的对收费政策理解偏差的问题，及时上报市物价局予以更正。在成品油销售价格等专项检查过程中，区物价局积极配合市物价局价格监督检查分局进行专项检查，并对被检对象存在无价目表公示、价目表更换不及时等问题发出限期纠正通知书。全年共对辖区内有关加油站发出5份限期纠正通知书。

【价格服务工作】 2009年，区物价部门在价格评估、价格监测及价格公示等方面提供价格服务。为辖区的公、检、法等部门提供涉案物品价格鉴定、鉴证工作，全年共受理288宗涉案物品价格评估，评估标的2786.7万元。不断完善各类价格监测制度，及时、准确地对部分工农产品市场价格采集上报，年内每月3次旬报，每次157个品种。此外，还对辖区内义务教育、连片蔬菜、生猪饲养等成本支出进行调查，为政府制定相关指导价格提供决策依据。为继续做好“价格服务进万家”工作，区物价部门参照深圳市南山区物价局价费公示工作经验，在辖区物业管理小区中选择其中5个作为价格公示试点小区，公示与群众生活密切的水、电、煤气和行政性、经营性收费项目，作为价格服务“民心工程”。

【价格举报投诉查处】 2009年，区物价部门积极查处市物价部门移交和直接收到的群众价格投诉案件，全年共查处涉及教育、公用事业、农副产品和商业服务等有关行业收费的投诉案件5宗，其中有2宗违反物价政策，并对3宗属正常收费的行为向投诉人作出解释，得到了投诉人的理解。

（崔思健）

附：区物价局领导班子成员名录

局　长：朱明远

副局长：谢树仁

国土资源管理

【土地交易管理】 2009年，浈江区出让国有土地使用权共6宗，出让面积19.88万平方米，成交价2.7亿元。其中，挂牌出让国有土地使用权3宗，出让面积9.33万平方米，成交价0.12亿元；网上交易出让国有土地使用权3宗，出让面积10.55万平方米，成交价2.58亿元。

【土地使用发证】　2009年全区办理土地使用证226宗，其中私人国有土地使用证86宗发放集体土地使用证140宗，发证面积为20880平方米，收取土地出让金54万元。

【土地变更调查】　年内，浈江区利用现状进行土地变更调查，涉及卫片图斑（卫星监测图）679个，变更面积9247.5亩，做到数据、图件、实地三者合一。

【信访件调查处理】　年内，全区受理土地、矿产纠纷信访件共68宗，其中来信3宗、来访65宗。来访涉及征地纠纷11宗、违法占地21宗、权属纠纷13宗、咨询业务20宗。调查处理率为100%。

【矿产资源管理】　浈江区煤炭资源丰富，分布各个乡镇。自2005年实施并闭煤矿以来，非法开采偷挖私采现象时有发生。2009年，区委、区政府对非法开采煤矿高度重视，多次组织公安、安监、国土、工商等部门进行严厉打击，发现一宗、打击一宗，非法开采现象得到遏制，巩固多年来的“整规”成果。至年底，全区共有持证矿山8家（其中建筑用灰岩6家、建筑用砂岩2家），所有矿山证照齐全（均由市国土局审批发证），依法开采、依法缴费。

【地质灾害防治】　浈江区内由于受天气变化影响，地质灾害时有发生，为指导全区做好地质灾害的防治工作，编制了《浈江区2009年度地质灾害防治方案》，并要求各相关单位做好地质灾害的动态巡查和灾情报告工作。年内对严重威胁100人以上的长乐中心小学，积极争取上级部门的地质灾害防治经费40万元。

【土地执法监察】　年内，区国土管理部门积极开展违法违规用地整治专项行动，并配合市局做好全省第四次和国家第九次卫片（卫星监测图片）执法检查，共发现违法用地40宗，做到立案率100%，结案100%，落实罚款53.9万元。通过对违法违规用地的查处整治，使违法违规用地在一定程度得到遏制，并在原动态巡查网络的基础，完善网络管理，按照省厅和市局相关文件精神，实行每日一报。全年共完成巡查852次，发现违法用地263宗，面积328.44亩。

（张年福　陈尚和　李恩光）

附：浈江国土分局领导班子成员名录

局　长：朱庆雄

副局长：黄　文、农建新

食品药品监督管理

【概况】　2009年，浈江区食品药品监督管理工作，受韶关市食品药品监督管理局管辖。年内，韶关市食品药品监督管理局按照国家及省、市有关食品、保健品、化妆品、药品、医疗器械监督管理规定，对浈江区境内有关食品、保健品、化妆品、药品、医疗器械依法实施监督管理职能。区工商部门兼有市场食品安全监管职责。

【食品安全监管】　2009年，区工商局加大对辖区食品安全监管，全年共出动执法人员148人次，执法车辆56台次，检测抽取样品218组，没收腊香肠42箱（20公斤）、粉丝50袋（1250斤）、碗仔即食面96个、白砂糖20袋（500公斤）、腐竹（127.5公斤）、化妆品24瓶、饮料432瓶等一批假冒伪劣食品。

（邓慧霞）

安全生产监督管理

【概况】 2009年，浈江区安全生产工作坚持“安全第一、预防为主、综合治理”的工作方针，贯彻落实《安全生产法》、《广东省安全生产条例》和上级有关精神，以广大人民群众的根本利益为出发点，围绕“打好基础、抓住重点、落实责任、依法监管”的工作思路，扎实做好安全生产监督管理各项工作，积极认真开展“安全生产年”活动，为推动区委、区政府提出的建设“平安浈江”，实现浈江区社会经济又好又快发展提供了坚实的安全保障。

【安全生产宣传教育】 2009年，浈江区安全生产宣传教育工作按照省、市的统一部署，先后开展以“关爱生命、安全发展”为主题的“全国安全生产月”、“安全生产执法警示”、举办各类展览和专刊及其他综合性宣传活动，分别悬挂安全生产标语横幅17条、订购安全生产法律法规手册500本、印刷宣传品500份、订购广东省“第三届安全生产明信片知识竞赛”答题卡4000多份，受教育人数达5万多人次。

【安全生产综合监督管理】 2009年，浈江区主要针对非煤矿山、危险化学品、烟花爆竹生产经营单位、建筑工地、人员密集场所和重大危险源单位等重点行业、重点领域存在的问题，建立健全以区政府统一领导、相关部门及镇（办）共同参与的隐患排查和检查，打击安全生产违法行为的联合机制。通过日常巡查排查、节假日安全生产大检查、群众举报等方式，日常执法监察与专项执法检查并重，全年安全检查和安全监察各类企业232家、339次，共查处各类事故隐患225条，隐患整改225条，隐患整改率达100%。年内，区安全生产监管部门依法开展“打非治违”专项行动，查处和打击无证或证照不齐从事建设、生产、经营18起，查处其他违法建设、生产、经营41起，非法开采煤矿5起，立案查处生产安全事故2宗，实施行政处罚12宗，行政处罚收缴罚款19.48万元，并责令5个生产经营单位停产整顿。此外，年内还查处无证经营烟花爆竹9家，没收非法烟花爆竹800多箱，关闭和取缔5家无证违法经营危险化学品企业，为社会经济平稳、健康、快速发展提供了良好的安全生产环境。

【安全质量标准化】 2009年，浈江区积极宣传、贯彻、推进上规模企业，尤其是矿山、危险化学品、机械等行业的安全质量标准化工作，其中广东韶铸集团公司铸造分厂通过了机械行业国家二级安全质量标准化认定。

【基层安全生产管理】 2009年，韶关市政府在浈江区乐园镇开展村级安全生产管理机构建设及社区安全建设试点，区乐园镇沙梨园村安全生产管理委员会、南枫碧水园创建安全社区的经验，在韶关市村级安全生产管理机构建设及社区安全建设试点工作现场会议上得到市领导和上级安监部门的充分肯定。

（詹前平）

附：区安全生产监督管理局领导班子成员名录

局　长：周卫新

副局长：黄汉平、陈志明、李文怡

审　计

【概况】 2009年，浈江区审计工作以开展学习实践科学发展观为契机，认真履行审计监督职责，在谋划审计发展思路、完成既定审计工作、队伍建设等方面做了大量工作。全年完成审计项目 7 个，占年度计划 100%。其中省定项目 3 个、市定项目 4 个。另外，区政府临时交办项目 7 个。年内，区审计部门出具审计报告 9 篇、提出有建设性审计建议 5 条，已全部被审计单位采纳。

【业务管理】　2009 年，区审计局根据国家审计署、省审计厅和区政府部署的工作任务，克服人员少，工作任务重等困难，积极制订工作方案，坚持教育与约束管理规范队伍建设，树立服务发展、服务大局、服务群众意识投入审计事业。年内，区审计局鼓励年轻干部参加省、市举办的各类业务培训班，通过培养年轻骨干，带动审计队伍整体素质的提高。此外，区审计局围绕“优化服务、提高效能、创新工作、完善制度、群众满意”五个标准，转变工作作风，努力提高办事效率、服务质量和执法水平，提高社会各界和广大群众及被审计单位对审计执法的满意度，完成的审计项目没有出现申请复议和投诉的情况。

【信息规范化建设】　2009 年，区审计局按照《审计法》等相关法规及市审计局的统一部署，为进一步推进规范化建设，根据《广东省审计厅关于进一步推进规范化建设的意见》和《韶关市审计局关于进一步推进规范化建设的实施方案》精神，结合区内审计工作实际，在对同级地方税务局 2008 年度税收征管情况审计中，改变审计方式，从原由市级委托审计到由本级审计，从原来开展用 AO 在税收审计中的应用到初步应用 AO 在税收的审计，以及对税收征管数据转换，SQL 在税收审计中的应用，在计算机审计应用中开展了第一项目，并在审计中延伸对纳税大户的审计，实现了审计过程信息化，极大提高审计效率和质量。

【审计法制建设】　2009 年，区审计局作为审计监督的职能部门，严格执行领导干部廉洁从审的各项规定并率先垂范，将开展反腐倡廉宣传教育活动引入“五五普法”工作中，局机关不仅订阅党报、党刊及纪检部门规定订阅的刊物，还为每人订阅一套“五五普法”学习资料，要求干部通过读书读报和参加市、区有关反腐倡廉的专题辅导报告等学习活动，树立正确的人生观、价值观、权力观、地位观。年内，区审计部门加强自身建设，组织干部职工参与纪检、司法、人事等部门的考试，通过做试卷、上网学习等多种形式，把自律、教育与管理相结合，增强干部职工的荣辱观和拒腐防变和抵御风险能力，审计队伍的整体素质和工作能力得到提高，机关管理工作得到进一步加强和规范。

【预算执行审计】　2009 年，区审计局围绕执行积极的财政政策、构建公共财政体系的要求，完成对本级财政 2008 年度本级财政预算执行和其他财政收支情况的审计，年度审计重点是掌握资金调拨权和管理使用大宗财政性资金的部门、预算影响较大的财政专项资金及其他财政性资金。年内，区审计工作在组织上实行全局统一调配、统一部署方案，形成审计工作合力，有效改变以往一个股室审计人员少、力量不足致使审计力度不够的现象；在审计方法上“同级审”与“上审下”机结合，财政部门审计与延伸审计下级预算部门有机结合，财政审计与专业审计有机结合，审计与审计调查有机结合，从宏观及微观两个方面揭露和分析预算执行及管理中出现的深层次问题，确保预算执行审计的有效性、完整性。年内受政府委托，区审计局完成向区人大所提交审计工作报告，顺利通过区人大常委会审议，为区人大、区政府加强预算监督管理提供了科学决策依据。

【投资审计】 2009年，区审计机关根据国家审计署的统一部署，从5月起对区扩大内需促进经济增长新增投资项目11个（其中农村饮水安全项目8项、医疗卫生项目2项、农村沼气工程项目1项）进行专项审计调查。至年底，审计组已提交3篇阶段性审计报告。审计工作仍在进行中。

【经济责任审计】 2009年，区审计局按照“积极稳妥、量力而行、提高质量、防范风险”的方针，重点围绕加强对权力的制约和监督，促进领导干部认真履行职责，以推进党风廉政建设为目标开展审计，共对8个单位领导干部进行经济责任审计，并加强与区直有关部门之间的配合协调，进一步完善领导干部经济责任审计工作机制。

【专项资金审计调查】 2009年，区审计局根据省审计厅统一部署，对区财政局、教育局2009～2010年解决中小学代课教师和中小学教师待遇“两相当”问题专项经费情况进行审计调查。年内提交3篇阶段性审计报告，并对辖区中小学校舍安全工程进行专项跟踪审计。

【审计调查】 2009年，区审计局围绕区委、区政府中心工作，对市鑫烨大曲仁自来水有限公司与区经贸局资金往来情况进行核查，并提交汇报材料1篇；对莞韶（浈江）产业转移工业园管理委员会财务核算及科目设置情况进行检查，提出建议并提交汇报材料1篇；积极协助区财政、纪检、物价等部门做好核实产业园经费、区基础教育经费、政府部门经费及金碧园有关事项进行调查，并协助财政部门对部门预算经费进行检查。

（胡爱民）

附：区审计局领导班子成员名录

局　长：黄玉静

副局长：郭志敏、杨　詠

统　计

【概况】 2009年，浈江区统计工作以科学发展观为指导，按照“抓项目、保增长”这条经济工作主线，紧紧围绕经济建设和社会发展总体目标，着力提高统计数据质量，推进统计制度和统计方法改革，加快统计信息和统计法制建设步伐，提高统计服务科学发展的能力和水平，为全区科学发展提供统计保障，各项工作取得新的成绩。

【统计方法制度改革】 2009年，为适应地域经济考核的要求，区统计局严格执行属地统计原则，凡在区境的工业、建筑业、批发零售贸易餐饮业等产业活动单位，一律按地域管理原则向区统计局报送统计调查报表，规模以上工业、资质建筑业、限额以上批发零售贸易餐饮业，不管是法人单位还是产业活动单位或个体户，均实行在地统计，纳入日常统计范畴。年内，区统计局进一步建立和完善抽样调查网络，对规模以下工业、限额以下批发零售住宿餐饮企业和个体户进行抽样调查，并对城镇居民收入和农村人均收入实行分镇、街抽样调查。

【统计法制建设】 2009年，区统计局成立以局长为组长的“五五普法”领导小组和执法领导小组。年内，普法小组加强区统计人员法制学习，把新修订的《统计法》等法律法规作为日常学习内容，免费为镇（办事处）征订《统计法及统计违法违纪行为处分规定读本》。

7月10日，区统计局组织召开统计法规

培训会议，对各镇（办）分管领导及统计员进行培训，并组织镇（办）新任统计员学习《统计违法违纪行为处分规定》；7～8月，牵头部署全区第二次全国经济普查执法检查工作，向经普对象发放自查通知和宣传资料260份，并抽取辖区10家重点企业（单位）开展执法检查；9月中旬，组织辖区企事业单位统计员开展统计从业资格教育培训和考试，并在12月底开展统计从业资格继续教育培训和考试。

【统计信息化建设】　2009年，浈江区统计信息化建设进一步完善区、镇（街道）二级统计机构网络系统，充分发挥网络在辖区工农业生产及国民经济统计工作的作用，加快统计管理数字化、网络化进程，形成区、镇、街道统计工作联动。年内，辖区统计网络实现上联国家、省、市统计网、下接镇、街（办）统计工作站，全区统计工作实现网络化。

【统计服务】　2009年，区统计局进一步完善《浈江统计月报》形式与内容，以简明扼要的形式刊发具有定量特点的进度性、比较性统计信息，及时将统计工作重要信息报送区党政领导作决策参考。年内，围绕国内经济热点和领导关心的问题撰写大量统计新闻信息，相继发表各专业年度统计分析，受到各界参观者的好评；围绕科学发展、加快发展、节能降耗、县域经济等焦点问题加强调研；完善统计公报、统计年鉴内容，增加社会、环保、安全等方面的指标，较好地满足社会各界对统计信息的要求。

【重大普查和调查】　2009年，圆满完成第二次全国经济普查工作，此次普查从2008年5月成立普查机构开始（是年1月1日正式开始普查登记）。经过全区镇和办事处等12个普查机构、93个普查区、139个普查小区、616名普查工作者的共同努力，如期完成经济普查各项工作任务。全区共普查法人单位2362家，产业活动单位1290家，与第一次全国经济普查情况相比，分别增长34.15%和59.1%；个体经营户16692户（含无证），增长44.6%，并顺利通过省市的数据质量检查验收，十里亭经普办和区经普办分别被评为全国和省级先进集体，有11人分别被评为全国、全省先进个人。

【统计队伍建设】　2009年，浈江区继续加强基层统计队伍的培养，不断提升基层统计人员的思想道德、职业道德及业务素质。年内，区统计部门在大力开展统计法制宣传的同时，组织统计人员及各镇（办）分管领导进行培训学习，并要求各镇、办配备好具有一定素质的统计员。至年底，全区10个镇和街道办均按要求成立统计站，并配至少一名专职统计员。

（曾慧兰）

附：区统计局领导班子成员名录

局　长：陈　玲

副局长：许　波、梁吉兵

2009年11月23日，韶关市经济普查检查组到浈江区检查经济普查工作情况

共粤北省委旧址　张九龄　余靖

农业

综 述

【概况】 2009年，浈江区努力提高农业综合生产能力，转变农业经营方式，促进农业增效、农民增收，重点发展无公害蔬菜、绿色蔬菜和优质蔬菜，并以“公司+农户”形式大力发展专业村；同时发展高产杂交水稻，并根据气候资源特点充分挖掘水稻品种生产潜力，做好早、中、晚造品种布局和熟期搭配；在农业生产过程中积极发展规模生产，完善农业基础设施、优化农产品结构、扩大农业基地，促进北江蔬菜流通协会生产基地、阳元中药饮片公司、天益农业发展公司、石山奶牛场、十里亭、水口花卉苗圃场等一批农业骨干企业不断壮大成长，初步形成产、工、销一条龙生产经营模式。年内，全区有蔬菜基地40000多亩，优质水稻基地69000亩，甜笋竹基地25000亩，规模养猪基地55户，水产养殖23000亩。农业生产向基地化、特色化和产业化方向发展，市场竞争力进一步提高，主要名优农产品有：淮山、粉葛，各类优质蔬菜，甜笋竹及其加工产品，优质鱼类（江倒刺鲃、倒刺鲃、禾花鲤、桂花鲤、大沙勾、江河鲫、星洲红鱼、北江鳙），优质肉鸡、肉鸭、瘦肉型生猪等。全年农村经济总收入30.63亿元，比上年同期增长8%；农业总产值5.68亿元，同比增长6.3%；粮食总产量2.64万吨，同比增长4.9%；农村人平纯收入6422元，同比增长13.5%。

浈江区蔬菜种植基地

【农业结构调整】 2009年，浈江区坚持把发展主导产业、培育特色产业作为农业发展重点，结合各地农业资源优势，不断优化调整农业结构。年内，全区有种养+销售专业大户500多户，初步形成一批“一村一品”专业村、镇；优质水稻、蔬菜、水果、优质畜禽、优质水产品等五大主导产业持续发展壮大，主导产业和特色产业逐步向专业化、区域化、规模化、优质化、集约化生产方式转变；全区优质稻种植面积不断扩大，并建成一批无公害蔬菜生产基地，蔬菜已发展成为区内继水稻后的第二大作物。至年底，全区优质稻种植面积6.9万亩，粮食总产2.64万吨，比2008年（下同）增长4.9%；蔬菜上市6.20万吨，同比增长8.2%；畜牧业产量质量同步上升，生猪出栏8.94万头，同比增长9%；家禽出栏134.69万只，同比增长16.1%；水产品上市8187吨，同比增长3.98%；农村经济总收入30.63亿元，同比期增长8%。

【农民专业合作组织】　2009年，浈江区有农民专业合作社13家，按从事行业划分为：种植业6家、畜牧业4家、渔业2家、服务业1家，按经营服务内容划分为：产供销一体化服务5家、生产服务为主6家、其他2家。年内，全区农民专业合作社注册资金4150万元，固定资产3800万元，带动农户近8000户。其中韶关市群达有限公司，形成产、供、销和加工为一体，并与农户建立利益连接的企业运行机制，为农户提供产前、产中、产后服务，带动周边农户近2000多户；韶关市三雄农业公司注册资金1500万元，固定资产1300万元，带动农户近1000余户。

【农业龙头企业】　2009年，全区共有农业龙头企业3家，分别是韶关市天益农业有限公司、韶关市群达有限公司和金大地牧业发展有限公司。年内，区农业部门积极扶持农业龙头企业发展，在抓好3家农业龙头企业的同时，培育三雄公司、明弘生态农业公司、七里香粮油实业公司、乳香园公司、詹氏养蜂场、启丰农业发展公司、冯氏生态有限公司等农业企业，并进行重点跟踪扶持，协助其处理好企业与周边农村的关系，化解各类矛盾，为龙头企业及其他农业企业创造良好环境，保证企业正常发展；帮助农业企业解决生产中的实际问题，促进企业带动农户共同发展；协助农业企业解决干部、职工子女就学等生活上的实际问题，解决农业企业经营者后顾之忧，促进企业快速健康成长，力争发展更多更好的农业龙头企业。

浈江区奶牛养殖场

【强农惠农政策】　2009年，浈江区委、区政府贯彻落实中央、省、市的强农惠农政策，切实加大对“三农”的扶持力度，确保中央及省、市强农惠农政策落实到基层，落到农民手中。2010年，全区种粮面积87316亩，落实发放中央财政农作物良种补贴，农资综合补贴，种嫁直接补贴等三项水稻种植补贴总共607.33万元，补贴发放采取直接将补贴转到农村信用社农户账户中的方式，即直接将补贴发放到种粮农户手中。年内的种粮直补资金已全部落实到农户手中，没有出现挪用或克扣现象。全年有1万头母猪参加政策性保险，发放保险补贴资金48万元；落实中央、省、市、区补贴每头100元，全区共落实资金150万元，补贴存栏母猪15000头；落实农机具补贴资金99.62余万元，补贴购置大小农机具326多台（套），其中，大中型农机10台、插秧机2台、收割机12台、小型拖拉机63台、耕整机193台，起垄机1台、增氧机7台、离心泵3台、电动喷雾器12台，受惠农户近百户；全区有15872户农户房屋参加保险，共投保13.16万元，其中，省补贴6.3万元，市补贴2.06万元，区财政补贴1.6万元，农民自筹3.2万元。农房保险有效保障农民利益，解决农民后顾之忧，确保农村稳定发展。

【农业标准化建设】 2009年，浈江区各级农业部门围绕发展无公害农产品、绿色食品、有机农产品和优势农产品、出口农产品等，积极推进农业标准化建设，强化标志认证管理，以点带面，促进农业标准的应用；发挥农业龙头企业在农业标准化中的带动作用，推动种植、养殖和加工过程中的标准化；充分发挥农民专业合作组织统筹协调作用，对农产品生产实行“统一品种、统一生产、统一品牌、统一包装”等统一经营管理，并大力推进农产品名牌战略，把推行农业标准化作为一项基础工作与开发、培育、创建品牌结合起来，有针对性地抓好一批带动力强的重点农业企业和优势农产品。年内，全区有15家企业或单位申报农产品质量安全标志认证。

【推广农村新能源利用】 2009年，区政府为提高农村资源利用率，发展循环经济，促进社会主义新农村建设，积极筹集资金，按照每户补助方式，采取以点带面方法，发动规模养殖场建沼气池，并向农户推广太阳能应用。至年底，全区建有大中型沼气7座，推广太阳能热水器应用300户。

【农资打假】 2009年9月1日至10月31日，区农业主管部门根据省农业厅《转发农业部办公厅关于开展农资打假秋季行动确保国庆期间农资市场秩序稳定的通知》要求，派出执法工作组对区内农资市场进行专项督查和监管，并针对农资市场存在的突出问题，精心部署、积极联合有关部门形成整体合力，迅速、有重点地开展农资打假检查。此次农资打假行动，印发1000余份宣传资料，共出动检查人次172次，检查各类农资企业65家，整顿各类农资市场10个。从检查结果看，辖区内的种子、肥料、农药、兽药经营较为规范，但饲料加工比较混乱。通过执法监督检查，辖区农资市场秩序有明显好转。

【农田基本建设】 2009年，区农业主管部门按照“田成方、渠相通、路相连、旱能灌、涝能排、渍能降、机能进、物能运、土肥沃、高产出”建设标准，认真抓好辖区农田基本建设。全年完成基本农田建设6个，整治农田面积4万余亩，建设小陂头2座，各农田基建项目均为优质。

（潘明斌、章伟胜）

农业机械化收割水稻

附：区农业局领导班子成员名录
局　长：周伟灵
副局长：章伟胜、潘明斌

种植业

【概况】　2009年，浈江区种植业以水稻、蔬菜及其他经济作物为主。年内，区境出现严重旱情，区委、区政府及各基层单位积极开展抗旱救灾，种植业生产仍取得较好收成。全区农作物种植面积12.92万亩，比上年增长8.6%；粮食作物播种面积6.95万亩，亩产374公斤，总产量2.64余万吨，总产量比上年增长4.9%，其中稻谷2.28万吨比上年增长3.5%；蔬菜播种面积3.26万亩，总产量6.2万吨，比上年增加8.2%；经济作物播种面积1.57万亩，比上年增长5.3%。

【粮食生产】　浈江区粮食作物包括水稻、薯类及其他粮食作物。2009年，区农业部门采取切实可行措施，优化粮食生产布局，在石灰岩山区大力发展高产杂交水稻生产，并根据气候资源特点充分挖掘水稻品种生产潜力，做好早、中、晚造品种布局和熟期搭配；全年种植优质稻面积6.9万亩，优质化率达99%，并通过对新品种引进、试验、示范和推广，有效提高粮食产量及产品优质率。年内，区农业主管部门大力推广高产优质高效栽培技术，为减少粮食生产成本，提高生产效率起到一定作用。其中推广水稻抛秧6.95万亩，秸秆还田面积6万亩次，测土配方施肥3万亩次，推广粮食作物综合防治面积达2万亩次。全区全年粮食播种面积6.94万亩，总产量2.64万吨，分别比上年增加6.95%和4.9%。

【蔬菜生产】　2009年，浈江区大力发展无公害蔬菜、绿色蔬菜和优势蔬菜，并以“公司+农户”形式大力发展专业村。全区蔬菜种植面积3.26万亩，产量6.2万吨；蔬菜上市6.20万吨，同比增长8.2%，其中绿色蔬菜3.25万吨、根菜类蔬菜0.15万吨、番茄1.6万吨、有机蔬菜0.1万吨、其他蔬菜1.1万吨，分别比上年增长4.3%、0.2%、2.1%、0.1%和1.5%。

【经济作物生产】　2009年，浈江区种植番薯6715亩，年产鲜薯1523吨，比上年分别增长2.5%和3.1%；种植玉米4828亩，年产量1750吨，比上年分别增长2.3%和2.6%；种植马铃薯1.5万亩，年产1.6万吨，比上年分别增长2.8%和3.4%；种植大豆约2184亩，年产量387吨，比上年分别增长34%和20%；种植甜笋竹5500亩，年产量5600吨，比上年分别增长0.1%和0.2%；种植花生1.96万亩，总产量4916吨，比上年分别增长9.4%和10.1%；水果产量7046吨，比上年增长75.9%。

（潘明斌、章伟胜）

畜牧业

【兽医体制改革】　2009年6月，浈江区制定《兽医管理体制改革实施方案》，撤销“浈江区农业技术推广中心”，组建浈江区畜牧兽医水产局，行政上隶属区农业局管理。7月初，浈江区畜牧兽医水产局进行事业单位登记，定编工作人员9人，并正式挂牌运作，主要实施畜牧、兽医、水产等各项管理工作。同月，撤销浈江区兽医防疫检疫站和浈江区兽医卫生监督所，组建浈江区动物卫生监督所（挂浈江区动物疫病预防控制中心牌子），为正股级事业单位，核定事业编制10名，人员经费由区财政核拨。年内，各乡镇对畜牧管理工作进行改革，设立镇级兽医站，隶属于镇人民政府，业务上接受区畜牧兽医水产局指导。全区镇级畜牧兽医站核定人员编制7名，其中犁市镇畜牧兽医站2名，花坪镇畜牧兽医站2名，新韶镇畜牧兽医站1名，十里亭镇畜牧兽医站1名，乐园镇畜牧兽医站1名；人员在镇畜牧兽医站现有人员中调整，经费由区财政核拨。至年底，全区有21个村民委员会设畜牧兽医防疫员（各设1人），人员经费由区财政补贴，具体核定标准为每人每年补贴1200元。

【畜禽饲养】　2009年，浈江区境肉类价格有所提高，农民养殖积极性大增，专业户养殖业逐渐增多。区政府及各相关部门引导农民把加快发展三元杂交瘦肉型猪、优质肉牛作为畜禽饲养重点，组织专人负责生猪品改工作，引进长白、约克、杜洛克等纯种公母猪，建立三元杂交瘦肉型猪种基地，加大发展三元杂交瘦肉型猪宣传力度，派专人进行技术指导，并大力发展专业大户，扩大生产规模，提高经营水平，全年出栏生猪1万头以上养猪大户有6户，年出栏生猪1000～10000头养殖大户20户，年出栏生猪500～1000头养殖户达29户。至年底，全区养殖生猪10.56万头，出栏8.94万头，同比增长9%；家禽养殖152.52万只，出栏134.69万只，同比增长16.1%；肉牛出栏2400余头，山羊出栏1030头。

浈江区养殖专业户养殖场

【技术推广】　2009年，浈江区制定相关政策，扶持良种猪场，逐步淘汰土种母猪，改养二元良种母猪。全区有二元杂母猪3542头，占母猪总数98.66%；饲养三元杂交猪41650头，占区内生猪总量99.1%。年内，区内农户逐渐形成“种蛋—孵化—种苗—肉鸭”等优良鸭养殖生产链，多数养殖户选择樱桃谷和狄高鸭等优良鸭种。特别是樱桃谷鸭，因周期短、易管理，饲养45天体重可达2.5公斤，是养殖大户首选的肉用型优良鸭种。

【良种繁育】　2009年，区畜牧管理部门努力完善优质三元杂猪繁育体系建设，建立以规模种猪场为核心，辐射周边种猪生产繁育体系。全年扶持养殖户引进优质种母猪4000头，种公猪300头，种羊100只，种禽3万羽。至年底，全区存栏母猪5837头，年存栏母猪50头以上养殖场58户，其中韶关市天益农业有限公司存栏良种母猪1000头，浈江区番雄畜牧科技有限公司存栏良种母猪700多头。

（曾为民）

水产业

【种苗场建设】　2009年，浈江区十里亭镇靖村建有55亩山塘水面鱼种试验场，其中产卵池20口、400平方米，培育池30口、1800平方米，蓄水池1800平方米，排、注水沟800米，环道池4个，饲料加工房、仓库、工具房、值班室350平方米。

【鱼苗繁育】　2009年3月，区畜牧兽医水产局引进160万银鱼受精卵移到西牛潭水库放养，并在沙犁园扩大试验面积20亩，继续做好南美白对虾试养新一轮研究试验。年内，全区有80多户专业养殖大户自己建鱼苗标粗培育基地，年均培育标粗鱼苗1800万尾，并建有蛙苗繁育基地。

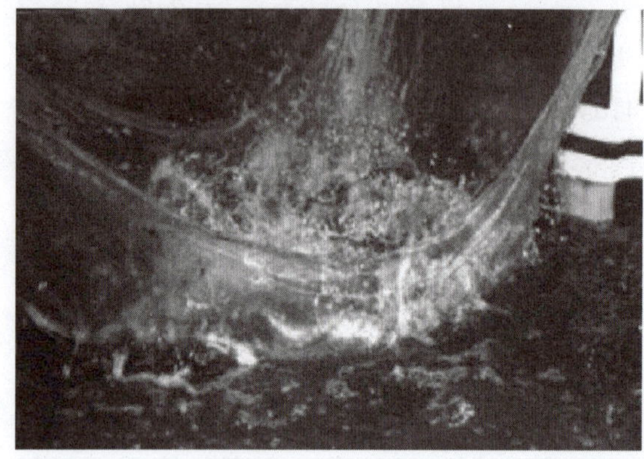

水产养殖专业户用网打鱼

【成鱼养殖】　2009年，浈江区继续发挥城郊优势，大力开展“菜篮子工程”建设，开发山塘水库养殖，进行池塘改造，增加蓄水山塘，扩大养鱼面积，培育龙头养殖户，引进优质鱼种，进行科学养鱼，实施水稻田改挖鱼塘及水稻和养鱼综合利用等办法，水产产量和质量均同步提高。至年底，全区水产养殖面积2.3万亩，水产起水量0.82万吨，分别比上年增长2.87%和3.98%。

【鱼病防治】　2009年，区水产管理部门继续对区内草鱼实行注射免疫苗，并动员部分养殖户混养有“鱼塘清道夫”之称的异育银鲫改善水质，要求养殖户在塘鱼患病初期泼洒漂白粉、敌百虫（美曲膦酯）、石灰、鱼必康、强氯精等进行药物治疗。专业技术人员经常深入塘头池边及大型水库中观察了解鱼种放养情况，发现鱼病及时开方治疗。年内，全区鱼病防治面积2.3万亩，防治效果86.8%。　（曾为民）

附：区畜牧兽医水产局领导班子成员名录

局　长：罗修鹏

副局长：崔沛文、刘志详

农业机械化

【概况】　2009年，浈江区农业机械耕作有较大发展，拖拉机、联合收割机、农用低速运输车拥有量持续增长，10马力以上手扶拖拉机拥有量比上年大幅度增长。机械化收割、耕作创历史最高水平，全年机械收割耕作面积6800亩，比上年同期增长36%；机械耕作面积67000亩，比去年同期增长9.8%。年内，全区购进农业机械326台（套），比去年同期增长1.6倍，其中大中型拖拉机10台（套）、小型拖拉机63台（套）、耕整机193台（套）、喷雾机12台、大中型联合收割机2台、小型收割机10台、插秧机2台（实现零的突破）、其他机械34台。

【农机运用与推广】　2009年，全区农业机械主要运用于种植业、林业、渔业等产业，以种植业居多。推广农业机械化，为提高农业生产水平和农产品质量，改造传统农业，全面建设社会主义新农村提供重要设施基础。年内重点推广插秧机、收割机，其中大中型联合收割机2台、小型联合收割机10台、插秧机2台，全区机械化收割、耕作创历史最高水平。全年机械收割耕作面积6800亩，比

大型收割机进行水稻收割

去年同期增长36%；机械耕作面积67000亩，比去年同期增长9.8%。区境主要农作物生产逐步由农业机械完成，有效减轻农民劳动强度，加快农村劳动力转移，促进农业增效、农民增收，为推动新农村建设起到一定作用。

【农机经营与效益】　2009年，辖区农机服务组织健康发展，农业机械服务性总收入大幅度增长；年内进行工商登记注册的农机专业服务企业有2户，农机大户20多户，农机服务与经营在农业生产中发挥积极作用。全年机械插秧面积120亩，农机跨区作业耕作面积2000亩，犁田经营每亩50元，营业收入10.6万元；水稻机械收割面积1700亩，每亩80元，营业收入1.36万元。全区农业机械运输、加工等服务性收入7000多万元，农机经营为农业生产创造较大经济效益。

【农机管理与服务】　2009年，区农机管理部门热心维护农民切身利益，经常与农机大户、农机专业服务组织进行联系，无偿向农机户提供业务信息，为提高机械使用率、增加农机户经济收入创造有利条件。年内，重点抓好农机安全工作，实现农机作业安全，积极开展“隐患治理年活动”，成立“隐患治理年活动”工作领导小组，对农机隐患进行重点排查；制作安全生产标语横幅5条，发放有关安全生产资料1000多份；发放致全区每个农机驾驶员一封信，明确年检、换证时间，对车主培训考证农业机械驾驶员签订责任书，有效提高农机员法律安全生产意识。此外，区农机管理部门认真做好农机购置补贴政策宣传，多次召开办公会议，传达有关政策文件精神、明确分工、细化工作、强调农机购置补贴、政策和纪律；及时向各镇及乡村转发传达省、市有关农机购置补贴文件精神，公示农机购置补贴目录，利用黑板报宣传补贴机具相关政策，并将1000多份宣传资料发放到各镇、村和农户手中。

【农机补贴】　2009年，浈江区农业部门认真贯彻落实强农惠农政策，切实做好农机购置补贴工作，按照《韶关市农机购置补贴工作目标考核责任制》、《广东省省级农业机械购置补贴专项资金使用管理办法》要求，采取有效措施，制定具体补贴工作实施计划，加强补贴政策宣传，建立健全领导和监管网络，层层落实监督管理责任制。为督促农机部门做好该项工作，区指定一名农业局副局长专门负责落实农机补贴。至年底，全区农民享受购机补贴资金达99.62多万元，其中中央财政补贴资金76.78万多元、省财政补贴资金22.84万多元，超过省补贴指标2.84万元，完成购机补贴资金率99.62%，拉动农户投入购机资金300万多元，受惠农户326户，大中型收割机、新型插秧机等先进适用型农业机械在区内有新的发展。

（张　景）

附：区农机管理总站领导班子成员名录

站　长：郭裕强

副站长：林国英

农产品质量安全监督

【概况】　2009年，浈江区以保障农产品安全，维护公众健康，促进农业发展为目标，积极贯彻落实《农产品质量安全法》，强化农产品质量安全监督管理工作，加强农产品安全监管基础能力建设，加大农产品和农业投入的监管力度，尤其是加大对城乡结合部、乡镇、农村等地区的小农资店整治力度，违禁使用农药、兽药和饲料添加剂等问题得到有效解决，蔬菜、畜牧产品、农药、兽药的残留超标率均有下降，农产品质量得到较大幅度提高。

【农产品专项整治】 2009年，区农业局继续深入开展农资打假行动，联合有关部门门行政执法人员集中力量每月对全区农资市场进行一次检查，并严厉查处坑农害农违法行为，坚决打击制售假冒伪劣农资不法分子。年内，全区共出动执法人员25人次，检查农资经营门店30多家，虽未发现有违法经营行为，但也有不规范的经营情况。经过检查整治，区内农资市场经营秩序有明显好转，农资经营行为不断规范，农资产品合格率明显提高，经销商诚信服务意识、农民法制意识明显增强，农资监管长效机制不断完善，为全区农业生产稳定发展提供有力保障。

【农产品质量宣传培训】 2009年，浈江区采取多种形式，利用新闻媒体和网络，开展《农产品质量安全法》及相关知识宣传、普及，主要倡导安全生产、科学消费理念，形成全社会关心、支持农产品质量安全管理的良好社会氛围；加强对农产品生产者宣传和技术指导，采取举办培训班和技术指导等形式，宣传农药安全使用技术、农产品安全生产技术，指导农资经销商科学合理地推荐农药、农产品生产者按照标准化进行安全生产，合理地使用化肥、农药，推广使用低毒低残留农药和生物农药，控制硝态氮肥的使用，严格按农药安全间隔期进行采收，确保农产品质量安全；对农资经营者进行培训，重点培训农药合理使用准则、安全使用方法，农业投入品的选择与应用等知识，并介绍国家禁止销售和使用甲胺磷等五种高毒农药的有关规定；利用科普集市、科技下乡、“放心农资下乡”等宣传活动，开展农产品质量安全知识宣传，全年共发放2000多份有关新品种推荐、新技术应用及病虫害防治等农科资料。

（潘明斌、章伟胜）

农业科技

【概况】 2009年，浈江区通过加强农业科技创新和技术培训，不断提高农业科技成果转化率；引进、推广优质、特色、高产、高效和适销对路的新品种，促进农业主要产品更新换代，提高良种覆盖率；以科技进步实现农业发展、农民增收，促进社会主义新农村建设。年内，区农业科技主要以推广优良水稻、优良畜牧水产养殖和蔬菜种植技术，其中畜牧业加大发展三元杂交瘦肉型猪，全年养殖三元杂交瘦肉型猪17.9万头；蔬菜生产主要推广大棚种植并引进优质蔬菜，全年引进推广优质蔬菜品种83个，蔬菜防治新药品6个，推广种植蔬菜大、小棚400多个，搭棚覆膜种植面积5000多亩。

【良种良法推广引进】 浈江区从2000年开始大力引进、推广优质、特色、高产、高效和适销对路的农业新品种，做强做大油粘米、番茄、香瓜、香芋、拿比特西瓜、淮山、粉葛等特色产品，并逐年引进推广新良种、新技术。2009年，全区发展良种蔬菜种植6000亩，其中番茄种植1500亩、莲花香芋500亩、无公害蔬菜基地建设3500亩、有机蔬菜种植基地500亩。此外积极引进推广名、优、特水产品，做大做好南美白对虾引进试养，并在是年3月27日引进160万银鱼受精卵移到西牛潭水库放养。

【农业技术培训】 2009年，区、镇（办）两级农技推广部门开展送农业科技下乡活动23场次，请省、市、区农业专家和农业技术人员授课举办各类农业技术培训班20期，培训内容有粮食作物栽培、蔬菜无公害栽培、农药安全使用、农作物病虫害防治、水稻一次性施肥、测土配方施肥等农业技术。全区农村干部、农民、种植大户管理人员1080多人参与培训，2000多人参与咨询。此外，农技推广中心还在年内发放有关新品种推荐、新技术应用及病虫害防治等农科资料2000多份。

（潘明斌、章伟胜）

农业现代化建设

【概况】 2009年，浈江区认真贯彻落实中央文件精神，充分利用自然资源和有机物质，不断加强农村水利建设，采用现代科学技术，培植农业经济组织和创新农业经营体制，提高农业劳动生产率，扎实推进农业现代化建设，加速实现农业商品化、专业化和社会化。年内，农机化进程快速发展，全年购进农业机械326台（套），比去年同期增长1.6倍；大力推进农产品名牌战略，把推行农业标准化与开发、培育、创建品牌农产品结合起来，有针对性地抓好一批带动力强的重点农业企业和优势农产品，并积极进行农业产业园规划建设。

【农业产业园建设规划】 2009年，浈江区积极发展、规划生态农业科技示范园，促进农业产业结构战略性调整，推进农业产业化进程。按照市生态农业规划，安排区土地流转指标5000亩，规划在新韶镇陈江村建设一个农业产业示范园。产业园主要发展优质蔬菜种植，以带动全区蔬菜生产大发展；农业产业示范园，首期规划聘请韶关大学生物系教授实施，拟在新韶镇陈江村建设2000亩，示范园整体分成四大功能区，即设施农业示范区、本地优质品种栽种示范区、优质蔬菜栽种示范区等三个栽种示范区，并利用河边美丽风光景致建设一个农业休闲观光旅游区。年内，该示范区已建设大棚近10亩，示范种植拿比特西瓜和樱桃番茄等，并加速推进现代农业示范园区建设，以促进土地流转，加紧招商引资及招商宣传（年底已和美籍华人朱先生签订合作协议）。

【农业规模生产建设】 2009年，浈江区在抓好现代农业产业园规划基础上，扩大樱花基地规模建设，完善近800亩樱花种植，并在4月中旬协调樱花基地租赁东山村山坡地450亩，整体樱花基地面积达1200亩；引进高帆育种有限公司总投资800万元港元，主要发展畜牧养殖，建设标准生猪养殖栏舍及附属设施近2万平方米，并在年内养殖种猪；引入旭然农业有限公司投资110万元，在十里亭湾头种菜面积200亩；引入益康民商贸有限公司投资105万元，专营农产品及饲料流通；引入明弘生态农业有限公司投资100万元，在犁市镇发展种植、养殖为主的生态农业。全年合计引资进行农业规模生产建设1315万元。

（潘明斌、章伟胜）

农业产业化经营

【概况】 2009年，浈江区大力发展农业产业化经营，按照“扶优、扶强、扶大”原则，在巩固天益农业发展公司、金大地畜牧公司和群达有限公司等3家市级农业龙头企业基础上，加大对乳香园乳业有限公司、番灵公司、德邦畜牧发展公司、高帆育种公司、启丰农业发展公司、绿丰农业科技公司、冯氏生态庄园、三雄农业科技公司等农业龙头企业扶持力度，继续培育、发展农业龙头企业、抓区域龙头园区辐射带动，促进农民承包土地流转，鼓励农民以转包、出租、互换、转让、合股等方式，将承包土地向种植大户、农业企业集中，并大力倡导发展规模经营、产业化经营，培育发展主导产业、优势项目，促进现代农业、规模农业、特色农业快速发展。

【规模农业生产效率】　2009 年，全区蔬菜上市 6.20 万吨，产业化经营占 60%；生猪出栏 8.94 万头，产业化经营占 72.3%；家禽出栏 134.69 万只，产业化经营占 80.5%；水产品上市 8187 吨，产业化经营占 85.3%。至年底，区内年出栏生猪 1 万头以上养猪大户有 6 户，年出栏生猪 1000～10000 头养殖大户有 20 户，年出栏生猪 500～1000 头养殖户有 29 户。此外，区相关部门在年内积极抓好农村富余劳动力转移，为农业增效、农民增收创造条件。全区农村劳动力 3.95 万人，外出劳工 2.1 万余人，占总劳动力 52.6%，全年劳务输出总收入预计 8500 万元。

（潘明斌、章伟胜）

龙头企业

【韶关市天益农业有限公司】　该公司为一家民营企业，公司占地面积 1430 亩，其中沙田柚基地 750 亩、中高档优质鱼生产与繁育基地 430 亩、优质瘦肉型种猪和商品猪生产基地 250 亩。公司创办以来，坚持走水产业、畜牧业和种植业相结合的“渔＋猪＋果”立体生态农业道路，并按“公司＋基地＋农户”发展模式和创“天益”品牌的市场销售策略进行建设。经过几年努力，公司经营规模不断扩大，拓新能力不断增强。

2009 年，该公司继续聘请省市科研机构和教育单位的专家做技术顾问，并与韶关市英东生物工程学院、广州市水产研究所等单位进行科研合作，先后建立六大生产经营体系，即种猪选育、营养、防疫、现代管理、生态环境保护和市场营销，生产水平有较大提高，每头母猪年供优质猪苗 18 头以上，大大增强公司发展生产的综合能力。全年固定资产投入 138 多万元，继续完善 800 立方米沼气池建设，形成猪—沼—鱼—果生态养殖模式，为韶关畜牧业发展起到良好示范作用。此外，公司把拓宽产品的销售渠道作为企业发展关键来抓，立足本地市场，主动与韶关城区四个定点屠宰厂合作，建立天益公司产品品牌地位；开拓珠三角市场，先后与深圳、东莞、广州、肇庆等地建立 24 个产品销售点，为公司农产品销售提供有效保证。

是年，公司按照“发展、引导、带动”方针，充分利用自身技术、资金和市场优势，把农户饲养管理和技术培训纳入公司正常工作范围，指定专人负责跟踪和管理。作为韶关市养猪协会会长单位，“天益”公司先后为养猪户组织技术培训 10 场，发放技术资料 3200 多份，有效增强农户养殖专业技术的认识；公司为种养户提供优质猪苗、饲养配方和疫苗等，并承诺愿意帮助解决产品销售问题，通过推广良种良育，提高山区农产品质量和市场竞争力。全年有 2170 个农户与该公司合作养猪 2.53 万头、养鸡 10.1 万只、养鱼 1985 亩、种植优质水果 2070 亩，合作者获得每头猪增收 116 元，每亩鱼塘增收 910 元的显著经济效益，较大地提高养殖户发展畜牧业的信心，并在区域带动农户过程中打下良好示范基础。年内，公司有职工 132 人，其中技术人员 35 人，中级以上职称 7 人，饲养种猪 2200 头，年产优质种猪和三元杂交商品猪苗及肉猪 4.1 万头。全年实现销售收入 2753 元，同比增长 1.04%，利润 293 万元，同比增长 1.03%。公司的质量品牌更上一个新台阶，并在年内获得国家生猪和塘鱼无公害产品认证各 1 个，成为“国家生猪无公害基地及生猪产业基地”，同时荣获“广东省 100 家重点生猪养殖企业”称号。

【韶关市群达有限公司】　该公司占地面积13000平方米，建筑面积8000多平方米。公司拥有现代化种猪产房屋40栏，先进猪舍246间，场内饲养母猪550头（套），主要品种有丹系长白、美系长白、加系大约克、美系杜洛克等优良品种配套饲料加工设备，能自行制作各种乳猪、母猪、公猪等全价饲料，年产优良种猪1万多头。该场以资本、技术、市场等生产要素为纽带，通过合同契约等形式与农户建立利益连接机制，为农户提供产前、产中、产后服务，有效地推动生猪生产，增加农民收入，形成"自养、自宰、自销"一条龙经营体制，为全区农业发展起到显著的辐射和龙头带动作用。

2009年，群达公司在罕见的冰雪灾害和金融风暴面前奋力拼搏，积极开展市场调研，以市场为导向深入开展节流增效挖掘潜力，始终坚持"公司+基地+农户"产业发展思路，调动一切积极因素，在大灾面前不低头、困难面前不退缩，保质保量完成公司确定的工作目标，为繁荣市场供给做出积极贡献。年初，公司屠宰厂被市创卫办定为创卫窗口单位，为市创卫国检必检单位之一，同时为省级生猪定点屠宰厂升级改造单位。公司对此多次召开专题会议，研究工作计划，重点做好场内卫生，强化市场检疫和屠宰检疫，要求市场屠宰检疫面达到100%，确保上市畜禽产品安全，让人民群众吃上放心肉。年内，公司调整产业结构，理清发展思路，努力开发市场，提高产品质量，加强市场营销管理，开发群达品牌鲜猪肉上市经营，并继续坚持"公司+基地+农户"经营模式，带动农户增产创收，走共同富裕道路为公司发展的唯一出路。全年生产三元杂交良种猪苗3.8万头，育肥上市商品肉猪2万多头，销售良种猪苗1.5万多头，存栏种猪0.15万头，饲养业单项销售收入3000多万元；全年孵化鸭苗170万只，上市肉鸭53万只，蛋品上市6万公斤，塘鱼上市6.5万公斤，生猪屠宰记功4万多头。年底累计销售收入4500万元，实现利税150多万元，带动农户2360户，每户增收4000多元。

【金大地牧业发展有限公司】　该公司为韶关市养猪龙头企业，地址位于浈江区花坪镇。2009年，公司根据市场情况及时调整生产计划，加大后备母猪选留，增加饲养规模，以缓解市场供需矛盾，适时出栏商品猪。年内，公司积极挖掘市场潜力，打造优质生猪品牌，加强科学管理，规范基地建设。在防疫灭病方面，于是年3月和9月采取生猪血样送往广州兽医诊断中心进行血清抗体检测，并根据近两年生猪高致病性蓝耳病等病的流行情况，随时掌握猪群健康动态，及时调整卫生防疫消毒程序，制定合理的猪群防疫保健程序，尤其对蓝耳病、猪瘟、口蹄疫等重大疾病加强免疫，免疫密度达100%。在生猪存栏出栏、应对猪肉市场变化等方面进行科学分析和规划，全年增加优质母猪200头，共有优质母猪达1000多头，存栏生猪6950头，并在节假日期间及时向市场多投放商品猪300头，对稳定区域市场猪肉价起到较大作用。此外，公司在年内投资130万元建设混合式沼气池600立方米，贮气柜150立方米，日处理污水80吨，日产沼气250立方米，另建鲜猪粪酵车间面积60平方米；同时修建年生产有机肥（湿重）配套建设沼液综合利用设施，工程建成后每年可减少污水排放4万吨左右，生产沼气9万立方米，生产有机肥1500吨。至年底，公司全年累计出栏生猪2万多头，在保证区域市场供应外，产品还远销清远、广州等地。

（潘明斌、章伟胜）

产业化经营企业选介

【韶关市三雄农业科技发展有限公司】 该公司成立于2003年，为广东省政府和韶关市政府倡导兴建的韶关农业现代化示范区项目，并全面负责示范区的设计、建设及土地和设施运营。该示范区于2008年顺利通过广东省农业部门验收。

2009年，公司旗下有三雄种苗有限公司和嘉兴美之奥农业科技有限公司，总注册资金400万元，职员50人，其中大专以上学历人员25人，公司直营生产基地面积3100亩，其中研究示范农场1000亩，拥有现代化联栋育苗温室1座、现代化联栋无土栽培温室1座、单体塑料大棚设施面积150亩、农产品低温储藏库200立方米、散装加工车间及仓库100平方米，并设有专用农产品农业实验室。主要业务有青菜瓜果品种及栽培的全套技术示范、优质蔬菜瓜果种子的生产和经营及农业生产技术指导和培训、优质无公害农产品生产与经营、现代农业观光园等。年内，公司成功推荐拿比特优质小西瓜等多个新品种，帮助农民建立多个生产合作社、成功创建"三雄"牌无公害苏果品种，并本着"务本、进取、奉献"精神，为国家倡导的种子种苗工程做出较好成绩。

【韶关市明弘生态农业有限公司】 该公司成立于2005年3月，前身为"韶关市明云矿业有限公司"，地址在韶关市浈江区犁市镇黄沙村委大王冲村塘肚山。2005年年底，韶关市明云矿业有限公司因国家的政策性关闭煤矿而转型，变更为"韶关市明弘生态农业有限公司"。公司在政府的指导和帮助下，由原来生产销售煤炭业务转型为集生态农业、种养殖业、旅游观光为一体的综合性生态农业发展有限公司。

2009年，该公司有总资本1700万元，在职员工40人，其中大专以上学历人员15人、中高级专业技术人员6人。公司共开发山地种植面积5500亩，其中种植优质松木3500亩，种植沙田柚、九仙桃、油桃、奈李、杨梅等优质水果2000多亩；修建塘肚山水库，开发水产养殖650亩；搭建家禽养殖房舍800多平方米，饲养家禽12万多只，并带动周边农户共同发展1500多户。

【韶关市七里香粮油实业有限公司】 该公司位于韶关市南郊7公里收费站东侧，主要从事粮食加工，并对加工产品和副产品进行批发、零售及稻谷贸易。该公司为目前韶关市属最大的粮食加工企业，占地总面积5600平方米，有仓库5座，能储粮食4500吨。经营门面12个，生产加工设备先进，拥有两条生产线（日产180吨）。2008年5月被评为韶关市粮食应急加工定点单位。

2009年，该公司引进先进企业制度，夯实企业管理基础，构筑优良企业文化，以"诚信、高效、务实、奉献"精神回报大众，以"诚信为本"铸就品牌，"优质服务"赢得市场的经营理念，做大做强农产品加工企业，为发展和繁荣韶关地方经济作出贡献。年内，国际粮食供应紧张，国内粮价不断升温，该公司积极开发市场，扩大供应面积，产品在满足本地情况下还销往珠三角等人口密集地区，为稳定粮食市场价格和打击哄抬物价行为起到一定作用。

【广东省韶关市詹氏养蜂场】 该场（以公司形式经营的场）是一家集养蜂、生产、加工、销售为一体的大型专业公司。詹氏养蜂有30多年历史，公司创建于2000年，经10年沧桑历练，创建一套行之有效的经营模式。2009年，公司拥有上万群意大利蜜蜂、60多个系列产品、100多家连锁直营店、300多家药店和特产店铺货销售网络。有养蜂技师50多名、员工100多人，年产蜂蜜2000多吨、蜂王浆80多吨、蜂花粉200多吨，年差值销售达3000多万元。

【韶关市启丰农业发展有限公司】　该公司为港商来韶投资的大型养殖企业，注册资金1000万港元，拥有优质瘦肉型种猪和三元杂交商品猪生产线5套。2009年，该公司有优质瘦肉型种猪1500多头，年产优质瘦肉型猪苗及三元杂交商品猪2.8万头。年内，该公司不断扩大生产，增加资金投入，提升科技含量，为进一步纯化种猪，创造出优质、健康、安全、标准、环保的绿色肉类食品打下良好基础。

（潘明斌、章伟胜）

动物疫病防治

【概况】　2009年，浈江区委、区政府用产业化思路谋划畜牧业，夯实防疫基础，实施规模养殖基础建设，积极推进规模化、标准化模式养殖，促进区内畜牧水产业持续稳健发展。年内，区境禽畜疾病防治主要有猪瘟、猪肺疫、猪丹毒、仔猪白痢、猪喘气、牛瘟、牛出败、鸡瘟、鸡白痢、传染性气管炎、鸡霍乱、鸭瘟、鸭霍乱等；寄生虫防治主要有蛔虫、疥螨、牛飞、猪涤虫、猪姜片吸虫等。根据省农业厅统一部署，加强猪流感防控，并对防控人感染猪流感进行布置和安排。

【动物防疫】　2009年初，浈江区政府认真贯彻落实中央、省、市关于切实加强高致病性禽流感等重大动物疫病防控工作要求，区重大动物疫病防控指挥部及时下发《关于做好2009年春季动物防疫工作通知》等文件，并对口蹄疫、禽流感、猪瘟、猪烂耳病等重大动物疫病强制免疫和鸡新城疫等重大动物疫病防控工作进行全面部署和安排。区农业局重点抓好春、秋季节重大防疫，及时组织防治员配合各镇政府，认真开展高致病性禽流感等重大动物疫病强制免疫工作。全年累计免疫注射生猪口蹄疫17.76万头，免疫率96%，牛口蹄疫0.41万头，羊口蹄疫0.22万

浈江区养殖专业户养鸡场

头，猪瘟 18.5 万头，免疫率皆为 100%；猪蓝耳病 13.88 万头，免疫率 75%；禽流感 203 万只，免疫率皆达 100%；鸡瘟 108 万只，免疫率 98%。

【动物疫情监测检验】　2009 年，浈江区重点加强规模养殖场监测力度，全面及时掌握疫情动态，全年完成口蹄疫免疫抗体监测 207 头份（其中牛 72 头、猪 135 头），鸡新城疫免疫抗体监测 300 羽，禽流感免疫抗体监测 300 羽，猪瘟病源学监测 180 头份，奶牛布鲁氏杆菌监测 53 份、结核监测 53 头；不断强化市场检疫和屠宰检疫，市场屠宰检疫面要求达到 100%，确保上市畜禽产品安全，让人民群众吃上放心肉；同时加强犁市、花坪两个屠宰场管理，坚持 24 小时值班进行查物验证消毒。全年开展屠宰检疫肉牛 0.35 万头，肉猪 10.22 万头；产地检疫猪 4.1 万头，市场检查家禽 60.82 万只。屠宰场屠宰动物产地检疫证持证率达 100%，有效地杜绝动物疫病在区内传播流行。

【畜牧水产品质量安全监管】　2009 年，浈江区通过开展“畜禽水产品质量安全整治暨畜禽水产品质量安全执法年活动”，加大对假、劣兽药查处力度，提高兽药产品合格率，规范兽药经营市场秩序。区政府及有关部门积极配合市畜牧水产品质量安全监管部门，认真做好各项联合检查工作。3 月中旬，浈江区接到《转发农业部办公厅关于组织查处涉嫌非法兽药行动的通知》后，即向相关部门传达该文件精神，组织区农业局、兽医防检站工作人员会同市质监局、工商局等执法部门，对兽药经营和使用环节进行为期 5 天的地毯式排查。8 月 21 日，区畜牧兽医水产局联合区农业局对辖区范围内兽药店进行突击检查，重点检查 2009 年第一季度全国兽药监督抽检不合格产品和假兽药、假冒兽药（一桶金）兽药。检查结果，区内暂未发现《涉嫌非法兽药产品目录》中公布的兽药产品和全国兽药监督抽检不合格产品及假兽药、假冒兽药。年内，全区组织联合检查 6 次，出动执法人员 75 人次，检查兽药经营企业 20 个。

（曾为民）

浈江区养殖专业户养鸭场

林　业

综　述

【概况】 浈江区位于韶关市东北部，属季风型中亚热带和南亚热带气候，雨水充沛，森林资源丰富，植物物种较为齐全，并有保护完好的国家森林公园。2009 年，全区有土地总面积 50160.6 公顷，其中林业用地 32079.1 公顷（全部为集体林地），占全区总面积 64%；经省政府核准的省级生态公益林 5212.1 公顷（其中 1046.7 公顷为国家级生态公益林），商品林面积 26867 公顷，森林覆盖率 50.0%，林木绿化率 50.5%，活立木总蓄积量 1499681 立方米。年内，浈江区按照省市要求，计划用 2 年时间（到 2010 年年底）基本完成集体林权制度改革主体工作，到 2011 年年底前完成配套工作。浈江区此次林改面积 55.2 万亩，包括全区现有林业用地面积 47.1 万亩、区境国营林场约 8.1 万亩，涉及 5 个镇、41 个村委会、285 个村民小组、1.5 万户家庭、6 万人口。区林改工作于 2009 年 11 月全面启动，主要进行第一阶段宣传发动、调查摸底及工作培训。此外，浈江区在年内紧紧围绕“创建森林生态市、林业生态区”这一林业中心工作，引进非公有制资金营造丰产林 1.4 万亩，全区林业生态环境得到有效改善。

【林业产业发展】 2009 年，浈江区林业产业发展处于历史最好时期，造林绿化和个体办林场迅猛发展。全年造林投资 1120 万元，完成造林 3 万亩，投资造林主体实现多元化；全区有木材经营加工企业 74 家（详见《浈江区木材经营加工单位一览表》），非公有制企业、个人投资造林逐年增多，社会投资办林业已成为林业发展新趋势。年内，全区林业总产值为 12669.9 万元，其中生产木材 3.8275 万立方米，产值 1913.75 万元；生产竹木家具 2.43 万套，产值 2430 万元；生产胶合板 2 万立方米，产值 2000 万元；锯材 7.2 万立方米，产值 5760 万元。

浈江区木材经营加工单位一览表

表 3

企业名称	企业性质	产品类别	实际年产量（立方米）	年产值（万元）	从业人数（人）	法人代表或负责人	地　址
韶鑫单板木制品加工厂	私营	制材	2000	140	5	官炳炎	韶关化工厂仓库
金碧煌贸易有限公司	私营	细工木板	1500	140	30	古河边	陵南路汽车修理厂

续上表

企业名称	企业性质	产品类别	实际年产量（立方米）	年产值（万元）	从业人数（人）	法人代表或负责人	地　址
浈江区莲花木业有限公司	私营	胶合板	800	64	7	季庆霸	浈江区莲花山
连林铁木加工厂	私营	制材	1200	84	50	陈国标	新韶东联铁路一中边
浈建锯板厂	私营	制材	1000	70	7	陈惠芳	陵南路化工厂
韶关市浈江区祥丰木材加工购销部	私营	制材	1500	80	7	陈沾清	浈江区黄浪水
浈江区展鸿木业厂	私营	单板	1000	160	6	潘伟佳	东郊黄金村
浈江区长乐第一介板厂	私营	制材	2000	80	9	谢福海	东郊加油站
浈江区东泰木制品加工厂	私营	制材	2000	160	7	许勇坤	府管塔桥村
浈江区城建锯板厂	私营	制材	1000	80	8	罗贤波	南郊四公里
广源介板厂	私营	制材	1200	96	5	陈述利	南郊六公里金狮龙公司院
浈江区兴达家具厂	私营	家具	1000	250	5	李韶光	浈江区东河三塑厂
浈江区长乐锯板厂	私营	制材	2000	160	7	徐雪英	南郊六公里
金泽装饰材料工程部	私营	制材	1800	140	6	谢南	浈江区新韶镇韶瑶路88号
浈江区丰达介板厂	私营	制材	1500	120	6	谢存偿	水口村委边
浈江区恒兴板厂	私营	制材	1200	96	8	曾还安	南郊六公里
浈江区启明木制品加工厂	私营	制材	2000	160	5	谢存胜	浈江区黄金村
浈江区新兴板厂	私营	制材	5000	400	20	张贵兴	南郊六公里
粤北工业开发区木器厂	私营	制材	2000	160	6	张志刚	浈江区黄金村
浈江区建装饰材料厂	私营	制材	1500	120	7	张金有	东郊五矿
浈江区花坪镇新村兴达旺介板厂	私营	制材	1500	120	7	江韶华	花坪新村
韶关市浈江区林业局花坪林场	集体	制材	2000	160	5	毛钦宏	花坪新村
浈江区犁市镇富兴源木材经营部	私营	制材	1500	120	5	肖俭富	花坪镇
浈江区亚鑫木器工艺厂	私营	制材	1500	120	5	钟春梅	犁市镇区
浈江区犁市永兴隆木材厂	私营	制材	2000	160	4	侯爱军	浈江区犁市镇

续上表

企业名称	企业性质	产品类别	实际年产量（立方米）	年产值（万元）	从业人数（人）	法人代表或负责人	地　址
浈江区东河锯板厂	私营	制材	1500	120	4	徐秋喜	市一砖厂边
浈江区大和木材加工厂	私营	制材	1500	120	6	郭治安	新韶镇莲花管理区
莲花木材购销部	私营	制材	3000	240	12	官文华	东郊黄金村
浈江区粤顺锯板厂	私营	制材	1500	120	6	谢苏凤	浈江区东郊石场新村
浈江区乐园鸿兴厂	私营	制材	2000	160	7	陈晓俊	东联村委后
浈江区鸿发木制品厂	私营	制材	1000	80	7	董显宝	浈江区东联
浈江区韶兴板厂区	私营	制材	1500	120	7	黄景标	东郊黄金村
浈江区徐顺锯板厂	私营	制材	1000	80	7	徐利生	东郊黄金村砖厂油库边
浈江区东河综合工艺线厂	私营	木线	1000	100	5	谢舜安	陵南路1号
韶林铁木加工厂	私营	制材	2000	160	5	陈国贤	浈江区东联村
浈江区全兴木材加工厂	私营	制材	800	140	5	欧阳群喜	东联村委边
韶丰锯板厂	私营	制材	1500	120	5	张德其	南郊四公里
浈江区乐园锯板厂	私营	制材	2000	160	6	罗惠利	南郊三公里广播转播台
浈江区茂源介板厂	私营	制材	1800	140	6	高富仁	十里亭水轮机厂对面
浈江区和兴板厂	私营	制材	2500	200	6	谢自通	五里亭水厂
莲花木材加工厂	私营	制材	2000	160	6	郭万安	莲花村石山背
浈江区宝华竹木制品厂	私营	制材	1000	80	6	陈良	五里亭聆韶路
韶关市浈江区华海竹木制品厂	私营	制材	1200	96	6	刘华升	浈江区黄金村
浈江区合兴板厂	私营	制材	800	60	7	严海华	十里亭金凤坪
浈江区龙银木器加工厂	私营	制材	2000	160	7	康忠群	浈江区东郊
浈江区东河木材购销部	私营	制材	2000	160	7	胡烈明	浈江区莲花山村委小学
浈江区花坪云顶木材经销部	私营	制材	1500	120	7	李汉木	浈江区花坪云顶矿
浈江区闽普工艺厂	私营	其他木制品	1000	200	15	郑金火	东郊四公里
浈江区荣兴木业	私营	家具	500	150	30	许韶兴	五里亭尚塘村

续上表

企业名称	企业性质	产品类别	实际年产量（立方米）	年产值（万元）	从业人数（人）	法人代表或负责人	地　址
浈江区花坪雄峰家私厂	私营	家具	300	90	5	张英雄	花坪新村
韶关富安利木制品厂	私营	家具	400	120	6	董显富	莲花山第二条铁路处
韶关市浈江区永联工艺木线厂	私营	木线	900	90	7	黄明昌	黄金村曲江煤炭车队内
浈江区校具厂	私营	家具	300	90	8	黎广宏	浈江区东联村委会
韶关市合森家具有限公司	私营	家具	300	100	8	梁国权	南郊四公里粮食公司仓库
韶关市南大家私厂	私营	实木家具	500	150	7	罗碧玲	十里亭金风坪村河边
美高皇胶粘制品厂	私营	胶合板	3000	240	6	黄洪锋	浈江区东联养鸡场
浈江区黄岗木材购销部	私营	制材	2000	160	5	徐志军	浈江区黄岗
浈江区森木木业	私营	制材	1000	80	4	徐裕喜	浈江区黄金村
森达木业	私营	胶合板	2500	200	35	罗松江	百货站黄岗仓库
华林木线厂	私营	木线	500	90	8	陈光亮	启明市场汽车公司综合楼
韶关松叶家具实业有限公司	私营	家具	1000	100	5	徐锦灼	浈江区黄岗盐坨仓库
浈江区鸿鑫家具厂	私营	家具	1500	120	15	陈燕	浈江区黄金村一砖厂内
顺龙家具厂	私营	家具	500	150	10	骆胜安	浈江区莲花塘2号
新华大芯板厂	私营	细木工板	1000	100	6	赖丽玲	北江区黄岗仓库
浈江区顺丰包装箱厂	私营	其他木制品	500	20	5	刘剑超	十里亭众力电厂内
浈江区东源木雕加工厂	私营	制材	1000	80	6	曾太春	东郊水口村
浈江区车站家具厂	私营	家具	300	60	7	房亚祥	浈江北路8号
韶兴家具厂	私营	家具	300	70	18	林喜相	浈江区南郊四公里
皇丰木制品厂	私营	细木工板	1000	100	7	黄云峰	南郊八公里
浈江区红星实木家具厂	私营	实木家具	300	60	5	李德祥	市林业车队内
浈江区湘安工艺厂	私营	家具	200	40	6	侯清德	十里亭污水处理厂对面
湘韶工艺厂	私营	家具		120	5	侯清梅	北江十里亭白石坑
浈江区顺兴木制品厂	私营	制材	1500	120	5	曾祥荣	浈江区黄金村

注：上述单位为浈江区发证，不含市发证木材经营加工单位。

【林业基地】 2009年，浈江区按照“全社会办林业、全民搞绿化”方针，致力打造出丰产林基地和油茶基地。至年底，全区已有非公有制企业、个人投资营造的速生丰产林基地10万亩，较大型非公有制企业主要有金韶第一丰产林公司、韶关市林蒲园农业开发有限公司及韶关市五联林业开发有限公司。此外，友丰园林生态有限公司从是年开始租赁犁市镇梅村铁路林场林地，发展种植白花油茶，年冬完成备耕面积7000亩；韶关市锦绣河山农业公司租赁十里亭镇湾头村委会林地，投资800万元，租赁林地7500亩，完成备耕面积约3000亩，种植油茶的“茶园生态旅游项目”，项目建成后将集种植、加工油茶及观光旅游为一体的生态建设项目。

（文纯君）

林业生产经营

【林业生产】 2009年，浈江区林业局将木材采伐指标以公文形式下达至各乡镇及林场，严禁采伐天然林，严格控制采伐蓄积量与出材量，并规定“凡要求采伐的，必须提供次年造林的相关证明，否则不予办理”。为做好林木采伐工作，严格执行《浈江区林业局采伐设计制度》、《浈江区林业局林木采伐区检查、验收制度》、《浈江区林业局木材运输证领取、发放制度》及《浈江区花坪林场林木采伐经营招投标实施意见》等一系列采伐管理制度，有效保证采伐蓄积量与出材量两个指标在限额内生产。

【造林绿化工作】 2009年是浈江区三年消灭荒山第一年，区林业部门及早落实苗木，大力引进非公有制企业、个人资金投资造林。全年计划灭荒造林1万亩，实际完成灭荒造林1.63万亩，共完成各类造林2.5万亩；完成生态文明万村绿化村庄20个，在犁市镇黄塘村委会建立1个面积100亩的珍贵树种基地；完成10公里省道248线浈江境内公路两旁绿化，并完成对全区珍贵树种、油茶基地的规划建设。

【林木采伐】 2009年，浈江区按照市下达的林木采伐总量，根据“伐前调查设计、伐

2009年3月4日浈江区领导带头进行植树造林

中检查监督、伐后验收”制度，坚持“凭证采伐、凭证收购、凭证放行”规定，发证率、凭证率均达100%。同时规定每审批一个伐区，必须落实一个责任人，负责对该伐区的检查，确保不出现超界、超量采伐。年内，全区共核发林木采伐证数量4.03万立方米（未突破采伐指标），伐区（点）140个（其中丰产林公司32个），生产木材38275立方米。每个伐区均能按照采伐证要求进行采伐，没有出现超面积、超强度伐区。

【营林生产】　2009年，浈江区派出技术人员每天专门到造林地跟踪检查，进行技术指导，对打穴、回土、下基肥等各个环节进行严格把关，发现问题及时解决；对造林点所选用的苗木必须先经技术人员至苗圃地察看认可后才能选用，运到山下苗木须经专人验收后方可上山；以提高成活率，确保造林质量，要求造林队伍密切关注天气预报，保证种植在一两场透雨之后进行。年内，区林业主管部门大力引进非公有制企业、个人投资造林，全年完成各类造林25205.4亩。

2009年浈江区造林面积统计表

表4

乡、镇	工程类别	造林类别	面积（亩）	成活率≥85%面积（亩）
犁市	灭荒	人工造林	8955.4	8955.4
	迹地更新	人工更新	5734.5	5734.5
花坪	灭荒	人工造林	4245.5	4245.5
	迹地更新	人工更新	1335	1335
花坪林场	迹地更新	人工更新	1503	1503
新韶	灭荒	人工造林	2854.5	2854.5
	迹地更新	人工更新	330	330
乐园	灭荒	人工造林	247.5	247.5
合计	–	–	25205.4	25205.4

【森林分类经营】　2009年，全区有省政府核准的省级生态公益林5212.1公顷（其中1046.7公顷为国家级生态公益林），主要分布在浈江、武江、北江河及支流两旁，国道、省道两旁，大丹霞地貌区域及村庄后山。区林业管理部门落实60名管护人员管护生态公益林，并签订管护合同。年内，划为省级生态公益林林地，由省政府下拨资金对农户进行效益补偿（损失性补偿）。该项资金标准从是年起调整为10元/亩（150元/公顷），按照《广东省生态公益林效益补偿资金管理办法》，损失性补偿占75%；管护人员经费占18%；管理经费占4%（其中区、乡镇、行政村分别按1.5%、1.5%、1%的比例分配），省统筹经费3%。

全区商品林面积有26867.4公顷，其中用材林面积25985.9公顷，占96.72%；薪炭林面积294.6公顷，占1.1%；经济林面积586.5公顷，占2.18%。区境的用材分为速生丰产林、短周期工业原料林、一般用材林。其中速生丰产林和短周期工业原料林面积约8500公顷，速生丰产林主要是非公有制企业、个人投资营造桉树丰产林，短周期工业原料林则主要集中在花坪林场。年内，区林业局引进金韶关第一丰产林公司、韶关市林蒲园农业开发有限公司等非公有制企业及个人，租赁当地林地投资营造丰产林。

【森林病虫害防治检疫】　浈江区森林地形复杂，四季温差大，森林病虫种类较多，其中危害较大的有20种，以马尾松毛虫和竹蝗危害为甚。天敌昆虫主要有多种螵虫、寄蝇、寄蜂、茧蜂。病害主要有松、杉苗木猝倒病、立枯病、油茶炭疽病、软腐病、油柚黑斑病、枯萎病、板栗疫病，天敌茵类主要有白僵菌。年内，区林业局组织人员进行病虫害调查，及早发现及早防治，全区共发生马尾松毛虫面积80公顷，采用白僵菌以喷粉形式进行防治后达到较好效果。

（文纯君）

林业管护

【林业管护教育】 2009年初，全区开展"鸟节"、"爱鸟周"、"野生动物宣传月"、"3·12植树节"及"森林防火宣传月"等活动。活动中利用公开信、宣传横幅、宣传标语、永久性宣传牌、宣传车等形式，大力宣传相关法律法规，提高全民法制观念，增强全社会保护管理森林资源和生态环境意识。此外，区林业主管部门按照《韶关市森林资源保护和发展目标责任制》要求，从森林采伐、林地保护等方面开展宣传教育，努力培育、保护和发展森林资源，坚决制止乱砍滥伐林木、非法侵占林地及乱捕滥猎野生动物行为。

【森林管护活动】 2009年，浈江区开展清理林地百日行动，重点是农村违规占用林地建房、砖厂及石场，共清理违法占用林地案件86宗，面积301亩，处理2宗；组织人员参加《韶关市林木采伐管理规定》的培训，规范林木采伐程序；落实人员经费，开展"爱鸟周"、"野生动物宣传月"活动，组织人员对辖区范围内野生动物经营单位进行宣传、清查，严禁无证经营利用野生动物。

【采伐源头管护】 2009年，浈江区加大林木采伐监管力度，通过规范采伐制度、程序，制定一系列采伐管理制度、办事程序，从源头加强林木采伐管理，即规范林木采伐申请，申请采伐需经当地村委会三分之二的村民代表（村民小组80%以上户代表）签名同意，并经当地村委会、镇政府审批同意，将采伐申请交当地林业站（乐园镇、新韶镇、十里亭镇直接交区林业局），由当地林业站上交区林业局，由区林业局派出人员进行采伐设计后，再交由局长审批。

【山林纠纷调处】 浈江区地处城郊结合部，涉及林地的建设项目较多，引发山林权属纠纷日益增多，调处难度大。年内，全区共发生各类山林权属纠纷17宗，面积约1万余亩；全年调解5宗，面积1300亩；裁决6宗，面积1500亩。

【征占林地管理】 2009年，浈江区在加强宣传、增强林地保护意识及加强护林员巡护基础上，制定并颁发《关于规范全区占用林地管理的意见》，要求各镇政府、村委会配合做好林地保护工作。年内，全区征占用林地3宗，面积13.2974公顷，其中临时占用林地1宗，面积4.3公顷，全部经省级林业主管部门审核。

【野生动植物管理】 2009年，浈江区按照国家林业局公布的《商业性经营利用驯养繁殖技术成熟的陆生野生动物名单》和《广东省野生动物保护管理条例》，分别对辖区范围内经营利用国家和省非重点保护的"三有"（有益、有重要经济价值、有科学研究价值）陆生野生动物及其营销的市场饭店、宾馆、酒楼等，办理《广东省陆生野生动物及其产品经营利用准许证》，在经营场所醒目处悬挂国家及省重点保护野生动物图谱，并对区内商家进行41种以外野生动物保护。此外，对浈江区辖区范围已列入韶关市古树名木名录的76株古树名木进行编号、挂牌，重点进行保护（详见下表5）。

韶关市浈江区古树名木表

表5

编号	地点	树种	树龄（年）	古树		
				一级	二级	三级
06010001	花坪镇奎塘姚屋背夫山	樟树	250			√
06010002	花坪镇奎塘姚屋村	雅榕	250			√
06010003	花坪镇奎塘姚屋村	樟树	250			√
06010004	花坪镇奎塘侯屋村	樟树	400		√	
06010005	花坪镇奎塘古思圩背夫山	樟树	460		√	
06010006	花坪镇奎塘古思圩背夫山	樟树	460		√	
06010007	花坪镇奎塘山下背夫山	枫香	250			√
06010008	花坪镇奎塘山下背夫山	樟树	250			√
06010009	花坪长地头宋屋村公路边	樟树	250			√
06010010	花坪长地头宋屋村公路边	樟树	250			√
06010011	花坪长地头宋屋村公路边	樟树	250			√
06010012	犁市镇犁市老公社边	雅榕	300		√	
06010013	犁市镇渡口	雅榕	300		√	
06010014	犁市镇沙元庙	雅榕	210			√
06010015	犁市镇沙元大门口	雅榕	350		√	
06010016	犁市镇沙元渡口	雅榕	350		√	
06010017	犁市镇群丰水心坝	樟树	190			√
06010018	犁市镇石下是厂水边	雅榕	290			√
06010019	犁市镇黄竹乌泥坑边	雅榕	240			√
06010020	犁市镇牛栏前村边	雅榕	250			√
06010021	犁市镇犁市中学	樟树	120			√
06010022	犁市镇大村下龚	雅榕	400		√	
06010023	犁市镇大村下龚	雅榕	400		√	
06010024	十里亭镇湾头河边	雅榕	500	√		

续上表

编号	地点	树种	树龄（年）	古树		
				一级	二级	三级
06010025	十里亭镇湾头河边	雅榕	500	√		
06010026	十里亭镇浪头村岔路口	雅榕	400		√	
06010027	十里亭镇湾头坑头	雅榕	500	√		
06010028	十里亭镇湾头屈树底	樟树	250			√
06010029	十里亭镇湾头屈树底	樟树	200			√
06010030	十里亭镇腊石塘头村土路边	冬青树	360		√	
06010031	十里亭镇腊石井头村背	樟树	200			√
06010032	十里亭镇腊石井头村背	枫树	200			√
06010033	十里亭镇腊石井头村背	樟树	150			√
06010034	十里亭镇腊石井头村背	樟树	115			√
06010035	十里亭镇靖村	雅榕	300		√	
06010036	十里亭镇靖村塘边街口	雅榕	200			√
06010037	十里亭镇五里亭中药厂宿舍	樟树	105			√
06010038	十里亭镇良村老坳背村头	雅榕	500	√		
06010039	十里亭镇良村老坳背村头	雅榕	500	√		
06010040	十里亭镇金凤坪曹村林西塘边	乌桕	250			√
06010041	浈江区和平街和平办上后街	雅榕	300			√
06010042	十里亭镇金凤坪	马尾松	100			√
06010043	十里亭镇金凤坪	樟树	110			√
06010044	新韶镇土井正下村	雅榕	500	√		
06010045	新韶镇土井村门口	雅榕	120			√
06010046	新韶镇陈江老岭下	雅榕	150			√
06010047	新韶镇陈江老岭下	雅榕	130			√
06010048	新韶镇陈江老岭下	雅榕	120			√
06010049	新韶镇石山下石陂村	雅榕	500	√		
06010050	新韶镇石山下石陂村屋背	樟树	450		√	

续上表

编号	地点	树种	树龄（年）	古树		
				一级	二级	三级
06010051	新韶镇石山欧村	雅榕	200			√11
06010052	韶韶镇莲花邓屋庙背	荷木	140			√
06010053	韶韶镇莲花邓屋庙背	冬青	120			√
06010054	新韶镇莲花杨屋村	雅榕	200			√
06010055	新韶镇陈江老岭下	枫香	100			√6
06010056	新韶镇石山欧村	樟树	120			√
06010057	新韶镇莲花邱屋村	樟树	120			√
06010058	新韶镇莲花邓屋村	樟树	100			√
06010059	新韶镇水口新留塘村	樟树	100			√
06010060	乐园镇六合上社鲜水塘	雅榕	200			√
06010061	乐园镇六合下村鬼仔塘	樟树	120			√
06010062	乐园镇上坝潘屋河边	雅榕	100	√		
06010063	西堤北路	细叶榕	110			√
06010064	韶大韩家山校区	白玉兰	110			√
06010065	粤北人民医院东病区内	马尾松	110			√
06010066	大鉴寺	菩提树	314		√	
06010067	大鉴寺	菩提树	314		√	
06010068	升平路韶关市第四中学	细叶榕	114			√
06010069	升平路韶关市第四中学	细叶榕	114			√
06010070	升平路韶关市第四中学	细叶榕	114			√
06010071	市府大院前	细叶榕	110			√
06010072	市府对面	长花厚壳	110			√
06010073	市府东院内	细叶榕	110			√
06010074	韶关军分区内	细叶榕	144			√
06010075	韶关军分区内	细叶榕	149			√
06010076	油泵油嘴厂幼儿园内	马尾松	110			√

【野生动物保护宣传与检查】　2009 年，浈江区在“鸟节”、“爱鸟周”、“野生动物宣传月”期间，积极开展以“保护野生动物，构建和谐社会”为主题的宣传活动，下发保护宣传动物宣传图片近 200 张、相关资料 500 份；以创卫为楔机，对辖区范围内的饮食单位、市场进行清查，并进行大力宣传，增强保护野生动物的意识，共检查酒楼、饭店 70 余家，市场 6 家。年内重点对一市场进行跟踪检查，并在创卫期间每天安排 2 人专职负责，杜绝该市场在经营场门口、公共场所宰杀野生动物现象，并要求护林人员加大对保护野生动物的宣传，巡山时发现有捕捉野生动物现象要严加制止。此外，浈江区在年内制定野生动物疫情疫病监控制度，要求护林员在巡山时发现有受伤野生鸟类需及时报告，并在犁市木材检查站加大对非法运输野生鸟类检查，以防止野生鸟类疫情发生。

【护林防火】　2009 年 9 月 10 日，浈江区政府与 5 个乡镇签订“浈江区 2009～2010 年森林防火责任书”，并要求各镇与村委会必须签订责任书，层层落实责任制。明确目标，分解任务，细化责任，把防火工作重心下移到村委会。在 9 月的“森林防火宣传月”中，出动摩托车宣传 100 多次（深入农村进行宣传，重点在边远地区进行宣传）；安排护林员在当地村委会醒目处翻新喷刷森林防火宣传标语 500 余条；将致全区人民一封公开信制成挂历 1.5 万份，发放至千家万户，并要求靠近山边的住户开设防火线。此外，通过公开招聘，重新组建一支 60 人的护林员队伍，建立一系列管理制度，给护林人员进行培训，护林队伍管理走上规范化，并购置护林员服装、装备，添置一批较新式扑火工具，对重点位置地段的 80 公里防火线进行维修，在各新造林地周边营造种植 95 公里生物防火林带，成活率达 95% 以上。12 月 6 日，区森林防火指挥中心大楼投入使用，区林业局搬迁到位于韶关市浈江区五里亭席前路 1 号区森林防火指挥中心大楼办公。区森林防火指挥中心综合大楼设有约 100 平方米的储备仓库、护林员宿舍，办公室有专职人员 3 人，配有森林消防专用车 2 台，并建立森林防火通讯网。

【护林优秀人员及事迹】　2009 年，浈江区护林中队长游先标于 5 月 28 日被国家林业局办公室、中国农林水利工会全国委员会授予“全国优秀护林员”称号，8 月被韶关市森林防火指挥部授予“韶关市 2008 年度优秀森林消防队员”称号。在 11 月 28 日的韶关市地震台发生山火中，浈江区护林队扑救科学、及时，确保地震台安全，受到广东省地震局感谢。

（文纯君）

生态林业建设

【概况】　2009 年，浈江区深入贯彻落实党的十七大提出的“建设生态文明”战略部署，为实现浈江区“韶关城市经济主力军、韶关产业集聚示范区、全市实施‘双转移’战略排头兵、韶关宜居环境首选地”目标要求，推进全区生态发展和生态文明建设，促进全区经济社会又好又快发展，并印发《浈江区关于加强生态文明建设的实施意见》，全面部署区内生态文明建设的目标、实施内容及工作步骤。

【生态林宣传】　2009 年，浈江区积极推进林业生态文化体系建设，树立生态理念，为生态文明建设提供社会基础。大力弘扬林业生态文化，宣传森林对于保障生态安全、对于人与自然和谐相处所具有的重要功能和作用；宣传绿色产业、绿色消费、生态人居环境等理念，增强全民生态忧患意识、责任意识和参与意识。建立和完善生态文明教育机制，支持和配合教育部门对青少年进行生态文明科普知识教育、生态伦理道德教育和生态法制教育。大力加强林业科技成果和实用技术的推广和应用，全面提高林业生态建设的科技含量，为林业生态体系建设和林业产业体系建设提供智力支撑。

【生态林建设】　2009年，浈江区大力推进林业生态体系建设，保障生态安全，为生态文明建设提供环境基础，并切实加强生态公益林管护和培育，致力于提高林分质量，增强防护功能；积极开展绿色通道建设和万村绿化工作，全年完成生态文明万村绿化村庄20个，在犁市镇黄塘村委会建立1个面积100亩的珍贵树种基地，完成10公里省道248线浈江境内公路两旁绿化，灭荒造林1.63万亩。

【生态林保护】　2009年，浈江区坚决贯彻“依法治林”方针，认真执行和落实好国家有关资源和生态保护的法律、法规和政策，严厉打击破坏森林、林地和野生动植物资源的各种违法犯罪活动，加大专项打击力度，维护林区的和谐稳定；加强林业有害生物的防控和治理工作；强化全区森林防火值班调度，加快林火的预警与监测、林火扑救及生物防火林带建设，全面提升全区森林火灾预警监控和扑救指挥能力。

【生态林产业】　2009年，浈江区积极推进林业产业体系建设，实现兴林富农，为生态文明建设提供物质基础；继续引进非公有制企业及其他个人资金来发展速生丰产林，并大力发展油茶基地，规划用3年时间建成2万亩规模；做大做强木材加工产业，引导成立木材加工企业协会，由粗加工向深加工转变。至年底，全区速生丰产林基地达10万亩。

（文纯君）

附：区林业局领导班子成员名录
局　长：李志斌
副局长：何树春、田上生、彭月华

浈江区犁市镇山林

水利

【概况】 浈江区境多年平均降雨量1537.7毫米，历史上最大降雨量2246.3毫米，最小降雨量966.4毫米，最大24小时暴雨223毫米，平均径流量为1.266亿立方米，并有浈江、武江和北江及黄浪河、大塘水、大富河、坳背水、白虎坳水等支流，水力资源充沛。2009年，区境年平均降水量1269毫米。全区有蓄水工程173宗，其中中型水库1宗，蓄水量0.1151亿立方米，比上年减少0.085亿立方米；小一型水库2宗，小二型水库60宗，蓄水量0.025亿立方米，比上年减少0.017亿立方米；山塘110宗。全区有电灌站46宗，小水电站13宗，陂引水工程5宗，农村饮水工程39宗。辖区内汇流面积超过100平方公里以上河流8条。

存在问题：经省水利厅水库安全检查组实地核查，存在安全隐患的小型水库33宗；库容1～10万立方米山塘110宗，都是建于20世纪六、七年代，普遍存在安全隐患；山塘、水库坝后灌渠年久失修，塌、漏现象十分普遍，水利工程的蓄、输、灌效能低。

2009年浈江区10万立方米以上水库统计表

表6

水库名称	类型	所在村委	河流名称	竣工时间	集雨面积（平方公里）	总库容（万立方米）	坝高（米）	坝型	工程效益		备注
									灌溉面积（亩）	捍卫人口	
乌石塘水库	小二型	大陂	浈江河	60年代	1.68	34	12.11	均质土坝	600	600	镇管
崩冲塘水库	小二型	侯山	浈江河	50年代	0.32	18	10	均质土坝	400	300	镇管
大塘水库	小二型	侯山	浈江河	60年代	0.64	14	10.5	均质土坝	650	1000	镇管
风车岭水库	小二型	东联	浈江河	50年代	1.02	12	6	均质土坝	100	300	镇管
坑门口水库	小二型	东山	浈江河	60年代	1.5	24	0	均质土坝	450	300	镇管
大塘尾水库	小二型	侯山	浈江河	70年代	0.41	13	5	均质土坝	100	500	镇管
欧塘水库	小二型	府管	浈江河	50年代	0.24	10	6	均质土坝	500	1500	镇管

续上表

水库名称	类型	所在村委	河流名称	竣工时间	集雨面积（平方公里）	总库容（万立方米）	坝高（米）	坝型	工程效益		备注
									灌溉面积（亩）	捍卫人口	
大沙塘水库	小二型	大陂	浈江河	50年代	0.31	10	7	均质土坝	150	1500	镇管
大山塘水库	小二型	东山	浈江河	50年代	0.3	13	7.34	均质土坝	250	600	镇管
黄眼水库	小二型	府管	浈江河	70年代	0.98	38	14.8	均质土坝	800	500	镇管
社墩塘水库	小二型	莲花	浈江河	50年代	0.49	15	11.19	均质土坝	780	680	镇管
席草塘水库	小二型	东山	浈江河	60年代	0.63	13	6	均质土坝	300	500	镇管
单竹坑水库	小二型	莲花	浈江河	80年代	0.5	18	13.5	均质土坝	300	500	镇管
九鱼塘水库	小二型	东联	浈江河	60年代	5.51	33	6	均质土坝	500	1000	镇管
龙皇坑水库	小二型	府管	浈江河	70年代	1.04	21	14.5	均质土坝	350	1000	镇管
肖和背水库	小二型	府管	浈江河	60年代	2.76	26	6	均质土坝	700	500	镇管
六奇山水库	小二型	新村	浈江河	60年代	0.52	19.3	9	均质土坝	100	5000	镇管
寺冲塘水库	小二型	教场	浈江河	60年代	0.59	13	8	均质土坝	80	2000	镇管
鸭仔墩水库	小二型	新村	浈江河	50年代	0.66	15	9	均质土坝	120	2000	镇管
石子坳	小一型	腊石	浈江	1988年5月	0.9	109.0	13	均质土坝	1100	135	国管
生活塘	小二型	靖村	武江	1966年2月	5.3	68.0	12	均质土坝	600	40	镇管
沙头	小二型	良村	浈江	1966年1月	1.0	10.5	6.0	均质土坝	300	40	镇管
坳背村	小二型	良村	浈江	1990年2月	1.5	12	10.79	均质土坝	450	35	镇管
莲塘	小二型	金凤坪	武江	1952年4月	0.95	12.3	5.2	均质土坝	500	45	镇管
八角上塘	小二型	湾头	浈江	1962年2月	2.75	27.7	9.0	均质土坝	500	50	镇管
行边坳	小二型	湾头	浈江	1979年4月	4.20	67	11	均质土坝	1700	60	镇管
乌教塘	小二型	金凤坪	武江	1963年2月	0.41	10.2	5.71	均质土坝	500	50	镇管
坳背新村	小二型	良村	浈江	1964年2月	1.5	10.5	8.0	均质土坝	350	25	镇管
龙王洞水库	小二型	奎塘	浈江支流	80年代	2.05	33	11.66	均质土坝	600	400	镇管
崩冲水库	小二型	五四	武江河	50年代	4	14.2	9	均质土坝	400	1000	镇管
长冲水库	小二型	农场	浈江河	50年代	0.5	13	5.7	均质土坝	180	420	镇管
赤岸水库	小二型	黄竹	北江河	50年代	0.1	15	8	均质土坝	400	300	镇管
船塘底水库	小二型	农场	黄坑河	50年代	0.4	20	10	均质土坝	520	190	镇管

续上表

水库名称	类型	所在村委	河流名称	竣工时间	集雨面积（平方公里）	总库容（万立方米）	坝高（米）	坝型	工程效益		备注
									灌溉面积（亩）	捍卫人口	
东边冲水库	小二型	农场	武江河	50年代	0.8	15	8	均质土坝	300	250	镇管
黄坑水库	小一型	溪头	黄坑河	70年代	16	443	15.8	均质坝	6300	2000	镇管
黄塘底水库	小二型	黄塘	武江河	50年代	1	11	5	均质土坝	300	1900	镇管
鸡公山水库	小二型		武江河	50年代	0.4	14	12	均质土坝	400	1500	镇管
老管塘水库	小二型	下元		2008年	2.6	11	7	均质坝	1100	2000	镇管
林枫山水库	小二型	大村		2007年	3.93	47	9.5	均质坝	800	500	镇管
扫秆水库	小二型		武江河	50年代	1	20	5	均质土坝	150	850	镇管
社光水库	小二型	黄竹	浈江河	2008年	2.1	26	7.1	均质坝	860	600	镇管
石背水库	小二型	黄沙	浈江河	2008年	1.6	12.1	7.7	均质土坝	710	600	镇管
乌泥坑水库	小二型	黄竹	武江河	50年代	0.2	11	10	均质土坝	300	300	镇管
无底塘水库	小二型	五四	浈江河	2007年	3	61	10.5	均质土坝	400	1100	镇管
众家塘水库	小二型	石下	北江河	50年代	2.2	26	13.5	均质土坝	300	500	镇管
东风水库	小二型	教场	浈江河	60年代	0.59	13	8	均质土坝	80	2000	镇管
鸭仔墩水库	小二型			2007年	2.3	37	8.4	均质土坝	400	300	镇管
高廉水库	小二型		武江	50年代	3.5	76.5	15.7	均质土坝	4000	5000	镇管

【水利建设】　2009年，浈江区继续抓好农田水利建设，年内完成省人大议案农村机电排灌工程建设改造20宗，总投资883.47万元（其中省市补助797.22万元），总装机容量1335千瓦，灌溉面积10029亩；投资658.1万元（中央、省、市补助资金共410.91万元），完成农村饮水安全工程建设8宗，解决农村11644人饮水问题；投资76万元，完成新韶镇黄浪水灌区改造工程，改造二面光防渗排灌渠道总长3.16公里，有效耕地灌溉面积750亩。此外，投资16万元进行

浈江区乡村水库

水库移民基础设施建设，已完成潭屋宅基地“三通一平”；投资11万元完成移民雨雪灾害饮水工程修复，计划安排25户125人建房改造用地（第三、四季度资金尚未到位）；投资7万元完成潭屋、屋长湾村的饮水改造工程2宗；投资3万元建合头村200米村道改造；投资4.3万元修建麻加地、合头村、屋长湾3个村共建陂头一座；合计总投资41.3万元。年内进行小型水库除险加固工程16宗，（工程于2009年12月底全面动工，计划2010年6月底完工，工程总投资概算2161万元，其中省补助1298万元）。

浈江区西牛潭灌区工程基本情况表

表7

所在镇	设计灌溉面积（亩）	实际灌溉面积（亩）	干渠长度（米）	支渠长度（米）	渠系建筑物（座）								
					陂头		渡槽		水闸工程（处）	引水隧洞		人行桥（座）	渠道分水口（座）
					座	米	座	米		座	米		
花坪	22400	9000	1370	52250	2	65	5	180	26	3	430	40	13

【小水电站】　2009年，全区有小水电站13座，共安装发电机组25台（套），总装机容量5830KW，设计年发电量2125万度。全年发电量735万千瓦时，上国家电网电量700万千瓦时。年内，区小水电站多数采用径流有陂引水发电，调节库容设施，拦水陂为发电与灌溉两用陂，是年8～11月区境发生严重旱情时，为保障农业灌溉用水，实行农业灌溉用水优先，大多数小水电站停止发电。

浈江区小水电站基本情况表

表8

站　名	所在河流	所在镇	建设时间		发电机台数	总装机容量（KW）
			开工时间	投产时间		
韶关市浈江区新韶石山水电站	浈江支流大塘水	新韶镇	1981年3月	1983年5月	2	250
韶关市浈江区过龙陂水电站	浈江支流大塘水	新韶镇	2000年8月	2001年4月	2	285
韶关市浈江区骏泰实业发展有限公司胜田嘴电站	浈江支流枫湾水	新韶镇	1982年9月	1983年4月	3	600
韶关市浈江区黄浪水水电站	浈江支流黄浪河	新韶镇	1999年5月	2001年5月	3	960
韶关市浈江区黄浪水水口电站	浈江支流黄浪河	新韶镇	2000年7月	2001年8月	3	600
韶关市浈江区湾头水电站	浈江支流大富水	十里亭镇	1979年9月	1981年7月	3	600
韶关市浈江区犁市镇石龙水电站	浈江支流大富水	犁市镇	2003年11月	2004年12月	3	1200

续上表

站　名	所在河流	所在镇	建设时间		发电机台数	总装机容量(KW)
			开工时间	投产时间		
韶关市浈江区西牛潭坝后水电站有限公司	武江支流下陂水	花坪镇	2004年11月	2007年5月	1	100
韶关市浈江区西牛潭水库水力发电站	武江支流下陂水	犁市镇	1980年3月	1981年9月	1	400
韶关市浈江区犁市镇金云水电站	武江支流下陂水	犁市镇	2002年8月	2004年4月	1	75
浈江区犁市镇东周大坪岭水电站	武江支流下陂水	犁市镇	2002年10月	2003年9月	1	160
韶关市浈江区犁市镇盛源电站	武江支流下陂水	犁市镇	2006年5月	2007年5月	1	200
韶关市浈江区犁市镇内藤水电站	武江支流下陂水	犁市镇	2004年5月	2005年5月	1	400

【水土保持】　2009年，浈江区境有武广高铁、韶赣铁路、韶赣高速公路、湾头水利枢纽等建设工程，建设单位按照《中华人民共和国水土保持法》实行“三同时”（同时设计、同时施工、同时投入使用），各建设项目设计中均有“水土保持方案”，在施工中按水土保持设计方案进行施工，与主体项目同步进行，尽量减少因工程造成的水土流失。年内，区政府及有关部门积极配合市有关部门开展水土保持监督执法专项行动，重点以区境碧桂园为主进行水土保持执法工作。

【防洪抗旱】　2009年8月，浈江区境开始出现旱情，并持续数月无有效降雨，出现秋冬连旱，区辖各地旱情日趋严重。区委、区政府高度关注旱情发展，组织相关部门深入基层，开展实地调查，制定多种措施积极实施抗旱，并由区三防指挥部下发文件要求各镇及相关部门全力做好抗旱各项工作。这场旱情，全区共有2.12万亩农作物受旱，其中轻旱1.34万亩、重旱0.68万亩、干枯0.1万亩（犁市镇黄坑村有1宗小一型水库放全死水位，全区有20宗小二型水库放至死水位，其中干涸6宗）；区内发生饮水困难2720人，其中十里亭镇湾头村委2005年建的饮水工程山泉断流（当地1160人饮用水及牲畜食水靠挑浈江河水解决），犁市镇石下村委、下元村委、新联村委和溪头村委共1560人发生饮水困难（当地村民靠拖拉机拉水和到山边小溪挑水解决人畜饮水）。针对旱情，浈江区各部门积极投入抗旱工作中，并把解决村民生活用水放在抗旱工作首位；新韶镇东山村委128米深井出现水源枯竭抽不出水，附近又没有河溪，为解决当地800多村民饮水问题，区水利局组织专业打井施工队，投入6万多元在附近另打一个深井恢复供水；区三防办积极与市三防办联系，争取上级部门支持多台4寸和6寸抽水机组；各镇村充分发挥现有抗旱设施作用，在昼夜开动24座电灌站基础上，发动村民119台（套）小型抽水机具进行抽水抗旱，有效灌溉农田1.5万多亩，并发动群众维修、清理灌溉渠道，保证灌渠畅通，使有限水资源得到充分利用。

【水政执法】　浈江区于1996年4月成立“水政监察大队”，编制7人，主要负责查处辖区内水事违法案件、调解水事纠纷，依法检查取水许可、河道采砂（石）许可、河道占用等执行情况，监督水土保持实施情况，并受区水利局委托依法征收水资源费、河道采砂管理费、河道管理范围占用费和水土保持补偿费等。年内，浈江区水政监察大队贯彻实施《中华人民共和国水法》、《中华人民共和国水土保持法》、《中华人民共和国防洪法》等有关法律、法规及地方规范性文件，全面维护辖区内水事秩序。2009 年 12 月，区水利局接到有人在国道 323 线旧黄浪水大桥上游大量倾倒余泥的举报后，立即派出水政监察人员到现场查处，查明违法当事人是“赣韶铁路”施工单位，计划倾倒余泥约 7 万多立方米。“赣韶铁路”建设是韶关市重点建设工程，水政监察人员向区、局领导汇报事态严重性，并依法向建设单位和施工单位分别送达《关于要求督促落实水土保持方案的函》和《责令停止违法行为通知书》，制止一起大量向河道倾倒余泥的严重违法案件。

（王相富）

附：区水利局领导班子成员名录

局　长：江荣培

副局长：刘鸿明、冯万里、杨贞达

城区河堤

综　述

【概况】　2009年，浈江区有规模以上工业企业68家，其中冶炼企业1家、机械制造企业41家、液压缸企业5家、化工企业3家、制药企业2家、其他企业16家，主要集中在冶金矿产、机械制造、化工业等三大支柱产业。是年1～11月，辖区规模以上工业企业主营业务收入达68.74亿元，实现利税总额0.72亿元，工业产品销售率达95.76%。至年底，全区完成工业总产值95.65亿元，工业增加值22.90亿元，规模以上工业增加值18.86亿元。其中，国有及国有控股工业增加值12.38亿元，增长1.4%；民营工业增加值4.96亿元，增长8.4%；股份制工业完成增加值15.4亿元，增长1.8%；浈江产业转移工业园实现增加值1.83亿元，增长52.6%。

【工业经济结构】　2009年，浈江区工业主要由机械制造、建材、化工、冶金矿产能源、食品、服装、印刷业、电子、饲料、医药制造、竹木塑料制品加工业、医药业等产业组成。工业经济结构主要包括全民所有制企业（国有股份制企业）、外资独资企业、中外合资企业、乡镇集体企业、民营工业企业、私营工业企业等6大类。按行业分布，区境东部主要以化工、制衣、机械制造业为主，分别有韶关市化工厂、市环球制衣厂、市核强机械制造有限公司等；南部主要以冶金矿产、日用化工、酒类、制药、建材生产工业为主，分布有韶关冶炼厂、韶关浪奇有限公司、广东活力股份有限公司等企业；北部以机械制造、汽车零部件、生物制药、机电、电子、化工生产企业为主，分布有“东莞（韶关）产业转移工业园、市中小企业创业基地、茶山化工基地、北江科技园等多个工业产业园区。至年底，区境有规模以上工业企业68家，其中年产值上亿万元的企业12家、上千万元的企业37家，韶关冶炼厂是浈江区境的支柱企业，企业产值占全区规模以上工业总产值53.81%。

【管理机构】　浈江区工业主要由区经贸局宏观管理。2009年，浈江区经贸局核定编制9人，其中局长1人、副局长2人；局内设区中小企业局、综合办公室、经济运行办公室、民营经济发展办公室、工业园管理办公室；附属机构有区中小企业服务中心、区民营经济投诉中心、区牲畜屠宰执法检查队。

【中小企业基地建设】　韶关市中小企业创业基地坐落在东莞（韶关）产业转移工业园区内，规划建设面积1000亩，发展重点定位以机械制造、汽车零部件、生物制药三大特色工业产业为主。按照基地规划开发建设三期目标，第一期建设以机械加工为主；第二期、三期开发建设逐步形成机械制造、生物制药业、电子信息、高新技术产业、食品及旅游产品加工工业基地。2009 年，该基地引进民间资金 1 亿多元，建成厂房 3 万平方米，完成投资总额达 8000 多万元，共引进民营工业企业 26 家并开始投产经营。

【解决民营工业企业融资难题】　2009 年，浈江区重视健全完善中小企业（多为民营企业）融资担保体系，用好财政安排的专项资金，支持融资担保机构扩大对辖区中小企业的融资担保，并争取国家、省属机构对辖区民营企业项目的资金支持。

2009 年浈江区扶持民营企业申请省、市级专项资金项目一览表

表 9

企业名称	申报项目	申请项目资金	报送部门
韶关德诚鞋业有限公司	德诚世家连锁经营项目	2009 年省级现代流通业发展专项资金项目	浈江区经贸局 浈江区财政局
浈江区中小企业服务中心	浈江园区经济服务平台建设项目	2009 年度省财政中小企业专项资金服务体系中小企业公共服务平台建设项目	浈江区经贸局 浈江区财政局
浈江区新明健电脑有限公司	韶关数码港电子商务平台建设项目	2009 年度省财政中小企业专项资金服务体系中小企业公共服务平台建设项目	浈江区经贸局 浈江区财政局
韶关市新星源电讯有限公司	新星源品牌展示、配送、分销一体化专业化服务平台建设项目	2009 年度广东省级现代服务业发展引导专项资金	浈江区经贸局 浈江区财政局
韶关市顺民肉类联合加工有限责任公司	生猪屠宰车间技术升级改造	广东省生猪屠宰整治专项资金	浈江区经贸局 浈江区财政局
韶关市群达实业有限公司	生猪屠宰车间技术升级改造	广东省生猪屠宰整治专项资金	浈江区经贸局 浈江区财政局
广东韶关国润再造烟叶有限公司	技术创新项目	2009 年韶关市直中小企业发展专项资金	浈江区经贸局 浈江区财政局
韶关市金徽厨具有限公司	技术创新项目	2009 年韶关市直中小企业发展专项资金	浈江区经贸局 浈江区财政局
韶关市锦德峰实业有限公司	技术创新项目	2009 年韶关市直中小企业发展专项资金	浈江区经贸局 浈江区财政局
韶关市永明机电实业有限公司	技术创新项目	2009 年韶关市直中小企业发展专项资金	浈江区经贸局 浈江区财政局
韶关市同和节能科技有限公司	技术创新项目	2009 年韶关市直中小企业发展专项资金	浈江区经贸局 浈江区财政局
韶关市锐锋建设机械有限公司	技术改造项目	2009 年韶关市直中小企业发展专项资金	浈江区经贸局 浈江区财政局
韶关市赛力乐液压件制造有限公司	技术改造项目	2009 年韶关市直中小企业发展专项资金	浈江区经贸局 浈江区财政局

续上表

企业名称	申报项目	申请项目资金	报送部门
韶关市新弘立建设机械有限公司	技术改造项目	2009年韶关市直中小企业发展专项资金	浈江区经贸局 浈江区财政局
韶关市居民制药有限公司	技术改造项目	2009年韶关市直中小企业发展专项资金	浈江区经贸局 浈江区财政局
浈江区中小企业服务中心	韶关浈江创业基地服务平台建设项目	2009年第一批韶关市市级全民创业专项资金	浈江区经贸局 浈江区财政局
广东东明股份有限公司	广东东明股份有限公司的物流配送中心1个、新建和改造农家店30间（其中：新建农家店2间、改造农家店28间）项目	2009年度广东省“万村千乡市场工程”项目扶持资金	浈江区经贸局 浈江区财政局

机械工业

【概况】 浈江区境是韶关市机械工业老区，20世纪50~80年代曾分布有韶关铸煅厂、韶关挖掘机厂、韶关油泵油嘴厂、韶关机械厂、韶关液压元件厂等10余家大型国有企业。90年代起，区境大部分国有企业转制为股份合作制企业或私营，部分机械工业企业转型为新型工业企业，并新增大批汽车修理机电业。2009年，区境有机械工业企业300余家（包括汽车修理在内），年产值40000余万元。

【韶铸集团有限公司】 位于浈江区北郊十里亭，是国内最大的铸锻件专业生产企业之一，1989年被评为国家二级企业，1993年定为国家大型Ⅰ档企业。2009年，该公司拥有从国外引进的铸钢树脂砂造型生产线、两条铸钢静压造型生产线，铸铁迪砂生产线、瑞士AMP30、AMP50三条全自动高速热精锻生产线、3150吨锻压机、奥地利辊底式氮基保护气氛连续球化退火炉等500多台（套）先进的生产设备，还拥有3吨自由锻机、1~3吨模锻机、3~20吨炼钢电炉、1~3吨中频炉、20~100吨退火炉；ϕ6.3米立车、ϕ5米立车、ϕ180mm的镗铣床、落地镗床、数控机床、线切割和电火花机床等生产和机加工设备，以及光谱仪、超声波探伤等大量的检测设备。公司产品出口远销美国、日本、韩国、马来西亚、英国、芬兰、德国、印度尼西亚、斯里兰卡、泰国、以色列、瑞典、荷兰、墨西哥、法国、柬埔寨等国。

【韶关新宇建设机械有限公司】 公司原名是韶关挖掘机制造厂，位于浈江区北郊十里亭镇。2001年，该公司被科技部列为“全国CAD应用工程示范企业”，2002年被广东省科学技术厅审核认定为“广东省高新技术企业”、广东省第一批“制造业信息化工程试点单位”，公司拥有的多功位步进冲床、四辊卷板机、数控切割机、数控加工中心等先进的数控设备分别从美国、意大利、日本、芬兰等国引进，是建设部定点生产混凝土机械的骨干企业。公司主要产品包括混凝土搅拌机、混凝土搅拌站、混凝土搅拌运输车、混凝土搅拌机、稳定土厂拌设备、混凝土清洗回收设备等9大类70多种系列产品。年生产规模达到混凝土搅拌机3000台、混凝土搅拌站

150台、混凝土搅拌站运输车200台、混凝土输送泵50台、塔式起重机150台、微型挖掘机100台的生产规模。全部产品均通过ISO9001国际质量体系认证。其中，EMC（HZD）搅拌站被广东省科委评为“省级重点新产品”；自主开发的搅拌站计算机控制系统，荣获2001年韶关市科技进步一等奖，被推荐为2002年广东省成果应用推广计划项目；混凝土清洗回收设备，被韶关市政府列为2001年技术创新项目；QTZ125塔式起重机被评为“国家级优秀新产品”。企业产品连续10年，通过国家产品质量监督检查，荣获技术监督局“产品质量可靠企业”称号。

2009年，该公司拥有自主知识产权科技成果20余项，已申请专利3项，其中实用新型专利2项、外观专利1项。

【韶关液压件厂有限公司】　公司原名韶关起重机厂，位于浈江区南郊韶南大道中8号。公司始建于1965年，是一家专业制造液压缸的国家高新技术企业。1987年，国内独家全面引进德国REXROTH力士乐公司高压系列液压缸技术，1989年获得力士乐公司签发的液压缸转让技术产品质量认可证书，并成为“中国钢铁工业协会冶金设备配件服务中心”和“宝钢备件国产化联合研制供应中心”的成员单位。

2009年，该公司整体资产17800万元，拥有占地3万多平方米的现代化厂房和一支德国培训过的高素质专业队伍，企业质量管理体系于2001年通过ISO9001质量体系认证，生产设备先后从德国、日本、美国进口了深孔镗滚机床、斜身自动车床、内孔珩磨机床、加工中心等精密先进的专业生产设备，建立了具有国际先进水平的AGC、AWC等高端伺服油缸检测平台，能自行设计、制造缸径Φ20～2000㎜，行程达20M各类液压缸。公司产品主要有AGC缸、AWC缸、结晶器振动缸、活套缸、R1、R2、R3控制缸、弯辊缸块、平衡缸、液压夹紧器、液压螺母、力士乐型号系列液压缸、工程系列液压缸、旋转接头、接近开关反馈液压缸、齿条摆动液压缸、美标和日标系列液压缸、国标和各种非标液压缸、液压系统等装置，产品应用于冶金、重工、矿山、港口及水利等多个行业，远销美国、德国、加拿大、日本、韩国、俄罗斯、乌克兰等海外市场。

【韶关市伟光液压油缸有限公司】　公司原名韶关市力士乐液压缸厂，位于浈江区韶南大道六公里粤北工业开发区民营科技园内，占地总面积48500平方米，总建筑面积30000平方米，其中厂房面积26100平方米。企业成立于1996年，是广东省高新技术企业，华南地区最大的液压缸生产基地之一。

2009年，该公司除专业生产德国、美国、日本等国际、国内先进标准共九个系列液压缸及各种高精密非标准液压缸外，其中WG01（CD250/CG250、CD350/CG350）、WG02（CDH2/CGH2）系列产品的主要性能指标均达到国际先进水平（企业产品品种规格多达3000多种，广泛用于工程、冶金、石油、矿山、建筑、航空航海、军工特种装备等各行各业）。还为首都钢铁厂、武汉钢铁厂、鞍山钢铁厂、广州钢铁厂、三明钢铁厂、山河智能公司等多家大型冶金行业及汽车行业生产配套产品。企业年产值超亿元，全员劳动生产率人均达到30万元/年，是韶关市机械行业的利税大户。

【韶关市新弘立建设机械有限公司】　公司原为韶关市林业机械厂，创建于1998年。2001年，更名为韶关市新弘立建设机械有限公司，位于浈江区陵南路。该公司是专业生产混凝土搅拌设备和环保设备的厂家，产品涉及建筑机械、环保除尘设设备等。其中，企业生产的混凝土搅拌设备，在国内被用于公路、机场、水利设施、市政工程等建设领域，环保除尘设备在冶金、冶炼、建材、化工等行业被广泛应用。企业产品遍及全国各地。2007年，企业成立新的工程技术研发中心，并引进了部分高层次技术、管理人员，进行新产品的研发攻关。

2009年，该公司在激烈的市场竞争中成为韶关市具有自主研发、制造、设计、安装能力，并粗具规模的生产建筑装备、环保除尘设备的民营企业之一。企业总注册资金达5000万元人民币

【韶关市阀门厂】　该厂为韶关市早期国有工业企业，始建于1958年，位于浈江区南郊6公里，是原机械工业部定点的阀门专业生产厂家，2002年企业转制，更名为韶关市阀门厂有限公司。2009年，该厂生产经营稳步发展，专业生产的各种闸阀、碟阀、伸缩节及附属管道设备等，具有密封性能好、启闭灵活、使用寿命长等优点，广泛应用于自来水厂、水力发电厂、排污排灌泵站、火电厂、污水处理厂、化工厂等行业，是给排水、水电站、泵站、冶金、石油、化工、环保、锅炉等行业工程建设的理想配套产品。其中，企业生产的软密封闸阀、金属硬密封蝶阀、大口径手（电）动蝶阀、液控止回蝶阀以及现有的大口径中/低压闸阀等，是企业“韶阀牌”阀门的优质产品。

（贝晓军）

冶金工业

【概况】　浈江区建置前，辖区内就已分布有大岭冶炼厂、韶关冶炼厂、广东铝厂等大型省级以上国有企业。20世纪90年代起，区境部分大型国有冶金企业实行重组转为股份制企业（中金岭南有色金属股份有限公司），部分市属中小冶金企业也逐步由国营转为民营或股份合作制经营。2009年，区境有冶金矿产工业企业3家，其中规模以上冶炼企业1家、其他冶金矿产企业2家。

【韶关冶炼厂】　韶关冶炼厂始建于1966年，位于浈江区南郊韶南大道9公里，企业原属广东岭南铅锌集团有限公司。1999年，广东岭南铅锌集团有限公司以第一大股东加盟深圳中金实业股份有限公司，更名中金岭南韶关冶炼厂。

该公司是国内首家采用英国熔炼公司密闭鼓风炉炼铅锌专利技术（简称ISP工艺）的大型铅锌冶炼厂，主要产品有电铅、精锌、硫酸、电银、精镉、二氧化锗、汞、粗铜、氧化锌、锌粉、硫酸锌、铅锌系列合金等，是国内第三大铅锌冶炼厂，年产量达30～40万吨。其注册商标“南华”牌铅锭、镉锭先后获国家金质奖，锌锭获国家银质奖，入列国家出口免检产品，远销欧美、东南亚等20多个国家和地区，其主产品电铅、精锌、白银已在伦敦金属交易所注册。企业生产的工艺水平、装备水平、环保水平进入到世界同行业一流水平。2006年，该厂先后通过ISO9002质量认证、ISO10012计量认证、OHSAS18001职业安全健康管理体系、ISO14001环境管理体系和测量管理体系认证、清洁生产审核、国家实验室认可，并被评为全国有色冶炼企业首家“环境优美工厂”和“全国环境保护先进单位”；2007～2009年，该厂先后被省市评为“环保明星企业”、“环保诚信”（绿牌）、“A级纳税人”信用等级单位。

【韶关市富洋粉末冶金有限公司】　该公司前身是广东省韶关粉末冶金厂，位于韶关市韶南大道7公里光彩工业园内，2000年转制为民营企业，更名为富洋粉末冶金有限公司，

为国家中二型企业，国家二级计量单位。2002年，该公司认定为广东省科技民营企业，2004年又被认定为广东省高新技术企业，是国内生产粉末冶金制品的骨干企业。

2009年，该公司拥有固定资产2960万元，其主要生产设备包括有美国、日本引进的先进设备共240台。主要生产粉末冶金产品有汽车、摩托车发动机零件：气门座、气门导管、机油泵及刹车摩擦片等零部件；工程机械配件有：粉末热锻浮动油封环，家电类各种铁、铜基含油轴承；手扶电梯配件等各类型的粉末冶金制品。公司生产的摩托车粉末冶金结构件产品，各项技术指标达到进口同类产品质量水平，并取代进口件；工程类的浮封环曾获机械工业部优质产品称号。企业年营业额可达2000～3000万元。

【韶关市金三江耐火材料有限公司】　该公司成立于2002年，位于浈江区十里亭镇靖村科技工业园内；2004年通过ISO9001:2000标准质量管理体系认证，并与韶关钢铁集团公司签署中长期战略合作伙伴关系协议；2005年，该公司获广东省“民营科技企业”称号；2006年，该公司获广东省三级《计量合格证书》，是韶关市重点民营企业之一。

2009年，该公司以研发、生产、销售耐火材料产品为主，集科研、试验、开发、生产、销售和筑炉为一体。主要产品包括：高中低档镁碳钙大砖、镁碳砖、铝镁碳砖、铝镁尖晶石砖、透气砖、上下水口、座砖等各种定型以及浇注料、可塑料、捣打料、补炉料、喷补料、钢包覆盖剂、无水炮泥、改质剂等各种不定型耐火材料。主要产品原料使用高纯电熔镁砂、铝矾土熟料、外加剂、结合剂等，产品主要广泛运用于转炉、电炉、高炉、盛钢桶的内衬及钢厂大、中、小型钢包。年内，该公司先后与洛阳耐火材料研究院、武汉钢铁设计研究院和北京科技大学、北京建筑研究总院等多所科研院校建立多边技术合作关系，生产的产品畅销广东、广西、江西、湖南、云南、贵州等多个地区。

（贝晓军）

化学工业

【概况】　浈江区是韶关市老化工基地，早在20世纪80年代前就分布有韶关化工厂、韶关合成氨厂、韶关日用化工厂等多家国营企业。90年代始，区境老化工企业逐步改制为私营或股份制经营，并新增部分新型化工企业。2009年，浈江区境有化工生产企业3家，各化工企业在年内均有较大的变革和发展。

【韶关市化工厂】　该厂成立于1958年，位于浈江区东郊黄金村，总占地面积22.61万平方米，1998年改制为民营企业，2001年企业通过ISO9001:2000国际质量体系认证，2002年获得由广东省对外贸易经济合作厅签发的自营进出口资格证书，2003年荣获广东省“民营科技企业”称号，是粤北地区最大的化工生产厂家之一，也是广东“省级先进企业”和“全国化肥生产先进企业”。

2009年，该厂以生产化肥、硫酸及钛白粉为主，其中钛白粉年生产量在8000吨以上，主要产品有CTA－100通用型颜料钛白粉、CTA－110水性涂料专用型钛白粉、CTA－120造纸专用钛白粉、CTA－101非颜料用钛白粉、CTR－102金红石型陶瓷钛白粉，钛白粉产品注册商标为“NEWSTAR”牌。另有年产12万吨工业硫酸、精制硫酸、蓄电池酸和年产12万吨过磷酸钙、250吨氟硅酸钠及2万吨硫酸亚铁的设备，注册商标为“韶丰”牌，产品主要销往国内、港澳台地区及南北美、东西欧、东南亚等地的国家。企业年产值达5000～10000万元。

【广东省力拓民爆器材厂】 该厂原名为广东省三〇九厂，成立于1959年，厂址位于浈江区犁市镇黄塘村，原属广东省煤炭工业总公司。该厂以生产各种民爆炸药为主，1993年引进南京理工大学的粉状膨化硝铵炸药生产技术，建成国内第一条连续膨化和连续混药炸药生产线。1997年企业产品通过部级鉴定，并获得两项专利。2001年，该厂划归广东省广业环保产业集团公司管理并改称为现名，是国家定点生产民用爆破器材的国有独资企业。2005年，该厂通过ISO9000:2000质量体系认证。

2009年，该厂与南京理工大学合作创新研发的“液混式膨化硝铵炸药生产工艺及技术”，通过技术鉴定及生产线验收，鉴定为“具有同类产品国际先进水平”。是年，该厂先后引进消化吸收行业较为领先的连续化乳化炸药生产线、基础雷管生产线、导爆管雷管生产线、电雷管生产线等技术，形成炸药生产许可能力达54000吨、工业雷管生产许可能力达4000万发的生产规模大型厂家，是浈江区重要经济支柱及纳税大户。

（贝晓军）

医药工业

【概况】 浈江区境医药工业始于20世纪70年代，经过90年代工业产业的调整，辖区境内原有的国有医药工业企业逐步改制为民营，并有以中医药加工为主体的医药工业在区境兴起。2009年，浈江区内共有医药工业企业3家。

【广东雷霆国药有限公司】 公司原名韶关市中药厂，创建于1970年，位于浈江区五里亭聆韶路8号，隶属于广东省药材公司。1998年，该厂改制为广东粤北黄岐药业公司；2001年增加注册投资，改称广东雷霆国药有限公司。2002年，公司被广东省科技厅认定为民营科技企业，2003年被认定为广东省高新技术企业。2004年，该公司生产的9个剂型一次性通过国家GMP认证，其中公司自主研发生产的“冠心康片、解毒降脂片”作为国内独家生产的产品，已被收录入国家部颁标准，具有独立自主知识产权并荣获广东省科技成果奖，11种剂型的中成药系列产品拥有较高的市场占有率和广泛的社会影响。2005年，公司被韶关市科技局、经贸局、发改局批准组建“韶关市中药材及药物制剂工程技术研发中心”，并于同年12月通过ISO9001质量认证，成为广东省粤北地区唯一的中成药生产基地和集药品生产、研究开发、经营批发于一体的公司。

2009年，该公司拥有100多台先进的国内外制药设备、检验设备及9种剂型生产线，已完成集生产、科研、后勤等功能配套齐全的药业基地改造，年生产能力超亿元。年内，在中成药研发方面，公司先后与中科院、南方医科大学建立紧密合作关系，成功开发出70多个优质产品，其中5个产品入选国家中药保护品种，13个产品入选国家基本药物目录。

【韶关市宏旭中药饮片有限公司】 该公司成立于2004年，是浈江区境一家按照中药材传统加工工艺生产中药饮片的民营企业。公司位于浈江区属十里亭镇谭进士岭，总占地面积达6000多平方米，其中生产车间和仓储面积2000平方米、综合办公检验大楼1000平方米、绿化面积2000平方米，生产车间、仓储设施及质量检验室等均按照《药品生产质量管理规范》设计和规划。

2009年，该公司产品主要有普通中药饮片、毒性中药饮片、小包装中药饮片及“生物重组罗布麻茶”、“灵芝葛仙茶”、“阿胶珠”、“正宗溪黄草煎茶”等20余种，在生产许可验收中，企业生产的一次性通过普通中药饮片生产线和毒性中药饮片生产线的验收，成为广东省少有的毒性中药饮片的生产企业，企业设计的年生产能力为500吨，生产中药饮片品种可达420种，月生产能力在10吨左右。

【韶关市居民制药有限公司】 该公司原名韶关市生物化学制药厂，2003年经广东省药品监督管理局批准，投资2000多万元在浈江区五里亭科技园征地扩建，进行GMP异地技术改进，建成符合GMP规范要求的综合制剂车间和中药前处理提取车间，并配套有生产、检验、办公、生活辅助等设施。公司总占地面积15000多平方米，其中建筑面积5000多平方米、绿化面积1000多平方米。2005年，公司通过国家药品GMP认证，并在同年改制为股份制企业，更名为韶关市居民制药有限公司，成为民营股份有限责任公司。2009年，公司主要生产片剂、散剂及中草药材提取物，品种有姜胆咳喘片、肌苷片、水牛角浓缩粉等。

（贝晓军）

电力设备工业

【概况】 浈江区境电力设备工业始于新中国成立前，新中国成立后随着韶关电力工业的快速发展，区境的国营电力设备工业企业逐步增多。至20世纪80年代，区境先后有韶关水轮机厂、韶关发电设备厂等国有大型电力设备工业企业。90年代起，韶关国有工业体制改革，区境原有电力设备工业企业逐步实行重组转制为私营或股份制合作制企业。2009年，区境有电力设施工业企业10余家，多以中小型电线、电缆生产企业为主，并有规模以上电力设施工业企业2家。

【韶关众力发电设备有限公司】 公司原名为广东省发电设备厂，于1958年在广州创建，1966年从广州迁入韶关市十里亭镇，更名为韶关发电设备厂，是全国水电设备八大专业生产厂家之一，也是中国机械工业局（原中国机电部）生产电设备重点企业。1998年，公司成功通过ISO9001国际质量体系认证，2003年被广东省评定为“省高新技术企业”，2004年被上市公司广东明珠集团股份公司收购，成为明珠集团属下一家独立核算、自主生产经营的民营企业子公司。2005年，公司获得韶关市“守法诚信用人单位”称号，同时入列韶关市重点扶持做强做大企业之一。

2009年，该公司为广东省最大的发电设备生产基地，拥有广东省最大的机械加工生产能力。其中有100T双梁吊车的6000㎡的综合车间和75T双梁吊车10000㎡的铆焊车间；有主要生产设备439台，并有大、精尖设备52台；大型设备有12.5m数控车、8m立车、14m数控卧车、9.3m立车、Φ250落地镗床、800T冲床、50×3000mm卷板机、3m投影测长机、G48数控连续轨迹坐标磨床、CNC－120数控车床四轴四联动数控镗铣床（中片加工）数控冲床控切割机等，是中南地区最大的电机试验站。公司自行设计、制造的水头3～600米、转轮直径0.42～6.50米、单机容量125～50000KW水轮发电机组及其配套的球阀、蝴蝶阀、液压闸阀、可控硅励磁装置、电站继电保护、电站电力控制设备等辅助设备，尤其是在低水头贯流式水轮发电机组的开发、设计、生产上处于全国领先地位。年内，公司已形成年产300MW水电设备的生产能力，先后向国内外用户提供5200多台套机组，产品遍布全国各地，远销菲律宾、越南、尼泊尔、几内亚等国家。

【韶关市电线厂】 该厂位于浈江区东堤北路246号，建于1968年，厂房面积25000平方米，其中建筑面积12000平方米，是粤北地区规模生产电线、电缆的专业企业之一。该厂主要产品有“风采牌”注册的聚氯乙烯绝缘电线电缆、钢芯铝绞线和聚酯漆包线三大类。2000年，该厂产品通过ISO9001国际质量体系认证，并获得国家的产品CCC认证，还获得国家质量技术监督局颁发的“全国工业产品生产许可证”。2009年，该厂年生产能力达5000万元。

（贝晓军）

轻工、制衣工业

【概况】 浈江区境近代轻工、制衣工业始于民国时期，主要有规模很小的米面加工、缝纫、印刷等。新中国成立后，区境轻工、制衣工业进一步发展，先后兴办机缝合众社、米面加工、织袜、捻线、针织、制衣、木器、印刷、食品厂等。20世纪90年代，区境轻工、制衣企业逐步转制为私营或股份合作制。2009年，浈江区境轻工、制衣企业全部为民营或股份合作制企业，数量多达数十家，其中轻工企业以印刷、食品、洗涤用品、日用杂品等为主，制衣工业以服装加工、制衣、纺织服装等企业为主。

【韶关市韶城承揽加工厂】 该厂创建于2002年，是区境第一家民营连锁式经营生产纺织、服装、电器、灯饰加工企业，企业基地集中在浈江区犁市镇。企业除生产经营纺织、服装加工、制造业外，还经营加工小电器、灯饰生产。2009年，工厂旗下有鸿运针织一厂、鸿运针织二厂、鸿运针织三厂、伟业制衣一厂、伟业制衣二厂等纺织、服装加工企业和光明电器一厂、光明电器二厂、兴盛电器厂、华强电器一厂、华强电器二厂等电器加工生产企业；另有华立工艺加工一厂、华立工艺加工二厂、华立工艺加工三厂、骏业工艺加工一厂、骏业工艺加工二厂等电器灯饰制造、加工分厂。

【韶关市金升制衣有限公司】 该公司成立于1998年，其前身为韶关市北江金宝制衣厂，位于浈江区五里亭聆韶路6号，主要经营来料加工生产为主的私营服装制造企业。2009年，公司注册资金达1亿元人民币，初步成具有承揽各种面料和各类服装生产、加工能力的中型企业，并在香港设有分公司、在柬埔寨设有分厂，年加工出口服装达180万件，产品全部销往香港地区和美国。

【广东省北江工业总厂】 广东省北江工业总厂是浈江区境民营连锁式经营企业之一，成立于1997年，生产基地集中分布在十里亭镇黄岗地区，以生产纺织、服装业为主，并兼营建材、装修等。2009年，总厂旗下共有恒达毛织一、二厂，丽晶毛织一、二、三、五厂，利威毛织一、二厂，山蕉毛织一、二、三、四、五、六厂，裕华毛织一、二、三厂，以及制衣一、二、三、四厂等纺织、服装加工业21家；另有灯饰加工一、二厂及表带加工厂、电子加工厂、丽星制鞋厂、水泥建材等工业企业10余家。

【韶关市兴业洗涤用品有限公司】 该公司创建于1988年9月，位于浈江区南郊韶南大道5公里东侧，主要采用先进的SO3模式磺化设备和意大利Ballestra公司技术生产磺酸，是国内生产洗涤用品原料较大型企业之一。2002年，企业通过ISO9001国际质量管理体系认证。2003年，企业设计年产量达30000吨，工业产值近2亿元。2009年，公司产品有三大系列共16个品种，并初步成具有一定生产规模、产能的国内洗涤用品原材料行业龙头。产品主要销往全国各地及香港、东南亚等地区和国家。

【韶关市冠翔药食同源食品有限公司】　公司创建于2008年，位于韶关市浈江区韶南大道北69号，是专业致力于植物萃取物、保健品原料等产品的研发、生产和销售的私营资本加工企业。2009年，该公司生产、经营的主要产品有大豆异黄酮、银杏叶提取物、葡萄籽提取物、绿茶提取物、人参皂甙、西洋参皂甙、淫羊藿提取物、葛根提取物、山楂提取物、三七皂甙、枸杞多糖、金银花提取物等。产品被广泛应用于保健食品、化妆品及医药生产等行业。

（贝晓军）

城区兴隆街

城乡建设与管理

共粤北省委旧址　张九龄　余靖

城市规划

【城市规划】 浈江区城市规划历来由韶关市城乡规划局统一制定。2009年，浈江区境内先后完成《韶赣高速公路连接线地区控制性详细规划》、《浈江北路沿线地区控制性详细规划》、《市区公共交通枢纽及对外联系主要干道定线规划》、《五里亭大桥、黄金村大桥、百旺大桥两侧绿地景观控制性详细规划》、《韶关市城市综合交通规划（2005～2025年）》、《东莞（韶关）产业转移工业园区总体规划》、《东莞（韶关）产业转移工业园区产业战略研究》、《东莞（韶关）产业转移工业园区控制性详细规划》等规划的报批工作。

【规划宣传】 2009年，浈江区认真宣传《中华人民共和国城乡规划法》，组织开展"城乡规划法宣传月"活动，选派部分人员参加市建设局组织的城乡规划法学习培训班，通过制作宣传牌、悬挂宣传横幅、张贴宣传口号和发放宣传资料等形式深入学习宣传《城乡规划法》。在开展宣传、学习活动中，重点学习《城乡规划法》和村镇规划编制管理基础知识。年内，区建设局分两期组织镇村建设管理人员主办学习班，并结合区内实际进行规划宣传教育。

【规划管理】 2009年，浈江区根据韶关市城乡规划的要求，加大对违法建设查处力度。坚持周巡查制度，以预防为主，加强批后跟踪管理和日常巡查，有效遏制违法建设行为。全年共依法查处违法建筑38宗、面积3680平方米，对区委、区人大和区政府交办查处的23件违法建筑进行拆除，并书面答复投诉6件，接待群众投诉、信访来访33起。深入开展市区违法违章建筑专项整治，认真开展对市区韶枫路、韶塘路、启明路等路段的违法违章建筑专项整治行动，全年共排查违法违章建筑126宗、6135.3平方米。

（黄宣剑　潘癸潮）

城市建设

【概况】 2009年，浈江区积极支持韶关市创建"国家卫生城市"和"国家园林城市"，继续改造大街小巷道路，整治城区面貌，新建帽峰大桥，修筑、加固城区河堤，增建公共绿地、花坛和花基，种植道路树木。全年完成投资超过亿元的项目有碧桂园、韶赣高速公路浈江段、风度国际大酒店等项目。地域建筑业产值完成25.67亿元，同比增长39.8%。浈江产业园基础设施完成投资9255万元，园区8.25公里主干道已建成通车，并有中机重工、德丰机械等企业顺利投产，中小企业创业基地也已完成5.6万平方米标准厂房建设。

【文明施工管理】 2009年，浈江区根据建设部《建筑施工安全检查标准》、《建筑施工现场环境与卫生标准》、《韶关市区商品混凝土管理办法》等行业标准及广东省建设厅、韶关市建设局相关文件精神，继续把文明施工管理作为“创建国家卫生城市”和“国家园林城市”的重要工作来抓。组织全区施工企业（含驻区施工企业）认真学习国家和省市相关文件及其他城市严抓工地文明建设的经验和做法，围绕“安全、卫生、环境、爱民”八字方针，从“安全第一”、抓好工地安全达标工作、改善工地卫生状况、注重工人身心健康、创造良好场容场貌、树立建筑企业形象等方面入手，切实加强建筑工地安全管理和现场环境卫生管理，确保实现建筑施工无大事故、现场文明施工、环境保护责任考核目标全面达标。年内，区建设主管部门分别对辖区建筑施工过程和竣工前地理环境验收标准、排山上必须搭设防护栏和拉挂防护网、设置高度最少为1.8米以上（含1.8米）的整齐美观封闭式围挡墙、工地现场主要通道必须硬化处理、严禁在施工现场焚烧和凌空抛掷物品以及随意倾倒建筑垃圾、基础土方施工必须防止扬尘作业等方面作出强制管理措施和明确的硬性规定，并经常组织人员对辖区内正在施工的项目进行监督检查，发现问题及时整改，有效促进区内建筑工地现场管理根本好转。

城区启明路建筑群

【工程质量管理】 2009年，浈江区积极配合市工程质量管理部门采取巡视施工作业面施工质量和对工程重要部位实体质量进行抽查的方式，严格工程质量检测制度。以控制原材料质量为重点，对区内在建工程的商品砼强度进行监督抽查，累计抽查构件数量31件，合格率达97.5%，商品混凝土质量处于受控状态。加强建筑外墙饰面砖粘贴质量控制，凡建筑物外墙采用饰面砖装饰的，按照《建筑工程饰面砖粘结强度检验标准》（JGJ110～97）的规定进行粘结强度检测，并在全区建设系统开展以“质量安全是社会和谐的基础”为主题的“质量月”活动，实施商品混凝土质量检测数据信息化管理，所有在本市有资质的商品混凝土搅拌站要建立建设工程质量检测数据信息化监督管理电子政务系统，试验数据实时上传到市建筑工程质量监督机构的监管系统。扎实开展质量通病二十条整治，鼓励、引导企业开展各种形式的质量创优活动，积极创建优良样板工程，市区在建工程项目一次性竣工验收备案合格

城区复兴路

率100%，优良工程率达到15%，工程质量稳步提升。

【建筑市场管理】 2009年，浈江区根据《韶关市房屋建筑和市政基础设施工程招标投标示范文本》，将市区范围内涉及公共安全和公众利益的房地产开发建设项目、邀请招标和二次公开招标失败的建设工程项目，统一安排进入市建设工程交易中心进行交易，并推行工程量清单计价方式招标，预防和遏制串通投标和哄抬标价的行为。规范和完善招标文件审查，着力抓好包括招标文件拟制、招标公告发布、资格预审、开标、评标、定标等各个重点环节的监督。推进“两场联动”（市场与现场联动）制度建设，建立招标前施工现场踏勘制度，实施政府投资重点建设工程项目中标后的跟踪管理制度，开展中标后跟踪检查活动，完善竞标市场和施工现场联动管理机制。严格招标代理机构资格管理，加强对招标代理机构承接业务后的行为管理，按照《韶关市工程招标代理机构信用手册》，推进建筑市场信用体系建设。积极协助市有关部门改善工程交易环境，购置安装先进适用的设备和网络设施，实现有形建筑市场交易活动远程适时监控，初步建立规范完备的招标投标监管和服务体系。至年底，区政府投资项目评审中心全年评审50万元以下的政府投资项目163项，送审金额5887万元，经评审后节省资金565万元。

（黄宣剑　周望甫）

附：区建设局领导班子成员名录

局　长：黄宣剑

副局长：杨国洪、何美娇、欧锐文

桥梁建设

【概况】 浈江区内中洲半岛是韶关市老城区，半岛夹于浈、武两水之间，南端为浈、武两水汇合的北江，三面环水，桥梁是连接外界的交通纽带。2009年，区内已建成铁路、公路大桥9座，分别是东河铁路桥、曲江桥、西河大桥、十里亭大桥、风采桥、北江桥、武江桥、百旺大桥、五里亭大桥。年内，区境桥梁建设主要有韶关帽峰大桥。

【东河铁路桥】 该桥横跨浈江，东起原东河木材厂，西接帽子峰山脚，于1913年动工兴建，后因资金短缺，建桥工程一度中断。1920年年底续建，又因施工技术力量薄弱、设备简陋及屡遭洪患等原因，工程期间时断时续，延至1933年1月1日才竣工通车，历时20年。旧桥长237.84米，混凝土梁与钢梁混合结构，其中一孔为混凝土梁，七孔为钢梁，最大跨径30米（五孔），最小跨径9米，余下两孔分别为16米与18米。抗日战争期间，国民党军队为防御日军攻占韶关，曾于1945年1月26日将大桥炸断，抗战胜利后简易修复通车。解放战争期间，国民党军队于1949年10月6日再次将该桥炸断，新中国成立后于1950年5月4日再度修复通车。1980年，衡广铁路复线动工，在原东河铁路桥以北约50米处动工建筑新的复线铁路大桥，1986年竣工。新桥为混凝土桥墩、钢梁结构，共7墩7跨。从南往北，第一、二跨均为24米，第三、四跨为32.6米，第五、六跨最宽

曲江大桥

均为65.1米，第七跨依附山坡地桥台，跨度最短，仅16.5米。除第五、六跨为钢栓焊梁外，其余皆为钢平衡梁。全桥长277.45米，可同时通行两列列车。新桥建成后，原东河铁路桥废除。

【曲江桥】　该桥横跨浈江，东接火车站广场，西连解放路。老桥于1920年筹建，1932年竣工，为11孔（跨）混凝土悬臂吊梁桥，桥高约12米，宽6.92米，是韶关市区最早建造的钢筋混凝土公路桥梁。抗日战争时期，日军飞机曾多次对该桥进行轰炸，桥东台20米处被落弹震裂。1945年韶关沦陷前夕，国民党守军在撤出韶关时，曾将桥第7～10号的4个桥墩和5跨桥梁炸毁。抗战胜利后于1946年按原式样修复，所毁的5跨桥梁（面）则采用美具雷式军用钢架代替，以维持两岸交通。新中国成立后，韶关市人民政府曾先后多次对老桥进行维护扩建，其中较大规模的有两次。第一次扩建于1958年11月动工，1959年7月14日竣工。扩建后桥面宽度从原来的6.92米增至10米，其中车行道为7米，两旁人行道各1.5米。可同时双向通行汽车。荷载为汽－13吨。第二次扩建于1990年6月动工，1991年11月15日竣工，工程总投资1279万元，桥梁及基础的施工单位为广东省基础公司，墩台与上部构造及引道等工程的施工为韶关市第二建筑工程公司。扩建后的新桥共14跨，总长425.16米，其中主桥长311.56米，引道长113.60米，桥面宽21.50米，按汽－20，挂－100荷载设计。下部结构采用冲孔桩基础单排架桥墩、空箱式桥台，上部采用普通铪T梁、预应力T梁和空心板。桥面则采用连续的新结构。

【西河大桥】　该桥横跨武江，东接西桥街（今复兴路）口，西连新华北路，是新中国成立后韶关市兴建的第一座大型混凝土公路桥梁，也是国家第一座预制钢绞线双向预应力公路大桥。该桥由广东省建筑设计院设计，为悬臂式钢筋混凝土结构，于1959年筹建，1964年破土动工，1966年5月1日竣工。建成后的大桥全长946米，宽14米，其中桥身253米，车行道9米，两旁人行道各2.5米，共2台7墩8跨，荷载为汽－13吨，拖－60吨，耗资259.55万元。

【十里亭大桥】　该桥是目前横跨武江最北端的一座钢筋混凝土公路桥梁，桥址位于市发电设备厂（原水轮机厂）旁，西接武江区建

西河大桥

设路北头，于1971年动工，1973年7月1日竣工通车，共耗资约110万元。桥长314米，桥面宽12.5米，基中车行道为9米，两旁人行道各1.75米，荷载汽-18吨，拖-80吨。

【风采桥】 又称东河桥，横跨浈江，东接启明路，西连风采路，三拱横跨江面，是一座具有中国民族特色的三跨三拱钢筋混凝土桥梁。该桥于1975年5月开始筹建，1977年正式动工兴建，1979年元月建成通车，总投资143.5万元。桥总长315米，桥宽12米，其中车行道8米，两旁人行道各2米，荷载汽-13吨，拖-50吨。

【北江桥】 该桥横跨北江，东连广韶路，西接新华南路，为7跨钢筋混凝土空心箱形大桥。该桥总预算652万元，实际耗资740.25万元。大桥于1978年11月动工，1983年12月竣工通车。桥总长1100米，其中主桥长499米，两旁引桥长共601米；桥面宽20米，其中车行道14米，两旁人行道各3米，桥高19米，荷载汽-20吨，拖-100吨。

【武江桥】 该桥初称解放大桥，横跨武江，东连解放路，西接工业东路，于1985年2月3日正式动工，1987年3月完成下部结构，1988年6月30日完成大桥主体，同年10月1日竣工并交付使用，整个工程从正式动工至竣工历时三年零八个月。该大桥采用多跨简支预应力混凝土桥梁，全桥设计8个桥墩、2个桥台，由7孔35米与1孔10米的跨径组成。墩平均高13米，主桥身净长255米。东桥头设“Y”型南北走向两引桥，其中北引桥与解放路交会，长57.6米；南引桥与园前西路相连，长80米；西桥头引道为102米。全桥总长为392.6米。桥面由八块预应力大梁组拼，桥宽14米，其中两边人行道各2.5米，车行道9米。设计荷载汽-20吨，拖-100吨，全桥建设总投资为850万元。

【百旺大桥】 该桥横跨北江，东连国道106线，西接西联大道至国道323线。该桥结构较为复杂，其中引桥为预应力简支空心板梁与砼箱型拱桥两种结构，主桥为钢管砼中承拱结构。工程总投资1.6亿元，于1992年10月动工，2004年10月竣工（中途因资金等原因曾一度停工3年）。大桥总长789.5米，其中主桥长127.6米，宽28米，双向四车道，东引桥长499.8米，西引桥长171.1米。荷载汽超-20，挂-120尺3.5KN/m^2。

【五里亭大桥】 该桥是目前市区横跨武江最宽的一座公路大桥，桥址坐落于北江区五里亭韶关市第七中学稍北处，东连前进路与帽峰路相接处，西接武江北路与惠民北路交汇处。总投资1.2亿元，主桥为拱梁组合，连续箱续，基础为大直径无承台单墩、单柱基础；引桥为预应力现绕箱梁。桥总长525米，其中主桥3跨长190米，另东引桥6跨长100

帽峰大桥

米，西引桥 11 跨长 215 米，全桥合计总长 885 米。桥宽 33 米，其中机动车道 15 米（7.5 米×2）非机动车道 7 米（3.5 米×2），人行道 6 米（3 米×2），路缘带 1 米，绿化带 4 米（2 米×2）。荷载汽超－20，挂－120，尺＝3.5KN/㎡。该大桥集当前全国最大直径，最大单桩承载力变截面桩、最大跨度（190 米）连续梁预制顶推施工、最大跨度（120 米）拱梁组合结构、最大跨度提升坚转钢管拱施工、最大宽度移动模架施工等“五最”于一身和集十余项目前国内外最先进的“新技术、新工艺、新材料、新设备”等科技成果，成为国内同类型的“五最十新”桥梁。大桥于 2000 年 1 月动工，2004 年 10 月竣工通车。

【帽峰大桥】　该大桥是韶关市在辖区内兴建的市属重点建设工程项目之一，为市区规划内环路控制工程。项目按城市Ⅰ级主干道标准建设，总长度 1055m，其中大桥长 340m。引道长 715m。主线宽 30m，双向四车道，预计总投入约 9407 万余元。大桥于 2008 年 12 月 31 日举行开工仪式，2009 年初正式破土动工，工程施工进程顺利。至年末，已完成项目投资 4233 多万元，占总投资额 45%，预计工程于 2010 年下半年竣工通车。

【黄金村大桥】　该桥是市区横跨浈江最北端的一座公路桥梁，是国道 323 线市区过境道路建设工程的五个施工标段之一。大桥东端与国道 323 线相交，西端与良村（碧桂园）接壤，全长 276 米，宽 30 米，双向 4 车道，大桥于 2005 年 7 月 29 日正式动工，2006 年 11 月底通车，历时 14 个月建成，是韶关市近年来建设速度最快的桥梁。

（潘癸潮　杨　岚）

黄金村大桥

乡镇建设

【概况】　1995 年，浈江区开始大规模进行“奔康工程”乡村建设，并实施乡村道路规划建设。此后，区内的乡村建设及乡镇各集市、各公共设施建设均按全区统一规划进行，村民兴建房屋需通过区镇两级政府审核批准。2009 年，浈江区乡镇建设主要开展村镇规划试点、组建镇村级建设管理机构、配备镇村级建设管理人员、进行乡村建设技术人员培训等，并继续进行新村建设及旧村改造。年内，区财政投入资金 100 多万对新韶镇东联翻溪桥村进行综合整治，成为全市村庄整治的亮点，并投入资金 1700 多万元，建设乡村公路 25 公里。

【乡镇规划】　2009 年，浈江区根据《韶关市总体规划》部署，有组织、有计划地在全区范围内开展村镇规划试点工作，并计划每年从区、镇主管村镇规划机构中抽出专人参加省、市城乡规划局举办的村镇规划技术人员培训班（已先后有 20 多人次参加省、市培训）。年内，十里亭镇和犁市镇分别建立专职负责管理村镇规划建设的镇级城乡建设办，新韶、乐园和花坪三个镇也将村镇规划建设的管理工作委托镇内农办或综合办等机构代管，一定程度加强对乡镇新农村规划建设管理。至年底，全区五个乡镇已有犁市镇厢廊村委沙尾村、下园村委岭背村、十里亭镇五里亭村委皇岗村小组、新韶镇大陂村委水口村小组、花坪镇乌石冲自然村、乐园镇长乐村委六奇山新村等14个自然村按市规划标准要求完成村庄规划试点申报（其中2007年1个，2008年4个，2009年9个）。

【乡镇房屋建设】 2009年，浈江区根据国家和省市农村改革发展新要求，将建设社会主义新农村作为重要战略任务，并着重做好村镇规划编制，抓好规划实施，抓好村庄整治，不断改善农村卫生条件和人居环境。年内，浈江区共建新村19个（含拆旧建新新村），总数358户，建筑面积51600平方米。新建村庄公共设施完善，布局合理，通风、采光、卫生条件良好，农户居住条件环境得到改善。其中：19户均为二层以上框架结构，其村庄布局均按规划进行，房屋设计新颖、布局整齐雅观，装修均用上瓷砖、彩釉砖、大理石、铝合金门窗等高档建材，还建有门楼、水泥村道、花基、绿化带、幼儿园和文化活动室等齐全配套设施。

（潘癸潮　章伟文）

建筑业

【概况】 2009年，浈江区建筑业持续较快增长，建筑业增加值6.82亿元，比上年增长27.0%。全区资质等级以上建筑企业11家，完成建筑施工产值25.67亿元，比上年增长39.8%；实现利润0.31亿元，比上年增长150.7%。房屋施工面积73.64万平方米，比上年下降8.5个百分点；房屋竣工面积25.52万平方米，比上年增长103.4%。

【建筑安全生产】 2009年，浈江区建筑业全面落实安全管理目标责任制，区建设局与各镇、办事处建设管理部门签订《建设工程目标管理责任书》，制定安全生产措施和监管制度。市区全面实施起重设备检测、安装单位备案，逐步规范起重机械市场管理。推行建筑施工现场管理和作业人员“平安卡”管理制度，全面落实农民工岗位安全知识教育培训，共培训建筑工人1000余名。各建筑企业和每个项目工程均有岗位职责和规章制度，把质量安全管理工作规范贯穿生产的全过程中；要求施工人员克服麻痹大意，忽视质量安全的思想观念，树立质量第一、安全第一的生产观念；区主管部门经常组织质量安全大检查，发现问题及时整改，争取把质量安全事故消灭在萌芽状态之中。年内，辖区建筑企业未发生重大安全、质量事故。

【浈江建安工程公司】 组建于1984年，成立初期，企业资质为工业与民用建筑施工三级建安企业。固定资产总值12.3万元。成立当年，完成建筑安装竣工面积7718平方米，完成建安产值230万元。此后20余年间，经过不断完善发展，公司综合实力大大增强，生产能力也不断提升。1995年12月，浈江区建筑安装工程公司经省建委核定升格为工业与民用建筑施工二级建安企业。2007年年底，公司实行改制，以出让经营权的形式转让给韶关市永旭房地产开发有限公司经营。至2009年，转制后的公司已缴纳1000余万元财税款。

【北江建筑工程公司】 成立于1984年，为区属集体三级建安资企业。公司领导班子由区政府任命行政干部组成。公司采取挂靠经营模式，未设置基本建筑工人队伍，通常保持20名工程技术及管理人员，并根据挂靠项目的多少临时在社会上聘请人员作为公司的派出人员。凡挂靠工程项目造价达40万元以上的由公司负责派员对其工程项目的施工技术、生产安全、工程质量等进行管理。工人则由挂靠单位自行解决。公司向挂靠单位按所挂项目的工程总造价收取管理费。2009年，该公司创税高达1000多万元。

（潘癸潮　杨　岚）

房地产管理

【概况】　2009年，浈江区房地产开发投资继续增长，开发规模迅速扩大，商品房供给与销售保持良好势头。年内，全区房地产资金来源20.12亿元，其中国内贷款13.6亿元，自筹资金1.8亿元，约占全市房地产投资总额61%，比上年增长43.8%，其中建筑工程9.5亿元，安装工程2.15亿元，设备购置0.42亿元，其他费用0.2亿元。年末，区境有房地产企业18家，其中二级1家、三级4家、四级13家，从业2503人，其中在岗2475人。全区房屋施工建筑面积73.64万平方米，比上年下降8.5个百分点；房屋竣工面积25.52万平方米，比上年增长103.4%。

【住房解困】　浈江区住房解困工作由市住房管理局和市城乡建设局统一管理与安置。年内，区住房解困工作主要根据《韶关市区廉租住房保障实施办法》等有关规定，对辖区内持有市区常住户口的家庭经济状况开展调研，将调研中发现家庭人均收入低于市区最低生活保障标准150%，人均住房建筑面积低于10平方米的住房特困户，造册上报市住房和城乡建设局作安置的决策依据。2009年年初，韶关市廉租房共40户承租对象资格审核公告，浈江区27户解困户榜上有名，作为当年度首批解困对象，占全市首批解困对象总人数67.5%。

【商品房建设】　2009年，全区商品房施工建筑面积73.64万平方米，其中住宅64.77万平方米，办公楼0.68万平方米，商业用房4.63万平方米，其他3.56万平方米；竣工建筑面积25.52万平方米，其中住宅21.01万平方米、办公楼0.23万平方米、商业用房1.65万平方米、其他2.63万平方米；竣工房造价2034元/平方米，其中住宅造价2035元/平方米。商品房建设热点分布在五里亭、南郊及市中心地段，约有10余个中大型商住楼盘（建筑面积8000平方米以上），多是小高层公寓、中等偏大户型。

【房地产中介服务管理】　2009年，区境驻有房地产评估机构，房地产评估师17名（驻区单位）。年内，市区符合建设部《城市房地产中介服务管理规定》设立房地产中介服务机构条件的房地产经纪机构有1家，共有11名从业人员取得中华人民共和国建设部、中华人民共和国人事部联合核准的房地产经纪人资格。市建设局、市工商行政管理局和市物价局联合开展中介市场治理整顿，查处房地产中介市场中证照不全的房地产经纪机构。建立房地产经纪机构备案制度，试行中介机构进场经营和统一发布信息。九成以上房屋租赁、二手房买卖通过房地产中介机构进行。

【房地产交易及抵押登记】　浈江区房地产交易及抵押登记主要由市相关部门负责。2009年，韶关市房地产交易登记所试行一个窗口收件，一条龙办公，一站式服务。转移、变更登记程序由原来的四审制改为二审制，房产交易与权属登记流程由七个办事环节缩短为四个环节，并根据《韶关市房屋权属登记信息查询办法》规范房屋权属登记信息利用。

【住房保障】 2009年，浈江区在对低收入家庭调查和符合建档的基础上，结合实际情况，根据市政府发布的《韶关市城区解决城市低收入家庭住房困难工作计划》及《韶关市城区解决城市收入家庭住房困难发现规划（2008~2010）》，建立起常规实施解决住房困难计划制度。所有解决住房困难计划都纳入各级政府年度经济发展计划并向社会公布，为分期、逐批解决城市低收入家庭住房困难问题明确了目标。建立健全住房保障配套制度措施，根据韶关市《关于切实解决城市低收入家庭住房困难的实施意见》、《韶关市区经济适用住房保障实施办法》、《韶关市区经济适用住房管理实施办法》和《韶关市区廉租住房、经济适用住房配建实施办法》等文件，建立廉租住房建设投入机制，实行“危旧公房改造与经济适用住房、廉租住房建设相结合，政府筹建与市场购建相结合，实物配租和住房补贴相结合”住房保障形式。

【物业管理】 浈江区境物业管理主要由市住房和城乡建设局统一管理。2009年7月1日，市建设局除保留其对批准物业管理公司成立审批权外，将其余物业管理的小区治安、环境卫生、园林绿化、停车场、公共用地等使用与管理下放给市辖区。年内，浈江区内所有新建的商品住宅小区均成立物业管理公司，物业管理覆盖面达100%，区城乡建设局和街道办事处共同做好协调业主与物业管理公司因水、电、气、停车费、物管费等各种劳务费用缴交标准差异和公共用地使用标准而产生的矛盾纠纷。

（潘癸潮 杨 岚）

风度中路高层建筑楼房

综　述

【管理机构】　2009 年，浈江区城市管理主要有区城市管理局及下设的环境卫生管理一所、二所和区城市管理综合执法分局。区城管局主要负责贯彻执行城市市容市貌管理的规章制度并监督执行；开展市容市貌整治活动；组织城市市容市貌检查、评比、监督活动；负责对区城监中队文明执法、队风队纪的监督检查；做好辖区环境卫生工作，建设、管理辖区环卫设施；按照城市总体规划要求，协助市城监部门做好本辖区城市规划管理工作。区环境卫生管理一所、二所为正科级事业单位，负责组织领导环卫专业人员完成本辖区垃圾清运、道路保洁、公厕管理、修造和维护环境卫生设施等市容和环境卫生管理工作。区城市管理综合执法局负责对本辖区不办理规划报建手续，擅自兴建、超建及不按规划兴建各种建筑物、构筑物；不办理报建手续，随意损坏名胜风景区、乱倒余泥及影响《广东省城市市容环境卫生管理规定》中所规定的市容和环境卫生管理工作。

【城市供水】　浈江区城区供应自来水始于 1961 年，一直由韶关市自来水公司统一负责。2009 年，驻区的市自来水公司积极维修区境自来水管网，加强水泵房机电设备检修，强化水质监测，科学调节净水剂量，保证取水泵正常运行，确保城区居民安全、正常供水。年内，全区约 33 万余人饮用自来水，占区内城镇居民总数 100%。

【城市供气】　浈江区罐装液化气供应始于 1986 年 10 月，管道燃气始于 1993 年 5 月。2009 年，区境有燃气营销网点 95 家，除装有管道煤气的住户外，98% 以上城区住户使用罐装液化气；城区输配管道燃气主管网增至 167.5 公里，有 79 条路、街、巷具备通气入户条件，覆盖面约 45 平方公里，用户增至 34000 余户。

【路灯管理】　浈江区城区路灯始于民国 8 年（1919 年），新中国成立后一直由韶关市路灯管理处统一管理。2009 年，区境城区路灯总数达 19300 多盏，线路总长达 360 多公里，分别占市区同期路灯总数、线路总长 51.7% 和 50.2%。全部路灯均为美观、雅致、节能、外形花式各异的钠灯、金卤灯、节能灯、数码管等新型灯饰。

【园林绿化】　浈江区园林绿化主要由韶关市园林绿化处统一负责。2009 年，区境绿化范围主要有公园 5 座（分别是中山公园绿化面积 11.5 公顷、韶关国家森林公园绿化管理面积 600 公顷、帽峰公园绿化面积 19.5 公顷、河滨公园绿化面积1.75公顷、烈士陵园绿化管理面积8公顷）；绿化广场一座（位于区境北江桥头东侧，绿地面积达2.2万平方米，占广场总面积的70%）；绿化道路61条，共58.4公里；小绿地有38块，总面积约758600平方米。年内，区境园林绿化效果明显。烈士陵园四周遍植的松柏已成荫，韶关国家森林公园的松、枫、樟、蒚等乔木参天挺拔，遍栽的桃、李、红花油菜、杜鹃等花草均随季节开放；中山公园栽种的白玉兰、万寿果、红棉、小叶榕等乔木和其他草本、灌木相互衬托，美观、自然；帽峰公园内的绿化覆盖率达100%，半山腰遍植的黄叶连翘、满天星、红背桂、福建茶、大丽花等草木花卉与入口山坡上栽植的千余株红枫、万余株韶关市花——杜鹃花，为公园增添色彩；河滨公园内植有大量乔木，乔木下遍筑花基、花坛，分别植有红背桂、满天星、黄叶连翘、文树兰、山瑞香、大丽花、紫藤、野山芋、凉姜、花蝴蝶、杜鹃、白蝉、勒杜鹃等多种藤草本花卉；各地段小绿地交叉种植大量的红背桂、黄榕、福建茶、大丽红花、勒杜鹃、希美莉、黄叶连翘、满天星、花蝴蝶等品种，不同色素的品种形成各种图案色块；主要道路两旁植有垂榕、银桦、大榕树、小榕树、荫香、木棉、香樟等乔木。

（成　容）

环境卫生

【概况】　2009年，全区主次干道、小街小巷、城乡结合部、关停并转企业、铁路地段共有保洁总面积585.06万平方米，辖区全天候免费开放公厕48个，垃圾中转站7个，上门收集垃圾8.5万户，收集率、普及率98.9%，日清运垃圾及工业废物达28.64万吨。

【卫生保洁】　2009年，浈江区环卫一、二所按国家颁布的《城市环境卫生质量标准》和韶关市政府颁布的《韶关市城市环境卫生质量标准》、《韶关市环境卫生作业质量考核办法》等规定，加大力度落实整改清扫保洁工作存在的问题，认真落实抓好铁路区域的保洁工作，并按市、区两级政府部署要求，于4月份全面接管关、停、并、转企业住宅区和办公场所、城中村及城乡结合部等地域环卫保洁工作。年内，区环卫一、二所在整改保洁问题时，切实做到加强检查监督，落实责任，实行主次干道每天18小时保洁，小街小巷、老居民区等区域12小时保洁。经过整改，城区环卫保洁基本做到各个角落都有人保洁，不漏死角，绝大部分路面基本看不

帽峰公园绿化概貌

见烟头、果皮、纸屑、塑料袋、砖头、石块等垃圾杂物，主次干道、小街小巷和老居民区的清扫保洁质量得到提高。

【垃圾清理】 2009年，浈江区环卫所继续巩固完善垃圾投放和收运秩序，认真克服收集环节的脱节现象，积极争取城区街道和社区支持，强化垃圾投放和收运秩序宣传，教育引导广大市民和经营者自觉遵守市政府规定每天投放垃圾的时段来投放袋装垃圾，引导居民形成按时段投放垃圾的习惯。同时调整上门收集垃圾作业人员分布和作业时段，加强重点地段收集清运，派出督查小组巡查等多项措施，全区垃圾投放和收运秩序得到进一步规范，收运盲点、脱节、垃圾暴露、沿街洒漏造成二次污染等现象明显减少，整体上垃圾投放和收运工作水平有新的提高。

【垃圾中转站设施维护】 2009年，浈江区全面加强垃圾中转站维护管理，要求区环卫一、二所落实抓好垃圾中转站设备维护管理，确保设备完好率达到98%以上，尽力避免在创卫创园评估和考核的关键时段发生压缩设备故障等问题；要求加强垃圾中转站内部环境卫生的规范管理，每天进行全面清洗一次，严禁在中转站分拣垃圾，确保垃圾中转站干净无异味，并规范灭蝇、灭蟑螂和灭鼠防治措施，严禁使用“敌敌畏”剧毒药物。

【设施维护】 2009年，根据创卫国家专家暗访组发现的部分主次干道、小街小巷缺少果皮箱、部分设施比较简陋破损、有的果皮箱内积存垃圾清理不及时等问题，区城管局组织下属环卫一、二所对全区主次干道、小街小巷果皮箱等垃圾收集容器的配置进行一次全面普查，并跟踪督促人员对主次干道破损果皮箱进行修复或更换；督促区环卫一二所加强对果皮箱内垃圾的日常清理收运，清除果皮箱内外污浊，保持果皮箱体清洁卫生。

【公厕管理】 2009年，区环卫一、二所针对全区一些城中村和城乡结合部地区的公厕存在卫生管理问题，举一反三地加强做好城区公厕卫生管理，加大日常督促检查力度，抓好中心城区每间公厕定期定时开展卫生大扫除工作，并形成制度，确保厕所的便器、地面、立面、墙角、房顶表面等各个部位卫生达标，保证公厕内供水、防臭、防蚊和工具间、残疾人蹲位等配套设施完善。经过整改，城区公厕管理进一步规范，公厕卫生质量有新的提高。

城区路边活动公厕

【城中村卫生整改】 2008年前，区辖城中村及城乡结合部环境卫生设施简陋，垃圾收运不及时，散养鸡较多，乱贴乱涂画“牛皮癣”现象非常严重（主要集中在南韶村、安全村、五里亭、陵南路14号院、陵南路木材厂、安全东第21幢、陵南路6号23栋、文化街12号院等地区）。2009年，区城管局针对这些问题组织下属环卫所，除抓好老居民区环境卫生整治、垃圾收运工作外，重点抓好城中村、城乡结合部环境卫生整治和垃圾清运工作，并检查督促大连豪雅市容整治与美化工程有限公司按承包合同要求，进一步加大清理工作力度，加强做好清理全区乱贴乱涂画“牛皮癣”工作，进一步提高清理工作的质量和时效，确保清理工作达到创卫创园迎检工作要求。经5个月整改，上述地段卫生状况有明显改善。

（成 容）

城市监察

【市容环境卫生宣传】 2009年，浈江区结合创建“国家卫生城市、国家园林城市”进行市容环境卫生宣传工作，区城管综合执法分局坚持每天派出工作宣传车，结合开展日常市容环境卫生巡查整治进行宣传，并采取多种形式组织开展市容环境卫生专项整治行动，有重点地对当事人进行宣传。是年1～3季度，区城管综合执法分局共派出工作宣传车230车次，向经营门店，派发有关市容和环境卫生管理宣传资料6000多份（主要宣传《广东省城市市容和环境卫生管理规定》、《广东省城市垃圾管理条例》、《韶关市城市市容和环境卫生管理规定》等政策法规），并通过媒体宣传创园创卫，在电视上播报新闻3条，在报纸上刊登新闻10篇。通过加强对市民宣传教育，全区市民卫生文明意识得到提高，有效推动全区城市管理服务工作和创卫创园迎检工作顺利展开。

【整治“六乱”】 2009年，区城市管理综合执法分局调整思路，加大力度，采取轮班错班的行动对重点时段进行强力综合整治，下工夫抓好对市场周边、重点地段占道经营、出店经营现象的有效监管，确保主次干道和背街小巷两侧商铺门店整齐有序。经过近半年整改，区内城区环境“六乱”（乱搭建、乱摆卖、乱停放、乱拉挂、乱吐扔、乱贴写）现象比起春节期间大为减少，市容秩序迅速好转。至年底，全区组织专项整治行动80多场次，清理占道经营门店、乱摆卖摊档3600宗，清理夜间大排档、流动烧烤档1000多宗，拆除影响市容市貌违章乱搭建遮阳布、乱拉挂条幅及乱张贴小广告600多宗，教育纠正轻微违反市容环境卫生管理规定的行为4000多宗，发出先期教育整改通知书300多份，使用简易行政处罚程序进行处罚的有500多宗，转办市城市管理综合执法局12319服务热线308宗。

【“四防”装置】 2009年3月，浈江区政府下拨专项维护经费3.3万元，用于维护小街小巷“四防”（防鼠、防蚊、防蟑螂、防臭气）装置等设施。6月，为迎接创卫国家技术评估，市、区政府安排50万元资金对辖区小街小巷、老居民区、城中村及城乡结合部主要及重点路面进行维修。全年完成清理和修补更换“四防”装置、雨栅栏等设施350个。

【清理乱贴、乱涂】 2009年初，浈江区城市管理部门督促和检查大连豪雅市容整治与美化工程有限公司（浈江区与该公司签订治理辖区小广告工程三年合同期），认真按创卫整改和迎国检要求，全面加强实施清理作业。经半年重点清理，全区主次干道、小街小巷及城郊结合部乱张贴、乱涂写小广告明显减少，有力地提升全区创卫“硬件”。年内，针对全区内卷闸门上非法小广告极为泛滥状况，区政府追加资金10万元委托大连豪雅市容整治与美化工程有限公司全面清理全区内卷闸门上非法小广告，为城市“创卫”起到较好作用。

（成 容）

环境保护

【概况】 浈江区境环境保护工作主要由市环境保护局及其下属单位负责。2009年，区境的环境保护工作以“科学发展观为统领、生态文明建设为契机、抓环保促发展为工作理念”，加大治污减排力度，加强工业污染源防治、城市环保基础设施建设和重点区域综合整治，并加大环保现场执法力度，促进生态文明建设，有效地遏制环境污染和生态的破坏，全区环境质量总体保持稳定。

【城市环境综合整治】　2009年，市财政投入资金用于区境城市环保基础建设、工业污染防治、污染治理设施运行、环境管理能力建设等环保工作，区境所有锅炉和炉窑均进行消烟除尘，烟尘控制区面积不断扩大，烟尘控制区覆盖率达到100%。年内，市环境保护局在区境积极推广使用清洁能源，宾馆、酒楼等饮食服务行业全面实施油改气工程，市区饮服行业及居民液化气率达到现代化城市的要求，并完成立项、环评等全部前期工作。同时严禁建筑施工工地夜间超时工作，实行夜间巡查制度，有效地杜绝夜间施工噪声扰民问题。

【环境管理】　2009年，浈江区配合市有关部门采取强有力措施全面整治违法排污和破坏生态行为，重点检查饮用水源保护区，特别是集中式饮用水源地和居民集中居住区等环境敏感区域及重点污染源，及时消除污染隐患；对生态环境或饮用水源等造成威胁的违法排污企业，实行从重处罚，提高违法企业的生产成本，促使企业加强治理；严密监控污染企业排污情况，建立环境信用评价、总量减排、环境监督员制度，加大对过孔污染源监管力度，完成国控重点污染源在线监控网络建设。

【河水污染防治】　2009年，浈江区配合市有关部门以落实浈江、武江河水污染防治议案的实施方案为重点，切实对浈江、武江河水污染进行综合整治。3月，浈江区委、区政府针对浈江河韶关市区河段生态环境遭破坏情况日趋严重，存在着周边污染源点较多，产生的污水和垃圾无任何收集处理设施直接进入浈江；周边农村污染源严重，农村生活污水直接排放，生活垃圾任意堆放，臭气熏天；原有煤矿矿井关闭后没有有效治理遗址，导致局部水土流失，破坏生态环境等问题。垫资10万元委托韶关市环保技术装备发展公司和韶关市环境保护科学技术研究所编制《浈江韶关市区段环境综合整治可行性报告》。该报告对浈江河市区段项目概况、环境影响，投资估算等进行分析，就综合整治的内容、对策及措施作出实施计划，并以此为依据向省环保厅、省财政厅申请专项补助资金。8月31日，省环保厅、省财政厅批准下达100万元作为浈江韶关市区段环境综合整治项目的拨款，为下一步全面开展整治打下一定技术与经济基础。

（成　容）

附：区城市管理局领导班子成员名录

局　长：张朝平

副局长：匡乐华、植石胜、刘信娟、成　容、何　忠

城区熏风路

交通 邮电

公　路

【概况】　2009年，浈江区境公路有途经国道1条（323线）、省道2条（246线、248线）、高速公路3条、主要区（县）道8条、城区主要交通街道61条、乡村公路68条。其中，一级公路9条、二级公路23条、三级公路49条、四级公路63条。公路均为水泥混凝土路面或沥青混凝土路面。年内，区境有交通营运机构15个，其中长途营运公司4个、公交运输公司1个、小汽车出租公司6个、货运公司5个。全年区境公路客运量6500万余人，其中长途旅客4580万余人、城区公交运输旅客1920万余人。

【国道】　2009年，国道323线经区境黄金、水口、良村等村庄，途经路长16.5公里。

【高速公路】　2009年，区境有京珠高速公路、广乐高速公路和韶赣高速公路经过。京珠高速公路经区境乐园镇上坝、下坝、坝厂及六合等村，途经区境3公里；广乐高速公路经区境犁市镇沙圆村等村庄，途经区境18.55公里；韶赣高速公路途经区境新韶镇上井、东山、府管、莲花等村庄，途经区境14.51公里。

【省道】　2009年，区境途径的省道约33.5公里。其中，省道246线经区境花坪镇长地头、名石冲、老虎冲、宋屋村，接犁市镇石下、犁市、糖寮村，再接十里亭镇黄岗、金凤坪、五里亭和市区及乐园镇的沙梨园、长乐、新村等地，辖区路长25.4公里；省道248线经区境十里亭镇的十里亭、靖村、黄岗及犁市镇的犁市、群丰、新村、下园、厢廊等村庄，辖区内路长19.1公里。

【县道】　2009年，区境有县道8条，总里程81.1公里。其中X322（犁一线）3.1公里，X323（凰梅线）5.2公里，X796（石下至良村）21.2公里，X797（黄沙至乌教塘）9.8公里，X798（东联至山子背）6.9公里，X847（东山至石山）6.3公里，X848（五里亭至湾头）13公里，X849（火山至大陂）15.6公里。

【城市街道】　2009年，浈江区内城区有主、次干道和6米宽以上支路61条，总长58.4公里（不含城郊6米宽以上乡村道路）。其中，主干道20条，长33.3公里；次干道23条，长15公里；支路20条，长10.1公里。全区城市街道总面积151.85万平方米（含人行道面积，但不含河滨公园与河堤的人行道，下同），其中主干道面积共110.56万平方米，次干道面积共33.14万平方米，支道面积共

8.15 万平方米。

市区北江路口

【乡村道路】　2009 年，浈江区有主要乡村道路 147 条，道路总长 292.83 公里。其中乡村公路 68 条，道路总长 210.3 公里；村与村之间和村内主要道路 79 条，村道总长 82.53 公里。区内 44 个村委会实现村村可通行汽车，镇至各村路段均为水泥砼或沥青硬底化路面，全区 353 个自然村中，有 98% 以上实现道路硬底化。

【路政管理】　浈江区内公路一直由韶关市公路局负责管理。2009 年，韶关市公路局结合创建国家卫生城市工作，积极开展整治占道经营和治理公路违章建筑、广告牌等行动，加强上路巡查，尤其是加大对市区主要出口路段的巡查密度，有效整治占道经营和乱倒淤泥垃圾现象，及时清扫路面和路间的泥沙及撒漏物，规范和整治公路广告牌的设置，确保公路路面及两旁整洁美观。

【农村公路养护】　2009 年，区境公路养护单位根据《韶关市农村公路管理养护体制改革实施方案》，在农村公路养护经费的使用上明确省、市公路养护费 80% 用于农村公路养护。政府财政专项资金，受益企业、厂矿、林场、村民捐赠的养护资金 100% 用于农村公路养护。建立韶关市农村公路养护资质申报、评审制度，在全省率先建立养护工程市场准入制度。初步建立农村公路养护市场。至年底，区境从事农村公路养护的单位有 3 家，从事农村公路养护人员达 25 人，年内共培训高级养护工 320 多人次。

（潘癸潮　章伟文）

公路建设

【重大项目建设】　2009 年，浈江区境重大公路建设项目主要有韶赣高速公路和广乐高速公路。韶赣高速公路浈江段总长度（含韶关东互通）17 公里，总投资 15.3 亿，是中央和省为改善粤北山区交通基础设施，加速韶关经济流通发展的重大举措。项目于 2007 年

区境乡村公路

底开始立项、征地，2008年春正式动工，2009年完成主体近60%，2010年年底竣工通车。广乐高速公路浈江段总长度为18.3公里，总投资达14.1亿元，是广东省政府为加快粤北山区与珠三角经济转移和对接实施的战略措施。项目于2009年底正式批准立项，计划在2010年初开始征地、同年底正式开工。

【国道建设】　2009年，国道323线韶关市区实施过境道路改建，总长10.41公里，总投资1.82亿元，其中区境段始于黄金村公路大桥西桥头，终于五里亭大桥东端，全长约2.5公里，投资约4000余万元。该路段设计标准为Ⅰ级公路，路宽32.5米，于2005年4月动工，2009年全面竣工。

【省道建设】　2009年，省道246线在区境实施改造。该路改造设计标准为2级公路，总投资2亿元，区境总长度14公里。工程分两期施工，第一期工程6公里已于2009年初完成，第二期工程8公里计划于2010年初开工。

【景区道路建设】　浈江区境黄竹村至艾芷坝景区道路建设始于2008年5月，2009年完工，公路全长12公里，总投资500多万元，完成铺设成宽6米乡村公路，为配合丹霞山申遗工作起到较好作用。黄竹村至艾芷坝地处浈江区犁市镇，与仁化接壤，是浈江区最边远的村委会之一。为改变黄竹村委会至艾芷坝一带村民生产、生活条件，浈江区积极配合大丹霞景区建设开发，配合丹霞山申遗工作，将该乡村道路建设作为促进黄竹村村民赶上全区建设新农村步伐的具体措施之一，并争取市有关公路建设部门支持，工程得到顺利进行。

【地方公路建设】　2009年，浈江区委、区政府把农村公路建设作为地方公路建设重要项目，纳入建设社会主义新农村建设重要内容，加大对乡村公路建设投入。在争取市交通局大力支持情况下，全区农村公路建设取得较快发展，村镇公路等级得到大幅提高（全部达到4级以上）。至年底，全区实现100%行政村通公路（水泥路面），乡村群众出行难问题得到缓解，有效促进农村经济交流与发展。

（杨国洪　章伟文　邝　斌）

公路运输

【道路货运】　2009年，区境有营运载货汽车1830辆（6325吨位），其中个体1560辆（5392吨位）、单位270辆（933吨位）；在营运载货汽车车辆中，危险货物运输车105辆（380吨位），安装GPS的车辆68辆，安装形式记录仪的车辆35辆，道路货运从业人员3000余人。新开业道路货运企业3家，其中，物流企业1家，普通货物运输企业2家。区境道路货物运输逐步向规模化、集约化发展，

2009年8月，市区公交汽车运输公司总站

出现韶峰物流等大型现代物流企业，物流业已逐步取代传统货运站经营模式。

【城市公交】　浈江区境城市公交主要由驻区的韶关市公交汽车运输公司负责。年内，该公司更新一批高档次环保型公交车，新公交车设置有空调、GPS 报站器、电子显示牌。区境内共有公交车 233 辆，开设公交线路 31 条，运行密度为每班间隔 5～15 分钟（不等）一班次，线路站点共 525 站，每天运行 2600 余次，61% 公交车安装 GPS 报站器和电子路牌。各路公交线以“爱岗敬业、安全行驶、文明服务、热情周到”为服务宗旨，积极开展“文明线路”创建活动，60 岁以上老年人实行免费乘车，区境所有主次干道及部分支路均有公共汽车线路、站点分布，居民出行交通条件得到较好改善。

【出租小汽车】　2009 年，区境出租小汽车受燃油价格持续上涨影响，经营难度增大，辖内汽车出租公司严格按照《韶关市出租小汽车管理规定》，采取统一出租车顶灯、计价器、座套，实行出租驾驶员持证上岗制度和举办学习班等办法，加强对出租车司机职业道德、运输法规、安全行车知识和韶关人文历史知识等方面的素质教育，并实施综合监管，有效提高出租车行业的整体水平。年内，区境出租车拥有量 1000 多台，从业人员 1870 余人。

（区年鉴编辑部）

主要驻区运输公司

【韶关市汽运集团有限公司】　2009 年，广东省韶关市汽运集团有限公司完成客运量 2639 万人，同比去年增加 101 万人，增长 3.96%；客运周转量 130600 万人公里，同比增加 4046 万人公里，增长 3.20%；年内投资 3274.4 万元，更新、新增营运客车 110 辆；投资 182 万元，购置旅客行李安检机、安装车载视频监控和站场监控等设施；年内新增客运班线 12 条，客运班线达 202 条，同比增长 3.63%，行车安全每百万车公里责任事故伤人率 0.06、死亡率 0.02。

【韶关市汽车运输有限公司】　2009 年，广东省韶关市汽车运输有限公司完成客运量 586 万人次，同比增长 2.8%；客运周转量 26247 万人公里，同比增加 5300 万人公里，增长 8.4%；年内新增营运客车 4 辆，营运客车已达 169 辆，同比增长 2.42%；新增出租小汽车 26 辆，出租小汽车达 180 辆，同比增长 16.9%；新增客运班线 1 条，客运班线达 14 条，同比增长 7.69%。客运班车都安装 GPS，行车安全考核每百万车公里责任事故频率 0.018，伤人率 0.02，死亡率 0.03。

【东郊汽车客运总站】　该公司位于区境韶关东站广场北部，占地面积 19818 平方米，建筑面积 13530 平方米，是国家一级客运站，现有员工 429 人。2009 年，站内有售票窗口 8 个、检票窗口 6 个；长途发车位 10 个，汽车安全检验台 2 个，车辆清洗台 2 个，安检机 1 台；只有全球卫星定位仪及 GPS 导航跟踪系

韶关市汽车客运北站大楼

统，实行站场、车辆、管理、安全、技术、服务、监控、核算、导航、定位、售票等全方位管理，市全市最规范化、现代化的汽车站场。客运跨省班线39条，区间班线7条。全年发车43.72万班次，发送旅客580余万人，日均发送旅客15893人次，最高峰38168人次。

【韶关市汽车客运北站】　2009年，该站有韶关—乐昌和韶关—仁化客运线。韶关—乐昌线，首班车6点10开始，末班车到晚上20点止；早上6点10分至12时为每7分钟一班车，中午12时至晚上18时每6分钟一班，晚上18时至19时每7分钟一班，晚上19时至20时每20分钟一班；双方对开时间相同。韶关—仁化，首班车6点10开始，末班车到晚上20点止；早上6点10分至17点50分为每10分钟一班车，晚上17点50分至晚上19点05分每15分钟一班，晚上19点05分至20时每25分钟一班；双方对开时间相同。全年发车7.1万班次，发送旅客176万人，日均发送旅客4822人次，最高峰7530人次。

（区年鉴编辑部）

铁　路

【铁路建设】　2009年，区境的京广线铁路建设以保修为主，铁路建设主要有武广高速和赣韶铁路浈江区线段。武广铁路线段主要铁道安装及调试阶段，至9月底，该线段铁道设施调试完工，是年10月全线通车。年内，赣韶铁路区境线段主要工作是拆迁安置。8月4日前，赣韶铁路浈江段建设主要进行规划、设计及拆迁准备工作。8月5日始，主要制定工作方案及征地拆迁补偿方案、征地拆迁业务培训、测量单位做好征地拆迁红线测量、放桩等工作（具体有浈江大桥东西桥头施工用地临时用地交付、良村隧道赣州方向隧道口施工用地交付、隧道口林地使用手续及林木采伐、腊石坝浈江特大桥西桥头涉及腊石村委范围的施工用地、东桥头涉及水口村委范围施工用地的林地使用手续及林木采伐、制梁厂确定用地范围、牛栏岗隧道控制性工程开工建设、施工人员和机械设备进场及开工建设准备等）。8月20日，浈江段测绘

武广高速列车路过区境

工作、开挖边沟及埋桩工作已基本完成，重点控制性工程除腊石梁场外其他四个项目征地红线已出图，并将临时用地提供给施工单位用于搅拌站建设和搭建临时工棚。至是年年底，赣韶铁路区境线段除争议地外，其余地块完成征地协议签署。拆迁方面总体进展比较顺利。

【铁路运输】 2009 年，驻区的韶关东站（是年 9 月前称韶关站）办理营业旅客列车共 57 对 114 列，其中直通营业旅客列车 40 对 80 列，管内营业旅客列车 17 对 34 列。年内，受世界金融风暴影响，运输市场竞争激烈，货源下降，加上春节等大节假日“停短开长”影响以及人物指标多次调整，韶关站客货运输面临严峻考验。全年装车数完成 10490 辆，完成计划 88.71%；发送货物完成 59.51 万吨，完成计划 86.32%；发送人完成 373 万人，完成计划 98.34%；卸车数完成 31950 辆，完成计划 98.56%。

（区年鉴编辑部）

水　路

【概况】 浈江区境内有浈江、武江、北江及各支流。浈江又名浈水，流经红色砂岩及红壤土地带，含沙量大，水带有红色。从浈江区上航 68 公里抵始兴县江口，上航 137 公里抵南雄县城，由南雄县城进江西。武江古称武溪，民国始称武江，武江流经岩石地段，含沙少，从浈江区上航至乐昌县城 66.4 公里，乐昌至老坪石 72 公里，再上航至湖南省临武县城 122.6 公里；北江是浈江和武江汇流河，浈江区下航至英德县连江口 124 公里。

浈江区境三江相连，是历代水路运输中心枢纽，并一直沿至新中国成立初期。20 世纪 80 年代后期，辖区及周边地域公路快速发展，水路逐渐衰落。2009 年，辖区水路只有少量民船进行打鱼或沿江边货运。

主要水路港口

【韶关港】 该港位于浈江区内西南端，扼浈江和武江交汇处，始建于汉代，清代前期逐步扩大规模。新中国成立后，市人民政府进一步对港口进行扩建，至 1979 年，该港吞吐量达 79 万吨，是历史最高水平。20 世纪 90 年代后，该港逐渐废除，2009 年只作少量船民来韶靠岸使用。

【南水码头】 该码头位于北江河上游，建于 1953 年，主要运输南水电站的机械设备而得此名。该码头岸线为 70 米，可同时停靠三条五十吨船舶。水位标高一级台为 49.34 米，二级台为 50.69 米，三级台为 51.78 米，洪水期界线为 53 米，泊位水深为 0.9～1.5 米。20 世纪 50 年代后期，为适应国民经济发展的需要，进一步加快港口建设。至 1975 年，港口建有四个仓库，总面积为 1200 平方米，平整堆放物资场地 4360 平方米，置有吊机 3 台、拖头 2 部、铲车 1 部、运输汽车两台，并还有一些大小加工设备。20 世纪 90 年代后，该码头逐渐废除，2009 年只作少量船民来韶靠岸使用。

【韶关客运码头】 该码头位于浈水末端、南门大桥（曲江大桥）西头以南的 600 米处，面向浈江，背靠中山公园，建于 1979 年。码头地理坐标东经 113°35′，北纬 24°37′。码头岸线为 70 米，可供 50 座位的两条船靠舶，水位标高一级台为 50 米，二级台为 51.5 米，三级台为 55 米，洪水期界线为 53 米。码头建有客运大楼，设有候船室，水位正常情况下每天有一班客船往返韶关至清远沿途圩镇水站，年均载运旅客13万多人次。同时还兼有部分货物运输任务，全年吞吐货物量为一万吨左右，最大吞吐能力约2万吨。20世纪90年代后，该港逐渐废除，2009年只作少量船民来韶靠岸使用。

【白石坑码头】　该码头位于浈江区十里亭镇的武江东岸，建于1984年10月，是煤炭水运的专用码头，年吞吐量5～7万吨。20世纪90

【犁市街渡口】　犁市街渡口是区境唯一保留渡人的渡口。2009年，浈江区城乡建设管理部门为确保汛期渡船渡口的安全，加强乘渡安全教育和宣传，落实渡船安全生产各项措施，组织人员对渡船渡口进行全面安全检查，要求船主定期对渡船进行检修和保养，切实保证渡船健康运行，坚决杜绝渡船带病摆渡和超载摆渡。

（杨国洪　章伟文　邝　斌）

北江河堤

邮　电

邮　政

【邮政网点】　2009 年，浈江区有邮政网点 11 个，分别是启明路邮政支局、北江路邮政支局、沙犁园邮政支局、韶冶邮政支局、东河邮政支局和韶关学院邮政代办所、风采路营业分局、十里亭邮政支局、风采邮政支局、五里亭邮政所。风采邮政所。其中风采邮政支局，地址在韶关市风采路、北江邮政支局，地址在韶关市火车站广场；沙梨园邮政支局，地址在韶关市南郊三公里水果批发市场门楼北侧；十里亭邮政支局，地址在韶关市十里亭建设路。

【邮政业务】　2009 年，浈江区邮政业务主要有报刊征订和传递、全国联网邮政储蓄、邮政特快专递、集邮、邮政礼仪、电子邮政、明信片制作和传递、网上订票、订书、订报、购物、配送和邮政业务咨询、查询等多种服务业务。

【邮政储蓄】　2009 年，浈江区有 6 个邮政储蓄机构，分别是启明路邮政支局，地址在启明南路；风采邮政支局，地址在韶关市风采路；北江邮政支局，地址在韶关市火车站广场；沙梨园邮政支局，地址在韶关市南郊三公里水果批发市场门楼北侧；十里亭邮政支局，地址在韶关市十里亭建设路；犁市邮政支局，地址在浈江区犁市镇。各支行及下属营业所业务范围：吸收公众存款、发放贷款，办理国内外结算，办理票据承兑与贴现，代理发行金融债券，代理发行、代理兑付、承销政府债券，代理买卖外汇，从事银行卡业务，提供信用证服务与担保，代理收付款项及代理保险业务，提供保管箱服务等。年内，韶关邮政储蓄在浈江区境营业所本外币各项存款余额 6063 亿元，比上年增长 0.9%；各项贷款余额 600 万元，比上年增长 5.6%。

（区年鉴编辑部）

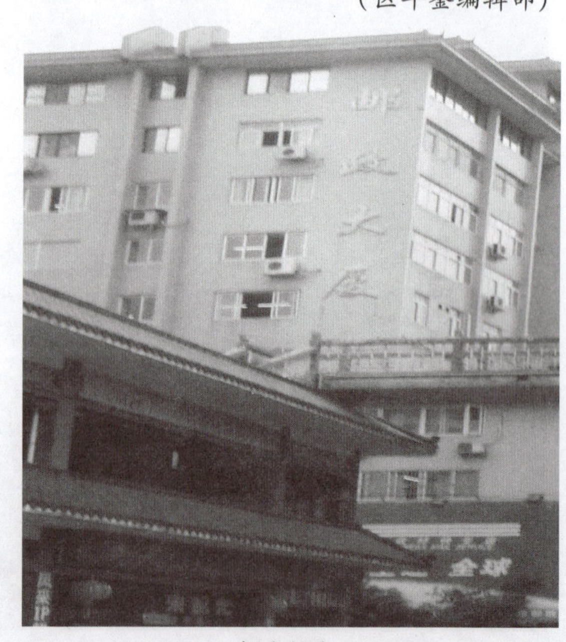

邮政大厦

通信　信息

共粤北省委旧址

张九龄

余靖

电 信

【电信网点】 2009年，中国电信韶关分公司在浈江区有电信网点16个，网点分布在风采路、十里亭、五里亭、启明路、北江路、沙犁园、东河、韶关学院、韶关冶炼厂、曲仁办事处和田螺冲办事处等地。

【设施建设】 2009年，中国电信韶关分公司根据社会主义新农村建设的要求，继续加大农村通信基础设施建设，实现浈江区村村通宽带，完成全部行政村远教站点通视频建设及平台设备的安装、联调上线，大力推进农村信息化建设，加速适农信息技术普遍传播，促进农村经济快速、较好地发展。

【电信业务】 2009年，浈江区电信业务主要有固定电话、小灵通电话、IC磁卡公用电话和CSM数字移动电话。年内，辖区固定电话用户15.36万户，小灵通电话3.9万台；有IC磁卡电话3000余台，区境的车站、商场、宾馆和各主次干道及医院、厂矿、居民区、乡镇等地段均安装IC磁卡电话亭，主次干道话机平均密度相距约100米；数字移动电话20余万户。

（区年鉴编辑部）

移动通信

【中国移动韶关分公司】 该公司前身是韶关市移动通信分局，成立于1999年1月。2009年，该公司加强内部管理，继续强化企业执行力，不断完善指标、考核、激励三位一体管理体系，有效促进员工快速进步；同时推行社会化服务和电子政务应用，社会化服务主要是推进114号码百事通订房、订票、订餐服务，全年商务订房、订票同比增长16.5%；电子政务应用主要是整合各类厂商资源，为政府信息化提供一揽子整体服务。

【中国联通韶关分公司】 该公司成立于1996年11月，2009年，中国联通韶关分公司在区内建成多个基站的CSM、CDMA移动通信网，信号覆盖区境每一个角落，并建成通达国内外近400个城市和地区的193长途网络、IP长途网络、互联网络。业务类型也由单一的CSM发展为CSM、CDMA、193长途、IP长途、互联网等多项综合业务。

（区年鉴编辑部）

综　述

【提高干部信息化意识】　2009年，浈江区委、区政府高度重视信息化工作，把提高干部信息化意识作为提高政府工作办事效率重要内容，作为沟通、协调政府与群众关系，积极培养干部特别是各级领导干部信息化习惯，利用大小会议及各类专刊杂志加强舆论宣传，并要求各级干部必须掌握计算机应用。通过计算机培训及实际运用，广大干部充分认识信息化的重要意义及在构建和谐社会中所扮演的角色，并对信息化的、发展、运用等方面有较大提高。

【信息化建设】　2009年，浈江区增加教学设施设、备购置预算资金，积极改善学校办学条件，使“新装备”工程和信息化工作迈上新台阶。积极推进“金财工程”系统信息化建设，全面提高信息系统和计算机网络运用效率，积极发挥“金财工程”作用。优化传统工业生产体系，提高生产率，在降低成本的同时提高产品质量，减少库存，改善商品流通的体系和流通速度，从而促进国民经济总量的增长和效益的提高。至年底，区内已形成政府信息网、机关行政网、农业信息网、金科网、财政网、疫情网、计生网、教育网、统计网等10大专业信息网络。

【构建信息网络体系】　2009年，浈江区根据《广东省无线城市发展指导意见》，积极构建信息网络体系，先后完成行政审批电子监察系统建设，有效提高行政工作效率和工作质量；公众互联网向用户提供更好、更快的服务；农业信息网建立信息互联互通，区、镇、村三级均建立农业信息传播网络体系；科技信息网开发出韶关市科技成果数据库、韶关专利数据库、实用技术数据库、馆藏资料题录库等本市科技数据库，逐步提高用户对信息要求的满足程度；教育信息网满足各校网络教学和学生上网的需求，强化校际交流，促进教育网上巡考、网上报名等工作；财政信息网实现财政下达指标、额度、单位编制、报送用款计划、向财政报送支付申请和向银行发送支付令等环节网络化操作；税务、电信、统计、计划生育、房地产等信息网络均提高部门办事效率、简化市民办事程序，为防止权力腐败、提高行政工作质量等方面起到较好作用。

（区年鉴编辑部）

政府公众信息网

【概况】　韶关市浈江区人民政府公众信息网由区人民政府主办，是一家由浈江区信息中心提供技术支持的门户型网站。该网站由浈江概况、领导之窗、今日浈江、政务公开、政府文库、投资指南和便民服务等七大频道组成。

2009年，浈江区人民政府公众信息网为进一步加快政务公开步伐，推进区内电子政务建设，设置政务公开栏目，及时向社会公布浈江区人民政府的事权、财权、人事权等重要信息，并以整合为主要手段、搭建完整基础框架为目的进一步充实信息，美化形象，提升网站功能服务层次和水平。年内，浈江区人民政府公众信息网在内容和服务充分合理地进行整合基础上，主要通过IBOX门户管理系统建设，实现完整合理栏目框架，初步实现网站服务的智能化和个性化，更好地展示浈江区和浈江区政府形象。在后台管理方面，搭建能完全支撑现阶段浈江区政府公众信息网站管理平台，实现有效的信息采编和审发机制，实现信息和服务统一管理，并有部分实现信息资源的综合管理及交互性对外服务。通过规划和整合，韶关市浈江区人民政府公众信息网已建设成较为完善的区级政府门户，并有部分表现出区域政府门户特征，为以后实现区域政府门户直到最终建成高度信息化、数字化城区打下良好基础。

【信息分类】　2009年，浈江区人民政府公众信息网主要有机构职能、规章文件、规划计划、业务工作和统计数据等信息分类。

机构职能主要包括：机关机构设置及主要职能情况，机构领导及分工情况，内设机构设置及职能情况，下（直）属单位设置及职能情况等。

规章文件主要包括：由本区制定的规章，以本机关名义发布或者本机关作为主办部门与其他部门联合发布的规范性文件等。

规划计划主要包括：国民经济和社会发展规划、专项规划、区域规划，机关阶段性工作计划、工作重点安排等。

业务工作主要包括：本部门各项行政许可的事项、依据、条件、数量、程序、期限以及申请行政许可需要提交的全部材料目录及办理情况，行政事业性收费的项目、依据、标准，政府集中采购项目的目录、标准及实施情况，重大建设项目的批准和实施情况，环境保护、公共卫生、安全生产、食品药品、产品质量的监督检查情况，扶贫、教育、医疗、社会保障、促进就业等方面的政策、措施及其实施情况，突发公共事件的应急预案、预警信息及应对情况等。

统计数据主要包括：财政预算、决算报告，国民经济和社会发展统计信息，专项统计报告，年鉴等。

【信息类目编排规则】　2009年，浈江区人民政府公众信息网为方便政府公开信息管理，为公民、法人或其他组织获取政府信息提供方便，按照以“业务和信息类别为依据、固定类目和非固定类目相结合”的规则编排各类政府公开信息目次。

政府信息公开信息目次的推荐划分为1～3级类目，一般不超过4级。其中，一级类目为固定类目（见附表10），二级以下类目为非固定类目，根据信息和业务特点确定。

浈江区人民政府公众信息网一级类目表

表10

类目名称	类目号	主要内容
机构职能	1	本机关机构设置及主要职能情况；机构领导及分工情况；内设机构设置及职能情况；下（直）属单位设置及职能情况等。

续上表

类目名称	类目号	主要内容
规章文件	2	由本省制定的规章；以本机关名义发布或者本机关作为主办部门与其他部门联合发布的规范性文件等。
规划计划	3	国民经济和社会发展规划、专项规划、区域规划；本机关阶段性工作计划、工作重点安排等。
业务工作	4	本机关各项行政许可的事项、依据、条件、数量、程序、期限以及申请行政许可需要提交的全部材料目录及办理情况；行政事业性收费的项目、依据、标准；政府集中采购项目的目录、标准及实施情况；重大建设项目的批准和实施情况；环境保护、公共卫生、安全生产、食品药品、产品质量的监督检查情况；扶贫、教育、医疗、社会保障、促进就业等方面的政策、措施及其实施情况；突发公共事件的应急预案、预警信息及应对情况等。
统计数据	5	财政预算、决算报告；国民经济和社会发展统计信息；专项统计报告、年鉴等；
其　　他	6	本机关重要会议、活动的主要情况；人事任免事项；本机关公务员及事业单位工作人员招考录用计划、程序、结果等，以及本机关职责范围内依法应当公开的其他信息。

驻区信息网站

【公众互联网】　1996年5月，中国公众多媒体信息网广东视聆通韶关站（169网站）在浈江区内正式成立并提供公众服务；同年12月，CHI－NANTE－GD（163）韶关站也在区内建成使用。从此，浈江区内开始有本地公众网接入使用。1996～2000年，公众互联网经过数据通信员工的努力，先后对DDN、分组交换和163/169网络平台进行多次大规模扩容和设备升级。至2000年11月，已开通DDN和分组交换端1984个，发展用户1033户。互联网可容纳拨号用户7万多个，并能在同一时间满足数千个用户上网。所开通的专线接入端口带宽达30多兆，接入中继420对，可容纳专线接入500多条，成为韶关覆盖面最广、设备最先进、技术含量最高的互联网站点。

2009年，公众互联网为向用户提供更好、更快的服务，不断进行网络优化，实施多媒体公众互联网宽带化建设，率先开通155M宽带互联网，区内网络传输速度增加310倍，区内上网用户达6.2万多户。

【科技信息网】　1998年6月，浈江区境开通韶关市第一家政府互联网平台——韶关金科网（以下简称“金科网”）。2000年4月，金科网成为国际域名注册代理商，并同40多家大中型企业和科研机构联网，有20多个单位在金科网上放置网页，13家企业建立企业网站，为企业注册国际、国内域名共40多个；是年12月，金科网增加一条128K的DDN专线与联通互联网165联结，并开通数字中继，用户速度达56K，接入的稳定性大大提高。

2001～2004年，金科网积极发展科技信息服务，建立市科委办公网和粤北开发区网站，提供“韶关招商”、“网上技术交易市场”、“科技成果数据库”、“科技期刊数据库”等信息资料上网，制作或链接“科技新闻”、“每日要闻”、“科技创新网上展示”、

“网上高交会”、“金科商贸中心”等专题网页，不断丰富科技信息。同时对原有数据库进行定期更新，上网人员能快捷、方便获取丰富的科技经济信息。建设“韶关科普网”网站，增加专利文献和专利光盘，购置基本齐全的中文核心期刊和中文检索工作书刊，实现了通过金科网联网查询50多个科技经济数据库，并同广东省各地区及全国各地许多单位进行资源共享及联网关系，还与市情报所共同开发了韶关市科技成果数据库、韶关专利数据库、实用技术数据库、馆藏资料题录库等本市科技数据库，逐步提高用户对信息要求的满足程度。

2009年，金科网不仅为用户提供大量科技信息，还为市、县、区有关部门提供各种查新咨询检索项目420多项，其中查新项目达120项，接受企业委托的查新69项，为全市各科研部门提供数据库查询86多项，为各企业、各县市区提供各类科技项目立项咨询达45多项，免费为企业发布科技项目达80多项；年内，社会提供查新资料165份，为上级部门项目验收和专家鉴定科研成果提供查新报告75份，为各级部门科研立项、产品开发等提供依据查新23份，为科技成果申请各种奖励和申请专利查新18份。

【农业信息网】 浈江区境于1999年10月建立粤北农业信息网，该网站为粤北地区最大的集农产品供求信息、农产品价格信息等栏目为一体的综合性服务网站。2000年7月，粤北农业信息网与广东金农信息产业有限公司合作兴建金农粤北农产品交易网。2009年，该网站为粤北地区“三农”工作提供及时、准确的农业信息和农产品信息，为浈江区农产品实现网上交易提供了电子商务平台，收到较好效果。年内，全区100%乡镇建立县级农业信息网络平台，并有乡镇建立基层农业信息服务站，行政村通过韶关农信通与粤北农业信息网建立信息互联互通，区、镇、村三级均建立农业信息传播网络体系。

（区年鉴编辑部）

区属信息化管理

【教育信息化】 2009年，浈江区共投入200多万元更换和添置一批多媒体教学平台（主要资金来源是教育费附加、社会资助和希望工程捐款等）。目前，全区中小学校共安装多媒体教学平台295个，实现中心小学以上学校均拥有1个以上多媒体教学平台，城区部分学校基本上实现多媒体教学平台进课室。同时，在全区学校中建成区教育信息网，中心小学以上均建有网络室、多媒体电教室，大部分学校把现代教育技术引进课堂教学中去，初步构建区内教育信息化体系。全区接入韶关教育城域网的学校有30所（中心小学以上），接入率达93.8%。教育城域网的连接，拉近学校、学生之间的距离，满足学校网络教学和学生上网的需求，强化校际交流，有效促进教育网上巡考、网上报名等工作。

【财政信息化】 2009年，浈江区财政局积极推进“金财工程”系统信息化建设，全面提高信息系统和计算机网络运用效率，积极发挥“金财工程”作用。建立以零余额账户为主的国库单一账户体系并成功运行，实施以指标控制计划、计划控制额度、额度控制支出为核心的业务流程。解决过去财政资金层层拨付，流经环节多等问题。年内，区建立以财政业务网络、支付网络和清算网络为支撑的集中支付系统，财政下达指标、额度、单位编制、报送用款计划、向财政报送支付申请和向银行发送支付令等环节，均实现网络化操作，将网络直接连接到基层，各指标、额度直接下到基层，基层单位也直接向区财政及有关银行发支付申请和支付令。在加强网络运用中进行系统安全保护，主要是统筹规划内、外网络接口，对局办公大楼网络按要求进行综合布线，提高网络运行速度，确保网络安全；对机房进行规划、建设，机房内供电、温度和防雷措施达到机房建设标准；局域网上运行软件有国库集中支付系统、镇财县管等系统，各系统运行做到稳定；加强网络安全管理，督促落实内、外网计算机的安全隔离，安装杀毒软件并及时更新病毒库，确保网络安全。

【税收信息化】　2009 年，浈江区境省属社保费、工会经费、堤围防护费三项收费成功上线“大集中”系统代征，规范社保费全责征收，成功应用“韶关地税社保记账情况查询系统”、残联社保网页查询系统、发票、税票“两票”比对系统，堵塞征管漏洞；推出 POS 机持卡缴税费的缴款方式，为做好“大集中”系统运行维护工作，积极做好国税、地税“两税”比对软件、建安业、房地产业税源控管系统的应用和维护工作，做好发票在线应用系统的上线和办公自动化系统（OA）升级改造及日常维护工作等起到较好作用。

【电信信息化】　2009 年，中国电信韶关分公司结合新形势下建设社会主义新农村的新要求，加大农村信息基础设施建设。6 月初，提前一个月完成韶关市委组织部提供课件上传及直播会场设备的安装联调，并通过省级验收，使韶关市远教项目建设在全省处于领先地位，并在区境各行政村建设“信息田园服务站”，坚持“抓应用、促发展”方针，大力促进适农信息技术的应用，为区域新农村建设注入强劲动力。年内，中国电信韶关分公司结合韶关市大旅游发展思路和全市酒店行业的共性及特点，开展“酒店完美联盟”推广百日行动活动，大力推进 114 号码百事通订票、订房、订餐服务，区内商旅订票、订房同比增长 16.5%，有效提升本地商旅服务能力，促进韶关旅游业发展。11 月，协助广东省科技厅、韶关市信息科技局成功举办以“信息化融合工业化·信息化重塑广东制造”为主题的“2009 广东省制造业信息化‘十百千万’工程支撑活动韶关讲座”，为全面推动全市制造业信息化工程的实施，帮助制造企业在金融危机中提升综合竞争力，打下良好基础。积极参与建设公共视频监控系统，全面启动“平安社区”项目建设，为区内加强构筑社会治安防控体系，营造和谐、安全的社会环境，有效提升区内治安防空整体效能发挥不可替代的作用。整合产业链上各种类型的厂商资源，为政府信息化提供一揽子整日服务解决方案，帮助建立高效政府、解决信息孤岛问题、推动政府信息化进程等方面建成更加完善的电子政务应用系统。

【房地产信息化】　2009 年，浈江区房地产管理信息化水平有明显提高，开发了区级保障性住房管理和直管攻防管理信息系统，提升住房保障工作管理和公房管理信息化水平。建立存量方交易管理系统，加强存量房交易资金提存监管，保障二手房资金安全。建立完善房地产信息管理系统，实现商品房网上签订购房合同及合同的及时备案。按照“统一数据结构，集中服务器平台，建立区域数据库”并升级和完善电子档案系统，开始将现有档案扫描录入房地产管理信息系统。

（区年鉴编辑部）

商贸 旅游 服务

共粤北省委旧址

张九龄

余靖

风采楼

综 述

【概况】 2009年，浈江区内有十大专业批发市场，经营品种涵盖汽车、建材、服装、家具、日用品、粮油、蔬菜、水果、三鸟、水产品等；区内有风度、华星、亿泰、大文等知名度高、规模大的商业广场及大润发韶关店、永安南城百货公司等大型商业超市，并有经营摩托车、电脑、电讯产品、粤北土特产专业街销售畅旺，全区初步形成大市场、大流通、大商贸格局。年内，全区社会消费品零售总额106.39亿元，比上年增长20%，其中：批发零售贸易业零售额91.66亿元，增长20.2%。

【商贸经营状况】 2009年，浈江区规模以上批发零售贸易业（即年主营业务收入2000万元以上批发业、年主营业务收入500万元以上的零售业）全年购进商品95.26亿元，销售商品103.21亿元，年末库存3.85亿元；其中批发业购进商品50.68亿元，销售53.36亿元，年末库存1.46亿元；零售业购进商品44.58亿元，销售49.85亿元，年末库存2.39亿元。全区规模以上批发零售贸易业年末从业人员8700人，流动资产24.85亿元，固定资产原价15.62亿元，资产合计40.47亿元，负债合计36.46亿元，所有者权益4.93亿元，实收资本6.62亿元，商品销售收入112.36亿元，商品销售成本119.29亿元，主营利润9.35亿元。

【市场】 2009年，浈江区内有主要市场52个，市场占地总面积61.25万平方米，总建筑面积53.68万平方米，场内门店（不含摊位）6182间，年成交额43.27亿元，其中年成交额1000万元以上市场13个；专业市场10个［水果、“三鸟”批发市场各1个，工业品综合市场4个，建材、装饰品市场1个，汽车市场1个，服装市场2个，电子（脑）市场1个］，其中四通市场总面积15000平方

农副产品批发一条街

米，为区内占地面积最大的消费品综合市场；金鹏商业广场总面积15840平方米，为区内占地面积最大的专业市场。

【参与经贸洽谈会】 2009年，浈江区政府及其商贸主管部门积极组织企业参加各类经贸洽谈会。6月上旬，区长张德清率区政府办、经贸局、劳动局、信息产业局、中小企业局及有关镇和企业参加第四届泛珠三角区域经贸合作洽谈会。

【整顿和规范市场经济秩序】 2009年，浈江区按照省市统一部署积极开展产品质量和食品安全专项整治、打击制售假冒伪劣产品行为、整顿网吧、保护知识产权、打击非法行医、整顿废旧物品回收等专项整治活动。年内，区整顿和规范市场经济秩序办公室建立健全各项工作责任制，向社会发放宣传资料，加强与各职能部门的沟通联系，组织专项检查，落实产品质量和食品安全责任，严厉打击和惩处各种扰乱正常市场秩序行为，消除市场安全隐患，规范各种经营行为，优化经营环境。

【存在问题】 商贸流通业总体竞争力有待加强，商品流通市场化、产业化水平有待提高。流通业增加值占GDP比重偏低。本地流通企业规模小、品牌效应不高。专业市场辐射范围和影响力较弱，商业中心（圈）有待进一步培育。

（贝晓军）

附：区经济贸易局领导班子成员名录
局　长：李向东
副局长：郭　红、江　伟、贝晓军、谭友盛、张喜新

供销合作联社

【概况】 浈江区供销合作联社成立于1984年，1990年有下属企业15个，其中8个直属公司、7个基层供销社。经营范围有化肥农药等农资生产资料、茶叶果蔬等农副产品、城乡人民所需的日用轻工业品、田头农副产品市场以及烟花爆竹和废旧物资等。1998年，区供销合作联社改制为股份公司，并发展“产供销、农＋贸”专业合作社。2009年，全区有产供销合作社13家，从业人员5000余人。至年底，全区供销系统经营总额3.12亿元，比去年同期增长10.39%；商品流转购进额1.28亿元，比去年同期增长5.96%，其中农副产品2839万元，商品流转销售额1.80亿元，比去年同期增长8.32%；零售额4561万元，售给农民的农资生产资料4228万元。

【组建各类专业合作社】 2009年，浈江区充分利用自身人才、地理优势和经营网络等资源条件，组织各类农村合作经济实体，再造基层网点。年内，全区有绿园蔬菜专业合作社、农药和生产资料专业合作社、养殖专业合作社、种养专业合作社、供销农资专业合作社、农资专业合作社等13家专业合作社，社员2359人（含种养农户）。社内实行社员自愿联合、民主管理，经营实现信息互通、资源共享，生产资料统一调配、统一采购、产品统一销售，有效提高农民社会化生产力和生产效益及市场准入程度。此外，区政府继续引导农民承包土地流转，鼓励农民以转包、出租、互换、转让、合股等方式将承包土地向种植大户和农业企业集中，发展规模经营，培育发展主导产业和优势项目；扶持种养专业大户扩大生产规模，提高经营

水平，促进现代农业、规模农业、特色农业快速发展，促进各类专业合作社快速、健康发展。

【整顿再生资源行业】 2009年，区内供销合作社下属回收公司转变思想观念和经营理念，调整经营结构和方式，抓住国家重视环保、资源行业，鼓励和扶持再生资源行业发展的有利时机，转变经营方式，从单一从事废旧物资回收发展为再生资源回收加工、利用，走联合经营和多元化发展之路，并通过协会平台逐步构建起全区再生资源回收利用体系，推动全区再生资源行业发展，不断提高企业竞争力和壮大经济实力。年内，浈江区经贸局配合市经贸、公安、工商等职能部门检查全区废品收购点情况；宣传贯彻国家《再生资源回收管理办法》和有关政策法规，印发《再生资源行业通讯》给每个会员单位和有关网点；推动区内再生资源回收体系规划建设，配合有关部门和专家开展专题调研及制订回收网络布点规划草案；配合市有关部门对全区的回收企业、废品店进行再生资源回收经营备案登记，配合公安部门对辖区回收企业、废品店发放废品旧金属回收业备案书。至年底，全区约有回收企业、网点200家。

【存在问题】 区内合作社整体经济实力不强，资金紧缺，影响业务拓展和进一步深化体制改革；部分基层社会问题多、负担重，区内农业产业合作化龙头企业有待增多、增强。

（区年鉴编辑部）

粮食储备与销售

【粮油销售】 1988年4月，浈江区境取消居民评价定量供应。1992年3月，区内粮食由市场敞开供应。同年5月，广东省通用粮票、流动粮票在区境停止流通。随着经济体制改革不断深入，粮食私营企业不断发展壮大，区内较大型的粮油销售企业有韶关市七里香粮油实业有限公司、韶关市韶南粮油有限公司等，主要生产、加工大米，年加工大米约20000吨。

2009年，浈江区粮食交易主要集中在市区南郊二、四、七公里粮油市场的韶南粮行、粮油批发部、益兴粮油批发门市部和韶关市七里香粮油实业有限公司等。交易品种主要是批发大米、大都、花生仁、玉米、绿豆、黄豆、面制品等。年内，全区有粮食经营户980余户，经营企业60余家，年销售贸易粮14.35万吨。辖区粮食价格在年内有所上升。

【粮食执法工作】 2009年，浈江区严格执行《粮食流通管理条例》，有针对性地开展检查执法工作，维护正常的粮食通道秩序。年内已办理“粮食收购许可证”的企业主要有韶关市粮食总公司、区粮食局直属仓库、韶关市七里香粮油实业有限公司、韶关市韶南粮油有限公司、韶关市益兴粮油批发中心、区粮油供应公司等10家。全年配合市粮食执法部门检查收购粮食购销活动1次，检查统计制度执行情况2次，检查政策性用粮购销活动2次，检查库存粮食3次。年内，区采取形式多样的执法宣传活动，增强广大粮食经营者的消费者的法律意识，对抽取的粮食样本进行生化、理化检测、确保辖区内用粮安全。

【完善粮食应急体系】 2009年，浈江区积极配合市有关部门努力完善粮食宏观调控，保证市场供应，稳定市场粮食价格，维护社会稳定，按全区城镇人口每人每天供应0.5公斤大米、应急供应10天的标准储备成品粮。制定和完善全区粮食应急体系，商定有关单位为应急粮加工、运输、供应单位。经常预测粮油市场动态和加强粮油市场分析，确保全区粮食市场价格稳定，货源充足。其中，浈江区主要产业化经营企业（准备上报为市农业龙头企业）的韶关市七里香粮油实业有限公司，为韶关市粮食应急加工定点单位。

【粮食质量安全专项检查】　2009 年，区经贸局及相关部门积极配合市有关部门采用自查和抽查方式，对库存粮食品种、数量、质量、储粮安全及账实、账目情况全方位检查；地方储备粮承储企业、军粮和纳入粮食流通统计范围的各种所有制粮食经营企业是专项检查重点。全年抽查储粮库点 3 个，布置储备量承储库点 5 个。明确要求各粮食经营企业建立流通全过程质量监管制度，包括粮食质量与原粮卫生监测抽查制度、粮食质量安全报告制度、粮食质量信息发布制度、粮食质量安全突事件应急处理机制等，确保辖区内粮食质量安全。

（区年鉴编辑部）

烟酒专卖

【烟草销售】　2009 年，浈江区境有卷烟零售户 2500 余户（含个体户），实现税利总额 1.15 亿元，比上年增 21.45%，毛利率为 25.73%。货源主要来自韶关市烟草专卖公司、广东中烟工业公司、湖南中烟工业公司、红云红河集团、上海烟草公司等，较畅销的品牌是“红玫”、“红玫王”“双喜”、“红塔山”、“芙蓉王”、“中华”等。市烟草专卖局（公司）在卷烟经营方面实行统一经销、统一分拣、统一配送、统一仓储等“九个统一”经营模式，建立起以行业现代物流系统为核心的流通体系，有效降低经营和管理运作成本。同时实施品牌战略，不断提高品牌集中度，做大做强主导品牌，努力培植有潜力、有后劲的新品牌，并积极开展工、商协同营销工作，加强与工业企业的联系。

【烟草专卖管理】　2009 年，浈江区境的烟草专卖管理部门确立“群防群治、综合治理，建立卷烟打假长效机制”工作思路，调整卷烟打假重点，把打假工作重心由营销点向营销网络转移，从源头、源尾全面打击制售假行为，进一步巩固卷烟打假成果。年内，区有关部门积极配合市相关部门出动卷烟打假、打私、打非和检查清理整顿市场工作人员 3890 人次；查处各类违法案件 135 宗；查获假烟 1.29 万包。同时，抓好市场管理，举办零售网点合理规划听证会；推行诚信登记管理制度，将零售户分为四类进行差异化管理，以求管活诚信守法户，管好一般经营户，管住一般违章户，管死严重违法违规经营户；建立健全诚信管理评价机制，加大对失信行为的惩治力度，进一步规范卷烟市场秩序，净化卷烟市场环境。

【酒类销售】　2009 年，浈江区境有酒类生产企业 1 家，酒类批发企业 13 家，酒类零售单位 1812 家（含个体户）。主要销售国产酒有五粮液、茅台、水井坊、剑南春、沱牌酒、洋河大曲、长城干红等，进口酒有轩尼诗 XO、轩尼诗 VSOP、蓝带、人头马、皇家礼炮、芝华士等。国产酒主要货源由广州、深圳等地的各品牌代理商提供，进口酒主要货源由深圳桥东洋酒代理公司提供。其中进口酒轩尼诗 XO、轩尼诗 VSOP 系列在市区销量较大，国产酒则各有消费群体。

【酒类经营行政许可管理】　2009 年，浈江区根据《广东省酒类专家管理条例》规定，酒类的生产、批发、零售实行许可制度。许可证由省酒类专卖管理部门统一印制，每3年换发一次，每年实行年检。年内，区境新办酒类零售许可证210家，酒类批发许可证1家。

【酒类流通监管】 2009年，浈江区酒类经营根据商务部《酒类流通管理办法》继续实施“酒类流通随附单”制度，详细记录酒类商品流通信息。随附单附随于酒类流通全过程，单随货走，单货相符，实现酒类商品自由出厂到销售终端全过程流通信息的可追溯性，同时按要求建立台账，随时接受查验，从源头上预防假冒伪劣酒类流入市场。

【打击制售假冒伪劣酒类产品】 2009年，浈江区积极配合市有关部门出动执法人员810人次，查处违法经营户23家，取缔违法生产酒类产品小作坊3家，查获无牌无照散装酒152公斤、假冒伪劣酒类产品256支，市场标值13.53万元，对销售假冒伪劣酒类产品者起到较好震慑作用。

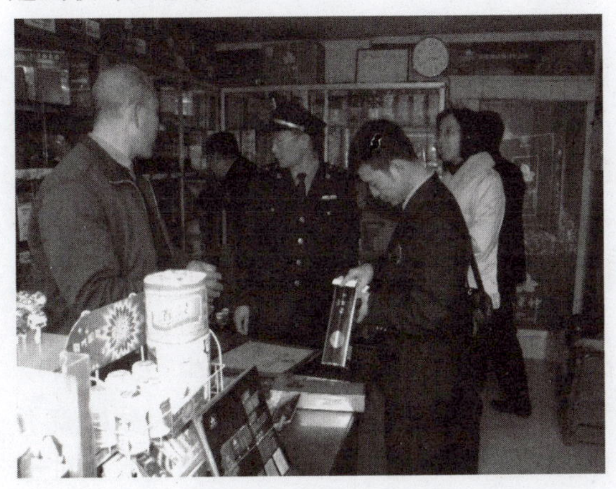

执法人员检查假冒伪劣产品

【受理酒类案件举报和投诉】 2009年，本着“群众利益无小事”原则，区经贸局及相关部门积极配合市局相关部门注重做好群众举报、投诉的接待和登记工作，及时安排专人处理。全年接举报6宗、投诉4宗，均派专人查处，确保群众举报有人管、有落实、有结果，努力营造酒类市场齐抓共管的良好社会氛围。

（区年鉴编辑部）

盐业专卖

【概况】 浈江区盐业专卖由驻区的广东省韶关市盐业总公司（广东省韶关市盐务局）负责。2009年，市盐业总公司（盐务局）既是全市食盐专营的经营主体，又是依法行使盐业行政管理职能的部门。该公司有先进的加碘小包装盐生产设备，自有铁路专用站台，标准的生产车间和仓库8000多平方米，并在供应合格的加碘食盐、防治碘缺乏病、应对突发事件、维护市场秩序等方面做了大量工作。年内，该公司认真履行企业职责，对区内近40万人口的食用盐、生产用盐、农牧盐负责供应和国家储备盐管理，并实行统一加工，统一配送。

【碘盐生产】 2009年，驻区的市盐业公司在碘盐生产过程中高度重视产品质量，全面构建质量监管体系，建立实验安全责任制，健全质量监管机构，层层签订责任书，向社会公众郑重承诺，确保合格碘盐供应和食盐安全；按照《食盐批发企业等级划分及技术要求》这一国家标准，以AAA为目标，严格规范生产流程、营业场所、仓储管理、服务过程，开展实验批发企业等级达标活动；实行碘盐产品质量一票否决权制度，制定《食盐产品质量监督检测办法》、《产品质量监督检验工作考核办法》和《食盐质量管理暂行办法》，确保不合格产品不出仓，碘盐合格率达到100%。

【食盐专营】 2009年，驻区市盐业总公司加强食用盐安全管理，强化市局专卖主体地位。重点加强计划管理，严格执行食盐指令性计划；推进市场化进程，公司着力建设指控销售网络，实行统一配送，采取特许经营的模式加强市场网络建设，降低流通成本，提高流通效率，构建起包含销售、盐政、信息、质监四大功能，覆盖韶关市地区的营销网络，保证全市所有销售终端有充足的合格碘盐供应；树立市场营销观念，开拓市场，优质高效的服务赢得人民群众的信赖，做好巡查访销，发扬“送盐下乡”的艰苦创业精神；以市场为导向，积极推出新产品，不断推出符合国家标准的新品种，丰富食盐市场，满足不同层次消费者需要，实现产品结构升级；加强工业盐管理，实行管住大户，盯住小户，动态监控跟踪管理的措施。

【碘盐管理】 2009年，浈江区政府积极配合驻区市盐务局认真履行省政府赋予的管理职能，切实贯彻执行国家和省有关盐业法规、规章和政策，维护食盐安全、运销秩序，落实盐政执法责任制，健全盐政执法体系和管理制度，加强盐政队伍建设，提高人员素质，依法行政；加强与经贸、工商、卫生、质监、食品药品监督等政府部门的合作，发挥联合执法作用，共同维护食盐市场秩序；做好食盐安全宣传工作，充分利用“3·15”消费者权益和“5·15”消除碘缺乏病活动平台，积极开展以“坚持使用碘盐，享受健康生活”为主题的宣传活动，引导群众食用加碘食盐；实现联防联治，对外坚持三省防机制，联合管理省际边界市场，对内加大片区联防力度，开展“区域联防、联合执法”的管理措施；日常稽查与开展专项整治活动结合起来，加强对市场日常的稽查频度，有针对性地开展专项整治活动。

（区年鉴编辑部）

生猪定点屠宰

【概况】 2009年，浈江区贯彻落实国务院《生猪屠宰管理条例》和商务部《生猪屠宰管理条例实施办法》，强化牲畜定点屠宰管理，通过加强定点屠宰厂（场）规划建设、大力推进机械化屠宰、强化上市肉品检疫检验等工作，并加大执法力度，促进城乡市场上市肉品卫生质量进一步提高，全区5间屠宰场在年内加工的肉品中，未发生因食用生猪肉品导致的中毒和疫病感染等重大安全事故。

【定点屠宰厂（场）规划】 2009年，浈江区根据国务院《生猪屠宰管理条例》，按照省府办《转发省经贸委关于广东省生猪定点屠宰厂（场）设置规划的通知》要求，规划用5年时间（2009～2013年），把全区生猪定点屠宰厂（场）从现有的5家减少到2家，并加快区、乡屠宰企业技术改造，逐步淘汰落后的手工屠宰方式。

【屠宰管理】 2009年，浈江区加强生猪肉品流通管理，会同各有关部门加强和规范肉品检疫，严格进行肉品市场准入制度，凡是定点屠宰厂出厂生猪肉品，必须经过检疫和肉品检验（含违禁药物检验），并在生猪上加盖检验合格章；规定进入市场销售的生猪肉品，必须是定点屠宰厂（场）生产并经检疫和检验合格的产品，未经检疫和肉品检验不合格的生猪肉品，不准进入市场销售；对进入市区市场销售的生猪肉品，由工商部门把关，检查是否具有动物产品检疫合格证和畜产品检验合格证，对不具备上述两证的生猪产品，不准进入市场；规范屠宰加工，市区各生猪屠宰厂（场）必须实行机械化屠宰生猪，乡镇生猪屠宰须结合当地实际和生产条件，在动物防疫部门监督下规范操作。

【打击私宰】 2009年，浈江区本着对人民群众生命安全高度负责的态度，把严厉打击生猪私宰和经营私宰肉违法行为作为重点来抓。区屠宰联合执法检查队，在执法检查中采取定期检查与突击检查相结合、分组检查与集中检查相结合的措施对私宰行为进行严厉打击，起到一定效果。年内，全区经贸管理部门共出动执法人员1309人次，检查定点屠宰企业106家次，查处私屠肉689.65公斤，销毁病害猪肉261公斤，有效打击辖区内私宰行为。

【防范甲型H1N1流感】 2009年，浈江区根据国务院和省、市工作部署要求，按照“高度重视、积极应对、联防联控、依法科学处置”原则，加强甲型H1N1流感疫情监测，严格活猪及其产品检疫监管，把防控人感染甲型H1N1流感作为一项政治任务来抓，及时采取综合防范措施，做好应急值守工作，协调农业、卫生等有关部门对辖区内生猪养殖密集区和养猪场、屠宰场、活猪交易市场等地，集中开展甲型H1N1流感疫情监测和调查，发现问题及时采取措施排除。

【病害猪无害化处理】 2009年，浈江区主管部门按国家和省市政策规定，督促屠宰企业在生猪进场前进行严格检疫，对入场后经检疫发现的病害猪，必须进行无害化处理，严禁擅自屠宰后流入市场。企业在进行无害化处理前，及时通知农业部门派人现场监督无害化处理过程，严禁弄虚作假。年内，全区各生猪定点屠宰企业共发现病死猪、病害猪15头，均全部进行无害化处理。

（贝晓军）

第一市场农副产品购销一条街

农贸市场购销

【农副产品购销】 2009年，浈江区农贸市场商品购销主要有传统的本地农副产品和外地进入的农产品及农副产品购销。上市的农副产品分别有谷米、豆麦、冬笋、香菇、花生、瓜果、甘蔗、毛竹、木材、药材、家禽、家畜等，还包括生油、菜油、黄糖、土纸、坚炭、香粉、竹器等农产加工品，并以猪肉、鲜蛋、鸡鸭鹅、水产品、蔬菜等鲜活农产品为主。另有来自外地的海鲜、药材、烟叶等。年内，区境多数农副产品价格有提高。

【农业生产资料购销】 2009年，浈江区农业生产资料购销主要有韶关市供销社、市农资总公司、广东省韶关市金惠农业生产资料有限公司等数十家企业经营，主要产品有肥料尿素、有机肥、化肥料、尿素、复合肥、农药、钾肥、磷肥、塑料薄膜、除草剂、除草剂混剂等。年内，区农业主管部门根据省农业厅《转发农业部办公厅关于开展农资打假秋季行动确保国庆期间农资市场秩序稳定的通知》要求，派出执法工作组对区内农资市场进行专项督查和监管，并针对农资市场存在的突出问题，精心部署、积极联合有关部门形成整体合力，迅速、有重点地开展农资打假检查。此次农资打假行动，印发宣传资料1000余份，共出动检查172人次，检查各类农资企业65家，整顿各类农资市场10个。

【日用生活品购销】 浈江区日用生活品购销主要包括小百货、小五金、化工交电、陶瓷、陶器、碗筷、瓦罐及其他日用杂货等。2009年，区境日常生活用品购销除站南路日杂品批发零售一条街外，主要还有南郊一公里的站南批发购销部、站南路11号的韶关市恒和百货有限责任公司、南郊一公里的韶关市浈江区建兴商店、南郊一公里国通市场的韶关市兴盛百货有限公司、南郊一公里东南大厦二楼的韶关市盛基贸易有限公司、大塘路385号的核工业广东南方技术学校劳动服务公司、安全北路56号的韶关铁路电务段通达服务部、南郊二公里的韶关市刨花板厂劳动服务公司、南郊三公里沙梨园综合市场的韶关市乐园商店、启明路的韶关大学劳动服务公司东河商场和东郊的田螺冲服务公司等。

【布匹服装购销】 2009年，浈江区布匹购销主要有站南轻纺面料市场、金鹏服装批发市场和风度广场。站南轻纺面料市场位于韶关市区站南路，始建于1992年。该市场主要由外地的企业和韶关市的私营企业主、个体商贩以及下岗职工承包经营。占地面积3000平方米。该市场货源主要来自浙江杭州、金华、柯桥和江苏常熟等地，经营品种有棉、毛、麻、丝、化纤等服装面料和纽扣、拉链、衬料、缝纫线等服装辅料，还有部分进口面料。经营方式为零售和批发，并设有量体裁衣、加工定制“一条龙”经营服务项目。金鹏服装批发市场位于韶南大道二公里，是韶关市最大、最全的服装批发市场，主要经营服装鞋帽。风度广场二、三楼以经营服装为主。

【百货购销】 2009年，浈江区百货业以“广货”及浙江的小商品为主，并初步形成包括日用百货、鞋类、化妆品、洗涤用品等在内的多个百货专业市场。百货超市经营集中的主要是四通小商品市场。该市场位于韶关市区站南路（南郊一公里），始建于1991年。该市场凭借火车站周边小商品集散地的影响发展迅速，交易兴旺，形成“小”（小商品）、“多”（多品种）、“廉”（价格廉）的经营特色。

【五金交电购销】 浈江区五金交电购销始于本地小手工业、小五金工业经营。2009年，区境有五金交电购销公司16家，同时有五金交电购销门店368间，主要经营五金、家电用品、小电气、摩托车配件等商品，其中经营家电、小电气、五金等商品批发的商行大多集中在区境内南郊站南路一带。

【小食品购销】 浈江区小食品购销始于本地农产品及农产品加工的自产自销。国家改革开放以后，区境小食品购销逐渐活跃，进入20世纪90年代后，外地大量包装美观的小食品进入区境，深受妇女儿童喜爱。2009年，小食品购销主要集中在站南路批发市场，各学校附近、社区各士多店、各大小超市均有小食品购销。

（区年鉴编辑部）

批发零售业

【概况】 2009年，浈江区批发零售贸易业流通规模、经营领域、营业面积均不断扩大，网点分布从城市中心向周边和农村扩展，成为促进全区第三产业发展的主力，业务涵盖食品、饮料、烟草、文化体育用品、医药、医疗器材、矿产品、建材、化肥、其他化工产品、金属及金属矿、石油及制品、煤炭及制品等。至年底，全区有批发零售业6145余户，从业人数15200多人，其中法人企业145户，从业人数8700多人（包含超市）；个体户6000余户，从业人数6500多人。全年社会消费品零售总额106.39亿元，比上年增长20.0%；其中批发零售贸易业零售额91.66亿元，增长20.2%。

【发展特点】 2009年，浈江区有批发和零售贸易业法人单位145个，其中有限责任公司3个、占2.07%，股份有限公司6个、占4.14%，私营有限责任公司8个、占5.52%，私营独资企业128个、占88.27%，逐步形成以个体私营为主、股份制和外商投资等多种经济成分共存新格局。年内，区境批发零售贸易业流通结构、规模布局都有新的突破，购物环境不断改善。市区纵横交错的商业街、东河装修装饰市场、南郊各类专业批发市场等大小店铺均进行各式各样装修改造；各大街中心要道和居民生活区均分布有各类大型超市、购物广场（亿泰电器广场、大润发、永安百货、城市广场等）。新兴流通业快速发展，邮购、网购、直销、电视购物等电子商务快速扩大；连锁超市、专业专卖店不断增多；家用电器、电子产品、文化体育用品、汽车、摩托车、燃料及配件、计算机软件及辅助设备、五金及室内装修材料等专门零售在市场所占比重不断上升，传统的食品、服装、日用百货零售在市场所占比重逐渐缩小，尝试性高档耐用消费品更新换代越来越快。

（区年鉴编辑部）

专业市场

【韶关山宝土特产专卖店】 该店位于韶关市南郊二公里枫景园首层12号。“韶关山宝”在自己的种植基地研发采集灵芝盆景、灵芝壁画、灵芝切片、破壁孢子粉、破壁孢子油等灵芝系列产品，野生食用菌（野生鲍鱼菇、猴头菇）等50余种；经营马坝油粘米、土榨花生油、健康山茶油、长坝沙田柚、火山粉葛、坝厂淮山、辣椒酱南雄板鸭、白果、黄烟丝、米花糕、萨其玛、香芋片、始兴花生饼、隘子冬菇、菜心干、乳源巴西果汁、大布地瓜干、瑶山甜酒、仁化黑木耳、丹霞山酒、岩茶、黑蚂蚁、翁源三华李、米粉、红薯粉、溪黄草、新丰野生灵芝、靓汤料、茶树菇、花豆、乐昌张溪芋头、北乡马蹄、腊味、白毛尖、梅花子姜、松珍等粤北境内所有土特产品。“山宝”立足于韶关市市区，拥有自己的土榨花生油厂、马坝油粘米厂，取得质量体系认证（QS），资源丰富，所经营的土特

全市最大的汽车批发销售街

产来自于大自然，营养丰富。2009 年，韶关山宝土特产专卖店本着“不求大而全，但求专而精”的理念，打造好“山宝”品牌，将研发更多的好产品来赢得消费者满意。

【四通小商品市场】 四通小商品市场位于韶关市区站南路（南郊一公里），始建于 1991 年。该市场凭借火车站周边小商品集散地的影响，发展迅速，交易兴旺，形成“小”（小商品）、“多”（多品种）、“廉”（价格廉）的经营特色，与四通商场的“小、土、特”经营特色相映生辉。经营的商品有服装、百货、冷饮、瓜果、糠烟酒和饮食。2009 年成交额为 502.65 万元。

【站南轻纺面料市场】 站南轻纺面料市场位于韶关市区站南路，始建于 1992 年。该市场主要由外地的企业和韶关市的私企业主、个体商贩以及下待岗职工承包经营。占地面积 3000 平方米。该市场货源主要来自浙江杭州、金华、柯桥和江苏常熟等地，经营品种有棉、毛、麻、丝、化纤等服装面料和纽扣、拉链、衬料、缝纫线等服装辅料，还有部分进口面料。经营方式为零售和批发，并设有量体裁衣、加工定制“一条龙”经营服务项目。

【启明建材市场】 启明建材市场位于韶关市区启明路，始建于 1996 年。主要经营各类建材、装潢材料以及门窗等，并有少量防盗网加工。2009 年，该集市场共有门店 985 间，经营户 657 户，年经营额 8000 余万元。

【站南粮油交易市场】 站南粮油交易市场位于韶关市区站南路，始建于 1995 年。供应数十种不同产地的大米、糯米等品种，以及血糯米、乌贡米、泰国香米、马坝油粘米等名贵米种。市场还设有期货交易业务。2009 年，该市场批发、零售各类粮油 3200 余万公斤。

【南郊鲜果市场】 南郊鲜果市场位于韶关市区南郊四公里，始建于 1984 年。该市场是以“韶关市贸易市场服务中心”为龙头带动起来的。1984 年，市工商局投资 28 万元建起水泥结构的三层楼房 1600 平方米，作为批发市场，有门市、货仓、住宿、饮食场所，并有电话、信息等服务。1986 年又辟南水码头 2890 平方米为水果批发市场。进入该市场经营者有 8 省 30 多个县、市的专业户、贩运户。上市商品有苹果、雪梨、哈密瓜、香（大）蕉、菠萝、荔枝、葡萄、龙眼、蜜柑、甜橙、橘子等多种水果。不但满足韶关市民的水果需要，还大批供应市属各县和江西、湖南、浙江、湖北、河南等省。2009 年，市场成交量为 6180 万公斤，成交金额 21600 万元。

市区水果批发市场

【摩托车交易市场】 风采路摩托车与配件交易集市于 1993 年开办，整个路段都是经营摩托车零配件的店铺与摊档。2009 年，风采路摩托车与配件交易集市以出售新旧摩托车和各种配件为主。经营的品种有轻骑（济南）、嘉陵（重庆）、幸福（上海）、五羊本田（广州）、光阳（台湾）、三阳（台湾）等摩托车，还有从日本进口的铃木、本田等品牌的豪华型、普通型、实用型，男式和女式摩托车共数十个品种。整个交易广场摩托车排列井然有序，一般存放量在 1000 辆左右。经营摩托车大小零配件，主要有车体配套件、发动机配件、油箱、发动机等。

（贝晓军）

综合商场

【韶关聚福发展有限公司】 该公司成立于2005年。公司本着“以人为本，真诚服务，规范管理，求实创新”服务理念和宗旨，全面引入并实施ISO9001国际质量管理体系，在借鉴和吸收先进房地产行业投资、经营、管理经验的基础上，力争向专业化、规范化、科学化方向发展，不断提升管理品质；努力创新，以高品质、高效率的服务，逐步建立以房地产投资、开发、管理服务为主要内容的专业服务平台，为广大商户提供更优质的服务，并通过不断探索与实践，逐步向国际化高标准迈进。2009年，公司致力于优秀企业文化建设，努力构筑符合社会发展需要的企业价值观——“发展企业、造福商户、回报社会”，于实践中建立和形成“物业让您更满意”企业理念，并积极打造“聚福时代广场”。韶关聚福时代广场坐落在韶关市韶南大道23号，正门面对韶南大道，是韶关市政府招商引资引建的重点项目。该广场为集购物、餐饮、娱乐为一体的大型综合商贸服务广场。总投资达5000万元，广场内各区域设置不同的商贸、服务区域，配有步行楼梯，扶手电梯和人货两用电梯，整个广场配有消防感应喷淋等设施和视频监控系统，以确保客商、用户和宾客们的便捷和安全，同时广场内设有停泊车辆场所并配备训练有素、热情认真、专业素质的保安队伍和工程维护职员。

【韶关市惠福贸易发展有限公司】 韶关市惠福贸易发展有限公司位于韶南大道4公里东侧。该公司在粤北地区享有较高的知名度，店面遍布韶关三江六岸，公司主要经营食品、副食品、日用百货、家庭用品、儿童服装专卖、文体用品等，商品经营品种达2万多种。2009年，公司秉承“以客为本”的经营理念，坚持“诚信、优质、平价、舒适、温馨、便利、时尚”的经营方针，全面体现“惠福给您心的满足”、“让顾客得到最大的实惠”的经营宗旨，在社会上建立良好的企业形象。

【韶关市亿华汽车贸易有限公司】 该公司是一汽大众品牌系列轿车在韶关市授权的整车销售、备件销售、维修服务、信息反馈“四位一体”4S特许经销商。地址位于韶关市韶南大道4公里的“亿华汽车世界”，总店建筑面积3000平方米，拥有国际标准的多功能汽车展示厅，宽敞明亮，清洁舒适，并有维修车间1500平方米，还有多个车间机修工位。2009年，公司拥有德国、美国、日本、英国进口和一汽—大众提供的维修设备、监测仪器和专用工具，所有技术人员均经过一汽—大众的严格培训，持证上岗，管理规范；业务接待、车间管理、备件销售、财务结算、首保索赔，全部实行电脑网络化管理，并实现与一汽—大众公司R3系统联网，备件纯正齐全、价格合理。公司拥有广东亿华物流投资有限公司社会资源、韶关市卓兴药业有限公司客户网络基础和韶关市韶城汽车贸易有限公司技术支持，秉承“激情、诚信、高效、创新”企业文化精神，坚守“顾客至上”经营宗旨，为广大市民提供安全出色的出租车、公务车和家庭用车的经销服务。

【韶关市蔡氏华星商贸有限公司】 该公司位于韶关市风度中路41号（步行街中段），属下有：华星购物广场、华星平价商场、华星家电批发中心、穗宝床垫专卖店、华星家电维修服务中心等五家企业。公司投资的华星购物广场，经营面积23000多平方米（1～6楼），能安排就业人员1200多人，计划总投资人民币1.5亿元，年销售额达2亿元以上，是韶关市最大型的综合性购物广场之一，成为韶关优秀旅游城市购物的一大亮点。公司多年来秉承“赚钱事小，声誉事大”原则，视顾客为上帝，诚信为顾客服务，曾多次被国家和省市评为“中国质量信用企业（AA+级）”、“广东省诚信单位”、“广东省文明单位”、“广东省旅游定点单位”、“广东省重合同守信用企业”、“广东省商品质量信得过企业”、“广东省商品质量和服务质量信誉商业企业”、“韶关市先进企业”、“韶关市热心公益事业建设企业”。

【韶关市第一市场】　该市场位于市区兴隆街。始建于民国17年（1928年），为砖木结构的平房瓦屋，建筑面积1700平方米。当时作为摆卖猪肉、青菜之用。新中国成立后，该市场经多次扩建改建。2009年，该市场有建筑面积2200平方米，另有露天市场面积2275平方米，共设摊位362个。划分为青菜、猪肉、水产、“三鸟”、蛋品、豆制品、肉制品、土产海味、大米、烧腊、药材、野生动物、小百货、小五金、糖烟酒、种子种苗、修理服务等19个行市。较大的青菜行有268档，水产行47档，猪肉行46档，冬菇行39档，小百货、小五金行40档，“三鸟”行14档，糖烟酒行11档，修理服务行12档，并有副食品店、饮食店、理发店和牙科诊所等摊档。（贝晓军）

市区风度广场

连锁经营业

【概况】　浈江区是韶关市政治、经济、文化中心，改革开放以后，区委、区政府高度重视商贸物流发展，积极打造商贸物流服务经济带，规划以韶南大道和市区小岛为重点，打造粤北和红三角地区商贸物流中心；亿华汽车商贸市场已成为红三角地区最大的汽车销售集散地；亿华物流和江畔广场服装批发市场、站南路小商品批发市场是红三角地区服装批发旗舰；粤北最大的机电、家具批发市场和辐射粤赣湘的大型农贸市场正在加紧规划建设。市区小岛以风度路步行街为龙头，重点发展规划超市、大型商场（大润发、永安南城）及专卖（苏宁电器、国美电器、新星源手机连锁店）等连锁经营，积极培育发展现代商贸服务业。2009年，区境各大中型连锁企业借助国家“促销费、保增长”政策，加大促销力度，各项商业贸易均有大幅增长。

【连锁经营业务】　2009年，浈江区连锁经营企业主要以总部为旗号采取统一经营字号、统一经营方式、统一组织货物、统一进行领导的，由若干个店铺或分支企业构成联合体所进行的商业经营活动；连锁经营业务主要有日用百货、家用电器、家居用品、医药、餐饮等。年内，具有各种先进理念的新型流通方式有总代理、总经销、特许经营、加盟经营、场上直销、网上购物、电子商务等正逐步得到推广和应用。

【连锁经营企业】　2009年，区内大、中型日用家电百货连锁经营企业有：韶关大润发、东明广客隆、惠福超市、永安南城百货、国美电器、苏宁电器等国内外知名连锁经营企业。餐饮连锁经营企业有：小小东江、新正源、奇华饼屋以及麦当劳、肯德基等。医药连锁经营企业有：乡亲大药房、千金大药房、爱心大药房等。区境连锁经营现代流通业的发展，有效带动传统流通形式转变，带动商贸流通业逐步向规模化、规范化竞争的有序方向发展。经营网点遍布区境主要地段，门店数量、商品销售额及完成税收收入都有大幅度增长，门店设点布局、门店规模大小、商品品种花样都有新的变化，大部分连锁经营企业建立管理信息系统（MIS），实现总部、配送中心、分店之间的电子信息传递。

（区年鉴编辑部）

主要连锁经营企业

【大润发韶关店】 大润发韶关店位于韶关市熏风路与解放路交会处，属华南一家国际型连锁购物广场。该广场本着“以人为本，真诚服务，规范管理，求实创新”的服务宗旨，走规模化、规范化、连锁化、国际化发展之路，并投入巨资进行信息化建设，广纳国内外优良商品，以价廉物美原则赢得广大消费者光顾。2009年，该广场精心采购来自全国各地及外国优质商品近30000多种，为消费者提供新鲜、便利的优质服务，成为商品种类齐全、价格适宜的会员制国际大型购物广场。

【永安南城百货公司】 该公司位于浈江区韶南大道2.5公里的城市广场，总公司在深圳市福田区沙嘴路金地工业区101栋。公司在百货业中走规范化、制度化、规模化、连锁化发展道路，秉着高起点、严要求原则，借鉴国际现代零售业运作成功经验，对商品进、销、调、存各项核算和分析全面推行电脑化、网络化、数字化、表格化管理。2009年，公司坚持以人为本的经营管理理念，坚持职、权、责、利相统一，建立完善优胜劣汰、竞争上岗用人机制，同时加强各项检查、考核、考评工作，全方位提高员工的业务素质技能；在经营工作中坚持改革、创新、发展，调整商品结构以顺应市场需求，修订完善规章制度，营造轻松活泼的工作、学习、生活氛围，培养员工团队意识和合作精神，并创办《永安南城月刊》，发现、培养和使用人才，培养与提高广大员工的文化底蕴，加强与顾客和供应商联系沟通，创建与弘扬优秀的企业文化，以增强公司凝聚力和向心力，加快企业发展壮大，共同创办出一个现代化大型连锁商业集团。

【新星源电讯有限公司】 该公司成立于1997年，是一家以经营手机数码、与中国移动长期战略合作伙伴、国内外众多手机数码厂家总代理的大型连锁企业。公司秉承“努力让顾客感动”的经营理念服务社会，先后荣获“全国消费者放心单位”、“中国连锁最佳诚信品牌”、“免检企业”和连续十年“诚信单位”等荣誉称号。2009年，公司充分发挥民营机制优势，坚持业态创新、制度创新和管理创新，力争在3～5年内发展手机数码连锁店200家。此外，该公司在不断扩展手机数码连锁店的同时，积极拓展经营范围，利用成熟的资本市场、标准化的管理体系向其他行业、地域进军，将公司建设成为具有广泛影响力、强大市场竞争力和可持续发展能力的现代化跨行业、跨地区的大型一流企业。

【金海马家居博览中心有限公司】 该公司位于韶南大道2.5公里。2009年，该公司推出“统一采购”、“统一经营管理”、“统一核算”国际化先进管理模式，形成独具优势的企业核心竞争力，并投入巨资进行信息化建设，在国内流通企业中第一家成功导入SAP信息管理系统，更使金海马在行业内独占鳌头。年内，金海马与众多家优质供应商结成的强大的战略联盟，更进一步确立金海马集团无可动摇的行业龙头地位。金海马集团以“德才兼备，以德为先，内部优先，鼓励长期服务”的用人观及良好的激励机制、完善的福利体系广纳四方人才。金海马集团属下各商场曾分别荣获“消费者信得过商场”、“诚信企业”、“质量信得过单位”等多项荣誉。

【广东东明股份有限公司】 该公司是一家商业零连锁经营企业，旗下以“明乐”为商号，其零售连锁超市（购物广场和生活超市）有40余间，分布在韶关地区各市县，总经营面积超过20万平方米。公司具有粤北特色的经营发展模式，稳健的经营和良好的商誉，为明乐连锁超市立足粤北，奠定良好的基础。2008～2009年，广东东明股份有限公司被广东省企业联合会评为广东省服务行业100强，并被广东省委、省政府授予“广东省优秀民营企业”称号和国家商务部授予“全国百城万店无假货创品牌先进单位”称号。

（贝晓军）

物流业

【韶峰物流中心】 该中心建于2006年6月，占地面积约50000平方米，总投资1亿元，分三期三年建成具有物流信息交易、货物集散、货物分流、货物配送、现代化仓储管理、车辆停放等相关服务功能的现代化物流交易平台。中心西靠韶南大道，连接106国道和广韶高速，北邻韶赣高速，西北连百旺大桥与京珠高速、武广客运快线相接，交通十分便利，可容纳100多家物流货运企业。2009年，该中心已进驻物流货运单位59家，物流货运市场占有率达70%以上，年内完成公路或运量约505.3万吨，比上年增长15.36%；企业基本形成集约化、规模化、产业化发展的集散中心，为生产、流通企业提供相应的运输、配载、仓储、装卸、包装、流通加工、配送、货运代理、信息处理等专业化物流服务。

【广东亿华物流投资有限公司】 该公司成立于2003年4月，主要投资项目有亿华物流园。该项目分两期开发，总建筑面积为60万平方米，总投资7.5亿元。第一期为商贸物流园，包括批发广场、购物广场、家具广场、汽贸广场、汽配广场等9个项目。2009年，广东亿华物流投资有限公司主要进行第二期项目建设。

【韶关市乳峰物流有限公司】 该公司始建于2007年3月，主要经营物流市场、仓储、公路运输、第三方物流等。该公司投资近亿元兴建的韶关市乳峰物流中心位于韶关市韶南大道南郊7公里东侧，占地近100亩，是一个具有信息交易、货物集散、货物分流、货物配送、现代化仓储管理系统、大型停车场等服务功能设施配套的现代化物流交易平台。中心大楼西靠韶南大道，连接106国道和广韶高速，北邻韶赣高速，西北接百旺大桥与京珠高速相接，交通十分便利，是韶关市唯一的综合性零担物流市场，并纳入韶关市物流发展规划和韶关市“两促一改”重点项目。此外，该中心尚有近3万余平方米的仓储用地，可以为厂家和商家提供充足的仓储用地和仓储服务，并立志于打造韶关市一流的第三方物流企业，为用户提供专业个性化物流服务和全方位的物流代理服务。

（区年鉴编辑部）

拍卖业

【概况】 浈江区位于韶关市区中心地段，区境第一家拍卖企业成立于1994年4月。此后，随社会经济的快速发展,优秀管理理念及管理方法迅速进入区境,拍卖业队伍及专业人才逐年增多。2009年,区境共有拍卖企业8家,从业人员90多人,具有拍卖行业从业证书人员39人,拍卖师19人。全年拍卖交易额约1.6亿元。

【发展状况】　拍卖行业的发展有效促进公务处置走向规范化，区境各级行政机关和人民法院依法罚没的物品，充抵税款罚金罚没的物品、国有资产、银行抵押物等资产处置都通过拍卖企业进行拍卖，改变过去内部私自处理的做法，防止腐败行为发生。2009年，拍卖业务从早期的行政机关罚没公务和司法机关强制执行资产，拓展到金融不良资产、国有土地、国有企业改制和破产企业资产、遗物品、冠名权、广告经营权、河沙经营权、公共汽车线路经营权和小汽车号牌拍卖等公共资产经营业务。拍卖领域从行政机关、司法机关、国有企业拓展到社会其他企业和个人委托拍卖等。此外，拍卖业的开展进一步规范公有财物和罚没品的处置，一些国有财产和公共资产通过拍卖后，价值成倍或几倍增长，不但加快资产变现、盘活资产、防止国有资产流失，还增加财政收入，有效促进地方经济发展。

（区年鉴编辑部）

燃料贸易

【石油销售】　浈江区石油销售主要由驻区的中国石化韶关分公司经营。2009年1月1日，区境取消公路养护费、航道养护费、公路运输管理费、公路客货运附加费、水路运输管理费、水运客货加费等6项费用，有关费用与汽油价捆绑经营。12月19日，区境全面下调成品油价格，市内各加油站严格按照下调标准执行。93号汽油5.11元/升（此油价已经包括了燃油税在内，下同），97号汽油5.54元/升，0号柴油4.94元/升，成品油市场销售未定、供应充足。

水路运输航道

【罐装液化气】　浈江区内燃气一直由驻区企业经营。韶关市液化石油气价格按照《广东省定价目录》规定，其销售价格属政府指导价，即由物价部门对经营单位进货成本进行测算后，规定基准价及其浮动幅度。由于国际原油价格是实行市场调节价，国际原油价格的波动直接影响液化石油气的购销价。2009年，区境有燃气营销网点95家，除装有管道煤气的住户外，98%以上城区住户使用罐装液化气，城中村及部分郊区居民使用罐装液化气。年内，区境液化石油气价格按照《广东省定价目录》规定，其销售价格属政府指导价，并国际原油价格的波动直接影响液化石油气的购销价，夏季每瓶价格在70~80元，冬季每瓶价格高达110元以上。

【管道燃气】　2009年，浈江区城区燃气输配主管网增至167.5公里，有79条路、街、巷具备通气入户条件，覆盖面约45平方公里，用户增至34000余户。年内，市物价局根据国际石油价格下降和采购成本降低等因素，为减轻用户负担，决定降低市区（不含曲江区，下同）的管道燃气价格。具体规定为：市区管道燃气居民用户价格由现行5.98元/立方米调整为5.60元/立方米，工商业用户价格按居民用户价格上浮不超过20%的幅度由韶关市港华燃气有限公司与用户协商确定。从2009年3月1日起执行（即从2009年4月1日抄见表量执行）。此外，市区管道燃气掺混比例仍按市政府批复的标准执行，即采用60%的天然气加40%的代天然气的掺混方案。这次降价是自2007年9月15日经市政府批准市区管道燃气由代天然气转为掺混气之后首次降价。由于管道燃气价格实行政府定价，其价格保持相对稳定。根据市政府十一届十八次常务会议关于市区管道燃气供气价格实行动态管理的有关规定，鉴于去年10月后国际石油价格与燃气采购成本下降的实际情况，市物价局对韶关市港华燃气有限公司2007～2008年度运营成本进行审核。根据审核结果气价有下调空间，为减轻用户负担，才决定调整市区管道燃气供气价格。

（区年鉴编辑部）

招商引资

【概况】　2009年，浈江区委、区政府把招商引资作为振兴区内经济、改善人民生活、促进社会发展的重要工作来抓，全区上下贯彻落实科学发展观精神，进一步扩大思维、解放思想，招商引资工作取得新的成绩。全年引进内联项目124个，内联合同引进资金5.08亿元，比上年增长67%；内联到位资金4.69亿元，比上年增长3%；新批外资项目4个，比上年增长33%；合同吸收外资644万美元，比上年下降63个百分点；实际吸收外资1523万美元，比上年下降30.9个百分点。

【优惠政策】　2009年3月，区政府分别制定《浈江区招商引资奖励实施办法》、《关于发展总部经济的若干意见》和《浈江区促进中小企业平稳健康发展的实施意见》，其中《浈江区招商引资奖励实施办法》结合区域实际，制定了区内招商引资的奖励对象、受奖条件、奖励标准和奖励程序，并规定引进人引进的新企业（含新项目），以企业纳税之日起纳税一年的纳税额为基数，由区财政按企业年缴税额的区财政净得部分，分档次给予奖励。《关于发展总部经济的若干意见》主要明确总部企业的界定、管理、优惠政策、奖励程序和标准。区设立总部的企业主要指：国家和中央部委确定的大企业（集团）；世界500强、国内500强、国内民企500强企业；注册资金不低于500万元人民币、总资产不低于2000万元人民币、年销售额不低于5000万元人民币的国内外企业。总部企业的管理分别成立区发展总部经济领导小组，并由区委副书记、区长任领导小组组长，区政府常务副区长和分管招商引资工作的副区长任副组长，成员由区政府办、经贸局、外经局、财政局、国税局、地税局、工商局、监察局、行政服务中心等有关部门主要负责人组成。优惠政策主要有：总部企业负责人可视条件推选（荐）为区人大代表、政协委员和区人大常委会常委、区政协常务委员；总部企业可参加区先进等评选活动，区有关重要会议和活动可视情况邀请总部企业负责人参加；新引进总部的企业董事长、总经理及财务负责人的未成年人子女入学，由区教育行政部门给予优先安排；由区司法局指定律师为总部企业提供以下免费法律顾问服务：开展普法宣传、法制讲座、提供法律咨询等法律服务。同时总部企业另享有与其他区属招商引资企业同等的政策待遇；区府直属各单位未经领导小组批准，不得自行到总部企业进行各类名义的检查（违法查处除外）。同时明确了引进总部企业的奖励和标准。《浈江区促进中小企业平稳健康发展的实施意见》主要是贯彻中央关于扩大内需，促进经济平稳较快增长，扶持中小企业健康发展的各项政策措施。《意见》明确了中小企业的财政支持、优惠政策及服务项目等。

【创新招商方式】 2009年，区外贸局突出招商重点，由大中小项目一齐引转为重点引进大投资、高税收项目，进一步提升招商引资的档次和水平；抓住双转移的机遇，突出抓好珠三角重点地区的招商工作，进一步加大对广州、深圳、东莞、中山等企业、资金密集地区的招商力度；围绕机械装备、化工、油缸等优势产业，重点抓好产业招商；充分发挥已落户项目的引力作用，抓好以商招商；通过各种媒介积极寻找项目源，积极参加粤港经贸洽谈会、外资企业内博会、东莞招商会等省、市举办的招商活动，经常与港澳和珠三角地区的企业、商会、协会的联系，想方设法开展招商活动；采取“走出去”与“请进来”相结合的战略，在积极走出去招商的同时，有针对性的邀请珠三角地区商会组织企业家对浈江的投资环境进行实地考察，积极引导他们向我区鼓励的领域进行投资，进一步增强他们对浈江投资的信心和决心。

【服务环境建设】 2009年，浈江区以创建一流投资发展环境为目标，不断优化政策环境，注重提升服务环境，把招商引资与为企业提供优质、高效的服务作为重点工作来抓，引资与服务并举，使外来投资企业进得来、留得住、能发展。重点提高办事效率和服务质量，按照世贸组织规则，加快政府服务与国际惯例接轨步伐，转变职能，提高效率，推动各项工作全面“提速”；认真兑现服务承诺，进一步简化办事程序，缩短办事时限，实行引资项目全程代理制，由引进项目的单位负责提供审批、登记、协调等全程跟踪包揽式服务，提高“一站式”服务水平，做到服务企业“零距离”，树立投资成本低、投资回报快、办事效率高、政府信誉好的环境品牌。

【区直机关招商引资】 2009年，浈江区把区直机关招商引资放在重要位置，按照《浈江区招商引资责任制考评办法》，开展2008～2009年度招商引资责任制考评工作，严格兑现奖惩，对贡献突出的给予大张旗鼓的表彰奖励，对完不成任务的单位进行通报批评。全区57个责任单位只有1个没有完成任务，全年共引进项目260个，投资总额6.32亿元，实际到位4.96亿元，其中农业项目37个、工业项目34个、第三产业项目189个。

【投资促进活动】 2009年1月18日，区委、区政府在香港举办“浈江区2009年香港迎春联谊会”，区主要领导和有关单位负责人参加会议，共有港、澳、台地区客商55人出席本次联谊会。8月12日，区主要领导和有关单位负责人参加由市政府在广州市举办的“2009韶关（广州）招商引资推介会”。8月14日，区主要领导和有关单位负责人参加由市外经贸局与东莞（韶关）产业转移协作办公室在东莞市联合举办的“韶关（东莞）投资环境推介暨承接产业转移座谈会”。

（曹 旭）

招商项目

【产业转移工业园区】 东莞（韶关）产业转移工业园浈江片区是广东省政府认定的产业转移工业园，园区位于广东省韶关市区北部，距市区8公里，园区规划总面积2万亩。省道246线、省道248线、广乐高速、韶赣高速、曲仁铁路支线贯穿园区，交通便利，区位独特，具有良好的产业集聚条件。园区内设有韶关市口岸通关物流中心，产品可直接在园区报关出口。园区重点发展机械制造、电子信息、精细化工为主要产业的特色园区，力促把园区打造成广东乃至全国重要的汽车零配件、机械生产基地。园区基础设施完善、环境优美，政策优惠，是商家投资理想之地，现有40多家企业入驻。合作方式为：独资、合资、合作。建设项目选址：韶关市浈江区北部约8公里处。

【二九七厂基础设施】　该厂位于韶关市浈江区陵西路，占地面积15000平方米，适合改造开发酒店娱乐项目及轻工业加工生产项目。该项目地理位置优越，属市区旺中带静地域。合作方式为出租。建设项目选址：韶关市浈江区陵西路。项目引资地提供的基础设施有：有旧厂房及仓库约3000平方米。

【韶关市一砖厂】　该厂位于浈江区东河陵西路黄金村，厂区沿浈江河畔，占地约11万平方米（目前给国道323线征用2万平方米），剩余9万平方米，该厂目前已经转制，职工已经分流安置，约1.8万平方米厂房已经出租经营，现留有清算小组在负责管理。合作方式为：整体转让、独资开发。建设项目选址在浈江区东河黄金村，项目引资地理位置优越，厂区靠浈江河畔，厂区内供水、供电设备基本齐备。该厂区土地平整，可改造商贸住宅及工业加工用地等。

【原曲仁矿务局厂房设施】　原曲仁矿务局原是国有开发矿产资源企业，原企业管辖的范围大、点多面广，六大居民区共十四个居委会分布在南北方向约30公里，东西方向约3公里的范围内，跨地面积约90平方公里，整个辖区有一定的工业基础和许多潜在的资源可利用，可列入浈江区产业转移园区的一并开发。原曲仁矿务局煤炭业现全部关闭停产，有许多厂房、机器设备和劳动力等资源闲置：（一）原煤炭生产基地进口的工业广场，基础设施及配套设施齐全（水通、路通、电通），不需进行基础性开发投入，已形成相当规模，可直接使用。广场共设有6个区计2257亩。可用于引进类似化工、原材料生产、机械制造、机械加工、铸造等较为粗放型行业投资。（二）原曲仁矿务局闲置的土地资源，共计4048亩，主要有山地、田地、鱼塘等，大部分至今还撂荒着。计划将土地局部或整体开发，其中有连片的小土山、小丘陵和鱼塘，面积2947亩，适用于种植名优水果、桑叶、糖蔗、造林等经济作物或挖养鱼塘养鱼，在条件许可情况下也可成片平整开发办厂、建工业园区；由南起犁市镇的中厂、宋屋，北至曲仁茶山居民区，沿省道246公路两旁成片约10公里长，面积为1101亩闲置土地。该土地以小土山和小丘陵为主地貌，地理位置好，交通方便，可用于养殖业开发，也可建造厂房用于工业生产或兴建农庄来休闲度假、搞特色旅游等。合作方式为：独资、合资。建设项目选址：韶关市浈江区花坪镇曲仁办事处。项目引资地基础设施配套齐全，通水、通电，地理位置好，交通方便。

【利壹山庄】　利壹山庄坐落于韶关市浈江区黄岗山脚，周边环境优雅，占地面积7314平方米，并有两栋建筑物，其中一栋为四层共1977平方米，另外一栋为五层共861平方米。山庄三面环山，可平整使用的土地面积约有20000平方米，适合兴建集餐饮、住宿、会议、娱乐于一体的五星级酒店或度假山庄。合作方式：独资、合资。建设项目选址：韶关市浈江区聆韶路过粉头山坡。项目引资地可提供的基础设施情况：水、电已通。

【十里亭镇土地开发】　十里亭镇土地开发项目。该项目合作方式：独资、合资、合作。

建设项目选址：韶关市北郊2.5公里。项目引资地可提供的基础设施情况：位于五里亭皇岗山旁土地140亩，可开发大型休闲山庄，酒店，工业项目等。项目材料情况：属村委集体经济发展用地。

【浈江区茶山化工基】 该基地位于曲仁铁路茶山站附近，东临黄竹水、西岸村、大岭村；北至茶山新村；南距离韶关市区直线距离约10公里，东南距离改建省道246线公路约3.5公里，基地有曲仁专线铁路经过。基地分二期进行开发建设，一期规划用地2000亩，二期规划用地面积10000亩。基地产业总体定位为：充分利用目前优越的交通区位条件，依托经省政府批准认定的中山三角（浈江）产业转移工业园的招商优势和开发形象，建设一个面向现代化工行业，以硫酸和钛白粉生产为支柱产业，积极发展下游产业及相关的化工原料、涂料、颜料、化工产品及日用化工品等产业。以韶关市化工厂和韶关市钛白粉厂为龙头，发展空间以珠江三角产业转移为契机，建设集先进产业、制造、研发为一体的规模化，个性化，集群式，生态化工业基地，与其他工业共同打造浈江经济圈的新型产业生态系统。

合作方式为：独资、合资、合作。建设项目选址：韶关市浈江区曲仁铁路茶山站。项目引资地可提供的基础设施情况：已有配套的供水、供电管网及污水处理厂的设计方案。该基地是规划中的韶关市重点污染行业统一规划统一定点的化工基地，基地环境影响报告书已通过省环境保护局批复。

对外经济贸易

【概况】 2009年，浈江区累计新批外商直接投资项目4个，比上年增长33%；合同吸收外资644万美元，比上年下降63个百分点；实际吸收外资1523万美元，比上年下降30.9个百分点；外贸出口2758万美元，比上年下降12个百分点。年内，区外经贸局被市评为全市外经贸工作先进单位，荣获实际吸收外商直接投资先进单位二等奖、外贸出口先进单位二等奖（区属外贸企业进出口管理由市外贸局统一负责）。

【对外经济贸易交流活动】 2009年6月18～20日，区委书记刘卫东带领主管外贸的副区长、区外贸、经贸等有关部门负责人及区属外贸企业负责人，参加由省政府在东莞市举办的“广东外商投资企业产品（内销）博览会”，会上既观看了外单位参加博览会的成果，也推销区属企业成果。2009年6月23～25日，区长张德清带领区外贸、经贸等有关部门负责人及区属外贸企业负责人，参加由省政府在香港举办的“2009粤港经济技术贸易合作交流会”，会上观看外单位参展博览会成果，同时推销区属企业成果。

（曹　旭）

附：区对外经济贸易局领导班子成员名录

局　长：杨　雄

副局长：黄伟强、张　红、吴根平、陈耀雄

旅　游

【概况】　浈江区的旅游企业，大多成立于20世纪80年代中后期，主要由驻境酒店、宾馆及旅行社、旅游运输公司等企业构成。90年代中期，区境旅游市场逐渐开放，民营参与经营旅游业逐步增加，先后引进一批外商合作、合资、独资的民营旅行社、旅游宾馆。90年代后期区境国有企业改制，大部分国有旅行社和旅游宾馆均改制为私营或股份合作制。2009年，浈江区境有旅游企业23家，全年接待旅游者人数258.69万人次，旅游总收入17.8亿元，分别增长19%和32.1%。

【旅游行业管理】　2009年，浈江区旅游主管部门积极配合韶关市旅游局的各项管理工作，协助市有关部门通过定期和不定期的安全检查，及时消除景区和旅游接待点的安全隐患，并通过和各景区、旅游接待饭店签订安全责任书，加强景区和旅游接待饭店的安全意识，落实安全责任，提高工作人员处理游客投诉的能力，加大旅游市场检查力度，进一步规范区境旅游市场，对于各旅行社超范围经营、旅游广告、“零负团费”等社会反映的情况进行核实和检查，并及时作出处理。在春节黄金周前后，结合安全检查工作，抽查区内旅行社、酒店15家，抽查导游23人次，并对检查过程中发现的各类问题进行现场纠正。

（区年鉴编辑部）

主要旅行社简介

【韶关市大丹霞旅行社有限公司】　该公司地址在韶关市浈江区解放路128号大丹霞酒店八楼，是广东省旅游局批准成立的民营企业。2009年，公司拥有旅行社、韶石山旅游景区、韶石山出租车公司、大丹霞酒店、新爱伦酒店、韶钢营业部、丹霞假期乡村俱乐部（在建中），有一批文化素质高、经验丰富的年青专业管理人才和一支训练有素、热情奔放的导游队伍，以“团结、进取、开拓、创新”为公司精神，“以诚待人、以情感人、以心留

莲花山国家森林公园

人、宾客至上、质量第一、信誉第一”为服务宗旨，以“高起点、高品位、高质量、高信誉”为经营原则，以“真诚、热情、全面、新奇、雅趣”为经营特色。本着“友好、诚信、双赢”的原则，为广大旅游客户提供集“吃、住、行、游、购、娱”为一体的综合性服务，并取得良好的经济效益和社会效益。

【韶关市第一村旅行社】 该社地址在韶关市浈江区园前路4号供销大厦15楼（中山公园对面），为韶关市旅游协会会员，隶属韶关市城市管理局，具有独立法人资格，是韶关地区最早、规模较大、接待能力较强的旅行社之一。该社拥有南湖国旅、国旅假期等著名品牌的韶关团队，具有创新精神的一流管理人才，有一批高素质的旅游工作者（导游、销售人员、计调人员），始终以“诚信服务、旅客满意、今天努力、明天辉煌”为企业理念，追求卓越是第一村旅游一贯坚持的信念和未来，面对中国经济飞速的发展，该社将秉承诚信的态度以及永续的经营观念，用崭新面貌、卓越品质送每位旅客一个美好的旅游天空。

【韶关风采假日旅行社有限公司】 该公司地址在韶关市浈江区东堤南路1号（军分区大门右侧），是一个由广东省旅游局批准成立的旅行社。2009年，公司拥有一批经验丰富，锐意进取的管理人员和训练有素、热情服务的优质导游队伍，与国内众多旅行社、酒店、景点等部门建立密切和稳定的业务关系；在暑假、寒假、春节等黄金周和节假日期间，公司都开设散客团队（成团率达90%），并以“质量求生存、信誉求发展”为宗旨，形成韶关具有影响力的散客出游专家组，为广大游客提供吃、住、行、游、购、娱等一条龙优质服务。同时也为不同类型的公司、机关团体、企事业单位提供各种休闲度假、奖励旅游、商务考察、会议会展等全方位专业策划及个性化服务。

【韶关市广之旅旅行社】 该社地址在韶关市浈江区熏风路12号2楼，拥有各类专业人才和资深旅游专家，各项管理有素，员工队伍精干、优良。多年来，该社为旅客提供广阔的旅游资源和丰富的旅游产品，打造行业精英广沃旅游事业空间，不断追求新目标，“树立旅游新型象、提升旅游新品位、确保旅游高质量”，曾以良好信誉和优质服务获得省市权威管理部门多次嘉奖，市场占有率和业务覆盖率一直较好。2009年，该社主要经营入境游、出境游、国内游三大旅游业务，同时兼营电子商务旅行、会展服务、旅游汽车出租、海外留学咨询、国际国内航空票务代理等业务，并为不同层次客人提供不同类型的旅游产品。

【韶关市健之旅旅行社有限公司】 该公司地址在韶关市浈江区熏风路富康大厦首层，于2004年由国家旅游局批准成立，是一个专门接待国内外朋友到广东粤北旅游，并提供国内各旅游胜地游览、观光、考察、休闲度假等旅游服务的企业。2009年，该公司拥有一支高素质管理人员和导游队伍及专业旅游车队，开辟有各具特色的旅游项目，奉行“真诚奉献，信誉第一，宾客至上”的宗旨，突出“热情、周到、优质”的公司特色，为旅游者提供高水准的专业旅游服务。

【韶关市教育旅行社】 该社地址在韶关市浈江区解放路73号教育大厦三楼，是一个经省旅游局、韶关市工商局批准注册成立，隶属韶关市教育局的专业旅行社。该社成立以来一直本着“质量第一，游客至上”的服务宗旨，真诚为教育界及广大游客服务。2009年，该社除提供常规、优质的旅游服务外，还推出教育考察交流游、韶关生态游、学生春秋游、峡谷探幽等特色旅游。

【韶关市开心假日旅行社有限公司】 该社地址在韶关市浈江区北江北路1号财富广场A单元，是一个经省旅游局批准、市工商局注册、具有独立法人资格的旅行社。该社始终把服务质量视为企业的生命，本着“诚信经营、文明服务、顾客满意”的宗旨，以“优质高效、安全周到”的服务，为广大游客提供散客自助游、团队旅游、会议旅游、自驾车旅游、探险旅游、文化旅游、体育旅游以及订房、订车、订票、安排会议等系列化、个性化服务。2009年，该社分别同国内外众多旅行社精诚合作，与民航，铁路等交通部门及各地宾馆、饭店、景点密切联系并建立良好合作关系，为团体或个人提供“食、住、行、游、购、娱”一条龙全方位多层次优质服务；同时在北京、天津、长沙、衡阳、广州、深圳等地开设中转机构，为游客到丹霞山提供更多方便。

【韶关市快乐假期旅行社有限公司】 该公司地址在韶关市浈江区风采路风采广场301号，是一个经广东省旅游局批准设立的国内旅游企业。2009年，该社制度健全、管理较好，拥有一批高素质、责任心强的管理人员和一支经过正规专业培训、经验丰富、年轻活泼的导游队伍，能为广大游客提供高效、优质的服务。公司本着“顾客至尊、诚信为本，”的服务宗旨，秉承“热诚服务、信誉第一、质量第一、勇于开拓、创新创优”的企业精神，依托教育、面向社会的经营方向，积极开辟省内及全国各地旅游线路，热诚为社会各界朋友服务，以合理价格和诚实的经营作风，赢得顾客赞赏和信赖。

【韶关市友好旅行社】 该社成立于2000年，地址在韶关市浈江区熏风路市委对面，是一个经国家旅游局特许批准经营国内旅游的，享有自主经营、自负盈亏的旅游企业。多年来，该社拥有一批事业心强、业务素质高、年轻有为的管理队伍，拥有一支受过外语高等教育、有多年实践经验、能提供各语言翻译的导游队伍，具有一定经营规模和综合接待实力，曾获市政府颁发旅游突出贡献奖。2009年，该社把“高效率，高素质，讲诚信”作为优质服务立足之本，锐意进取，不断超越，取得较好成绩。

【韶关市粤泰旅行社有限公司】 该公司地址在韶关市浈江区风采路104号（消防队侧），主要经营接待中国公民前往中国各地旅游，并承办代订酒店、机票、代办签证、租车、导游服务等业务。公司有着长期接待游客经验，深明先进地区旅游消费者要求与标准，并长期保持高素质接待水平。2009年，该公司拥有一批具有丰富的旅游经验管理人员，拥有一批训练有素、服务优质的导游队伍，积极运用资源，在保持与国内外客户同行广泛、友好合作关系基础上，引进市场优质服务及专业人才，不断扩充服务范围及内容，设计多元化旅游产品，更大地满足广大消费者多种需求，为韶关旅游市场注入新的力量。

【韶关市中青旅行社有限公司】 该公司地址在韶关市浈江区园前路4号6楼（中山公园对面），公司前身是经国家旅游局批准成立的韶关市青年旅行社，2005年改制为股份公司，同时改称为韶关市中青旅行社有限公司。公司始终坚持品牌目标战略，强化内部管理，注重职业道德，建立一个合理和完善的业务销售网络，旅游线路遍及全国各地，有一套完善、科学的管理机制，并有一批文化素质高、经验丰富的旅游专业管理人才和一支责任心强、热情大方的专职导游队伍，是一家具有一定规模、实力雄厚、信誉一流的旅行社。2009年，公司视团队服务产质量为企业生命，把“以人为本、以质取胜、信誉第一、客户至上”作为公司的经营理念和服务宗旨，坚守“真诚、优质、热情、周到、”的公司特色，以最优的价格、最好的质量、最精的线路赢得国内外游客及同业好评及信赖。

【广东省韶关市中天旅行社】　该社地址在韶关市浈江区熏风路24号（韶关日报社对面），为2001年经广东省旅游局核准成立的专业旅游机构。该社自成立以来，拥有经验丰富、作风严谨的专业管理人员及高素质专职导游、领队，公司服务意识浓厚，接待设施齐全，并以提供优质旅游服务为企业发展的宗旨，以“低价格、高质量、高效率”准则操作团队，真诚与海内外同仁建立和发展友好合作关系，在区境享有较高知名度和良好的信誉，国内游组团连续六年排名韶关市前三甲。2009年，该社把“全心全意为旅客服务”作为经营理念和服务宗旨，以接待港、澳、台同胞归国探亲和国内、省内旅游业务为主，具有专业接待团队、散客、会议、代订票务、客房等多项服务，并根据客户要求设计特种旅游线路。

（李　颖）

2009年驻区旅行社（公司）基本情况表

表11

编码	单位名称	地　址	总经理	电话号码
1	韶关市中国旅行社有限责任公司	韶关市熏风路12号综合大楼一、二楼	刘西钦	8877796
2	广东省中国旅行社韶关分公司	韶关市东堤横路13号首层1号商铺	徐荣耀	8879639
3	广之旅韶关分公司	韶关市熏风路12号2楼	任力强	8882622
4	韶关市粤泰旅行社有限公司	韶关市风采路104号首层	黎解明	8919733
5	韶关市中天旅行社有限公司	韶关市熏风路24号	邓志华	8888678
6	韶关市第一村旅行社	韶关市园前路4号供销大厦15楼	禤东文	8887732
7	韶关市大丹霞旅行社有限公司	韶关市解放路128号大丹霞酒店八楼	蔡育生	8888110
8	韶关市商会旅行社	韶关市园前路9号	伍怡昌	8890138
9	韶关市教育旅行社	韶关市解放路73号教育大厦三楼308、309	李伟东	8892992
10	韶关市友好旅行社	韶关市熏风路市委对面	王建华	8914971
11	韶关市国之旅旅行社有限公司	韶关市解放路49号	李丽嫦	8914688
12	韶关市健之旅旅行社有限公司	韶关市熏风路富康大厦首层	郑维贤	8888960
13	韶关市风采假日旅行社有限公司	市东堤南路1号军分区大门右侧	温健强	8880433
14	韶关市凤凰假期旅行社有限公司	中国广东韶关市园前路4号供销大厦3楼	杨　凯	8866222

续上表

编码	单位名称	地　　址	总经理	电话号码
15	韶关市快乐假期旅行社有限公司	韶关市浈江区风采路风采广场301号	彭韶雄	8878818
16	韶关市开心假日旅行社有限公司	韶关市北江北路1号财富广场A单元1710号	迟长福	8868880
17	韶关市国泰旅行社有限责任公司	韶关市风度北路中港大厦408室	王　晶	8889111
18	韶关市喜安交通旅行社	韶关市站道56号汽车客运站二楼	潘　欣	8888181
19	韶关市中青旅行社	韶关市园前路4号601房	何月华	8863388
20	韶关市康泰旅行社有限公司	韶关市浈江区熏风路14号鼎禾会社503室	马超展	8889200
21	韶关市韶之旅旅行社有限公司	韶关市浈江中路十二横巷东城大厦C座二层7号铺	赖新兴	8883060

主要旅游景点

【韶关国家森林公园】　韶关国家森林公园位于市区南郊二公里，面积2300公顷，主峰莲花山海拔256米，站在峰顶平台可远眺市区全景。公园小道两旁，凉亭四周，栽满桃、李、红花油茶、杜鹃、木兰等花木，花开时节，繁花似锦，花香扑鼻。秋日，在公园的秋叶观赏区，可看到“霜叶红于二月花”的迷人景象。在莲花山顶西面石岩处，有一眼当地市民称之为“神仙水”的清泉，用此泉泡茶，茶味特佳。公园里建有“山泉泳池”，在大自然中沐浴游泳，别有一番乐趣。公园内设有“野生动物救护中心”、“养殖场”、“野生动物标本展览馆”、“花木园艺观赏长廊”等，都是游人观光游览的好地方。该公园正在修建并重建“韶阳楼”。

【江畔雕塑长廊】　韶关北江路江畔历史文化雕塑长廊，是韶关市城市建设的又一个亮点。它以弘扬民族精神、展示历史文化、强化道德教育、提供休闲为宗旨，在2.5公里长的江畔上建设“文明曙光”（马坝人围猎）、石峡人耜耕稻作、天地同和（韶乐文化）、一花五叶（禅宗文化）、宰相风度、余靖从政六箴、瑶山长鼓舞、珠玑寻根等八组历史文化雕像以及闻鸡起舞、铁杵磨成针、孔融让梨、司马光砸缸、曹冲称象、滥竽充数、守株待兔、狐假虎威等八组雕像。雕像以锻铸铜、不锈钢及花岗岩为主要材料精心雕塑而成，与河畔风景和谐地融为一体，能给游客深刻启迪。

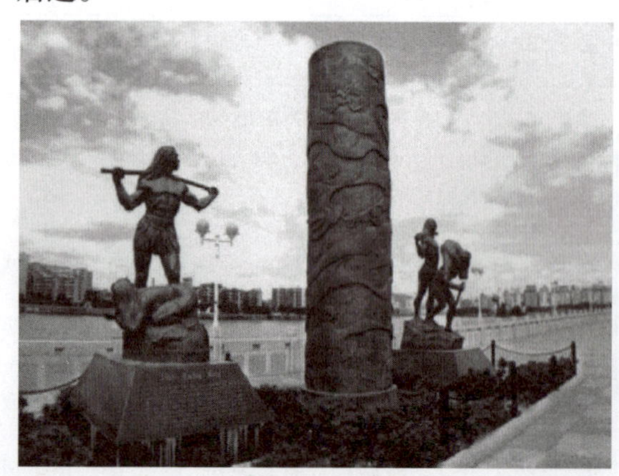

江畔雕塑长廊一景

【韶关学院】　广东韶关学院是经教育部批准成立的一所省属公办全日制综合性普通本科大学，是经国务院学位委员会批准的学士学位授予单位。学校坐落在举世闻名的世界地质公园丹霞山和禅宗祖庭南华寺所在地、中国优秀旅游城市、粤北名城——韶关市。韶关市位于广东省北部，交通便捷，有京广铁路、京珠高速公路贯通南北，距离广州市200公里，车程约2.5小时。武汉至广州客运专线开通后，韶关至广州车程约45分钟。

学院占地面积2511亩，校舍建筑总面积49万平方米，集校园、林园、公园“三园”为一体，被韶关市政府命名为“韶城新十景”之一。图书馆大楼荣获国家建筑最高奖——鲁班奖，学校校园风光图片入编全国绿化委员会出版的大型画册《绿色辉煌》。近年来，该院教师主持或参与国家级科研项目22项，其中：主持国家自然科学基金项目4项、国家社会科学基金项目4项、国家星火计划项目1项；主持省部级科研项目83项，市厅级科研项目近222项，与地方经济社会发展密切相关的横向课题63项；公开发表科研论文6634篇，其中：核心期刊2409篇、被SCI、EI、ISTP、CSSCI收录的论文223篇；获得国家、省、市科技奖17项，其中国家科技进步二等奖1项；获得中国发明专利博览会金奖2项，国家专利32项。主持国家级教改课题1项，广东省面向21世纪教学改革工程项目12项，获得国家级优秀教学成果二等奖1项，省级教学成果奖11项；出版专著74部，主、参编教材160部。学校为地方乃至全省及周边省区的经济发展和社会进步作出了重要贡献。

学院注重对外交流与合作，与日本、澳大利亚、俄罗斯、乌克兰、英国、韩国、香港、澳门等多个国家与地区的大学和学术文化团体建立了友好合作关系，有力地促进了教学、科研工作的发展。继续坚持以科学发展观统揽全局，秉承“立志、崇德、勤学、创新”的校训，抢抓高等教育发展新机遇，深入推进内涵式发展，营造良好的育人氛围和办学环境，为地方经济建设和社会发展培养更多的优秀人才，努力把学校建设成为特色突出、优势明显的高水平应用型大学。

2009年，该院有教职工1513人，其中教授83人，副教授441人，博士、硕士513人；内设英东生物工程学院、物理与机电工程学院、计算机科学学院、文学院、外语学院、经济管理学院、政治与公共事务管理学院、法学院、数学与信息科学学院、美术学院、音乐学院、旅游与地理学院、医学院等20个二级学院和教学部门，设有50个本科专业，33专科专

市区风采楼

业。此外，学校还设有动物疫病研究所、蔬菜研究所、化学与环境工程研究所、粤北经济研究室、粤北生物研究室、自动化研究所、电子技术研究所、旅游文化研究所等34个研究机构，拥有一大批先进的实验设备和应用软件。图书馆纸质藏书187.04万册，电子图书42.46万册，计算机流通、光盘检索和电子文献信息设备齐全。

【风采楼】　风采楼坐落在韶关市区风采路与上后街（旧名学宫街）之交叉口，建筑雄伟独特，气势轩昂，被誉为韶关的标记。风采楼是明代弘治十年（公元1497年）韶州知府钱镛为纪念韶关籍北宋名臣余靖而建的，屡经重修。风采楼在中“风采楼”三个大字，写得柔韧而苍劲，笔力神韵活跃于字中，是明代书法家陈白沙（献章）茅笔字的存世珍品。风采楼高22米，正方形，顶为三重飞檐翘角，正中有华饰小圆顶。占地100多平方米，原是砖木结构，于1932年以水泥钢筋结构重建，保持原有建筑的一些特色，楼底可通行各种车辆，北门建有铁栅小门，循回环形楼梯而上便是一层主楼，东西巩园上有“风采楼”三个大字，风采楼内有一块玉石碑，署有《风采楼前后记》。“风采”两字取自当时的刑部尚书蔡君谟的诗：“必有谋猷禅帝石，更加风采动朝端”。风采楼西望武水，东临浈江，气势轩昂，建筑精巧、古色古香、气势轩昂。这座建筑物现为韶关市博物馆馆址，楼上有余靖的生平介绍展，晚上在彩灯的装饰下更显其“风采”。余靖，公元1000年生于韶州府城，二十四岁一举高中进士，初授官为赣县尉，很快又升为新建（江西南昌县）知县。三十四岁入朝廷做官任秘书丞。四十三岁升为右正言（谏官），后又出使辽国，使当时宋、辽西夏三足鼎立的局面得以和解，为巩固宋代天下立下了不可磨灭的丰功伟绩。余靖是岭南继张九龄后又一显赫的朝廷重官，他与张九龄一样刚正不阿，廉洁自重。与范仲淹、欧阳修、尹沂被尊为宋朝“四贤”，与欧阳修、王素、蔡襄被称为“四谏”，后来官工部尚书。公元1065年病逝于江宁（今南京）。广东广州曾有“八贤堂”，余靖就是八贤之一。

【中山公园】　中山公园位于市中心区，浈江、武江、北江交汇处，总面积约12公顷。公园以中心大道为主轴线，形成近3万平方米开阔的公园城市广场。主轴线上建有古典大屋顶琉璃瓦大门，孙中山雕像，音乐喷泉及文艺演出舞台等建筑。广场最高游人容量可达2万多人。公园沿周边规划了儿童活动区、安静休息区、盆景园、竹园以及水景区五个小区。

公园是孙中山先生1922年5月和1924年9月两次举行誓师大会的会场。园内中山纪念馆珍藏并展览了大批孙中山先生当年在韶活动的珍贵史料。由于该园建园历史悠久，园内集中和保留了二十多株古树名木及半枫荷、观光木、榕树、竹柏等国家级保护植物和名贵品种。通过植物造景，近年来又增加了一批园林植物新品种，全园各类园林植物已达200百多种，不但丰富了园林景观，而且向实现生物多样化迈进了一大步。园内的文化广场还是各类文艺活动表演的地方，是韶关市民进行文艺欣赏和交流的重要场所。

中山公园门楼

【风度路步行街】 风度路步行街位于韶关市区中心，解放路和风采路之间，全长约800米，是粤北最繁华的商业步行街。风度路为纪念唐代名相、曲江（今韶关市）人张九龄而得名。“风度”二字取自唐玄宗“风度得如九龄否?”句。风度路原有风度楼，后因街道扩建而毁。步行街经营服饰、五金家电、金银珠宝、美食、土特产品、药材等，商品琳琅满目，应有尽有。其中包括各种大型、专业购物中心：冬菇街、陆羽茶庄、电器街、摩托车一条街、风度广场电讯设备中心、服装批发中心等等。其中冬菇街经营各种粤北名优土特产品。每当华灯初上，这里便人头攒动，热闹非凡。风度路步行街也成为外地游客购物的首选。步行街北是风采路和风采楼，都是为纪念北宋著名谏官余靖的。风采楼目前已成为韶关市标志性古建筑。

风度路步行街

【韶关市金沙生态园】 韶关市金沙生态园位于韶关市东郊新韶镇水口村，是外资投资兴建的一个大型郊野生态游乐园。园区方圆500亩，浈江环绕，山清水秀，树林茂盛，处323国道旁，离市区8公里。园区经过专家精心策划、设计，集餐饮、运动、娱乐于一体，具有原始大自然、天然游泳场、沙滩足球场、排球场、羽毛球场、乒乓球场、钓鱼场等门类齐全的运动设施。为广大市民、学生、外来游客提供一个清新、自然、舒适的游玩度假好地方。

【曲江园】 位于韶关市浈江区风采街道办东堤南居委东堤南路，为韶关市政府1988年为纪念张九龄诞辰1310周年所兴建的开放式公园。坐东向西，面积约300平方米。曲江园中央为唐尚书右丞相、中书令张九龄的半身石雕像，为韶关市著名雕刻家李祥美先生1988年创作，肩宽约3米，身高约2.5米。雕像下的基座刻有商承祚先生所题的篆书“唐张九龄像”五个字，商承祚先生题字原样由韶关市博物馆收藏。石雕像西北约5米处置一大岩石，上刻爨宝之字体“曲江园”三字，为秦咢生先生所书，原件由韶关市博物馆收藏。石雕像东南约20米处有一六角凉亭，上标有“风度亭”，石雕像北约30米处有一碑廊，碑廊入口处有对联“当年唐室无双士，自古南天第一人”，碑廊内嵌有“曲江圆诗碑廊记”、“进千秋金镜录表”等12块诗碑。

【笔锋写云】 笔锋写云旧址在帽子峰公园。帽子峰原名笔峰。是先代韶关市民赞美、热爱帽峰山优美自然风光，而把其喻为描绘秀丽山河的传神之笔，有较高的地方历史、人文及自然景观价值。1990年辟建帽峰公园的“笔峰写云”、“墨痕园”、“雁来亭”、“遥寨秋色”四个景区时，就是在弘扬和发掘韶关悠久历史文化资源的基础上糅合而成的。

帽峰公园

【皇岗山】 皇岗山位于广东省韶关市浈江区十里亭镇，东连鸡公山，绵出于笔峰山之后，距韶关市中心城区3公里。主峰海拔494米，高拔巍峨，气象万千。站在主峰俯瞰，韶关市区和浈江、武江、北江及莲花、芙蓉诸峰尽入眼底。传说该山是由古代一位勤劳男青年变化而成的；又传，舜帝南巡最后一站就是这座山峰，因此旧有翠华亭、虞帝庙、舜峰寺、皇潭泉等舜帝遗迹。明朝学者解缙留有吟咏皇岗山的佳句："千里来寻故相家，曲江南畔夕阳斜。钧天此日闻韶乐，步上皇岗望翠华。"每年10月是岗稔成熟时节，采摘食用，美味可口，可助游兴。进山游览线路主要有两条：（一）乘2路、11路、15路巴士到十里亭加油站斜对面的铁路桥洞进山。沿途经过京广铁路、解放军教导队操场、黄岗山庄、黄岗水溪小峡谷、老松树林、观景台、人面石等地。（二）从乌教塘三支队路口步行或者开车上山。各条游览线路有方便游客上山休息的草亭、仙人凳等设施。还有三四条小路可上到山顶。

（区年鉴编辑部）

十里亭镇皇岗山

旅游路线

【一日游线路】　（一）韶关市丹霞山，走京珠高速，在韶关南出口进入韶关市区，经国道106线进入。（二）新丰县云髻山，从广州经国道105线进入，从深圳、东莞经龙门进入。（三）韶关市曲江区南华禅寺——马坝人遗址，走京珠高速，在沙溪出口或韶关南出口进入。（四）乳源瑶族自治县南岭国家森林公园，走京珠高速，在大桥出口进入；乳源瑶族自治县广东大峡谷，走京珠高速，从乳源出口进入；乳源瑶族自治县大桥镇大坪村通天箩——大桥镇红云红豆杉森林公园，走京珠高速，在大桥出口进入。（五）南雄市梅关古道——珠玑古巷，走京珠高速，在韶关南出口进入韶关市区，经国道323线进入。（六）翁源县铁龙洞——三华李生态园——书堂石，走京珠高速，在翁城出口进入。（七）乐昌市九泷十八滩漂流，坐火车在坪石站下车始漂，从漂流终点乐昌站火车返回。

【二日游线路】　（一）美丽的丹霞山游：长老峰景区——锦石岩——翔龙湖景区——阴元石——锦江长廊——阳元石景区等。（二）名山—名寺—温泉经典游：丹霞山——曹溪温泉——金沙生态园——南华禅寺——马坝人遗址。（三）寻根问祖游：梅关古道——珠玑古巷——青嶂山温泉（或龙华山温泉）——三影古塔——始兴县东湖坪客家民俗文化村。（四）围楼—生态游：始兴县东湖坪客家民俗文化村——花果山温泉——车八岭国家自然保护区——满堂客家大围，走京珠高速，在韶关南出口进入韶关市区，经国道323线进入。（五）新丰江源——三华李原产地游：新丰县云髻山——翁源县东华山——三华李生态园——书堂石——铁龙洞，从广州经国道105线进入，从深圳、东莞经龙门进入，在翁城出入口上京珠高速返回。（六）高山峡谷游：南岭国家森林公园——广东大峡谷，走京珠高速，在大桥出口进入。（七）游山—玩水—探洞—泡温泉：乐昌市金鸡岭——九泷十八滩漂流——龙山温泉——古佛岩（或龙王潭），坐火车在坪石站下车，从漂流终点乐昌站或韶关市区火车返回。

【三日游线路】　（一）走进美丽的地方：丹

霞山，长老峰景区——锦石岩——翔龙湖景区——阴元石——锦江长廊——阳元石景区——韶石景区——巴寨景区等。（二）名山—名寺—温泉经典游：丹霞山——曹溪温泉——金沙生态园——南华禅寺——马坝人遗址——铁龙洞。（三）寻根问祖—围楼生态游：南雄市梅关古道——珠玑古巷——青嶂山温泉（或龙华山温泉）——恐龙博物馆——三影古塔——始兴县东湖坪客家民俗文化村——花果山温泉——车八岭国家自然保护区——满堂客家大围。（四）高山峡谷瑶家源游：南岭国家森林公园——必背瑶寨——鲩鸟瑶寨——云门寺——广东大峡谷，走京珠高速，在大桥出口进入；广东大峡谷——“广东屋脊”天井山——乳源温泉——必背瑶寨——鲩鸟瑶寨——云门寺，走京珠高速，在乳源出口进入。（五）游山—玩水—探洞—温泉—礼佛游：乐昌市金鸡岭——九泷十八滩漂流——龙山温泉——古佛岩（或龙王潭）——曹溪温泉——南华禅寺，坐火车在坪石站下车，从漂流终点乐昌站或韶关市区火车返回。

餐饮业

【概况】　浈江区境为韶关市经济、政治、文化中心地域，规模大的餐饮企业多集中境内，其中启明北路美食街集中29户餐饮业个体户，北江桥头全民创业广场有21户餐饮业个体户。2009年，区内餐饮行业一般以自主经营为主，同时具备一些加盟性质餐饮行业（小小东江饮食店，在区内有8户加盟个体户；新正源餐饮店，在区内有4户加盟个体户）。年内，区内餐饮业注册资本（出资金额）达到10万元以上有28户（其中个体工商户16户，区属企业2户，市属企业10户）。经营期在10年以上仅有31户（其中市属企业5户）。注册资本达1000万元以上的餐饮业有3户，均为市属外资企业。区内规模较大、知名度高的餐饮企业有北苑宾馆、莱斯大酒店、小岛饭店、濠景酒店、丽晶酒店等。至年底，辖区内共有餐饮业个体工商户708户，区属餐饮业企业2户，市属餐饮企业15户（其中：年内新增餐饮业个体工商户188户，区属企业1户），从业人员11509人；限额以上住宿餐饮业营业总收入6.93亿元，增长20.1%，其中内资企业2.68亿元，私营企业2.50亿元，港澳台商投资企业9100万元，中外合作经营企业8400万元。限额以下住宿餐饮业营业总收入7.8亿元，增长18.3%。

【饮食消费增长】　2009年，浈江区餐饮业投资、消费呈上升趋势，部分家庭互相请客都在酒店订餐，并有部分家庭在酒店吃年夜饭，其他节日宴请婚宴等基本在酒店进行；早茶、下午茶越来越受欢迎，特别是离退休老人，是茶餐厅的稳定客流；中餐快餐和西餐持续走俏，外来务工人员多吃快餐，白领阶层、学生喜吃西餐等。年内，区境有肯德基店3家、麦当劳店4家、西餐（咖啡）厅10家，生意都异常火爆，特别是节假日供不应求，常要排队等候；绿色健康成为餐饮消费时尚，无公害视频、绿色食品、有机食品甚受欢迎，酒店注重风味、气氛、特色，重绿色天然，讲健康、安全，现代年轻人喜欢到酒吧消费。至年底，全区住宿餐饮业零售额14.73亿元，比上年增长19.2%。

（区年鉴编辑部）

餐饮企业选录

【北苑宾馆】 该宾馆位于韶关市中心步行商业街（风度北路122号），东邻市政府，南靠市人大，西接市政协，是一座三星级涉外宾馆，也是市委、市政府公务接待基地。拥有各种豪华套和标准客房90间；床位80个；大小厅房13个；可同时容纳600余人就餐；附设会议室、歌舞厅、卡拉OK小包厢、商务中心、美容美发中心、沐足房、英式桌球室、乒乓球室等康乐设施

【君临酒店】 该公司是一家集旅业、餐饮、娱乐、桑拿于一体的多功能智能化三星级酒店。酒店坐落于韶关市交通便捷的浈江南路75号，全称为韶关市君临酒店有限公司（股份制公司）。君临酒店特色鲜明、豪华时尚，拥有风格独特、配置先进、装修豪华的KTV贵宾房、桑拿客房等。

【国林宾馆】 该宾馆坐落在韶关市站南路口商贸批发街（浈江区站南路50号，四通市场侧），汇韶南路、北江河畔公园、北江桥头下的南水码头，东距火车、汽车站800米处，集水陆交通商贸的交汇点。2009年，该宾馆有豪华套房80多间，内设大型中餐厅、豪华包房、沐足、桑拿、休闲保健中心、大型多功能会议OK厅、培训中心、商务中心等，是一所环境优美、服务设施较齐全的综合性宾馆。

【濠景商务酒店】 该酒店位于韶关市南郊2公里半城市广场。

2009年，该酒店为引领韶关娱乐新潮流，开创韶关KTV新时代，投入巨资建成濠景会KTV夜总会，拥有50间豪华KTV包房，可设55席的宴会大厅，同时容纳近千人就餐，并特邀澳门名厨主理。

【金源酒店】 该店位于韶关市中心区风采楼旁，右侧是人气鼎盛的步行街，后面是著名的韶州府学宫，距离火车站、汽车站3分钟车程。酒店集娱乐、休闲、美食、购物、商旅、会议、度假于一体，拥有137间（套）客房设有行政楼层及大、小多功能会议室各一、商务中心等，店内设有3000平方米大型交友会所，有KTV练歌房、波士顿式酒吧；健康中心设有芬兰浴、SPA、美体中心；维多利亚咖啡厅酒廊，并配备棋牌中心及沐足阁。

【韶关丽晶酒店】 该店位于火车站广场左侧，106国道边，是韶关市繁华的黄金地段。店内有112间客房，客房中设有中央空调和设备齐全的浴室，国际长途电话，宽带上网等。酒店拥有三间大型中、西餐厅，二十多间典雅的贵宾房，近千个餐位提供粤、潮莱美味佳肴及地道的韶关风味小食。

【莱斯大酒店】 该店地址在韶关市浈江区启明北路8号，是一家集旅游观光、商务休闲、豪华大型的国际白金五星级酒店。店地处繁华的黄金商业区，交通购物十分便利，距汽车站、火车站仅三分钟车程；2009年，该店拥有客房800多套，设有大型夜总会、桑拿中心、棋牌室、商务中心、美容中心、花店、精品廊、饼店、中西美食料理及会员俱乐部等。

【聚雅轩酒店】 该店地址在韶关市解放路126号新展鹏大厦（金康桥侧），为韶关市三星级旅游商务酒店。酒店位于市区繁华地段，毗邻韶关市各旅游景点，拥有完善的交通网

络。2009年，聚雅轩酒店设有西餐厅、中餐厅、卡拉OK贵宾房、桑拿、客房、多功能会议厅、宴会厅、大型底下停车场等服务设施。

【韶关香榭丽宫酒店】　该店地址在韶关市浈江区韶南大道中2号。2009年，酒店拥有宴会大厅、多功能大厅、西餐厅各一个，豪华包厢14间；菜肴以粤菜为主，兼有湘、川等地方特色名菜。豪华套房、行政商务套房及各类客房100多间，有豪华KTV贵宾房、独立式豪华桑拿房和可容纳150人的沐足区，并提供会议室、商务中心、商场、保龄球馆、棋牌室等综合性服务。

【小岛饭店】　该店坐落在韶关市区的武江河畔，为一座集客房、餐饮、娱乐、休闲于一体的商务性饭店。饭店有客房65间，中餐厅可同时开三十多席；设有卡拉OK歌舞厅、商务中心、会议中心、美容美发、保健桑拿、保龄球馆、网球场、地下停车场等，提供商务公干、会议接待等服务。

（区年鉴编辑部）

服务业

居民生活服务业

【洗染缝补业】　浈江区境洗染业起源于民间的染纺业。新中国成立后逐步增加缝补、干洗、补鞋及其他缝纫，多以小店或小摊档经营，或依附各相应的行业经营。2009年，区境从事裁缝及补衣店、皮鞋加工及维修、干洗店等服务业的注册个体商户211家（未包括镇村洗染缝补业小摊档，下同），其中：裁缝及补衣店105家；皮鞋加工及维修86家；干洗店20家。

【社区公共服务业】　浈江区内社区服务业始于新中国成立后建立的街道办、民政机构等组织。改革开放前，区内社区服务业主要以无偿的社会福利服务、或是非盈利性社区服务为主。到90年代初，区境的社区服务业，已从无偿的社会福利服务型逐步向服务行业化、行业实体化的经济服务型模式发展。社区服务项目分别有保管自行车、摩托车、托管、托养老人、代缴水电费、家庭教师、保姆、医疗保健、公共物业维护、管理等社区服务业等。

2009年，区境由街道、社区、医疗、物业及个体经济组织等机构所办的各类便民服务网点863个，服务项目涉及教育、卫生、护理、维修、公共安全等多方面。

【信息咨询服务】　浈江区境信息咨询业始于20世纪80年代的私营个体中介业，并先后成立法律服务公司、会计师事务所、科技服务公司、外贸易服务中心等。法律服务所主要服务项目包括代办公证业务、房屋换契证前调查、合同见证服务，以及法律咨询服务等；会计师事务所服务项目主要为区属企业清产核资、代理纳税申报、培训财务会计人员及其他会计咨询业务；科技服务公司服务项目是为人才引进、出国办证、技术设备引进、与外资合作等提供方便；外贸易服务中心主要是通过引资、融资、贷款等多种途径，为企业解决科研、开发、生产所需资金。2009

年，区境有法律服务公司8家、会计师事务所5家、职业介绍所6家、科技服务公司13家、外贸易服务中心1家。

（区年鉴编辑部）

特种服务业

【钟表业】　浈江区境钟表业最早起于明万历年间。新中国成立后，国产手表、闹钟、座钟逐步进入平民家中，区境钟表销售、维修业得到快速发展。20世纪60～70代，佩戴手表曾一度成为社会时尚，钟表上市供不应求，钟表维修服务业亦较兴隆。80年代以后，进口、国产石英钟和电子表在区境流行，钟表市场开始激烈竞争。其间，大量外观和造型颇有讲究，功能上有夜光、防震、防水、防磁，并有日历的钟表受到广大顾客的欢迎。进入90年代，钟表显示功能在通讯、手机中带有时间显示功能等领域的普及，区境钟表市场及维修业日趋淅淡。2009年，区境仅有2家较大的钟表商号（时光钟表店和红光钟表商店）兼有钟表维修，并在区境有少量钟表修理个体小摊经营。

【眼镜修配业】　浈江区境眼镜修配业起于清朝时期。新中国成立后，区境的私营个体眼镜店逐步转为集体商业，眼镜修配业均由集体商业兼顾。改革开放后，区境眼镜修配业又逐步恢复个体经营，并随港台大量时尚太阳镜、防紫外线等眼镜种类的涌入，区境眼镜业经营不再仅仅局限于近视、老花配镜，作为时尚装饰，部分太阳镜、装饰眼镜等亦成为年轻人追赶时髦的装饰物，以至部分青年人炫耀自己戴的是“进口”名牌太阳镜。2009年，区境一些大型眼镜专卖店逐步将配镜服务从医院眼科验光合作联营，发展到在中小学校开展免费的眼保健视力检查，以促成眼镜配镜服务销售量的提高。

【打字、复印业】　浈江区境打字业始于民国初期。新中国成立后，区境打字业从商业经营中逐步独立，形成专门打印服务业。服务项目主要以资料、教材、讲义打印，晒图以及誊写表格为主，兼及描图、封面设计、油印、誊印、彩色套印等。20世纪90年代后，随着电脑打印、胶印机、照排机及名片机的出现，区境私营个体打字、打印服务业开始得到发展。传统的机械打字、手工刻画以及手动油墨印刷，开始逐步被电脑打字、打印所替代。时尚的名片制作、名片印刷曾一度兴盛。到90年代中、后期，区境进入新型静电、感光复印机、打印机以及刻字机、割字机、一体油印机、烫金机等先进设备，打字、复印服务业开始走向兴盛，除部分从事现代设备维修门店兼营打字、复印业务外，以兼营打字、复印业务的私营个体工艺部、雕刻部、印章社等，以及专营打字、复印的个体小摊，逐步遍及区境城乡。

（区年鉴编辑部）

休闲服务业

【摄影及冲印】　浈江区境摄影及冲印始于民国初期的照相业，新中国成立后，行业快速发展，一些照相馆除推出时尚的拍摄外，还经营翻拍照、反影照、放大照及个人照的冲、晒、洗等业务，兼营售卖胶卷、相簿、相架、摄影器材等。改革开放以后，摄影科技设备不断创新发展，人民生活水平不断提高，照相机进入千家万户，区境照相业逐渐衰落。

90 年代以后，婚纱影楼开始在区境出现，并与艺术摄影相互结合，受到广大市民欢迎。2009 年，区内共有摄影及冲印业商户 51 户（均为个体工商户），其中：摄影及冲印类 40 户，婚纱及艺术摄影类 11 户。至年底，区境新增摄影及冲印个体工商户 11 户，其中摄影及冲印类 9 户、婚纱及艺术摄影类 2 户。

【美容美发业】　浈江区境美容美发业始于原来的理发店。改革开放后，区境理发店逐步向美发、美容服务业务拓展，并以私营经济为主体的美容、美发个体户得到快速发展。美容技术采用较多的是顺应回归大自然的心理趋势，用天然植物掺和制成的敷肤护肤美容品，通过物理的或化学的变化和反应，改善面部皮肤的血液循环和营养供应，使皮肤变得健康、爽滑和滋润。2009 年，浈江区境共有美容美发行业商户 278 户（均为个体工商户），其中美容业 58 户、美发业 220 户；年内新增美容美发个体工商户 61 户，其中美容业 13 户、美发业 48 户。

【保健服务业】　2009 年，浈江区境从事保健服务业经营 139 户（均为个体工商户），其中保健品经营行业 130 户、保健服务行业 9 户；年内新增保健服务业个体工商户 23 户，其中保健品经营行业 20 户、保健服务行业 3 户。

【娱乐服务业】　2009 年，浈江区境从事娱乐服务业经营 993 户，其中市属企业 3 户、区属企业 5 户、个体工商户 985 户，年内新增娱乐业个体工商户 188 户（包括卡拉 OK、电子游戏、棋牌娱乐、文体娱乐活动等）。

（邓慧霞）

其他服务

【职业中介服务】　2009 年，全区人力资源市场举办招聘洽谈会 15 场次、接待招工单位 302 家次，提供岗位 6123 个、进场求职 5216 人次、介绍成功 2357 人次，各类公共职业中介机构在竞争中改进服务方法、拓展服务内容、提高服务质量，形成民营与公共职业中介机构互相促进，互相补充，相得益彰共同发展的局面。职业中介服务业务主要对求职的劳动者提供《求职登记表》及登录求职信息，为自愿到公共职业介绍机构招聘人员的用人单位提供《招聘登记表》及登录招聘信息，实行规范管理，求职和招聘市场健康发展。开展为求职者提供进行政策咨询和岗位信息咨询，指导设计求职计划，辅导求职方法，及时发布招聘信息。全年开展职业指导 2135 人次，以广告栏、大屏幕等多种形式，公开发布招聘信息和求职信息 3256 条。根据求职者和用人单位查询要求，提供符合要求的职业供求信息，将已登记的求职和招聘信息相互匹配，找到相互符合条件的信息，全年共查询相互符合条件信息 562 条。每周区人力资源市场定期举办招聘集市，为用人单位提供招聘台位，供求职者和用人单位当面进行双向选择，实行现场招聘。年内，区人力资源市场每周二进行“人力资源招聘集市”活动，全年推出 40 场次；区就业管理部门及基层服务平台通过发布就业信息、劳务协作等，实现求职者与用工企业有效对接，外来务工人员不断增加，年末外来务工人数 17511 人。

【家政服务】　2009 年，浈江区贯彻落实商务部、财政部和全国总工会《关于实施“家政服务工程”的通知》精神，规范和发展家政服务行业，提升家政服务业从业人员综合素质、职业技能，满足家政服务市场需求，促进弱势群体就业。年内，开展3期“家政服务工程”培训，培训对象是从事家政服务工作的失业人员、被征地农民、外来务工者、其他行业转岗人员。通过家政服务课程培训，提高广大家政人员从业素质，规范家政服务市场，并实现弱势群体再就业。全年共培训家政人521名，年末从事居民家政服务及其他服务业2783人。

（梁世俭）

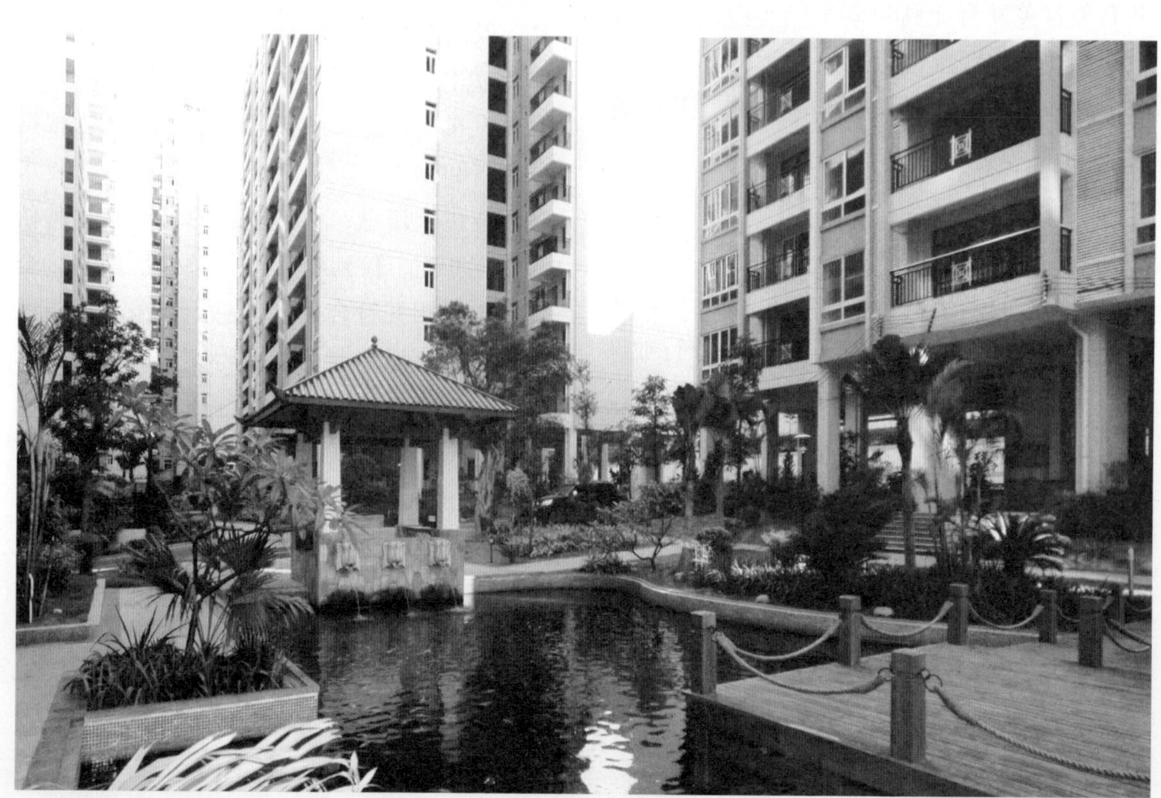

市区沿江南路住宅小区

财税 金融 保险

共粤北省委旧址

张九龄

余靖

财　政

【概况】　2009年，浈江区完善公共财政体系、提高财政综合保障能力，推进依法理财、科学理财、民主理财、和谐理财，贯彻落实扩内需、保增长各项措施，克服全球金融危机引发的经济下行和国家税收政策调整等不利因素影响，严抓收入征管，规范各项制度。全区财政一般预算收入完成17533万元，比上年同期增收2445万元，同比增长16.20%，完成年度预算的107.56%。其中：税收收入完成14570万元，增收1388万元，同比增长10.53%；非税收收入完成2963万元，增收1057万元，同比增长55.46%。上划省收入完成5679万元，比上年同期增收911万元，增长19.11%，完成年度预算的119.11%；上划中央收入完成13324万元，比上年同期增收71万元，增长0.54%，完成年度预算100.54%。区财政一般预算支出完成38765万元，比上年同期增长5122万元，同比增长15.22%，完成年度预算的109.01%。

【财政预算】　2009年，浈江区财政收支预算按照“量入为出，收支平衡”原则，坚持有保有压，统筹兼顾，支出预算重点向民生领域、重点项目、拉动内需、促进发展倾斜。年初，一般预算收入安排16300万元，比2008年完成数增长8%，加上上级补助收入12153万元，2008年一次性专项结转4422万元，收入合计32875万元，减除各项上解2953万元，区可用财力为29922万元。具体预算安排为：全区财政供养人员工资福利20295万元，行政等部门标准公用经费及业务经费955万元；社会保障中城乡最低生活保障线支出219万元；医疗卫生支出50万元；农村合作医疗支出50万元，城镇居民医疗保险98万元；科技支出330.8万元；教育支出中城镇农村义务教育补助等支出529万元；农林水及配套支出212万元；税务征收经费和镇办体制补助等650万元；创卫经费支出176万元；其他各项事业发展支出1885.2万元；一般预算专项结转支出按科目列支4422万元；总预备费100万元。

【财政收入】　2009年，区财政一般预算收入完成17533万元，比上年同期增收2445万元，同比增长16.20%，完成年度预算的107.56%。其中：税收收入完成14570万元，增收1388万元，同比增长10.53%（增值税完成2785万元，比上年同期减收92万元，下降3.20%；营业税完成6791万元，比上年同期增收990万元，增长17.07%；个人所得税完成798万元，比上年同期增收114万元，增长16.67%；企业所得税完成1316万元，比上年同期减收116万元，下降8.10%；房产税完成978万元，比上年同期增收201万元，增长25.87%。城市维护建设税完成1437万元，比上年同期增收171万元，增长13.51%。印花税完成278万元，比上年同期增收100万元，增长56.18%。资源税、城镇土地使用税、土地增值税等共完成187万元）；非税收入完成2963万元，增收1057万元，同比增长55.46%（行政事业性收费收入完成1828万元，比上年同期增收1050万元，增长134.96%。罚没收入完成223万元，比上年同期减收81万元，下降26.64%。国有资源（资产）有偿使用收入完成562万元，比上年同期增收35万元，增长6.64%。其他收入完成350万元，比上年同期增收53万元，增长17.85%）。此外，上划省收入完成5679万元，比上年同期增收911万元，增长19.11%，完成年度预算的119.11%。上划中央收入完成13324万元，比上年同期增收71万元，增长0.54%，完成年度预算的100.54%。

【财政支出】　2009年，区财政一般预算支出完成38765万元，比上年同期增支5122万元，同比增长15.22%，完成年度预算的109.01%。主要支出项目有：一般公共服务支出完成6471万元，比上年同期增支924万元，增长16.66%；国防支出完成294万元，比上年同期增支111万元，增长60.66%；公共安全支出完成1708万元，比上年同期减支223万元，下降11.55%；教育支出完成13323万元，比上年同期增支574万元，增长4.50%；科学技术支出完成537万元，比上年同期增支187万元，增长53.43%；社会保障与就业支出完成6946万元，比上年同期增支525万元，增长8.18%；医疗卫生支出完成2724万元，比上年同期增支223万元，增长8.92%；环境保护支出完成246万元，比上年同期增支229万元，增长1347.06%；城乡社区事务支出完成1522万元，比上年同期增支418万元，增长37.86%；农林水事务支出完成1805万元，比上年同期减支17万元，下降0.93%（减支的主要原因是工程项目未竣工决算）；采掘电力信息等事务完成2068万元，同比增支1689万元，增长445.65%；其他支出完成872万元，比上年同期增支344万元，增长65.15%。

【财政管理和监督】　2009年，浈江区把财政科学化精细化管理贯穿于预算编制、预算执行和监督考核的全过程，深化部门预算改革，规范预算管理，按照《预算法》和《广东省预算审批监督条例》要求，不断提高预算编制和执行科学性、规范性和有效性，认真组织做好区级部门预算编制工作，逐步将政府非税收入纳入财政预算范围，实行综合预算管理；进一步推进国库集中支付改革，区级预算单位全部纳入区财政国库集中支付平台，资金按预算进度在网上申报、审核、支付，保障各项目资金及时按进度到位，从资金上确保国家各项惠民政策有效落实；加强和规范政府采购资金管理，逐步扩大政府采购范围和规模，通过开展治理商业贿赂工作，完善运行机制，进一步加大监督检查力度，促进政府采购依法依规，防治商业贿赂等行为发生；不定期开展政府采购执法检查工作，做到依法采购，程序合法，并及时向区政府政务网报送政府采购信息，不断增强透明度。年内，区财政局强化财政监督管理，推进依法行政，加强财政法制建设，坚持开展普法宣传工作，努力提高干部队伍依法理财意识和能力；严格规范财政行政程序，主动公开财政重要信息，自觉接受人大和社会各界的监督；进一步加强财政收支监管，继续推进财政监督机制创新，认真做好财政收支监管；在全区范围开展“小金库”清查，印发《韶关市浈江区“小金库”专项治理工作方案》，并开展“小金库”治理的自查自纠、重点检查和整改落实。

【国有资产管理】　2009年，浈江区严格资产配置、处置审批程序，公平合理配置资源，充分发挥国有资产使用效益。5月31日，浈江区编制委员会办公会议决定设立浈江区公共资产管理中心，隶属区财政局股级事业单位，主要职责为统一管理、运营区行政事业单位国有资产；管理政府授权经营的控股、参股企业和工商市场物业的国有资产产权及其收益；负责城市公共资产的管理、置换和处置以及资金的筹集、管理和归还等工作。年内，区公共资产管理中心为规范区行政事业单位国有资产管理提供操作平台，拟定《关于对区属行政事业单位资产及收益实行统管的工作方案》、《浈江区行政事业单位公共资产处置管理暂行办法》等相关文件，并组织全区行政事业单位资产及收益情况自查，有效促进区资产管理向规范化、科学化、法制化和信息化方向发展。

【财政资金绩效评价】　2009年，浈江区为逐步建立规范的财政资金绩效评价制度和体系，规范财政支出管理，提高财政资金使用效益，积极参与财政支农、社会保障、教育、基本建设等专项资金的绩效考评体系调研。加强与区级相关部门及各项目用款单位工作联系，对专项资金评价基础数据材料进行核实。年内，区财政局按要求对九个社区办公用房建设资金、浈江产业园产业转移工业园发展资金和专项扶持借款绩效评价项目进行现场绩效核查，并形成绩效评价报告；组织开展2006～2007年农田水利议案资金省、市、区绩效评价三级财政联评，不仅使项目单位不断提高绩效理念，而且提高财政资金安排和使用的透明度，有效推动各部门、单位提高财政资金管理水平和使用效益。绩效结果显示，社区办公用房面积从2005年以前平均22平方米提高到110平方米，社区功能进一步完善，并逐渐成为宣传和落实党的方针政策、促进社会和谐的平台。区产业转移工业园项目自2006年以来累计投入资金超2亿元，为企业营造有利的产业环境和产业链结构，提供更多就业岗位，有效促进浈江区社会稳定和经济发展。

【会计管理】　2009年，浈江区财政局认真抓好会计人员从业资格的管理，更新并提高人员的知识和技能，努力建立一支思想政治素质好、业务能力强的会计队伍。按照《会计人员继续教育规定》要求，举办两期会计人员继续教育培训班，培训会计人员352人；培训内容主要是会计准则23项，具体准则中一般行业企业常用的7项具体准则：企业年金基金、或有事项、借款费用、租赁、会计政策会计估计变更和差错更正、资产负债表日后事项、关联方披露以及《会计基础工作规范培训教材》等。重点是让广大会计人员了解《新会计准则体系》及《农村集体经济组织会计制度》、《会计法》、《会计人员工作规范》等内容，掌握其各项制度和方法。年内的教育培训收到预期效果，有效提高区财会人员业务素质。

【非税收入管理】　2009年，浈江区强化以票管收的手段，努力挖掘非税收入增收潜力，规范非税收入管理，通过加强对行政事业单位资产、公用事业等资产、资源的管理，抓好资源的统筹安排，在资源（资产）性收入上下工夫，对区属非经营性房地产及其他固定资产全面清理，同时对国有资产有偿使用收入进行追收清理，将各种非税收入纳入财政专户管理，从而增加政府可用财力。年内，非税管理重点开展治理“小金库”工作，结合实际认真研究制定了具体实施方案，确定“小金库”专项治理检查范围和重点，提出方法步骤和工作要求，较好地完成“小金库”自查自纠和重点检查工作；同时加强资产统管清理，拟订《关于对区属行政事业单位资产及收益实行统管的工作方案》、《浈江区行政事业单位公共资产处置管理暂行办法》等相关文件，并在7月起开始组织对全区行政事业单位进行资产及收益情况自查报送及审核汇总。

【财政改革】　2009年，浈江区努力夯实财政管理基础，把财政科学化精细化管理贯穿于预算编制、预算执行和监督考核的全过程，全面推行部门预算编制改革，在不断完善预算编制基础上进一步细化定员、定额标准，科学合理编制预算，逐步将政府非税收入纳入财政预算范围，实行综合预算管理，并严格遵守《预算法》，坚持先有预算后有支出，严格按批复支出类别、预算科目和预算金额执行，强化预算约束力，提高预算科学性，保证人员经费支出、民生支出和关乎经济社会发展的重点项目支出需要；严格规范财政行政程序，主动公开财政重要信息，积极配合人大、纪检监察部门及上级财政审计部门审计检查，自觉接受人大和社会各界监督，并根据省纪委、省监察厅、省财政厅文件精神，坚持厉行节约，严控党政机关公用经费开支，能压则压，该减则减，当缓则缓；推进国库集中支付改革，区级预算单位全部纳入区财政国库集中支付平台，资金按预算进度在网上申报、审核、支付，保障各项目资金及时按进度到位，从资金上确保国家各项惠民政策有效落实，为政府统一调度和管理资金创造平台，减少闲置资金，提高财政资金使用透明度，有效实现各层面对财政资金监督，做到阳光财政，提高政府管理效能和财政资金使用效益（年内通过财政国库集中支付金额34850万元，占区地方财政一般预算支出的89.90%，其中直接支付资金33448万元，占集中支付资金的95.98%）。同时，为便于预算单位了解和熟悉业务操作，区财政局印制《国库集中支付知识小手册》，制定明确的操作指引，包括国库集中支付流程图和国库集中支付基础知识，介绍国库集中支付的支付方式及如何选择、支付的前置程序、申请资金提供的资料、会计核算、资金审核查询、单位零余额账户如何核算等。此外，区财政局进一步完善政府采购改革，设立浈江区政府采购管理办公室，健全约束机制，强化监督管理，规范采购行为，扩大采购规模，突出抓好工作效率与规范管理，查找薄弱环节，查处商业贿赂行为，加强对采购人、采购代理机构、供应商的法制教育，完善采购监督和运行机制，积极维护政府采购当事人合法权益，及时向区政府政务网报送政府采购信息，并开展政府采购执行情况专项检查，组织开展对采购人、采购代理机构实施政府采购执行情况检查。

【财政管理队伍综合素质】　浈江区注重财政管理队伍建设，促进效能型机关建设，从全局和战略高度认真开展学习实践科学发展观、优化政务环境年、纪律教育月等活动，注重把科学发展观贯彻和运用于财政工作的始终，努力解决经济社会发展中的实际问题，努力把学习成效体现到引领科学跨越发展、促进社会和谐上来。积极开展学习调研活动，紧紧围绕浈江区学习实践活动实施方案提出着力解决的六个重点问题，发现问题，寻找差距，分析原因，总结教训，明确整改思路，达到预期目标；着力加强财政文化建设，使全体财政干部始终坚持“依法依规依程序、公开公平公正”理财原则；加强廉政建设，落实党风廉政建设责任制，切实加强廉政教育，强化财政权力制衡与监督，努力构建财政廉政建设长效机制，不断提升财政干部勤政廉政能力水平。2009 年，区财政局被浈江区委、区政府授予“浈江区党风廉政建设先进单位”、“浈江区 2008～2009 年度文明单位”、“浈江区新型农村合作医疗工作先进集体”、“征兵工作先进单位”等荣誉称号，十里亭财政所被市政府授予 2009 年度基层站（所）“窗口之星”先进集体荣誉称号。

【区直机关事业单位资产和收益】　2009 年，浈江区拟定《关于对区属行政事业单位资产及收益实行统管的工作方案》、《浈江区行政事业单位公共资产处置管理暂行办法》等相关文件，7 月起开始组织对区直行政事业单位进行资产及经营性资产收益情况自查报送及审核汇总。全区 109 个单位参加资产及收益情况自查，通过自查，摸清家底，为下一步规范全区行政事业单位国有资产管理提供基础。经统计，全区房屋、汽车资产共 33399.9 万元，其中：自用资产 31979.5 万元，经营性资产 1420.4 万元。区公共资产管理中心承接、盘活原浈江、北江城市信用社资产包，为两个城信社平稳退市铺平道路。盘活及追收资产 429.5 万元。同时进行区属行政事业单位资产处置管理，通过拍卖处置资产 66.8 万元。

【政府采购】　2009 年，区财政有序推进政府采购制度改革，依托韶关市电子化政府采购管理交易系统，全面提升采购管理水平。同时结合国库集中支付改革，加强和规范政府采购资金的管理，逐步扩大政府采购范围和规模；通过开展治理商业贿赂工作，完善政府采购的运行机制，加大监督检查力度，促进政府采购依法依规，有效地防治商业贿赂行为；不定期开展政府采购执法检查工作，做到依法采购，程序合法；浈江区政府采购管理办公室结合强化管理体制，加强执行管理，查找薄弱环节，查处商业贿赂行为，加强对采购人、采购代理机构、供应商的法制教育，完善采购监督和运行机制，积极维护政府采购当事人合法权益。及时向区政府政务网报送政府采购信息，不断增强透明度。至年底，全区累计完成政府采购预算 1124 万元，实际采购资金 1089 万元，节约资金 35 万元，资金节约率 3.11%（以上数据不含工程类招标）。

（黄远花）

附：区财政局领导班子成员名录

局　长：张玉花

副局长：肖　伟、周　斌、黄远花

国　税

【概况】　2009 年，浈江区国家税务局以开展“深入学习实践科学发展观”活动为契机，围绕税收中心工作，认真落实市国税局和区委、区政府工作部署，采取有效措施，深化税收分析，强化税源管理，落实考核制度，严格执法程序，进一步明确岗位职责，抓好各项基础工作；开展“文明服务厅、文明服务之星”评选活动、进行礼仪培训、集中学习；提升服务意识，在办税服务厅设立咨询台、排队区安装“纳税服务星级评价器”、POS 机；在软、硬件上优化纳税服务，强化科技兴税，优化税务信息系统运维体系、信息系统应用、信息安全体系，巩固信息安全防护，提升系统应用水平，较好完成各项工作任务。

【税收收入】　2009 年，浈江区国税累计组织税收收入 23878 万元。其中：增值税 19389 万元，同比减收 865 万元，减幅 4.3%；消费税 115 万元，同比减收 6 万元，减幅 5.0%；

企业所得税4369万元，同比增收198万元，增幅4.7%，其中外商投资企业和外国企业所得税2220万元，同比增收1740万元，增幅362.5%；个人所得税5万元，同比减收91万元，减幅94.8%。中央与市县区三级税收收入均同比下降。全年中央级收入17283万元，比2008年同期减少589万元；省级收入382万元，比2008年同期增长237万元；市级税收收入2695万元，比2008年同期减收168万元减幅5.9%，区级全年入库3518万元，比2008年同期3761万元减收243万元，减少6.5%。

全年收入分税种同比增减情况表

表12　　　　单位：万元

税种	2009年	2008年	增减 +、-	增减 +、-%
合计	23878	24642	-764	-3.1
增值税	19389	20254	-865	-4.3
消费税	115	121	5	-4.9
企业所得税	4369	4171	198	-41.8
外商投资和外国企业所得税	2220	480	1740	362.5
个人所得税（银行利息储蓄所得税）	5	96	91	-94.8

【税收构成】　2009年，浈江区国税收入除10月大幅增长外，其他各月税收相对均衡，剔除3月增长因素（2008年同期因冰雪灾害影响基数较低致使3月同比增长），上半年收入同比基本减收，下半年降幅逐月减缓并有所回升。全区形成第二产业为支柱、制造业为主体，其他产业并举发展格局。年内，第二产业增值税入库10872万元，占增值税的比重56.07%，其中：制造业增值税入库10233万元，同比增收137万元，占第二产业增值税比重94.12%；机械设备业、化学原料及化学制品业和烟草制造业在制造业中居重要地位，当期增值税入库3696万元、2541万元和891万元，占制造业的比重分别为36.12%、24.83%、8.71%；当期第三产业增值税入库8513万元，同比减收885万元，减幅9.42%，其中：批发和零售业8295万元，同比减收823万元，减幅9.03%，占第三产业增值税比重的97.45%。全区国有企业税收收入比重增长不明显，涉外企业比重持续增高，股份公司异军突起成为最具活力的税源。全年内资企业税收入库18463万元，其中，股份企业税收入库14182万元，是内资企业收入中收入最高、比重最大之经济类型，占内资企业税收收入的比重达到70.92%，同比比重基本持平；涉外企业入库3669万元，同比增收1298万元，增幅54.74%；占税收收入的比重15.37%，同比上升5.75个百分点。

2009年度税收收入月份分布曲线图

（单位：万元）

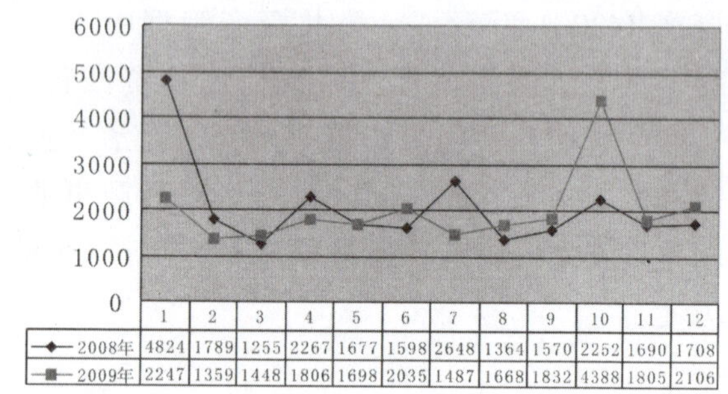

第二产业增值税分行业圆环图

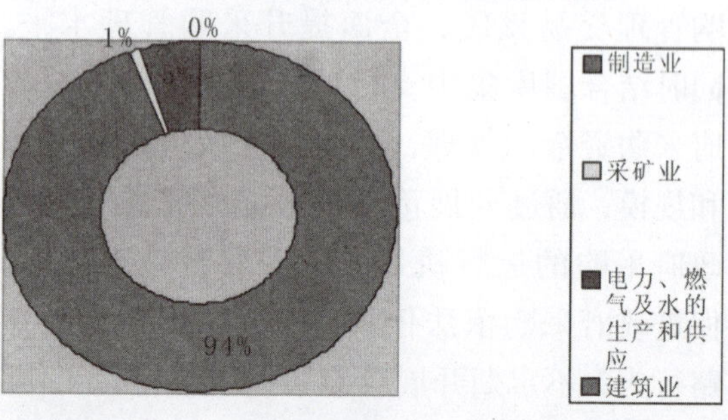

【税收来源】　2009年，浈江区属国内生产

总值累计完成26.56亿元，同比增长10.8%；工业增加值累计完成8.26亿元，同比增长10.3%；商业即社会消费品零售总额完成47.51亿元，累计同比增长16%。与税收相关性较大的工业增加值、固定资产投资、社会消费品零售总额等各项主要经济指标大多数增长，但是由于2009年税收政策性调整的减收因素较多，使得辖区税收收入与经济发展不能同步，导致2009年税收收入下降幅度较大，主要原因是：受增值税转型政策因素影响（小规模纳税人征收率降低），减少增值税收入1640万元；辖区矿产品企业多数为非金属矿业（即沙、石场），政策调整将矿产品增值税率由原按13%征收恢复到17%，年内实收税款6万元；受2008年存款利息所得暂免征收个人所得税政策调整影响，1～12月储蓄存款利息所得税收入5万元，同比下降94.8%，减收91万元。年内，受1.6升及以下排量小汽车税率下调至5%利好政策刺激，汽车销售收入迎来小高潮，减税政策的刺激作用较明显，消费者信心有所回升，汽车销售进入高峰期，区辖汽车销售成为新增重点纳税大户；受金融危机影响，重点大户企业产值和利润都同比下滑，企业扩大再投入的积极性不高，增长企业拉动不了整体税收的增长；1～12月在年纳税50万元以上的71户重点税源纳税户中，有51户呈负增长态势，20户实现税款增收，重点税源企业合计入库税款12701万元，同比减收1983万元，减幅13.51%。此外，区内汇总缴纳企业对分支机构税款未能完善自动分配功能（分配税款累计合计350万元，均为批发和零售业），拉低税收收入2个百分点，影响地方级收入减收88万元；武广快线韶关路段建设完工后，多家废旧物资收购企业停业，门市代开入库602万元，同比减收431万元，减幅38.72%；生产性企业出口调库税收362万元，货物“免、抵”调库减收87万元，同比减收19.4百分点。

【税收征管】　2009年，浈江区国税深化税收分析，强化税源管理，落实考核制度，将税收任务细化，定期召开税收收入分析会议，进行组织收入进度评比；强化征收管理，夯实征管基础，加强税收管理员的日常管理工作，加强税收征管软件及辅助系统的应用工作，抓好各项指标考核。加强户籍管理，做好税务登记信息比对分析工作；做好纳税评估工作，制定纳税评估工作的考核办法和具体指引，每个税收管理员每月至少对5户企业进行评估；抽调业务骨干组成9个检查小组对117户企业的所得税进行了检查；采用“以药核税”方式管理石灰石采选业税收评估，并对废塑料加工企业、水泥行业进行实地核查，规范行业纳税评估；对增值税税负偏低企业进行评估，对同比税负异常企业采取质询、约谈、实地核查等措施进行调查核实；规范零散税收管理及漏征漏管户清理工作，全年对580户无证照经营户发放责令限改通知书，切实加大清缴陈欠力度，严格控制新欠增加，共清理陈欠88万元，清理新欠137万元；加强稽查，充分发挥稽查作用，以查促收，重点组织开展房地产开发、商贸等重点行业专项检查，全年共检查企业238户，自查补缴增值税457万元，总计稽查各项补税469万元。

【税收执法】　2009年，浈江区国税严格执法程序，进一步明确岗位职责，落实岗位责任。制定《浈江区国家税务局开展2009年税收执法检查工作实施方案》，成立税收执法检查和执法监察工作领导小组，对税收执法检查的项目进行自查并针对检查中发现的问题及时进行整改；开展政策法规部门税收执法风险点排查工作，找出税收执法岗位中存在的问题和税收执法风险点，并及时进行归纳总结，提出防范措施。年内，通过税收执法考核，对税收子系统进行过错追究，有效强化责任意识和风险意识。

【基础工作】　2009 年，浈江区国税通过开展“文明服务厅、文明服务之星”评选活动、礼仪培训、集中学习等方式，提升服务意识；同时在办税服务厅设立咨询台、排队区安装“纳税服务星级评价器”、POS 机，在软、硬件上优化纳税服务，提高办税效率。全年办税服务厅没有收到 1 宗投诉。周家武在中共韶关市纪委监察局举行“行风热线”、“窗口之星”评比中获得全市“窗口之星”先进个人荣誉称号。年内，浈江区国税通过培训、学习等多种方式提升队伍素质，积极参加省、市局组织的各类视频讲座会议和税收执法考核子系统操作等多项业务培训；通过机构改革，大面积进行人员岗位轮换，进一步激发队伍活力。全面推进“市级文明单位”的创建活动，积极组织的各类青年志愿者、税收宣传及文体活动，开展演讲比赛等活动，形成“齐调研、共查摆”的良好氛围，并用实际行动将科学发展观落实到税收工作中。班子成员带头深入基层及企业开展调研，深入分析存在问题，形成整改方案，达到切实解决问题的目的，受到区委“深入学习实践科学发展观活动”指导检查组的充分肯定。同时在市局和区委区政府组织的相关活动中，由局推选的秦燊尧在市国税局举办“科学发展兴韶关”演讲比赛中获得二等奖、李佳在区政府举办的演讲比赛中获得三等奖。

【廉政建设】　2009 年，浈江区国税牢固树立反腐倡廉思想意识，强化内控机制建设，局机关每月组织干部职工采取党组中心组学习、干部集中专题学习和自学等形式，抓好廉政建设警示教育，并在每层楼梯口处设立廉政警示牌，在醒目位置悬挂意见箱，张贴《税务人员廉洁自律若干规定》，办税服务厅还设立《党风廉政建设》、《中国监察》、《中国纪检监察报》等廉政教育报刊栏。此外，浈江国税全面推行“阳光作业”和执法责任制，继续开展每季度督促检查工作，加大推行“一书一卡”力度（全年发出“一书一卡”1200 份）；开展纳税人对税务人员的评议活动（发放 250 份评议表，收回 113 份，满意率达 90% 以上）；同时对 30 户企业开展“访民查廉”调研活动，确保队伍廉洁及稳定。

【科技兴税】　2009 年，浈江区国税科技兴税方面主要强化税务信息系统运维体系、信息系统应用、信息安全体系建设，巩固信息安全防护，提升系统应用水平等。年内主要做好稽核子系统和协查系统正常维护，确保系统正常运行，对一般纳税人的防伪税控机开票系统做好服务工作；做好总局征管软件的日常维护和规范使用工作，确保税收征管业务流程的正常运转。针对出现的问题提出相应的处理办法、对故障处理进行归纳总结，建立与征管软件相适应的岗责体系和工作衔接制度，及时通过运维程序做好上报工作，满足日常税收征管的需要；全面推广使用普金发票打印管理系统，组织税收管理员和前台征收人员开展《广东省商品销售统一发票》（限额的电脑版）“普金打印系统”的操作培训，组织 1060 名纳税人参加 2 期免费培训班，利用办税服务厅液晶显示屏及短信平台通知纳税人相关事宜，使纳税人及时了解票种简并和换版工作情况；全力推行财税库银横向联网系统，并选派专人负责现场辅导、核对、回收纳税人填写的《三方协议书》，落户逐一辅导纳税人签订协议，严格信息采集、录入、审核关，认真比对相关数据，确保正确采集信息、准确完整录入。

（戴善娟）

附：区国税局领导班子成员名录
局　长：蔡钦泉
副局长：谢柱辉、雷卫东、邓朗珍
纪检组长：王朝军

地　税

【概况】　2009 年，浈江区地方税务局面对金融危机造成实体经济大幅下滑、财税政策造成结构性减税和增值税转型改革三大因素影响，积极采取措施加强重点税源控管，强化各项税费依法征管、应征尽收，有力地推动组织收入工作深入开展。全年共组织各项税费收入 11.6 亿元，同比增长 6.9%，增收 7528 万元。其中税收收入 6.5 亿元（按计划考核口径），同比增长 10%，增收 6041 万元（营业税 2009 年入库 31685 万元，同比增收 5599 万元，同比增长 21%，增长主要来自房地产营业税；企业所得税剔除省级固定收入后入库 5678 万元，同比减收 358 万元，下降 6%，主要原因是受金融危机的影响，企业效益下降，利润减少；个人所得税入库 9514 万元，同比增长 16%，增收 1303 万元。主要增加铁路部门和银行、电力、烟草等部门个人所得税）；组织社保费收入 5 亿元，同比增收 1487 万元，增幅为 3%。从收入级次看，受所得税大幅下降影响，中央级税收收入下降 8%，省级共享收入、市级收入和区级收入分别增长 11%、15% 和 17%（主要是营业税保持稳定增长，个别地方小税种大幅增长）。

【税收征管】　2009 年，浈江区地税在税收征管中大规模推进规范化、专业化纳税评估，加强评估考核，促进税收增长；辅导纳税人学习税法知识，督促纳税人自查补税，堵塞征管漏洞，收到较好效果（2008 年全局共评估纳税企业 22 户，评估补征入库税款 978 万元）；务实创新抓好税收征管，按照房地产税收一体化管理思路，全面加强房地产业与建筑业“两业”管理，全年共组织营业税收入 18698 万元，同比增长 37.03%，其中房地产业营业税收入 7929 万元，同比增幅达 40%；大力推广网上报税成效明显，全局各单位扎实抓好宣传培训和纳税人财务会计报表电子数据的采集工作，网报工作取得较大成效，已有 1200 户纳税人开通网上申报；完善两票管理监控机制，成功应用税票和发票“两票”监控软件，初步通过软件比对自动查找门前代开两票金额不符等问题票据，强化风险防范，堵塞征管漏洞；发票在线应用系统全面上线推广，有计划有步骤地在使用《广东省地方税收通用发票（电子）》（平推式）、《建筑业统一发票（电子）》和《销售不动产统一发票（电子）》三种发票，并在符合条件的纳税人中争取全面实现在线开票，推行发票在线应用系统；做好旧版发票缴销和旧版发票监制章收缴工作，避免出现新旧发票衔接混乱、旧版发票过多浪费等问题。

【依法行政】　2009 年，区地税局全面推进税收法治工作的精细化和规范化，使依法行政和依法治税的总体要求在地税工作的每个环节得到充分体现；认真开展法制意识教育，创新普法形式，提高依法行政、依法治税能力；全面提高税收政策的执行水平，坚决贯彻落实好各项税收优惠政策，确保政策不折不扣落到实处；完善监督机制，确保执法责任制考核系统监督功能的落实；整合廉政建设资源，积极构建“廉政风险防范”和“税企廉政联防”两个机制，严格落实“一岗两责”，以“提高安全系数”为重心，抓好廉政风险防范，从“责任、教育、防范、作风、监督、追究”六个方面入手，全面推进风险防范这一党廉工作的“重头戏”，将“关口”前移，确保全局地税干部队伍平安稳定，扎实推进全局党风廉政建设和反腐败工作。

【税法宣传】 2009 年，浈江区地税局加大纳税宣传及纳税辅导力度，提高纳税人税法遵从度，促进税收工作稳步开展；为帮助各纳税户更好地学习和应用新“企业所得税年度纳税申报表（A 类）”，了解中小企业税收优惠政策，掌握全责征收后社保费有关办理流程，区地税局组织部分纳税人参加市局举办的两期培训班，并开展专项税收知识更新培训；围绕“税收、发展、民生”的税宣主题，创新形式，开展税收宣传活动，用人民群众喜闻乐见的方式，开展税法宣传；在办税大厅摆放税法宣传资料，供纳税人取阅。

【纳税服务】 2009 年，区地税局不断地改进和完善纳税服务方式，突出抓好“窗口”服务，采取针对措施，实行人、财、物倾斜，着力提升“窗口”服务质量和水平；大规模开展纳税人辅导培训，认真组织送税法进企业、涉税提醒、税企座谈、纳税人学校集中培训等活动，不断提高纳税人的税法遵从度；稳步推进“电子税务局”建设，扩大网上办税业务范围，为纳税人提供了快捷、方便、多样的办税方式；科学简化办税程序、减少审批手续、积极为纳税人提供税收法律援助，及时落实税收优惠政策，全年共办理困难性减免房产税、土地使用税 230 万元。

（陈金彪）

附：领导班子成员名录

党组书记、局长：陈金彪

党组成员、副局长：官定忠

党组成员、副局长：井　军

市区浈江南路

银　行

【中国银行韶关分行】　中国银行韶关分行地址在浈江区解放路160号，下设办公室、人力资源部、工会工作委员会办公室、监察内控部、保卫部、财会部、公司业务部、个人金融部、结算业务部、风险管理部、授信执行部、营业部。驻区营业机构有熏风支行（营业地址韶关市熏风路15号）、风度北路支行（营业地址韶关市风度北路中港大厦首层）、和平路支行（营业地址韶关市浈江区和平路135号韶关市房地产交易中心首层）、中山路支行（营业地址韶关市中山路福达大厦）、十里亭支行（营业地址韶关市十里亭镇）、浈江支行（营业地址韶关市南韶路南韶村二栋）、韶南分理处（营业地址韶关市韶南大道二公里金鹏服装批发市场北侧）、金沙支行（营业地址韶关市韶南大道金沙小区万润楼首层）、站南支行（营业地址韶关市南郊一公里粮油食品进出口公司一幢首层东面商铺）、浈江中路支行（营业地址韶关市浈江中路81号）等10家。

韶关分行在区境拥有全方位金融产品与服务，主要包括公司金融和个人金融。公司金融主要职责是对公司系列产品推广和管理，主要包括公司业务部、结算业务部、营业部、授信执行部等部门。个人金融主要职责是网点管理、代理业务、理财业务、银行卡业务、零售贷款业务，主要包括个人金融部、个人金融部下设银行卡中心、零售贷款中心、网点管理中心和理财中心。作为原国家外贸外汇专业银行分支机构，韶关分行在国际结算、外汇资金和贸易融资等领域均具有较强的竞争优势。机构业务范围包括吸收公众存款、发放贷款，办理国内外结算，办理票据承兑与贴现，代理发行金融债券，代理发行、代理兑付、承销政府债券，代理买卖外汇，从事银行卡业务，提供信用证服务与担保，代理收付款项及代理保险业务等。

2009年，韶关分行在区境营业所本外币各项存款折人民币余额8.3亿元，比上年增长2.5%；各项贷款折人民币余额2.54亿元，比上年增长3.2%。

【中国工行韶关分行】　中国工商银行韶关分行在浈江区境营业机构主要有韶关北郊支行营业部（营业地址韶关市北郊十里亭）、韶关犁市分理处（营业地址韶关市浈江区犁市镇）、韶关风采支行营业部（韶关市风度北路25号）、韶关东堤支行（营业地址韶关市熏风路8号）、韶关风华支行（营业地址风度南路6号教委大楼首层）、韶关韶大支行（营业地址韶关市大塘路九公里韶关学院南区综合学生楼一楼）、韶关西桥支行（营业地址韶关市复兴路148号）、韶关中山支行（营业地址韶关市中山路韶禧大厦B2座一楼东面第一、第二铺位）、韶关南门支行营业部（营业地址韶关市北江路2栋）、韶关东河支行（营业地址韶关市浈江中路22号志兴雅苑首层）、韶关金沙支行（营业地址韶关市韶南路金沙花园首层）、韶关韶冶支行（营业地址韶关韶冶综合大楼一楼）等12家分支机构。

区境各直属分行营业部均办理人民币存款、贷款、结算业务；办理票据贴现业务；代理发行金融债券；代理发行、代理兑付、销售政府债券；代理收付款项；办理外汇存款、外汇贷款、外汇汇款、外币兑换、国际结算；办理结汇、售汇；资信调查、咨询、见证业务。各支行营业部主要办理人民币存款、贷款、结算业务；办理票据贴现业务；代理发行金融债券；代理发行、代理兑付、销售政府债券；代理收付款项；办理外汇存款、外汇贷款、外汇汇款、外币兑换、国际结算业务。

2009年，韶关分行驻区境营业所本外币各项存款余额15.76亿元，比上年增长1.5%；各项贷款余额5.63亿元，比上年增长3.8%。

【中国农行韶关分行】　2009年，中国农业银行按照“面向三农、整体改制、商业运作、择机上市”股改总原则进行股改。年内，中国农业银行韶关市分行在市区设有营业网点25个，其中市区支行2个（浈江支行和北江支行）、特色支行1个（即负责专营按揭贷款的复兴支行）；1个专业支行，市区25个营业网点分属浈江、北江支行管理。辖区内支行及主要网点业务有：专业代办信用卡、无抵押贷款、信誉贷款、专业个人企业贷款、办理急用贷款、无抵押免担保、长期办理贷款、个人贷款、信用贷款等，并当天申请当天办理。至年底，中国农业银行韶关市分行区境营业所本外币各项存款余额13.12亿元，比上年增长2.8%；各项贷款余额3.93亿元，比上年增长2.6%。

【中国建行韶关市分行】　中国建设银行股份有限公司韶关市分行在浈江区境设有支行13个，分别是韶关北郊支行（营业地址韶关市浈江区十里亭建设北路）；韶关风采分理处（营业地址韶关市风采路风采广场首层）；韶关市分行营业部（营业地址韶关市光孝路6号）；韶关兴平支行（营业地址韶关市和平路联谊大厦首层东5号）；韶关西堤分理处（营业地址韶关市解放路156号之二首层东边之二）；韶关韶冶支行（营业地址韶关市南郊九公里冶炼厂综合大楼首层）；韶关梨园支行（营业地址韶关市南郊三公里嘉信商厦一楼）；韶关红星支行（营业地址韶关市水电局广韶大厦）；韶关园前支行（营业地址韶关市熏风路16号之5、6号）；韶关北江支行（营业地址韶关市园前西路1号）；韶关浈江支行（营业地址韶关市启明北路1号）；韶关南郊支行（营业地址韶关市南郊四公里韶南大道中3号内）；韶关西桥分理处（营业地址韶关市风度路125号）。

2009年，韶关市分行在浈江区境营业所本外币各项存款余额9.35亿元，比上年增长1.8%；各项贷款余额6.12亿元，比上年增长2.3%。

【广发银行韶关分行】　广东发展银行是经国务院和中国人民银行批准组建、于1988年9月成立的股份制商业银行，总部设在中国广州市。广东发展银行韶关分行在区境的经营范围是《商业银行法》规定的所有银行业务和监管部门批准的其他业务。

2009年，广东发展银行韶关分行在浈江区境内营业所本外币各项存款余额0.55亿元，各项贷款余额0.38亿元，资本充足率2.9%。

【韶关农村信用社】　2009年，韶关农村信用社在浈江区境设营业部13个，地点分别在韶关市南郊二公里半、韶关市十里亭大道综合楼、韶关市南郊五公里长乐市场南侧、韶关市南郊三公里浈江区教场村、韶关市鹅坑桥一栋一楼、韶关市启明路、韶关市东河十三横巷、韶关市韶塘路东联村民委员会左侧、韶关市东郊红工五矿、韶关市武江北路62座之二、韶关市浈江区五里亭锦绣花园7号楼、韶关市浈江区乌教塘、韶关市北郊黄岗北江监狱侧、韶关市熏风路12号首层等。

辖区内各营业网点业务主要有专业代办信用卡、无抵押贷款、信誉贷款、专业个人企业贷款、办理急用贷款、无抵押免担保、长期办理贷款、个人贷款、信用贷款等，并当天申请当天办理。年内，韶关农村信用社在区境营业所本外币各项存款余额11.66亿元，比上年增长2.7%；为区内农业龙头企业及农户各项贷款余额6.48亿元，比上年增长4.5%。

（区年鉴编辑部）

保　险

【概况】　2009年，浈江区境驻区保险公司扩大保险业务，提升保险服务水平，保险市场规模不断扩大。保险风险管理的功能日益突显，业务创新步伐不断加快，服务社会的理想不断增强，政策性能繁母猪保险、建筑工程人身意外伤害险和企业年金等关注民生、服务弱势群体的新险种的试点和推广工作逐步展开。年内，区境驻有中国人寿、太平洋、平安、泰康等寿险公司，中保、安邦等产险公司，从业4000多人。区境保费收入及赔款支出约占全市的60%。险种分财产保险和人身保险两大类，财产保险包括财产保险、责任保险、信用保险、保证保险、农业保险、人身意外保险、短期健康险七类，人身保险分团险及个险，以下再细分为人寿保险、意外险、健康险三类。区属社会保险公司在年内按照“强力征缴、积极扩面、规范管理、加强服务”的思路，以强化服务管理为核心，以加强扩面征缴为重点，采取各种有效措施完善社会保险体系，增强保障功能，参保人能及时享受各项社会保险待遇，广大群众的社会保险权益得到较好维护。按照《关于社会保险费地税全责征收后若干问题的通知》，“一票征缴”全面推行，各险种均衡推进。

驻区保险公司

【中国人民保险公司韶关分公司】　中国人民保险公司韶关分公司前身是1950年成立的中国人民银行曲江支行在城区设立的保险公司代理处，1956年更名为中国人民保险公司韶关中心支公司。1985年5月再次更名为中国人民保险公司韶关分公司。1989年，中国人民保险公司韶关分公司在浈江区和原北江区分别设立支公司。20世纪90年代初，公司更名为中保财产保险有限公司韶关分公司，1999年，公司恢复使用中国人民保险公司韶关分公司名称，一直沿至2009年。

【中国人保浈江支公司】　中国人民保险公司韶关分公司浈江支公司成立于1989年3月，位于韶关市区北江路。公司隶属中国人民保险公司韶关分公司领导，主要业务受理浈江区属境内各企、事业单位、个体工商户、家庭、机动车辆等各类保险业务。2009年，中国人民保险公司韶关分公司浈江支公司保费收入1280余万元，同比增长10.25%。其中车险保费630余万元，同比增长9.15%；非车险保费640万元，同比增长11.94%。全年支付各类保险赔款550万元，同比增长6.38%，其中支付车险赔款220万元，同比增长9.30%；支付非车险赔款330万元。同比增长5.91%。

【中国人保北江支公司】　中国人民保险公司韶关分公司北江支公司成立于1989年3月，位于韶关市区风采路79号。公司隶属中国人民保险公司韶关分公司领导，主要业务受理北江区属境内各企、事业单位、个体工商户、家庭、机动车辆等各类保险业务。2009年，中国人民保险公司韶关分公司北江支公司保费收入1300余万元，同比增长11.06%。其中车险保费760余万元，同比增长8.62%；非车险保费550万元，同比增长10.86%。全年支付各类保险赔款480万元，同比增长5.62%，其中支付车险赔款180万元，同比增长8.68%；支付非车险赔款300万元，同比增长5.19%。

【中国人寿保险公司韶关分公司】　中国人寿保险公司韶关分公司为中国人民保险公司分出机构，建制前为“中国人民保险（集团）公司”旗下子公司。1996年7月独立建制，全称“中保人寿保险有限公司”。1997年7月，中保人寿保险公司韶关分公司成立，与中国人民保险公司韶关分公司合署在风采路办公，1998年7月，中国人寿韶关分公司分别设立“中国人寿韶关分公司浈江区办事处”、“中国人寿韶关分公司北江支公司”，开展人寿保险业务，并一直沿至2009年。

【中国人寿保险公司浈江支公司】　中国人寿保险公司韶关分公司浈江支公司成立于1998年7月，为中国人寿韶关分公司下属支公司，办公地点在浈江区北江路15栋，与中国人民保险公司浈江区支公司合署办公。主要业务包括承保区属境内企、事单位、个人及家庭养老、医疗、人寿等险种。2009年，中国人寿保险公司韶关分公司浈江支公司人寿保费2900余万元，同比增长11.2%；全年满期业务给付支出580万元，同比增长18.3%；年金给付支出84万元，同比增长16.5%；短期险业务赔款支出78万元，同比增长14.7%。

【中国人寿保险公司北江支公司】　中国人寿保险公司韶关分公司北江支公司成立于1998年7月，为中国人寿韶关分公司下属支公司，办公地点在风采路79号，与中国人民保险公司北江区支公司合署办公。主要业务包括承保区属境内企、事单位、个人及家庭养老、医疗、人寿等险种。2009年，中国人寿保险公司韶关分公司北江支公司人寿保费2850万元，同比增长12.7%；全年满期业务给付支出550万元，同比增长16.9%；年金给付支出76万元，同比增长15.8%；短期险业务赔款支出73万元，同比增长18.2%。

（区年鉴编辑部）

证　券

【安信证券韶关管理总部】　安信证券韶关管理总部前身是1992年11月成立的原广东证券韶关管理总部，地址在韶关市风采路67号新世界大厦A座三楼，并在总部二、三楼设风采证券营业部。该总部为韶关市最早成立的证券营业机构之一。

到2009年，安信证券韶关管理总部拥有国内最先进的电脑硬件设备，实现以小型机为主的全国统一集中交易系统，股票、基金、债券、权证全国统一买卖委托，保证金实现建设银行、农业银行、工商银行、中国银行等第三方存管，客户资金资产安全保障。交易网络高效快捷，使用高速单向卫星、双向卫星、地面专线三种传送数据方式，安全快速准确；交易方式供客户选择使用的主要有电话委托、小键盘、自助委托、网上交易、手机炒股等；拥有电话委托线路420条，客户只要拨本地委托电话就可实现委托买卖、查询资料、保证金转账、传真对账单、股评、听股评信息及更改密码等多种功能。

【广发证券韶关文化街营业部】　广发证券韶关文化街营业部成立于1993年6月，总部地址在韶关市浈江区文化街，营业面积2000多平方米，设有营业厅、中户室、大户室和专户室。业务体系主要有证券经纪业务、债券代销业务、开放式基金代销业务和资产管理业务。

到2009年，广发证券韶关文化街营业部业务涵盖国内证券市场所有品种。包括：代理上海、深圳证券登记公司办理登记开户业务；代理A股、B股、国债、企业债券等买卖；代理上市公司办理投资者的分红派息业务；代理国债回购业务；代办股份转让业务；未上市证券的代保管业务等。

广发证券是中国国债协会常务理事单位、全国银行间同业拆借和债券市场结算成员、国债承销团乙类成员以及中央国债登记公司结算成员。营业部设有专职债券业务人员，在统一协调下与各类客户群体及时交流沟通，能为客户提供快捷安全的债券认购、兑付和信息咨询服务。年内，广发证券经纪业务系统广泛、深入地开展与基金管理公司合作，营业部将及时传递基金投资信息，针对客户的不同需要配置基金资产，提供基金产品咨询、分析等贴身管家服务。营业部的资产管理业务始于2001年，主要服务对象为机构投资者，包括各类企业、养老基金、保险公司、教育机构和基金会及大额个人投资者。营业部的服务体系主要有VIP客户服务体系：整合公司投资银行部、资产管理部、发展研究中心等资源，建立VIP客户服务体系，该系统为公司500万元资产以上客户提供增值服务；核心客户服务系统：利用企业级的客户关系管理平台“CRM系统”，对所有核心客户进行全方位跟踪与分析，并依托营业部的客户经理队伍为核心客户提供更加人性化、专业化投资服务。

（区年鉴编辑部）

现在的西堤北路

科技 教育

共粤北省委旧址　　张九龄　　余靖

综　述

【概况】　2009年，浈江区认真贯彻落实国家和省、市各项科技政策，围绕辖区社会经济发展需要，及时了解科技信息，把握国内外科技产业发展新动态、新趋势，加强科普宣传，提高全民科学素质和科技水平，培育社区科普示范点（基地），开展科技下乡和科普进社区活动，普及基层农村科技，不断提高全民科学素质；引导企业进行技术创新和传统技术改造，积极扶持和推进优势企业成为高新技术企业；加强“农村信息直通车工程”实施，完善各服务站信息设施设备，配好相关人员，并加强信息员培训和各项规范管理，全年完成采集、发布信息1730多条，信息化发展指标达90%，有效促进区内农村经济快速发展。年内，全区有高新技术企业4家，民营科技企业36家；实施“星火计划”10项，其中省级1项，市级9项；申请专利87件，专利授权84件。

【科普宣传】　2009年，浈江区把科普宣传作为振兴区域经济的重要工作，区政府落实科普经费人均0.30元以上，并要求区科协加大科普宣传力度。区科技局和科协充分利用区内现有的20米科普长廊，坚持每月更新出版一期科普知识，主要内容是当今科技动态、科技知识、适用技术、健康知识，安全教育等，并定期更换科普宣传内容，做到内容新、有针对性、适时实用、深受社区居民群众喜爱。年内，全区在科普长廊出版科普宣传12期，图片180多张。此外，区科技局和科协还充分利用报刊、杂志、电台、电视等宣传工具进行科普宣传，并利用“科技活动周”、“科技进步月”及学校的科技教育辅导等活动大力进行科普宣传。

【科普活动】　浈江区自1986年成立科学技术委员会后，根据省、市统一部署，每年与区委宣传部、区科学技术协会共同组织全区性科技月活动。2009年，区科技局、科学技术协会、区教育局组织各学校开展科技教育辅导活动，各校均以课外兴趣活动方式，组织学生开展电子计算机、奥数、航模制作、创造发明等科技活动，并组织学生参加各类科技活动的专项竞赛。此外，区科技和科协等部门积极抓好年度“科技进步月”活动。5月，区制定相应活动方案，以科技局、宣传部、科协等部门联合动员全区各镇（办）、各社区认真开展各项科普活动，并结合工作实际，扎实有效地推进“科技进步月”活动。

（余国光）

科学技术

【科技规划】　2009年，浈江区科技规划主要加强科技人才队伍建设，建立健全科技工作网络；成立浈江区科技工作服务站，集聚全区科技人才，做好联络和服务；积极为科技工作者解决工作和生活中的实际问题和困难，让他们安心工作，扎根浈江，为浈江的经济和社会建设作出新贡献；加强科普教育宣传，推进社区科普工作出新亮点；拟定培育一个市级街道社区科普示范点（基地），加强基层农村、社区的科普工作，大力开展科技下乡和科普进社区活动，不断提高全民科学素质；培育创新专业镇，提升区专业镇竞争力，推动全区专业镇工作迈向新台阶，年内计划推荐乐园镇成为市级以上专业镇；切实抓好区域企业申报各级高新企业，推进区域产业优化升级；加强与区属企业沟通联系，引导企业进行技术创新和传统技术改造，争取推进2家企业成为高新企业；引导区属企业开展自主创新和知识产权保护，继续抓好专利知识培训，主动做好专利申报服务工作，协助有关单位和发明者申请专利；继续抓好区内“农村信息直通车工程”实施，完善各服务站设施设备，加强信息员培训和各项规范管理，促进“省农村信息直通车工程”真正成为惠民利民工程。

【科技服务】 2009年，浈江区科技局与科协合署办公，人员少、任务重，科技服务难度较大。年内，开展的科技服务主要是做好区属企业科技计划项目申报，推进企业申报省级高新企业，引导企业进行科技发明并申请产品专利。全年科技计划申报项目10项，实际申报和立项9项，评为高新企业2家（共4家），申请专利87件，授权84件。此外，积极开展科技下乡活动，聘请专家到乡镇开展农业专用技术培训；组织开展1次科技活动周（5月份），1次科技活动月活动（6月份），并在科技活动中广泛开展防震减灾、安全知识、疾病防治等宣传活动。

【学术交流】 2009年，浈江区科技、科协等部门主动配合协助市科技主管部门开展各类学术交流活动，并积极选拔推荐区内有代表性的技术项目、技术人才参加省市主办的学术交流活动。年内，邀请区属十多家企业科技人员座谈，并交流如何发展科技创新等课题。

【科技培训】 2009年初，浈江区科技教育局推进教师教育技能培训，启动实施中小学教师教育技术能力建设项目，推行信息技术与学科教学整合为主要内容的教育技术运用，有效促进基础教育课程改革，提高中小学教师教育技术应用能力和教师队伍整体素质。为保证项目的顺利开展，区科教局按照省、市的统一安排，加强对项目实施工作的领导和统筹，成立由教育局主管领导担任组长的领导小组，建立有力的组织保障体系；将项目实施工作纳入区内培训计划的整体框架之下，充分发挥学校电教系统、考试系统等有关方面的积极性，共同推进该项目的实施。年内，浈江区选派3人参加省举办的知识产权和专利申请培训，选派12人参加市举办的高新企业申报认定培训，并区举办工业产业统计人员培训班，区属规模以上企业均派人参加培训，有效提高统计工作素质和水平。

【科技创新】 2009年，浈江区围绕省、市科技发展规划，精心制定《韶关市浈江区2008~2012年自主创新行动计划》，该计划着重培育高新技术企业，重点引导企业开展技术创新、产品创新，并充分运用知识产权制度，努力实施自主创新行动计划，不断完善创新机制，加快创新体系建设，营造有利于科技进步、科技创新的大环境，增强科技持续创新能力。至年底，全区有高新企业4家，占全市17家中的23.53%。

【青少年科技】　2009年，浈江区各校积极开展科普进校园，并建立一批校园科普长廊，有效吸引青少年学习科普知识。4月，区科技教育局会同市科协、市科技局开展“科普活动进校园”活动，发动全区各校组织地震防震为主题的应急疏散演练活动，生动的科技知识给学校教师和学生上了一堂精彩生动的安全教育课，提高教师和学生在突发公共事件下的应急反应能力和互救能力；5~6月，按市科技局、市科协的要求和安排，有计划地组织本区中小学生参观市科技馆《青少年动漫设计坊》、《中国益智玩具展览》，参观人数3000多人次。年内在区属学校中开展知识产权示范校和试点学校建设工作，其中韶关市第十中学被省确定为知识产权试点学校，浈江区执信小学正申报试点学校。此外，区属学校积极选拔学生在年内参加市科技局、市教育局、市科协联合主办的青少年科技竞赛，并获奖项达41人次，名列各县（市、区）前茅。

【高新技术企业】　2009年，浈江区科技主管部门帮助企业提高市场竞争力，为企业发展创造更广阔的空间，积极做好推荐申报“民营科技企业”和“高新技术企业”工作，并在工作中注重深入调研，积极挖掘整体素质好、科技含量高、发展前景大的民营企业推荐申报为“民营科技企业”或“高新技术企业”。年内，区科技管理部门积极培育高新技术企业，协助企业申报项目，争取科技部和省、市的科技计划项目及资金支持，有效促进区属产业结构优化升级。全年为10余家企业单位申报项目12项，申请资金总额达500万元。至年底，全区共有高新企业4家、民营科技企业36家。

【民营科技企业】　2009年，浈江区科技主管部门积极扶持民营企业发展，按省、市有关规定给予民营科技企业享受优惠政策，给予用地、用电、用水等方面优惠，并为民营科技企业干部、职工解决子女就学、家属安置及各类生活上的问题。年内，全区民营科技企业一直保持良好的发展势头，经省复核评估、重新认定有高新技术企业4家，民营科技企业36家。

（余国光）

主要高新技术企业

【韶关市伟光液压油缸有限公司】　原名韶关市力士乐液压缸厂，致力于液压缸尖端技术的研究，拥有世界上最先进的超高压液压缸核心技术，设计及制造始终保持与发达国家同步。该公司是广东省民营科技企业、国家级高新技术企业，华南地区最大的液压缸生产基地之一，专业生产德国、美国、日本等国际、国内先进标准共九个系列液压缸和各种高精密非标准液压缸。其中WG01（CD250/CG250、CD350/CG350）、WG02（CDH2/CGH2）系列产品的主要性能指标均已达到国际先进水平，完全能替代进口油缸。品种规格三千多种，广泛用于工程、冶金、石油、矿山、建筑、航空航海、军工特种装备等各行各业。产品出口东南亚和美国，畅销国内二十多个省市和港澳地区。为宝钢、鞍钢、武钢、首钢、马钢、珠钢、广钢、酒钢、凌钢、三明钢厂、韶钢、包钢、中集集团、粤海汽车、山河智能公司等大型冶金行业及汽车行业生产配套产品，深受用户好评。

公司拥有一支从事设计制造液压油缸超过二十年经验的、高素质技术开发队伍和销售队伍，有二人经过德国力士乐液压缸专业技术培训并取得专业证书，公司专有技术和国际最新科技成果融入产品设计中，使公司产品主要性能指标达到国际先进水平。公司的销售业务人员均由公司最优秀的设计师担任，可根据顾客设备工况条件，协助顾客选定最佳型号的标准产品，或为顾客进行相适应的非标产品设计。随着公司企业规模和业务量的不断扩大，从2002年起，该公司开始进行信息化工程建设，投入大量资金，购置相关设备及配套软件，开发公司专用软件，全面引入计算机辅助设计，大大缩短产品设计周期，设计部门工作效率在短时间内得到极大提高，有效保证企业的市场竞争力。至2009年，公司已取得ISO9001:2000质量体系认证，并建立完善现代化管理制度和质量保证体系，先后获得和申报受理国家专利6项。企业从产品设计—生产—检测—库存—销售—财务—人事等全面实行计算机网络化管理，是韶关市优秀信息示范单位。

【韶关液压件厂有限公司】 公司于1987年引进德国REXROTH力士乐公司高压系列液压缸技术，1989年获得力士乐公司签发的液压缸转让技术产品质量认可证书，2001年通过ISO9001质量体系认证，并从德国、日本、美国购进深孔镗滚机床、斜身自动车床、内孔珩磨机床、加工中心等精密先进的专业生产设备，建立具有国际先进水平的AGC、AWC等高端伺服油缸检测平台，能自行设计、制造缸径Φ20～2000㎜，行程达20M各类液压缸，多次承担和完成包括宝钢三期工程、三峡工程等国家重大装备项目液压缸配套制造任务。

2009年，公司建立较为完善的设计、制造和服务的质量管理体系，并评为广东省民营科技企业、国家级高新技术企业。

【广东韶关国润再造烟叶有限公司】 公司（集团公司）是广东省民营科技企业，总部落座于韶关市北江工业科技园内，占地3.5公顷，主要从事造纸法烟草薄片的研究开发与生产、销售。公司从创立之初就坚持走产学研相结合的发展道路，拥有造纸法烟草薄片技术的自主知识产权，建成年产5000吨的烟草薄片生产线，产品质量达到国际先进水平，得到用户高度评价。公司秉承以人为本、可持续发展的理念，不断加大投入，完善配套生产生活设施，已建成布局合理、功能完善、环境优美的花园式工厂。

公司生产的造纸法烟草薄片，能有效去除烟草薄片中的一些有害成分，又能保留其中的制香成分，对降低焦油含量，保持卷烟吸味和口感舒适度，提高卷烟内在品质，起到至关重要的作用，现已成为降低卷烟产品焦油量的一个有效手段。其主要特点是：焦油原始释放量低，密度小、填充值高，燃烧速度快，柔软性好、耐加工，成丝率高。国润再造烟叶有限公司的工艺可按用户需求加工出质量稳定、性能优良的再造烟叶。

2009年，公司制订严格的生产管理制度和工艺操作规程，加强员工培训，注重企业文化建设，并努力增强科技创新能力，提高产品质量，扩大生产规模。

（余国光）

知识产权保护

【概况】 2009年，浈江区科技主管部门努力提高全民知识产权意识，抓好知识产权保护及专利知识培训。4月，区科学技术协会在科普专栏张贴知识产权宣传挂图20多张，向社会发送专利知识宣传手册300多本；10月，组织辖区民营科技企业参加市科技局举办的科技知识产权培训学习，进一步增强民营企业专利意识，提升企业运用专利创造财富的能力。年内，区科技主管部门积极协助企事业单位及从事科技的发明者申请专利，全区向国家知识产权局申报专利共87项，授权84项，申报项目位居全市前列。

【农村科技信息直通车】　2009年，区科技局按照浈江区政府《关于加快我区信息化发展的意见》，不断加快投入，大力实施政府办公自动化工程。年内，区实施“广东农村信息直通车”工程，大力推进农业和农村信息化进程。至年底，全区建有十里亭镇农业办公室、十里亭镇靖村、犁市镇农业办公室、乐园镇沙梨园村、新韶镇、花坪镇6个信息服务站，并按建站要求做到设备、场地、人员“三落实”；全年完成信息采集、发布1730多条，全区信息化发展指标达到90%，大大超过全市平均数66.8%，有效促进农村经济发展和文明程度的提高。

【科技奖励】　2009年度，辖区企、事业单位获市科技进步奖共9项，其中一等奖1项、二等奖3项、三等奖5项，实施“星火计划”10项，其中省级1项、市级9项；辖区学校教师的课题研究有1项获市级一等奖、8项获市级二等奖、13项获市级三等奖，并有5篇教学论文获国家级奖、4篇教学论文获省级和市级奖。

（余国光）

附：区科技局领导班子成员名录

局　长：李红保

副局长：刘自雄

韶关图书馆

教 育

综 述

【概况】 2009年，浈江区内有各类学校145所，其中区属中小学校62所（独立高中2所，初级中学10所、九年一贯制学校1所、小学49所），镇属成人文化技术学校5所，德育基地1所，区属幼儿园53所（公办幼儿园1所、民办52所），市属中等职业学校23所，民办中小学2所，其他培训学校2所。区辖范围内学生及幼儿53821人，教职工5461人。是年，全区小学入学率、巩固率、毕业率、三残儿童入学率均达100%；初中入学率、巩固率和毕业率分别达100%、98.8%和100%，初中学生辍学率控制在0.3%以下；17周岁人口中等教育完成率为100%。

【教育改革】 2009年，浈江区围绕“把优质学校做大、把薄弱学校做强、把农村学校办好”的目标，区教育局结合创建教育强区和校舍安全工程等工作，制定《中小学校布局调整规划》，进行教育体制改革，撤销花坪二中，将六合小学实行隔年招生，把新乡小学高年级部撤并到长乐中心小学办学。区财政在年内投入资金1000多万元（包括社会助学资金）用于改革校园布局，改善35所学校办学条件，撤并薄弱学校7所，经市督导验收，全区达到规范化标准的学校有23所，占区义务教育阶段学校总数41.9%。此外，为发展优质高中教育，实行高、初中分离办学改革，全区共投入资金1000多万元（含市投入资金）加快高中学校建设，为市二中分别新建体育馆、游泳池和学生宿舍，为曲仁中学兴建一幢新教学楼、购买一辆大型巴士、添置一批新设施，并为全区提供优质高中学位4870个。年内，市二中和曲仁中学两所高中学校均核定为省一级学校，市二中正在积极申报创建国家级示范性高中。

【教育经费投入】 2009年，浈江区以创建教育强区为突破口，想方设法多方筹措资金，不断加大教育投入改善办学条件。年初，区财政投入资金350多万元用于学校建设，其中：280多万元兴建犁市中学教学楼，50多万元对一些存在安全隐患的学校进行校舍维修，20万元为花坪实验学校修建校外道路。此外，在市教育局关心支持下，争取省教育厅补助资金22.5万元，并自筹资金85万元，分别兴建初中理、化、生实验室各1间，小学科学实验室（包括教师演示实验仪器设备）6间，电脑室3间，同时为部分薄弱学校配备教师用计算机一批。

年内，浈江区贯彻落实有关法律、法规，合理配置教育资源，落实教师工资区长负责制，建立完善义务教育经费保障机制，并根据国家文件精神免除部分义务教育阶段学生杂费，其中对残疾学生实行免费教育，同时建立中等职业学校和普通高中家庭困难学生资助体系，让每一个孩子都享有接受教育的平等机会。全年地域GDP为105.87亿元，财政支出总额中教育经费1.7387亿元，教育财政拨款增长高出财政经常性收入增长1.52个百分点，生均教育经费4026.0元，比上年增加171.3元，生均公用经费982.4元，比上年增加54.3元。

【教师培训】　2009年，浈江区境5461位教职工中（含职校技校教师），具有研究生学历23人，大学学历2133人，大专学历1721人，中专或高中学历1584人；高级职称412人，中级职称3244人，初级职称1711人，未定级94人。年内，区教育局积极组织教师参加各类培训，提高教师业务水平，促进教师掌握现代化教学技术。其中组织1765人次参加农村中、小学教师职务培训、市级英语培训、教师教育技术能力项目培训等活动，参加培训的教师占全区教师74%；组织54名教师参加城乡教师交流；组织学校领导100多人次参加省、市校长培训班、省预算管理校长班、省校长远程教育提高班、华东师范大学培训等各级各类培训；注重发挥名校长、名教师的辐射引领作用，不定期组织名校长、名教师到各校去交流学校管理经验、进行教学教法讲座。此外，年内还实施名师培养工程，为教师成长、发展、创业搭建起广阔的舞台，并不断完善教师培养模式，鼓励教师学历进修，通过全员培训、“拜名师，结对子”、“与教育名师同上一节课”等活动，促进教师专业成长。

【创建教育强区】　2009年，浈江区成立创建广东省教育强区工作领导小组，决定由新韶、乐园、十里亭、犁市、花坪5镇和风采街道办事处组成创建教育强镇（街）单位，并制定创建广东省教育强区工作实施方案，分为发动阶段、推进阶段和迎评阶段三个步骤推进，力争从2009年起，每年争创1~2个教育强镇（街），到2011年实现创建广东省教育强区目标。年内，根据创建教育强区工作的需要，浈江区教育系统整体进入速度、质量、结构和效益有机统一的协调健康发展新阶段，并逐步形成结构合理、功能完善、内涵发展的现代化教育体系，走出一条具有浈江特色的教育均衡优质发展之路。至年底，浈江区教育局先后被授予广东省教育收费规范区、韶关市教学先进单位、韶关市卫生标兵单位、韶关市中等职业教育招生送生先进单位、浈江区先进基层党工委、浈江区征兵工作先进单位等称号，并获得韶关市普及高中阶段教育考核第一名，提前实现普及高中阶段教育目标。

【依法治校】　2009年，浈江区高度重视依法治校，组织所辖中小学校师生认真学习科学发展观有关思想，结合《教师法》、《义务教育法》、《未成年人保护法》等法律法规，做到有法可依、依法行政，执法必严、违法必究，不断加强机关工作人员及广大教师的法制观念。年内，区教育局贯彻落实《学校卫生工作条例》，积极开展创建国家卫生城市活动，落实学校卫生健康教育和卫生管理职责，加强学校食品卫生安全检查，实施学校食堂卫生监督量化管理制度，做好学生体质健康监测及体质调研工作；狠抓校园脏、乱、差现象，学校卫生工作取得明显成效，学生健康水平进一步提高；认真贯彻落实全国、全省加强中小学安全管理工作电视电话会议精神，始终将学校安全工作摆在学校工作的突出位置，通过召开全区学校安全工作会议，健全各项安全管理制度，加大学校安全隐患排查及专项整治力度，学校安全工作得到落实，安全工作形势良好。此外，全区各校坚持“依法治校、从严治教”工作方针，不断加强学校各项制度建设，健全和落实学校章程、校务公开、教师代表大会、学校教学和后勤管理制度，依法治校有明显好转。

【教育督导】　2009年，浈江区贯彻执行有关教育政策法规，遵循上级教育行政部门文件精神，履行监督指导职能，逐步加大督政力度，推动“党以重教为先，政以兴教为责、民以助教为乐、师以从教为荣”的“创建教育强镇”工作。年内完成“全国教师工作和生活状况抽样问卷调查、广东省农村学校C、D级危房改造中期检查和验收、广东省教育强镇督导验收”3项工作任务；有1所中学顺利通过市一级学校创建评估和复评，新评估认定区一级学校1所、通过市、区一级复评幼儿园12所；评估城乡教育联动情况，评出优秀等级4对8校；有8所小学参加首批区级教学水平评估，3所被评为优秀等级，5所为达标等级；认定首批义务教育阶段“韶关市规范化学校”23所，其中省一级学校5所、市一级学校18所；指导乐园镇、犁市镇等开展创建”广东省教育强镇“活动。

【城乡教育互助共同体】　2009年，浈江区成立城乡教育互助共同体工作领导小组，整合城乡教育资源，提高农村教育质量，逐步形成“资源共享、优势互补、合作共进”的城乡教育协作机制，促进城乡义务教育均衡协调发展；在全区学校中开展城乡教育互助共同体活动，并制订活动实施方案，明确工作责任和工作目标。年内，区成立教研互助组，专门指导学校开展教育互助共同体活动；为促进城乡学校的管理水平，区积极开展送教下乡活动和乡村教师成长伙伴计划活动，并组织城乡学校中层以上领导进行互派交流学习；全年共承担市级乡村教师成长伙伴活动8科次，送教下乡活动3次，组织和开展城乡学校教育互助活动30余次。至年底，全区城乡教育互助共同体结对的中小学校共有29所，占全区中小学校的40%。首批结对的学校互派学校领导、中层干部挂职锻炼，互派教师开展专题讲座，互派教师进行教研活动等教育活动，有效促进城乡学校、教师的共同发展，努力缩小城乡学校的差距。

【教育奖励】　2009年，区教育局制定表彰机制，每年对工作表现突出的单位及德育工作者进行表彰。6月初表彰3个少先队红旗大队，有45位教师获浈江区优秀辅导员、72位教师为区优秀班主任，并同时表彰一批区优秀少先队员、三好学生及优秀学生干部。年内，站南小学等三所学校少先队被评为韶关市红旗大队，铁二小的殷建平老师等4位教师被评为韶关市优秀辅导员，15位少先队员被评韶关市优秀少先队员；8位教师被评为韶关市优秀班主任，犁市中心小学伍海波老师被列为广东省第二批省级“名班主任”培养对象，赖新小学白燕老师被评为省的优秀辅导员，另有2个中队被评为省少先队先进中队，吴礼和中心小学舞蹈《永恒的记忆》获广东省艺术展演三等奖，红玫小学课本剧《小羊和老狼》获省艺术展演三等奖，花坪实验学校沈穗获得全国优秀教师称号、市二中钟方胜获得省南粤优秀教育工作者称号，有2人获得南粤优秀教师、17人获市级优秀教师、20人获区优秀校长、160人获区优秀教师称号，还有一批学生的书法作品获市优秀作品奖。

【存在问题】　全面实施“义务教育免费”和“取消义务教育借读费收费”政策后，学校运作资金和建设资金紧缺；城乡教育发展仍不平衡，教育资源还有待进一步优化调整；专业教师缺编现象严重（缺编163人，年内自然减员达71人，合计缺编234人）；学校管理、教育质量有待进一步加强和提高。

（朱银忠）

基础教育

【概况】　2009年，濒江区有中小学校64所，其中独立高中2所，普通初级中学10所，九年一贯制学校1所，小学（含教学点）49所，德育基地1所，公办幼儿园1所；另有民办小学1所，民办幼儿园52所。区属中小学校中，有两所独立高中和公办幼儿园为省一级学校（幼儿园），36所中小学校达规范化学校标准，占全区义务教育阶段学校81.8%。年内，全区共有中小学生36674人，其中小学生22198人，初中生10877人，高中生3599人。全区教职工3475人（在职2310人、退休1165人），高中、初中、小学教师学历达标率分别为90.4%、99.2%和99.7%，民办及公办在园幼儿4293人，幼儿教师488人，幼儿入园率87.9%

【思想道德建设】　2009年，濒江区各中小学校以《中共中央国务院关于进一步加强和改进未成年人思想道德建设和若干意见》为准则，坚持“德育为首、以人为本”教育理念，突出学校教育阵地，以校园文化建设为主，多方整合社会资源，积极构建学校、家庭、社会三位一体德育网络。年内，区教育系统开展“我在祖国怀抱中成长”主题教育系列活动，促发学生德智体全面发展，并派出42位德育骨干教师到省里参加全国性德育研讨会；各校结合新中国成立六十周年庆典，围绕主题，开展“祖国在我心”歌咏活动，热情讴歌伟大祖国，让学生在歌声中受到熏陶和爱国教育；开展“快乐伴我成长”书信活动，引导学生感悟祖国发展对自己成长的影响，树立努力学习、报效祖国的坚定信念；开展“阅读之星”读书活动，各校抓住创建“书香校园”契机，组织学生开展读书活动，营造知书达理、好学求进的校园书香氛围。至年底，全区有省级书香校园2所、市级书香校园2所。另有10名学生获市级“阅读之星”称号，其中一名学生获省级“南粤百名读书之星”，并有6篇德育读书征文送上省级参赛；刻录并发放37张《迷途归途》禁毒教育片以及36张法制教育宣传DVD，并开展观后感征文活动，共收到校级推荐优秀征文32篇，推荐5篇优秀征文送市级评选；逐步完善帮教责任制，进行“三定”（定对象、定帮教人员、定期转化）做转化工作，全年有1846名学生得到不同程度转化，区内学生犯罪率和吸毒率均为零。此外，区教育局在年内按计划选派班主任参加市级“C证”（心理咨询师证书），需要经过国家级心理咨询师资格证培训、考试取得。至年底，全区有“B证”（心理健康教育等级资格证书的一种）教师54人、“C证”教师128人。

【九年义务教育】　2009年，濒江区义务教育阶段共有优质学位22000个，占全区义务教育阶段学校学位总数66%，有效满足本区学生家长对优质学位需求，并逐步地实现城乡均衡发展。年内，全区义务教育阶段学校就读的33140名学生中，区内户籍学生23940人，区外户籍学生共9200人，区外户籍学生占全区义务教育阶段学生28%。区辖各校把“防流控辍”（防止流失、控制辍学）作为普及程度的重点认真抓好落实工作，开学初实行每天报告制度，发现疑似辍学的学生进行跟踪登记，组织教师做好宣传动员工作，及时动员学生回校上课，最大限度地减少辍学学生；免除义务教育阶段学生杂费，对残疾学生实行免费教育，建立健全中等职业学校和普通高中家庭困难学生资助体系，让每个孩子都享有接受教育的平等机会。区委、区政府把解决流动人员子女入学问题纳入当地社会事业发展规划和教育发展规划，与区内适龄儿童一样同等对待，实行免费入学，义务教育学生全年免费金额达1184万多元，全区中小学生公用经费补助111万多元，发放困难学生生活费补助金45万多元。此外，对家庭经济困难无法完成学业的学生实行“两免一补”（免杂费、免书本费、补助寄宿生活费），全年共有9723名异地生免收借读费；高中学校虽然不属于免费义务教育阶段，但区有2所高中对一些困难学生实行减、免、缓等方式让学生入学就读，其中曲仁中学减、免、缓交的费用达20多万元；区义务教育阶段学生入学率达100%，小学生辍学率保持为零，初中学生辍学率保持0.3%以下（省规定不能超2%），初中毕业生升学率今年达98.9%，高中阶段学生毛入学率达92%，三残儿童入学率保持100%。

【素质教育】　2009年，浈江区教育局认真落实科学发展观，始终坚持以“德育为首、育人为本”的教育理念，全区各校充分利用传统节目、纪念日、“公民道德宣传月”等活动期间，加强德育，深化课改，全面推进素质教育。年内，各校以举办书画赛、文艺比赛、校园文化艺术节、体育节活动等形式推进素质教育。通过开展各种德育活动，进一步促进校园育人氛围。此外，全区各校注重把学生的心理健康教育纳入德育工作之中，部分有条件的学校成立心理咨询室，并对有心理障碍的学生及时做好思想疏导工作。

【校园安全管理】　2009年，浈江区教育系统牢固树立安全意识，采取有力措施抓好学校安全工作，并着重抓好H1N1流感防治、校舍安全排查等工作。

年初，区教育局及各学校、幼儿园均成立由一把手任组长的“H1N1流感”防制工作领导小组，并转发文件、加强宣传，使预防H1N1流感的知识深入人心。区教育信息网在第一时间将《教育部、卫生部关于要求各学校做好人感染猪流感防控工作的通知》及《人感染猪流感预防知识》等挂在网上，供学习宣传。全区各校通过专题讲座、印发宣传资料、广播、校园网、宣传栏、黑板报等多种形式向师生们宣传甲型H1N1的发病特点、传播途径、预防措施等，使全体师生对H1N1流感有深入的认识。区教育局组织全区各学

浈江区“福彩杯”青少年书法绘画大赛现场

校及幼儿园认真开展晨检工作，加强监管，严格落实晨检报告制度，发现有发烧等流感症状的学生及时联系家长，动员家长送孩子到医院检查就医；发现学生缺课时，立即了解缺勤原因，并及时将情况上报区教育局德体卫艺股。

5月8～15日，在“防灾减灾宣传周”中，区教育局组织全区学校开展以“防灾减灾”为主题的安全教育活动，区教育股组织全区各校在本学期内安排两次以上安全疏散演练，市区学校还重点针对交通安全开展专题教育，郊区学校对学生开展过渡、过公路、过铁路等安全知识讲座，在避险知识竞赛活动中有10人获一等奖，12人获二等奖，35人获三等奖，名列全市第一。年内，浈江区在全区教育系统校长会议上，分管教育的副区长及教育局长亲自传达国家、省、市关于加强校园、校舍安全隐患排查的会议精神，再三强调安全工作的重要性。各校组织人员对学校进行安全隐患排查，重点对消防设施、电线线路、建筑墙体等容易产生安全隐患的地方进行整治和修缮；有住宿生的学校着重开展食堂卫生和宿舍卫生防疫工作；市二中安装电子监控系统、电子防盗系统，运用先进技术保障校园安全；同时加强与周边单位的联系，构建校园安全齐抓共管工作格局。犁市大为中学等学校邀请镇委领导与派出所干警到学校调研，建立派出所与学校共同整治校园治安的工作机制，曲仁中学等学校加强与当地村委联系，聘请当地村委人员参与学校安全管理，使学校治安情况有较大改善。通过上述有力措施，全区教育系统师生的人生财产安全，学校及周边环境的安全卫生等情况均表现良好。

【高考与中考】　2009年，浈江区属初中参加升中考试学生2511人，考入省、市重点高中分数线有411人，上线率比去年增长1.03%。全区参加高考学生1271人，高考比往年取得重大突破；第二批本科以上达158人，上线率比去年增长7.58%；本科及第三批大专以上达859人，上线率比去年增长16.31%。年内，浈江区教育局被评为韶关市教学工作先进单位，曲仁中学评为韶关市高考优秀学校。

【中小学校园建设】　2009年，浈江区加大校园建设及调整力度，积极引导、鼓励社会力量捐资助学，构建政府投资与社会捐资相结合的教育融资体系。在布局调整方面实行高、初中分离办学，将市二中和曲仁中学建设成为独立高中学校，将花坪中心小学和花坪一中组建成为九年一贯制实验学校，将梅村中学、奎塘小学和熏风路小学等薄弱学校进行撤并，并筹措资金扩建曲仁中学，为市二中建设体育馆、游泳池和学生宿舍，投入400多万元为花坪实验学校新建新教学楼和学生宿舍楼。年内，浈江区加强德育基地建设，投入约100多万元分别对梅村德育实践基地的饭堂、宿舍进行改造扩建，并对长乐中心小学教学楼进行维修、市十三中进行拆墙透绿及新校门改建工程建设、市四中运动场改造成塑胶跑道等；犁市中学大为教学楼于年6月竣工，9月投入使用，并将学校建设成为军民共建示范性学校；扩大市八中办学规模，积极协调市直有关部门做好征地工作，预算征地资金，做足学校扩建各项准备工作。

【教学教研】　2009年，浈江区教学教研工作以课堂教学改革为突破口、校本教研为重点、提高课堂教学质量为核心，围绕备课特色、课堂组织特色、课堂评价特色、特色练习、作业的设计等进行研究，争创教学工作特色化，带动不同学段个性课堂的形成。教研室根据已制定的《浈江区中小学教育科研课题管理办法》，组织各学校申报开展有各自特色的课题研究。年内，成功承办省英语教研活动、省“十一五”规划小学诗词教学课题研讨活动等重大教研活动，开展艺术高考研讨活动、优秀课例竞赛、教学论文评选、体育论文评选、送教下乡、乡村教师成长伙伴交流等教研活动，有效提升全区教育科研水平；其中：南枫小学被评为省级英特尔示范学校，市二中、市十三中、和平路小学被评为省级校本培训示范学校，和平路小学、南枫小学还被评为省、市级书香校园。此外，区教育局教研室在年内制订《浈江区中小学教学工作评估方案》，完善《高考奖励方案》和《浈江区中小学教育科研课题管理办法》等一系列制度；全区在教师课题研究中有1项获市级一等奖、8项获市级二等奖、13项获市级三等奖，并有5篇教学论文获国家级奖、4篇教学论文获省级和市级奖。

（朱银忠）

中小学校选介

【韶关市第四中学】　该校创办于1968年，1999年在学校布局调整中由普通完全小学过渡到有一定规模的初级中学。2009年，全校有24个教学班，1200多名学生；有教职工85人，其中专任教师77人；教师年龄在30岁以下7人，31～49岁50人，50岁以上20人；教师学历全部达标，其中本科学历占64.9%，高级职称占36.4%，中级职称占58.4%，中高级职称占94.8%，有7名市骨干教师。年内，该校根据学校实际与特点，以广东省义务教育规范化学校标准加强自查整改，不断改善办学条件和学校内部管理，加强领导班子和教师队伍建设，落实教育方针，深化教育教学改革，教育教学质量保持在区属中学领先地位。此外，区财政在年内投入资金80多万元，为学校修建50米塑胶跑道、修缮2号教学楼12间课室、更换1号教学楼1楼三间课室地砖，使校园环境与教学环境得到较大改观。同时，学校投入资金近30万元整治校园环境，设置绿化、美化和校园文化景点，开设和装备各类教学辅助用室，并不断充实教学仪器、体卫器材、图书资料、音像课件等常规教学设备，配置有124台计算机和26个教学平台等现代教学设施，教学用房和教学设施设备基本满足教育教学需要。

【韶关市第八中学】　该校位于韶关市浈江区北江河畔的金沙社区，创建于1969年，2000年被评定为韶关市一级学校，2005年8月顺利晋升为广东省一级学校。该校在长期的教育教学实践中，学校形成“敦品励学、尊师爱生”的校训；“勤奋、严谨、求实、创新”的校风；“严规、善导、务本、求变”的教风；“勤学、好问、善思、进取”的学风。优良校风、名师风范、学生风貌、校友业绩、办学成果、荣誉称号等交相辉映，形成韶关八中的优良传统和良好的社会形象，成为广东省规范化学校，广东省绿色学校，中华民族传统美德教育优秀实验学校，韶关市行为规范示范学校，北京大学附中远程教育示范学校。还被评为市教改先进单位、安全教育示范学校、园林式单位、先进团委、红旗少先大队、未成人思想道德教育改革优秀影评先进单位、浈江区普法先进单位。

到2009年，该校校园占地面积近3万平方米，建筑总面积1.4万多平方米，有2幢教学楼，还有综合楼、实验楼、办公楼各1幢，校园平坦整洁，树木成荫，有花坛花池，是韶关市园林式学校。良好的教学设施和优美的校园环境为学校全面贯彻教育方针、实施素质教育、提高教育教学质量创造良好的条件。此外，该校还拥有200米标准田径场、风雨操场各一个、篮球场4个、排球场2个，并有标准的语言室、电脑室、劳技室、音乐室、美术室、舞蹈室、活动室、图书阅览室、理化生实验室和多媒体等专用教室，各班均可通互联网多媒体教学平台。

【韶关市第十中学】　该校的前身是韶关市第二、三、十二小学附设初中班，成立于1972年9月，为全日制初级中学，校址初设原韶关市第十二小学，1974年秋迁址市区解放路49号，并开办高中班，成为全日制完全中学；1999年高中停止招生，学校又成为全日制初级中学。该校校园占地面积45680平方米，建筑面积13904.55平方米，有2栋综合教学楼、1栋实验楼、3栋办公楼和2栋教师宿舍，学校办学条件较完善，设有符合省规范化标准的教学课室和各专用课室，并先后获"校长任期目标评比"一等奖、韶关市"教育科研先进单位"、韶关市"巾帼文明示范岗"、"继续教育"先进单位、"校务公开"先进单位、"计划生育"先进单位等荣誉称号；先后有30多人次被评为全国、省、市优秀教师，为广东省一级学校、韶关市"普及法律常识"示范学校。

到2009年，该校有在职教职工90人，其中高级职称38人，中级职称37人，教师中研究生学历2人，本科学历51人，专科学历21人；有教学班24个，学生1300多人。

【韶关市师范学院附属小学】　韶师附小的前身是原省立第三师范附属小学。1997年韶师附小正式被评为"韶关市一级学校"。此后，韶师附小进入一个较为完善、科学、规范、制度化的管理阶段，校舍得到较好建设，教学设施得到配备，校园得到美化，教学质量不断提升，先后被评为广东省"热爱儿童"先进集体、韶关市首批行为规范示范校、韶关市"绿色学校"、"交通安全示范学校"、"家长学校示范校"，并被受聘为"中国西部教育顾问"单位，学校少先队大队部被评为广东省红旗大队。学校的文艺节目先后多次获韶关市"英东杯"文艺比赛一等奖、金奖；儿童舞蹈《宝宝当自强》获"英东杯"一等奖，学生参加市"六一"巡游获"最佳创意奖"。

到2009年，该校占地面积3533平方米，有教师45人，17个班，887名学生。学校教师学历全部达标。

【韶关市浈江区执信小学】　该校位于浈江河畔，地处浈江区执信路8号，是一所全日制公办小学。学校原为1964年创办的韶关市第十四小学，1985年为区重点小学并改名为韶关市浈江区第一小学，2000年改名为韶关市浈江区执信小学，是韶关市首批"市一级学校"、"中小学生行为规范示范学校"，多次荣获市、区教育改革先进单位。

到2009年，该校占地面积8950平方米，校舍建筑面积8300平方米，其中1幢教学楼共有24间规范课室，1幢科技楼规范配置32间功能室，并有完备的塑胶体育场地，教学硬件设施得到较好改善；校内绿树成荫，环境幽雅，风格别致。学校有24个教学班，1300多名学生；有57名教职员工，其中青年教师占7成，青年教师均达到大学本科学历，91%的教师已经取得大学专科以上学历，数十名青年教师先后荣获国家、省、市各种荣誉称号。年内，该校秉承"爱国、尊师、勤学、健美、创新"的校训，承继"五育并重、全面发展"的办学思想，着眼于学生的"乐学、认真、好学、精思、会学"学习意识进行培养，致力让每一个孩子得到更好更宽的发展，让每一位教师以"爱生、严谨、求实、进取"良好的教风教学施展才华。

【韶关市和平路小学】　该校坐落在韶关市和平路21号，创建于1897年，是一所极具影响的百年老校。2003年2月，原北江区政府实行学校布局调整，扩大学校规模，整合教育资源，增加优质学位，把两所市一级学校（和平路小学与园前小学）合并为和平路小学。学校整合后，其管理结构得到优先，学校规模、教师队伍、教学辅助室的数量，均达到规范化学校标准，并有较好的信息技术教学资源。

该校在教学工作中始终以“一切为学生全面发展”为宗旨，牢固树立“课改促进学校发展、促进师生成长”的思想，抓管理、讲实效、开拓进取，使学校教育教学等各项工作不断焕发出生机与活力。校本教研优秀成果《新课程信息技术与课程整合》获省级一等奖，先后评为韶关市教改先进单位，连续三年评为区教改先进单位；老师撰写的论文，获各级奖项105次；学生在各级各类比赛中获得180余次奖。

到2009年，该校有35个教学班，共有学生1675人；教职工91人，其中研究生1人、本科学历32人、大专学历61人；小学高级教师85人。

【南枫小学】 始建于1965年，前身是韶关市第十五小学，先后更名为浈江五小、浈江区东升小学、浈江区南枫小学。2006～2009年间，南枫小学教师和学生获得国家、省、市、区各类奖励196人次，其中：学校被评为广东省“红旗大队”、广东省“英特尔未来教育示范校”、韶关市“教育改革先进集体”、韶关市“校务公开先进单位”、韶关市“红旗大队”、韶关市“书香校园”、韶关市“绿色学校”、韶关市“卫生先进单位”以及浈江区“公用事业单位办事公开示范点”“校务公开工作优秀学校”“教代会工作优秀学校”和“精神文明示范窗口”。

该校新教学楼于2009年2月正式落成启用。校园坐落在北江桥旁，占地面积12000平方米，建筑面积6000平方米；校舍风景秀丽，环境怡人。学校教学楼内建筑别具一格，功能室齐全，有1间1000多平方米的室内体育馆、1间近200平方米的大阶梯教室，还有图书室、电脑室、语音室、书法美术室、舞蹈室、音乐室、实验室、多媒体教室、心理咨询室、体育室、少先队部室、党员活动室等。学校共有24个教学班，62名教职员工（其中有4名团员，20名中共党员），1367名在校生；领导班子成员团结一心，精诚协作，教师队伍思想业务素质良好，受到市、区领导以及家长们肯定和好评。年内，学校认真贯彻党的教育方针，坚持“依法治校、以德立校、科研兴校”方略，全面实施素质教育，大力推进新课程改革，逐步形成“求实、进取、和谐、创新”校风，“敬业爱生、勤谨严细、务实创新、教学相长”教风，“学会学习、学会关心、学会生活、学会创新”学风，教学效果稳步发展。

（朱银忠）

省、市级学校名单

【省一级学校】 2009年，浈江区有省一级学校6所，分别是韶关市第二中学、曲仁中学、韶关市第八中学、韶关市第十中学、浈江区铁路第一小学、韶关市教工幼儿园。

【市一级学校】 2009年，浈江区有市一级学校18所，分别是韶关市第三中学、韶关市第四中学、韶关市第七中学、韶关市第十三中学、犁市大为中学、和平路小学、建国路小学、黄冈小学、浈江区铁路第二小学、长乐中心小学、执信小学、站南小学、南枫小学、韶师附小、启明小学、赖新小学、犁市中心小学、吴礼和中心小学。

浈江区普通中学一览表

表 13

序号	单　位	类　别	地　址	联系电话
1	韶关市二中	省一级学校	韶关市浈江南路 1 号	8319693
2	韶关市三中	市一级学校	浈江区十里亭镇	8853156
3	韶关市四中	市一级学校	峰前路 74 号	8815055
4	韶关市七中	市一级学校	升平路 107 号	8873079
5	韶关市八中	省一级学校	南郊三公里	8289760
6	韶关市十中	省一级学校	解放路 49 号	8913335
7	韶关市十三中	市一级学校	韶关市浈江北路	8800277
8	曲仁中学	省一级学校	韶关市河边厂浈江区曲仁中学	6521545
9	浈江中学	区一级学校	浈江区劳动村	8251984
10	田螺冲中学		浈江区东郊田螺冲矿矿部片	8924366
11	犁市大为中学	市一级学校	浈江区犁市镇犁市中学	6521206
12	犁市镇中	区一级学校	浈江区犁市镇初级中学	6521441
13	花坪实验学校	区一级学校	浈江区花坪镇第一中学	6553066

成人教育

【概况】　2009 年，浈江区成人教育主要有工业技术培训、农业技术培训和学历进修教育，工业技术培训分别有车工、钳工、电工、服装等专业，农业技术培训分别有水稻、蔬菜种植、水产养殖、畜牧家禽养殖等；学历进修教育分别有党政机关干部、企事业单位干部职工、个体户主和待业人员的业余学历进修及自学考试。

【成人学历教育】　2009 年，浈江区党政干部、各企事业单位干部职工学历教育均有提高，企事业单位中不少人员参加韶关大学、韶关电大及省内外学校开办的大、中专函授学习和党政干部专修班学习，并分别获得毕业证书。年内，全区参加自学考试共 56 人次（一科计一人次），其中获得专业考试单科合格证书 31 人次。

【短期培训教育】　2009 年，浈江区短期培训教育主要开展岗位培训和专业技术人员继续教育，全年参加累计 50 学时以上学习培训的人数占开设培训班人数的 80% 以上，并在农村开展成人教育实用技术培训、转移农村劳动力技能培训和村民素质教育培训。各镇文化技术教育中心积极扩大办学规模，其中乐园镇成人教育中心学校采取镇办班的形式举办 10 多个班，共有学员 667 人，短期职业技能培训 1471 人次，对全镇 16 个自然村的村民和专业市场的农业信息网站人员进行培训。12月15日，浈江区乐园镇成人文化技术教育学校接受市级示范乡镇成人技术学校评估专家组评估验收，顺利晋升为韶关市示范性成人文化技术学校，并充分利用北江中职现有的师资、校舍和远程教育设施设备，加强全镇成人文化技术教育培训，提升全镇人口素质，为创建广东省教育强镇积极创造条件。

【犁市镇成人教育中心学校】　成立于1987年，前身是犁市镇扫盲学校。1995年搬至犁市镇教办办公楼一楼，有教室2间，配套图书室、阅览室和档案室等。学校有一支相对稳定、素质较高的教职工队伍，其中专职教师2人，兼职教师12人，本科以上学历占86.9%。

1995～2009年，该校每年办短训班10多个，长训班1个。其中：学历班有业余高小和中专班，农民实用技术班内容涉及水稻、蚕桑、蔬菜、柑橘、葡萄等农作物高产栽培和养猪、养鸡、养鱼等养殖技术，煤炭安全培训班内容涉及管理、电焊、井下安全等，社区教育班内容涉及老年教育、家庭教育、英语、健身等。年内，犁市镇成人教育中心学校与时俱进，从适应教育现代化和社会经济发展需要出发，提升成人教育办学理念，在履行成人教育职能过程中，真正做到服务社会，服务经济，取得一定成绩，学历教育和岗位培训双管齐下，收到良好人才效应、社会效应和经济效应。

（朱银忠）

民办教育

【概况】　2009年，浈江区有民办学校61所，其中民办中等职业学校8所、民办小学1所、民办幼儿园52所；民办学校教职工1986人，其中中等职业学校1360人、金沙明星学校120人，幼儿园教师488人；民办学校教师学历达标率分别为中等职业学校75.4%、民办小学98.7%、民办幼儿园87.9%；民办学校在校学生共13267人。

【民办幼儿教育】　2009年，浈江区重视发展幼儿教育、学前教育，促进各类教育和谐发展，进一步加大力度，扎实推动乡镇中心幼儿园建设，大力推广利用中小学布局调整闲置校舍举办农村幼儿园的做法，鼓励有条件的小学兴办附设幼儿园，鼓励采取多种形式发展学前教育，3～5周岁学前儿童毛入园率保持90%以上。年内，浈江区强化幼儿教育安全管理，确保幼儿园安全、卫生；进一步加强教学指导和教学研究，组织优质幼儿园教师送教下乡，提高幼儿园教育的整体教学水平和办园质量；继续跟进幼儿园新教材使用和培训情况，积极开展全区幼儿教育新教材课例现场观摩评选等活动。

【韶关市浈江区小天才幼儿园】　创办于1998年，隶属韶关市浈江区教育局，是韶关市区民办第一所市级绿色幼儿园、浈江区民办第一所区一级幼儿园。园内占地面积5300平方米（生均23平方米），建筑面积2680平方米（生均11.6平方米），户外活动面积3080平方米（生均13.4平方米），绿化覆盖率为50%。

坚持"让孩子健康成长，让家长满意放心"为宗旨，以"争一流、办名园、创特色"为目标，办园质量不断提高，先后多次被韶关市教委评为韶关市民办先进单位、"韶关市幼儿园卫生保健先进单位"、区民办幼儿园"示范园"、韶关市"食品卫生信誉B级单位"等。2009年，顺利通过市教局督导组的评估，成为韶关市区第一所市一级民办幼儿园。

【民办小学教育】　2009年，浈江区民办小学教育只有韶关市金沙明星学校。该校坐落于市南郊三公里粤北工业开发区金沙小区，占地面积7947平方米，是浈江区第一所民办完全学校。年内，金沙明星学校全面贯彻党的教育方针，坚持素质教育，以发展教育信息为突破口，以英语、电脑教学为特色，走“科研兴校”道路，打造成高起点、高标准、高素质现代化新型学校，是韶关市唯一承担全国教育科学“十五”规划（国家课题BFB010469）重点课题实验基地。该校年内有在校学生近1000人，教职员工120多人，全校教师均为公开招聘的优秀人才。

区属幼儿园学生在进行课外活动

【民办技校和职校】　2009年，浈江区有民办技工学校和民办中等职业学校23所，其中：民办技工学校15所、民办中等职业学校8所（具体情况见中等职业教育和技工学校目）。区境民办技工学校和民办中等职业学校及教职员工均由市教育部门统一管理。

中等职业教育

【概况】　2009年，全区有中等职业学校23所，其中公办15所、民办8所，获国家级重点中等职业学校称号5所（含师范院校和技校）、省级重点中等职业学校4所、省骨干示范性专业5个、市骨干示范性专业9个。区辖内每万人中等职业教育在校招生为196人，比2008年增加31人，排在全市前列。全区中等职业学校教职工1360人，其中专任教师1026人，占教职工总数75.4%；本科以上教师697人，占专任课教师（学历达标率）67.9%；高级职称242人，中级职称623人。

【韶关市浈江中等职业学校】　坐落于韶关市北江河畔的韶南大道旁，为直属韶关市教育局管理的全日制、综合性、实用型中等职业技术学校，是浈江区重点技能培训基地和农民工技能培训基地、广东省劳动和社会保障厅指定的“韶关市浈江区百万农村青年培训基地”和“韶关市农村劳动力转移就业培训基地”。学校曾多次荣获市、区劳动和社会保障局及教育局“职业教育优秀单位”、就业安置“优秀单位”、“五四红旗团委”、“韶关市青年志愿先进集体”、浈江区“职业教育信得过单位”、中等职业学校技能竞赛获得个人奖项二等奖和三等奖、农村劳动力培训信得过单位”、“韶关市农村劳动力转移就业培训基地”、“韶关市中等职业教育招生优秀单位”等光荣称号。

到2009年，该校校园占地面积2万多平方米，建筑面积1.6万多平方米，学校开设12个专业，在校学生1000余人。

（朱银忠）

技工学校

【概况】　2009年，浈江区有广东省工业高级技工学校、广东省南方高级技工学校、韶关市高级技工学校、韶关市第二高级技工学校等4家国家级重点技工学校，有韶关市机电技工学校、粤北技工学校2所省重点技工学校，还有韶关市北江技工学校、韶关市交通技工学校和韶关市国威职业培训学校、韶关市浈江职业培训学校等15家民办技工学校。

【广东省工业高级技工学校】 位于韶关市浈江区花坪镇，创办于1974年，2002年直属省劳动和社会保障厅管理，2003年10月晋升为国家级重点技工学校，2004年10月通过ISO学校质量管理体系认证，2005年12月晋升为国家高级技工学校。

到2009年，下设韶关校区，珠海、花都、韶关浈江分校区，现有学生9000多人，总校占地120亩，建筑面积60000多平方米。校园环境优美，拥有先进的教学设备，设有24个生产实习教学车间，6个多媒体电脑室、5个实验室、5个电教室，有各类普通机床200多台，先进的数控机床、电火花线切割机、数控加工中心等100多台套，电子电工实验设备150套，制冷与空调成套设备20套，PLC控制设备100多台，高档配置的电脑1000多台。师资力量雄厚，具有高级、中级职称的教师占70%。学校开设有数控加工技术、模具制造、现代电工技术等高级技工大专学历专业5个，开设有数控机床切削加工、模具制造、机电一体化、电子与计算机应用、电子商务等中级工专业10个。主要办学特色是：模块式教学法，“高级工＋大专”双学历教学模式，服务山区、施教扶贫。毕业生深受用人单位欢迎，就业率达98%以上。

（朱银忠）

附：区教育局领导班子成员名录

局　长：李红保

副局长：刘务学、余党明、曾永红、李沿生

韶关市第八中学

文化　体育

共粤北省委旧址

张九龄

余靖

综　述

【概况】　2009年，浈江区社区文化、农村文化、广场文化全面发展。送文化、送科技、送戏、送电影惠及百姓、深入民心；行政村广播村村通工程和社区电子阅览室建设扎实推进，并充分发挥浈江文化广场作用，打造“一月一演”广场文化品牌。年内，浈江区组织人员开展第三次全国文物普查工作，并较好地完成区辖地域实地调查阶段任务，顺利通过广东省三普办专家验收。

【文化行政管理】　2009年，浈江区文化新闻出版局统一履行文化、新闻出版、版权、旅游等行政管理职能，内设局办公室和文化市场办公室（与新闻出版办公室、区社会文化管理委员会办公室合署）2个职能室，直属机构有区文化市场综合执法队和区文化馆。

【非物质文化遗产《舞春牛》】　2009年，浈江区五里亭民间舞蹈《舞春牛》申报为第二批省级非物质文化遗产名录项目。浈江区乡村大多为“喀斯特”和“丹霞”地貌的山区，耕地分散且面积小，形状极不规整，历来依靠耕牛作为耕种的主要工具，因此人们对牛非常爱护并产生崇拜心理，视之为吉祥物。“舞春牛”一般从腊月开始筹备，用竹篾、木、棕绳、黑布、纸等扎成春牛，并绘上图形。春牛队由十多人组成，一人舞牛头一人舞牛尾，一人扮耕夫（主角），一人扮看牛仔，四位女子（花担）扮阿妹挑水桶或花篮，其余人操作乐器（锣、鼓、钹、二胡）。正月初一，春牛队出游村坊开始拜年活动，每到一地，主人燃爆竹欢迎后，表演开始。乐器声中，耕夫牵牛，看牛仔扛犁，四位阿妹挑水桶或花篮出场；乐器声停后，耕夫给大家拜年，致新年祝福语，接着是夸赞耕牛，表达对牛的感激与祝愿，然后以演唱民间小调的形式展开对全年农事生产过程的叙述。整个拜年活动，主要以粤北客家民间小调演唱《十二月花》，叙述十二个月的农事生产知识，教导人们如何耕种，并由耕夫唱，四位阿妹伴唱。演唱完毕，主人奉送红包以示感谢，并再燃爆竹欢送。整个春节期间，因有了“舞春牛”的活动，到处锣鼓爆竹声，非常喜庆热烈，客家民间小调也得以通过这种活动得到丰富、提升、发展，广为流传。

【农家书屋工程建设】　2009年，浈江区农家书屋工程建设遵循“统一组织、统一规划、统一标准、建管并重”原则，规划每家农家书屋建设标准为每家约3万元，场地按照省、市要求每个书屋面积不少于20平方米，可同时供 10 人阅读的桌、凳。配置的图书、报刊、音像电子出版物，由省、市统一精心选配农民看得懂、用得上的各类出版物，由市图书城公司集中配送。至年底，全区已建成农家书屋 6 家，占地面积约 150 平方米，农家书屋藏书总量 1000 余册，并制定出台《农家书屋图书员管理制度》、《农家书屋资产管理制度》、《农家书屋图书借阅制度》等制度，加强对全区“农家书屋”工作的规划、指导、组织协调和检查、验收等工作。

【基层文化站室建设】　2009 年，浈江区财政和各镇、各街道办对基层文化站加大资金投入，增加文化基础设施，全区各基层文化站均配备图书室、文化体育馆及书法、美术、歌舞、球类等文化活动小组。

【文化惠民工程深入开展】　2009 年，浈江区文化新闻出版局组织广东省下拨的流动“书香车”送书下乡 10 多次，将价值 3 万多元书籍直接送到各镇、办的农民、居民手中，受到广大农村、居民读者的热烈响应，全民阅读活动在各镇、办蓬勃发展，活动规模不断扩大，内容不断充实，方式不断创新，影响日益扩大，人们热爱读书、崇尚读书的良好社会风尚逐步形成。9～12 月，协助中共韶关市委宣传部、市文广新局举办的庆祝建国 60 周年系列群众文娱活动及“辉煌 60 年——千场电影进农村”公益电影放映活动。该活动历时四个月，在辖区各镇（办）、各行政村巡回放映公益电影 50 场。巡回放映的电影包括红色经典、科教专题片等优秀国产影片，并放映了韶关建设巨大成就和爱国主义、农村改革开放 30 年来沧桑巨变等内容，受到广大农民群众的热烈欢迎。

（谢海涵）

文化市场管理

【概况】　2009 年，浈江区文化、公安、工商、消防等部门联合出动 648 人次，开展“扫黄扫非”集中清查行动 5 次，检查的经营单位有：印刷企业 75 家次、网吧 542 家次、娱乐场所 192 家次、音像制品经营单位 315 家次、书报刊经营单位 254 家次。收缴非法音像制品 253 张（套）、非法图书 135 本（册）、无证照网吧电脑 79 台、电子游戏机 3 台，取缔无证照经营音像店档 4 家、无证经营电子游戏室 12 家、无证照娱乐场所 9 家，关闭无证照网吧 4 家，停业整顿网吧 1 家，警告 9 家、处罚 4 家违法接纳未成年人上网的网吧和 2 家娱乐场所。

【校园环境整治】　2009 年，为贯彻落实中办、国办《关于进一步净化社会环境、促进未成年人健康成长的若干意见》和省、市净化社会文化环境工作会议精神，浈江区进一步净化社会文化环境，对中小学校园和韶关学院周边的歌舞厅、电子游戏机室、网吧、音像店、书报刊零售出租店等文化经营场所进行专项整治。重点查处未成年人进网吧、歌舞厅和电子游戏机室，封堵、消除互联网有害信息，查处收缴色情、淫秽音像制品和出版物，收缴有害“口袋书”、卡通画册和盗版教材教辅读物。对符合开办条件的，督促其办理相关证照；对不符合开办条件的，联合工商、公安一律予以取缔；全年共取缔无证经营歌舞娱乐场所 8 家、电子游戏机室 26 家。

【网吧专项整治行动】　2009 年，浈江区重点查处网吧接纳未成年人违法行为，并规定累计2次接纳未成年人和一次接纳3名以上（含3名）未成年人的网吧，停业整顿15天以上；累计3次接纳未成年人和1次接纳8名以上（含8名）未成年人或在规定营业时间以外接纳未成年人的网吧，一律吊销其《网络文化经营许可证》。年内，区文化市场管理部门加强巡查，严密封堵、消除网上有害信息，建立和完善社会监督机制，聘请9人建立网吧义务监督员队伍，加强与教育部门、学校联系与合作，认真办理学校、群众投诉和举报，做到有报必查并及时反馈查处结果。至年底，全区共取缔“黑网吧”6家，收缴无证照网吧电脑79台，辖区网吧接纳未成人等违法违规行为得到有效遏制，为青少年健康成长提供一个良好的社会环境。

【娱乐场所禁毒宣传月活动】 2009年5月，浈江区开展娱乐场所禁毒宣传月活动，通过召开专门会议、张贴宣传画、观看宣传片等形式，宣传毒品对社会、家庭和人体的危害性。至年底，辖区境内歌舞娱乐场所共张贴禁毒宣传画460张、悬挂禁毒宣传标语65条、放映禁毒宣传片23场，辖区所有歌舞娱乐场所负责人、从业人员都观看禁毒宣传片。

【娱乐场所安装监控系统】 2009年，浈江区根据文化部及省市的统一部署，积极把开展全国卡拉OK内容管理服务系统建设列入重点工作之一，精心组织，狠抓落实，有计划地分别在歌舞娱乐场所安装卡拉ok内容监控系统。至年底，全区已完成该项任务的第一阶段调查摸底准备工作。

【文化市场管理】 2009年，浈江区加强对新闻出版工作的管理，认真做好印刷复制业、出版物发行单位年度核验工作，抓好印刷企业“五项制度”的落实，做好网吧、娱乐场所安全生产工作。为确保网吧、娱乐场所、印刷企业安全生产，区文化新闻局与各经营业主签订安全生产责任书，加强日常执法检查（尤其是节假日期间的检查），并做好市重点安全隐患整治区域内兴隆酒店金碧娱乐城的全隐患整治。在抓好各文化经营场所的创卫工作中，区文化新闻局分别于4、5、8、9月份召开各文化经营场所业主会议，强化规范文化市场管理，布置创卫工作，并加强日常检查，确保完成创卫的各项工作任务。

（黄得丰）

群众文化活动

【概况】 2009年，浈江区在启明文化广场开展丰富多彩的广场群众文化活动、黄金周广场文艺展演活动，同时派出区文化艺术团、侨联艺术团、风采艺术团、欢乐艺术团以及启明健身队、帽峰健身队、艺美健身队、快乐健身队，还有老年腰鼓队等演艺、体育队伍经常参加市群众文化演唱大赛、集体舞大赛等活动，赢得多项奖项，丰富了群众文化生活。

【文化活动】 2009年1月15日晚，中共韶关市浈江区委员会、浈江区人民政府在启明路文化广场主办“开放浈江、活力浈江”迎新春暨文化广场落成大型文艺演出。区四套班子领导参加并集体合唱《歌唱祖国、团结就是力量》等歌曲。4月2日，区委宣传部、区文新局、区妇联、司法局、综治办在启明北文化广场联合主办“实践科学发展观，构建和谐新浈江”文艺演出。9月，区委宣传部、区文新局、乐园镇主办“身边好人，感动你我——2009‘韶关好人’推荐评选活动”文艺晚会。9月29日晚，中共韶关市浈江区委、浈江区人民政府在区启明路文化广场主办“歌唱祖国，爱我浈江”——浈江区庆祝新中国成立60周年歌咏比赛晚会，区四套班子领导参加，区长张德清在演出前作讲话，政府机关、直属工委、政法委、农业局、卫生局、教育局、城市管理局、乐园镇、新韶镇、十里亭镇、犁市镇、花坪镇、风采街道办、曲仁办、田螺冲办、车站办、东河办等17个演出单位共1200人参加演出，各参演单位将以优美的歌声、蓬勃的激情，向祖国母亲的生日献上一份厚礼。10月1日上午，韶关市庆祝新中国60周年文化广场系列活动，浈江区派队参加全市第五届社区集体舞蹈大赛。10月9日，浈江区委宣传部、老干局、总工会、文化新闻出版局在启明路文化广场主办浈江区工会文艺九九重阳节汇演，演出由区东河街道办事处和区文化馆协办。11月，广东省高速公路建设宣传文艺晚会在启明路文化广场主办。12月25日晚，浈江区委宣传部、区文化新闻出版局在启明路文化广场主办迎新年集体舞卡拉OK专场演出，区文化艺术团、侨联艺术团、风采艺术团、欢乐艺术团和区启明健身队、帽峰健身队、艺美健身队、快乐健身队等参加演出。

【基层单位文化活动】　2009年4月9日，浈江区委宣传部、区文新局、妇联、司法局、综治办在曲仁办事处联合主办“实践科学发展观，构建和谐新浈江”文艺演出。5月上旬，东河街道办事处主办“深入学习实践科学发展观”活动文艺晚会，并将节目穿插知识问答抽奖。5月下旬，车站街道办主办“唱响科学发展观、谱写和谐社区新篇章”文艺演出，节目穿插计划生育、创卫知识问答抽奖等项目。6月，犁市镇主办“深入学习，践行科学发展观，共创富裕、文明、和谐新犁市”文艺演出，镇府干部职工参加大合唱，观众达1000多人。6月下旬，十里亭镇主办“纪念中国共产党成立88周年表彰暨文艺晚会”。7月，新韶镇主办“和谐新韶”暨庆“八一”文艺晚会。8月，花坪镇主办“落实科学发展观”文艺晚会。10月24日晚，区文新局区主办、罗马王室公司承办的第二届罗马王室杯蝶舞皇后竞选赛在浈江莱斯大酒店举办。10月29日晚，区委宣传部、文新局、田螺冲办事处主办主题为“建设乡村清洁美、构建和谐田螺冲”文艺演出。11月，曲仁办事处举办“落实科学发展观、构建和谐新曲仁”文艺演出。12月28日晚，韶关市福利彩票发行中心、达雅（宝利城）服饰有限公司、区文新局协助风采街道办事处在启明路文化广场主办新风采、新风尚元旦文艺晚会，钻石玫瑰培训中心、银河艺术文化培训中心、DJ舞团、铁路艺术团、新星文化艺术团、韶关市青少年宫、群众文化艺术团等单位参加演出。12月29日晚，浈江区委宣传部、区文化新闻出版局、广东省工业高级技工学校、浈江中等职业学校、中国移动韶关分公司和区文化馆在浈江中等职业学校校场主办浈江中职2010年元旦文艺汇演，演出节目内容丰富多彩，并进行中等职业学校新团员入团宣誓。

（谢海涵）

驻区文化单位选介

【韶关日报社】　《韶关日报》是中共韶关市委机关报，全国公开、自办发行，现有在册职工73人。《韶关日报》自创办以来不断开拓创新，深化改革，报纸综合质量逐年上升，管理水平不断提高，各项事业有转好发展。1998年，韶关日报从对开四版扩为对开八版，1999年实现报纸彩印，2002年实现采编无纸化办公，2004 年 6 月创办县市新闻（行业）版。

2009 年 7 月，《韶关日报》改版并提出“打造有品位、有特色、有看头的粤北权威媒体”的办报理念，突出本土化、民生化和精品化，受到社会各界一致好评。年内，韶关日报社设有编委办、要闻部、新闻采访部、摄影部、百姓生活部、副刊部、专题部、网络技术部、群工部等 9 个采编部门和社办、财务部、广告部、发行部、美术社等 5 个行政后勤及经营部门，报纸发行量转为稳定，并积极打造“有品位、有特色、有看头”的粤北权威媒体。

【韶关市广播电视台】　韶关市广播电视台由原市广播电视局所属的韶关人民广播电台、韶关电视台、韶关有线广播电视网络中心、广播电视微波中心站、广东省韶关 722 台、市大岗山转播台、市广播电视器材站、市广播电视监测站等机构于 2004 年合并组建。

2009 年，韶关市广播电视台有职工 537 人，其中大专学历 181 人、本科 119、研究生 9 人，高级职称 12 人，中级职称 114 人。电视台主档节目有《全市新闻联播》、《民生关注》、《三江视线》等。韶关有线电视网创建于 20 世纪 80 年代后期，是广东省建网较早的地区之一。至年底，市区有电视用户 13 万户，可接收模拟电视节目 30 套，通过机顶盒接收数字电视节目 40 套，共 70 套电视节目。

（谢海涵　黄得丰）

附：区文化新闻局领导班子成员名录

局　长：黄海鹰

副局长：李颖（兼旅游局局长）、谢海涵

莲花山国公森林公园

体　育

体育事业

【概况】　2009年，浈江区体育中心全面建成开放，新增一批民营体育场馆、体育俱乐部，新开发的小区内均配备健身室、康体室、会所、游泳池等体育设施，全面完成5个行政村农民体育健身工程，市民体育意识明显增强，群众体育活动长年不断，全民健身和体育文化氛围更加浓厚，辖区体育事业取得新突破。年内，区体育代表团参加市第十三届运动会，获得总分第二名和金牌总数第二名的历史最好成绩；曲仁办事处成功创建“全国城市体育先进社区”；莲花山矿冶居民区成功创建“广东省城市体育先进社区”；犁市镇和莲花山矿冶居民区管委会被授予“全国群众体育先进单位”称号。

市区体育广场

【体育场馆建设】　2009年7月，浈江区建成体育中心，内设体育馆、羽毛球馆、乒乓球室和游泳馆，其中体育中心占地面积6340平方米，建筑面积3460平方米，内设羽毛球馆、乒乓球室、跆拳道场、击剑场、游泳场等；羽毛球场设有8个场；乒乓球室设球台10张；游泳场占地面积1233平方米，场内设有儿童池一个、标准游泳池一个。至年底，全区有体育馆6座，游泳池6个，标准田径场12个，非标准田径场42个，标准篮球场231多个，乒乓球、羽毛球、排球等场地300多个，门球场11个，并建有全民健身广场2处。

【竞技体育】　2009年，浈江区竞技体育取得较大成绩。在第十三届韶关市运会上，浈江区共派出223名运动员，参加少年组、成年组和老年组3个组别共18个大项的比赛。夺得金牌64.83枚，团体总分1605.6分，7人超（破）8项市记录，夺得代表团总分第二名、代表团金牌总数第二名，其中，代表团少年组总分第二名、成年组代表团总分第一名、老年组代表团总分第一名，创造自建区以来的历史最好成绩。

浈江区龙舟队参加龙舟竞赛

【体育彩票发行】　截止 2009 年 12 月 31 日，浈江区体育彩票总销量为 2634.99 万元，（其中：电脑型彩票总销量为 2209.53 万元，完成市下达任务的 110%、即开型彩票总销量为 425.46 万元，完成市下达任务的 132%），超额 13% 完成市下达的销售任务，创下浈江区体育彩票销售历史最好水平，为全区体育事业打下良好经济基础。

【全民健身活动】　2009 年，浈江区大力推行机关体育、广场体育、公园体育和节假日体育，引导群众广泛参与体育健身活动；精心打造高水平体育精品赛事，激发和调动群众参加体育活动的积极性，使群众性体育活动实现经常化、社会化、科学化、制度化和多样化。年内，全区共举办各项体育比赛 10 多次，其中浈江区机关举办迎新春运动会，区四套班子领导成员积极参加比赛，有效带动群众体育工作蓬勃开展，并营造全民健身良好氛围。

（程瀚平）

附：区体育局领导班子成员名录

局　长：王韶普

副局长：程瀚平

“我舞蹈、我健康、我快乐”广场集体活动

医疗卫生

共粤北省委旧址

张九龄

余靖

综 述

【概况】 2009年，浈江区医疗卫生工作坚持预防为主，突出重大传染病防治，完善和落实重大传染病防治相关工作制度、技术方案和工作流程，重大传染病控制率达到规定标准。全区共报告法定传染病17种1768例，总发病率为768.46/10万，同比上升5.93%。高效处置突发公共卫生事件，积极应对问题奶粉事件，第一时间启动突发公共卫生事件应急机制，全力以赴应对H1N1甲型流感、手足口病疫情，积极协调救治力量，加强社区居家救治工作，提高救治水平，有效控制疫情暴发和蔓延，并进一步完善社区卫生服务机构的功能和制度，社区卫生发展水平居全市前列。年内，区卫生局稳步推进妇幼保健工作，加强“三网”监测，采取重点干预措施，有效降低新生儿出生缺陷发生率。大力开展健康教育，继续完善各社区（村）健康教育工作制度，把健康教育向家庭延伸，向社区辐射，有效提高人民群众对健康知识的知晓率和健康行为的形成率。至年底，全区共有各类医疗机构190个，社区卫生服务（中心）站4个，个体医疗机构63个，在职职工2374人，卫生技术人员1927人，其中执业（助理）医师718人，其他技术人员62人，管理人员157人，工勤技能人员172人。全区医疗机构共有床位1654张，平均每千人拥有床位1.7张。全年门诊急诊119万人次，出院病人4万人次，病床使用率71%，住院危重病人抢救成功率84%。医疗机构全年业务总收入32552万元，同比增长19%。全区有村卫生室44家，在岗乡村医生49人，农村人员参加合作医疗户数16782户、人数为67133人，覆盖率为100%，参合率位于全市前列。全年支出合作医疗补偿基金697多万元，其中：住院报销人次共3288人次，约占参合人数的4.89%；补偿总费用611万元，人次均补偿1858元。住院封顶补偿额由2008年的3万元提高到5万元，住院补偿比率由2008年的34.6%提高到37.7%。

【医疗管理】 2009年，浈江区进一步加强对各医疗机构的医疗质量督查管理，完成全区医疗机构管理评价检查，将区直属医疗机构的检查结果纳入年终目标考核，并针对区属医疗机构开展医疗质量检查，进一步增强医疗安全意识，消除医疗安全隐患，提高医疗服务质量，防范医疗风险，确保医疗安全。全年区属医疗机构无行政投诉、行政复议和行政诉讼发生。是年，全区继续深入开展“以病人为中心，以提高医疗服务质量”为主题的医院管理年活动，不断提高医疗服务质量，确保医疗安全。在区属医疗机构中，贯彻实施《处方管理办法》、《抗菌药物临床应用指导原则》、《关于加强全国合理用药监测工作的通知》和《卫生部办公厅关于抗菌药物临床应用管理有关问题的通知》，努力推进临床合理用药；建立健全抗菌药物分级管理制度，明确各级医师使用抗菌药物的处方权限，在医院管理年活动中重点检查评估，对存在问题限期完成整改。做好合理用药监测工作，加强临床微生物检测、抗菌药物临床应用和细菌耐药监测工作。加强医德医风建设，逐步建立医德医风档案。聘请行风监督员，为党风行风建设特别是“商业贿赂”、“红包”问题把脉开方，接受社会监督。全面推行政务公开、院务公开，在医疗单位继续实行“医疗服务收费公示制”、“住院病人一日清单制”和“查询制”，规范医疗收费行为。执行严格药品集中招标采购制度，7家区属医疗机构全部参加阳光药品集中招标采购，全年在网上采购金额410多万元，约占全部药品金额93%。

【公共医疗卫生体系建设】 2009年，浈江区及时调整充实突发公共卫生事件应急处理工作领导小组、专家组和应急救治专业队伍，制定和完善手足口病、甲型H1N1流感等疫情应急预案和技术方案，加强24小时疫情值班，积极开展应急处置业务技能培训。把解决群众看病难、看病贵的问题和不断满足群众基本卫生需求作为发展社区卫生服务的出发点和落脚点，全区社区卫生服务发展已由初期的网络架构向规范化的内涵建设推进。认真贯彻市政府《关于发展城市社区卫生服务的实施意见》和《韶关市2007～2010年社区卫生服务发展规划》，用好省、市和区社区卫生服务建设经费265万元，完善社区卫生服务中心规范化改造。太平卫生服务中心积极争取中央扩大内需资金80万元，完成业务用房改建维修工程，其中把加强农村卫生服务网基础设施建设作为重点，以“中病不出镇”为目标，提高乡镇卫生院技术水平，全面提升乡镇卫生院服务能力。充分利用中央专项资金50万元，完成犁市镇卫生院改造、扩建任务，改善卫生院就医环境。充分利用省对农村卫生站的补贴，加强农村卫生站建设，改善就医环境。进一步组织实施“一村一站一万元”财政补助政策，进一步落实《韶关市列入省财政补贴村卫生站考核办法》，规范村卫生站建设、管理。积极探索农村卫生站一体化管理，全区农村卫生站基本实现管理、培训、医疗收费标准等得到统一，并建立区、镇、村三级卫生机构转诊制度。年内，城区范围所有卫生站均与韶关市波丽医疗废物处理有限公司签订合同，由该公司定期到卫生站收集医疗废物，然后进行集中处理，基本实现卫生站医疗废物集中处理的目标。

【医护人员考核与培训】 2009年，浈江区对《院长（主任）年度目标管理考评办法》进行修订，突出农村卫生和公共卫生工作。继续推行乡镇卫生院综合目标管理。全面加强医疗、财务、药械采购管理。举办医疗管理培训班，开展医疗服务大检查。定期组织财务检查，对卫生院的财务收支进行会审、考核。实行药品器械公开采购。注重人才培养，提高基层医护人员素质。加强卫生人员再教育，安排骨干人员外出进修，组织开展乡镇卫生院管理人员、卫生技术人员正规学历培训，对卫生站工作人员进行业务知识培训，定期对乡村医生进行培训，医护人员诊疗水平得到提高。

【爱国卫生运动】 2009年，浈江区以创建国家卫生城市为目标，动员社会一切力量，开展爱国卫生运动除“四害”工作，全年发放除“四害”宣传资料近6万多份，共组织开展全区统一投药灭鼠、烟熏灭蚊6次，发放溴敌隆等灭鼠药物2600多斤，马拉硫磷、敌敌畏等灭蚊（蝇）药1800多斤，参加人数达1万多人次。年内，区政府利用市爱卫办下拨的中央和省财政补助农村改厕项目资金9万元，建设300户农村无害化卫生厕，并积极开展创建卫生村镇活动，全区有16个村通过省、市考核验收，创建数量居全市前列。至年底，全区农村无害化卫生厕所普及率86.97%，比上年增加1.52个百分点。

【中医事业】 2009年，浈江区按照《广东省发展中医条列》拓展中医事业，积极配合市有关部门对区内中医工作进行检查和指导。年内，区相关部门进一步合理配置和应用中医理疗设备，在社区卫生服务机构和乡村卫生服务机构中推行和引进中医诊疗技术项目，并倡导采用非药物中医治疗方法。

【无偿献血】 2009年，浈江区卫生管理部门积极宣传无偿献血人员及事迹，号召全社会人士献爱心，并利用各种专刊、墙报等宣传工具大张旗鼓地宣传无偿献血事项。至年底，全区共有191人次参加无偿献血；采血量为191单位。区属医疗机构100%的临床用血均来自于中心血站。

【创建全国卫生城市工作】 2009年，浈江区按照市有关文件精神及要求，求真务实，认真抓好创卫工作。是年8月，辖区一次性通过国家卫生城市等级技术评估。11月10～13日，国家爱卫办组织专家组，下分7个专业组对全市包括浈江区的创卫工作进行国家考核鉴定，并一次性顺利通过。12月9日，全国爱卫会正式命名韶关市为国家卫生城市，成为全省第11个国家卫生城市。2009年，浈江区卫生局被评为区创建国家卫生城市先进单位。

【卫生村活动】 2009年，浈江区爱卫会贯彻落实全国爱卫会关于把爱国卫生运动重点进一步放在农村的战略部署，按照市爱卫会工作要点及广东省卫生村标准目标要求，把创建卫生村工作作为建设社会主义新农村、贯彻落实科学发展观、构建和谐社会的重大举措，并在创建工作中坚持以创建卫生村为载体，不断改善城乡环境卫生水平。至年底，全区创建卫生村24条，其中创建省卫生村21条、市卫生村3条。至年底，全区已创建省卫生村21条。

（黄小龙）

新型农村合作医疗

【概况】 2009年，浈江区委、区政府继续将新型农村合作医疗（以下简称新农合）列入为民办实事的重点项目，巩固新型农村合作医疗制度建设，并提出参合率100%以上工作目标。至年底，全区参合人对合作医疗的总体满意度达95%以上。是年11月份在区召开的全市新型农村合作医疗工作现场会上，浈江区荣获全市农村合作医疗工作先进集体一等奖。

【新型农村合作医疗基金】 2009年，按照上级部署，浈江区调整新型农村合作医疗筹资标准，由原来的每人每年100元提高到110元。各镇党委、政府加大新型农村合作医疗工作力度，将新型农村合作医疗列入政府工作目标考核内容，并建立督察考核机制。区、镇两级财政克服困难，积极筹措资金，将新型农村合作医疗补助资金和经办机构人员及办公经费列人财政年度预算，确保经费及时足额拨付到位。民政和计划生育管理部门及时落实资助五保户、特困户和计生独女户的参合经费，审计部门将新型农村合作医疗基金审计列入年度审计内容；各级卫生部门和新型农村合作医疗经办机构加强对新农合的监督管理，制定和完善技术补偿方案，及时调整住院报销比例，落实各项管理制度，确保新型农村合作医疗平衡健康运行。

【新型农村合作医疗管理】　2009 年，全区参加农村合作医疗人数、总参合户数分别为 67133 人、16782 户，其中特困户 1563 人、五保户 107 人，覆盖率均为 100%，参合率位于全市的前列。全年支出合作医疗补偿基金 697 万元，其中：住院报销人次共 3288 人次，约占参合人数 4.89%；补偿总费用 611 万元，按人次平均补偿 1858 元；住院封顶补偿额由 2008 年的 3 万元提高到 5 万元，住院实际补偿比例由 34.6% 提高到 37.7%。年内，区合作医疗办下发《浈江区合作医疗经办机构规范化建设标准》和《关于进一步做好合作医疗补偿工作的通知》，要求各镇合作医疗经办机构按规范化建设标准配备一名专（兼）职人员，实行补偿初审、复审制度，工作人员配证上岗；同时为结报者配备休息坐椅和饮水机，放置书报架，为结报者创造一个舒适、人性化的结报环境，并对报销情况按月进行公示，自觉接受群众监督。

（黄小龙）

疾病预防控制

【概况】　2009 年，浈江区继续加大《中华人民共和国传染病防治法》、《突发公共卫生事件应急条例》等法律法规宣传贯彻力度，及时落实艾滋病、结核病等重大传染病的综合防治措施，建立健全传染病报告、转诊、登记等相关制度，加强传染病疫情报告管理。全区境内传染病疫情总体上保持平稳，全年共报告法定传染病 17 种 1768 例，总发病率为 768.46/10 万。

【甲型 H1N1 流感防控】　2009 年，浈江区为应对甲型 H1N1 流感爆发，制定《浈江区流感大流行卫生应急预案（试行）》，并成立领导小组，组织医疗卫生机构技术人员进行全员培训，加强甲型 H1N1 流感的防控工作。同时充分发挥医疗卫生系统科技团队的独特优势，全面开展甲型 H1N1 流感防控知识宣传，组织区医疗卫生单位开展防控工作。开展卫生下乡，到部分社区、学校、广场、乡镇等人群密集的地方发放资料、义诊和咨询，以多种形式向广大群众广泛宣传甲型 H1N1 流感防控知识，并受到欢迎和好评。先后两次召集全区乡村医生在区人民医院进行甲型 H1N1 流感防控知识培训，邀请社区卫生服务中心主任及各医院院长为乡村医生讲授甲型 H1N1 流感防控知识；要求各卫生站在农村要通过办黑板报等形式广泛宣传甲型 H1N1 流感防控知识。是年 10 月，区内部分学校出现甲型 H1N1 流感确诊病例，区卫生局与市疾控中心、区教育局分别到各个学校进行流行病情况调查，与市疾控中心专家共同对学校疫情防控及消毒工作进行技术指导，组织一次甲型 H1N1 流感防控知识培训，区属医疗单位均制定甲型 H1N1 流感大流行医疗救治工作方案，对部分医务人员接种甲型 H1N1 流感疫苗，并设立发热门诊开展甲型 H1N1 流感轻症患者居家隔离随访治疗，其中东河、太平社区卫生服务中心、新韶镇卫生院对甲型 H1N1 流感轻症患者居家隔离治疗随访约 40 人。

【手足口病等疫情防控】　2009 年，浈江区卫生管理部门组织相关医务人员进行手足口病等疫情防控业务培训，提高识别和救治能力，对辖区各医疗机构、托幼机构开展联合检查，确保做到早发现、早报告、早隔离、早治疗。是年，区卫生管理部门完善重大传染病防治相关工作制度、技术方案和工作流程，对各种法定传染病进行登记、报告、预防处置和转诊。宣传艾滋病病毒抗体筛查和艾滋病防治“四免一关怀”政策。继续规范计划免疫接种门诊，促进计划免疫工作持续健康发展。围绕“五率”要求，全面提升结核病防治整体水平。全区结核病（由市结核病防治所直接负责）门诊初诊598人次，活动性肺结核254例，其中初治涂阳病人158例，复治涂阳病人8例，初治涂阴88例。

【慢性病防治】 2009年，浈江区社区卫生服务中心编印下发高血压、糖尿病等健康教育处方30种，65岁以上老人及慢性病病人建档率达规定要求，其中高血压、糖尿病规范建档分别为280人、236人，并逐步完善20岁以上人群居民健康档案，对65岁以上老人及慢性病病人开展有针对性的干预措施。年内，东河社区卫生服务中心对16名精神病患者进行重点治疗和管理。

（黄小龙）

卫生保健

【计划免疫】 2009年，浈江区有3个镇计划免疫门诊实现计划免疫网络化管理与规范化管理，计划免疫工作水平得到巩固和提高。全区报告免疫相关传染病60例，区内18～24月龄进行百白破接种率达99.69%。

【妇幼保健】 2009年，区卫生管理部门认真按照省、市关于行孕产妇、婴幼儿两个系统保健管理要求，加强高危孕产妇的筛查与管理，降低高危产妇发生率，抓好儿童常见病、多发病防治，加强新生儿保健和体弱儿专案管理；按照系统保健管理要求，认真做好孕产期检查和婴幼儿4、2、1健康体检，重点加强高危孕产妇和体弱儿的筛查与管理；积极协助开展新生儿听力测查、儿童发育筛查等工作；加强出生人口性别比升高问题专项治理，强化医疗机构B超等技术服务的监管，加大对非医学需要的胎儿性别鉴定和选择性别人工终止妊娠手术等违法行为打击力度；加强“三网”监测，采取重点干预措施，有效降低出生缺陷发生率，出生人口素质得到提高。至年底，全区孕产妇管理率95%、专案管理99%、7岁以下儿童管理率95%、孕产妇死亡28.08/10万、5岁以下儿童死亡率8.71‰、婴儿死亡率6.46‰、出生缺陷率13.22‰。

【社区卫生服务】 2009年，全区加快社区卫生服务机构建设，实行社区卫生服务机构属地化管理，开展社区卫生服务适宜技术培训，强化对社区卫生服务的监督管理和检查督导，促进社区卫生服务机构能力建设，服务水平得到进一步提高。各社区卫生服务机构转变服务模式，完善服务功能，开展居民健康调查、健康咨询、专题讲座、送医送药上门、开设老年人家庭护理等多种便民服务措施；有针对性地为社区居民建立家庭健康档案（共建立居民健康档案累计1.45万户、调查人数4.5万人、建档率约为62%），其中对发现的高血压和糖尿病等慢性非传染性疾病患者建立专案近千例，并开展对高血压、糖尿病等慢性病患者进行跟踪随访管理等健康服务。年内，浈江区把开展残疾人康复、白内障复明、精神病预防工作，将残疾人康复、精神病预防的工作重点放在社区，为180名残疾人、1022名白内障患者和71名精神病人提供及时有效、优质价廉的康复诊疗服务。

【健康教育】 2009年，全区举办2期健康教育骨干培训班。组织社区医务人员参加市举办的健康教育培训4人次，社区卫生服务机构医护人员利用随诊教育、健康咨询、健康讲座、宣传栏、健康处方和资料、卫生科普教育片等向就诊者和家属传播健康知识。年内，社区更换健康教育宣传栏270多期，在中小学开展“小手拉大手”活动、发放除“四害”和居民应知应会等宣传资料近10多万份。

（黄小龙）

区属和驻区医疗机构选介

【浈江区太平社区卫生服务中心】 该中心于2008年7月由浈江区北江人民医院转制为太平社区卫生服务中心。中心位于市区的风度北路6号，负责市政府、中山、风采、升平、峰前、北直街、风度北七个居委的医疗、预防、保健、康复、健康教育及计划生育技术指导服务，是韶关市城镇职工、居民医疗和新型农村合作医疗定点单位。至2009年，该中心有职工64人，其中高级职称技术人员1名，中级职称技术人员21名。中心内设有内科、外科、儿科、妇产科、中医科、泌尿科、痔疮科、骨科、口腔科、耳鼻喉科、眼科、康复理疗科、放射科、检验科、心电图室、B超室、乳透室、脑血流图室等，住院床位50张，配备有先进的西门子B超、心电图、电子胃镜、纤维鼻喉镜、HBZ-3000型红外乳腺诊断系统和全套自动化检验设备及治疗仪器。中心服务内容以老年保健、院前急救、临终关怀、妇幼保健（妇科病人的诊治、住院分娩、人流、放环、取环、孕妇建卡、产后随访、儿童建卡体检、预防接种）、慢非传疾病的康复指导、健康咨询以及一般常见病、多发病的诊治等，服务面积0.8平方公里，服务人口2.8万人。中心占地面积400平方米，其中业务用房1631.6平方米。年内，中心积极争取中央扩大内需资金80万元，用于业务用房改建维修工程。至年底，该中心门诊号次1.6万人次，收治住院病人670人次，全年业务收入160万元，同比增长25%。

【浈江区东河社区卫生服务中心】 该中心由浈江区人民医院改造而成，管辖东河街道社区下属的启明北居委、育红巷居委、陵西路居委、执信路居委、浈江南居委、浈江路居委等六个居委70654人（含流动人口数）的医疗保健，是韶关市城镇职工、居民医疗和新型农村合作医疗保健定点单位。至2009年，该中心有职工68人，具有高级专业技术人员2名，中级专业技术人员13名，市名中医1人。中心拥有建筑面积3400余平方米，融医疗、预防、保健、康复、健康教育及计划生育技术指导服务等六位一体，服务内容以老年保健、院前急救、临终关怀、妇幼保健（妇科病人的诊治、住院分娩、人流、放环、取环、孕妇建卡、产后随访、儿童建卡体检、预防接种）、慢非传疾病的康复指导、健康咨询以及一般常见病、多发病的诊治等。中心内设康复病床50张，医疗设备包括彩色B超、国产250毫安X光机、体外碎石机、彩色乳透仪、彩色经颅多普勒、全自动血球计数仪、血凝四项测定仪、半自动生化分析仪、尿十项分析仪、电解质分析仪、多功能心电监护仪、多功能胎儿监护仪等。至年底，该中心门诊号次2万人次，收治住院病人1037人次，全年业务收入597万元，同比增长42%。

【韶关市第一人民医院】 该院始建于1939年，2003年经广东省教育厅、卫生厅批准为广东医学院附属韶关医院，广东医学院硕士研究生联合培养基地，南方医科大学、赣南医学院、广东药学院、佛山职工医学院、韶关学院等高等院校的教学基地。2009年，该院有专业技术人员740名，其中高级职称135

人、中级职称239人、韶关市拔尖人才4人、享受国务院特殊津贴专家1人，并有全国著名肝胆外科专家李朝龙为医院首席外科专家兼大外科主任。该院的呼吸内科是广东省“五个一”工程重点专科，拥有“血液净化”、“心血管疾病”、“骨科”3个市立研究所，腹部肝胆外科、骨科、神经外科、泌尿外科、神经内科、重症医学科、耳鼻喉科等科室为医院重点专科。该院设有35个临床科室，8个医技科室，3个市立研究所，拥有德国西门子全数字化高能医用直线加速器、德国西门子多层螺旋CT系统、X线CR、DR系统、菲利浦1.5T超导磁共振系统、德国西门子大型C臂数字减影血管造影系统及进口各专科内窥镜检查治疗系统等大型现代化医疗设备，并有空气净化手术室、重症医学科（ICU）、新生儿重症监护室（NICU）、标准内窥镜中心、血透中心及供应室等先进设施，已发展成一所集医疗、教学、科研和预防保健、指导基层等任务于一体的大型综合性三级医院及广东省高等医学院校教学医院。韶关市急救中心建在该院，肩负着全市人民的意外伤害及危重病人的院前、院内急救的重任。

（黄小龙）

附：区卫生局领导班子成员名录

局　长：罗韶明

副局长：梁玉柱、黄小龙

韶关市第一人民医院大楼

社会生活

共粤北省委旧址 张九龄 余靖

人口与计生管理

【人口发展概况】 2009年末，浈江区人口总数43.61万人，其中户籍人口35.43多万人，流动人口中8.18多万人。在户籍人口中非农业人口288772人，农业人口65525人。全年自然增长人口0.145万人，自然增长率为4.63‰，出生人口0.324万人，出生率8.67‰；死亡人口0.145万人，死亡率4.04‰。

【户籍人口密度】 2009年末，全区土地总面积572.47平方公里，户籍人口密度0.076万人/平方千米。其中新韶镇土地总面积100平方公里（含东河街道办和田螺冲办事处），人口密度为0.087万人/平方千米；乐园镇土地总面积33平方公里（含车站街道办事处），人口密度0.40万人/平方千米；十里亭镇土地面积58平方公里（含风采街道办事处），人口密度0.23万人平方千米；犁市镇土地总面积305平方公里，人口密度0.015万人/平方千米；花坪镇土地总面积76.47平方公里（含曲仁办事处），人口密度0.045万人/平方千米。

青年学生参加校园活动

【民族人口构成】 2009年末，浈江区境居住有26个民族人口，汉族占人口总数99.35%；少数民族人口占人口总数的0.65%，主要是壮族、回族、满族、土家族、畲族和瑶族人口。少数民族人口中除世居的畲族和瑶族外，其余主要是通过婚姻、务工、经商、招聘、工作调动、参军、升学等迁入区境。

（岑振红）

计划生育

【概况】 2009年，浈江区全面贯彻省、市、区人口计生工作会议精神，落实科学发展观，围绕实现全省先进"五连冠"这一目标，重点贯彻落实新修订的《广东省人口与计划生育条例》，规范镇村计划生育管理工作；破解流动人口管理，落实层级动态管理责任制，后进村转化等三个工作难点；积极开展创建

“两无”活动、创建计划生育新农村新家庭活动、创建计划生育村民自治规范示范区活动、创建“全国计划生育优质服务先进单位”活动等，进一步促进人口计生工作再上新台阶。至年底，全区符合政策生育率达 95.26%，60% 的镇（办）无政策外多孩出生，62.62% 的村（居）委无政策外出生，圆满完成市下达的各项控制指标，成功创建“全国计划生育优质服务先进单位”，被省人民政府授予“广东省 2009 年度人口与计划生育先进单位”称号，被市人民政府授予“韶关市 2009 年度人口与计划生育先进单位”称号。

【计划生育管理】　2009 年，浈江区人口计生管理（含流动人口）主要突出抓好五项制度的落实，建立健全定期排名和通报管理制度，努力创建无政策外多孩出生区。年内，区计生办每月将各镇（办）人口计生工作重点指标完成情况，在区机关办公楼公开栏进行排名、通报（年内进行排名、全年通报 12 次），取得很好促进作用；建立“两无”成效奖罚制度，对年度出现政策外多孩出生的镇（办）给予罚款，处罚所得上缴区财政，统一用于奖励成功创建“两无”的镇（办）、村（居）；建立“零库存”加分制度，对四术“零库存”和全面落实二孩以上（含二女户）结扎措施的镇（办）予以加分奖励；建立后进村（居）转化挂点联系和动态评估制度；以区委办和区政府办联合发文，建立区领导和区直部门挂点联系帮扶转化后进村（居）制度，强化对后进村（居）的帮扶和指导，并实行动态评估制度；建立规范计生工作例会制度，各镇（办）、村（居）每月定期召开镇（办）村（居）党政一把手参加的计生工作例会，区人口计生局组成四个小组挂点到镇办村居参加例会，切实通过落实层级动态管理责任制，把工作任务和责任落实到责任人，做到任务“月结月清”，兑现奖惩，促使包村包片干部把经常性工作落实到位。

【流动计划生育服务】　2009 年，浈江区贯彻广东省人口与计划生育领导小组《关于在全省统一开展流动人口计划生育服务管理专项活动的通知》通知精神，以全省流动人口服务管理活动月为依托，努力做好流出人员宣传教育、办证和落实节育措施工作，实施环情、孕情跟踪服务，加强对流动人口特别是农民工家庭的上门访视工作。充分利用全国和省流动人口信息平台，加强沟通协作，及时通报和反馈流动人口相关信息，为流动人口提供属地化管理、市民化服务。在年内的流动人口服务管理专项活动中，全区投入资金 38.5 万元，为流动人口已婚育龄妇女办理《婚育证》或《生育服务证》6917 人，免费落实避孕节育措施 104 例，免费为已婚育龄妇女“三查”5317 人次，信息通报 2982 人，接收信息 1418 条，信息反馈 1418 条，反馈率 100%，依法征收社会抚养费 5.70 万元。

【计生工作环境和氛围】　2009 年，浈江区在政策环境、优质服务上努力为计生工作营造良好的社会环境和氛围。在政策环境上努力营造依法行政的环境和氛围，实行政务公开，依法管理，提高依法行政水平。对出现重大违法侵权案件和恶性案件的，坚决实行“一票否决”。依法严惩违法超生行为，杜绝随意降低征收标准和减免征收金额的现象发生。加大法院与人口计生部门联合执法力度，提高社会抚养费征收到位率，从严惩处违法超生行为。全区 2008 年 10 月至 2009 年 9 月 30 日征收社会抚养费 309 万元。在计划生育优质服务活动中围绕“国优”标准，抓好主要指标的完成和优质服务的开展，重点推进计划生育避孕节育、出生缺陷干预和生殖健康干预“三大工程”，加强硬件建设，按“国优”的标准建设改造全区计划生育技术服务机构，达到“环境优美、技术优良、服务优质、管理科学、群众满意”的要求。全区计划生育服务机构一站七所已按“国优”的标准投入近300万元资金进行装修改造，争取实现创“国优”目标。年内，区财政还投入600多万元按县站标准化建设的要求对全区计生新站进行全面装修，投入40多万元装修洁净小手术室和规范的供应消毒室，为育龄群众提供一个安全、舒适、放心的服务环境，站容站貌得到彻底的改观，真正实现“六统一”标准，以崭新的面貌服务辖区育龄群众。

（岑振红）

附：区人口和计划生育局领导班子成员名录

局　长：马瑞华

副局长：鞠俊国、岑振红、何艳霞、林　芬

劳动就业

【概况】　2009年，浈江区按照改善民生、服务民生、保障民生的工作要求，大力促进就业再就业，努力扩大社会保险覆盖，做好劳动关系调整工作，加快劳动保障基础和能力建设步伐。坚持以经济发展带动就业，以政策扶持促进就业，以市场机制调节就业。建立全面准确的农村劳动力资源数据库，建立城乡一体就业服务平台，为政府宏观调控和制定政策提供依据。至年底，全区新增城镇就业3577人，为市下达年度目标任务的119.2%；下岗失业人员再就业2818人，为目标任务的112.7%；其中就业困难对象再就业946人，为目标任务的118.3%；新增农村劳动力转移6690人，为目标任务的102.9%。全区城镇登记失业率为3.1%，低于市要求控制在3.8%以内的目标，继续保持就业增长大于失业增长的良好局面。

【劳动力市场调控】　2009年，根据经济发展情况，韶关市确定浈江区城镇登记失业率为3.8%的调控目标。年内，浈江区通过建立落实目标责任制，与珠三角和外省市建立劳务输出协作网络，组织引导跨地区劳动力有秩序输入输出，加强动态监控，在全区建立岗位申报和信息发布制度，落实最低工资标准等措施，促进区域之间的就业调整。全区全年城镇登记失业率为3.1%，低于市要求控制在3.8%以内的目标。

【困难群众就业援助】　2009年，浈江区通过开展送培训、送补贴、送岗位、送服务系列活动，建立起对就业困难对象实施“一对一”、“一帮一”的挂钩援助制度，认真落实好就业困难人员各项补贴政策，对不挑不拣岗位的承诺三个月内帮扶就业，以切实帮助就业困难群体尽快实现就业。对城镇零就业家庭，发现一户帮扶一户，确保援助落实到企业、个人。年内共为5185人次提供“四送”服务，其中有1700多人得到送岗位帮扶，基本实现城镇“零就业家庭”动态归零目标，困难群体安置迈出新步伐。通过开发公益性岗位、开展就业援助、创建充分就业和谐社区等措施，年内共安置困难群体1609人，完成计划的208%，其中开发公益性岗位安置1512人。

【农民工就业】　2009年，浈江区将“促就业、保稳定”作为特殊工作任务摆在突出位置，通过加强动态监控，在全区建立岗位申报和信息发布制度；加强就业优惠政策扶持，帮助辖区内生产经营正常的73家企业挖掘就业潜力，增加就业岗位2050个，努力扩大就业容量；充分发挥公共就业服务机构作用，帮助企业和求职者定做优惠“套餐”就业服务，使企业和就业人员都及时得到政府扶持实惠；适时发布用工信息，举办农民工专场招聘会及求取用工信息发布会，引导农民工有序转移和就地就近就业等措施，想方设法帮助返乡农民工就业和创业。还在五个镇成立返乡农民工就业服务中心，为返乡农民工再就业提供“绿色通道”，积极为农民工就业牵线搭桥，力促返乡农民工尽快实现再就业。至年底，全区举办“南粤春暖行动”农民工现场招聘会25场次，服务技能型农民工1.6万人次，以各种形式向珠三角等经济发达地区输送劳动力2616人，有效促进农民工就业和转岗就业。

【劳动工资】　2009年，浈江区企业最低工资标准仍按市政府公布的《关于调整我市2008年企业职工最低工资标准的通知》标准执行。企业职工最低工资标准为580元/月，折算的小时最低工资标准为3.33元；非全日制职工最低工资标准为不低于5.6元/小时。上半年各种待遇执行平均工资标准为1921元，下半年2157元。

【劳动关系】　2009年，浈江区规范劳动用工管理，加快推进劳动合同三年计划，努力营造“签一份劳动合同、签份公平；签份公平、是相互的保障”的遵法、守法氛围，确保不同所有制企业依法用工、依法参保。是年，全区签订劳动合同10738份，其中补签劳动合同2307份，参加劳动年审企业劳动合同签订率98.6%。

【劳动监察】　2009年，受金融风暴影响，造成区内一些企业拖欠职工工资案件明显增多。为切实维护劳动者合法权益和社会和谐稳定，浈江区劳动保障监察部门加大劳动监察监督检查力度，做到及时了解欠薪隐患，有效预防和减少因企业欠薪引发的群体性事件发生；推进劳动保障“网格化、网络化”监察管理机制，明确劳动监察管理区域、管理人员、管理职责和管理目标，做好企业工资支付专项检查；开展多部门协调配合，建立多部门信息共享制度，及时掌握、通报工作动态，有效遏制恶意欠薪违法行为；增强服务意识，主动帮助和指导困难企业，稳妥做好安置工作；开辟农民工欠薪投诉绿色通道，在重要节庆活动期间，实行不间断轮流值班制度，一旦接到欠薪投诉，立即组织依法查处；做好劳动保障年审工作，规范劳动用工管理，确保不同所有制企业依法用工、依法参保。年内，全区劳动监察受理投诉案件510宗（含劳资纠纷、接待来信来访、争议调解等），涉及人数1661人，追讨被拖欠的工资及非法收取的押金1354.17万元，签订劳动合同10738份，其中补签劳动合同2307份，参加劳动年审企业劳动合同签订率98.6%，劳动监察结案率95.8%。

【劳动争议处理】　2009年，浈江区劳动争议仲裁委员会在借鉴多年办案工作经验基础上，成功推进“五项制度”，即：劳动争议仲裁办案告知制度，立案前，将案件中所涉及的诉请、时效、授权、证据以权利与义务等相关法律性规定，明确告知案件双方当事人，让当事人结合案件实际情况，清晰了解劳动仲裁办案一般性法定程序和原则要求；错案追究制度，谁主办，谁签字，谁负责，杜绝假、错、冤案的发生，增加办案人员责任意识；疑难案件会审制度，针对影响面大，涉及危害社会性质严重的案件，劳动争议仲裁委员会将召集全体委员和相关人员共同会审研究案情，做到案件同审，证据同诊，意见同步；劳动争议仲裁建议书制度，在依法处理劳动争议后，针对用人单位存在的用工管理不规范、规章制度不健全以及违反法律法规等问题，加强与用人单位沟通，及时指出该单位在管理方面存在的问题，“对症下药”，并提出有效的整改建议，以制式文书形式与仲裁文书一起下发并定期跟踪回访，促进和规范用人单位依法用工行为，达到“处理一个争议、规范一个企业”的目的；信访案件协调制度，劳动争议仲裁委本着问题有答复，案件有查处的原则，将不符合仲裁立案条件的案件，采取仲裁转信访的办案方式加强对案件的查处力度，通过“中介人”身份调解劳动争议和纠纷。年内，全区劳动争议仲裁受理案件153宗（含庭外调解），比上年增加32宗，增20.9%；涉案人数748人，比上年增加383人，增51.20%；通过劳动争议处理工作，依法为劳动者追回应得收入936万元，比上年增加594.8万元，增63.6%；劳动争议仲裁结案率96.4%，并向10家区属重点厂家企业发放仲裁建议书。

【劳动就业培训】 2009年，浈江区认真贯彻落实省、市“双转移”工作部署、坚持以技能培训促进就业，以创业培训带动就业、政策扶持帮助就业为工作重心，拟定职业培训、技能鉴定、职业介绍、上岗就业“四位一体”工作新思路，先后开展农村劳动力转移就业培训、下岗失业人员再就业培训、农民工技能提升培训和创业培训。至年底，全区举办各类技能培训班12期，培训1287人，其中农村劳动力转移就业培训803人，为市年度目标任务的100.4%；下岗失业人员再就业培训201人，农民工技能提升培训123人；组织推荐有创业愿望的183人参加各种形式的创业培训班，并以共创形式成立“就业创业扶助联盟服务中心”，创建2个创业园创业孵化基地。全区有254名包括大学生、复退军人、下岗失业人员及返乡农民工入园创业，并带动就业人员532人。

【劳动普法宣传】 2009年，浈江区结合“五五普法”宣传，以“春风行动”、“就业援助月”、“民营企业招聘周”、“春暖行动”、“和谐劳动关系创建活动”、“一企一岗、互济共赢”、“大学生专场招聘会”、“农民工专场招聘会”等专项行动及劳动保障年审工作为契机，采取多种形式，把《劳动合同法》、《就业促进法》、《劳动争议调解仲裁法》等法律法规宣传引向深入，扩大宣传的覆盖面，进一步推动法律法规的全面贯彻实施。全年举办劳动保障法律法规咨询宣传活动15场次，参加现场活动4.1万人次，现场接受咨询5316人次，上门为712家企业宣传劳动保障法律法规，出版《浈江区劳动保障信息》期刊8期、发出436份。

【技校办学】 2009年，浈江区境拥有省工业高级技工学校、省南方高级技工学校、韶关市高级技工学校、韶关市第二高级技工学校等4家国家级重点技工学校，以及省重点韶关市机电技工学校、粤北技工学校，省一类韶关市北江技工学校、韶关市交通技工学校和韶关市国威职业培训学校、韶关市浈江职业培训学校等15家民办中职学校。年内，各类技工学校加强办学管理，优化办学设施，重点培养社会实用人才，为辖区企事业单位提供了技能人才保障。

（梁世俭）

社会保障

【概况】 2009年，浈江区社会保险基金管理部门贯彻落实中央和省市社会保险政策法规，按韶关市政府统一部署，强化扩大社保覆盖面，采取各种有效措施确保完成社会保险各项目标任务。至是年11月底止，全区建立养老保险关系101694人、医疗保险关系202621人、失业保险关系101148人、工伤保险关系55369人、生育保险关系34482人。

【养老保险】 2009年，浈江区城镇企业职工基本养老保险有较大进步。1月1日起为企业退休人员加发待遇，年内月人均增加养老金191元，并为企业离休人员和新中国成立前老工人相应增加了待遇。企业离退休人员社会化发放养老金率达100%。协助63名早期离开区属国有集体企业人员向上级劳动部门申请办理一次性缴纳养老保险费。年内，国务院办公厅印发《国务院办公厅关于转发人力资源社会保障部财政部城镇企业职工基本养老保险关系转移接续暂行办法的通知》，企业职工基本养老保险关系实现无障碍转移接续。至年底，全区参加养老保险实际缴费人数达到95348人。

【失业保险】 2009年，浈江区社保机构加大对困难失业人员的政策宣传及帮扶力度，让失业人员了解更多有关失业人员的优惠政策；对失业人员进行家访慰问，并对困难失业人员发放生活困难补助金；提高失业人员医疗保障金，特困失业人员除享受住院医疗待遇外，还能在就近社区医院享受门诊医疗保险待遇。至年底，全区参加失业保险实际缴费人数达112283人。

【医疗保险】 2009年，全区参加城镇职工医疗保险实际缴费227449人，城镇居民参加基本医疗保险74708人，完成任务的100.95%，其中以家庭形式参保37273人，以学生身份参保32633人（辖区中小学校7143人，市直中小学幼儿园1307人，技工学校24183人），以低保户参保4537人（区民政1073人，市民政3464人），残疾人参保265人。年内，浈江区加强医疗保险管理，扩大医疗保险覆盖面，并根据医疗保险基金积累情况，在保证基金正常运作前提下，提高参保人享受医疗保险待遇。

【工伤保险】 2009年，浈江区参加工伤保险实际缴费62474人，全年受理工伤案件93件、出具工伤认定结论25件、达成和解18件、参保人员工伤调查50件。年内，区工伤保险管理部门着力建立工伤保险体系，鼓励企业抓好工伤预防，严格执行国家和省市有关工伤方面的各项政策，对工伤预防先进单位进行奖励表彰，激励企业抓好安全生产，辖区工伤事故率明显下降。此外，为防止浪费有限的工伤保险资源，减少滥用工伤医疗费现象，浈江区加强工伤医药费用支出跟踪监督，一定程度控制了工伤医疗费不正常的过快增长势头。

【生育保险】 2009年，浈江区参加生育保险实际缴费34482人，比上年增长16.5%。是年，浈江区生育保险医疗费继续实施直接与协定医疗机构定额结算的管理制度，并进一步扩大由生育保险基金支付参保人严重高危妊娠病的病种范围，提高严重高危妊娠参保人的医疗保障水平。

（梁世俭）

附：区劳动和社会保障局领导班子成员名录
局　长：卢界群
副局长：梁　伟、朱传海、黄伟强

物价及居民生活

【概况】 2009年，受国际、国内市场价格以及自然灾害等因素影响，浈江区境油价、燃气价格有所下降，普通消费品特别是粮油等生活必需品价格逐渐提高，居民消费价格指数同比上升5.1%，低于全国5.9%和全省5.6%的涨幅。

【市场价格特点】 2009年，浈江区居民价格指数呈现“两低一高”特点，即与人民群众生活密切相关的肉禽蛋菜和瓶装液化气等价格下降，建材、成品油等部分与生产成本相关的价格下降；粮食等收购价和上网电价调高。

【居民收入与消费】 2009年，浈江区城乡居民人均收入15087元，增长8.2%。其中：城镇居民人均可支配收入16368元，增长8.3%；农民人均纯收入6420元，增长6.6%。城镇在岗职工年平均工资36895元，增长10.97%。全年地域社会消费品零售总额达到106.39亿元，同比增长20%。社会消费品零售总额达到47.51亿元，完成年度计划的102.6%，同比增长16%。

（区年鉴编辑部）

民　政

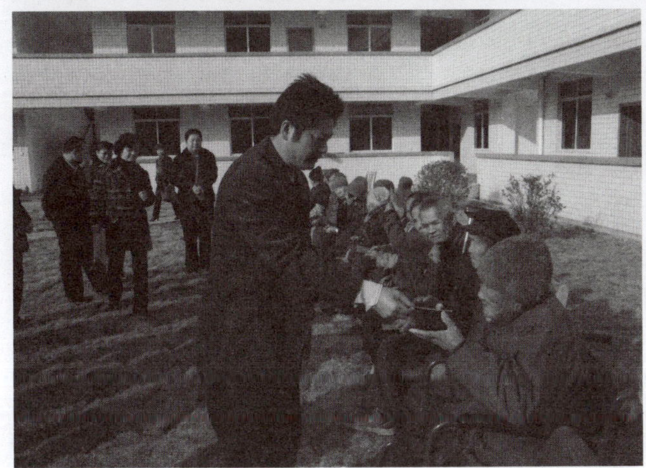

2009年1月9日，区委书记刘卫东带领区有关部门人员看望孤寡老人和困难群众。

【社会救助】 2009年，浈江区共有五保对象105人，全年支出五保供养资金27.41万元，其中集中供养7.8万元，分散供养19.61万元。为保障弱势群体的基本生活，在春节前共为4157个低保对象和105个五保对象发放中央一次性补贴54.73万元。同时为城乡1556户4157人低保对象增发一个月低保金404077元，并按要求组织开展低保对象医疗救助与临时救济活动，临时救济主要包括低保户、低保边缘户及因突发事故造成生活困难的人员。全年共为24户低保对象实施医疗救助，支出医疗救助金3万元；全年进行其他救济44人次，临时性救济共支出0.9万元，并出资39.17万元为374名困难群众子女读书难问题。

【最低生活保障】 2009年，浈江区遵照上级民政部门的要求，积极开展最低生活保障规范化建设工作，做到认真调查、准确核查、应保尽保。低保金通过银行网点实行社会化发放，保证低保金及时、安全、足额发放到低保户手中。至年底，全区共有1573户、3923人享受低保，年支出低保资金575.77万元，其中城镇低保对象1004户、2300人，支出低保资金410.71万元；农村569户、1623人，支出低保资金165.06万元。

（何文胜）

【慈善事业】 浈江区慈善会自成立以来，秉承以人为本、慈善为怀、扶贫济困、救孤助残、赈灾救援、抗击疫情、助学兴教、社会公益的宗旨，积极开展慈善宣传、募集善款和慈善救助等活动。2009年，浈江区慈善会在全区范围内开展“送温暖、献爱心”活动，动员各机关单位、企事业单位、驻部部队、学校等各方面的捐款捐物；为激发广大干部、群众的爱心，广泛募集社会善款，在区委、区政府倡导下，全区从是年起定于每年的10月26日至11月26日为捐款月，并举行“慈善一日捐”活动。年内倡导各行政、企事业单位捐出本月一日的办公经费，个人捐出一日的工资作为对慈善事业奉献一份爱心，全年共募集慈善款100.05万元。至年底，浈江区慈善会共使用支出善款12.9万元救助本市的特殊困难群体和个人，包括助医济困、助学济困、赈灾济困、扶老助残等，并给予相关社会公益性机构进行救助，包括教育机构、医疗机构、敬老院机构等。

【社会福利】　2009年，浈江区加快对区社会福利院大楼扩建后期工程建设，加强跟踪服务和督促检查，确保工程质量和建筑场地的生命财产安全。6月底，扩建区社会福利院大楼土建工程竣工验收，区民政部门加强与有关单位联系沟通，加快做好新扩建大楼装修的各项筹备工作。年内，通过进一步加强区社会福利院的建设和管理，继续完善和落实以岗位责任制为核心的各项规章制度，使福利院的管理和服务水平不断提高。至年底，该项工程已经招投标，并正在进行装修。

【救灾救济】　2009年，浈江区积极开展春夏荒救济。区民政部门在调查摸底基础上，年初对全区缺粮户555户、1554人实施救助，发放粮食54480斤，有效地解决春荒期间灾民口粮和衣被取暖的困难问题。是年7月下旬，区境发生大面积旱情，全区农作物受旱面积1411.7公顷，其中轻旱959公顷、重旱386公顷、干枯66.7公顷。区委、区政府及各级领导高度重视，做到统一领导、精心组织、全力以赴抗旱救灾，力争把旱灾造成的损失降到最低。年内，浈江区积极争取市扶贫基金，连续三年资助市二中、曲仁中学12位初中升高中家庭贫困的学生，每年资助1000元经费。至年底，区财政为解决群众生产饮水问题投入抗旱资金77.6万元，出动抗旱设备140多台次。在组织开展冬季冷暖救济中，通过深入核查，对1272户、3640人救济对象实施救济，发放棉被998床和其他御寒衣物一批。

【老龄工作】　2009年，浈江区共有户籍人口36.8万人，60周岁以上老年人口3.6万人，其中60～69岁1.8万人、70～79岁1.1万人、80～89岁0.5万人、90～99岁有0.2人、100岁以上有9人。年内，浈江区进一步完善养老保障体系，老龄事业经费投入有所增加，老年文化教育有所发展，老人合法权益得到较好维护，有效促进“六个老有”逐步实现；积极开展《老年法》宣传教育，做好老年人维权工作；落实有关政策，做好老年优待服务，年内为9名百岁老人每人每月发放长寿保健金200元，为4800名老人办理老年人优待证。在“九九”重阳节和春节期间，区老龄办在东河健身广场和帽峰公园举办老龄文艺演出和游园活动，老年人踊跃参与，欢聚一堂。

【关心下一代工作】　2009年，浈江区有关职能部门主动配合，进一步关心下一代，加强和改进未成年人思想道德建设，促进青少年健康成长。年内，基层关工组织建立健全网络建设，发挥“五老”优势作用相继成立关工委和关工小组。全区5个镇33个村委、5个街道办事处41个社区居委会分别与区内中小学校都建立关工委和关工小组，关工成员扩大到1750多人，组建率达95%，其中“五老”成员850名。是年，浈江区继续加强和巩固中小学校“四方签约”工作，发挥品牌作用。这项工作全区已坚持10年，覆盖率达95%以上。通过加强学生、家长、学校和派出所之间的互动，使“四方签约”工作成为全区中小学校未成年人思想道德教育、法制教育长期有效的机制，并实现中小学生违法犯罪率为零的目标。此外，区关工委积极协调社会人士以助学形式关心下一代，其中爱心人士林永盛先生在2006～2009年间，每年出500元为母校浈江中学资助20位优秀学生；市荣苑地产有限公司总经理陈丽敏女士在近几年中，为全区234名困境儿童资助学费和生活费近10万元。争取市扶贫基金，连续三年资助市二中、曲仁中学12位初中升高中家庭贫困的学生，每年资助1000元经费。

【老区促进会】 2009年，浈江区委、区政府下发“关于浈江区加快革命老区经济发展的意见”，决定完成老区自然村500人以上公路硬底化、安全饮水等建设工程，有效地促进老区经济和社会各项事业的发展。年内，在老促会协调下，投入140多万元修建老区东联村委翻溪桥村，新建村和环村公路硬底化建设1910米、所建环村排水沟和挡土墙各910米，并新建篮球场和老区群众文化活动室等场所，老区村庄环境进一步绿化、美化。

【婚姻与收养登记】 2009年，按照《婚姻法》、《婚姻登记条例》、《收养法》等有关法律法规的条件和程序，严把登记和审批关，确保登记管理工作依法、有序、顺利开展。至年底，全区共办理结婚登记3282对、离婚登记784对、收养登记25对。

【敬老院建设】 2009年，浈江区共有敬老院3间，分别是犁市镇敬老院、十里亭镇敬老院、新韶镇敬老院，在全区105名五保供养人中，有26人集中在敬老院供养，79人分散供养。年内，浈江区加强对敬老院的管理，严格执行《韶关市敬老院管理目标和责任考核办法》，逐步扭转了敬老院重改造、轻管理的状况，促进了敬老院内部管理，进一步走向规范化发展的轨道。是年9月，犁市镇敬老院、十里亭镇敬老院在市局组织的对全市敬老院考评中，被评为达标敬老院。至年底，全区年支出五保供养资金27.41万元，其中集中供养7.8万元，分散供养19.61万元，农村五保对象实现应保尽保。

【殡葬改革】 2009年，浈江区继续建立健全殡改举报制度，区民政部门在公布举报电话基础上，要求各镇、街也公布举报电话，加大殡改执法力度，坚决查处违法土葬事件，并建立举报奖励制度，形成人人参与殡改监督的良好工作局面。年内，全区各村（居）委会和有关单位按照要求继续以宣传标语、黑板报、宣传栏等形式广泛进行宣传，切实做到家喻户晓，人人皆知，促进厚养薄葬的理念在居（村）民中深入人心，并组织人员经常深入农村和社区检查、了解殡改工作情况，检查“三道两区”有无乱葬坟岗现象，发现问题及时指出并责令改正。全区殡改工作实现“新坟不能冒出来，火化率不能掉下来”的工作目标。

【村务和社区建设】 2009年，浈江区进一步解决村民自治工作中出现的新问题、新情况，督促各管理部门组成检查组到各镇检查指导村务公开和民主管理工作。区民政管理部门严格规范村级财务管理制度，积极推进村账镇代记工作，明确财务收支审批程序，规范“两组”工作职责，不断健全和完善财务管理制度。通过经常性的检查督促，有效促进该项工作的开展。年内，浈江区积极推进“六好”平安和谐社区建设。区民政局会同有关街、镇共同商定创建省“六好”平安和谐社区的单位，指导其按照要求开展创建活动，并根据“一村一社区”或“一村多社区”的农村社区设置模式，结合村庄整治和区内农村实际，在城郊农村集体经济收入较高和各项条件较好的村确定 5 个实验单位。在不增加区财政负担情况下，重新核定社区居委会成员职数和职位设置，并对现有社区工作人员进行合理调配。对因退休等原因出现职位空缺的，按照《浈江区社区工作人员管理暂行规定》面向社会公开招聘 13 人。

【整顿民间组织】　2009 年，浈江区根据省、市关于开展清理整顿社会组织工作的通知精神，认真对照有关方法步骤和要求，积极采取有效措施，及时组织开展清理整顿社会组织工作。在清理整顿工作中，严格按照社会组织自查自纠、业务主管单位清理审查、登记管理机关整顿处理、总结验收四个阶段组织实施，依法依规对需清理整顿的社会组织作出相应的处理。在清理整顿期间，有 40 个未登记的社会组织到区民政局申请办理登记，并撤销 13 个不合格的社会组织。

【界线管理工作】　2009 年，浈江区撤销太平、和平、南门等 3 个街道办事处，合并设立风采街道办事处。在行政区划部分调整的同时，开展创建平安边界工作，及时发现和解决界线管理中存在问题，调处纠纷，维护行政区域界线的稳定。但县（区）界线界桩签约委托管理工作经费还未落实，对县（区）界线界桩签约委托管理工作正常开展造成一定的影响。

（何文胜）

双拥优抚安置

【走访慰问驻区部队】　2009 年，浈江区积极开展“八一”、春节等节日期间走访慰问驻区部队活动，区四套班子及有关单位领导参加慰问小组，走访慰问驻区部队，发放慰问金 80 万元（含驻区单位），并召开军政军民座谈会、复退军人座谈会等。年内，区有关单位与部队开展军地联欢晚会，促进军地双方交流，受到部队官兵一致好评；积极支持部队建设，了解到驻区部队在国防施工、后勤保障等方面存在实际困难时，地方各级党委、政府和有关单位都积极支持，并力所能及地帮助解决；想方设法安排随军家属就业，较好地完成市政府下达的安置任务；区教育部门及学校积极主动与驻区部队联系、沟通，为驻区部队干部解决子女入学入托问题；建立军人立功奖励制度，对本区籍战士被评为优秀士兵或荣立一、二、三等功及驻区部队被师以上机关评为先进单位的，分别给予适当奖励；广泛开展为优抚对象（烈属、因公牺牲遗属、现役军人家属）张挂光荣门牌，表达党和国家对优抚对象的关爱，提高优抚对象的政治地位和社会地位，全年张挂光荣军属门牌 110 多块。

区委书记刘卫东（左一）、区长张德清（左二）带领有关部门领导深入基层调研工作

【优待抚恤补助】　2009 年，浈江区根据物价上涨情况，及时调整提高优抚对象优待抚

恤补助标准：烈属抚恤标准为城镇为805元/月、农村为550元/月，因公牺牲军人家属抚恤标准为城镇735元/月、农村为535元/月，病故军人家属抚恤标准为城镇645元/月、农村为485元/月，在乡复员退伍军人补助标准为490元/月，并按要求及时足额发放各类优抚对象优待抚恤补助金，确保抚恤补助金能够及时发放到优抚对象手中。年内，浈江区认真落实中央、省市关于军队退役人员政策，继续开展对部分军队退役人员身份认定工作，对1954年11月以后参战的退役人员，现居住在农村和城镇无工作单位且生活困难的每月给予140元的生活补助，从10月开始调整提高为230元；全面落实重点优抚对象医疗政策，根据《军人抚恤优待条例》和《韶关市优抚对象医疗保障实施办法》，结合区内实际，制定下发《浈江区优抚对象医疗保障实施办法》，并严格按照要求对优抚对象实施医疗保障；开展"功臣康复行动"，为"三属"、在乡复员军人，伤残军人、参战退役人员购买城镇居民医疗保险及农村合作医疗保险，对特困优抚对象给予临时医疗补助，为优抚对象解决医疗问题。

【优抚对象稳控工作】 2009年，浈江区各镇办按照区委、区政府和区民政局的要求，认真做好调查摸底统计，建立好各类优抚对象台账，及时掌握他们家庭生活状况和思想动向，及时帮助他们解决实际困难，切实把矛盾化解在基层，化解在萌芽状态，努力防止非正常上访事件。全年未发生军队退役人员到省进京上访事件，并在元旦、八一、国庆和春节期间组成慰问组，分别对优抚对象开展走访慰问活动，力所能及地帮助优抚对象解决生产生活困难问题。

【安置军转干部和退伍人员】 2009年，浈江区想方设法对上级军转安置部门下达的军转干部和城镇退伍义务兵进行安置。拓宽就业渠道，通过招工、招干、向外输送等办法安置农村退伍义务兵。继续落实城镇退伍义务兵自谋职业安置改革，共为24名城镇退伍义务兵发放自谋职业一次性安置补助金571200万元，每人发放23800元。

（肖广文）

附：区民政局领导班子成员名录
局　长：邱建平
副局长：曾大海、陈　敏、肖广民

社情民意

【比亚迪项目工程建设】 2008年12月27日比亚迪项目奠基以来，浈江区为加快比亚迪的建设步伐，专门成立由书记任组长，纪委书记、公安局长、主管副区长分别任副组长的工作组对比亚迪实行跟踪贴身服务。在征地过程中，工作组深入村庄，挨家挨户宣传政府征地拆迁政策和创新方法解决失地农民的养老、就业等问题，项目建设得到村民支持，因考虑了失地农民的长远利益，两个月时间就顺利完成整个项目近6000亩征地任务，没有出现农户因征地问题而上访。至2009年底，工程项目的生活区、生产区用地已经移交给施工单位，正在进行清表和平整土地工作，整个工程进程顺利。

【整治市场乱摆卖、乱搭建广告】 近年来，区境五里亭市场周边地段部分小商小贩为招揽生意，无视城市管理的有关规定，随意将自己的小摊档摆放到人行道上，并在该市场周边乱搭建有碍市容的各式大小广告牌。由于人来车往较多，该地段经常出现交通险情或因碰撞引发的口角，给附近居民生活带来很大影响，尤其是一些小菜贩随意把贩卖的青菜摆到马路上，造成这些地段交通混乱，随地乱丢的烂菜烂叶造成环境卫生十分恶劣。2009 年，浈江区组织城监队员对该路段进行清理整治，并进一步加强市场及周边环境的监管，每天派人巡查，为附近群众创造一个良好的生活环境。

【良好卫生习惯宣传】 2009 年，浈江区协助市有关部门在各街道全部商铺派发韶关市关于商铺、居民定时清理丢放垃圾的通知，并利用报纸、电视、电台等各大媒体对定播放大量的公益广告。通过各种渠道的宣传，多数商铺和居民群众遵守规定都能紧密配合，为营造一个良好的生活环境做出了努力，但也有少数商铺、居民为自己的方便，对有关规定置若罔闻，仍然随意随时将自己的垃圾丢放到公共场所，造成街道等公共场所垃圾成堆、污水横流。区城监部门及时宣传教育，要求这些乱丢垃圾的商铺和市民养成良好的卫生习惯并经常跟踪检查，为营造区境美好生活环境收到一定效果。

【打击非法传销窝点】 2009 年，浈江区根据国家和省、市要求，采取突击行动，对非法传销活动进行全面打击。年内，浈江区要求各街道、社区居委会对管辖地区可能存在非法传销活动的出租屋进行拉网式摸底调查，发现 9 个出租屋可能窝点。区工商、公安等部门联合行动，分成 9 个小组对 9 个出租屋采取统一行动。在此次行动中，区联合行动小组在环园西路二幢 12 楼 04 号房成功打掉一个非法传销窝点，抓获 7 名非法传销分子，并将 7 名非法传销分子被移送到南门派出所进行进一步处理。

（区年鉴编辑部）

【汛期渡口安全】 2009 年，浈江区境仍保留 8 处渡口，其中最大的犁市街渡口不但保留了渡人渡船，还有渡车拖船。年内，浈江区城乡建设管理部门为确保汛期渡船渡口的安全，加强乘渡安全教育和宣传，做到安全防范工作重心下移、关口前移，确保渡船安全生产各项措施落到实处，坚决杜绝渡船带病摆渡和超载摆渡。组织人员对辖区内渡船渡口进行全面安全检查，详细了解渡船的检修和运营情况，仔细检查渡船上的安全设施，要求船主定期对渡船进行检修和保养，切实保证渡船健康运行，并要求船工做好义务安全宣传、做好上下渡船的秩序维护和行渡过程中的人员管理。

【“百姓冷暖我先知”活动】 2009 年，浈江区继续推进以“牢记第一要务，引领群众致富，每周访贫问苦，矛盾主动调处”为主题的“百姓冷暖我先知”行动试点工作，定期向群众发放《百姓冷暖表》，通过问需于民，问计于民，服务于民，共办结百姓“冷暖”事项 2000 多件，并把犁市镇作为解决群众困难的重点，筹集近 200 万元解决黄沙、石下、厢廊等村委近 5000 群众的安全饮水问题，筹集近 500 万元解决黄竹、梅塘等村委群众行路难问题。

【下水道长期溢漏污水问题】 2009 年，区境浈江中路 68 号一座居民楼下化粪池长期堵塞，各种污水多的时候溢出人行通道，给周边的群众生活造成严重影响。由于该楼没有物业管理，居委会接到投诉后积极予以帮助，并请施工队到现场察看定价。但是少数住户不愿交款，辖区办事处及居委干部不厌其烦地上门做思想工作，并组织施工队伍将下水道全面清理梳通，有效解决这一污水长期溢漏、严重影响居民环境卫生的问题。

【劳动力培训转移】 2009 年，浈江区充分利用辖区专业技术学校教学资源，有序推进劳动力培训转移工作，有效提高劳动力就业成功率。年内，区劳动社保部门针对城市就业趋势和农民实际情况，制定利用资源相应培训工作方案，认定粤北中等职业技术学校等多家评估合格的培训机构承担培训任务。为保证培训工种与企业用人单位需要一致，区相关部门引导各学校进行市场调查和论证，各个学校根据自己的办学条件，在原有的计算机、电工、家用电器等工种培训的基础上，新开设汽车修理、焊工、钳工、车工和广告制作等市场需求量大的技术工种培训，让接受培训的劳动力掌握当前需求较大的实用型技术，提高农民培训后就业的成功率。在培训过程中，要求各学校严把培训出口关，根据“从做开始、先会后懂”的教学思想，指导学校改革课程结构，调整基础文化课和专业实操课的授课比例，将培训学员结业的标准定位在国家职业技能等级证书的获取上，切实提高学员的实际操作水平和能力，并建立劳动力培训档案和教学档案，做好培训后转移就业跟踪服务，开辟市内就业登记注名、互联网介绍用工及加强与经济发达地区劳动部门联系推荐就业等多种渠道，确保接受培训后的劳动力都能就业。

（区年鉴编辑部）

市区小岛

镇街建设

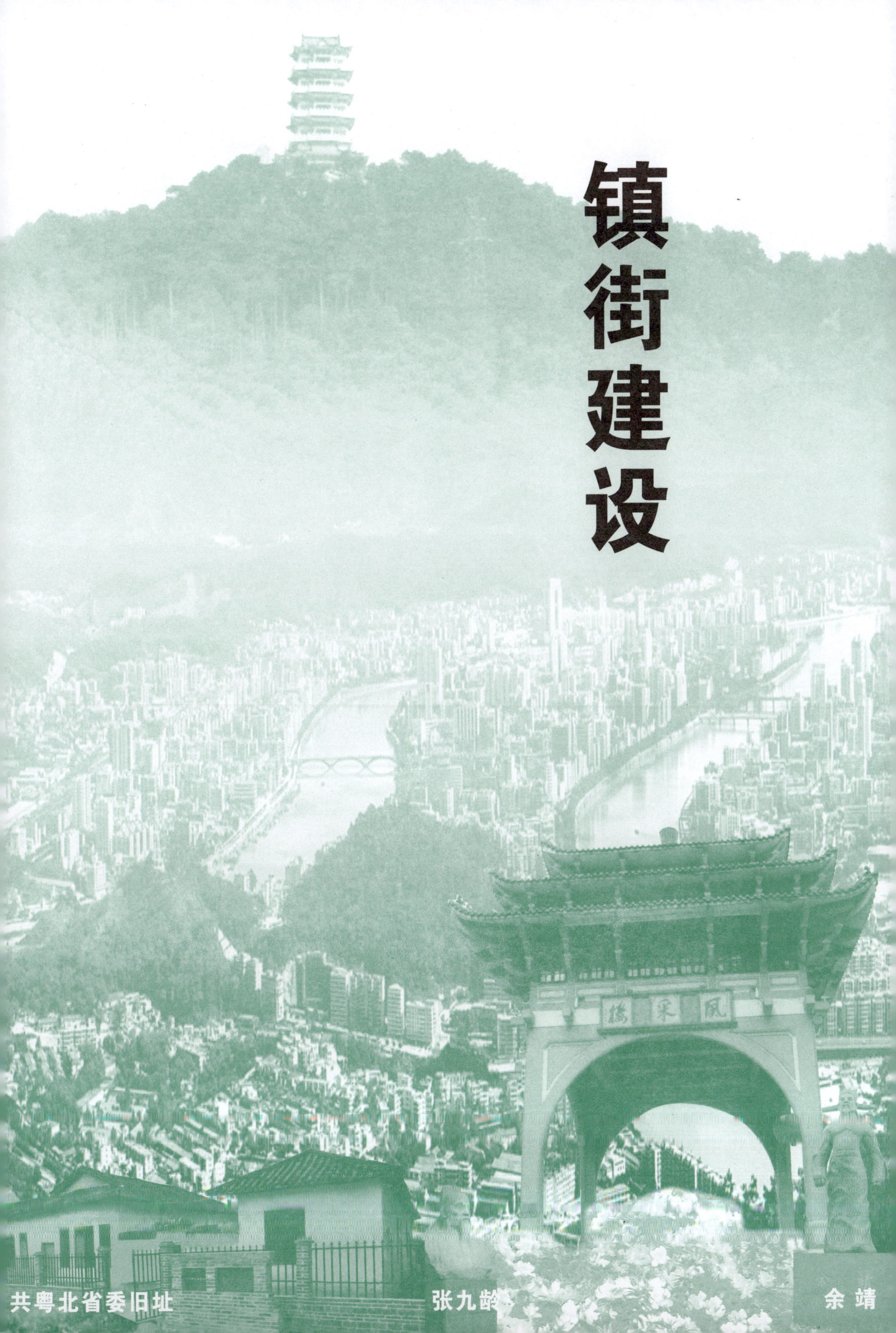

共粤北省委旧址　张九龄　余靖

乡　镇

新韶镇

【基本情况】　新韶镇位于浈江区东北部，东邻曲江区大塘镇，南至市区韶瑶路与车站街道办事处辖区相连，西接浈江区东河街道办事处辖区，北与仁化县属长坝镇相接，辖区总面积100平方公里（含东河街道办和田螺冲办事处面积）。

新中国成立前，新韶镇地域属曲江县东厢乡辖，新中国成立初期仍保留在东厢乡建制内。1952年，韶关市建置郊区办事处后归郊区办事处辖。1956年改由新建置东郊乡人民委员会管辖，1959年7月划归韶关市郊蔬菜人民公社管理委员会管辖，1968年分属环市人民公社管理委员会管辖。1972年，辖区从环市人民公社革命委员会划出独立建置人民公社，取名为“韶关市新韶人民公社”，1983年11月改称韶关市新韶区公所。1984年成立浈江区属新韶办事处，1987年并入东郊办事处建置新韶乡人民政府。1993年11月，浈江区撤乡建镇，新韶乡更名为新韶镇，延续至今，镇政府办公地址在区境启明南路31号。

2009年，新韶镇下辖东河、东联、莲花、府管、侯山、石山、黄金村、大陂、东山、土井、水口、黄浪水等12个行政村（88个自然村）及韶东社区居民委员会，辖区总人口2.8万余人，其中户籍人口中2.3万人，流动人口5000多人。户籍人口中，农业人口1.79万人、非农业人口0.51万余人。

【经济发展】　2009年，新韶镇农业生产以蔬菜、水稻及养殖业为主，全年蔬菜上市量9460吨、水稻产量3644吨，分别同比增长4.1%和2.4%；生猪出栏量达10984头，同比增长8%；家禽上市共298.8万只，同比增11.6%；水产品养殖上市3034吨，同比增长3.6%。是年，新韶镇发展特色产业，立足于“一镇一业、一村一品”发展战略的实施，先后在莲花村委扩大种植本地香芋350亩、芥菜100亩；东山村委扩大种植莲片粉葛100亩，村委种植连片粉葛达250亩；府管村委扩大种植特色蔬菜500亩，村委种植蔬菜面积825亩。此外，新韶镇在陈江村设立冬种

新韶镇办公大楼

示范点，其中试种拿比特西瓜搭建大棚蔬菜20个，设立马铃薯种植示范点，扩大种植面积200亩；全镇形成占地500亩，集餐饮、运动、娱乐于一体的大型郊野生态游乐园；通过招商引资，在石山村兴建银山高尔夫球场，设施毗邻韶关学院，总占地面积2247亩，按国际标准十八洞建设，球场内设施有18洞高尔夫球场、练习场（击球场）、会馆、游泳池、网球场、自然公园、仓库、保养场等，是韶关市主要高档体育活动场所之一；在东山村兴建樱花基地，形成集旅游、观赏、休闲于一体的生态循环农业实体。

新韶镇工商业主要以个体、私营经济为主。年内，新韶镇实行镇、村（居）委联动招商，利益共享，大力发展周边地区及323线、黄金村大桥段房地产和旅游餐饮业、物流业等招商引资，有效增强镇、村经济发展后劲，全年实现招商引资项目1400万元，实际到位项目资金901万元，超额完成全年招商计划87.7%。至年底，全镇共有各类企业1526家（含个体户），其中民营企业86家、餐饮企业60家、个体户1380家。全镇农村经济总收入58760万元，其中农业总收入12785万元、同比增长6.3%，财政收入604万元、同比增长2%；由上级补助收入489万元，预算外资金收入115万元；税收48.23万元，同比增长34%。全镇农民人均纯收入6543元，同比增长11%。

【社会事业】　2009年，新韶镇加强各项社会事业基础设施建设，不断促进辖区政治、物质、精神文明建设同步向前发展。在教育设施方面，继续以打造韶关东片文化、教育、旅游经济带为目标，通过突出本地发展教育的良好区域优势带动辖区社会教育设施建设的发展。至年底，镇内共有中、小学校14所，中等职业技工学校3所，幼儿园4所；在文化体育设施方面，建有2000多平方米的社区体育活动中心，内设露天篮球场、室内羽毛球馆、桌球室、健身室等；在医疗卫生设施方面形成镇、村两级公共卫生医疗体系，全镇共有医院2间、社区卫生服务站6所（含个体诊所）、乡村卫生站13所（含个体诊所），并初步形成有健全的社区卫生服务网络和完善的医疗设施保障体系及食品卫生、公共卫生、疾病预防与控制的监督体系。

【治安综治与信访维稳】　2009年，新韶镇社会治安综合治理坚持严打方针，结合信访维稳工作，扎实开展一系列专项行动，刑事案件发案率明显下降，社会治安秩序进一步好转。在信访、维稳工作方面，建成新韶镇综治信访维稳中心，实行社会治安综合治理与信访维稳工作联动，并健全和完善长效工作机制、制定《领导班子大接访工作方案》等各项工作制度，全年共接访22宗、56人次，其中受理调解22宗，调解率达100%；重点解决6宗疑难案件，接待来访群众和解答法律咨询498人次。在社会综合治理方面，开展每月重点排查、帮教刑事释放人员、及时化解社区矛盾等活动，全年共对重点社区进行177次排查，对辖区4名刑释人员给予重点帮教。在打击矿产非法开采、维护市场经营及食品安全过程中，先后对非法开采发出5份整改通知书25份、警示通知2份，对小旅馆“三合一”场所发出5份整改通知，检查腐竹厂25间、取缔不符合卫生条件的厂家12间，较好地规范了辖区市场经济秩序。此外，年内还分别组织人员学习《宪法》、《村民委员会组织法》、《物权法》、《农产品质量安全法》、《农村土地承包法》等与农村生产、生活密切相关的法律、法规知识，并在年内开展法律培训班2期，受培训92人；举办法制宣传栏14期、张贴法制宣传标语60条、发放普法资料6000多份。

【民生与社会保障】 2009年，新韶镇坚持民生工作是大事，以关心困难家庭、推进辖区新型农村合作医疗、抓好人畜传染病防治、改善群众生活环境为目标，不断促进辖区居（村）民民生与社会保障工作向前发展。年内，辖区实现新型农村合作医疗参合率100%，全年共支出报销农村合作医疗专项资金130万元，报销合作医疗资金共600人次；全镇有135户困难家庭享受低保，381人享受最低保障金待遇，共支付低保金43.62万元；对全镇3205户养殖户发放防治禽流感的注射疫苗，并为全镇213头耕牛，10000只鸡注射疫苗，为大中养殖场发放消毒药30箱，疫苗46300只，有效防止禽流感的发生；筹措资金50多万元完成东联翻溪桥、洋村等村庄脏乱差整治；完成131户农房改造，并投入资金68万元完成黄浪水村水圳建设项目。

【人口与计划生育】 2009年，新韶镇积极贯彻国家及省、市有关人口、计划生育的各项政策、法规，继续实行计生工作目标责任制，强化奖罚力度，全镇人口与计生工作更进一步。至年底，全镇人口计划生育率达90.91%，人口自然增长率9.01‰，育龄人口“三查”率94.77%，其中双无村7个、占58.33%。年内，全镇各村委会均配备计划生育专职副书记或助理。

（卢 军）

附：新韶镇党委、人大、政府领导班子名录
党委书记：刘永宏
党委副书记：邓伟霖、彭荣华
党委委员：张洪基、欧国梁、陈如碧、何 锋、温六娥、刘敏车
人大主席：刘永宏
人大副主席：陈如碧
镇 长：邓伟霖
副镇长：张洪基、吕玉山

乐园镇

乐园镇办公大楼

【基本情况】 乐园镇位于浈江区南面，东与新韶镇、曲江区马坝山子背村接壤，南接曲江马坝水口白土与武江区西河镇、韶关冶炼厂交接，西临北江与武江区隔江相望，北与浈江区车站办事处对接，辖区总面积33平方公里（含车站街道办事处面积）。

新中国成立前至成立初期，乐园镇地域属曲江县东厢乡辖。1952年，韶关市建置郊区办事处，镇属地域划归韶关市郊区办事处辖。1956年撤销韶关市郊区办事处，镇属区域改由新建置的东郊乡人民委员会辖，1959年7月划归韶关市郊蔬菜人民公社管理委员会辖，1960年2月转由韶关市郊环市人民公社管理委员会辖，1961年改由新建制的东河人民公社管理委员会辖，1962年划归东河办事处辖，1966年划归郊区办事处辖。1968年11月撤销郊区办事处，镇属区域划归环市人民公社管理委员会管辖。1969年11月，镇属区域由新建置南郊区街道革命委员会辖。1975年11月，南郊区街道革命委员会与东河

区街道委员会合并成立浈江区革命委员会。1984年，浈江区设南郊办事处建置，下辖教场、沙梨园、长乐、新村、六合、坝厂等六个大队。1987年，南郊办事处升格为南郊乡人民政府（简称南郊乡）。1993年11月，浈江区撤乡建镇，南郊乡更名为乐园镇，延续至今。镇政府机关设在区韶南大道北60号。

2009年，乐园镇下辖区有7个村民委员会及3个社区居民委员会，总人口69019人，其中户籍人口54288人，外来流动人口14731人。

【经济发展】 2009年，乐园镇充分利用辖内的地理位置和传统经工业基地优势，积极发展辖区工业、旅游、餐饮、娱乐服务业，具有韶关市最大的三鸟、水果、蔬菜、粮食、日用百货等批发市场，并有韶关市最大的汽车整车和零配件批发销售市场，还有粤辉日用品批发市场、东明广客隆、城市广场、水果批发市场、蔬菜批发市场等一批上规模的商贸业。农业方面积极推进“公司+基地+农户”的农业产业化经营模式，大力培育和发展甜竹笋、淮山、粉葛等蔬菜基地、种猪、生猪、蛋鸭等养殖基地及鱼塘、水产基地，并形成以坝厂为核心的城郊农业经济带。至年底，辖内有工商企业2520家（含个体户），各类商务酒店、宾馆旅业20余家，从事物流业的企业亦超过10家，总收入10多亿元（含商业）；全年蔬菜上市量达到7600吨，同比增长8%；塘鱼上市520吨，同比增长8%；生猪饲养32420头，出栏15209头，同比增长9%；三鸟饲养39万只，上市30万只，同比增长10%；蛋品上市43吨，与上年同期持平。2009年，辖区实现农业总收入5942万元，同比增长16%，农村人均收入9948元，同比增长7.5%，村集体收入日益壮大。全镇实现经济总收入达到12.8487万元，同比增长12%；固定资产投资完成8932万元，占目标任务的100%；全镇地方财政一般预算收入实现124万元，同比增长10%；税收121万元，同比增长18.43%，其中征收房产税47.6万元，同比增长161.72%。

【社会事业】 2009年，乐园镇围绕区委、区政府“建设经济强区，构建和谐浈江”战略目标，在稳步推进辖区经济社会发展的同时，积极发展社会各项事业。在基地设施方面，先后投入资金1200万元用于实施镇辖区道路、通讯设施建设，并投资200万元对韶南大道进行改造；通过引资对辖区南郊三公里的排水渠进行改造，对沙梨园、长乐、新村等自然村道，投入6万多元进行路灯安装。年内，乐园镇启动创建教育强镇工程，成立以镇长为组长的乐园镇创建教育强镇领导小组，制定《乐园镇创建广东省教育强镇工作实施方案》，并设创建教育强镇办公室在镇辖的韶关市第八中学，由办公室负责组织、协调创强日常工作。在文体、卫生设施方面，乐园镇辖区汇聚南枫碧水园、御景园、江山花园等多处高档住宅小区，生活环境优雅舒适，沿江文化雕塑长廊、健身广场为辖区居民提供良好的文体活动场所。至年底，辖区内村村道路实现硬底化，各自然村均实现通电、通有线电视、通电话。

【社会综治与信访维稳】 2009年，乐园镇制定信访维稳工作考核制度，成立社会治安综治信访维稳中心，落实责任制，建立隐患排查和信息汇报制度，实施多部门联动整合，加大社会治安综合治理力度，并在临近国庆节期间，采取24小时对重点对象监控等强有力的措施，充分发挥政府处理、应急突发事件的能力。年内，乐园镇沙梨园村委、城南居委圆满完成“村级安全生产管理机构建设”

试点，南枫碧水园住宅小区完成安全文明社区建设试点工作。此外，镇政府在年内分别与各村（居）委会签订社会治安、安全生产、消防工作目标管理责任书，开展辖区村（居）委会及有关企业安全生产大检查，并对各村（居）委会“四小”、“三会”场所消防安全隐患进行专项整治，全年安全检查100家（次），排除安全隐患150余件。

【民生与社会保障】 2009年，乐园镇共有95户家庭、221人享受到最低生活保障金，全年向农村低保户发放低保金302724元；为480位老年人办理老年优惠证；对48户118人发放春荒救济粮7050斤，为62户人家发放冬寒救助棉被；全镇参加新型农村合作医疗7665人，参加率达100%，年内报销医疗费支出89.3万元，有425多人次得到补偿，其中有6人享受医疗救助金共6900元。此外，全镇在年内发放种粮补贴496户，共计101460元；给予汽车、摩托车补贴11户，共计44985元；给予家电下乡补贴46户，共计15655.71元。至年底，该镇获得“浈江区新型农村合作医疗先进集体”称号。

【计划生育】 2009年，乐园镇认真贯彻落实国家和省、市有关计划生育的各项政策，扎实开展辖区的计划生育工作。至年底，全镇共落实“四术”519例，同比“四术”增加14例；已婚育龄妇女综合节育率达到86.14%；全年辖区已婚育龄妇女应查环查孕12163人次，已查环查孕11705人次，占应查环查孕率96.23%；全镇新生婴儿出生492人，计划生育率为95.53%，同比出生人口减少37人，计划生育率提高0.07个百分点。镇政府被评为“浈江区无政策外多出生孩镇”、“浈江区人口与计划生育先进单位”。

【精神文明建设】 2009年，乐园镇以“建设和谐乐园”为主导，通过开展创建“窗口之星”、“安全文明社区”等活动，先后举办少儿演讲、书法美术大赛及男子篮球、拔河、游泳赛等文体活动，分别举办舞蹈、钢琴、书法、摄影等多个艺术类培训班，辖区文化站还开展送戏下乡活动，辖区中小学生在参加市田径、举重、柔道、篮球等比赛中共有10人次获奖。年内，为净化辖区文化市场，按区委统一部署先后开展整治网吧、音像市场、电子游戏、录像室等文化场所专项行动。至年底，乐园镇分别获“浈江区全民健身先进单位”、“浈江区城市体育先进社区”称号。

【环境卫生】 2009年，乐园镇按照韶关市“创建国家卫生城市”工作统一部署，扎实推进辖区的环境卫生整治工作，并积极筹措资金，加装“四防装置”基础设施改造，加大对农贸市场的整改和管理力度，有效提高市场管理和卫生水平，并保质保量完成卫生保洁、除四害等日常性工作任务。年内，该镇教场村、沙梨园下元村成功创建为省级卫生村。

（陈泉冰）

附：乐园镇党委、人大、政府领导班子名录

党委书记：吕德基

党委副书记：陈景柏、唐孝坤

党委委员：陈泉冰、张莉琴、巫宝仁
谭振兵、叶伟坚、邓永辉
何海林

人大主席：吕德基

人大副主席：巫宝仁

镇　长：陈景柏

副镇长：陈泉冰

十里亭镇

十里亭镇办公大楼

【基本情况】 十里亭镇位于韶关市区北郊，东与仁化县长坝交界，东西面临浈江、武江，北与本区犁市镇五四村相接，辖区总面积58平方公里（含风采街道办事处面积），镇政府机关驻十里亭大道。

十里亭镇行政区划始于民国时期，其名取自镇区所建茶亭距韶关火车站十里路程，至韶关解放初期仍为黄岗乡辖。1952年，十里亭镇辖区划归韶关市郊区办事处，1956年划归韶关市太平街道办事处辖，1959年7月划归韶关市郊区人民委员会辖，1960年2月改由韶关市郊环市人民公社管理委员会辖。1969年12月，十里亭镇辖区从环市公社划出独立建置，成立十里亭人民公社，1978年11月更名为北郊人民公社革命委员会（简称：北郊公社）。1983年11月，北郊公社改为十里亭区公所。1984年9月北江区建置县级区后，十里亭区公所划归北江区辖。1985年1月，北江区将十里亭区公所改置办事处。1987年1月，北江区撤十里亭办事处建置十里亭镇。2004年7月，十里亭镇随北江区划归浈江区辖。2009年，十里亭镇下辖靖村、金凤坪、五里亭、良村、腊石、湾头6个村民委员会（39个村民小组）及黄岗、十里亭、五里亭3个居民委员会。辖区总人口63000人，其中农业人口12538人。

【经济发展】 十里亭镇经济以工业和城郊型农业为主。2009年，十里亭镇工商业经济立足于镇、村级企业发展格局，形成以铸锻、水电设备生产为主，并大力发展房地产业及第三产业，全年完成工业生产总值10649万元；农村经济推进“公司+基地+农户”产业化经营模式，先后建成500亩蔬菜基地，并培育和发展花卉基地、沙田柚基地、无花果基地及畜禽种苗基地，规模形成3500亩蔬菜和3100亩水产基地。至年底，全镇引进资金899.25万元，固定资产投资累计达10023万元；地方财政一般预算收入达350万元，比上年增长16.5%；可支配财政收入215万元，各项税收总额102万元。全镇蔬菜上市量达14716吨，鲜鱼上市达1368吨，生猪出栏量达26562头，三鸟饲养52万只，蛋类上市494吨；农村集体经济收入达26830多万元，总收入40427万元，同比增长9%；农村人均年收入7797元，同比增长13.5%。

【社会事业】 2009年，十里亭镇投入资金150万元用于镇辖的基础设施和环境建设，投资35万元用于辖区市场建设，先后新建五里亭市场，改造益群市场、黄岗市场和十里亭市场，并改装路灯、改建镇内街道。至年底，全镇共有中学3所（初级中学2所、职业高中1所），公办小学8所，幼儿园8所，并有成人文化技术学校9所；有运动场8个、篮球场33个（其中灯光球场4个），另有2个村（居）委会建成全民健身广场3000平方米；有医院4间、社区卫生服务站2所、卫生站15所，全镇初步形成有健全的社区卫生服务网络和完善的医疗设施保障体系，并逐步完善食品卫生、公共卫生、疾病预防与控制监督体系；镇辖农村实现村村道路硬底化，各自然村均开通供电、供水、电视、电信网络及信息网络。

【社会综治与信访维稳】 2009 年，十里亭镇成立由镇领导及各部门主要领导组成的信访维稳工作领导小组，实行部门联动制，通过制订应急预案、问题排查等实施方案及信访工作方案，进一步完善辖区重大事项报告、信访接待、检查督办、排查调处等各项制度，签订责任书 500 份，并建立镇、社区（村）防控体系，成立由 200 人组成的巡防队，在辖区各复杂场所（路段）安装视频监控系统，为 859 人非户籍人口办理暂住证，对 421 户出租屋进行登记。在推进平安和谐社区建设方面，该镇开展“六好”（即：自治好、管理好、服务好、治安好、环境好、风尚好）平安和谐社区创建活动，共有 3 个社区被创建成为“六好”平安和谐社区。在处理信访、上访问题方面，继续实行挂点领导及单位部门包案、包干制，强化“五包三访”制度，并在年内投入资金 15 万元成立镇综治信访维稳中心。至年底，全镇共发生刑事案件 7 宗，破 7 宗；治安案件 15 宗，查处 15 宗，抓获各类违法犯罪嫌疑人 17 人，其中刑事拘留 9 人、逮捕 9 人、移送起诉 9 人；查处吸毒人员 5 人，其中强制戒毒 3 人、送劳动教养 2 人；接访申诉、投诉案件 19 宗，调解成功 19 宗；接待上访群众 67 人次，全镇在年内无人越级到省或进京上访。

【民生与社会保障】 2009 年，十里亭镇把民生与社会保障作为工作重点，全镇农业人口和非农业人口均参加合作医疗保险，参加农村合作医疗达 100%，报销医疗费达 103.82 万元；全镇有 239 户困难家庭享受低保，585 人享受最低保障金待遇，共支付低保金 78.6600 万元；全年发放赈灾扶贫救济粮 4.575 吨，69 户春荒受灾缺粮农户共 196 人受助。此外，全年向困难群众发放棉被 50 张，并发放扶持资金 2 万元，对 9 户残疾人家庭进行房屋改造。

【计划生育】 2009 年，十里亭镇认真落实国家和省、市计划生育的各项政策，扎实开展计划生育“两无”工作，全镇参加查环查孕 10479 人次，查环查孕率为 94.87%，其中完成“四术”任务 464 例，全镇 7 个村（居）委都无政策外生育。年内，全镇新生婴儿出生率为 9‰，比上年同期下降 0.68‰；计划生育率为 95.04%，比上年同期下降 0.16%。

【精神文明建设】 2009 年，十里亭镇继续围绕创建安全文明小区、文明社区、文明镇、文明村开展精神文明建设，先后举办演讲比赛、建党 88 周年大合唱比赛、少儿书法美术大赛、男子篮球赛、拔河比赛、游泳赛等 17 场次文体活动。其中辖区中小学生在参加市田径、举重、柔道、篮球等比赛中共有 13 人次获奖。年内，为净化辖区文化市场，先后开展整治网吧、音像市场、电子游戏、录像室等文化场所专项行动。为推动健康的群众性文化活动的开展，分别举办舞蹈、钢琴、书法、摄影等多个艺术类培训班。辖区文化站在年内开展送戏下乡活动，全年共放映免费电影 8 场，演出曲艺节目 8 场。至年底，全镇有 1 个村委被评为市级文明小康村，87% 的农户获“十星文明户”称号，五里亭村委被评为市级文明村。

（吴小林）

附：十里亭镇党委、人大、政府领导班子名录

党委书记：吴金宪
党委副书记：谢向军、钟沛珍
党委委员：饶　聪、潘建经、饶瑞明
　　　　　陈建英、王　兵
人大主席：吴金亮
人大副主席：潘建经
镇　长：谢向军
副镇长：张光宝、黎郁群

犁市镇

犁市镇办公大楼

【基本情况】　犁市镇位于韶关市北郊，东与仁化县交界，南接浈江十里亭镇，北连乐昌市，西与乳源县对接，辖区总面积305平方公里。

犁市镇古称犁市渡，明末清初设街（墟）场，称犁头埠墟。民国时期改称犁铺头，后又改称犁市。新中国成立初期，辖地属曲江县第五区，建置犁市乡。1955年6月，改称犁市区，辖花坪、犁市、黄塱、沙元、大村、下园、桂头、厢廊8乡。1957年7月，犁市镇地域划归新建置的韶边瑶族自治县属。1958年10月，撤销乡建制与重阳合并建置韶北公社。1959年7月，撤销韶北公社，分设犁市、重阳公社。1961年3月，犁市公社复归曲江县辖，并在6月分出仙人庙单独成立公社，1964年6月分出花坪单独设镇。1983年11月撤销公社建区，犁市公社改为犁市区公所。1986年12月撤区建乡（镇），犁市区公所改为犁市镇。2001年12月，梅村镇并入犁市镇。2004年7月，犁市镇地域从曲江县划出归浈江区辖，办公地点在犁市镇人民北路1号。

2009年，犁市镇下辖黄竹、黄沙、石下、五四、下陂、犁市、群峰、新联、沙园、黄塘、下园、厢廊、大村、溪头、梅塘等15个村民委员会（163个村民小组）及犁市镇社区居民委员会，有总户数10140户，总人口4.63余万人。

【经济发展】　2009年，犁市镇经济发展以工农业为主。工业借助于辖区良好的发展环境和区位优势，大力推进先进制造业基地建设，通过加快推进工业结构优化升级，快速吸引、聚集各种生产要素，形成新的产业集聚；农业以推进产业化、发展高效生态农业为目标，科学制定“东旅游、南商贸、西蚕桑、北粮油、中瓜菜”总体发展思路，先后在辖区东片的黄沙、黄竹村发展以假日休闲农庄、生态旅游业为主的经济型农业；在南片发展以服务浈江产业园为中心的美食街、建材街、经济适用房等项目；在西面的下元、沙元村发展以“种桑养蚕”为主的千亩规模桑蚕农业基地；在北片的梅村、新联、下陂村建立以“梅花香”优质米和“犁铺头”花生油两个品牌无公害农业示范基地；在犁市、群丰、厢廊、黄塘、五四村先后建立3个无公害蔬菜基地及1000亩优质淮山基地、1000亩“犁市香瓜”品牌种植基地。年内，犁市镇大力开展招商引资工作，坚持“引资金、引产业、引人才、引品牌、引技术”原则，实施“优惠政策招商”与“优化环境招商”相结合，取得良好效果；全年共招商引资项目5个，协议资金30多亿元，年内实际到位资金810万元，其中有投资30亿元的比亚迪汽车项目落户镇石下村委会，并形成以水电、制造、冶金业为主，兼顾服装、酿酒、食品等加工业。至年底，全镇有私营、个体工商业共500多户（含浈江园创业基地进驻工业企业35户），建有超市3间、农贸市场2个、农副产品流通合作社6个，还对3条主要商业街进行全新改造。全镇实现工农业总产值6.33亿元，比上年增长4%，其中农业总产值1.94亿元，同比增长7.6%；工业总产值2.38亿元，同比增长8.2%；第三产业2.01亿元，同比增长8%。全镇财政收入1931元，同比增长20%；税收5080万元，同比增长16%（国税收入3149万元，地税收入1931万元）；农民人均收入5326元，年均增长8%。

【社会事业】 2009年，全镇先后投入资金150万元对镇内主要街道进行全新改造，铺筑大理石和彩釉砖，安装高档路灯；对城镇实施美化、绿化、亮化、净化工程，提升城镇品位，投资35万元用于辖区市场建设，改造农贸市场；投入交通、水利、饮水工程建设资金达1680万元，其中基础设施项目建设投资100多万对黄坑、黄陂、大樟山等八大水库进行排险加固；筹集57.75万元为黄沙、梅塘、溪头等6个村委会修水渠、水圳5000多米；筹集438.3万元资金为黄竹、下园、群丰等5个村铺设20公里长、4米宽的硬底化村道；筹集137万元为下陂、黄沙、石下、大村实施安全饮水工程，解决了6000多群众的安全饮水问题；年内，为纪念抗洪英雄李大为，筹资400多万元兴建的犁市中学大为教学楼和纪念亭落成并投入使用。至年底，全镇共有各类学校16间（所），其中高中1间、初中2间、完全小学5间、幼儿园2所，一至三年级村校8间，在校学生总数5156人，专职教师350多名；适龄儿童入学率达100%，初升高、升技校升学率达90%。全镇共有医院2间、社区卫生服务站1所，以及卫生所15所，并初步形成有健全的社区卫生服务网络、完善的医疗设施保障体系及食品卫生、公共卫生、疾病预防与控制等监督体系。全镇共有运动场8个、篮球场33个（其中灯光球场1个），拥有镇广播站、电视差转台、卫星地面接收站及电影院、文化站等公用设施，电视差转已实现与韶关市区并网，可接收电视频道达40个，有线电视通村率达100%。

【社会综治与信访维稳】 2009年，犁市镇围绕稳定、和谐、发展为主题，把建设“平安和谐犁市”放在首要位置来抓，通过责任落实、部门联动，即时化解基层群众矛盾，有效达到社会综合治理工作最佳效果。在社会治安治理方面，健全、完善村级治保调解组织，成立各村综治工作室，通过每月排查制度落实，做到早发现、早调处，把矛盾纠纷化解在基层、解决在萌芽状态；在创建“平安校园”活动中，制定《犁市镇开展集中整治校园及周边治安秩序专项行动实施方案》，联合公安机关等综治力量对敲诈勒索、盗抢校园物资器材等严重违法活动进行严厉打击，维护了校园及周边区域的社会稳定；全年破获刑事案件23起，查处治安案件68起，各类事故、案件同比下降12%。在信访、上访处理方面开展镇主要领导接访活动，并形成月接访日制度；在化解各类矛盾纠纷中，镇委、镇政府注重引导群众通过法律渠道解决矛盾纠纷问题，有效治理“缠访”、“闹访”，突破一批“老大难”信访事项，有效遏制越级上访势头；在解决农村突出问题方面认真落实浈江区（1+3）方案（即：一个案中，一个领导负责、一个调处工作组、一个解决方案）；在开展“百姓冷暖我先知行动”活动中，共化解、解决有关饮水安全、村级道路、产业发展、征地补偿、困难救助等矛盾、问题 1830 件（次），在全国及省、市“两会”和纪念国庆 60 周年期间，辖内没有到省或进京上访人员。在综治、维稳活动方面先后开展“五五”普法教育、村乡基层民主法治等系列法律、法规宣传，通过开展“构建和谐犁市”法制宣传教育活动，进一步促进辖内社会各项事业全面发展。

【民生与社会保障】　2009 年，犁市镇切实做好各种困难救济优抚工作，全年共发放五保、低保户救济金 76.0974 元，同比增加 19.4538 元；在发展辖区慈善福利事业、实施困难群众医疗救助及自然灾害应急救助等方面，辖区通过建立“扶贫帮困”的长效机制，进一步促进民生保障工作的开展；在推进新型农村合作医疗制度方面，全镇实现参合新型农村合作医疗率达 100%，全年农村合作医疗报销 1678 人次，合计报销 249.9 万元，同比增加 728 人次、增加报销 83 万元；在实施农村安居工程、推进农村公共设施建设方面加快农村泥砖房改造进度，重点抓好“水、电、路、医”等公共设施建设，辖区的群丰村委水心坝、犁市村委下寮等村在年内通过省级“卫生示范村”验收。

【计划生育】　2009 年，犁市镇继续实行计划生育工作目标责任制，镇属机关干部、职工实行“一岗双责制”，做到落实一例，核减一例；在镇属 5 个计生后进村中，明确村支书、主任第一责任人；对后进村转化工作不明显的一个季度通报一次，连续通报两次的对村党支部书记给予调整；在流动人口管理方面，健全党政统一领导、各职能部门齐抓共管工作机制，并落实管理经费和人员。在抓政策落实方面，通过开展“计生集中服务月”及“关爱女孩”为主题的宣传教育活动，集中进行育龄夫妇随访和“三查”，并送避孕药具上门；对计划生育好的落实奖励措施，对违反计划生育政策的钉子户，充分发挥处罚一例、影响一个村、兑现一例、教育一大片的作用。至年底，全镇参加查环查孕共 965 人次，实现查环查孕率 93.6%，其中完成“四术”35 例，全镇村（居）委无政策外生育；辖区新生婴儿出生率为 7.15‰，计划生育率达 95.39%；镇计生办分别评为省、市人口与计划生育工作先进单位。

【精神文明建设】　2009 年，犁市镇立足“构建和谐犁市”主题开展精神文明建设，在新农村建设方面，实施乡村“清洁美”建设工程，共建立垃圾池 50 个、公厕 5 间，配置垃圾桶 16 个，并对镇内主要公路沿线实行绿化、亮化改造，道路绿化面积达 800 多平方米；全镇新增绿地 9000 平方米，绿化造林 1000 多亩，有效提升辖内自然景观文明概貌。在推进镇乡文体活动方面，先后组织举办以“构建和谐犁市”为主题的文艺晚会、“梅花香”杯元旦篮球赛、春节文艺晚会、元宵焰火晚会等重大主题宣传活动，并在 7 月份举办犁市镇贯彻落实科学发展观专题文艺晚会和纪律教育月学习活动暨创省文明卫生城镇动员文艺晚会两场重大文艺活动；在开展文明社区创建活动中，辖区还开展一系列旨在促进辖区和谐发展群众性文体活动，重阳节辖区组织本镇离、退休干部、集镇及周边老人共 600 余人进行登高活动。年内，犁市镇组建业余文艺队伍，春节期间到各村委免费演出 20 场次，其中所表演的“舞春牛”节目曾被中央台及韶关台作为非物质文化遗产节目多次展播；在韶关市举办“银杏杯”龙舟大赛中，犁市镇组建 13 支龙舟队参加大赛，其中 3 支龙舟队取得优异成绩；在浈江区组织的干部职工参加区庆国庆歌曲合唱比赛中，该镇获得三等奖。

（廖乙清）

附：犁市镇党委、人大、政府领导班子名录

党委书记：叶东升

党委副书记：邹来胜

党委委员：肖信芳、罗烨红、邓军明、
夏让辉

人大主席：叶东升

镇　长：杨明

副镇长：曹志文、杨志亮

花坪镇

花坪镇办公大楼

【基本情况】　花坪镇位于浈江区东北部，东经113°29′00″~113°34′23″和北纬24°55′20″~25°06′00″之间，东与仁化石塘、董塘相接，北与乐昌廊田相连，西接浈江区犁市梅村，南与犁市镇接壤，辖区总面积76.47平方公里（含曲仁办事处面积）。

花坪镇成立于1964年6月，1966年因境内曲仁矿务局改称为“红工矿务局”，该镇亦更改为“红工镇”；1981年复称花坪镇，仍属曲江县辖。2004年7月，花坪镇从曲江县划出归浈江区属辖，镇政府办公地址在花坪镇花坪大道。

2009年，该镇下辖花坪、长地头、奎塘、西牛潭、石屋等5个村民委员会（共38个自然村）及1个居民委员会，辖区总户数2200多户，总人口7189多人，其中农业人口6381人。

【经济发展】　花坪镇经济发展原以煤矿开采、经营为主，2004年辖内的曲仁矿务局破产关闭后，该镇转为农业、林业及加工制造业。2009年，花坪镇充分利用4874亩耕地面积、4400亩鱼塘水库面积、8万多亩，地面积及60.8%的森林覆盖面等地理优势，立足于“山字”和“水字”做文章，推进农业产化结构调整，大力发展休闲农业、生态农业及林业等产业基地，在不断提高林业收入基础上，以西牛潭水库为依托，开展养殖、种植、旅游等于一体化农业项目。年内，该镇先后做好冯氏生态庄园、番雄科技牧业有限公司2个集养殖、种植、旅游、观光休闲于一体的农业重点发展项目，并根据原有企业闲置厂房、场地、土地及其他资源加大招商引资力度，积极引进、扶持对口、纳税型企业，先后引进“荣达兴木制品加工企业”、“五马寨菌业花坪灵芝、赤芝培育示范基地”等。

【社会事业】　2009年，花坪镇依托原省属煤矿老工业基础，社会各项事业均有较好发展。至年底，全镇有乡村公路40多公里，实现镇与行政村公路硬底化率100%；建有移动与联通基站4个，无线通讯信号覆盖全镇，固定电话开通5000多门，全镇90%以上的农户都有手机或固定电话，并建有宽带网等国际互联网服务项目；建有花坪镇自来水厂，每天提供5000吨的自来水，各村委基本实现干净卫生饮用水，还可满足辖内工业用水；建有一个11万伏现代化变电站，完成农村电力改造，全镇100%实现两改一同价；建有学校4所，其中有花坪实验学校1所、小学2所、中学1所，小学入学率达100%，升初中率达99%。镇内的文体设施由原驻镇矿区提供，主要有室内羽毛球室、乒乓球室、棋牌室、健身操室及室外健身广场、篮球场、多功能健身广场等10多处，并有露天舞台、电影院、图书馆等各类文化设施，电视使用终端可接收中央台各套以及各省地方台电视节目40多套。镇内卫生医疗设施有曲仁人民医院（由镇卫生院与原曲仁职工医院合办），有医护人员90人，80个床位，并在各村还设有卫生所、诊所5个，辖区农村新型合作医疗参合率达100%，并正在进行社区居民参加社会医疗保险。

【民生与社会保障】 2009年，花坪镇坚持把民生与社会保障工作作为实施“民心”工作的重点，切实做好各种困难救济优抚、关心孤寡老人、为五保和低保户发放救济金等，积极为慈善福利事业、特殊困难群众及自然灾害人员实施应急救助；积极推进新型农村合作医疗制度，全镇实现参合新型农村合作医疗率达100%；建立“扶贫帮困”长效机制，进一步促进辖区民生保障工作健康发展。

【计划生育】 2009年，花坪镇继续实行计划生育工作目标责任制，镇属机关干部、职工实行“一岗双责制”，做到落实一例，核减一例，并在镇属各村、居委会中明确村（居）委会党支部书记、主任第一责任人；开展“计生集中服务月”及“关爱女孩”的宣传教育活动，集中对育龄夫妇随访和“三查”；落实奖励措施，对违反计划生育政策的人员进行处罚，并对计划生育工作做得好的人员进行奖励。

（姚干华）

附：花坪镇党委、人大、政府领导班子名录
党委书记：刘伟光
党委副书记：卢伟红
党委委员：廖亚娇、李志坚、刘国成、
廖锦和、潘寿段
人大主席：刘伟光
镇　长：卢群吉
副镇长：廖亚娇、神戴光

村委会简介

【东河村】 位于新韶镇南部，由4个自然村组成，主要姓氏有陈、张、何、曾等。经济历以农业为主，种植作物有水稻、蔬菜、花生、果树等。改革开放后，大部分土地被征用，很多农民户转为居民户，产业结构由原来的农业为主转向第二、第三产业。2009年，该村总人口405人，有耕地面积80亩，山林面积15亩，蔬菜种植面积30亩，鱼塘面积70亩，村内建有酒店、商场、加油站等村办企业43家，村内道路全部改建为水泥路，周围种上花草树木，村民住宅建设和管理逐步趋向城市化。

【东联村】 位于新韶镇东部，由5个自然村组成，主要姓氏有黄、杨、叶、丘等。经济长期以农业为主，种植水稻、蔬菜、花生、笋竹、林果等。改革开放后，生产布局调整为以蔬菜种植为主，其中传统蔬菜品种有白菜、菠菜、油菜、西红柿等，并兼营畜牧业和水产养殖业。2009年，该村总人口670人，有耕地面积1150亩，山林面积700亩，种植蔬菜面积175亩，水稻面积375亩，鱼塘面积350亩，村内道路全都改水泥路，周围种上花草树木，村民住宅建设和管理逐步趋向城市化。

【莲花村】 位于新韶镇的东部，由5个自然村组成，主要姓氏有杨、邓、钟、邱、姜等。经济长期以农业为主，种植品种有水稻、白菜、菠菜、油菜、西红柿、萝卜等。改革开放后，该村多次进行产业结构调整，并发挥邻近部队和交通方便的优势，在抓好蔬菜生产的同时大力发展第二、第三产业。2009年，村总人口1043人，有耕地面积650亩，山林面积1747亩，蔬菜种植面积650亩，水稻面积278.6亩，鱼塘面积700亩，村内道路全都改建为水泥路，周围种上花草树木，村民住宅建设和管理也逐步趋向城市化。

【府管村】 位于新韶镇东部，由9个自然村组成，主要姓氏有陈、黄、刘、付、廖等。经济长期以农业和家庭副业为主，种植蔬菜、水稻、水果等。改革开放后，该村充分利用交通方便，邻近有大专院校等优势，大力发展乡村企业。2009年，该村总人口2187人，有耕地面积1260亩，山林面积12000亩，蔬菜种植面积450亩，水稻面积400亩，鱼塘面积900亩，村内道路全部改建为水泥路，周围种上花草树木，村民住宅建设和管理逐步趋向城市化。

农业蔬菜基地

【侯山村】 位于新韶镇的东部，由8个自然村组成，主要姓氏有何、邓、谢、林、吴等。经济原以农业种植水稻、蔬菜为主，种植作物有水稻、蔬菜、花生、笋竹、果树等。2009年，该村总人口731人，有耕地面积1100亩（蔬菜面积发展到500亩，水稻面积600亩），山林面积2500亩，鱼塘面积300亩，村内道路全都改建为水泥路，周围种上花草树木。

【石山村】 位于新韶镇的东部，由8个自然村组成，主要姓氏有钟、蒋、曾、吕等。经济原以农业种植水稻、蔬菜为主，种植作物有水稻、蔬菜、花生、笋竹、果树等。2009年，该村总人口2334人，有耕地面积2850亩（蔬菜种植面积870亩，水稻面积1200亩），鱼塘面积600亩，建有小学、文化室、卫生站各1间，村内道路全部改建为水泥路，周围种上花草树木，

【黄金村】 位于新韶镇的东北部，由4自然村组成，主要姓氏有王、李、赖、庄、曾等。经济原以农业种植水稻、蔬菜为主，种植作物有水稻、蔬菜、花生、笋竹、果树等。从80年代开始，该村以种植蔬菜为主，经济发展逐步转向以第二、第三产业。2009年，该村总人口1038人，有耕地面积410亩，山林面积3800亩，鱼塘面积430亩，全村道路都铺成水泥路面，并种上花草树木，村民住宅建设和管理也逐步趋向城市化。

【东山村】 位于新韶镇的东部，由11个自然村组成，主要姓氏有陈、周、邓、曾、温等。向以农业为主，种植水稻、蔬菜、花生、笋竹等；新中国成立初以粮为主，发展多种经营，种植水稻、糖蔗、蔬菜、花生、笋竹、香蕉等。2009年，该村总人口1486人，有耕地面积902亩（蔬菜种植105亩，水稻面积797亩），山林面积6000亩，鱼塘面积600亩，村内道路全部改建为水泥路，周围种上花草树木。

【大陂村】 位于新韶镇的北部，由10个自然村组成，主要姓氏有陈、张、王、廖、赖、朱等。经济原以农业种植水稻、蔬菜为主，种植作物有水稻、蔬菜、花生、笋竹、果树等。2009年，该村总人口1388人，有耕地面积1400亩，山林面积4200亩，种植蔬菜面积

250 亩，水稻面积 150 亩，鱼塘面积 1000 亩，村内道路全部改建为水泥路，周围种上花草树木。

【陈江村】　位于新韶镇的东北部，由 5 个自然村组成，主要姓氏有陈、梁、曾等。以农业为主，种植水稻、花生、粉葛、淮山、笋竹、蔬菜等，其中粉葛、淮山种植已有 300 多年历史，久负盛名，是岭南名菜中的珍品，蜚声海内外。2009 年，该村总人口 2010 人，有耕地面积 1500 亩（蔬菜面积 500 亩、水稻面积 1000 亩），山林面积 3000 亩，鱼塘面积 50 亩，村内道路全改建为水泥路，周围种上花草树木。

【水口村】　位于新韶镇的东北部，由 3 个自然村组成，主要姓氏有刘、欧等。向以农业为主，种植水稻、蔬菜、花生、笋竹等。新中国成立初以粮为主，发展多种经营，种植水稻、糖蔗、蔬菜、花生、笋竹、香蕉等。1985 年后改变单一农业经济，发展第二、三产业，并建起了水口金沙园。至 2009 年，该村总人口 720 人，有耕地面积 900 亩，山林面积 3300 亩，蔬菜种植面积 40 亩，水稻面积 100 亩，鱼塘面积 400 亩，村内道路全改建水泥路，周围种上花草树木。

【黄浪水村】　位于新韶镇的东北部，由 9 个自然村组成，主要姓氏有刘、张、梁、谢、温、曾等。向以农业为主，种植水稻、蔬菜、花生、笋竹等。新中国成立初以粮为主，发展多种经营，种植水稻、糖蔗、蔬菜、花生、笋竹、香蕉等。改革开放后，改变单一农业经济，不断发展第二、三产业。至 2009 年，该村总人口 920 人，有耕地面积 1450 亩，山林面积 6000 亩，种植蔬菜面积 1150 亩，水稻面积 850 亩，鱼塘面积 500 亩，村内道路全改建水泥路，周围种上花草树木。

【教场村】　位于乐园镇东北部，由 1 个自然村组成，主要姓氏有邓、梁、黄、谭等。经济以农业为主，种植作物水稻、蔬菜等。改革开放后因韶关市城市化发展，大部分土地被征用，辖区大部分地域成为商业贸易区、企业单位和居民住宅区，很多农民户转为居民户，产业结构也由原来的以农为主转向以第二、第三产业为主。2009 年，总人口 461 人，山林面积 150 亩，鱼塘面积 60 亩；建有酒店、商场、土石方车队等村办企业 4 家。村内办起小学、文化室、卫生站等各 1 间；村庄道路全部改建为水泥路，周围种上花草树木，村民住宅建设和管理逐步趋向城市化。

【沙梨园村】　位于乐园镇中部，由 4 个自然村组成，主要姓氏有李、文、邓、郭、何、杨等。该村的经济长期以来以企业、物业、种菜、养鱼为主，种植的作物主要是蔬菜等。改革开放后，生产布局以蔬菜种植为主，并兼营种养业。2009 年，总人口 7889 人，蔬菜种植面积 700 亩，鱼塘面积 73 亩；办有教育和文化、福利事业，并先后建起文化室、卫生站；村内道路全部改建成水泥路，周围种上花草树木，村民住宅建设和管理也逐步趋向城市化。

【长乐村】　位于乐园镇中部，由 4 个自然村组成，主要姓氏有何、华、胡等。经济长期以来以第三产业为主。改革开放后，充分利用交通方便，邻近有大专院校等优势，大力发展乡村企业。2009 年，该村总人口 1215 人，有山林面积 1712 多亩，鱼塘面积 41 亩。村内道路全改建了水泥路，周围种上花草树木，村民住宅建设和管理逐步趋向城市化。

【新村】　位于乐园镇的南面，由 3 个自然村组成，主要姓氏有林、李、何等。经济长期以来以租地及物业开发为主。改革开放后，该村的产业结构进行多次调整，在抓好蔬菜生产的同时，大力发展第二、第三产业。2009年，该村总人口1646人，有耕地面积300亩，山林面积2545亩，鱼塘面积50亩。村内道路全都改建为水泥路，周围种上花草树木，村民住宅建设和管理逐步趋向城市化。

【六合村】 位于乐园镇东南部，由4个自然村组成，主要姓氏有梁、黄、何等。经济原以农业为主，种植作物有花生、水稻等，改革开放后村办工副企业迅速发展，并不断扩大蔬菜种植面积。2009年，该村总人口1725人，有耕地面积957亩，山林面积6222亩，蔬菜种植522亩，水稻面积434亩，鱼塘面积338亩。村内道路全改建了水泥路，周围种上花草树木。

【上坝村】 位于乐园镇东南部，总人口527人，主要姓氏有潘、刘、曾、邹等。耕地面积428亩，鱼塘75亩，经济以农业种植水稻、蔬菜为主。2009年，上坝村启动“乡村清洁美”工程建设，全部主干道为水泥硬底化，道路两旁种上花草树木，村民生活质量提高。年内，全村集体经济收入为3万元，精神文明建设工作居全镇前列，并获得“浈江区2009年精神文明建设文明村”称号。

【下坝村】 位于乐园镇东南部，总人口650人，主要姓氏有陈、吴、张、许、曾等。经济以农业种植水稻、蔬菜为主，耕地面积682亩，鱼塘111．5亩。2009年，下坝村在开展“乡村清洁美”工程建设、基层组织建设、学习实践科学发展观活动中发挥党员先锋模范带头作用，有力地促进经济增长。年内，全村集体经济收入为4万元，村民住宅建设和管理逐步趋向城市化。

【靖村】 位于十里亭西部武江河畔，西与武江区田心村、下坑村相接，东与金凤坪村相邻。有谭、成、神、陈、郑、欧、侯7大姓氏。该村长期以农业为主，种植作物主要是水稻、蔬菜和部分水果。1958年后，大部分土地被工厂征用。2009年，全村总人口3350人，其中农民2253人，居民140人；有耕地面积1171亩，山林面积4000亩，鱼塘面积450亩。

【金凤坪村】 位于十里亭大道，地域范围东靠黄岗山与五里亭村接壤，西与靖村相连，南靠武江河畔与武江区塘湾村交界，北接黄岗火车站，由金凤坪、曹村、黄岗村、上坝村、下坝村5个自然村组成，长期以来以农业为主，以水稻、蔬菜为主要作物，并种植花生、甘蔗、瓜子等经济作物。改革开放以

武江河流

来改水稻为蔬菜种植、塘鱼养殖为主，是城市蔬菜供应主要基地之一，每天为城市供应大批的蔬菜、塘鱼和肉类。2009 年，该村有总人口 2579 人，耕地面积 903 亩，山林面积 3500 亩，村民享受合作医疗保险制度，男 60 周岁、女 55 周岁享受老人退勤待遇（实行老人退休制度），对五保户实行最低生活标准保障制度。

【五里亭村】 位于十里亭镇东部，韶关市区北侧，距市区 2.5 公里；东与良村交界，西与金凤坪村接壤，北靠黄岗山，南临武江河畔。辖黄岗村、大冲窑村、新村三个自然村。改革开放后，因城市建设发展的需要，大部分土地被征用后，积极发展第二、第三产业，兴建工业厂房、商业用房、仓库、农贸市场，经济效益有较大发展。2009 年，总人口 1312 人，其中农民 895 人，居民 42 人；有耕地面积 473 亩，山林面积 1000 亩；新房总面积达 5 万平方米，其中民宅小区 2 万平方米；全村实行村民年老退勤补贴，教育、福利事业，村容村貌均有大的改变。

【良村】 位于十里亭镇东部，东与腊石村交界、西与五里亭村接壤、南临浈江河畔、北靠黄岗山脚，由良村、沙头、火冲、坝厂、坳背老村、坳背新村 6 个自然村组成，以本城话、客家话、广州话为主要语言。主要以农业为主，主要种植水稻、蔬菜。2009 年，全村总人口 2104 人，共有耕地面积 600 亩，其中水稻面积 450 亩，蔬菜面积 150 亩，塘鱼面积 200 亩，山林面积 12000 亩。

【腊石村】 位于该镇东部七公里，东于湾头村交界，西与良村接壤，南临浈江河畔，北靠石子坳水库，与坳背老村相连，由塘头、冲尾村、黄屋、钟屋、小门头、学前 6 个自然村组成。该村长期以农业、林业生产为主，农业种植的作物主要是水稻、花生、红瓜子、黄豆等，兼营水产、畜牧业。改革开放后，利用当地资源，调整农业生产布局，减少了水稻的种植面积，改为蔬菜种植，笋竹是该村新发展的经济作物。2009 年，该村有总人口 1365 人，有耕地面积 1180 亩，山林面积 7000 亩；村民参加合作医疗，家家户户开通有线电视网络，并对五保户实行生活供给制度。

【湾头村】 位于十里亭镇东部 17 公里烽火岭山脚，东靠烽火岭与长坝镇交界，西至皇罗寨与腊石村接壤，南至八角塘与黄浪水村相连，北至黄竹村分界；有卢屋村、姜屋村、石屋村、李屋村、河边村 5 个自然村。历以农、林业生产为主，种植水稻、黄豆、红瓜子、番薯等作物，兼营水产、畜牧等养殖，红瓜子以粒大、鲜红而闻名。1980 年起，先后投资 20 万元扩建学校，整修道路，建造饮水工程。1988 年始，大量种植笋竹、篙竹，进行竹笋加工，推行了“粮改菜”工程，引进外地客商，发展旅游农业，生产绿色环保产品，所产西瓜以甜蜜、皮薄、爽脆闻名，远销香港、东南亚等地。2009 年，有总人口 1792 人，山村面积 16800 亩，耕地面积 3560 亩；全村村民参加合作医疗，孤寡老人实行“五保”制度。

【黄竹村】 位于犁市镇东部 17 公里处，由 16 个自然村组成，主要姓氏有钟、吴、古、梁、谭、李、蓝等，该村耕地面积 4000 亩，主要有竹、木和丹霞地貌等资源。改革开放后，经济以农业为主，种植水稻、甘蔗、蔬菜，兼营养猪、养家禽及水产养殖。2009 年，总人口 2963 人，蔬菜种植面积 200 亩，鱼塘面积 300 亩；工农业总产值 916 万元，其中农业总产值 650 万元，人口年均收入 5023 元，劳动力年均收入 7200 元；村中道路全部改建成水泥路。

【犁市村】 位于犁市镇中心，由5个自然村组成，主要姓氏有侯、李、钟、梁、叶、吴等，长期以农业为主，种植水稻，养猪、养家禽。改革开放后，生产布局以种植水稻、蔬菜、香瓜为主，其中“犁市香瓜”具有果大、皮薄、爽脆、瓜甜的特点，已成小有名气的品牌。2009年，总人口2340人，蔬菜种植面积800亩，鱼塘面积100亩；村中道路全部改建成水泥路，村民住宅建设和管理也逐步趋向楼房化。

【下陂村】 位于犁市镇的东北8公里处，辖8个自然村，主要姓氏有胡、钟、朱、沈、姚等，总面积25000亩，其中森林面积23000亩，耕地面积2000亩，主要有煤、铁矿资源，经济长期以来以农业为主，种植水稻、花生，养猪、养家禽。改革开放后，生产布局以种植水稻、花生、茄子、辣椒为主，并兼营鸡、鸭、鱼、猪养殖。2009年，该村总人口2188人，蔬菜种植面积320亩，鱼塘面积200亩；村中道路全部改建成水泥路，年内基本完成人畜饮水工程。

【黄沙村】 位于犁市镇东部12公里处，由18个自然村组成，主要姓氏有朱、何、钟、杨、陈、廖等，该村总面积12000亩，其中森林面积11000亩，耕地面积2300亩，主要有竹、木及煤炭、锑矿、飞绿岩等资源。经济以农业为主，种植水稻、甘蔗、蔬菜，兼营养猪、养家禽及水产养殖。2009年，总人口2867人，蔬菜种植面积310亩，鱼塘面积1100亩；村中道路全部改建成水泥路，特别是高偏村和大岭村，村民住宅建设和管理逐步趋向楼房化。新改建的省道246线经该村通过。

【群丰村】 位于犁市镇以北部2公里处，由6个自然村组成，主要姓氏有侯、饶、黄、刘等，该村总面积7728.75亩，其中森林面积6231亩，耕地面积1497.7亩，主要有土地、林木资源，经济长期以来以农业为主，种植水稻，养猪、养家禽。改革开放后，生产布局以种植水稻、花生、蔬菜为主，并兼营鸡、鸭、鱼、猪养殖。2009年，总人口2603人，蔬菜种植面积220亩，鱼塘面积230亩；村中道路全部改建成水泥路，村民住宅建设和管理也逐步趋向楼房化。

【石下村】 位于犁市镇以东6公里处，由8个自然村组成，主要姓氏有胡、谭、钟等，该村总面积18773亩，其中森林面积16839亩，耕地面积1934亩，主要有煤炭资源，驰名东南亚的“富国煤”就产于这里。2005年全省煤矿关闭后，经济以农业为主，种植水稻、花生等，生产布局以种植水稻、花生、马铃薯及果树为主，并兼营养猪、养家禽。2009年，总人口3335人，蔬菜种植面积120亩，鱼塘面积300亩；村中道路全部改建成水泥路，村民住宅建设和管理也逐步趋向楼房化。比亚迪汽车项目基地就落户在该村。

【新联村】 位于犁市镇的中北部，辖5个自然村，主要姓氏有谭、胡、侯、朱、周等。经济长期以来以农业为主，种植水稻，养猪、养家禽。改革开放后，生产布局以种植优质水稻、花生为主，并兼营鸡、鸭、鱼、猪养殖。2009年，总人口3341人，蔬菜种植面积1000亩，鱼塘面积200亩；工农业总产值910万元，其中农业总产值800万元，人口年均收入5120元，劳动力年均收入7000元；村中道路全部改建成水泥路，村民住宅建设和管理也逐步趋向楼房化。

【五四村】 位于犁市镇东南部4公里处，由

10个自然村组成，主要姓氏有陈、谭、吴、郑、谢、温等，该村总面积15559亩，其中森林面积12000亩，耕地面积2420亩，经济长期以来以农业为主，种植水稻、蔬菜，养猪、养家禽。2009年，总人口1998人，蔬菜种植面积1800亩，鱼塘面积600亩；随着莞韶产业转移园（浈江片）落户该村，村中道路全部改建成水泥路，村民住宅建设和管理也逐步趋向楼房化。尤其是五四村一队，民风纯朴，勤劳致富，是犁市镇闻名的卫生村。莞韶产业转移园浈江片园区就落户在该村。

【厢廊村】　位于犁市镇西北部的武江河之东岸，由22个自然村组成，主要姓氏有邓、黄、吴、杨、陈等。该村总面积9750亩，其中森林面积5550亩，耕地面积4200亩，经济长期以来以农业为主，种植水稻，养猪、养家禽。改革开放后，生产布局以种植水稻、萝卜、瓜菜为主，并兼营鸡、鸭、鱼、猪养殖。其中盛产的萝卜以个大、清甜、高产而出名。2009年，总人口3462人，蔬菜种植面积1500亩，鱼塘面积1200亩；村内办起小学、文化室、卫生站各1间，村中道路全部改建成水泥路。

【下园村】　位于犁市镇西北部的武江河西岸，由5个自然村组成，主要姓氏有王、侯、李、廖、赖等。总面积5033亩，其中森林面积2700亩，耕地面积2333亩，经济长期以来以农业为主，种植水稻，养猪、养家禽。改革开放后，生产布局以种植水稻、叶菜及种桑养蚕为主，并兼营鸡、鸭、鱼、猪养殖，其中桑叶种植面积上1000亩；2009年，总人口2448人，蔬菜种植面积110亩，鱼塘面积300亩；村内办起小学、文化室、卫生站各1间；村中道路全部改建成水泥路。

【黄塘村】　位于犁市镇西北部的武江河东岸，由4个自然村组成，主要姓氏有黄、姚两姓。该村总面积4200亩，其中森林面积2500亩，耕地面积1700亩，经济长期以来以农业为主，种植水稻，养猪、养家禽。改革开放后，生产布局以种植水稻、瓜菜、粉葛和养鱼、养猪为主，并兼营鸡、鸭、养殖。2009年，总人口1230人，蔬菜种植面积250亩，鱼塘面积300亩；村内办起文化室、电子书库、卫生站各1间，村中道路全部改建成水泥路。

【溪头村】　位于犁市镇西北部18公里，由4个自然村组成，主要姓氏有侯、夏、张、欧等。该村总面积22369亩，其中森林面积15000亩，耕地面积1500亩，主要有竹、木、水库资源，经济长期以来以农业为主，种植水稻，养猪、养家禽。改革开放后，生产布局以种植优质水稻、柑橘、苗竹为主，并兼营鸡、鸭、鱼、猪养殖。2009年，总人口1794人，蔬菜种植面积150亩，鱼塘面积650亩；村内办起小学、文化室、卫生站各1间；村里读书风气浓厚，民风淳朴，人才辈出，村中道路全部改建成水泥路。

【沙园村】　位于犁市镇西部的武江河两岸，由9个自然村组成，主要姓氏有莫、成、李等该村总面积5500亩，其中森林面积2500亩，耕地面积2500亩，主要有山林、土地资源，经济长期以来以农业为主，种植水稻，养猪、养家禽。改革开放后，生产布局以种植水稻、花生为主，并兼营鸡、鸭、鱼、猪养殖。2009年，总人口2623人，蔬菜种植面积180亩，鱼塘面积250亩；村内办起小学、文化室、卫生站各1间，村中道路全部改建成水泥路。

【梅塘村】　位于犁市镇西北部20公里，由12个自然村组成，主要姓氏有沈、侯、夏、欧等。该村总面积79930亩，其中森林面积5760亩，耕地面积2230亩，主要有竹、木、水库资源，经济长期以来以农业为主，种植优质水稻，养猪、养家禽。改革开放后，生产布局以种植水稻、柑橘为主，并兼营鸡、鸭、鱼、猪养殖。2009年，总人口2907人，蔬菜种植面积210亩，鱼塘面积300亩；村内办起小学、文化室、卫生站各1间，村中道路基本改建成水泥路。

【大村】 位于犁市镇北部15公里，辖12个自然村，主要姓氏有张、夏、侯、江、欧、莫等。该村总面积6830亩，其中森林面积4147亩，耕地面积2683亩，主要有林地、水库资源，经济长期以来以农业为主，种植水稻，养猪、养家禽。改革开放后，生产布局以种植优质水稻、柑橘为主，并兼营鸡、鸭、鱼、猪养殖。2009年，总人口3115人，蔬菜种植面积150亩，鱼塘面积500亩；村内办起小学、文化室、卫生站各1间；村中道路全部改建成水泥路，村民住宅建设和管理也逐步趋向楼房化。

【长地头村】 位于花坪镇西南，西南与犁市镇接壤，东与花坪村委对接，北与西牛潭村委相连。由宋屋、龙村、白芒林、长地头、老虎冲、许屋等6个自然村组成，以宋、许、侯、陈、廖、张姓氏为主。辖区自然资源以煤炭、水库资源为主，曲仁矿务局茶山矿在其境内。1998年煤矿关闭后，境属经济以农、林、水资源经营收入为主。2009年，有总人口1581余人。

【花坪村】 位于花坪镇东部，东与仁化董塘镇接壤，西南与本镇长地头村委对接，北与本镇奎塘村委相连，共有乌石冲、楼脚下、花坪村、伍屋村4个自然村和1个居委会。辖区自然资源以煤炭为主，曲仁矿属的花坪矿、云顶矿及曲仁矿务局机关均在其境内。村委经济原以煤炭资源为主，1998年煤矿关闭后，境属经济以农、林土地资源经营收入为主。2009年，有总人口651余人。

【奎塘村】 位于花坪镇北部，辖区东与仁化石塘镇接壤，西北与本镇石屋村委、西牛潭村委对接，南与本镇花坪村委相连，共有岑头1、岑头2、李屋、山下、狮古冲、古墟场、侯屋、姚屋等7个自然村。辖区村民以姚、侯、张、罗、李、陈等姓氏为主，自然资源以农、林业资源为主，境属经济亦以辖区山地林业、养殖业，以及农业经营收入为主。2009年，总人口1674余人。

【西牛潭村】 位于花坪镇西部，辖区东与本镇奎塘、花坪村委接壤，南北分别与本镇长地头村委、石屋村委对接，西与浈江区犁市镇相连，辖等10个自然村，以神、饶、谭、张、许、罗等姓氏为主。2009年，有总人口1519人。辖区自然资源以山地林业、水库资源为主，浈江区属境内最大水库——西牛潭水库坐落在其境内，水库总有面积4000亩，总储水量达0.457亿立方。村委经济以水产养殖、林业资源开发经营收入为主。

【石屋村】 位于花坪镇北部，辖区东北分别与仁化石塘镇、乐昌廊田镇接壤，东接本镇奎塘村委，西连犁市梅村，南与本镇西牛潭村委对接，由陈屋、夏屋、石屋1、石屋2、石屋3、何屋、蓝屋、新彭屋、老彭屋、天堂等10自然村组成，以石、彭、陈、夏、蓝、何等姓氏为主。辖区自然资源以农、林业资源为主，境属经济亦以辖区山地林业、养殖业，以及农业经营收入为主。2009年，总人口1003人。

街　道

东河街道办事处

东河街道办公大楼

【基本情况】　东河街道办事处（简称东河街道办）位于韶关市区东北部，地理位置东与新韶镇韶枫路相接，南与南韶路口交界，西临浈江下游，北依新韶镇黄金村。

新中国成立前，东河街道办地域属曲江县东厢乡，1952 年划归韶关市辖管，1984 年浈江区建置东河办事处，辖福星村、育红巷、职工新村、浈江路、启明路、执信路、韩家山、陵西路等居民委员会福星村、育红巷、职工新村、浈江路、启明路、执信路、韩家山、陵西路等 8 个居民委员会，2000 年，东河办事处改称东河街道办事处，辖福星村、育红巷、职工新村、浈江一路、浈江二路、启明北路、启明路、执信一路、执信二路、浈江南路、韩家山、陵南路、陵西路等 13 个居民委员会，2004 年原北江区并入浈江区后，东河街道办行政辖区进行部分调整。2009 年，辖区总人口 5. 3 万多人，其中户籍人口 4. 5 万人，流动人口 8000 多人，总户数 2 万户。街道办事处下辖浈江路、浈江南、启明北、育红巷、执信路、陵西路等 6 个社区居民委员会。街道办事处机关办公地点设在浈江区东河十二横巷 12 号。

【经济发展】　2009 年，东河街道办充分利用辖内的地理位置和传统工业基地优势，积极发展辖区工业、旅游、餐饮、娱乐服务业。在工业方面主要依托浈江区属工业园，加大招商引资力度，引进投资 1000 多万元的新弘立建设机械有限公司落户在浈江产业转移园，另外引进 3 家企业入住全民创业园。年内，东河街道办旅游、餐饮服务业主要以酒店、餐饮、娱乐经营为主。至年底，辖区内分布有酒店旅业、娱乐休闲场所 10 余家，其中韶关市五星级大酒店——莱斯大酒店坐落在辖区启明北路，另有酒家、饭店数十家（辖内启明北路为韶关市有名的餐饮一条街），并有工商企事业单位 300 余家、个体经营户 1000 余户。

【社会事业】　2009 年，东河街道办辖区社会各项事业稳步发展，城乡居民生活水平不断提高。在教育设施方面，分布有中小学校、幼儿园及专业技术学校17所（中学1所、小学3所、幼儿园7所、专业技术学校6所），辖区小学入学率100%，小学升中率达99%。在文体设施方面，建有3000多平方米的社区体育活动中心，内设露天篮球场、室内羽毛球馆、桌球室、健身室等，并建有启明北全民健身广场及280平方米的街道文化站。在医疗卫生方面，建有东河社区卫生服务中心（由原浈江区人民医院改造而成，建筑面积3400余平方米），是辖区城镇职工、居民医疗和新型农村合作医疗保健定点单位。该中心集医疗、预防、保健、康复、健康教育和计划生育技术指导服务等六位一体，为辖区居民提供优质、便捷、安全的医疗保健服务。

【社会综治与信访维稳】 2009年，东河街道办全面落实社会治安综合治理领导责任制，街道办先后与辖内6个社区签订综治目标管理责任书，并与驻区法人代表单位或负责人签订社会治安治理责任书。是年3月，街道办辖区开展党政领导班子成员接访活动，活动持续到12月，全年共接待辖区5批9人次群众来访，实际解决2宗，其他3宗因权限不属街道办，由工作人员做好解释工作，引导其到有关部门或单位去诉求。年内，辖区在开展社会矛盾纠纷排查调处工作中，充分发挥人民调解、司法调解和行政调解的作用，贯彻小矛盾、纠纷不出社区，大矛盾、纠纷不出街道的原则，把矛盾化解在萌芽状态之中。全年共排查调处矛盾纠纷12起，调解处理民间纠纷5宗，办结5宗，调处率100%，成功率95%以上；年内未发生越级到省或进京上访事件，实现省、市、区领导提出的"四个确保"。在社区治安管理方面，街道办加强法制宣传，提高公民法律意识，运用黑板报、宣传栏、横幅标语等多种形式，大力开展普法及禁毒宣传。通过开展禁毒、"两劳"人员帮教转化及社区流动人口、出租屋管理等工作，进一步促进社会治安整治效果。在全区开展的"平安和谐社区"创建活动中，街道办6个社区有4个被评"平安和谐社区"。

【民生与社会保障】 2009年，东河街道办有优抚对象548人，其中烈属有1人、军属有5人、残疾人有422人、孤寡老人有120人。年内，东河街道办始终把民生与保障作为优抚对象重点工作来抓。在民生方面坚持树立"和谐抓民生"工作理念，以群众利益作为民生与保障工作的出发点和落脚点，着力于解决民生困难问题，全年共慰问辖内困难群众55户，为辖区6名白内障眼疾患者申请免费手术，为辖区居民232人发放低保金358400元，给予五保户（散户）发放供养金7800元、敬老院供养金25000元，发放低保户119户保障金226000元，发放复退军人定补金195000元，发放春荒救济款二笔共3万元（惠及10个村委129户困难家庭），并开展对困难群众等社会弱势群体进行慰问和走访定补退伍军人活动，为35户困难残疾户发放慰问金3500元。

【计划生育】 2009年，东河街道办辖区共有已婚育龄妇女5314人，其中已落实节育措施4419人，综合节育率83.16%。年内，东河街道办辖区有应查环查孕932人次，已查881人次，查环查孕率95%；查验《婚育证明》和《计划生育服务证》964次；全年外出已婚育龄妇女555人，已办证516人；全年进行计划生育工作检查800多人次，清查出租屋934间、商铺672个、破产企业宿舍31家、住宅小区21个、工地3个、窝棚1个，清理清查纯流入人口2788人；全年清理流动人口育龄妇女846人，其中落实节育措施751人、计划内出生41人，完成"四术"42例。

【文明创建活动】　2009年，东河街道办成立创建省级文明单位工作领导小组，制定出台《东河街道办事处创建省级文明单位的实施方案》，并积极开展“创建省文明单位”活动。在宣传方面通过出版创建宣传专栏，悬挂、张贴横幅宣传标语，营造开展文明创建活动工作氛围；在推动文化建设方面进一步完善东河社区文体活动中心设施建设，形成一个拥有乒乓球室、羽毛球馆、桌球室、少儿艺术培训室等多种功能的文体娱乐健身中心；在开展创建活动方面，积极参加市区举办的“开放浈江活力浈江”迎新春暨文化广场落成仪式歌咏比赛、春节文艺晚会、“庆三八”趣味运动会、爱国歌曲大家唱活动、顺风通杯乒乓球男子乒乓球公开赛等活动，进一步推动群众性文化活动的开展，丰富辖区居民的业余生活，并根据辖区不同年龄、不同层次的居民需求，设计开发具有不同个性的文体运动项目。年内，东河街道办启明北社区申报创建市文明社区，浈江南、育红巷、浈江路、陵西路及执信路社区申报创建区文明社区。至年底，东河街道办辖区共建有东河文体中心、启明北文体广场，以及图书室、阅览室等多个文化场所，组建有“老妈妈秧歌队”、“桥南舞蹈队”、“桥北健身队”等多个群众自发文艺团体。街道办被韶关市委授予“韶关市文明单位”称号。

【“百姓冷暖我先知”活动】　2009年，东河街道办结合学习实践科学发展观活动，积极参与浈江区委、区政府组织开展的“百姓冷暖我先知行动”活动。活动期间，街道办建立领导人员冷暖接访制度，在各社区建立“两委”干部、党员联系居民，定期走访群众长效机制，并将群众“冷暖”事项记入《百姓冷暖工作手册》，把反映的问题分类建档，统一汇总，批办落实。在此次活动中，街道办各级干部340人参与行动，办结百姓冷暖事项135件，先后对“启明北路铁路涵洞口某出租屋非法过气”依法进行取缔，对“市路桥公司单位食堂烟囱污染”及“锑冶炼厂职工宿舍停水停电”等问题进行依法整改，得到辖区居民好评。在解决便民服务设施方面，先后对全民健身广场运动设施进行更新，对街道办事处服务大厅、启明北社区一站式服务大厅新增电子显示屏及电子触摸屏等便民设备。年内，街道办及所属居委先后发放“东河街百姓冷暖表”11066张，共回收4052张，其中收到具体反映事项253件，并收到街道、社区干部撰写的“冷暖”事项记录稿230多篇。至年底，东河街道办在“百姓冷暖我先知”行动中办结民生事项53件，48件尚在办理，并有70件待办。

【城市卫生工作】　2009年，东河街道办按照市、区统一部署，积极开展“创建国家卫生城市”活动。在“创卫”宣传方面，共制作宣传橱窗30个、出版黑板报120期、拉挂街道横幅18条；举办健康知识讲座12次，参加人数达600人；播放健康教育录像共10场，观看人数880人；发放健康教育知识问卷调查3000多份，辖区群众知晓率达到90%以上。年内，东河街道办认真接受群众对“创卫”工作的投诉、监督，全年共接到群众投诉37条，投诉办结、处理率达到100%。至年底，东河街道办共组织开展除“四害”统一行动4次、发放灭蚊片1000盒、投放鼠药550斤，并投入资金10多万元用于清理辖区的卫生死角，全年出动1200多人次，共清除卫生死角30多处，清理垃圾、淤泥1550多吨。

（潘　强）

附：东河街道党工委、办事处领导班子名录
党工委书记：刘子龙
副书记：余华、叶俊华

党工委委员：吴壮锐、何海林
办事处主任：余　华
办事处副主任：钟良东、潘　强

车站街道办事处

东站街道办公大楼

【基本情况】　车站街道办事处（简称车站街道办）位于韶关市东南面，东邻浈江区新韶镇，南连乐园镇，西临浈江与风采街道办隔江相邻，北与东河街道办对接，机关办公地址在站南路四通市场兴通大厦B座三楼。

车站街道办建制于韶关解放初期，原为韶关市郊区办事处辖区，后从郊区办事处划出设火车站街道办事处。1956年撤销火车站街道办事处，辖区并入南门街道办事处；1968年恢复车站街道办事处建制，1971年再度撤销建制归南郊区辖，1975年11月归属浈江区。1984年7月，浈江区升格为县级区后恢复车站街道办事处建制。2009年，车站街道办下辖站南路、东升村、职工一区、南韶村、莲花山、广铁一线、大塘路、劳动村等8个社区居民委员会，辖区总户数1.7万户、总人口数6.4万人，其中常住人口4.4万、外来流动人口1.6万。

【经济发展】　2009年，车站街道办充分利用地理优势，积极发展商贸流通及家具、服装、针织、五金等来料加工企业，先后引进韶关市山特精密机械有限公司、韶关市安盛铁路经营有限公司等项目，完成招商引资701万元，完成年计划146.04%。年内，车站街道办固定资产投资8.4万元，其中用于基础设施项目建设投入7万元，用于基础设施更新、改造项目投资1.4万元；全年新增工业企业13家，完成工业总产值1065万元，其中规模以上工业企业金微厨具年内工业总产值582.3万元，销售产值512.1万元；分布有8个商贸综合市场及站南路商贸批发街，有包括宾馆、酒店、招待所服务企业80家，其中较大型的酒家宾馆10多家，四星级以上宾馆5家。至年底，辖内共有民营工商企业284家，个体、私营户达到1858家，全年实现商业销售总值达1.52亿元；全年财政收入201万元，税收110.3万元，其中房屋租赁税完成12.6213万元、企业税收103.3万元；辖区城镇居民年人均可支配收入达15000元。

【社会事业】　2009年，车站街道办分布有韶关大学（韩家山片校区）、南方高级技术学院、粤北技工学校芳华路校区及韶关市铁路第二中学（现已改为浈江区连花中学）、浈江中学，铁路一小、铁路二小、浈江区韶南路小学、南枫小学等9所高等及普通教育学校，并有幼儿园7间。在文体、卫生设施方面，辖区汇聚韶关国家森林公园、北江河边公园及沿江雕塑长廊等文化景点，另有东升全民健身广场、车站街文化广场、铁路文化宫等居民休闲、娱乐的文体活动中心；辖区分布有医疗卫生机构15家（含个体诊所），其中韶关市铁路医院、民营福康医院等大型医院，辖区居民医疗事业有良好保障。年内，街道办组织社区居民开展阅读、美术、书法、舞蹈、音乐等多种形式的文体活动，并经常组织居民开展乒乓球、羽毛球、桌球、书法、美术等多种比赛，社区群众自发组织文体团队，其中有群众性文艺团体5个、体育协会4个。辖内群众性文化活动较普遍，其中莲花山、职工一区、南韶村等社区居民自发组织的演出队，长期坚持自排自编自演，每逢节假日还进行义务演出，居民业余生活丰富多彩，并在韶关市第四届社区运动会中获得总分第一名、在参加区组织的迎春文艺表演中荣获二等奖。

【社会综治与信访维稳】　2009年，车站街道办建立和完善长效的严打整治机制，坚持区域联动、打防并举，积极做好刑释人员帮教和铁路护路联防工作，妥善处置群体事件，把矛盾纠纷化解在基层。至年底，车站街道办共受理来信来访21宗，结案率95%；调处各类民事纠纷21宗，安置刑释解教人员7人，全面落实消防安全生产责任制，全年未发生重特大民事案件及其他安全事故。

【环境卫生工作】　2009年，车站街道办根据韶关市创建国家卫生城市要求，大规模开展市容环境整治，努力美化、净化辖区内市容面貌，并积极筹措资金加装“四防装置”基础设施改造，全面完成铁路以西及关停并转企业明渠改暗渠工作。至年底，车站街道办共完成小街小巷明渠改暗渠4000米，清理卫生死角60多处，并与辖区1200多户商铺、门店签订“门前三包”责任书。

【民生及社会保障】　2009年，车站街道办不断完善民生及社会保障体系，认真落实低保、养老、医疗救助等关系民生及社会保障方面的各项政策，积极帮扶困难群众、残疾人员、孤寡老人等弱势群体，全年用于优抚救济、敬老助残等项目资金2.3万元，为53名低保户办理城镇居民医疗保险，为18人办理低保救助，并为360人办理老人证。

【计划生育工作】　2009年，车站街道办辖内有已婚育龄妇女10526人，其中流动育龄妇女2582人。年内，辖区常住人口计划生育率达96.53%，无政策外多孩出生，流动人口计划生育率达90%，开展查环查孕率95.63%，并征收社会抚养费131390元。是年，车站街道办事处被区委、区政府评为“无政策外多孩出生街道”。

（高宏伟、赖金花）

附：车站街道党工委、办事处领导班子名录
党工委书记：曾泉运
副书记：吴贤优、高宏伟
党工委委员：刘裕庭
办事处主任：吴贤优
办事处副主任：方春兰、朱湘青、骆曼桃

风采街道办事处

风采街道办公大楼

【基本情况】　浈江区风采街道办事处（简称风采街道办）位于韶关市区半岛内，辖地北与十里亭镇的五里亭接壤，东临浈江与东河街道办事处隔江相望，南濒浈江、武江汇合处，西临武江与武江区隔江相对。

风采街道办辖区是韶关市老中心城区，新中国成立前分属曲江县太平、武城镇，

1953年分别建置南门、和平、太平3个街道办事处，隶属韶关市人民委员会管辖。1975年11月，3个街道办合并成立韶关市北江区。1984年10月，北江区人民政府恢复南门、和平、太平街道办建制。2004年7月撤销北江区后，辖区地域归浈江区辖，仍设南门、和平、太平街道办事处。2009年7月，南门、和平、太平街道办事处合并，建置韶关市浈江区风采街道办事处，为韶关市浈江区人民政府的派出机构，办公地点在浈江区漂布塘7号。是年底，风采街道办下辖河滨、文化街、井巷、老东门、解放路、环园路、建国路、壮志街、圣堂巷、东堤南、学工街、风度中、风采路、风度北、北直街、市政府、中山路、升平路、峰前路等19个社区居民委员会，有居民总户数2.6万多户，总人口数7.21万多人，其中外来流动人口3.9万多人。

【经济发展】 2009年，风采街道办经济工作以商贸、旅游、餐饮、服务业经济为主，街道办充分利用传统商贸中心的优势，积极发展辖区的商贸、旅游、餐饮、服务业务，推动街道经济稳步发展。年内，风采街道办辖区商贸业主要集中在风度路、南门、中山路等地，其中风度路步行街为粤北境内最繁华的街道，全年累计固定资产投资9800万元，招商引资累计完成2650万元，年税收收入达379万元，比上年同期增长22.84%。其中房屋租赁税完成226万元，同比增长26.1%。至年底，风采街道办境内拥有包括工业、商业、休闲娱乐、餐饮业等工商企事业单位900余家，从业人员占社区总人口10%。其中有省属盐业、烟草两大企业公司，有线广播电视网络中心、自来水公司，有韶关市区人流量最大的商业步行街等，还有民营的小岛饭店、金源酒店、湘妹子饭店、新潮丰饭店、中山路特惠商场，市一市场和三市场等集体企业，有个体工商户约3000余户；年均工业总产值、商业物资销售额同比增长13.5%和15.1%。

【社会事业】 2009年，风采街道办坚持发展民生，维护社会稳定的原则，社会各项事业均有较好发展。至年底，辖内的东堤路、风度路、西堤路三条主干道纵贯中心城区，中山路、风采路、建国路、和平路、复兴路、解放路、园前路与城区三大主干道构成城区交通网；境内拥有韶关市区最大的大润发商贸城和风度广场商贸城，有集商业、餐饮、旅游、休闲为一体的风度路商贸步行街，还分布有包括集农副产品、土特产品经营的兴隆街、井巷街等；历史文化积聚有风采楼、大鉴寺、太傅庙、余靖纪念馆及韶关基督教、天主教教堂、帽子峰等一批古迹、遗址10余处，形成了辖区特有的人文历史旅游资源；辖内驻有韶关市党、政机关，是粤北地区政治、行政、文化中心，有机关、人民团体及企事业单位115个；境内分布各类学校16所（大学1所，中、小学校10所，幼儿园5所），其中韶州师范、韶关市第一中学及韶关市和平路小学均有百年历史；在医疗卫生设施方面共有医院5所、19个门诊部，其中有韶关市第一人民医院、粤北人民医院、韶关市中医院、韶关市第二人民医院等市属大医院的门诊部或分院。

【社会综治与信访维稳】 2009年，风采街道办综合治理信访维稳中心作为全市综治信访维稳试点投入使用。风采街道办综治信访维稳中心由综治办、派出所、司法所、信访办、民政、计生、劳动保障等部门人员组成。至年底，街道办综治维稳中心共受理群众来信、来人、来电上访事件25宗，其内容涉及环境投诉、邻里纠纷、债务纠纷、赔偿纠纷、安全生产等问题。街道办综治信访维稳中心积极实行部门联动，对社区群众的来信来访及各类矛盾、纠纷等问题给予即时调处，调处率为100%，其中调处成功23宗，成功率达92%。

【民生与社会保障】　2009年，风采街道办有低保户330户，共767人。年内，在临时救济、医疗保障方面，街道办为3名低保户发放临时救济金1000元，为张观养等3名特困低保户申报医疗补助，为18名困难退役人员购买社会医疗保险；在住房保障方面，为家庭人均住房面积达不到10平方米的低保户申请廉租房，全年为50户低保户上报申请廉租房；在提供社会保障方面，为便帮助优抚对象解决生活中的实际问题，对90多名优抚对象进行个人信息采集与登记；在老年人服务保障方面共为218名老年人办理老年优待证，并为2名百岁老人发放长寿金400元。

【精神文明建设】　2009年，风采街道办精神文明建设主要围绕创建“平安家庭”，树立新风尚等主题展开，并通过参加市区主办的文体活动，既生动活泼地开展精神文明建设，还获得了好名次。9月，韶关市举办“银杏王杯”第四届社区体育运动会，街道办辖区获团体总分第三名。11月，街道办围绕“平安家庭”创建活动，在辖区风采街举办韶关市“平安家庭”创建活动先进示范街揭牌仪式。12月28日，街道办在启明路文化健身广场举办“新风采新风尚”元旦文艺晚会。年底，在浈江区举办的“歌唱祖国，爱我浈江”——庆祝新中国成立60周年歌咏比赛中，风采街道办荣获三等奖。

【城市卫生】　2009年，街道办围绕韶关市“创建国家卫生城市”活动，积极配合市、区政府对辖内“创卫”工作的要求，努力完成各项“创卫”工作任务。年内，街道办先后聘请人员组建除“四害”（老鼠、苍蝇、蟑螂、蚊子）消杀队伍，对辖区内的“四害”孳生地进行全面的消杀，并对辖区内卫生死角采取翻盆倒罐、清理积水、清除楼顶种菜等各项整治工作；此外，街道办还积极协调有关职能部门，抓好辖区市容环境整治、“五小”行业整治、市场整治工作，并做好“创卫”档案资料的规范整理、完善，即时处理好辖区群众的投诉。是年8月，街道办顺利通过国家创卫技术评估，并于11月通过国家考核验收组考核、验收。

【市场整治】　2009年，街道办积极配合全市“创卫”整治工作，对市政府督导、挂牌整治的一市场项目，成立专项整治工作领导小组，并制定详细整治计划与实施方案展开专项治理。在市场整治工作中，街道办印发《浈江区关于集中开展一市场及其周边火灾隐患排查整治专项行动的通知》380份，并向相关整治单位、商铺，分别派送《中华人民共和国消防法》、《消防安全手册》及《消防警示录》各600册。是年底完成专项整治工作任务。

【老东门减灾示范社区】　2009年，风采街道办在辖区老东门社区开展“减灾社区示范区”创建工作。年初，街道办成立减灾示范社区创建工作领导小组及办公室，并制定救助应急预案，组织青年志愿者队伍，通过大力开展减灾工作宣传，不断提升老东门辖门群众的防灾、救灾、减灾意识。至年底，街道办减灾示范社区创建工作办公室共设立减灾宣传栏2块，并印制发放减灾宣传资料2000份、宣传小册子500本。

（韦秀容）

附：风采街道党工委、办事处领导班子名录

党工委书记：周小明

副书记：麦章彬、陈传利

党工委委员：冯兼辉、廖　灵、胡斯望
办事处主任：麦章彬
办事处副主任：彭艳芳、神文辉

曲仁办事处

曲仁办事处办公大楼

【基本情况】　曲仁办事处位于浈江区东北部，南与武江监狱茶园相接，沿黄岗铁路支线，设丝茅坪、茶山、花坪富仁、云顶、格顶与和平八一居民区，各居民区自成一块，北与仁化县董塘镇江头村接壤。

曲仁办事处行政区划源于民国时期，以煤矿开采建置。1915 年，新会人卢敏卿创办“协兴公司”在辖内曲江丝茅坪经营煤矿；1918 年，广东开平人谭子良（侨商）联合台山人黄耀东、矿师周志光等合股接办协兴公司；1930 年，广东新会人谭礼庭以 3 万元股票作抵，收买协兴公司矿产权及全部设备成立富国煤矿股份有限公司。1953 年 3 月，富国煤矿股份有限公司实现公私合营，改名为公私合营富国煤矿股份有限公司，隶属于广东省工业厅直接领导。1954 年更名为公私合营广东省富国煤矿。1958 年 5 月，公私合营广东省富国煤矿与广东省曲仁煤田基建工程处合并，成立地方国营曲仁煤矿。1961 年 2 月，地方国营曲仁煤矿更名为曲仁矿务局，辖花坪、格顶、茶山 3 个矿。1966 年，曲仁矿务局更名为“红工矿务局”，下辖花坪、云顶、格顶、茶山、田螺冲等 5 个煤矿。1985 年 5 月，红工矿务局复名曲仁矿务局，隶属于广东省煤炭工业总公司。2003 年，曲仁矿务局因经营严重亏损破产。是年 9 月，撤销曲仁矿务局，成立曲仁留守处，煤矿移交原北江区属地化管理。2004 年 6 月，原北江区成立曲仁办事处，同年 7 月随原北江区划归浈江区，更名为浈江区曲仁办事处，办公地点设在花坪大街原曲仁矿务局本部办公大楼。

2009 年，曲仁办事处下辖花坪、云顶、格顶、茶山、丝茅坪、和平八一、富仁等七个居民社区，共 16 个居民委员会，总人口 2.76 万人。

【经济发展】　曲仁办事处建置前，辖区主体经济以煤矿开采、经营为主。2004 年曲仁矿务局关闭后，辖区经济主要依附企业闲置厂房、场地、土地及其他资源实施招商引资，盘活资源和资产，培育新的经济增长点。2009 年，曲仁办事处内已发展有深圳港机有限公司、浈江区扬鑫油脂精练有限公司、新兴机械制造厂、金汕实业有限公司、广东电网韶关公司、新展鹏有限公司、烨大有限公司、韶关科力尔环保科技有限公司、韶关原强服饰玩具、韶关市雷瀛加工制品厂、广富综艺加工厂、康瑞制衣玩具有限公司，潮兴串珠厂、茶山花艺厂、云顶新星玩具厂等一大批中小型企业与加工业，并借助花坪大街的商业繁荣和改造好的市场物流活跃的优势，办有连锁店或大型商场。此外，办事处利用闲置土地进行租赁经营，大力发展无公害蔬菜、绿色蔬菜、地膜花生、花圃苗圃、花卉盆景、休闲农庄、农业生态观光、亚热带水果、竹木、经济丰产林等产业，其中将花坪“五七”干校闲置土地 1101 亩承包给个体户发展种植林业，并将南面丝茅坪居民区、工程处片622亩山地列入浈江区产业转移工业园区开发中。年内，曲仁办事处加大招商引资力度，积极做好引商、留商、安商、富商工作，全年引进包括韶关市时代生物能源科技有限公司、意大利棉雪儿服饰有限公司等10个项目，完成招商引资980万元，安排再就业人员约500多人。至年底，曲仁办事处境内共有各类工商业、服务行业经营企业700家（含个体户），引进投资总额达6000万元。全年实现商贸税收达95万元。

【社会事业】　2009年，曲仁办事处以人为本发展各项社会事业。在基础设施建设方面，继续加快城乡基础设施改造，实施社区环境美化建设；在教育设施方面主要增加科技教学设施。至年底，办事处辖区街道全部实现水泥路面硬底化，并安装上了路灯；供水、供电、通讯、有线电视网络设施覆盖全境。辖内建有省高等技术职业技术学校1所（曲仁技校），高级中学1所（曲仁中学），初级中学2所（花坪一中、花坪二中），6年制小学5所（花坪、茶山、云顶、格顶、丝茅坪各1所），幼儿园7所，小学、初中入学率实现100%；辖区有职工医院、门诊部7所，其中职工医院有住院病床458床，医护人员458人，职工医院承担辖区公共卫生防疫工作，定期开展居民及中、小学生、幼儿园集体注射疫苗；辖区有5个环境卫生组（招聘形式组成），并配备有垃圾车4部、小扶拖拉机2部及一些简单工具。

【全国城市体育先进社区】　曲仁办事处群众性社区体育活动具有广泛群众基础，富仁居民区在2007年评为“广东省先进体育社区”、2008年曲仁办事处成功创建“广东省先进体育办事处”。2009年，曲仁办事处把创建全国城市体育先进社区作为重要工作来抓，进一步加大社区体育设施建设，先后增建、修整部分羽毛球室、乒乓球室、健身广场、篮球场，并增添部分室内外体育设施。年内，曲仁办事处有秧歌、太极拳、腰鼓、舞蹈、篮球、羽毛球、乒乓球、门球、麻将、棋牌等体育活动骨干队伍36支；有一支社会体育指

曲仁办事处荣膺全国城市体育先进社区庆祝大会会场

导队伍，成员有国家级社会体育指导员1名、一级社会体育运动员4员、三级社会体育指导员27名，达到每2000人拥有一名社会体育指导员的要求。是年3月，被国家体育总局、中央文明办授予“第六批全国城市体育先进社区”光荣称号。至年底，辖区居民社区建有450平方米封闭式羽毛球室、400平方米室内乒乓球室、240平方米的棋牌室、200平方米的健身操室、410平方米安装21件健身器的室外健身广场、760平方米的室外篮球场、800平方米的室外多功能健身广场、300米的全民健身路径设施及100平方米的露天舞台，并在各学校、各单位建有分散的体育设施。各社区均形成乒乓球、羽毛球、健身器械、象棋、围棋、篮球等设施齐全的多功能体育活动中心，并积极组织居民开展形式多样的体育活动。

【社会综治与信访维稳】 2009年，曲仁办事处加强法制宣传和司法服务，进一步提高居民法律意识，先后出版法制宣传栏7期，开展法律咨询70人次；与辖区派出所联合对社区不稳定因素进行地毯式排查，全年共排查案件28宗，并对15个重点监控对象采取非常措施；加大治安整治力度，抢夺、入室偷盗等案件大幅减少（全年侦破刑事和治安案件16宗）。年内，曲仁办事处针对因企业关闭存在的历史遗留问题多、现实民生问题突出、上访群体复杂等特殊情况，成立社会治安综治信访维稳中心，实行社区部门联动，加大信访、上访法律宣传，积极关心民生、调处各类矛盾，辖内集体上访次数逐步减少，越级上访及大规模上访现象得到有效控制。至年底，办事处共接待来信来访32宗128人次，成功调处8宗矛盾纠纷，实现息诉罢访案件2宗，在年内的全国“两会”及国庆60周年庆典期间，辖区实现零上访目标。

【民生与社会保障】 2009年，曲仁办事处积极开展各种类型的扶贫送温暖活动，积极做好民生与社会保障工作。全年共为35人办理医疗救助；为辖区2234户、4447人办理最低生活保障，每月发放保障金48万多元；辖内2119户、3223人办理居民社会医疗保险；开展社会救济，为弱势群体发放救济物资700多人次；辖区义务兵、伤残军人、复员军人全部享受国家优抚政策；238名老人办理老人证。年内，曲仁办事处积极开展慈善捐款活动，全年共接收捐款5870元；积极开展“帮扶困境儿童”活动，共有47名困境儿童得到资金扶持。

【计划生育】 2009年，曲仁办事处积极开展“创建国家计生优质服务单位”活动，重点落实计划生育工作层级动态管理责任制，强化目标综合治理，全面开展查环、查孕工作；同时开展城镇独生子女父母调查工作和全员流动人口信息采集及录入工作。年内，在开展“春风送温暖、关爱女孩”活动中，办事处发放计生挂历2000余份，慰问独生子女等计生困难户30户，并对新修订的《广东省人口与计划生育条例》开展积极宣传活动，先后举办《条例》知识竞赛1次、学习培训班10次、墙报6期、张贴标语200条、横幅5条。至年底，办事处共清查、验证已婚育龄妇女2136人，落实“四术”180例，计生率达96.12%，辖区12个居委会无发生政策外出生人口。

2009年，曲仁办事处被浈江区评为人口与计划生育先进单位。

（陈立能）

附：曲仁党工委、办事处领导班子名录

党工委书记：林　航

副书记：钟　荔、唐　波

党工委委员：黄绍福、罗冠扬

办事处主任：钟　荔

办事处副主任：黄绍福、陈炎辉

田螺冲办事处

田螺冲办事处办公大楼

【基本情况】　田螺冲办事处位于浈江区东郊六公里，辖区西起新韶镇黄金村，北临浈江河，东至新韶镇大源村，南邻新韶镇大坡村，并辖大塘山居委。

田螺冲行政区划源于清末民初，以煤矿开采建置。民国时期，境内长山井田等附近区域聚成矿区，有“宝祥源”、“巨发”、“两广”私营煤矿公司在经营。韶关解放后，人民政府接收矿区。1958 年，韶关地区专员公署公安处在矿区设立劳改矿场。1966 年 11 月，田螺冲矿区移交广东省红工矿务局（曲仁矿务局前身）管理，改称红工五矿。1985 年 5 月，红工矿务局恢复曲仁矿务局原称，红工五矿也相应恢复原名田螺冲矿。2001 年 8 月，田螺冲矿破产实行属地化管理划归浈江区辖。2004 年 4 月，浈江区成立曲仁留守处田螺冲留守站；同年 6 月，按照省政府属地化管理政策成立田螺冲办事处，辖区包括原田螺冲矿区和大塘山矿区，办事处设立长山、三角窝、两面山、大塘山 4 个居民区，延续至今。办事处办公地址设在田螺冲矿区长山社区原矿部。

2009 年，田螺冲办事处共有两面山、大塘山、长山、三角窝 4 个居委会，总人口 5879 人，其中常住人口 5323 人、外来人口 556 人。

【经济发展】　田螺冲办事处经济发展原以煤矿开采、经营为主。2004 年企业破产关闭后，田螺冲办事处依附企业闲置厂房、场地、土地及其他资源，通过实施招商引资，盘活有效资源，培育新的经济增长点，实现经济增长方式的转变。2009 年，田螺冲办事处累计引进企业 6 家，累计固定资产投资 4 亿元，实现生产总值 1800 万元，上交国家税收 50 多万元。

【社会事业】　2009 年，田螺冲办事处社会各项事业不断发展。在基础设施建设方面，继续加大城乡基础设施的改造，利用原关闭煤矿剩余资产重新建设田螺冲公路，将老公路全部扩宽为 6 米路面，由黄金村路口至 323 线，总长 3300 米，总投资约 380 万元；筹措 535 万元改造自来水工程，于是年国庆节前投入使用。年内，为解决曲仁留守处的 1 万多退休人员共 3 万多名家属的住房安排，按照市、区政府统一安排，已完成《土地使用产权证》、《可行性评估报告》、安置区工程建设规划设计、安置区工程项目立项批文及“建设用地规划许可证”等相关手续。在教育设施方面，辖内大塘山矿区征用国土 1000 多亩，用于兴建韶关市技工学校及农民工培训示范基地。该项目为市、区两级政府重点工程，一期工程已于 2008 年完工并招生，二期工程也于 2009 年正式动工。至年底，田螺冲辖区共有学校 6 所（含幼儿园），其中市职业技术学校 1 所、初级中学 1 所、小学 1 所、幼儿园 3 所，9 年义务教育普及率 98.6%，初中升学率 100%；有全民健身场所 5 个，其中篮球场有3个、棋牌室1个、健身广场1个；有电影放映场1个、文化站（室）4个（含学校和医院）；有线电视与韶关市广播电视信号接入与市区同步；办事处所属的新韶卫生院（原为田螺冲矿职工医院）设有门诊，并有个体诊所3个。此外，辖内还设有环卫所1个，有环卫人员15人；设有疾控防疫站，并定期开展居民、中小学生、幼儿园集体注射疫苗。

【社会综治与信访维稳】 2009年，田螺冲办事处治安管理及信访维稳工作按区委、区政府统一部署进行。年初，办事处成立社会治安综合治理信访维稳中心，该中心共由18人组成，其中包括办事处领导干部5人、司法调解员4个、其他人员9人，并另在辖你3个居民区设立维稳综合治理工作站，各工作站都有信息员。年内，田螺冲办事处社会治安综治信访维稳中心，实行辖区部门联动，以应对辖区群众上访和应急、突发群体事件，并积极处理因企业关闭产生的历史遗留问题。此外，田螺冲办事处在年内进一步加强法制宣传，提高群众法律意识，强化治安综合治理工作，建立维稳长效工作机制，并由治安、保安等17人组成群防、群治队伍。至年底，田螺冲办事处全年接待来信来访12宗，调处12宗，调解成功率达100%；先后出版法制宣传栏9期，对辖区居民进行各种法律知识宣传；进行地毯式排查案件63宗，对5个重点监控对象采取非常措施；全年共侦破刑事和治安案件11宗。

【民生与社会保障】 2009年，田螺冲办事处把民生工作作为大事来抓，积极开展各种类型的扶贫送温暖活动。年内，办事处为277个低保户共638人办理最低生活保障，发放低保生活金额350670元；为310人办理异地就医手续，全年办理住院报销手续360宗，并协助留守站矽肺复查70人次；春节期间慰问376人，合计发放慰问金37600元；为弱势群体发放救济物资70户，其中发放棉被毛毯35床，慰问金9600元；投入50000元兴建残疾人康复室，并配备活动器材，95%的残疾人在年内纳入最低生活保障；对各个时期参加战争的优抚对象及10户特困人员给予重点慰问，为辖内特困户办理医疗保险，对6户危重病人进行医疗救助，为108位60岁以上老人办理优惠证。至年底，辖区1120名离退休人员全部参加医疗保险，

【计划生育工作】 2009年，田螺冲办事处积极创建国家计划生育优质服务单位，加强人口与计划生育办公室力量，配备计生专干3人，计生办内设有B超检查室、婚育教室，建立有已婚育龄妇女档案卡册，并开展育龄妇女信息采集、录入工作。年内，田螺办事处重点落实层级计生工作动态管理责任制，强化目标综合治理。

【精神文明建设】 2009年，田螺冲办事处围绕区委、区政府“构建和谐浈江”方针开展文明单位、文明社区、文明楼院、文明家庭等精神文明创建活动，先后在4个居民社区创办阅报栏、宣传橱窗、科普画廊等，开展以宣传《公民道德建设实施纲要》为主题的“五爱”、“四有”、“三德”家庭美德教育，倡导健康文明生活方式，并举办科学发展观，构建和谐社会等主题宣传。在开展社区文体活动方面，先后开展以“构建和谐社区”为主题的系列亲民、亲情活动；利用“三八”节、元宵节等节庆，因居制宜，举办“吃汤圆、话和谐”、“和谐亲情树”等活动。年内，田螺冲办事处在启明路健身广场组织一场“构建和谐田螺冲”专场文艺晚会，晚会以歌舞、小品的形式向广大人民群众宣传田螺冲新人新事新风尚，受到社会各界的好评。

【环境卫生工作】　2009年，田螺冲办事处按照市、区统一部署，积极开展“创建国家卫生城市”活动，大规模开展整治市容环境，美化、净化市区面貌工作，并积极组织、发动社区党员、志愿者，对居民楼道、庭院及其他卫生死角进行整治。在开展大规模除“四害”活动中，辖区免费发放药物对居民区污水沟进行药物喷杀，并组织居住条件较差的住户对卫生死角大清理，有效防止流行性传染病的发生，保障辖区人民群众的身心健康。

（石中良）

附：田螺冲党工委、办事处领导班子名录
党工委书记：宋柏均
副书记：郭永绍、罗爱军
党工委委员：刘东秀、叶晓东
办事处主任：郭永绍
办事处副主任：林景章

街道社区简介

【育红巷社区】　位于东河街道办西北部，辖区面积0.5平方公里，东至浈江北启明北居委会，西至河边，南至浈江南122号，北至京广铁路，居委会位于韶关市浈江区浈江中路11号。2009年，辖区有2250户、居民5530人，驻有启明小学等5家单位，主要街巷有育红巷、爱国巷、树新巷等5条小巷。社区居委内设计划生育、卫生、治保会、调解会、社会事务、警务等服务机构。

【浈江路社区】　位于东河街道办中部，辖区面积0.5平方公里，东至启明北路，西至浈江路，南至执信路，北至东新路，居委会位于韶关市浈江区东河十二横巷路4栋201号，2009年，辖区有2162户，居民4929人，驻有东河街道办事处等6家单位，主要街巷有浈江路、启明北、执信路等13条小巷。社区居委内设计划生育、卫生、治保会、调解会、社会事务、警务等服务机构。

【浈江南路社区】　位于东河街道办南部，辖区面积0.6平方公里，东至浈江路，西至新浈江路，南至韶南路，北至育红巷，居委会位于韶关市浈江区浈江南河边19栋302号。2009年，辖区有3013户，居民5354人，驻有公路材料站等3家单位，主要街巷有十三横巷、浈江中执信路、二中门前等4条小巷。社区居委内设计划生育、卫生、治保会、调解会、社会事务、警务等服务机构。

【启明北路社区】　位于东河街道办北部，辖区面积0.6平方公里，东至京广铁路启明北段，西至浈江路，南至东新路，北至五里亭铁路桥，居委会位于韶关市浈江区东河启明北路7号。2009年，辖区有3336户、居民5807人，驻有浈江武装部等17家单位，主要街巷有东新路、启明北路、浈江北路等17条小巷。社区居委内设计划生育、卫生、治保会、调解会、社会事务、警务等服务机构。

【执信路社区】　位于东河街道办浈江南部，辖区面积1平方公里，东至启明市场，西至市二中，南至南韶路，北至市公路局，办公地点位于韶关市浈江区浈江南路72号。2009年，辖区有4498户，居民12566人，驻有市公路局等4家单位，主要街巷有执信横巷、浈江中执信路、二中门前等13条小巷。社区居委内设计划生育、卫生、治保会、调解会、社会事务、警务等服务机构。

【陵西路社区】　位于东河街道办东北部，辖区面积1.8平方公里，东至陵南大道为界，西至京广铁路为界，南至鹅坑桥，北至黄金村一砖厂，居委会位于韶关市浈江区陵西路2号。2009年，辖区有4371户，居民10814人，驻有市化工厂、二九七厂等5家单位，主要街巷有陵西路、韩家山、育才小学等22条小巷。社区居委内设计划生育、卫生、治保会、调解会、社会事务、警务等服务机构。

【莲花山社区】 位于车站街道办东部，辖区面积0.8平方公里，东至南方高级技术学院，西至火车站铁路边，南至七四三矿，北至大塘路，社区居民委员会位于韶关市浈江区莲花山宝丽花园3号楼108号。2009年，辖区有3074户、居民11019人，内有南方高级技术学院等6家单位，主要街巷有大塘路、豆芽井、莲花山路等8条小巷。社区居委内设计划生育、卫生、治保会、调解会、社会事务、警务等服务机构。

【大塘路社区】 位于车站街道办东北部，东至莲花山铁路边公路，西至铁路边，南至旧天桥至通天坡路，北至韶瑶路，辖区面积0.63平方公里，居委会办公地点位于韶关市浈江区大塘路230号。2009年，辖区有3246户、居民10570人，内有羊城铁路工务段等6家单位，主要街巷有大塘路、韶瑶路、芳华路等5条小巷。社区居委内设计划生育、卫生、治保会、调解会、社会事务、警务等服务机构。

【东升村社区】 位于车站街道办西南部，东至四通市场高站台，西至北江河堤枫景园，南至学冲市场路口，北至北江路德兴大厦，辖区面积0.63平方公里，社区居民委员会办公地点位于韶关市浈江区北江路14栋后座202号。2009年，辖区有2139户、居民8702人，内有七〇五地质大队等10家单位，主要街巷有站南路、北江路、雕塑长廊等10条小巷。社区居委内设计划生育、卫生、治保会、调解会、社会事务、警务等服务机构。

【广铁一线社区】 位于车站街道办东南部，辖区面积0.8平方公里，东至森林公园，西至韶南大道，南至沙梨园，北至丛林山庄，社区居民委员会办公地点位于韶关市浈江区森林南路广铁一线家属区。2009年，辖区有2077户、居民6665人，内有广州工务机械段韶关管理所等8家单位，主要街巷有森态路、莲花路、机务新村大道等5条小巷。社区居委内设计划生育、卫生、治保会、调解会、社会事务、警务等服务机构。

【南韶村社区】 位于车站街道办北部，辖区面积0.6平方公里，东至大塘路，西至南韶路，南至职工一区，北至鹅坑桥，社区居民委员会位于韶关市浈江区职工二区大院内。2009年，辖区有2574户、居民7046人，内有铁路医院等5家单位，主要街巷有南韶路、南韶村职工二区、等10条小巷。社区居委内设计划生育、卫生、治保会、调解会、社会事务、警务等服务机构。

【职工一区社区】 位于车站街道办东西部，辖区面积0.6平方公里，东至站道路铁路边，西至安全北天桥，南至火车站广场，北至南韶路，社区居民委员会位于韶关市浈江区安全北路职工一区一栋102号。2009年，辖区有1664户、居民3840人，内有火车站等17家单位，主要街巷有安全北、站道路、职工一区等8条小巷。社区居委内设计划生育、卫生、治保会、调解会、社会事务、警务等服务机构。

【站南路社区】 位于车站街道办西部，辖区面积0.4平方公里，东至高站台，西至北江路，南至四通市场，北至火车站广场，社区居民委员会位于浈江区北江路十四栋前座303

号。2009 年，辖区有 2178 户、居民 10252 人，内有航道局等 17 家单位，主要街巷有北江路、站南路、仓库一条街等 6 条小巷。社区居委内设计划生育、卫生、治保会、调解会、社会事务、警务等服务机构。

【劳动村社区】　位于车站街道办北部，辖区面积 1.5 平方公里，东至犁头嘴 26 栋，西至铁路边，南至南村铁路列检所车间，北至莲花山，社区居民委员会位于韶关市浈江区劳动村松树岭北村 82 号，2009 年，辖区有 3073 户、居民 5906 人，内有浈江中学等 2 家单位，主要街巷有北村大道、莲花大道、犁头嘴大路等 16 条小巷。社区居委内设计划生育、卫生、治保会、调解会、社会事务、警务等服务机构。

【建国路社区】　位于和平街北部，辖区面积 0.05 平方公里，东至东堤南，西至风度中，南至建国路，北至仁爱路，办公地点位于韶关市浈江区建国路 1 号。2009 年，辖区有 1198 户、居民 2760 人，驻有市粮食局、韶关军分区等 5 家单位，主要街巷有下后街、建国路、东堤南等 5 条小巷。社区居委内设计划生育、卫生、治保会、调解会、社会事务、警务等服务机构。

【壮志街社区】　位于和平街西南部，辖区面积 0.05 平方公里，东至风度中路，西至十八街，南至复兴路，北至和平路，办公地点位于韶关市浈江区西堤中路 9 号。2009 年，辖区有 1321 户，居民 3491 人，驻有浈江公安分局等 1 家单位，主要街巷有复兴路、和平路、风度中路等 5 条小巷。社区居委内设计划生育、卫生、治保会、调解会、社会事务、警务等服务机构。

【圣堂巷社区】　位于和平街西部，辖区面积 0.05 平方公里，东至壮志街，西至西堤路，南至复兴路，北至和平路，办公地点位于韶关市浈江区西堤路 9 号。2009 年，辖区有 669 户，居民 1986 人，驻有市路灯管理所等 1 家单位，主要街巷有复兴路、西堤中、和平路等 5 条小巷。社区居委内设计划生育、卫生、治保会、调解会、社会事务、警务等服务机构。

【东堤南路社区】　位于和平街北部，辖区面积 0.05 平方公里，东至东堤南，西至上后街，南至和平路，北至九曲巷，办公地点位于韶关市浈江区建国路 1 号。2009 年，辖区有 908 户，居民 3070 人，驻有韶关市第一人民医院、市图书馆等 2 家单位，主要街巷有上后街、东堤南、九曲巷等 5 条小巷。社区居委内设计划生育、卫生、治保会、调解会、社会事务、警务等服务机构。

【学工街社区】　位于和平街西北部，辖区面积 0.06 平方公里，东至始巷头，西至西堤路，南至和平路，北至风采路，办公地点位于韶关市浈江区学工街 16 号。2009 年，辖区有 1338 户，居民 3687 人，至有市保险公司、交易所等 4 家单位，主要街巷有学工街、高街、群乐巷等 3 条小巷。社区居委内设计划生育、卫生、治保会、调解会、社会事务、警务等服务机构。

【风度中路社区】　位于和平街西南部，辖区面积 0.05 平方公里，东至上后街，西至始巷头，南至和平路，北至风采路，办公地点位于韶关市浈江区平治巷路 23 号。2009 年，辖区有 788 户、居民 2429 人，驻有市机二、和平路小学等 4 家单位，主要街巷有和平路、始巷头、平治巷等 6 条小巷。社区居委内设计划生育、卫生、治保会、调解会、社会事务、警务等服务机构。

【河滨社区】 位于南门街东部，辖区面积0.087平方公里，东至浈江河，西至熏风路，南至风度名城，北至建国路，办公地点位于韶关市浈江区熏风路9号28栋101房。2009年，辖区有873户，居民2913人，驻有中共韶关市委等19家单位。社区居委会内设计划生育、卫生、治保会、调解会、社会事务、警务等服务机构。

【文化街社区】 位于南门街西部，辖区面积0.212平方公里，东至风度南路，西至西河桥头，南至园前路，北至复兴路以南，解放路陆羽茶庄、茗苑大厦以西，办公地点位于韶关市浈江区吾牙巷4号101、102房。2009年，辖区有2056户，居民6308人，驻有韶关市总工会等11家单位，主要街巷有文化街等2条小巷。社区居委会内设计划生育、卫生、治保会、调解会、社会事务、警务等服务机构。

【井巷社区】 位于南门街北部，辖区面积0.06平方公里，东至武镇街以西，西至风度南，南至一市场，北至建国路以南，办公地点位于韶关市浈江区兴隆街42号第二栋302房。2009年，辖区有1173户，居民3340人，主要街巷有云龙亭等5条小巷。社区居委会内设计划生育、卫生、治保会、调解会、社会事务、警务等服务机构。

【老东门社区】 位于南门街东北部，辖区面积0.1平方公里，东至熏风路以西，西至兴隆街，南至解放路，北至建国路以南，办公地点位于韶关市浈江区武镇街63号粤海楼E座B栋。2009年，辖区有1431户，居民3892人，驻有韶关日报社等4家单位，主要街巷有老东门等2条小巷。社区居委会内设计划生育、卫生、治保会、调解会、社会事务、警务等服务机构。

【解放路社区】 位于南门街南部，辖区面积0.061平方公里，东至曲江桥头，西至凡口大厦、新华书店，南至园前东路，北至解放路，办公地点位于韶关市浈江区园前东路2号、3号1栋104房。2009年，辖区有1427户，居民3466人，驻有韶关市体育局等4家单位，主要街巷有烟墩街等4条小巷。社区居委会内设计划生育、卫生、治保会、调解会、社会事务、警务等服务机构。

【环园路社区】 位于南门街西南部，辖区面积0.12平方公里，东至环园东路，西至环园西路、园前西路，南至海关，北至园前路供销大厦，办公地点位于韶关市浈江区园前西路9号103房。2009年，辖区有1471户，居民4405人，驻有韶关海关等14家单位。社区居委会内设计划生育、卫生、治保会、调解会、社会事务、警务等服务机构。

【风采路社区】 位于太平街南部，辖区面积0.16平方公里，东至浈江河，西至风度北路，南至和平办事处辖区，北至中山路，办公地点位于韶关市浈江区东堤横路3号。2009年，辖区有2165户，居民5536人，驻有市教工幼儿园等3家单位，主要街巷有东堤横太平巷等11条小巷。社区居委内设计划生育、卫生、治保会、调解会、社会事务、警务等服务机构。

【风度北社区】 位于太平街南部，辖区面积0.1平方公里，东至风度北路，西至西堤北，南至中华新街，北至西堤横街，办公地点位于韶关市浈江区西堤北路15号。2009年，辖区有1181户，居民3321人，驻有市司法局等6家单位，主要街巷有中华新街等1条小巷。社区居委内设计划生育、卫生、治保会、调解会、社会事务、警务等服务机构。

【北直街社区】　位于太平街中部，辖区面积0.12平方公里，东至风度北路，西至西堤北路，南至西堤横路，北至中山路，办公地点位于韶关市浈江区西堤北路15号。2009年，辖区有1247户，居民2402人，驻有市第一中学等4家单位，主要街巷有北直街等1条小巷。社区居委内设计划生育、卫生、治保会、调解会、社会事务、警务等服务机构。

【市政府社区】　位于太平街中东部，辖区面积0.1平方公里，东至东堤中路，西至北直街，南至东堤横路，北至中山路，办公地点位于韶关市浈江区风度北路市政府大院。2009年，辖区有861户，居民2462人，驻有市政府等11家单位，无小街小巷。社区居委内设计划生育、卫生、治保会、调解会、社会事务、警务等服务机构。

【中山路社区】　位于太平街东部，辖区面积0.13平方公里，东至东堤北路，西至升平路，南至中山路，北至峰前路，办公地点位于韶关市浈江区东堤北路66号。2009年，辖区有2460户，居民6086人，驻有市四中等1家单位，主要街巷有群众巷、广富新街、中山横巷等3条小巷。社区居委内设计划生育、卫生、治保会、调解会、社会事务、警务等服务机构。

【升平路社区】　位于太平街中西部，辖区面积0.1平方公里，东至升平路，西至西堤北路，南至中山路，北至帽峰公园，办公地点位于韶关市浈江区奋勇巷11号。2009年，辖区有1155户，居民3245人，驻有市交通局等5家单位，主要街巷有奋勇巷等1条小巷。社区居委内设计划生育、卫生、治保会、调解会、社会事务、警务等服务机构。

【峰前街社区】　位于太平街北部，辖区面积0.17平方公里，东至浈江河，西至升平路，南至峰前路，北至帽子峰，办公地点位于韶关市浈江区中山路17号。2009年，辖区有2268户，居民7301人，驻有韶州师范等9家单位，主要街巷有太傅街等1条小巷。社区居委内设计划生育、卫生、治保会、调解会、社会事务、警务等服务机构。

【花坪社区】　曲仁矿务局前身为花坪矿，辖区东与仁化县县界相邻，南与富仁居民区相接，西与花坪镇镇政府交界，北与曲仁人民医院接壤。2009年，辖区面积0.63平方公里，总户数1344户、总人口4091人，内有花坪电管所等单位，主要街道有花坪大街、学校路，社区内设有计划生育办公室、安全生产领导小组、治安联保会、人民调解办公室、妇女联合会分会、退休人员社会化管理站等服务机构。

【云顶社区】　曲仁矿务局前身为云顶矿，辖区东与花坪镇伍家村山脉相邻，南与花坪镇伍家村相接，西与花坪镇葵塘村山顶交界，北与仁化县县界接壤。2009年，辖区面积1.44平方公里，总户数1457户，总人口4558人，内有曲仁云顶留守站、塑料花有限公司等单位，主要街道有云顶大街等。社区内设有计划生育办公室、安全生产领导小组、治安联保会、人民调解办公室、妇女联合会分会、退休人员社会化管理站等服务机构。

【格顶社区】　曲仁矿务局前身为格顶矿，辖区东与浈江区曲仁和平队相邻，南与浈江区曲仁和平队相接，西与仁化县董塘镇红头村稻田交界，北与浈江区曲仁八一队接壤。2009年，辖区面积0.2平方公里，总户数1575户，总人口5925人，内有曲仁格顶留守站、仁化县邮电支局、农信社等单位，主要街道有格顶大街、菜市街等。社区内设有计划生育办公室、安全生产领导小组、治安联保会、人民调解办公室、妇女联合会分会、退休人员社会化管理站等服务机构。

【茶山社区】 曲仁矿务局前身为茶山矿，辖区东与浈江区花坪镇长地头村村民稻田相邻，南与花坪镇长地头村山脉相接，西与浈江区花坪镇长地头村水塔山交界，北与浈江区花坪镇长地头、老虎冲村接壤。2009年，辖区面积1.68平方公里，总户数1950户，总人口5889人，内有曲仁茶山留守站、茶山煤矸子电厂留守站、茶山小学、塑料花厂等单位，主要街道有茶山大街、学校路等。社区内设有计划生育办公室、安全生产领导小组、治安联保会、人民调解办公室、妇女联合会分会、退休人员社会化管理站等服务机构。

【丝茅坪社区】 曲仁矿务局位于曲仁基建处本部，由原来的丝茅坪矿及曲仁基建工程处合并而成。辖区东与浈江区犁市镇鹧鸪山麓相邻，南与武江监狱茶园相接，西与曲仁高级中学、犁市镇石下村稻田交界，北与浈江区石下村水坑山接壤。2009年，辖区总面积1.12平方公里，总户数238户，总人口629人，内有曲仁丝茅坪留守站等单位，主要街道有丝茅坪路、工程处住宅路等。

【富仁社区】 曲仁矿务局前身为富仁矿，辖区东与花坪居民区铁路面居委会相邻，南与省道S246线相接为界，西与花坪镇楼脚下村交界，北与花坪镇伍家村接壤。2009年，辖区面积1.96平方公里，总户数1529户，总人口4138人，内有曲仁办事处、曲仁留守处、韶关市新弘立建筑机械有限公司、广东省曲仁技工学校等单位，主要街道有花坪大街、花云公路、菜市大街等。社区内设有计划生育办公室、安全生产领导小组、治安联保会、人民调解办公室、妇女联合会分会、退休人员社会化管理站等服务机构。

【和平、八一社区】 辖区东与仁化县董塘镇山脉为界，南与浈江区曲仁格顶居民区相接，西与仁化县董塘镇江头村山丘底为界，北与仁化县董塘镇江头村接壤。2009年，辖区面积20.33平方公里，总户数599户，总人口2375人，内有深圳市时代生物能源有限公司等单位，主要街道有八一和平路等。社区内设有计划生育办公室、安全生产领导小组、人民调解委员会、移民解困办公室等服务机构。

【长山、三角窝社区】 位于田螺冲路168号1楼，东与老商店相邻，南与矿区礼堂、大源村相接，西与老虎冲交界，北与中厂山、323国道接壤，辖区面积0.5平方公里，前身为1966年12月成立的田螺冲矿长山片、三角窝片。2009年，长山、三角窝社区合署办公，辖区总户数1248户，总人口3538人，内有银行、留守站、医院、木材加工厂、砖厂、面饼厂、水泥制品厂等单位。

【两面山社区】 位于田螺冲路160号2楼，东与矿区医院相邻，南与农科所相接，西与黄金村交界，北与老虎冲接壤，辖区面积0.15平方公里，前身为1966年12月成立的田螺冲矿两面山片。2009年，辖区总户数715户，总人口2028人。辖区内有中学、小学等单位。

【大塘山社区】 位于韶塘路1号1楼，东与大塘山相邻，南与韶塘公路相接，西与韶关学院交界，北与石山村接壤，辖区面积0.75平方公里，前身为1977年3月成立的大塘山矿。2009年，辖区总户数105户，总人口313人，内有韶关学院、省农民工技工培训中心等单位。

【韶东社区】 位于大学路22号7楼，前身为1997年12月成立的韶东居民委员会，2002年6月改称韶东社区居民委员会。辖区东与陵南路相邻，南与大塘路相接，西与韩家山社区居委会交界，北与陵南路接壤，总面积2000平方米。2009年，辖区总户数922户，总人口5936人，内有浈江公安分局、浈江区政府、联发加油站等6家驻镇单位，主要街巷有鸿运花园、韩家山村、豆芽井等5条小巷，社区居委内设计划生育、卫生、治保会、调解会、社会事务、警务等服务机构。

【金沙社区】　位于浈江区南郊三公里半，于2003年5月成立。辖区东与城南社区相邻，南与新乐社区相接，西环北江河，北与城南社区接壤，总面积37万平方米。2009年，辖区总户数4826户，总人口17664人，内有南枫、裕康、辉源三家物业公司及韶关市第八中学等驻镇单位，主要街巷有一号路、二号路、三号路等11条小巷，社区居委内设计划生育、卫生、治保会、调解会、社会事务、警务等服务机构。

【城南社区】　位于浈江区南郊三公里，前身为浈江区南郊城南居民委员会，1992年1月成立。辖区东与沙梨园村委相邻，南与金沙社区相接，西环北江河，北与车站办事处接壤，总面积3.5平方公里。2009年，辖区总户数2169户，总人口7231人，内有韶关市复烤烟厂、亿华物流等24家驻镇单位，主要街巷有韶南大道、滨江路等5条小巷，社区居委内设计划生育、卫生、治保会、调解会、社会事务、警务等服务机构。

【新乐社区】　位于浈江区南郊五公里，于1992年1月成立。辖区东与长乐村委相邻，南与新村村委相接，西环北江河，北与金沙社区接壤，总面积4平方公里。2009年，辖区总户数4690户，总人口11259人，内有二针厂、合成氨厂、广洗厂、活力啤酒厂等驻镇单位，主要街巷有4号路、5号路等11条小巷，社区居委内设计划生育、卫生、治保会、调解会、社会事务、警务等服务机构。

【十里亭社区】　位于铸锻厂宿舍南区，前身为于1958年3月成立的十里亭居委会，2002年6月改称十里亭社区居民委员会。辖区东与五里亭居委相邻，南与金凤坪村相接，西与靖村村交界，北与黄岗社区接壤，总面积250平方米。2009年，辖区总户数5936户，总人口20749人，内有铸锻总厂、众力公司、市二技等26家驻镇单位，主要街巷有八一路、建设路、河边路等6条小巷，社区居委内设计划生育、卫生、治保会、调解会、社会事务、警务等服务机构。

【黄岗社区】　位于十里亭镇北面，前身为1978年2月成立的黄岗居委会，2002年5月改称黄岗社区居民委员会。辖区东与黄岗山相邻，南与十里亭岔路口相接，西与市沥青仓库交界，北与铣鸡坑接壤，总面积470万平方米。2009年，辖区总户数4150户，总人口16398人，内有中铁五局四处、北江监狱等16家驻镇单位，主要街巷有韶乐公路、铁四处小区、黄岗火车站等，社区居委内设计划生育、卫生、治保会、调解会、社会事务、警务等服务机构。

【五里亭社区】　位于十里亭镇前进路16号，前身为1978年2月成立的五里亭居委会，2002年5月改称五里亭社区居民委员会。辖区东与太平办事处相邻，南与北江河边相接，西与十里亭社区居委会交界，北与腊石坝接壤，总面积400万平方米。2009年，辖区总户数3472户，总人口11760人，内有市七中、变压器厂等12家驻镇单位，主要街巷有席前路、良村公路、聆韶路等30条小巷，社区居委内设计划生育、卫生、治保会、调解会、社会事务、警务等服务机构。

（区年鉴编辑部）

人物

共粤北省委旧址　张九龄　余靖

新闻人物

【林锐生】 林锐生，十里亭镇个体工商户、韶关市首届“十佳道德模范”，2009年当选为“中国好人”。

林锐生出生在揭东一个贫困农民家庭，1985年为谋求生计来到韶关，投靠在铸锻厂工作的舅舅，开始艰难的创业生涯。由于他讲诚信、能吃苦，很快在生意上打开了门路，并不断有所拓展，经济收入逐渐好转，慢慢有了自己的产业。在韶关20多年，林锐生经常想方设法尽自己的绵薄之力做好事、献爱心，为需要帮助的人提供帮助。2006年7月15日，韶关遭受百年不遇的特大洪灾。7月16日晚，林锐生和派出所民警一人驾一艘自制的“救生艇”冲进滔滔洪波，先后救了几趟人。随后几天里，林锐生将300多名灾民安顿在自己开的招待所，镇政府领导随即转移到他的招待所，安排食宿。7月17日下午，林锐生拉了三条大水管，为十里亭镇的灾民供水，不仅解决招待所300多人的生活用水，还为附近5000多居民解了燃眉之急。为了改善入住招待所灾民的伙食，他到枫湾自己承包的农场，让工人杀了两头猪，买了几百斤青菜，然后请拖拉机拉到韶关火车站。由于韶城水淹，他带着工人从铁路走到火车站，并在火车站高价请来几个民工，一起将几百斤猪肉和几百斤青菜抬回十里亭。在7.15洪灾后，他买了数十个50斤的塑料水桶装水送到市区，免费送水给群众，同时还购买300多张棉被给乐昌第三人民医院解决病人的御寒问题，在大灾大难面前率先行动，尽力去帮助受灾的群众。

林锐生是一个小小的私营老板，不是什么富家子弟、大老板。他上有老父亲，下有小女儿，在韶关比他有钱的人大有人在，但他愿意用他有限的能力去帮助有困难的人。在韶关20多年，他经常同一些热心人士深入乡村、学校了解群众生活情况，听到有人求助都会尽力去帮助他们。先后在始兴风度中学、马市镇堂阁小学、江西大余长江铭源希望学校、揭东白塔镇桐联村小学捐资助学，还资助7名新韶镇单亲贫困儿童。在他帮助的人中，有孤寡老人、贫困学生、残病人员，也有流落韶关的外地打工者，此中有广东的、韶关的、潮汕的，也有其他省份的。《南方日报》、《广州日报》、《羊城晚报》、《深圳特区报》、《韶关日报》、韶关电视台等省市新闻媒体对林锐生先后进行了报道。2006年，他当选为浈江区人大代表，2007年被评为韶关市首届“十佳道德模范”、市“文明经营户”；2008年被广东省工商行政管理局、广东省个体劳动者协会评为“改革开放30年先进人物”；2009年，被评为广东省优秀青年志愿者先进个人、并经全国网上投票，当选为助人为乐的“中国好人”。

【胡艳香】　胡艳香，浈江区环卫一所清洁服务队队长，1980年加入环卫队伍。从参加环卫工作起，她就一直在最脏最累的清洁服务队工作，一干就是30年。30年来，无论酷暑严寒、晴雨节假，她从不间歇，任劳任怨，坚守岗位，把青春献给环卫事业，在这个平凡的工作中作出了自己的贡献，曾连续多次被评为市先进工作者和优秀共产党员，并光荣当选为浈江区政协委员和区人大代表。

【邝家顺】　邝家顺，韶关乐善义工会一名义工，曾连续两年获得浈江区优秀志愿者称号。

邝家顺从身边点滴做起，做的好事善事不胜枚举。多年来，他组织义工们定期去看望和帮扶一位在九中读书的贫困学生家庭，让即将离学的这位同学顺利读完高中，直至出来工作。汶川大地震发生后，他与乐善会的义工们走上街头，为汶川灾区组织开展赈灾爱心义卖，一共募捐到5万多元善款。在为帮助白血病母亲曾小芬时，他四处奔走，积极发动各方力量捐款捐物，呼吁更多爱心人士伸出援助之手。在为弃婴小商的爱心募捐公益汇演活动中，他冒着高温派发公益宣传单，直至爱心汇演圆满结束。在近几年中，他多次帮助病患者卢菲菲，陈秀娟等。面对每一个求助者，他都尽其所能去关爱他们、帮助他们。2009年，他和乐善会的义工们7个月来每天分三次去照顾孤寡老人罗婆婆，为老人的腿脚擦药酒，陪她聊天，让她减轻病痛，一直坚持到罗婆婆住进福利院，并长期坚持去福利院探望孤寡老人，陪老人家聊天，帮她们按摩。

邝家顺参加韶关的无偿献血近10年，连续多年获得优秀无偿献血志愿者称号，并在2009年参加造血干细胞捐赠登记。

（李建华）

先进人物

【韶关市劳动模范】　2009年，韶关市公安局浈江分局刑事侦查大队副大队长胡文义、韶关市浈江区环境卫生管理一所工人钟长新评为韶关市劳动模范。

【市以上荣誉单位】　2009年，浈江区评为市以上荣誉的单位有：曲仁办事处评为第六批全国城市体育先进社区、浈江区教工幼儿园评为全国巾帼文明示范岗、卓兴药业有限公司评为广东省巾帼文明岗、浈江区环境卫生一所评为广东省城镇市容环境卫生先进单位、启明北路社区居委会评为广东省民主法治示范社区、浈江区公安分局评为韶关市“三基”工程建设二等奖和“韶关市6.26事件处置工作先进集体”、十里亭财政所评为韶关市基层站（所）“窗口之星”先进集体荣誉称号、浈江区教育局评为韶关市普教系统2008～2009学年度教学工作先进单位、浈江区经济贸易局评为韶关市经贸系统创卫工作“先进集体”、东河街启明北社区和太平街风采社区居委会评为韶关市级巾帼文明岗、犁市镇妇联评为韶关市三八红旗集体称号、浈江区科教局评为韶关市普教系统2008～2009学年度教学工作先进单位、乐园镇计生办评为韶关市2009年度人口与计划生育先进单位。

【市以上荣誉个人】　2009年，浈江区评为市以上荣誉有：全国优秀护林员游先标，全省优秀人民警察杨毅平，全省“五好（公安派出所）所长”陈力，广东省新型农村合作医疗先进工作者吕建洪，韶关市“十佳卫士”胡文义，韶关市三八红旗手方春兰、麦振銮、阳四海，韶关市个人三等功江富生，韶关市创建国家卫生城市先进个人郭红、林宏艺、黄旭平、方春兰、彭旭东、关伟群、黄小英，全市“窗口之星”先进个人周家武。

（区年鉴编辑部）

专业技术人才

2009年度浈江区高级专业技术资格人员名册表

表14

序号	单位名称	姓 名	职 称
1	韶关市第八中学	谢喜成	中学高级教师
2	韶关市第八中学	连善兰	中学高级教师
3	韶关市第八中学	蒋剑明	中学高级教师
4	韶关市第八中学	吴慧慧	中学高级教师
5	韶关市第八中学	唐月凤	中学高级教师
6	韶关市第八中学	余志宾	中学高级教师
7	韶关市第八中学	李玉珍	中学高级教师
8	韶关市第八中学	付锦东	中学高级教师
9	韶关市第八中学	何彩霞	中学高级教师
10	韶关市第八中学	陈映雪	中学高级教师
11	韶关市第八中学	潘冬娇	中学高级教师
12	韶关市第八中学	曹美芝	中学高级教师
13	韶关市第八中学	张广梅	中学高级教师
14	韶关市第八中学	钟 勇	中学高级教师
15	韶关市第八中学	黄少梅	中学高级教师
16	韶关市第八中学	张小春	中学高级教师
17	韶关市第八中学	华关勇	中学高级教师
18	韶关市第二中学	邓三兴	中学高级教师
19	韶关市第二中学	李 菁	中学高级教师
20	韶关市第二中学	侯州忠	中学高级教师
21	韶关市第二中学	骆木新	中学高级教师
22	韶关市第二中学	施玉明	中学高级教师
23	韶关市第二中学	段光亮	中学高级教师
24	韶关市第二中学	叶小玲	中学高级教师
25	韶关市第二中学	陈花勃	中学高级教师
26	韶关市第二中学	陈新凤	中学高级教师
27	韶关市第二中学	叶淑华	中学高级教师
28	韶关市第二中学	胥祺伟	中学高级教师
29	韶关市第二中学	颜 华	中学高级教师
30	韶关市第二中学	姚 玫	中学高级教师
31	韶关市第二中学	吴慧明	中学高级教师
32	韶关市第二中学	胡国雄	中学高级教师
33	韶关市第二中学	陈广宜	中学高级教师
34	韶关市第二中学	肖君倩	中学高级教师
35	韶关市第二中学	叶昆平	中学高级教师
36	韶关市第二中学	吴少辉	中学高级教师
37	韶关市第二中学	陈瑞珍	中学高级教师
38	韶关市第二中学	唐湘丽	中学高级教师
39	韶关市第二中学	李丹亚	中学高级教师
40	韶关市第二中学	刘国权	中学高级教师
41	韶关市第二中学	罗 菁	中学高级教师
42	韶关市第二中学	罗晓瑜	中学高级教师
43	韶关市第二中学	李九生	中学高级教师
44	韶关市第二中学	陈洁虹	中学高级教师
45	韶关市第二中学	马苾婵	中学高级教师
46	韶关市第二中学	陈玉苹	中学高级教师
47	韶关市第二中学	胡秀红	中学高级教师
48	韶关市第二中学	林健芬	中学高级教师
49	韶关市第二中学	杨秀红	中学高级教师
50	韶关市第二中学	林慧华	中学高级教师
51	韶关市第二中学	苏朝霞	中学高级教师
52	韶关市第二中学	周松星	中学高级教师
53	韶关市第二中学	陈伟星	中学高级教师
54	韶关市第二中学	胡 蓉	中学高级教师

续上表

序号	单位名称	姓　名	职　称
55	韶关市第二中学	杨益群	中学高级教师
56	韶关市第二中学	甘洁茹	中学高级教师
57	韶关市第二中学	欧全广	中学高级教师
58	韶关市第二中学	陈碧凤	中学高级教师
59	韶关市第二中学	罗文斌	中学高级教师
60	韶关市第二中学	刘丽芬	中学高级教师
61	韶关市第二中学	欧喜娣	中学高级教师
62	韶关市第二中学	穆　英	中学高级教师
63	韶关市第二中学	郭培臣	中学高级教师
64	韶关市第二中学	钟方胜	中学高级教师
65	韶关市第二中学	彭　文	中学高级教师
66	韶关市第二中学	谭梓莲	中学高级教师
67	韶关市第二中学	林　燕	中学高级教师
68	韶关市第二中学	肖粤山	中学高级教师
69	韶关市第二中学	何小娟	中学高级教师
70	韶关市第三中学	何志强	中学高级教师
71	韶关市第三中学	张长英	中学高级教师
72	韶关市第三中学	邱少凤	中学高级教师
73	韶关市第三中学	石素娟	中学高级教师
74	韶关市第三中学	吴月轩	中学高级教师
75	韶关市第三中学	黄婵玲	中学高级教师
76	韶关市第三中学	褶小燕	中学高级教师
77	韶关市第三中学	舒　岚	中学高级教师
78	韶关市第三中学	范雪云	中学高级教师
79	韶关市第三中学	谢兆华	中学高级教师
80	韶关市第十三中学	李江民	中学高级教师
81	韶关市第十三中学	王文雄	中学高级教师
82	韶关市第十三中学	隋东芬	中学高级教师
83	韶关市第十三中学	谢卫华	中学高级教师
84	韶关市第十三中学	陈小菲	中学高级教师
85	韶关市第十三中学	林　伟	中学高级教师
86	韶关市第十三中学	骆　红	中学高级教师
87	韶关市第十三中学	梁红英	中学高级教师
88	韶关市第十三中学	徐　冰	中学高级教师
89	韶关市第十三中学	刘朝晖	中学高级教师
90	韶关市第十三中学	周永青	中学高级教师
91	韶关市第十三中学	赖静梅	中学高级教师
92	韶关市第十三中学	舒志敏	中学高级教师
93	韶关市第十三中学	陈爱萍	中学高级教师
94	韶关市第十三中学	黄爱雄	中学高级教师
95	韶关市第十三中学	杨会琼	中学高级教师
96	韶关市第十三中学	饶兴娇	中学高级教师
97	韶关市第十三中学	钟德华	中学高级教师
98	韶关市第十三中学	胡华标	中学高级教师
99	韶关市第十三中学	丘　薇	中学高级教师
100	韶关市第十三中学	谢小娟	中学高级教师
101	韶关市第十中学	李　娟	中学高级教师
102	韶关市第十中学	林　昕	中学高级教师
103	韶关市第十中学	钟志萍	中学高级教师
104	韶关市第十中学	李永麟	中学高级教师
105	韶关市第十中学	孔玉玲	中学高级教师
106	韶关市第十中学	葛先觉	中学高级教师
107	韶关市第十中学	黄韶敏	中学高级教师
108	韶关市第十中学	任敏贤	中学高级教师
109	韶关市第十中学	陈丽艳	中学高级教师
110	韶关市第十中学	潘玉秀	中学高级教师
111	韶关市第十中学	张洪英	中学高级教师
112	韶关市第十中学	龚明媛	中学高级教师
113	韶关市第十中学	林雪梅	中学高级教师
114	韶关市第十中学	谭丽莹	中学高级教师
115	韶关市第十中学	张燕华	中学高级教师

续上表

序号	单位名称	姓　名	职　称
116	韶关市第十中学	刘冬花	中学高级教师
117	韶关市第十中学	江晓青	中学高级教师
118	韶关市第十中学	郑家培	中学高级教师
119	韶关市第十中学	储勤芝	中学高级教师
120	韶关市第十中学	陈　华	中学高级教师
121	韶关市第十中学	成少红	中学高级教师
122	韶关市第十中学	谢炳能	中学高级教师
123	韶关市第十中学	夏永贵	中学高级教师
124	韶关市第十中学	刘燕群	中学高级教师
125	韶关市第十中学	欧国民	中学高级教师
126	韶关市第十中学	黄格莉	中学高级教师
127	韶关市第十中学	梁小芹	中学高级教师
128	韶关市第十中学	常顺义	中学高级教师
129	韶关市第十中学	陈晓芸	中学高级教师
130	韶关市第十中学	廖　冰	中学高级教师
131	韶关市第十中学	王丹菲	中学高级教师
132	韶关市第十中学	邹长江	中学高级教师
133	韶关市第四中学	陈欣仪	中学高级教师
134	韶关市第四中学	林咏华	中学高级教师
135	韶关市第四中学	陈小燕	中学高级教师
136	韶关市第四中学	张宇	中学高级教师
137	韶关市第四中学	罗爱好	中学高级教师
138	韶关市第四中学	邓淑娟	中学高级教师
139	韶关市第四中学	谢　宇	中学高级教师
140	韶关市第四中学	曾广滨	中学高级教师
141	韶关市第四中学	钟启福	中学高级教师
142	韶关市第四中学	高洁玉	中学高级教师
143	韶关市第四中学	王玉兰	中学高级教师
144	韶关市第四中学	钟燕萍	中学高级教师
145	韶关市第四中学	吴礼俐	中学高级教师
146	韶关市第四中学	李庆华	中学高级教师
147	韶关市第四中学	何　荣	中学高级教师
148	韶关市第四中学	吴秀瑜	中学高级教师
149	韶关市第四中学	于　红	中学高级教师
150	韶关市第四中学	刘小云	中学高级教师
151	韶关市第四中学	温文奇	中学高级教师
152	韶关市第四中学	赖少萍	中学高级教师
153	韶关市第四中学	吴雪云	中学高级教师
154	韶关市第四中学	梁玉好	中学高级教师
155	韶关市第四中学	谢永健	中学高级教师
156	韶关市第四中学	麦　金	中学高级教师
157	韶关市第四中学	黄志传	中学高级教师
158	韶关市第四中学	黄　静	中学高级教师
159	韶关市七中	何远宁	中学高级教师
160	韶关市七中	谭洁霞	中学高级教师
161	韶关市七中	罗彬桃	中学高级教师
162	韶关市七中	钟其芳	中学高级教师
163	韶关市七中	阳东林	中学高级教师
164	韶关市七中	林彩琼	中学高级教师
165	韶关市七中	曹小林	中学高级教师
166	韶关市七中	罗晓红	中学高级教师
167	韶关市七中	麦祖巾	中学高级教师
168	韶关市七中	蒋小惠	中学高级教师
169	韶关市七中	李扬丽	中学高级教师
170	韶关市七中	杨　健	中学高级教师
171	韶关市七中	张芬愉	中学高级教师
172	韶关市七中	郭钢锋	中学高级教师
173	韶关市七中	刘晓丽	中学高级教师
174	韶关市七中	彭莲珍	中学高级教师
175	韶关市七中	纪丽清	中学高级教师
176	韶关市七中	李　辛	中学高级教师

续上表

序号	单位名称	姓　名	职　称
177	韶关市浈江区犁市中学	侯展华	中学高级教师
178	韶关市浈江区曲仁中学	杨松柏	中学高级教师
179	韶关市浈江区曲仁中学	何世洪	中学高级教师
180	韶关市浈江区曲仁中学	刘以智	中学高级教师
181	韶关市浈江区田螺冲中学	吴志强	中学高级教师
182	韶关市浈江区田螺冲中学	邹路养	中学高级教师
183	韶关市浈江区浈江中学	刘诗雄	中学高级教师
184	韶关市浈江区浈江中学	阎月珍	中学高级教师
185	韶师附小	吴润红	中学高级教师
186	浈江区教育局教研室	何兰芳	中学高级教师
187	浈江区教育局教研室	蔡会容	中学高级教师
188	浈江区德育基地	黄就明	中学高级教师
189	太平社区卫生服务中心	欧文建	副主任医师
190	东河社区卫生服务中心	陈玉华	副主任医师
191	东河社区卫生服务中心	张伯明	副主任医师
192	浈江区曲仁人民医院	刘日兰	副主任护师
193	浈江建筑工程公司	刘　谦	高级工程师

市区风度中路

共粤北省委旧址　张九龄　余靖

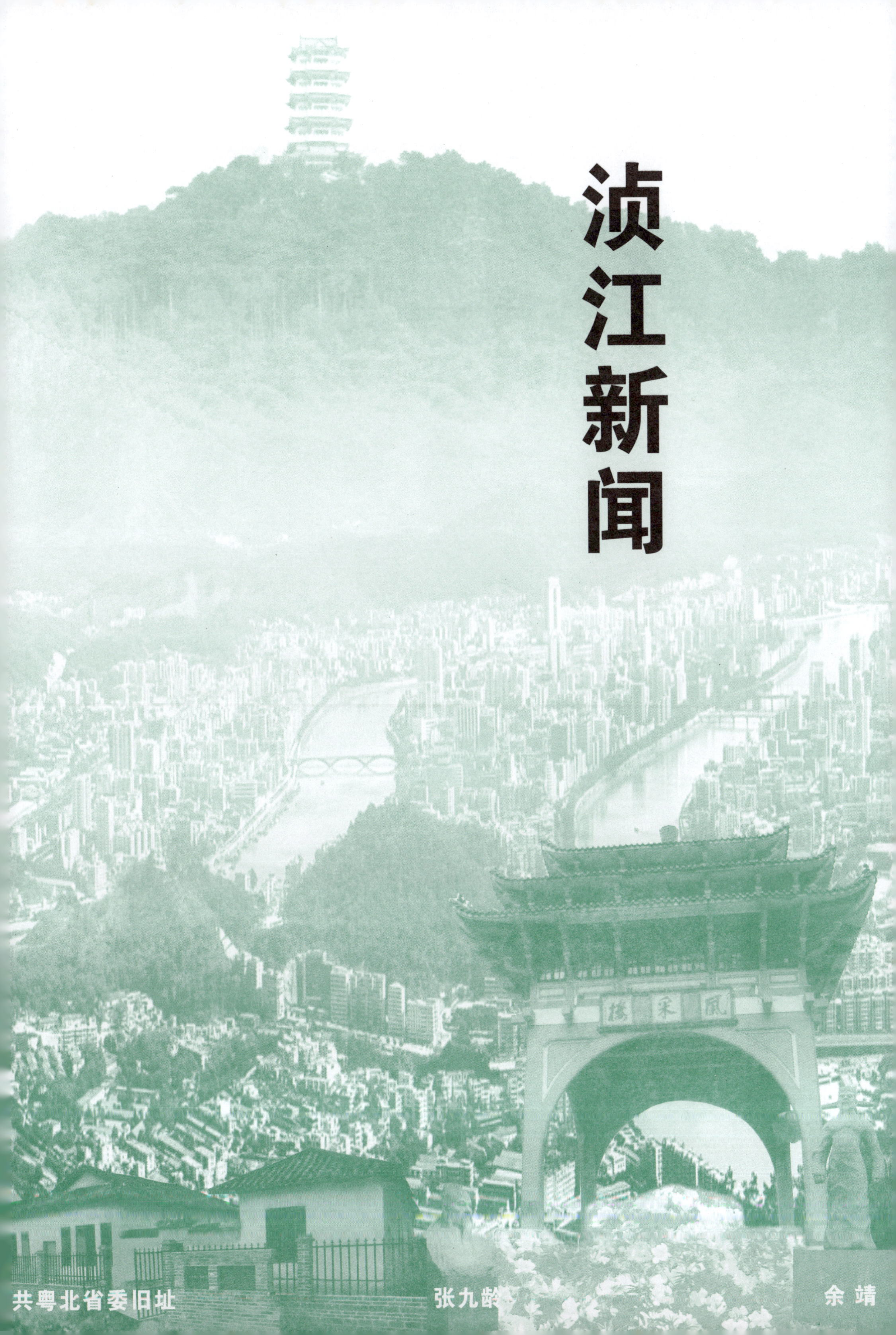

汪洋到韶关瞻仰革命旧址 看望困难党员

缅怀先烈业绩巩固执政地位

在“七一”建党88周年即将来临之际，省委书记汪洋日前专程到韶关瞻仰中共广东省委机关旧址，看望慰问困难党员。

1938年10月广州沦陷，由于当时抗日战争形势严峻，广东省委机关从广州迁至韶关，先后在今天的韶关市浈江区五里亭牛头村、始兴县沈所镇沈北村、南雄市雄州街道瑶坑村设立机关，坚持革命工作。几处旧址虽经历60多年风雨，依然鲜活地记录着血和火的峥嵘岁月，记载着革命先烈不可磨灭的历史功绩。今年3月，省委常委会作出了修复保护和开放抗日战争时期中共广东省委暨粤北省委机关旧址的决定。目前，韶关市委正在抓紧开展旧址修复保护前期工作。

汪洋及省领导胡泽君、徐少华在韶关市委书记徐建华的陪同下，认真考察了三处旧址，详细了解当时省委机关在韶关开展工作的情况，听取了旧址保护规划和修复工作进展的汇报。汪洋说，在国家存亡的危急关头，在广东坚持抗战的共产党人抛头颅、洒热血，建立了卓越功勋。建党88周年前夕，瞻仰省委机关旧址，缅怀革命先烈业绩，是一次深刻的思想教育，也是一次特殊的精神洗礼。看到当年革命先烈在艰苦的工作环境中，冒着生命危险，前仆后继，浴血奋战，我们应该更加珍惜当前的执政地位，励精图治，无私奉献，扎扎实实为国家、为人民做好各项工作。

汪洋要求韶关市委要科学制定省委机关旧址修复方案，奉行节约，修旧如旧，真实再现历史原貌，使修复后的省委机关旧址成为党员干部了解党的历史、加强党性教育的重要场所，广大群众学习革命传统、培养爱国情感的重要课堂。

汪洋还专程到浈江区十里亭镇风坪村看望慰问91岁高龄的老党员卢福娥。这位55年党龄的老党员曾任村妇女干部，多年如一日坚持起早摸黑到农家调解家庭、邻里纠纷，无偿为当地农民家庭接生，勤勤恳恳，默默无闻。

“您多年如一日，用自己无私的付出，树

2009年6月25日，中共中央政治局委员、广东省委书记汪洋（中）看望慰问91岁高龄的老党员卢福娥（左一）

立了党在人民群众中的良好形象。老百姓说你好，就是说咱共产党好！我代表省委向您和广大老党员表示感谢和敬意！”汪洋握着卢福娥老人的手说，基层党员、基层党组织是党在农村工作和战斗力的基础。党的事业之所以能够保持生机和活力，离不开无数基层党员辛勤工作、不懈努力和无私奉献。

卢福娥听了激动地说：“我经历了水深火热的旧社会，更珍惜今天的幸福生活。现在，小孩读书不要钱，耕田不用交公粮，大家都安居乐业，共产党做得好！”

“我们一定继承老一辈党员艰苦创业的精神，用人民给予的权力为人民服务，努力把工作做得更好，让大家享受改革发展的成果。”汪洋说。

韶关市委副书记林耀明，市委常委、秘书长李石保也陪同了考察。

摘自 2009 年 6 月 29 日《韶关日报》

2009 年 6 月 25 日，中共中央政治局委员，广东省委书记汪洋（中）在看望浈江区十里亭镇老党员卢福娥时与韶关市委书记徐建华（左二）、浈江区委书记刘卫东（右一）、十里亭镇委书记吴金宪（左一）和十里亭镇金凤坪村委书记陈建英合影

和谐发展　建设浈江

中共韶关市浈江区区委书记、区人大常委会主任：刘卫东

2009年我区经济社会发展的指导思想是：高举中国特色社会主义伟大旗帜，以邓小平理论和“三个代表”重要思想为指导，认真学习贯彻党的十七大、十七届三中全会、中央经济工作会议、省委十届四次全会和市委十届六次全会精神，深入学习实践科学发展观，围绕区委七届四次全会提出的奋斗目标，以抓项目、保增长作为今年经济工作的主线，突出“发展与稳定”两大主题，着力推进“以改善民生为重点的社会建设和党的建设”这两大建设，开展“强化基层组织建设年、优化政务环境年、加强城市管理年”三项活动，努力开创科学发展新局面，力争经济发展创一流，社会管理争先进，精神文明做先锋，和谐建设当标兵。

摘自2009年5月19日《韶关日报》

浈江区力争区属生产总值增长10%

近日笔者获悉，浈江区积极应对金融危机影响，大力实施以主导产业带动、重点项目拉动、招商引资推动、区域合作促动等四大举措，力争区属生产总值增长10%。

挖掘主导产业增长潜能

浈江区充分挖掘工业、商贸物流业、旅游服务业、建筑房地产业等主导产业的增长潜能，力争新开工建设企业20家以上，新投产企业5家以上，新增规模以上企业5家以上，重点扶持具有较好发展前景的高新科技企业5家以上；进一步完善城区商贸基础设施，推动东堤路商贸街、原液压元件厂、北江桥头商贸市场等一批商业地产项目的开发建设，加大专业市场的引进和改造力度，构建城市商务区新格局；扶持引导亿华物流、韶峰物流建立物流运输、公共信息、仓储配送三大平台，打造现代化区域物流中心。

同时，继续抓好碧桂园项目后续开发、财富广场、雍华豪庭等项目建设步伐，创造条件促使一批新楼盘开工建设，确保建筑房地产税收平稳较快增长。以发展循环经济为重点，加强节能降耗，在产业园推行节能减排集成应用技术。

重点项目增添后劲与活力

今年浈江区确定重点建设项目30个，计划年度总投资22.77亿元。

加快产业园、碧桂园、银山高尔夫球场二期建设步伐。全力抓好粤港农产品进出口加工物流中心、韶赣高速公路、武广客运专线、广乐高速公路、湾头水利枢纽工程、韶赣铁路浈江段工程的征地和建设工作。加快推进碧桂园凤凰酒店、风度国际大酒店、莱斯大酒店二期、银山高尔夫假日酒店等五星级酒店的建设。启动东山樱花基地至黄竹湾

头旅游经济带的规划建设，包括黄金村至韶赣高速公路韶关东互通道路一期工程、石山经大陂接国道323线的公路扩建工程、田螺冲商住区、锦鲤基地等项目。抓好华电等重点项目的跟踪、协调和服务工作。

招商引资拉长产业链

进一步优化浈江产业园的投资环境，精心打造招商引资平台，千方百计突破园区用地瓶颈，促使签约项目尽快开工建设。突出产业招商，围绕机械装备、化工、油缸等特色产业，着力引进关联度大、带动力强的大项目，拉长产业链，增强产业集聚效应。采取协会招商、登门招商、网上招商等方式，积极组织参加各类经贸活动，宣传推介我区招商环境，力求取得新成效。

区域合作力推“双转移”

加强区域合作，主动承接珠三角产业转移，力争全区年内有总投资10亿元以上的工业项目转移落户园区。做好投资环境推介工作，邀请珠三角地区商会组织企业家到我区考察。依托辖区是全市重要的高中等专业技术人才和技术工人培训基地的优势，培养一批市场急需的中高级技工和熟练工人，重点做好农村富余劳动力的技能提升培训和转移就业工作。

摘自2009年4月13日《韶关日报》

浈江区确定2009年工作任务
“五坚持”改善民生促经济发展

日前，浈江区委召开七届五次全体会议，明确了2009年的工作任务。

区委书记刘卫东在会议上要求全区党员干部群众要客观、准确地判断目前所面临的形势，科学确定今年发展的目标、任务和措施，抢抓机遇，努力开创科学发展新局面。着重抓好以下五项工作：

抓项目保增长蓄后劲

该区确定抓项目、保增长为今年工作的主线。要求加快工业和现代服务业的发展，拉动城市经济增长；通过加快城市型农业发展和镇村经济发展，提高农民收入；通过加快重点项目建设和加大招商引资力度，增强发展后劲。

该区提出今年区属生产总值增长10%、地方财政一般预算收入增长8%、农村居民人均年纯收入增长6%、固定资产投资增长20%的预期目标。

多措并举促进社会和谐

区政府将进一步建立健全与群众密切相关的重大事项社会公示和听证制度，落实依法决策、民主决策、科学决策的工作机制，完善村（居）民自治，不断加强基层民主法制建设。深入开展普法教育，提高全民法制意识，大力营造文明法治环境。

此外，区政府还将建章立制，维护和巩固社会稳定。通过做好信访维稳工作，强化信访维稳工作责任制，深入开展书记大接访活动以及加大矛盾纠纷排查调处和息诉罢访力度等措施，确保社会安定有序。

“管理年”瞄准提升公民文明素质

新的一年，浈江区将深入开展现代公民道德教育，进一步加强未成年人思想道德教育，在全社会形成知荣辱、讲正气、守法纪、促和谐的社会主义新风尚。

同时，该区将以创建国家卫生城市和国家园林城市为动力，开展“加强城市管理年活动”。广泛深入开展文明单位、文明村镇、文明行业、文明家庭和“六好”平安和谐社区等群众性文明创建活动，提高全社会文明素质。

解决民生问题发力奔跑

区政府将通过大力发展科教事业、扩大就业和加快完善城乡社会保障体系、建立健全基本医疗卫生制度等措施，不断加大解决民生问题的力度，加快推进以改善民生为重点的社会建设，让发展的成果惠及广大群众。

同时，扎实推进“十大民心工程”的实施，为群众办更多的实事、好事。

“固本强基”推动改革与发展

区政府将加强理论武装，建立和落实公务员培训、干部培训，和党员干部培训制度，提高干部队伍整体素质。通过行政区划和机构调整，创新选人用人机制，选拔和培养优秀年轻干部。

此外，浈江区政府还将以加强制度建设和经济建设发展为突破口，切实把农村基层党组织建设成为推动农村改革发展、带领农民致富、维护农村稳定的核心，不断强化党的基层组织。

摘自2009年2月10日《韶关日报》

春暖浈江看发展

——抢抓机遇谋发展系列报道之二

产业园、全民创业园、化工园、钎焊热轧金属复合板、粤能物流市场、粤港农产品进出口物流中心等是今年浈江区作为培育新的经济增长点将要重点抓的几个工业项目，如何抢抓省委、省政府实施《珠江三角洲地区改革发展规划纲要》的机遇，在抓项目的基础上保经济增长成为了浈江区今年发展的重头戏。

浈江区区委书记刘卫东告诉记者，今年，该区将围绕把浈江打造成为韶关城市经济主力军、韶关产业集聚示范区、全市实施“双转移”战略排头兵、韶关宜居环境首选地的发展定位，以抓项目、保增长作为今年经济工作的主线，突出“发展与稳定”两大主题，着力推进“以改善民生为重点的社会建设和党的建设”这两大建设，开展“强化基层组织建设年、优化政务环境年、加强城市管理年”三项活动，力争经济发展创一流，社会管理争先进，精神文明做先锋，和谐建设当标兵，努力开创科学发展新局面。实现经济预期目标区属生产总值增长10%、地方财政一般预算收入增长8%、农村居民人均年纯收入增长6%、固定资产投资增长20%。

打造“四大经济带”实现几大目标

刘卫东介绍说，今年和今后一段时期，该区将坚持以城区商贸基础优势为依托，做优商贸物流服务业，打造城区商贸物流服务经济带，培育商贸业、物流业、服务业支柱；以北片的工业基础、资源和产业转移园区为依托，做强工业，打造北片工业经济带，培育形成装备、化工、机械等工业支柱产业；以东片的文化资源优势为依托，实施品牌带动战略，提高文化对经济发展的贡献率，打造东片文化教育旅游经济带，培育文化旅游支柱产业；以东北片的自然环境优势为依托，打造东北片集生态、休闲、观光、居住十一体的中高档商住经济带，培育建筑房地产支柱产业。

力争经过5～10年的努力，在产业园形成制造业产业集群，在东联形成农产品加工产业集群，在已有的产业基础上形成机械装备、化工、油缸等工业产业集群，成为韶关产业集聚示范区。

3年内完成浈江产业转移园首期开发的基础设施建设，力争五年内，全区引进以制造业为主的产业转移项目实际投资80亿元以上（其中制造业占70%以上），在浈江产业转移园内力争引进若干个产值超亿元或超十亿元、创税超千万元甚至超亿元的骨干企业或产业集群，积极争取引进世界500强企业到产业园投资。5年内，力争新增转移农村劳动力2.8万人，占农村劳动力80%；通过辖区职业技术教育机构组织各地农村劳动力进行等级技术培训，培训人数达10万人（其中本区农村劳动力2.2万人左右），占全市的50%；辖区农村外出务工人员中接受培训人数达到85%以上，成为全市实施“双转移”战略排头兵。

按照全市城区主体功能定位和“一心五组团”的未来城市发展规划要求，精心经营老城区这一城市核心区，推进韶大组团和韶关碧桂园建设，使该区成为韶关宜居环境选地。

抓好“五园”建设，培育经济新增长点

笔者在采访中了解到，该区今年将加快“五园”建设，培育经济新增长点。一是加快推进浈江产业转移工业园园区基础设施建设，园区主干道路今年4月要如期开通；力促园区动工的4个项目加快建设进度，力争今年建成投产。同时，抓住机遇，用活资金，用足政策。二是加快化工园建设，促使市钛白粉厂等现有化工企业搬迁入园建设。三是加快全民创业工业园标准厂房建设，全面落实《韶关市全民创业工业园优惠办法》，鼓励和扶持创业者在园区内投资置业，目前已有24家企业签订了入园协议。四是加快碧桂园克服金融危机所带来的不利影响，实现企业和政策的预期目标。五是加快农业产业园建设，按照《粤北现代农业示范园区发展规划》（2008～2015年），在新韶镇做好农业产业园的立项、规划、基础设施建设用村庄整治试点工作，力促粤港农产品进出口加工物流中心10月奠基开工。

该区将坚持以规划引导投资，促进城区商贸业从低端向高端提升。重点是加快风度国际大酒店和财富广场、雍华豪庭建设步伐，形成城市商务核心区，出台优惠政策，引入企业总部进驻，发展总部经济；推动东堤路商贸街等一批商业项目的开发建设；做大做强韶峰物流等物流企业，构建现代物流大格局。同时，大力发展旅游服务业，加快碧桂园凤凰酒店和银山高尔夫假日酒店的建设步伐，提高旅游接待水平；以丹霞山黄竹、湾头旅游服务中心建设和湾头水利枢纽工程建设为契机，规划打造从东山樱花基地至黄竹的50平方公里的旅游经济带，逐步形成集农业生态、花卉苗木、浈江山水、度假休闲为一体的旅游品牌。

推进重点项目建设拉动经济增长

在谈到今年该区确定的30个重点建设项目，刘卫东信心十足地说，这些项目涵盖交通、工业、城市和房地产、农林水利、社会事业等五个方面，计划年度总投资24.77亿元；前期预备重点建设项目10个，总投资64.46亿元。重点抓好产业园、全民创业园、化工园、钎焊热轧金属复合板、粤能物流市场、粤港农产品进出物流中心等工业项目建设，加快培育新的经济增长点；抓好南雄梅岭至曲江公路浈江段、韶赣铁路浈江段、广乐高速公路等交通项目建设、进一步优化辖区投资环境；抓好碧桂园凤凰酒店、风度国际大酒店、莱斯大酒店二期、银山高尔夫假日酒店等五星级酒店的建设，为建设区域中心城市创造条件；抓好湾头水利枢纽工程、市区防洪排涝工程等水利项目建设，改善农业生产和农村生活条件；抓好茶园生态旅游等社会事业项目更加有力地加快社会发展。

摘自2009年3月11日《韶关日报》

浈江区化解金融危机有新招 工业提速 商业聚集 农业上规模

近日，浈江区提出全力化解金融危机的不利影响，增强信心，充分发挥区位、资源、人才和环境优势，奋战百天做好三篇文章，确保今年各项工作任务完成。

工业提速拉动经济增长

当前，该区加大浈江产业转移园基础设施建设力度，争取已签约项目尽快入园开工建设、早日投产。

全方位服务企业，选择一批高增长、有自主品牌、市场竞争力强、自主创新能力强的企业。研究和实施财税支持伟业发展专项政策措施，努力解决中小企业融资难问题；争取上级政策、资金支持，扶持有条件的企业增资扩产，或技术改造、降低成本，增强企业自主创新能力和竞争力。

同时，实施机械装备、化工、油缸等工业产业发展规划，创新方式，注重产业招商和园区招商，引导相关工业产业集聚，为全区后续发展奠定基础。

打造城市商业核心区

该区重点加快风度国际大酒店和财富广场、雍华豪庭等项目建设步伐，形成城市商业核心区。出台优惠政策，引入企业总部进驻，发展总部经济。与此同时，该区推进东联物流中心建设前期工作，促其尽快开建；做大做强韶峰物流等现有物流企业，构建现代物流大格局。

大力发展旅游服务业，加快碧桂园凤凰酒店和银山高尔夫假日酒店的建设步伐，提高旅游接待水平；以丹霞山黄竹、湾头服务中心建设和湾头水利枢纽工程建设为契机，规划打造从东山樱花基地至黄竹50平方公里的旅游经济带，逐步形成集农业生态、花卉苗木、浈江山水、度假休闲为一体的旅游品牌。

培育企业促农增收

按照打造“四基地一中心”要求，建立农业产业园，推进天绿源项目建设，打造农产品加工基地和农产品物流中心。推进城市型农业规模发展。提高农产品竞争力，在满足我市群众需要的基础上，让更多环保生态农业产业品走出浈江。

切实做好农村劳动力培训转移工作，增加农民收入。推广应用新型农业机械，提高农村生产率，通过农民专业合作社和和各类农业行业协会发展规模农业，培育农业龙头企业。

此外，着力策划一批涉农工程项目，争取国家和省、市资金支持，增加农民收入。推广应用新型农业机械，提高农村生产率，通过农民专业合作社和各类农业行业协会发展规模农业，培育农业龙头企业。

摘自2009年10月13日《韶关日报》

依托区位优势凸现城市亮点

——浈江区发展城市经济扫描

作为韶关市区主城区的浈江区，依托“近水楼台”的区位优势和政策优势，高扬招商引资、发展现代服务业、突出城建带动的旗帜，千方百计打造城市经济发展平台，使人流、物流、资金流、信息流在这里汇聚，成为推动当地经济发展的巨大力量。如今，城市经济已成为浈江区域经济发展中最活跃的板块，亮点纷呈。

亮点一：眼光超前，打造特色专业转移工业园

浈江区委、区政府一直致力于加快招商引资的步伐，而且取得了不俗的成绩。早在2004年就组成专业招商队伍寻求商机，经过多方努力，终于与中山市三角镇达成了共建专业转移园区的共识。

园区建在哪里最合适呢？浈江区委、区政府把眼光投向了犁市镇一片山坡丘陵地。这些地不涉及农田，且靠近市区，最适宜于用作产业园用地。于是，浈江产业转移工业园迅速建立，并于2006年9月经省政府认定为“广东省产业转移工业园”，如今更成为莞韶产业转移工业园的核心片区。

一个骄阳似火的下午，来到莞韶产业转移工业园浈江片区的建设工地，只见工地现场一派热气腾腾的建设景象，一座座厂房拔地而起。园区负责人介绍说，园区总体规划面积1.5万亩，内设中小企业创业基地和化工基地，首期开发6000亩（不含化工基地），规划打造以电子元器件、工程机械装备制造产业为主的特色园区，化工基地以涂料以主要产业。截至目前，园区累计投入基础设施建设资金2亿多元，完成征地4000亩，平整土地150亩；8.25公里的主干道已通车。入园企业达39家，累计总投资23.9亿元，其中：2家企业已投产；入驻中小企业创业基地的企业达25家，今年8月可保投产；正动工建设企业6家，年内可投产；还有6家入园企业已确定今年下半年动工建设。

亮点二：加快星级酒店建设，传统服务业后劲十足

5月25日至29日，首届丹霞地貌国际学术研讨会在韶关召开，会场便设在浈江区的莱斯酒店。来自近20个国家和地区的国际知名的地质地貌学家，以及国内顶尖的地质学方面的专家学者共150多人出席了这次盛会。研讨会结束时，与会的专家学者们对接待方表示感谢，对他们下榻的莱斯大酒店的硬件建设和服务水平赞赏有加。可他们不知道，这座韶关市目前唯一一家五星级大酒店的主人几年前还是一个煤矿老板，对经营酒店业一窍不通！

近年来，韶关的旅游事业得到了空前的发展，前来韶关旅游、观光、度假的游客人数迅速增加，韶关成了广东省首屈一指、名副其实的旅游热点城市。游客数量的骤增，激活了市区酒店业的快速发展，一时间，酒店行业显现出了朝气蓬勃的活力，成了韶关的朝阳产业。

浈江区委、区政府审时度势，积极引导企业老板转而从事酒店业。得知刘楚龙老板有意从事酒店业，浈江区当即指定专人协助刘楚龙制订发展规划、办理征地拆迁等相关手续，使得韶关第一座按五星级标准兴建的豪华酒店——莱斯酒店，在短时间内便对外营业。经过几年的艰苦努力，莱斯酒店不但成功被评定为五星级，而且以其优质的服务赢得了中外宾客的一致好评，业务量蒸蒸日上。目前，二期规划正在实施，一个更大规模的莱斯酒店即将出现在世人面前。

据介绍，浈江区范围内现有星级酒店30多家，另有碧桂园凤凰酒店、风度国际大酒店、银山高尔夫假日酒店等五星级酒店正在建设之中，区内酒店、餐饮、娱乐等传统服务业欣欣向荣，成为浈江区经济建设中的主角之一。

亮点三：扶持物流业，增强现代服务业带动力

对一些人来说，物流业或许还是一个比较陌生的名词。但实际上，近几年来，物流业已经在我国发展得相当迅速，尤其在一些中心城市更是迅猛发展，甚至还出现了许多专业性的物流中心。广东是物流业发展较快的省份，其发展的触角也伸到了韶关。日前，记者在浈江区经贸局负责人的陪同下，来到了位于南郊七公里的韶峰物流中心采访。

从韶南大道七公里处往东，跨过一座铁路桥，便是韶峰物流中心。在人们的记忆中，这里曾是一片靠山边的边坡地，如今却被平整为一个占地近百亩的物流中心。韶峰物流的董事长刘荣武先生陪记者参观了整个物流中心，只见宽敞的货场中心摆满了各式各样的大货车，分布在周围的货运公司都忙于装货、卸货，到处都是一派热气腾腾的忙碌景象。

区经贸局负责人介绍说，近十年来，物流业在浈江区逐渐发展起来，物流公司数量虽多规模却都很小，分散在全区各个社区，不但阻碍交通、影响市容、骚扰市民，而且还有很多消防、治安的安全隐患，随着创卫工作的不断深入，这类跳蚤式的物流公司都处在逐渐被取缔的行列。区委、区政府十分支持韶峰物流中心这样的公司，希望它能将那些散布在社区里的小型物流公司都收拢到这里统一经营。

亮点四：改造城中村，建设和谐社区

创建国家卫生城市最大的难点之一，就是城中村和城乡结合部的改造和卫生保洁工作。日前，市有关领导带领创卫督导组前往五里亭村委会检查、督导创卫工作，眼前出现的景象让他们不由得眼前一亮、惊讶不已！原来泥泞、积水、高低不平的道路，低矮、杂乱、破烂的平房不见了，代之而起的是两条宽敞、平坦的水泥路。宽敞的街道两边高楼林立，一边是新建的综合市场大楼，另一边是排列整齐的20栋新住宅楼。这里已经完全城市化了，成为一个崭新的住宅小区，而它的居民就是以前的村民。前来检查、督导的领导对五里亭的变化非常满意，认为可以作为创卫过程中城中村改造的样板工程！

一个风和日丽的下午，记者走进五里亭村委会住宅小区，村党支部书记、村委会主任汤永伟自豪地向记者谈起了五里亭村委会的变迁史：五里亭村是个典型的城中村，为了壮大集体经济，1998年，村委会投资230万元，先后在五里亭奔康小区建造聆韶路综合大楼及良村路口市场、机修厂市场、大坝村市场。2006年，村民们拿到碧桂园的征地拆迁款后，村委会又以村民入股和招商引资的办法，筹集资金1300多万元建成五里亭综合市场。现在，村委会出租门店面积有1万平方米，厂房、仓库、车库210平方米，全村固定资产由1998年的230万元增加到目前的8000多万元，每年集体固定收入由原来管理区的13万元增加到每年260多万元。经济的不断发展，使五里亭村村容整洁、村风良好，综治和计生工作责任落实，近年来没有发生重大的刑事案件或群体性事件，村民们安居乐业、其乐融融。

摘自2009年6月23日《韶关日报》

让创业在这里梦想成真

——浈江区民生创业园创业孵化基地，走出了一条低门槛有保障，集中孵化“金凤凰”的创业之路

“给我一个支点，我将撬动整个地球。”今年6月下旬我市刚刚破壳而出的位于市区北江桥头东边的创业孵化基地正是撬动创业者创业的“支点”，而这句豪言壮语也渐渐成为我市首批民生创业园之一，浈江区民生创业园创业孵化基地内创业者的普遍心声。

“许多创业者并不缺乏勇气，缺的是创业‘金点子’，缺的是最初创业的启动资金，缺的是合适的经营场所，而创业孵化基地已经很好地为他们解决了这三个问题。”市就业服务管理局工会主席古小萍一语中的地道出了创业孵化基地对创业者强大的承托力。

创业之艰：一朵带刺的玫瑰

近几年来，我市城镇新增劳动力、农村劳动力转移就业、高校毕业生就业矛盾相互交织，就业再就业压力相当大。大学毕业生、返乡农民工、下岗工人、残疾人等等，创业成为他们就业的新途径，但是对于他们来说创业就像花丛中芳香的玫瑰——好看难摘。

去年刚刚从技校毕业的林仔，曾经在回乡务农和留城创业两者中摇摆。一次偶然的机会，几个同学碰面讲起各自的近况，最后却捣鼓出了一个创业设想，于是他们在市区解放路的一家大型商城里开起来一家数码产品店。但是，“没有足够的资金，就没法掌握话语权”。林仔说到这里并不言讳自己的失败，而这也成为许多初次创业者共同的经历。

在采访中，许多创业者坦言，资金是困扰他们创业的第一大难题，由于没有第一桶金的积累，流动资金的欠缺让创业者举步维艰。

新政之喜：入园创业优惠多

面对不容乐观的就业形势和广大创业者的迫切希望，市委、市政府出台了全民创业的优惠政策，以创业促进就业，明确了鼓励下岗失业人员自主创业、高校毕业生创业和农民工返乡创业的指导思想，创业孵化基地便是在这样的背景下产生。今年6月21日，位于我市北江桥头，建筑面积3500平方米的民生创业园创业孵化基地挂牌成立，其中可入驻个体工商户245户，规划为小本创业灯光夜市经营。经审核优惠认定的创业者可享受免费参加SYB（Start Your Business创办你的企业）创业培训；社会保险补贴、岗位补贴；税费减免；小额担保贷款；免一年半孵化期的铺位租金等多项优惠政策。

一位在创业孵化基地刚挂牌便进驻的创业者告诉记者：“我们手头钱不多，在这里开店不用考虑交租金的问题，准备在这里开家卖特产的小店试试。”另一位入园的创业者则做起了“推销员”：“这里吸引我的地方有三个，一是免费教我做生意，再一个是可以贴息贷款，还有开业以后有服务支持，挺好的。”

目前，该基地已填写申请表登记入场的人员有187人。

“造血”之术：培训为创业“加码”

为了让创业者具备“造血”式的创业能力，创业孵化基地为孵化期的创业者提供专业的创业后续服务，包括创业大赛、创业培

训、创业大讲坛等。本月 3 日一早，记者在正在进行的新一期韶关市 SYB 创业培训班的课堂上看到，班里的学员全部是在创业孵化基地的创业者。虽然晚上还要开店经营，但是创业者们还是十分用心地倾听培训师的讲解，认真做记录，还不时与培训师进行互动。在培训班上，一位 40 岁上下的中年创业者记得特别认真，他告诉记者，他文化程度不高领悟力不够强，但是感觉培训师讲的东西很有用，因为一时不能完全理解，所以把讲义都抄下来回去慢慢学习。而像这样怀抱着强烈创业意愿的创业者在创业孵化基地里还有很多。

据了解，创业孵化基地有专家咨询团队，对参加创业培训学员的每个创业项目进行评估，并且建立跟踪服务机制，每名创业者都配有相应的专家进行指导。而为了造旺人气，市劳动保障部门还与市总工会等单位联系，不定时在创业孵化基地的露天广场的舞台上放电影或者举行文艺演出。为了给创业者鼓劲，创业孵化基地还引进我市一批已经有一定经营规模的连锁店铺，用创业孵化基地里工作人员的话说："把大母鸡引进来才能孵好蛋。"

希望之洲：孵化器里育"金蛋"

对于孵化基地育出的"金凤凰"，创业孵化基地负责人林惠光说得更直白："在这里创业，也是在这里培训，学会做生意以后再到外面去做强做大。"目前我市已确定了第一批创业孵化基地，分别是韶关民生创业园、韶关前进建材城、曲江区创业孵化基地，并先后制定了工作方案。民生仓业园我；孵化基地内的饮食行业已经粗具规模，小商品等行业也已进入最后的装修阶段。市就业服务管理局分管领导告诉记者，这是走一条装蛋集中孵化，孵出一只"金凤凰"就放飞一只的路子；而即将铺开的前进建材城孵化基地，却会是个将"金蛋"放进成熟的商圈中孵化的"范本"，希望通过不同的形式和渠道，为我市创业者提供一个更多元、更优质的孵化环境。

我市实施创业孵化基地工程为创业者，特别是为本地小资本的生成、培育和发展，提供低租金、低费率、一站式人性化服务的创业环境，建立小企业生成发展机制。通过创业孵化，培育创业小老板，形成创业促进就业的良好机制，提高创业指数，实现富民强国。

摘自 2009 年 8 月 11 日《韶关日报》

唤来春风好扬帆

——浈江区开展深入学习实践科学发展观活动纪实

浈江区通过开展学习实践活动，促进全区经济社会的科学发展。据了解，该区参加第二批学习实践活动的领导班子共有 59 个，其中县处级 4 个、科级及以下 55 个；基层党组织 171 个，党员 2857 名。东河街道办事处是全市第二批学习实践活动的试点单位。

主题鲜明，学习实践活动载体新

该区结合实际，确定学习实践活动的主题为"六注重六提高"：即注重领导班子思想政治建设，提高领导班子领导科学发展的能力；注重发展第一要务，提高破解难题的创新能力；注重稳定第一责任，提高化解社会矛盾的能力；注重抓好“三项活动”，提高服务能力；注重党风廉政建设，提高党员干部拒腐防变能力；注重解决民生问题，提高构建和谐社会的能力。

围绕把浈江打造成为韶关城市经济主力军、韶关产业集聚示范区、全市实施“双转移”战略排头兵、韶关宜居环境首选地的发展定位，以抓项目、保增长作为今年经济工作的主线，突出“发展与稳定”两大主题，着力推进“以改善民生为重点的社会建设和党的建设”这两大建设，开展“强化基层组织建设年、优化政务环境年、加强城市管理年”三项活动，力争经济发展创一流，社会管理争先进，精神文明做先锋，和谐建设当标兵，努力开创科学发展新局面。努力实现今年区属生产总值增长10%、地方财政一般预算收入增长8%、农村居民人均年纯收入增长6%、固定资产投资增长20%的目标。

边学边改，学习实践活动成效显

解决热点难点问题取得新突破。据统计，去年年底该区共筹措资金近200万元，共建饮水工程6宗，解决了共1800多户近8500人的饮水难问题。

重大项目建设取得新突破。扎实谋划一批重点项目建设，共安排重点建设项目30个，项目投资总额147.11亿元，本年度计划投资22.77亿元，其中新建项目15个，包括韶赣铁路浈江段工程建设等；续建、扩建和技改项目15个，包括韶赣高速公路、碧桂园房地产开发项目等。另安排前期预备项目10个，预计投资总额64.46亿元。

产业园区建设取得新突破。加快“一园”建设，即加快浈江产业转移工业园基础设施建设步伐。该区抓住东莞（韶关）产业转移工业园获得全省第二批产业转移竞争性扶持资金的机遇，积极向上级争取项目资金，加快浈江产业转移工业园区基础设施项目的建设步伐。

招商引资取得新突破。第一季度引进香港稻香集团投资1.2亿元的韶关市天绿源现代农业发展有限公司（粤港农产品加工物流中心），仅此一项就可为全区创税500万元；引进投资5000万元的不锈钢复合板项目落户莞韶工业园；引进总投资2亿元的银山高尔夫假日酒店。

摘自2009年4月3日《韶关日报》

打造文化惠民新模式
市民月月观歌舞唱和谐

今年以来，浈江区依托东河启明健身广场坐落辖区的有利资源，精心打造“一月一演”文化惠民新模式，丰富了广大居民的文化生活，得到广大居民群众的喜爱。

政府主导推进“一月一演”

浈江区大力实施“文化惠民”工程，加大社区文化基础设施建设力度，推动群众文化活动深入开展。由市、区共同投入2300万元兴建东河启明健身广场后，该区再自筹资金近百万元，搭建占地304平方米的舞台、增购一批音响设施。

舞台建好后，不少居民群众每天自发地到广场和舞台举行各式各样的文体活动，极大地丰富了居民群众的业余文化生活。

但是，部分居民提出，在健身广场自发自导自演搞活动的形式较零散、单一。几经思量，浈江区决定打造“一月一演”文化惠民新模式，即每个月在东河启明健身广场组织一台群众喜欢看、乐于参与的文艺晚会，并形成长效机制推动“一月一演”。每场演出，区委、区政府领导都亲临现场观看、指导，极大地鼓舞了群众参演的积极性和主动性。

群众主体活跃“一月一演”

浈江区“一月一演”最大的特点是节目由镇（街）及民间艺术团自编自排自演，将发生在身边的大事小事、喜怒哀乐搬上舞台，既娱乐了群众，又使自身曲艺技术得到磨炼和提高，成为居民群众不可或缺的一道文化盛宴。

据了解，自从东河街道党工委在今年5月首场文艺演出后，每月的文艺演出精彩纷呈，并穿插有奖问答，吸引大批群众观看。

如今，浈江区“民间艺术团”如雨后春笋般呈现出来，不少老年人在看完表演后，都主动加入老年人健身活动协会。每天都有一大批老年人在东河健身广场跳扇子舞，打太极拳，使他们焕发出新的活力。

“一月一演”推进社区和谐

面对人民群众多样、多层、多元化的文化需求，浈江区“一月一演”的内容也在不断丰富和调整充实，特别是把市、区的计生、创卫、申遗、维稳等各项政府中心工作，以有奖问答的形式融入演出中，使居民群众深受教育。

通过举办“一月一演”，极大地促进居民邻里和睦团结。

东河启明北社区负责人表示，开展“一月一演”活动，社区形成五少五多：赌博、搞封建迷信、邻里矛盾、民事纠纷和不孝敬长辈的少了，互助互爱、尊老爱幼、社区文娱活动、勤劳致富和做好人好事、见义勇为的多了。

居民代表也说：通过“一月一演”，我们邻里之间话语多了笑声多了，邻里关系变得越来越和谐。

摘自2009年8月11日《韶关日报》

流动的风景

——今日市区风度路步行街直击

韶城环境更优美

大一学生小黄一从广州放假回来就拉上父母一起到步行街逛街。“从小学到现在，每年放假，父母都会带我去步行街逛街，而且，和以前相比，步行街的商铺越来越多，环境也越来越好了，来这里逛街购物还是挺不错的。”

对于小黄的感受，在步行街管理办公室工作了近10年的刘队也深有同感。他告诉记者，从2000年到该办公室工作以来，他最大的体会就是步行街的路面变漂亮了；全部铺上彩色广场砖，门店商家占道经营的现象明显减少。

据该办公室主任吴主任介绍，他们强化管理，不仅每日有执法队员在步行街执勤，随时纠正门店商家占道经营、市民乱停放车辆、小贩乱摆摊的各种违法违章行为，而且每个月都会有一两次大型的专项整治。整治城市“牛皮癣”，全面清理户外小广告等，确保街面环境整洁、干净。

市民有了安全感

“虽然有固定的办公室，但没有固定的办公场所。”这是对吴主任、刘队他们这一团队工作状态的最好描述。

细心的市民会留意到，每天从上午 8 时至深夜 12 时，都有执法人员坚守在风度广场门口、建国路口、风度路南段等重点地段巡逻。

据刘队介绍，原来，自步行街建成，步行街综合管理办公室就组成了日常巡查队，并科学调配人员在街面执勤，负责处理小孩丢失问题，维持步行街治安和整治乱摆摊贩违章行为。

长期以来，小摊小贩在风度路上随意摆摊设点，一直令市民和管理人员头痛不已。该办公室采取日常不间断宣传教育和专项执法相结合的办法开展整治，同时联系相关职能部门协助管理，巧借政府部门的执法保障，强化治理成效。

“城市因街而闻名，街因城市而发展”。在步行街综合管理办公室的精心管理下，市区风度路步行街越来越兴旺发达。目前已有数码电器、品牌服饰店，饰品店、休闲餐店等各类商铺 1362 家。

2005 年 2 月 6 日，这条街被命名为“韶城新十景”。而作为步行街管理者的城市管理局执法队员，也成为步行街内一道流动的风景，将与步行街这张城市“名片”一起，绽放夺目的光彩。

摘自 2009 年 1 月 6 日《韶关日报》

浈江区文化广场歌舞迎春

近日，浈江区隆重举行 2009 年迎新春暨文化广场落成大型文艺演出，副市长尚伟出席了文化广场落成仪式并为之揭幕。该区四套班子领导亲自登台演唱《歌唱祖国》、《团结就是力量》，各镇及街道办的文艺骨干们演出了独唱、合唱、舞蹈、诗朗诵等节目，现场是一片欢乐的海洋。

摘自 2009 年 1 月 17 日《韶关日报》

浈江区认真解决群众投诉问题

浈江区有关部门在创卫工作中，针对群众投诉的热点难点问题，深入现场认真做好调查研究，协调有关单位解决问题，取得较好效果。

日前，南门街道办事处接到投诉 3 宗，其中环境卫生 2 宗，门店小广告 1 宗。某西餐厅后门内的污水流到人行道和公路上，对临街店铺经营、过往行人通行和周围环境卫生造成影响。接到这一投诉后，南门街道办事处和居委会工作人员多次到现场查看情况，与该西餐厅负责人交涉，并发出整改通知，目前，这一问题已得到解决。

该区和平街道办事处最近也接到群众投诉，风度中路 41 号下水道堵塞，致使污水倒灌到亿和广场地下停车场内，办事处多次派人到现场了解情况，在协调无果的情况下，由浈江区创卫办会同区城管局与荣苑物业公司协调解决，该问题于元月4日得到解决。

该区的乐园镇近期共处理群众投诉5宗，均在第一时间安排各村居委干部及关部门进行了及时的整改，无反弹现象。

摘自2009年1月21日《韶关日报》

浈江区采取多项措施加大投入努力提高居民生活水平

连日来，浈江区采取多项措施，加大投入，扩大投资，加快民生工程、基础设施、生态环境建设，努力提高城乡居民特别是低收入群体的收入水平。

——关注民生，提高城乡居民生活水平。抓紧危旧人住房整体改造规划，争取国家改造项目的资金支持；对住房面积不足十平方米的低保户，争取列入保障性住房计划，改善低收入群体的居住条件；争取国家强农惠农政策，提高农资综合值、良种补贴、农机补贴等标准，增加农民收入。

——重视农业，加快农村基础设施建设。认真组织申报一批农田改造、饮水安全工程、农村沼气、乡村公路改造、农村电网完善、农田水利基本建设等涉农工程，增加农村基础设施建设投入，为社会主义新农村建设打牢基础。

——切实加大投入，加快重点基础设施建设。加快推进一批过境重点交通基础设施建设，积极推动一批重点能源项目加快建设。进一步加快浈江产业转移工业园等基础设施的建设步伐，尽快规划启动一批城市基础设施项目，同时积极完善城区商贸基础设施建设。

——提高公共服务质量，加快医疗卫生、文化教育事业发展。进一步加强镇卫生院、村卫生站基础设施建设，推进城市社区卫生医疗改革，完善硬件设施建设；认真抓好基层群众文化高设施网络建设。想方设法筹集资金，改善农村中小学校办学条件，实施农村学校生活设施改造工程。

——注重结构调整，加快内源型经济发展。扶持辖区内企业解决融资难问题，增强企业自主创新能力；依托产业转移园，加快产业整合和集聚；依托农特产品加工，形成农产品加工产业集群；抓好重点项目的跟踪推进，拉动内源型经济的发展。

——切实做好节能减排，加快生态环境建设。继续强化能耗环保方面的审批管理，大力发展“科技含量高、经济效益好、资源消耗低、环境污染少”的新型生态型企业。切实关闭、淘汰不符合产业政策和不能满足环保要求的小钢铁、小冶炼等企业，大力开发和推广先进适用的节能减排工艺技术和装备。大力整合区内资源，有计划地对本地工业企业特别是零星分散的污染企业，按产业类型适当进行整合转移到产业园发展。

摘自2009年1月26日《韶关日报》

十里亭新型垃圾中转站建成 居民生活质量上台阶

日前，一座新型的垃圾中转站在市十里亭第一生活污水处理厂附近建成。

该垃圾中转站的建成，将有效缓解十里亭片区沿街摆放垃圾桶的问题以及垃圾清运的压力，对进一步提高上门收集袋装垃圾率，实现垃圾收集、运输和中转密闭化起到积极的作用。

十里亭片区沿街摆放垃圾桶、垃圾袋装率低曾经是一个长期存在的老、大、难问题，给我市创卫带来不小的压力。市领导在检查创卫工作召开现场办公时曾指示：一定要尽快在十里亭片区兴建一至二座垃圾中转站。市城管局努力克服选址难、资金困难等不利因素，加班加点，终于在上月建成一座新型的垃圾中转站。

该垃圾中转站投资约41万元，采用湖北精工科技有限公司地埋式压缩垃圾站LSY型系列产品，配备自动喷洒消毒药物装置，大大减少了对周围环境的污染。该垃圾站的建成，将使我市垃圾处理工作和居民生活质量都迈上一个新台阶。

摘自2009年2月3日《韶关日报》

逐步建立服务城市的特色农业新格局 “一乡一品”助农增收

浈江区大力推动“一乡一品”，实现农村经济持续发展，农民增收。

据了解，浈江区充分利用城郊优势，大力发展以服务城市为重点的“三高”特色农业，把实施品牌战略推动“一乡一品”作为全区农业经济发展总体的重点工程来抓，通过送科技下乡、送图书进村等形式，大力推广农科新技术和良种良法，以点带面，旨在提高农业生产效益，促进农业集约化生产经营。

近年来，该区根据各地种植习惯引进推广优质番茄、潮芥菜、丝瓜、油粘米等一大批良种，涌现出如五四村种植番茄、府管村种植潮芥菜等一批特色种植村，大大调整原有的种植品种和结构，提高农业生产效率，让农民在良种良法的应用中增加收入，获得实惠。

同时，浈江区以打造农业品牌，作为推动“一乡一品”工程，积极引导农民树立品牌意识，帮助特色农产品申请注册品牌商标，扩大市场知名度和市场竞争力。目前，浈江区已有部分乡村生产的油粘米、花生油、香瓜、莲花山香芋等一批农产品成功注册，成为全区农业产业化进程中的一大亮点。

摘自2009年2月10日《韶关日报》

浈江区争创计生“五连冠”营造良好人口环境促发展

笔者近日从浈江区了解到，该区围绕实现省考核“五连冠”和创建全国计划生育优质服务先进单位的目标，突出抓好创建“两无”和计划生育“村民自治”活动，为全区发展创造良好的人口环境。

浈江区采取动态的方式，对各镇办计生重点指示完成情况进行月排名和通报高度，实施创“两无”成效奖罚；同时通过做好挂钩帮扶人口和计生工作，确保全国人口与计生工作平衡发展。

同时，该区积极探索建立农村计生养老保险、生育保险制度。深入开展计生村民自治，推进计生工作重心下移。并开展基本的生殖保健服务，推动全区人口素质全面提高。

摘自2009年2月10日《韶关日报》

挖掘主导产业增长潜能商贸物流业异军突起

近年来，浈江区创造有利条件，充分挖掘工业、商贸物流业、旅游服务业、建筑房地主业等主导产业的增长潜能，成绩不俗。

该区重点在商贸流通、现代物流、信息服务等重点行业发展上取得突破。进一步完善城区商贸基础设施建设，启动东堤路商贸街、原液压元件厂、北江桥头商贸市场等一批商业地产项目的开发，加大专业市场的引进和改造力度，构建城市商务区新格局。扶持引导亿华物流、韶峰物流建立物流运输、公共信息、仓储配送三大平台，打造现代化区域物流中心。加大力度引进大型企业集团中的现代信息服务业，鼓励集团将其总部、采购中心、研发中心等落户浈江。

摘自2009年2月10日《韶关日报》

检查灌溉设施维修山塘水库浈江区积极做好春耕抗旱准备

近日，浈江区组织水利技术人员深入农村一线，具体检查农田机电抽水灌溉设施、山塘水库储水和农田排灌水渠等情况，采取积极措施随时准备应对可能出现的春耕旱情。

据了解，去年浈江区完成寺冲塘、大塘尾等9宗小型水库除险加固工程，并投资500

多万元实施农村机电排灌工程18宗，解决了犁市镇、乐园镇等乡镇十多个村委会几千亩农田、鱼塘的灌溉用水问题。特别是入冬以来，浈江区再掀冬修水利建设高潮，在蔬菜生产基地、农产品主要生产地加大了水利设施建设，清理了引水渠淤泥和建设三面光灌溉引水渠，以改善这些地方的生产灌溉条件。在此次检查中，浈江区专业人员重点检查了各机灌站的工作运作情况，要求做好修护保养工作，真正能做到随要随抽随灌。同时，对全区的小山塘进行了检查，要求各山塘水库要科学用水，对目前出现干枯的小山塘要做好维修工作，应对可能出现的春耕干旱情况。

摘自2009年2月12日《韶关日报》

浈江区多部门联手协作 “返乡潮”变“创业就业潮”

受长三角和珠三角地区的部分企业产能严重下滑的影响，浈江区外出务工人员最近返乡4000多人。浈江区采取积极措施，全力应对农民工返乡现象，努力使返乡农民工尽快实现再就业。

该区劳动保障部门结合返乡农民工愿望并根据本地企业的用工需求，从去年10月中旬开始，相继举办了饮食服务、电焊、电子、电动缝纫等技能提升班6期，已培训700多人。同时，通过各镇劳动保障事务所服务平台的运作和劳动力市场的有效调节，努力开发适合返乡农民工的就业岗位。特别是针对犁市、花坪两镇镇返乡农民工人数较多的实际情况，该区在这两个乡镇举办了多场返乡人员招聘会。截至今年1月中旬，全区共安置返乡农民工2400多人。其中，向本地园区企业转移100多人，向服务业转移1800多人，向高效农业转移200多人。他们还大力倡导农民工创业，继续加大农民工创业培训力度，并联合工商、税务、农民工办、各镇等部门为他们提供有效的创业援助。

摘自2009年2月16日《韶关日报》

浈江区整治兴隆市场

为加强市容和环境卫生管理，日前，市城管综合执法浈江分局组织人员重点对兴隆市场周边乱摆卖、乱停放等“六乱”行为进行综合整治。

据介绍，该市场周边有400多个门店，且多为私宅改建而成，面积小而拥挤，占道经营现象严重，尤其是当街宰杀动物，皮毛等废弃物随处乱扔，污水横流，一些背街小巷还成了自由菜市场，道路长期堵塞，垃圾满地，附近群众反映强烈。执法队员出动多部宣传车辆沿街对档主进行宣传教育，同时现场责令档主将摆放在人行道等公共通道上的货物入室经营。浈江分局针对兴隆街、保安巷、井巷、云龙亭、武镇街等街道长期“六乱”现象严重，合理安排了人员进行定岗、定责、定任务、定标准实施目标管理，机动巡查人员加强巡查，对经现场管理人员劝说仍不整改的摊档，将按照相关规定规范经营行为，有效推进我市创卫进展。

摘自2009年2月18日《韶关日报》

建立健全长效管理机制
浈江区加大力度整治市容

为使辖区“六乱”现象得到有效遏制，巩固创卫成果。近日，市城市管理综合执法局浈江分局针对辖区内在春节过后城区各街道和市场周边环境“六乱”现象普遍反弹的情况，对辖区各路段和市场周边环境用扰异夜间大排档进行了为期十天的市容市貌专项整治，共教育处罚乱堆放、乱倒垃圾等违法违章行为近300例，有效遏制了城区“六乱”现象的蔓延。截至目前，所辖区域内各种违反城市管理有关规定的现象基本得到遏制。

据悉，为使辖区范围的城管工作再上一个新台阶，力求使辖区各路段和市场周边环境逐步恢复到国家暗访前的水平，为下一步我市迎接国家卫生城市的考核验收奠定坚实的基础。该分局制定了操作性强，奖惩分明的长效管理方案，对区内有关路段和市场周边进行定人、定岗、定责任的方法进行长期监控，并组成专门的督查组不定时地进行严格检查，确保方案有效实施。同时，安排专人在分局办公室24小时值班，接听投诉电话和将有关情况进行详细登记，负责对市民的有关投诉具体落到实处。

摘自2009年2月19日《韶关日报》

争当韶关“双转移”排头兵
今年转移农村劳动力2.8万人

浈江区突出重点，突出实用，有序推进农村劳动力培训转移就业工作，成效明显。

据了解，浈江区针对城市就业趋势和农民实际情况，制定相应的培训工作方案、具体操作规程，认定浈江职业培训学校、浈江科技培训学校等多家评估合格的培训机构承担培训任务，开设园林工艺、电脑操作、电工低压作业技术、家政服务、物业管理等专业班，按照“全员参与，长短结合，以需为主”的原则，让接受培训的农民掌握当前需求较大的实用型技术，提高农民培训后就业的成功率。

同时，浈江区还通过建立劳动力培训档案和教学档案，做好培训后转移就业的跟踪服务，开辟多种渠道，确保接受培训后农村劳动力就业率。去年在浈江区实施“双转移”培训的农村劳动力1937人以及参加农民工技能提升培训的645人，已全部实现稳定就业。

据悉，浈江区提出争当全市实施“双转移”战略排头兵的目标，今年力争通过培训新增转移农村劳动力2.8万人。

摘自2009年4月13日《韶关日报》

近万村民畅饮“甘泉”
筹资二百万破解饮水难

近日，浈江区犁市镇大村村委会横江村的村民们到浈江区政府，把一面绣着“引来甘泉，造福百姓”的锦旗送到浈江区领导手中，以表达浈江区为他们村百多户人家安装自来水的谢意。

据了解，地表水的水质会因地表物质污染而下降，人们食用了这样的水，就会患上诸如皮肤病、心血管疾病、肠胃病等各类传染性疾病。大村村委会横江村的村民过去一直都是饮用地表水，村里大多数小孩都不同程度地在背部出现小红点的皮肤病，饮水安全问题长期困扰着当地的村民。

今年年初，村民将饮水问题反映到了浈江区政府。获悉这种情况后，该区按照科学发展观的要求，把这个关系到人民群众切身利益的问题，作为实践好科学发展观的大事落实，立即要求区水利等有关部门采取果断措施，解决好横江村村民饮水难问题。

今年2月，浈江区筹集资金近30万元，仅用一个多月时间，就将一股山泉水引到横江村中，并为每户群众安装好了自来水管，使全村300多人告别了饮水不安全、依靠肩挑背扛的历史。村民李大叔说，“以前不管刮风下雨都要到的山上挑水，家里才能喝上干净的水，造成生活极大地不便。多亏政府为我们想办法，现在在家就可以喝上放心水！”

另据了解，浈江区始终把解决好农村饮水安全作为最重要的民心工程之一。去年底，该区利用秋冬修水利的好时机，筹措资金近200万元，共建饮水工程6宗，解决1800多户近8500人的饮水难问题。

摘自2009年4月13日《韶关日报》

铺就农民致富之路

——浈江区打造“远教”平台纪实

日前，在浈江区犁市下陂村村委会的“远教”室里，正坐着一群农民在收看种植技术。村民胡树才笑着对笔者说：“我家种了1000亩茶油。自从村里装了远程教育网后，我就常往村委跑，通过学习种植技术，我种的油茶由300亩扩展到1000亩，数量和质量都得到很大提升。”其实，像胡树才这样通过学习创业的农民在浈江区还有很多。

据了解，目前全区第一批50个远程教育终端接收站点已建设完毕。该区成立党员干部现代远程教育工作领导协调小组，形成分级负责、齐抓共管、上下联动的良性管理机制。同时，出资10000元制作46套远程教育终端接收站点牌匾等下发5个镇44个村委会，营造良好的社会氛围。

在市远程办的安排下，该区在市电信大楼对全区各镇（办）18名远程工作骨干人员进行培训。每季度不定期组织人员检查各站点情况，确保“远教”设备正常运转。同时，配合省、市远程工作的要求，精选出一些农业专题节目组织村民收看。到目前为止，全区50个基层站点共组织收看100多次场，收看人员达1000多人。

摘自2009年4月13日《韶关日报》

浈江区组团赴河源、梅州学习取经 构建生态休闲经济带

近日，浈江区四套班子领导组团赴河源市东源县、梅州市梅江区考察，汲取两地落实科学发展观的先进经验，推动学习活动深入开展。

考察团一行首先到了河源市东源县实地参观产业园建设、新农村建设，听取有关情况介绍后，考察团成员对东源县产业园区内良好的配套设施、超前的产业园区规划，尤其是对该县落实科学发展观，切实转变工作作风，急企业建设所急，认真做好各项服务工作，在短短七个月内就建成一个年产值达到1.5亿元企业的工作效率，留下了深刻的印象。

在梅州市梅江区，考察团一行实地参观梅江区建设的客天下旅游产业园、客家文化主题公园等文化旅游产业，对梅江区深挖客家文化渊源，打造客家文化产业，提升城市品位和城市竞争力，推动社会经济发展的经验，有了更深层次的认识。

通过参观学习，考察团成员认为，东源县和梅江区与浈江区在社会经济发展中有许多相似之处，大家同属于欠发达山区，有着丰富的资源，具备了实现跨越发展的后发优势。考察团成员表示将好好总结，在转变工作作风，克服困难干成事，善于谋划促发展等方面下工夫，狠抓落实，提高效率。当前，着力抓好重点项目的跟踪服务，加快推进重点项目的建设步伐。同时，进一步整合挖掘本地旅游和文化资源，做好湾头黄竹50平方公里旅游文化、生态休闲经济带的规划，促进浈江区科学发展。

摘自2009年4月13日《韶关日报》

乡镇公园风景媲美城里 犁市百姓休闲添佳处

近年来，浈江区犁市镇从改善镇区环境着手，想方设法全力打造宜居优选城镇。

据了解，犁市镇将改善辖区环境作为为民办实事的具体措施来抓，通过几年努力先后建成农贸市场，改善犁市镇主干道的通行情况，新建占地560多亩的犁市镇人民公园是全市唯一的乡镇公园，为居民健身、休闲提供了优美场所。

此外，随着下游水库的建成，犁市街河道水位上升，形成一个人工大湖。犁市镇抓住这个新变化，多方筹集资金150多万元，加固原来的旧河堤，在河堤上修建水泥道路和安装亮化美化灯饰，同时对河堤周边的环境进行整治和绿化，形成山水相映、水天一

色的人工美景。人们漫步河堤清风徐徐、小孩嬉戏在山水交汇间，成了犁市镇一道新的风景线。

目前，犁市镇镇容镇貌焕然一新，政府工作得到群众的好评。

摘自 2009 年 4 月 13 日《韶关日报》

浈江区东河街道办
开展学习实践活动推动韶关科学发展

浈江区东河街道办事处通过恢复供水供电、整治非法过气、增加电子显示屏等举措和开展“三个一”活动，让群众得到了实惠。

浈江区第二批学习实践活动试点单位东河街道办事处在开展学习实践活动中，以开展“百姓冷暖我先知行动”为抓手，帮助居民群众解决热点、难点问题，积极为居民群众办好事、做实事。原市锑冶炼厂职工宿舍因拖欠水电费而被供水供电部门停水停电，该街道办接到该厂职工反映后，马上行动，并到市信访部门反映，通过市信访局召集市供水供电部门及原市锑冶炼厂主管单位的主要领导协调，目前已恢复供水供电。通过《百姓冷暖表》了解到启明北路铁路涵洞口某出租屋内有人私自将大瓶煤气罐到小瓶的行为后，街道办事处领导马上组织安监站、派出所人员到现场，通过区安监局执法队工作人员及街道办领导共同努力，煤气瓶已全部清走，从而消除了安全隐患，保证了居民的人身安全。在办事处政务大厅及启明北社区办证大厅添置了电子显示屏和电子触摸屏等设施，为居民群众办事提供更方便快捷的服务。利用体育活动中心、全民健身广场、文化广场等资源，积极开展“三个一”活动，即每周放一场电影、每月组织一场文化演出、每个重大节假日举办一次体育比赛，丰富了群众的文化生活。

摘自 2009 年 4 月 15 日《韶关日报》

浈江区大规模增加创卫工作人力财力
从实处着手完成整改任务

昨天，记者在浈江区创卫办采访时了解到，该区针对国家暗访专家组去年 10 月暗访后提出的整改要求和市创卫创园工作指挥部的整改意见，加大人力财力的投入，从区财政安排 1000 多万元，增加环卫工人 600 人、城管执法人员 20 多人，重点突出保洁队伍建设、重点项目整改、社会办市场升级改造和铁路地区创卫工作，使辖区内 12 个社会办市场大部分已完成升级改造，前进路→十里亭大道→建设北路和原韶关市木材厂的创卫整改工作已基本完成。

目前，我市创卫工作已进入迎接省验收和国家技术评估最后冲刺阶段，浈江区高度重视，举一反三，迅速行动，逐项核查涉及整改项目的完成情况，未完成的项目从高从严要求，立即抓整改，如农贸市场升级改造、铁路沿线白色污染、关停并转企业和城中村环卫设施维护和清理以及十里亭水源区周边的整改等；已完成整改的项目，做好巩固提高工作，切实做到不留整改死角，并继续抓好重点区域、重点地段如农贸市场周边街巷、步行街、铁路辖区等地方的综合整治工作，严防反弹。同时，他们还继续加大保洁力度和强度，做到一级道路每日不低于18小时保洁，二级道路每日不低于16小时保洁，三级道路每日不低于12小时保洁，主次干道、人行道、小街小巷路面不见果皮、烟头、纸屑、塑料袋、砖头、石块等垃圾杂物。

此外，为了确保各项创卫整改任务落到实处，他们把创卫整改任务分解到区四套班子成员，实行区四套班子成员挂点挂任务、分片包干；强力推行创卫职能单位牵头负责制，把创卫整改任务细化归类，按职能分工由相关职能单位牵头负责落实，并将创卫整改工作纳入今年绩效考评重要内容，由区机关效能监察工作领导小组办公室统一组织考核与检查验收，对重点整改工作推进不力的坚决实行“问责制”。

摘自2009年4月15日《韶关日报》

浈江区整治市场周边环境

近日，市城市管理综合执法局浈江分局对市区兴隆市场周边进行重拳整治，使这里的环境卫生和市场秩序得到较大改善，赢得了附近居民和市民群众的一致好评。

据了解，市区兴隆市场周边的井巷、云龙亭、漂布塘、兴隆街是围绕兴隆市场周边自然形成的4条商贸街，据统计门店多达400多间。由于这些巷道狭窄，两旁商铺林立，各种流动小贩随处叫卖，导致长期巷道拥挤、堵塞，影响我市创卫工作。

该分局结合实际、精心部署，对井巷、云龙亭、漂布塘、兴隆街等街巷各商铺、小摊小贩占道经营和随处乱丢乱堆放垃圾等“六乱”现象进行了清理整治，对部分经多次教育劝阻无效的违章行为给予依法处罚，有效地扭转了兴隆市场周边“脏、乱、差”问题。

摘自2009年4月24日《韶关日报》

浈江区集中整治“六乱”

日前，浈江区组织人员对辖区“六乱”现象进行集中整治。

据不完全统计，自创卫国家暗访以来，该区共开展专项整治行动60多次，清理流动摊档10000多个（含市场周边蔬菜档），清理违章夜间大排档900多档，纠正占道经营行为门店600多间。

目前，流动摊档、乱摆乱占现象得到有效治理，全区街道秩序井然，社区面貌一新。

摘自2009年4月27日《韶关日报》

浈江区抓好暗访反馈问题整改

针对原韶关木材厂在国家暗访中暴露的问题，浈江区高度重视，全力抓好木材厂创卫整改工作。

该区分管领导、创卫创园办以及东河办事处有关领导多次上门，指导、督促木材厂严格按照国家暗访反馈的问题逐项抓好整改。木材厂留守处采取行动，对宿舍区南边的部分明渠改造为暗渠，安装了灭鼠屋；对蔬菜临时摆卖点内的淤泥进行了清除，拆除了废弃的水泥菜台；清理了宿舍区内的乱张贴和杂草；全面封闭了宿舍区外的公厕。

为确保原木材厂创卫工作不拖后腿，区有关部门组织留守处管理人员观看国家暗访反馈录像，督促好整改工作。区四套班子各派了1名领导专程赴广州，与该厂上级主管单位商议木材厂环卫基础设施改造资金事宜。目前，该厂的改造工作基本完成。

摘自2009年5月4日《韶关日报》

浈江区提高环卫保洁质量

针对国家暗访专家组提出的整改要求和市创卫创园工作指挥部的整改意见，浈江区加大投入，全面提高环卫保洁质量，城区处处整洁干净卫生。

为切实解决环卫力量不足、部分区域和路段保洁不到位等问题，该区从区财政安排600多万元，增加环卫工人600人，切实做到保洁人员随处可见，及时清扫垃圾。进一步提高环卫保洁标准：一级道路实行每日18小时保洁，二级道路实行每日16小时保洁，三级道路实行每日12小时保洁。对辖区主次干道垃圾桶和果皮箱等环卫设施进行全面普查，根据需要修复、更换，并添置了一批垃圾桶和果皮箱及“四防”装置。

摘自2009年5月6日《韶关日报》

以人为本解“难事”

——浈江区创新人口计生工作机制实现跨越发展纪事

人口计生工作号称天下第一难事，近几年来，浈江区把计划生育摆到与经济建设同等重要的战略地位，坚持以人为本，真正把育龄群众当做计划生育的主人，使全区人口计生事业持续稳定健康发展，出色完成省、市下达的人口计划任务，连续四年受到省委、省政府和市委、市政府的表彰奖励，其成功的经验得到广泛推广。

建立高素质的计生专干队伍

浈江区从长期的工作实践中总结出一条经验：要做好天下第一难事就必须要建立一支相对稳定、素质过硬、工作能干的计生队伍。

所谓“稳”，就是在不断深化人事制度改革的基础上，从人事调动、专干配备两个方面抓稳定队伍工作。他们将人口计生干部的人事调整、调动权授予区人口计生局，规定各镇（街道）计生办主任、统计员、计生服务机构医技人员的工作调动和新进计生队伍工作人员，须经区人口计生局审批同意，避免因人员频繁变动而影响工作。为确保村级计生专干的稳定性，村级计生专干凡符合“高中以上文化程度、38周岁以下、以女性为主”条件的，经严格挑选被录用后，只要工作胜任，原则上不作大的调整、变动。这样，既确保计生工作的连续性、稳定性，又确保计生专干做得安心、干得放心。

所谓“优”，就是从政治上、经济上和生活上优待计生专干。计生专干是党员的，经组织考察提拔为村党支部计生专职副书记；不是党员的，提拔为村主任助理，享受村干部同等待遇。对表现优秀、连续工作十年以上的村计生专职副书记，享受村干部的养老待遇。同时，村级计生专干的待遇、续聘与岗位责任完成情况挂钩，实行“能者上、庸者下”，能进能出用人机制，确保人口计生队伍精干高效，充满活力。组织人事部门重视培养和发现人口计生优秀人才，对工作成绩突出的干部，优先给予提拔使用。

更新群众观念刷新投入理念

创新是一个民族发展的不竭动力，要推动人口计生工作深化改革同样需要创新为先。首先，他们想方设法更新群众生育观念，建立优惠、奖励、扶持、助学、保障、救助“六位一体”的利益导向政策体系：对自愿落实了结扎措施的纯二女户夫妇每月发给60元的节育奖励，以鼓励群众自觉落实节育措施；将农村计划生育保险列入新型农村合作医疗范围、计划生育手术后遗症列入农村合作医疗门诊大病补偿项目，并对政策内生育的育龄群众按每人300元的标准给予补偿，以解决计生户就医难问题；率先在全省实施计生安居工程和关爱女孩行动助学工程，2008年首批筹措资金100万元，扶助10户计划生育特困家庭建设新楼房，以解决计生户住房难问题。其次，他们刷新投入理念，健全以公共财政投入为主渠道的人口事业经费投入保障机制，优先把人口和计划生育事业经费投入纳入区级财政年度预算，确保法律规定和政府出台的奖励优惠政策、免费计生技术服务项目以及基层工作人员报酬的落实。2008年，全区累计投入人口计生经费1176万多元，增长幅度高于财政收入增长幅度17个百分点。

建立完善统筹解决人口问题新机制

浈江区坚持把计生工作作为“一把手”工程，并进一步明确各有关部门职责。为解决当前人口工作重点难点问题，他们要求公安、工商、卫生、劳动社保、城建等部门，在办理暂住证、营业执照、卫生许可证、外来人员就业证明等证件时，要把好计划生育验证关，并及时将信息反馈到辖区人口计生部门。

在综合治理出生人口性别比偏高工作方面，区相关部门联手查处和打击性别选择和鉴定的“两非”案件。对于社会扶养费征收，落实独生子女户、二女户家庭子女考试升学奖励制度，对计划生育家庭优先给予扶贫救助，计生贫困户优先给予最低生活保障，优先列入五保供养，在就业培训、劳务输出、社会保障等方面，优先安排计划生育家庭等方面均有突出成效。据统计，2008年，参与综合治理的相关部门共落实优先优惠政策20多项，落实帮扶资金160万多元。

摘自2009年5月8日《韶关日报》

浈江公安分局党委指导挂点单位促开展

日前，浈江公安分局全体党委成员，深入该局挂点单位检查、指导深入学习实践科学发展观活动。

是日，该区公安分局局长谢阜生深入挂点单位南山派出所，对他们在第一阶段学习实践活动中取得的成效给予充分肯定，强调在第二阶段要继续深化学习，保证学习实践活动与各项公安工作“两不误”、“两促进”，努力实现“党员干部受教育、科学发展上水平、人民群众得实惠”的总要求。

刘任华政委及党委其他成员也分别到挂点单位检查、指导部门学习实践科学发展观活动，掀起了全局学习实践科学发展观活动的新高潮，查找和解决了在学习实践中存在的一些突出问题，有力地推动了全局公安工作和队伍建设向前发展。

摘自2009年5月11日《韶关日报》

浈江区承接产业转移

东莞韶关产业转移工业园浈江区承接产业转移成效显著，工业园区内一片繁忙的景象，进驻的厂家正在兴建厂房，建设厂区配套设施。目前，该园区已签订项目39个，总投资额23.9亿元，其中两家企业已投产，25家机械类企业今年9月底入驻中小企业创业基地，另有6家预计下半年动工建设，以上企业投产后预计年产值达到30亿元，税收约2亿元。

摘自2009年5月16日《韶关日报》

浈江分局查找问题明确整改措施

日前，浈江公安分局召开深入学习实践科学发展观第二阶段转段动员大会，分局党委班子成员、各科（室）所队长参加了会议。

会上，各科（室）所队长结合工作实际，汇报了本部门1~4月份的工作小结，“三项工作”（即信息化建设、执法规范化建设、和谐警民关系）贯彻实施情况，以及本部门今年的工作计划与目标，并对分局搞好“三项工作”提出了建设性的意见和建议。

通过此次会议，该局深入学习实践科学发展观活动已迈入第二分析检查阶段，对查找的突出问题，明确了整改措施，真正地把学习实践活动转入到解决问题，促进工作的改进，不断地把学习实践活动推向深入。

摘自2009年5月18日《韶关日报》

浈江区再次整治夜间大排档

15日晚上11点多种，市城市管理综合执法局浈江分局开展执法行动，对辖区范围内的夜间大排档进行整治。

经过前段时间的整治行动后，浈江区片的夜间大排档占道经营现象已明显减少。但是最近，在该区范围内的升平路、兴隆街、平治巷、站南路、韶南大道、南郊金沙市场周边、浈江北路仍有夜间大排档占道经营，经营时间直至深夜一两点钟，食客随地乱扔废弃物，争吵声严重影响了周边群众的休息。

在当晚的执法行动中，该局派出执法人员30多人，机动车6辆，对上述路段的夜间大排档，占道乱摆卖现象重拳整治。城管执法人员对有关档主除了教育外，还依法暂扣了一批桌椅和烧烤炉。

摘自2009年5月19日《韶关日报》

浈江河畔万木春

——全区第二批开展深入学习实践科学发展观活动综述

自今年3月初深入开展学习实践活动以来，浈江区紧紧围绕把浈江打造成为韶关城市经济主力军、韶关产业集聚示范区、全市实施“双转移”战略排头兵、韶关宜居环境首选地的发展定位，努力开创科学发展新局面，成效显著。

工业和城市经济“比翼齐飞”

目前，在省、市的关怀下，浈江产业转移园区累计投入基础设施建设资金2亿元，入园企业39家，累计总投资23.9亿元，投资强度为80万元/亩。

预计39家企业建成达产后，年产值将达30亿元，创税近2亿元，同时可新增就业岗位，解决就业问题，进而破解民生发展问题，维护社会和谐稳定。

另外，“四基地一中心”建设取得新突破。该区按照“四基地一中心”建设的要求，打造农产品加工基地和农产品物流中心。城市经济发展取得新进展。风度国际大酒店和财富广场等重点项目加紧推进，东堤路商贸街等一批商业项目的开发建设进展顺利，东联物流中心及韶峰物流等物流企业建设有序推进。同时，加快了碧桂园凤凰酒店和银山高尔夫假日酒店的建设步伐。

件件实事好事惠及百姓

在学习实践活动中，该区通过开展“百姓冷暖我先知”行动，解决一批群众反映强烈的突出问题，办了一系列深得民心的好事实事。

抓住重点难点，该区的就业和社会保障体系进一步健全，全区新增就业人数3997人，开发公益性工作岗位585个，财政补贴资金702万元。今年培训农村劳动力517人次，转移2811人（含去年培训现才转移）；安置返乡农民工2400多人，其中向本地园区企业转移100多人，向服务业转移1800人，向高效农业转移200多人。2009年新型农村合作医疗参合率为100%，名列全市第一。全区现已完成10个行政村的农民体育健身工程，建成市区第一个社区文化广场。

此外，该区从区财政安排1000多万元，增加环卫工人600人；增加20多名退伍军人充实城管执法力量；辖区12个社会办市场大部分已完成升级改造。通过这一系列措施，该区的信访维稳实现了省和全国“两会”期间到省进京非正常上访为零的目标。

摘自2009年6月9日《韶关日报》

提供优质高中学位近五千个 基本满足全区此阶段教育发展要求

浈江区近年来采取有力措施，扎实推进普及高中阶段教育工作。

浈江区委、区政府高度重视普及高中阶段教育工作，区党政主要领导多次深入学校调研，指导普高工作。加大资金投入，改善高中办学条件，近年来，该区投资约2000多万元用于高中学校建设，新建市二中体育馆、游泳池、曲仁中学新教学楼，为高中学校每间课室安装电教平台。目前，浈江区共可提供优质高中学位4870个，基本满足了该区高中学位的发展需求。

另外，浈江区还建立健全普高工作激励机制、高考奖励方案，提高学校工作积极性，动员学生积极报考，提高升中报考率。去年浈江区毕业生参加中招考试的人数达3016人，占学生总数的86.54%。

同时，加大宣传力度，通过校园网、广播、宣传栏、召开家长会、家访、发放“给初中毕业生的一封信”等形式大张旗鼓地宣传普高教育，将省委、省政府对贫困学生就读中职学校的优惠助学政策传达到每一个贫困学生家里，营造了一个“读普高，进名校，可以前程似锦；上中职，学技能，也能创造美好人生”的良好舆论氛围。去年浈江区落实减免政策，共为11003名中学生免收书杂费，解决贫困学生入学难问题，免收金额达278.649万元。其中，高中在校生减免432人，减免金额达44.69万元。

据统计，去年，全区4532名初中应届毕业生中，进入各类高中阶段学校就读的学生有4425人，升学率达97.6%，高中阶段毛入学率达92%，并以96分的高分顺利通过了韶关市普及高中阶段教育督导组的验收，位居全市第一。

摘自2009年6月9日《韶关日报》

加大对站南路依法整治力度 商品质量信誉和顾客满意度上升

近日，浈江区组织有关部门组成联合执法整治工作队，对站南路商业街进行持续整治，并将其打造为商业示范街。

为彻底改变站南路的混乱现象，营造一个良好的经营和群众生活环境，在市政府的支持下，浈江区筹集资金400多万元对站南路进行整治，还路于民。同时，抓住我市创卫的契机，浈江区加大站南路的卫生保洁力度，大大改善了站南路的经营环境和卫生面貌。

站南路商业街是我市主要的日用品、食品批发专业街，由于少数批发商为求私利非法经营，使站南路商业街成为“闻名”的贩假售假的重灾区。为转变这种局面，该区加强宣传教育，将统一印制的依法经营倡议书等宣传品5000多份派发到商业街经营者手中，并通过举办培训班和座谈会，形成强大的抵制假货宣传攻势。同时，组织有关部门与经营户签订不经销假冒伪劣商品承诺书，促进经营户行业自律，提高商业街企业诚信经营的意识。

浈江区建立了站南路商业街联席会议制度，组织开展日常巡查监管工作。据统计，近几个月来，浈江区共组织各职能部门出动执法人员近3000人次，执法车辆350多台次，检查各类经营户7100多户次，查获不合格花生油、非法生产卷烟、假冒伪劣电器等一批，有效地打击了各类贩假售假行为。同时，落实出租屋监督责任，并将打假工作纳入社会综治范畴。

经过重拳打击，如今的站南商业街市场经营秩序好转，商品质量信誉和顾客满意度提升，商品质量有效投诉和质量案件与去年相比明显下降。

摘自2009年6月9日《韶关日报》

抢抓省涂料企业转移之机
浈江化工基地开建

近日，浈江区主要领导应邀参加广东省涂料行业协会成立20周年庆典，并将一座用玉石雕刻的风采楼送到协会会长手中，从而拉开该区与省涂料协会合作帷幕，共同推进涂料行业升级和产业转移。

据了解，经过20年的发展壮大，目前，广东省共有涂料生产企业1000多家，其中销售额达亿元以上企业20多家，生产规模位于全国前10名的涂料生产企业广东占一半。从去年起，省政府按国务院要求开始引导涂料企业集群向粤北山区转移，促进涂料行业升级和均衡发展，继续保持广东省涂料领头羊地位。

浈江区抓住这一契机，不断完善莞韶产业转移园浈江片区的基础设施，在园区内建立以化工为主要产业的化工基地。

日前，该区与省涂料行业协会新一届理事会达成共识，加强沟通与合作，做好企业搬迁协调工作，实现共赢。

摘自2009年6月9日《韶关日报》

浈江区重奖优秀民营企业 “顺宏房产”开走二十八万元小轿车

近日，浈江区召开招商引资暨优秀企业表彰会，重奖民营企业纳税大户。

据悉，力拓民爆有限公司等 19 个单位被评为民营经济优秀单位，获得奖金和牌匾，其中顺宏房地产有限公司获奖价值约 28 万元的汽车一台。

近年来，浈江区千方百计扶持民营经济企业发展：清除政策障碍，制订加快民营经济发展的各项政策制度，放宽投资领域，为非公有制经济拓宽发展空间；加强对行政执法部门的监管力度，改变工作作风，提高办事效率；完善一站式服务行政服务中心功能，增加行政服务透明度；实行领导联系责任制，帮助民营企业协调各种关系，使其有更多时间和精力放在企业管理与发展上。

此外，该区加强宣传引导和监督管理，支持民营企业利用驻区高校、科研单位多的优势，举办各类培训班，提升非公有制企业主和员工的综合素质。积极争取省市资金扶持重点企业技改项目，提高重点企业的竞争力和辐射带动力，促进民营企业上规模、创品牌，不断发展壮大。

摘自 2009 年 6 月 9 日《韶关日报》

浈江区产业园建设热火朝天 中小企业“孵化器”呼之欲出

调臂工程安装车、混凝土搅拌车忙碌不停，一座座标准厂房在工人们的辛勤劳动中拔地而起……连日来，浈江区产业园内设的中小企业创业基地呈现一片热火朝天的景象。

该区通过引入民营资本兴建标准工业厂房，采用政府规划整合、政府补贴租金的开发经营模式，引导中小机械制造企业主入驻基地创业，形成相关产业紧密联系、上下游企业相互配套的产业链，实现集聚发展和规模效益，发挥孵化器的示范和辐射功能，给希望自主创业的中小企业主提供一个更优的创业平台。

据了解，该基地规划总面积 1000 亩，首期规划面积 500 亩，其中占地 150 亩、建筑面积 4 万平方米的标准工业厂房预计今年 8 月竣工，今年 6 月中旬可建成标准厂房 1.5 万平方米，提供部分企业入驻。

目前，已有 25 家机械装备制造企业签订入园协议，计划今年 8 月入驻投入生产。另占地 350 亩、约 10 万平方米的标准工业厂房预计年底前开工建设，力争 2010 年上半年定向招租，并实现企业同步入驻。基地二期标准工业厂房建设争取 2011 年完成开发，企业同步入驻。

摘自 2009 年 6 月 9 日《韶关日报》

文化广场乐悠扬流动舞台进乡村 群众文化生活精彩纷呈

今年以来，浈江区以文化广场舞台、流动舞台车、文化站室为平台，努力实施“文化惠民”工程，受到广大群众的欢迎和好评。

该区充分调动各方面的积极性，精心编排一系列以宣传党的方针政策、廉政文化、解放思想、和谐浈江以及创卫进城乡等为主题的文艺节目。一方面组织业余文艺演出队利用流动舞台车深入到农村、社区演出，另一方面出台以重大节日和假日为重点的城市假日文化宣传方案，由各镇、办事处每月利用文化广场舞台，为城市居民群众演出一场专题宣传文艺晚会，丰富居民群众假日文化生活。

今年年初，该区按照以点带面的建设方案，分别在犁市镇黄塘村、十里亭镇靖村两个村委会建起两个广播站，定时向群众广播党的方针政策和有季节针对性的农业科学技术等内容。

下一步，将准备再用1年时间建成村村通广播工程。同时，推进镇、办事处的文化站室建设，认真做好文化“三送、三下乡”工作，引导群众开展读书活动，全面提高群众素质，为构建和谐浈江奠定坚实的人文基础。

摘自2009年6月9日《韶关日报》

浈江区查处一“黑网吧” 还青少年健康成长环境

连日来，浈江区文化、工商、公安、电信等部门对区周边网吧进行集中清理整治，查处取缔“黑网吧”，并依法扣留其电脑及网络设备。

据悉，部分不法经营者利用民房非法开设网吧，招揽学生和社会青年上网，严重污染校园周边环境，影响青少年健康成长，群众意见很大。

该区执法队得知情况后，立即组织人员进行突击查处。当工作人员来到现场时，发现该网吧没有经过相关部门审批，属于无牌无证的“黑网吧”，其中还有不少小孩正在上网。经工作人员检阅，发现电脑内还存有大量淫秽图片和影像，随即“封网”，相关事宜已交由有关部门处理。

摘自2009年6月9日《韶关日报》

浈江区再动员推进重点创卫工作 落实整改巩固创卫成果

日前，浈江区召开创卫重点责任单位工作会议，再次动员重点责任单位按照省专家组意见和市创卫整改要求，进一步巩固创卫成果。

针对自查出现的问题，浈江区要求各重点责任单位要充分利用黑板报、悬挂创卫名言警句等形式，广泛宣传创卫和病媒生物防制知识，同时组织群众和干部开展清理办公区、住宅区、居民区房前屋后、楼顶天棚的垃圾、积水、杂物和菜地，杜绝蚊蝇滋生地。督促“四防”装置和灭鼠屋的安装维护，加强药物消杀工作，确保四害密度达标。继续开展环境卫生综合整治，加强主次干道、小街小巷、城中村、城乡结合部等地卫生保洁，清理卫生死角，落实长效保洁措施。特别是加强市场、废品收购站等重点地段场所管理，加大巡查力度，对占道经营反弹现象、市场熟食经营和生鸡鱼档经营不符合创卫要求等问题，一经发现及时处理，提高创卫管理水平。

摘自2009年6月17日《韶关日报》

浈江区曲仁办荣获“全国城市体育先进社区”称号 丰富居民生活　维护社区稳定

昨天上午，浈江区举行曲仁办事处荣膺“全国城市体育先进社区”称号揭牌仪式，这是浈江区继该区东河办事处之后，又一单位获得这一荣誉称号。浈江区四套班子领导及市体育局负责人出席了揭牌仪式。

浈江区曲仁办事处前身是省属粤北煤炭企业曲仁矿务局，2004年8月挂牌成为浈江区政府派出机构。近几年来，曲仁办事处在区委、区政府和上级体育部门的关心指导下，加快了辖区体育设施建设，完善了原企业残留的简陋体育场所，利用旧厂房改建体育场。目前，办事处集中拥有室内羽毛球室、乒乓球室、健身操室、室外健身广场、室内篮球场、游泳池等。

曲仁办事处成功创建全国城市体育先进社区，不但为社区群众提供了较好的体育娱乐场所，丰富了居民生活，而且极大提升了浈江区基层社区建设的影响力、凝聚力和竞争力，增强了社区群众的自豪感、认同感和归属感，对维护辖区稳定、构建和谐社会起到了积极作用。

摘自2009年6月19日《韶关日报》

浈江区政府与韶关学院建立全面合作关系 合作发展互惠互利

6月18日下午，在韶关学院礼堂，浈江区政府与韶关学院举行了建立全面合作关系签字仪式。

据了解，为进一步开创浈江区经济社会科学发展新局面，浈江区政府与韶关学院经过近半年的协商、酝酿，两个单位本着“合作发展、互惠互利”的原则建立全面合作关系，今后将在工农业开发、食品安全、旅游规划及开发、产业园建设、环境保护、资源再生及综合利用、信息技术、区域经济发展规划以及各类相关专业人才培训等领域开展全面合作。浈江区政府利用韶关学院丰富的人才、信息和科技资源，促进地方经济的发展、文化建设和人才培养，提升浈江经济社会发展的速度和质量；韶关学院利用浈江丰富的人文资源、旅游资源、自然资源和产业资源为韶关学院开展科学研究和教育教学实践提供便利，有利于推动院校教学、科研活动的深入开展和科技成果的快速转化，共同实现双赢目标。

在仪式上，浈江区还正式签约聘请了科技管理、化学、环保专家陈小康教授，动物疫病研究所所长娄高明教授，食品工程系主任钟瑞敏教授等11名韶关学院教授、博士为浈江区政府顾问，为浈江区的科学发展和科学决策服务。

摘自2009年6月20日《韶关日报》

浈江区检察官拓展民生诉求渠道 “三问”服务新农村建设

日前，浈江区检察院检察长饶纲奎、副检察长李小伟一行5人深入该院挂联帮扶的浈江区犁市镇大村，开展问政、问需、问计于民调研，以此推动学习实践活动深入开展。

在村党支部办公室，检察官与村两委干部进行座谈。检民双方畅所欲言，就农村经济发展和检察工作进行热烈探讨。检察官就检察机关如何更好地服务新农村建设征求大家的意见和建议。

会后，检察官还到各自然村实地考察、走访农户征求意见，力争翔实掌握第一手资料。在走访中，向农户作了问卷调查，征询其具体困难和对检察机关工作的要求。农户对近年来该院查处涉农职务犯罪案件、打击各类损害农民利益刑事犯罪所做的工作表示满意。同时，也希望走访服务活动成为长效机制，进一步畅通民声诉求渠道。

饶纲奎表示，今后会积极探索，使走访群众、联系群众、服务群众成为全体检察人员更加自觉的行动，实现走访的常态化和制度化。

摘自2009年6月25日《韶关日报》

解救轻生女子　揪出背后黑手
浈江公安抓获一涉嫌殴打强奸妇女的嫌疑人

近日，浈江区公安分局和平派出所民警迅速出警，解救了一名欲跳河轻生的女事主，并根据事主叙述的情况，在浈江区园前西路某酒店内抓获一名涉嫌殴打强奸妇女的嫌疑人。

6月18日上午10时许，该所接到市局“110”指令称，有一女青年在园前西路附近河堤处要跳河轻生。接报后，民警迅速出警赶到现场，将情绪激动的女事主劝服后带到安全的地带。经过民警耐心地询问其跳河的原因后得知，原来该女事主是被人殴打及强奸，所以才产生了轻生的念头。民警根据事主反映的情况，立即赶到园前西路某酒店316客房内，将一名未及逃走的嫌疑人当场抓获。

当日凌晨2时许，女事主与一群朋友宵夜后，被一名叫赖某忠的男性朋友借口送其回家，途经西堤中时该男子提出要与事主发生关系，事主不从，赖某忠便在西堤河堤处对事主进行殴打恐吓后，强行将事主带到园前西路某酒店的客房内进行强奸。当日上午10时左右，事主乘赖某忠不备逃出客房，跑到园前西路河堤处意欲轻生，被迅速赶到和平派出所民警救下。

经查，赖某忠因强奸罪曾被判刑，刑满释放后不久又再起色心侵犯妇女。目前，嫌疑人赖某忠已被依法刑拘。

摘自2009年6月25日《韶关日报》

浈江：集中整治居民区卫生环境

日前，浈江区联合铁路相关部门对铁路职工居住区的周边环境进行整治。

据了解，由于近年来铁路部门实行改制调整工作，改制后的部分铁路职工居住区管理职权还不明晰，创卫协调十分困难，造成部分铁路职工居住区周边环境卫生不尽如人意。

为此，浈江区切实加大与铁路相关部门的沟通协调，争取各方的支持配合，投资投劳，对浈江区铁路职工居住区卫生环境进行集中整治。是日，创卫、城管、镇（办）、铁路等部门联合行动，重点对市区通天坡、莲花山等铁路职工居住区菜地进行清理，清除垃圾死角，加强卫生保洁工作，并建起排污渠道。同时，进一步规范食品卫生行业管理，使社区卫生环境有了质的改观，面貌焕然一新。

摘自2009年7月8日《韶关日报》

浈江区推进劳动力培训转移

浈江区充分利用辖区专业技术学校教学资源，有序推进劳动力培训转移工作，提高劳动力就业的成功率。

据了解，浈江区针对城市就业趋势和农民实际情况，制定了相应培训工作方案，认定粤北中等职业技术学校等多家评估合格的培训机构承担培训任务。为保证培训工种与企业用人单位需要一致，浈江区引导各学校进行了充分的市场调查和论证，各个学校根据自己的办学条件，在原有的计算机、电工、家用电器等工种培训的基础上，新开设了汽车修理、焊工、钳工、车工和广告制作等市场需求量大的技术工种培训，如今在粤北中等职业技术学校等多家学校开设了如叉车驾驶等多个特色技工培训项目，让接受培训的劳动力掌握当前需求较大的实用型技术，提高农民培训后就业的成功率。浈江区还要求各学校严把培训出口关，根据“从做开始，先会后懂”的教学思想，指导学校改革课程结构，调整基础文化课和专业实操课的授课比例，将培训学员结业的标准定位在国家职业技能等级证书的获取上，切实提高学员的实际操作水平和能力。同时，浈江区还通过建立劳动力培训档案和教学档案，做好培训后转移就业的跟踪服务，开辟市内就业登记注名、互联网介绍用工以及加强与经济发达地区劳动部门联系推荐就业等多种渠道，确保接受培训后的劳动力就业率，浈江区将力争通过培训新增转移劳动力2.8万人。

摘自2009年7月9日《韶关日报》

浈江区巩固创卫成果

日前，浈江区召开创卫重点责任单位工作会议，再次动员重点责任单位强化保洁工作，进一步巩固创卫成果，全面提高市容环境卫生质量，确保让群众享受创卫成果。

该区要求各创卫重点责任单位强化责任意识，集中精力，坚持不懈地做好创卫各项工作。环卫所要组织好环卫工人加大保洁力度和强度，加强对保洁的巡查监督，确保建成区范围保洁质量和保洁时间到位。按照属地管理的原则，把责任路段细分到单位和个人，实现处处干净、天天干净的目标。协调、督促生活小区清理卫生死角，对群众投诉大的问题，各镇、办事处要千方百计督促检查和解决好，要进一步加大对小街小巷、城中村及城乡结合部乱画和乱贴等“牛皮癣”现象的整治力度，根除影响城市形象的违规行为，防止严重影响创卫工作的不良现象出现反弹。同时，加强对农贸市场的规范管理，确保市场环境干净清洁、无污迹。加强对市场经营户的文明经营教育，提高经营户环境卫生保护意识，自觉维护好市场环境。

摘自2009年7月10日《韶关日报》

浈江：联合执法保护母亲河

根据市政府有关规定，今年4月初开始，浈江公安分局和平派出所安排民警大力配合市水利局水政监察大队，开展河道采砂专项整治工作。

据了解，在4月至6月期间，该所多次随市水政执法队进行整治行动，共出动车船13次，民警29人次，行动中多次查获违规人员及船只。社会各界和广大市民群众对政府部门维护河道正常的水事秩序，保障防洪、供水、水工程和航运安全的整治行动，表示大力支持和欢迎。

摘自2009年7月13日《韶关日报》

浈江区加快景区道路建设 积极配合丹霞山申遗

黄竹村至芠芷坝公路建设，在浈江区的大力推进下，目前已经进入最后的路基修建工程，将有力配合好丹霞山的申遗。

黄竹村至芠芷坝地处浈江区犁市镇，与仁化接壤，是浈江区最边远的村委会之一。为了改变黄竹村至芠芷坝一带村民的生产和生活条件，以及配合好大丹霞景区的建设开发，特别是配合好当前丹霞山申遗工作的开展，浈江区非常重视解决黄竹村至芠芷坝这一段丹霞地貌景色较为集中的道路建设问题，并将该乡村道路建设作为促进黄竹村民赶上全区建设新农村步伐的具体措施之一，和配合好这次丹霞山申遗工作的重点之一，积极争取有关公路建设部门的支持，并在热心人士的关心下，黄竹村至芠芷坝公路在2008年5月破土动工了，新建成的公路全长12公里，投资500多万元，将铺设成宽6米乡村公路。目前，主要道路建设已经完成，进入修路肩的最后工作。

随着黄竹村至芠芷坝公路修通，浈江区将加大对丹霞地貌景色保护的宣传工作，提高村民对优美自然环境的保护意识，更好地配合做好丹霞山的申遗工作。

摘自2009年7月14日《韶关日报》

浈江区充分发挥食品检测室作用 强化集贸市场食品安全监管

记者昨日从市工商局获悉，为加强集贸市场食品安全监管工作，今年4月，市有关部门联合在浈江区十里亭市场和五里亭市场建立农药残留检测室，强化对食品的安全监管。截至目前，检测室已检测各类农产品1300多批次，发现2批次菜类农药残留物不合格（当场作无公害处理），从而保障市民安全放心地购买农产品。

据了解，在集贸市场建立农药残留检测室，实行农产品市场安全准入制度，是市政府实施的一项民心工程。为配合相关部门共同做好此项工作，工商部门每天早上安排执法人员与市场检测人员一起，从市场内各摊位上随机抽取包括青菜、大白菜等常见蔬菜10批次进行农药残留检测，并对蔬菜来源、经营者姓名、数量等进行详细登记后，快速进行检测，并将检测结果在市场公告栏上公布，方便消费者根据公示情况选择放心菜。同时，实行不合格农产品退市制度。根据快速检查结果，及时依法将不合格蔬菜进行下架退市、依法查扣等处理。

目前，这两个市场已初步形成经营者自律、市场开办者自管、工商部门监管的工作格局，食品质量安全得到较大幅度的提升。

摘自2009年7月15日《韶关日报》

倾心为民办实事

——浈江区开展“百姓冷暖我先知”行动纪实

近来，浈江区结合开展学习实践科学发展观活动，先后在犁市镇和东河街道办事处开展了以“牢记第一要务，引领群众致富；每周访贫问苦，矛盾主动调处”为主题的“百姓冷暖我先知”行动试点工作，犁市镇和东河街道定期向居民发放《百姓冷暖工作手册》，通过问需于民，问计于民，服务于民，共办结百姓“冷暖”事项1800件，关心百姓冷暖，密切了党群干群关系，受到群众欢迎。

一片丹心系民生

解百姓难，谋百姓安。浈江区试点单位每月初将《百姓冷暖表》发放到所联系的群众手中，群众直接将困难和要求填写在“冷暖表”上，驻村干部每月底至少到群众家中回收一次，并及时补发，始终保证农户手中有一张“冷暖表”。东河街道在开展“百姓冷暖我先知”行动中，充分发挥职能部门作用，有效解决了原市锑冶炼厂职工停水停电问题；犁市镇大村、厢廊、石下、沙元、下陂等村党支部积极争取各方力量支持，共筹集到400多万元资金，及时解决了3200多人的饮水问题。

据统计，犁市镇和东河街道共记“冷暖”事项4007篇。“冷暖”行动开展以来，犁市镇和东河街道党政领导班子成员还在“冷暖”接访室开展大接访，共接访群众500多人次，解决了山林纠纷7宗，宅基地纠纷5宗，土地纠纷8宗，村账公开9宗，家庭生活困难255宗，水利排灌9宗，化解大小矛盾146宗，切实把“冷暖”平台搭好，把提出的“冷暖”问题解决好。同时，还建立了村（社区）“两委”干部、党员联系农户长效机制，通过定期走访群众，尤其是对困难户、“意见户”、信访户进行家访，将百姓“冷暖”事项记入《百姓冷暖工作手册》，连同《百姓冷暖表》反映的问题一起，分类建档，于每月7日前统计上报镇（街）行动办。镇（街）行动办根据收集的《百姓冷暖表》及《百姓冷暖工作手册》统一汇总，建立工作台账，分类呈报有关领导批办，推动了问题解决。

和谐环境促发展

浈江区在犁市镇和东河街道办事处两个

试点创新地开展“百姓冷暖我先知”行动，关注民生，倾听民意，了解社情民意，畅通群众诉求渠道，把矛盾及时化解在镇（办）、村（社区），化解在萌芽之中，有效地促进了社会的和谐稳定，确保了该区不发生群体性事件和重大事故；群众越级上访量明显下降，没发生到省进京非正常上访；重要案件息诉罢访率明显提高。优良和谐环境促进了经济发展，全区招商引资成效初显，今年上半年全区引进内联项目 13 个，合同引进资金 3366.1 万元，同比增长 132%；实际到位资金 11266.1 万元，同比增长 33%，该区经济社会呈现出良好的发展态势。

摘自 2009 年 7 月 18 日《韶关日报》

浈江区检察院寻求制度创新
合力打击经济犯罪

日前，浈江区检察院召开行政执法与刑事司法相衔接联席座谈会。

会上，浈江区检察院与各行政执法机关就如何履行执法、监督职责，加强密切配合，积极构建衔接机制等问题进行深入探讨。浈江区公安分局、国税分局、法制局等单位交流各自在执法工作中遇到的情况和问题，对建立行政执法与刑事司法衔接机制提出了一些意见和建议。

这次会议，为实现行政执法与刑事司法的有效衔接奠定了基础，同时增进了检察机关与公安机关、各行政执法机关的联系，为打击经济犯罪，实现浈江区经济社会科学发展起到积极作用。

摘自 2009 年 7 月 23 日《韶关日报》

浈江区加大城中村整治力度

连日来，浈江区分管创卫工作的领导组织该区创卫办、乡镇创卫负责人和村委会干部对辖区内的城中村进行创卫工作检查，要求镇和村委加强保洁工作，进一步教育引导群众保持良好的生活卫生习惯，维护好周围环境卫生。

据了解，经过多次的整改行动，浈江区辖区内城中村的卫生和市容环境有了很大的改善，但仍然有一些村民还存在乱堆放杂物、乱挂晒衣物、利用路边空地或房前屋后空地种菜等行为。

针对自查出现的现象，浈江区要求各乡镇和村委会要充分利用各种形式，广泛宣传创卫知识和病媒生物防治知识，提高群众保持良好环境卫生的意识。同时，开展清理办公区、住宅区、居民区房前屋后、楼顶天棚的垃圾、积水、杂物和菜地，杜绝蚊蝇滋生。督促做好“四防”装置维护，落实长效维护村中环境卫生的良好措施。

摘自 2009 年 7 月 23 日《韶关日报》

浈江区周密部署创卫工作 确保国检万无一失

在"创卫"技术评估工作即将到来之际，为确保"创卫"达标，保证国检顺利通过，近日，浈江区政府召开动员大会，周密部署该区在"创卫"攻坚冲刺阶段辖区内的"六乱"整治和环卫保洁工作。

该区重点对各市场周边、小街小巷、居民住宅小区、城乡结合部等处较难发现的卫生死角进行了全面分析和检查，不管是否属本单位职责的地方，如路边和小区周边的花基，都要求环卫部门一旦发现垃圾，立即予以清理，确保该区以优异成绩迎检，不拖全市"创卫"后腿。

摘自2009年7月29日《韶关日报》

市创卫办与浈江区联合行动 检查米面和饲料专业市场

近日，浈江区与市创卫办联合组织了对辖区内的米面和饲料专业市场创卫工作的检查，要求市场管理部门加强对门店的管理，市场所有门店都必须认真做好门前三包和防四害，特别是防鼠工作。

在检查过程中，检查组认真检查米面和饲料专业市场周边的环境，发现该市场周边环境与目前我市创卫要求还有一定的差距，在市场内建的露天垃圾池还没有及时拆除，周围的门店都随意将垃圾扔到垃圾池周围，卫生状况还是比较差；由于市场门店经营业主贪图方便，市场门店大楼后面还扔有大量生活垃圾；在市场门店楼的楼梯转角等地方还有鼠洞存在，特别是由于米面或饲料经营十分招惹老鼠，加上经营者没有及时把米面或饲料在搬运过程中散漏的米面或饲料清理，导致周围都有老鼠出没的迹象，更有的米面门店内的办公桌或椅子都有被老鼠啃咬的痕迹。

检查组针对发现的问题，要求市场管理人员一定要加强对市场的管理，一方面要加强市场周边环境卫生的整治，及时堵塞鼠洞，教育经营者爱护好周围卫生，注意生活垃圾的处理，另一方面要加强对经营户的管理，特别是指导好经营户及时处理好散漏的米面和饲料。同时，要在门店内放置粘鼠胶、捕鼠器等设施消灭老鼠，维护好专业市场的经营环境。

摘自2009年7月29日《韶关日报》

东河街道办清理乱种菜地

近日，浈江区东河街道办事处联合城管执法局采取果断措施，对在京广铁路沿线和韩家山乱种的菜地进行了清理。

在京广铁路沿线和韩家山等地方的空地和居民区附近的空地上，部分群众不顾东河街道创卫工作人员的多次劝说，一意孤行地在这些地方种上了蔬菜，有的堵塞了原来通畅的水渠，使水渠长期积水形成了蚊蝇滋生地，特别是为了集肥浇菜，有人在菜地的旁边放置了一些大缸收集了大量肥料，不仅造成臭气冲天，而且蚊虫大量滋生，严重影响我市创卫的环境，周边群众对此意见很大。

据东河街道办事处创卫负责人介绍，少数群众在京广铁路沿线启明路道约2公里的地段都种上了蔬菜，再加上韩家山地片群众种菜的面积非常大，为彻底改变这些状况，浈江区东河街道办事处花2万多元请民工与浈江区城管部门等相关人员，对这些利用空地乱种的菜地进行了清理，还群众一个良好的生活环境。

摘自2009年7月30日《韶关日报》

浈江区现场办公解决问题
助力企业增资扩产

近日，浈江区四套班子领导和市经贸、建设、国土等部门深入企业一线调研，现场办公帮助解决企业发展困难，鼓励企业坚定发展信心，帮扶企业做大做强。

据了解，近年来，浈江区不断加大对工业企业的扶持力度，通过实施主要领导挂点帮扶、出台优惠政策等一系列措施，使一批重点企业成了推进浈江经济加快发展的支柱。

因受金融危机影响，今年大部分工业企业都受到了不同程度的冲击。但是，由于浈江区应对金融危机引导企业强练内功的措施出台早，部分具有核心技术或市场占有份额较大的企业，在危机中抢抓机遇，纷纷调整生产结构，增资扩产。

针对企业发展中遇到的问题，浈江区领导分别走访正在准备增资扩产的雷霆国药、国润烟草薄片、金三江耐火材料厂等工业企业。每到一处，都详细听取企业发展情况介绍，对企业提出需协助解决的扩建产房用地、增加生产设备融资等问题一一做了解答。

雷霆国药有限公司是一家以制作中成药为主业的民营企业，该公司在浈江区和潮汕地区都有生产厂。随着企业发展的需要，该公司准备将分居多地的生产线集中在一起，以更好地打造出适应市场需求的拳头产品。了解到这个情况后，浈江区主要领导要求分管挂点领导和有关部门领导组成工作小组，尽快抓好企业扩建产房用地、环保评估等工作的落实，对区内能够解决的一定要尽快责令有关部门加快办理；对需在市里才能解决落实的做好协调服务工作，给企业发展营造一个良好的外部环境。

国润烟草薄片是一家拥有知识产权的高新民营企业，通过努力，企业在国家拿到了增产指标。浈江区多次与该企业协商，并向该企业提出在原地扩建产房或全厂搬迁到产业园以获得更大发展空间两套方案。面对浈江区热情细致的服务，企业表示将核算各方案成本，尽快拿出增产扩建方案，早投资、早见效，为浈江区经济发展多作贡献。

摘自2009年8月11日《韶关日报》

重点建设项目进展顺利 有力支撑区域经济发展

今年以来，浈江区委、区政府把“抓项目、保增长”作为经济工作的首要任务，把落实重点建设项目作为克服当前经济困难的突破口。

今年上半年，该区安排的29个重点建设项目共完成投资10.24亿元达到预期目标。浈江区重点项目建设主要呈现出重点项目投资有力支撑全区投资较快增长、产业园区建设掀起新高潮、房地产项目投资保持稳健增长和新建项目开工率提高等几大特点，尤其是浈江区今年14个新建项目中，已有9个在上半年实现开工建设，开工率高于去年同期，有力地支撑了浈江区经济发展。

摘自2009年8月11日《韶关日报》

浈江区2009年高考创佳绩 超额完成各项指标亮点涌现

笔者昨日获悉，在今年高考中，浈江区取得历史性的好成绩。

该区今年高考再创佳绩，主要表现在以下三个方面：各批次上线人数和上线率大幅度增长。第一批上线2人，突破了去年零的记录；第二批以上上线人数158人，比2008年增加99人，上线率12.43%，比2008年提高8.58%；第三批以上上线人数达859人，比2008年增加235人，上线率为67.58%，比2008年增长17.31%；超额完成各项高考指标任务。其中，第一批指标的完成率为100%，第二批以上指标的完成率为175.56%，第三批以上指标的完成率为148.62%；亮点不断涌现。

此外，高分人次增长较快，单科全市前10名1人次，前30名5人次；市二中、市七中、曲仁中学本科人数和上线率大幅度提升；特色教育贡献明显，体艺本科上线人数达55人，占总上线人数的34.8%。

摘自2009年8月11日《韶关日报》

浈江区推出就业套餐
五十家企业两百多名下岗失业人员得实惠

今年以来，浈江区和平、南门劳动保障事务所推出就业“套餐”服务，收效良好。

据了解，和平、南门事务所一方面深入居民家中了解情况，深入各企业了解用工需求，宣传各种优惠“套餐”；另一方面通过对失业人员的动态跟踪走访以及了解企业经营情况及用式需求变化，帮助他们量身定做做优惠“套餐”，鼓励再就业和企业吸纳就业。

这种“套餐”服务不仅给失业人员和用工企业提供了更主动、更便捷、更全面、更人性化的服务，而且把各级政府推出的多项优惠政策落到实处，为众多下岗失业人员带来了福音，使企业用工更为积极。

据统计，今年以来，和平和南门所的“套餐”服务让辖区50家企业，200多名下岗失业人员得到实惠。

就业套餐服务内容详解

表15

类别	内容
针对失业人员再就业的服务，就是把失业人员分为创业型、二次就业型、公益岗位型、临退休型	将政府的免费就业培训和创业培训、小额贷款、社保补贴和岗位补贴、创业税费减免等优惠政策进行打包制成一份份“套餐”供失业人员选择
针对吸纳下岗失业人员再就业的用工企业服务，就是把企业分转制型、服务性劳动密集型、外资型等不同类型企业	将政府的社保补贴、岗位补贴、税费减免、免费培训、免费招工、优惠贷款、免费劳动年审等优惠政策进行打包，减轻企业负担，帮助企业发展，鼓励企业用工

摘自2009年8月11日《韶关日报》

浈江区满足人民群众发展教育愿望
叫响创建省教育强区

日前，浈江区召开创建广东省教育强区动员大会。

区四套班子领导、各镇办党政一把手、区直单位负责人、全区中小学校长等200多人到会。会上，区委书记、区人大常委会主任刘卫东作了重要讲话，区委副书记、区长张德清对创建工作进行了动员部署。

张德清要求，全区各级各部门要认清形

势，明确创建教育强区的重要性和必要性：统一思想，明确职责，全力推进教育强区创建工作；突出重点，扎实推进创建教育强区各项工作，努力实现到2011年通过广东省教育强区的督导验收。

刘卫东强调，建设教育强区是落实科学发展观，加快建设经济强区的客观需求：是践行科学发展观，满足人民群众对教育发展愿望和要求的重要举措；是构建和谐社会，推进教育事业发展的客观要求。各级各部门要加强领导，突出重点，强化措施，狠抓落实，确保创建教育强区的目标如期实现。

目前，该区已成立由区委副书记、区长任组长，分管教育的副区长为常务副组长的浈江区创建广东省教育强区工作领导小组。并出台相关文件，力争从今年起，每年争创一至二个教育强镇（街），到2011年实现创建广东省教育强区的目标。

摘自2009年8月11日《韶关日报》

全区经济渐回暖 力保实现全年发展目标

今年以来，浈江以抓项目、保增长为主线，促进全区经济平稳发展，全区经济开始出现回暖观象。

该区进一步强化协调服务，加大对企业扶持力度，尤其是加强对77家规模以上工业企业和区领导挂点企业、重点项目的扶持力度，帮扶企业减少金融危机的影响；抓住拉动内需政策的有利条件，引导具有良好市场前景的企业进行产品结构调整升级或增资扩产，培育新的经济增长点。

同时，加大招商引资工作力度，积极实施“双转移”战略，内联招商出现新热潮。今年上半年，该区新签内联项目13宗，合同资金比增132%，实际到位资金比增33%。

为保证全年各项经济目标的完成，下半年，浈江区将大力推动产业园，碧桂园、全民创业园、物流园、韶赣高速公路等重点项目建设，力争产业园年内完成2亿元以上的投资目标，使其早日成为浈江经济发展的新支柱。

该区围绕我市打造优质安全农副产品生产加工基地的目标，加快推进农业特色化、产业化步伐。围绕我市打造新兴制造业基地的目标，引进和改造提升机械装备等产业，拉长产业链，增强企业核心竞争力，提高工业在整体经济发展中的拉动力。围绕打造旅游休闲基地的目标，大力开发自然、人文旅游资源，如打造千亩樱花观光园、犁市爱国主义教育基地、张九龄历史纪念馆等。

此外，该区还将加快星级酒店建设，发展特色餐饮业，进一步做强旅游配套服务业。并做好投资发展项目的洽谈、论证和跟踪落实工作，储备一批发展项目，增强经济发展的后续力量。

摘自2009年8月11日《韶关日报》

浈江区巧搭平台
助大学生自谋职业

近年来，浈江区加强组织领导，搭建创业平台，搞好创业服务，尤其在大学生创业工作上取得一些成效。

该区劳动保障局与韶关市创业协会在乐园镇金沙社区劳动保障服务站成立就业创业援助联盟服务中心，培训创业服务职业人才。目前，该中心已接受100多名大学生报名培训，并安排15名大学生在中心就业。

浈江区东河街劳动保障所对辖区针对大学生的个体差异，制定“一对一”帮扶计划。今年以来，通过帮扶，辖区内有5名大学生成功创办5家企业，带动14人就业。他们的主要做法：深入社区，向大学毕业生宣传各级政府相关大学毕业生创业的扶持政策；动员、推荐3名大学毕业生参加免费创业培训；指导大学生个体户向工商、税务申请减免扶持，帮助大学毕业生具体落实小额免息担保贷款、社保补贴的申请。

摘自2009年8月27日《韶关日报》

红色旅游再添新景
完成北伐纪念馆主馆工程建设

笔者昨日获悉，目前，北伐纪念馆主馆工程已经完工，正在馆外绿化、路灯、排水系统等配套设施招投标的准备工作。

为缅怀孙中山这位革命先行者的丰功伟绩，彰显韶关市在北伐战争中的重要地位，根据十二届人大一次会议通过的《关于兴建北伐纪念馆的议案》，市政府决定兴建北伐纪念馆。

北伐纪念馆选址在市区帽子峰北向坡地，这里至今仍遗留了大革命时期的战壕与碉堡，风格与北伐时期一致，易于形成同一时期的历史文化景观。同时，这个选址毗邻抗战时期中共粤北省委旧址。结合北伐纪念馆的复原建设，适当建设一批反映近现代革命人物在韶进行革命活动的雕塑，可形成一个具有浓厚氛围的红色景区，并可将其培育成市区旅游的一个新亮点。

北伐纪念馆主馆工程为混凝土框架二层，建筑面积为3500平方米，工程自去年10月动工以来，市城管局科学安排，精心组织，扎实推进主馆工程的建设。

孙中山这一历史文化品牌，是整个中华民族的骄傲。在他曾经生活和战斗过的韶关兴建北伐纪念馆，可以让更多的人了解这位伟大的革命先行者，将名人故事与粤北山水相结合，必将产生良好的旅游效应，对提升我市旅游文化底蕴，打造旅游文化品牌，促进旅游经济发展，将会产生深远的影响和积极的作用。

摘自2009年9月3日《韶关日报》

缅怀抗洪英雄激励后人奋发
犁市大为中学落成

昨日上午，犁市大为中学揭幕仪式在浈江区原犁市中学隆重举行。省军区政治部副主任黄思潮，市领导刘卫芳、兰茵，韶关军分区司令员郭毅强，大为的母亲蒋花以及大为生前所在部队的战友和社会群众、大为中学师生近千人参加了揭幕仪式。

李大为在2006年7月韶关抗击“7.15”洪灾的抢险战斗中，为抢救落水群众光荣献身，被广州军区授予“舍身为民好战士”荣誉称号，当选为广东省改革开放30周年“感动广东”人物。

为深切缅怀抗洪英雄李大为，2008年初，在军地有关部门考察论证的基础上，省军区组织驻粤部队捐资200多万元援建犁市镇大为中学，对学校的基本设施和政治文化环境进行了大的改造，新建了大为教学楼，竖立了英雄塑像、建立季大为荣誉室等。

副市长兰茵殷切希望犁市大为中学以此为契机，始终按照“三个面向”的办学要求，大力弘扬大为精神，办一流教育，创一流业绩，奉献社会，服务人民，报效国家。

揭幕仪式后，军地领导还共同为李大为塑像揭幕，并参观了大为教学楼。

摘自2009年9月7日《韶关日报》

谱写人生的精彩乐章

——记浈江区花坪实验学校优秀教师沈穗

22载春秋，她潜心扎根乡村教育事业，不曾怨悔；22年岁月留痕，在花坪这片僻壤的乡镇，她用青春耕耘着她心爱的教育事业，体味着心酸也收获着幸福。她就是花坪实验学校的沈穗老师。

情系留守儿童

为解决留守家庭子女教育问题，2003年8月开始，学校学生实行住宿，带着学校领导的信任和重托，沈穗走上了政教主任的岗位，兼管内宿生。

因学校原来没有住宿生，在宿舍管理中，沈老师是边学边干。在健全内宿生的管理制度过程中，她培养了一支“爱心宿舍管理员”队伍，让学生参与到管理中来。刚住宿的学生都没有集体生活的经历和习惯，沈穗从作休息时间到内务的管理，样样都严格要求，这时的她更像是切盼子女健康成长严厉的慈母。区科教局多次组织各学校前来参观，均欣然颔许，校的住宿管理成为推广模式。

当学生的知心朋友

从教22年来，沈穗始终担任班文任工作，每接手一个班，她都能和学生打成一片，把全部精力用在对学生的日常工作和教学上。

在很多人眼里的“问题女生”小朱，让

家长和过去较好的老师伤透了脑筋。沈穗发现小朱爱好唱歌、跳舞，她就让小朱组织起班里的文艺队。小朱很快把班里的文艺积极分子组织起来，这样活跃了同学们的课外生活，并在元旦汇演获得一等奖。学校又以她们作为主力，排演节目，代表花坪镇参加区里的文艺汇演。现在小朱的精神面貌得到了很大的改观，自觉遵守纪律了，学习上也有了很大的进步。

愉快教学让学生乐学

沈穗是一名体育教师，从教20多年来，她实施的愉快体育教学法，推动了体育工作的开展。她的课精彩、生动，学生乐学、爱学，成绩显著提高。2005年在全区体育教学观摩比赛上荣获二等奖；2007年参加体育观摩课获韶关市中学组二等奖；担任毕业班体育升学考试成绩在乡镇学校中一直名列前茅。

作为教练员，沈穗老师从1999年开始就负责学校田径她运动队、篮球队的训练任务。多年来，她都是选用早上、下午的课余时间训练，所带的篮球队2次荣获县区级第一名，2次荣获第二名；田径队个人项目荣获第一名的有10人次，团队总分荣获区第三名。

摘自2009年9月10日《韶关日报》

浈江公安分局细排查多联系 为企业追回被盗面包车

近日，浈江公安分局东河派出所为韶关客运东站追回十台被盗一年多之久的东南面包车，为企业挽回近10万元损失。

去年5月23日8时40分，东河派出所接到市汽车客运东站陈先生的报警称：其22日21时左右停放在浈江区启明路3号大院内的一台东南面包车在早晨发现被盗。接警后，东河派出所领导高度重视，在驻站民警叶太胜的积极协助下，经过大量的摸排走访和相关信息收集研判工作，初步判断该车很有可能南下销往珠江三角洲。

于是，该分局在研判销赃方向的同时，积极与珠江三角洲多个城市的公安局刑警部门取得联系，请求兄弟单位在工作中注意发现可疑线索，想尽一切办法追赃。

法网恢恢，疏而不漏。今年7月中旬广州市花都区刑警队在一次清查行动中，查获一伙盗窃钢筋的犯罪嫌疑人所使用作案运输工具正是被盗的该辆东南面包车。得知花都警方的消息后，该局民警立即驱车前往花都将被盗车取回，并于日前将该车交回市汽车客运东站负责人的手中。

摘自2009年9月14日《韶关日报》

“韶阳楼”雄姿初展

市民置身此处，可鸟瞰整个“三江六岸”的美丽景色

昨日，记者在韶关森林公园看到，坐落于该园莲花山顶的“韶阳楼”，将成为我市新景观地标已初展雄姿。

这座新景观地标建筑占地面积1938平方米、楼体高五层42.8米（自最顶一级平台算）、建筑面积达1230平方米，是我市市政建设的重点工程之一。它位于韶关国家森林公园莲花山山顶，该处地理环境极佳，层峦叠翠，状如莲花，是市区最近的地理制高点。市民置身此处可鸟瞰整个“三江六岸”的市区景观。

据介绍，该楼总平面顺山势成三级平台，逐级而上，主向为坐东南朝西北，从楼阁望市区或从市区眺楼阁均极佳视角。在二层平台沿三面建门楼、角亭与回廊，使建筑富有层次和对比效果。该楼于2007年6月正式动工兴建，采用唐宋中国古典建筑风格，吻合韶州唐宋之盛景，整体体现岭南古建筑兼北方之雄浑和南方之秀丽之妙，细部则用粤北建典型的一些特征，如月梁、穿枋构件等，突出了地方建筑特色。

目前，该楼主体工程已基本完工，现场施工人员正加紧对周边配套的施工。

摘自2009年9月16日《韶关日报》

光天化日　女子闹市人车被劫
结伙作案　四嫌疑人难逃法网

浈江刑警侦破“7·30”特大抢劫案

正午时分，正是人流高峰，一位中年女子轻步走向停在路边的××牌高级轿车，刚打开车门，便被人推入驾驶室，并被戴上头套控制在后座，轿车随即绝尘而去。不久，警方接到报案，中年女子被劫去现金3000元及身戴首饰和内有存款万元的卡4张。光天化日发生特大抢劫案，震惊韶城。

9月7日，浈江警方向媒体透露，经过浈江刑警近一个月的侦查，这宗发生在7月30日中午的特大抢劫案告破，三名劫匪罗某、刘某民、刘某斌及涉嫌包庇的李某辉（女）已被抓获。

下班高峰闹市人车被劫

7月30日中午12时许，正是下班高峰时间，韶南大道三公里某公司门前，一女子从公司出来，当她走到停在公司门前的××牌轿车，打开车门一脚跨进去的时候，三名男子也几乎同时登上了这辆车，轿车随即绝尘而去。

两个小时后，韶关110接到王女士报案，称其在下班时被人连车劫走，损失4万余元。王女士向浈江刑警报案称，中午下班时，当她打开停在公司门外的私家车车门，还没有坐进驾驶室，就被一男子强推进去，没反应过来，又被刚进入后座的两男子硬拽到后座，用头套套住，轿车随即转了一个弯便往前开去。过了10多分钟，也不知走到什么地方，车子停了下来，3男子抢去她随身携带的现金3000元，坐驾驶室的男子用普通话恐吓、威胁她交出卡和密码，并交代另两名男子看守她。随后，那名男子便去了银行。一个小时后，男子取了钱回来，3人便丢下她和轿车逃走。挣脱束缚后，她才发现自己被劫到浈江路的韶关木材厂内，随即报警。她自己估算，现金加首饰再加信用卡上存款，损失有4万多元。

大海捞针警方锁定目标

接报后，浈江刑警立即展开调查。从案发过程看，这是一起经过精心策划的劫案，劫匪手法老到，过程缜密、动作快捷。查询王某卡使用信息发现，4张被劫卡上，两张卡被一位戴墨镜的女子分别在两间不同银行的柜员机上将5400元余额取空，另一张余额为

1万元的信用卡则在某金行被刷卡消费9000多元，而一张有数万元余额的卡却分文未动。就因为这张卡分文未动，让警方最初琢磨劫匪作案动机颇费一番周折。

劫匪不劫色、不劫车，数万元的信用卡分文不动，只取了不足四分之一的三张“小卡”，是什么人作案，作案动机又是什么？警方首先对辖区及市内有过类似的人员进行筛选、排查，冒着烈日跟踪、查访。经过半个多月紧张摸查，从众多嫌疑对象的近期活动行踪及各方面的蛛丝马迹分析，目标集中到罗某、刘某民、刘某斌等七八个人身上。

8月20日，目标更加明晰，案件系罗某、刘某民、刘某斌等人所为基本无疑。然而，就在此时警方意外发现一条线索，四五个曾进入调查视线的嫌疑对象准备到湖南某地去“干大事”。难道目标错了？浈江刑警在加紧对罗某等人跟踪的同时决定抽调警员拦截这伙人。

8月22日晚，4名小青年走进火车站，准备开往湖南岳阳的K90次列车，此时，浈江刑警突然出现在站台上，将这4个做着发财梦的青年拦下来。

警方随即将这4名小青年带回，并展开调查。经过询问，办案人员掌握了他们此行虽与重点目标罗某有一定联系，但未参与“7·30”案件。但却由此证了“7·30”案件的参与者就是罗某、刘某民、刘某斌三人。

罗某，47岁，韶关市浈江区人，多次因非法拘索、勒索等犯罪被判刑和拘役，今年6月才从看守所出来；刘某斌，39岁，花名“老五”，四川省南充市营山县人，曾因抢劫、抢夺三次被判刑，刑期累计近20年；刘某民，39岁，花民“老妖，”四川省南充营山县人，同样因抢劫、抢夺多次被判刑。此3人都是多次进宫的“老油子”，狡猾、奸诈、亡命，有相当的反侦查能力，稍有不慎就会成漏网之鱼，并可能在脱逃之时犯下惊人罪行，危害社会。办案人员决定加紧跟踪，伺机抓捕，力求一网打尽。

劫匪归集一网打尽

8月23日，警方确切掌握了罗某的栖身之地，但抓捕时机并不成熟，刘某民、刘某斌未在此地同时现身。8月25日上午，跟踪民警发现，刘某民、刘某斌进入浈江区安全北路罗某栖身地一带，抓捕时机到来，负责办案的浈江刑警二中队群情振奋。

下午2时，刑警二中队全体人员分散进入安全北路某宾馆附近，摸清地形和罗某住所3人所在的确切位置，布下最佳伏击点。进入目标位置，办案人员立即发现罗某经常使用的小汽车，罗某在伏击圈内已是确切无疑。可就在此时，罗某突然从屋内走出来，开着小车离开了伏击圈。

难道抓捕行动被警觉的对手发现了？不！外围伏击人员立即开展跟踪。一路上罗某没有与任何人联系，更没有逃跑的打算，只是开车到南郊兜了一圈又折了回来。原来，罗某这个与警方打交道多年的老手，时时提防警方突如其来的抓捕，不时伸出触角探嗅身边的气息，他突然间开车出来，就是想探探警方是否已经发现他作案和是否掌握他的行踪，身边是否有危险信息。

罗某外出回来，此时3个目标嫌疑人全部进入罗某的住所内，下午6时，中队指导员周剑强一声令下，二中队的刑警迅速冲入罗某住所，将罗某3人悉数抓获。

穿破“墨镜”挖出神秘女子

抓获3名涉案人员，如果没有抓到取钱的女子，就不能形成完整的证据链，案件还不算侦破，更难给3名劫匪定罪。然而，罗某3人是出了名的“老油子，”拒不承认有取钱女子出现过，刘某民、刘某斌负责看守人质王某，不知有取钱女子尚说得过去，拿着王某信用卡的罗说没见过取钱女子就不可能了，可是罗某就是不开口，因为他知道警方找不到那女子，就无法确证他们劫了王某的钱财。

根据从银行、金行了解到的情况，这名女子头发长及腰下，戴帽，说普通话，除此之外再无其他信息。

如何才能从这3人身上打开突破口，将隐藏在“墨镜”后面的神秘女子挖出来呢？

办案人员对3人展开密集审讯，终于，刘某民张嘴了，他交代，罗某有个女性朋友在武江北路帮人看士多店，曾远远看过一眼，不知会不会是她。办案人员当即赶往武江北路，对士多店逐间查访，终于在靠近五里亭大桥的一间士多店发现了外形特征与取钱女子极其相似的青年女子。为了确认此人是否就是罗某的女性朋友，办案人员带刘某民前往辨认。经刘某民指认，此人就是罗某的女性朋友。

8月27日，办案人员将这名女子抓获，并从其住所搜出作案时穿戴的衣服、帽子、墨镜等物证。随后，办案人员又将这名女子的相片拿到金行给当天上班的服务员认，相片一拿出来，所有的服务员都异口同声地：“就是她！”这名女子名叫李某辉，22岁，湖南人。

结伙作案赔上“女友”

综合4人交代，7月30日上午11时许，刘某民接到罗某电话，让他到韶南大道三公里帮手“干点事”，刘某民赶到约定地点时，罗某早已在那等候。一会，住在附近花名“老五”的刘某斌优哉地走了过来。罗某指着一辆轿车对二人说，这车的主人欠其朋友一笔数，一会她上车时把她带出去。

12时许，王某下班走到路边打开车门，罗某顺势将王某推到副驾驶座控制住，刘某民、刘某斌迅速进入车后座，强行把王某拉到后座，用黑色的头套将王某的头套住。由罗某开车将王带到韶关木材厂附近后，3人打开车尾箱搜索财物，抢走王某身上现金3000元，从王某的手袋里搜出信用卡，逼迫她用纸写下信用卡密码。随后，刘某民、刘某斌继续看守事主，罗某则开着事先准备好的汽车去银行取钱。

13时许，罗某打电话给李某辉，说他有急事，要李帮他取一下钱。十几分钟后，罗某开了一辆白色小汽车到武江北路将李某辉接出来，在车上，罗某交给李某辉两张银行卡及写好的密码，让李某辉就近在柜员机取了800元和1600元；随后罗某又开车带李到市区解放路大润发商场，罗某又给李一张银行卡与密码，叫李帮他买首饰。

李某辉交代，因为罗某在她姐姐开士多店时帮过忙，心里总觉得欠罗某一个人情，所以罗某找她帮忙她马上就答应了。当她拿着罗某交给她的信用卡到大润发商场某金行说要买首饰，让服务员查询卡上有多少钱，因而对她产生怀疑，便跟他说卡上没钱了。她又拿着这张卡到另一间金行，这间金行服务员告诉她卡上还有1万元，她便让服务员给她挑选了一条装黄金项链和一枚黄金戒指，两样总值9400元。刷卡时服务员发现卡主是个男性，李某辉便谎称卡是丈夫的，在签了卡主姓名后，签自己名李故意把自己签成“潘小凡”。李出商场后，将金首饰和卡交给罗某。罗某得手后便打电话与看守事主的刘某异、刘某斌联系，两人将事主头上的头套取下，换成环保塑料袋后下车逃走。

摘自2009年9月23日《韶关日报》

民之所思我之所行

——浈江区犁市镇开展“百姓冷暖我先知”活动纪实

“我家以前烧开的水都有股异味，锅底一层异物和白垢；现在引来的山泉水是又清澈、又清甜，‘百姓冷暖我先知’活动真是立竿见影，为我们办了实事！”望着水管里流出白花花的山泉水，挑了一辈子井水的犁市镇横江村村民夏某感慨地说。

“百姓冷暖我先知”活动（以下简称“冷暖活动”）从去年7月正式开展以来，犁市镇解决了一批热点难点问题，搭起了亲民、惠民、爱惜的“连心桥”；化解了潜在的矛盾，检验了干部能力，夯实了执政之基，同时也增强了基层党组织的影响力、凝聚力和战斗力，促使经济社会得到全面发展。

清淤筑坝修渠　恢复命脉工程

黄沙村委距犁市城镇10公里，村委辖18个自然村庄，高偏、大岭、西岸等8个自然村就坐在黄沙小河边。2005年以前，黄沙是曲仁四矿的产煤区，由于长期开采，黄沙河上游河道淤泥堵塞，原有的河道小水坝受损，两岸1000多亩良田大雨受浸、晴天干旱，农户苦不堪言。

在犁市镇开展的“百姓冷暖我先知”活动中，黄沙村反映要求清河筑陂的多达400多人次。镇委书记叶东升与黄沙村支书一起邀请区水利局、农业局负责人现场考察，又保证区政府立项，最后筹得资金20多万元，清理河道、筑高小水坝。如今看着一望无际绿油油的稻田，村民高兴地告诉记者：从今往后，这1000多库农田可就旱涝保收了，“冷暖行动”真为我们力了实事！

据介绍，自从开展“冷暖行动”以来，黄竹、黄沙、石下、下陂、梅塘、大村、溪头等支部共筹集到资金近四十万元，带领党员干部抢修水渠、水圳、水坝，及时解决了去年晚稻及今春的农田灌溉问题。

兴建饮水工程　提升生活质量

大村村委横江村地处低洼地，水源污染日益严重。2008年7月开展“百姓冷暖我先知”活动试点工作以来，横江村群众在《百姓冷暖表》反应最强烈的就是如何解决人畜安全饮水问题。

接到情况反映后，镇、村干部立即与当地群众一起勘察水源，制定可行性方案，最后选定在离村子二公里外的一座山上引水。经预算，整个工程共需资金30多万元。为了解决资金难题，最后采取镇支持一点，集体出一点，农民筹一点，社会各界捐一点的办法，在区水利局的大力支持下，横江村安全饮水工程正式立项。横江村民积极投工投劳、随叫随到；村干部无偿跟班施工、参与管理，奔忙在施工现场。经过几个月的紧张施工，工程于今年5月顺利竣工，彻底解决了该村近500村民的安全饮水问题。竣工那天，村民们舞狮放炮，庆祝梦想成真。

据不完全统计，犁市镇自开展“冷暖行动”以来，先后有黄沙村、下陂村、石下村、厢廊等村委共筹集到130多万元实施了安全饮水工程，解决了4500多群众的安全饮水问题。

村道硬底化　铺就致富路

来到距犁市20多公里的梅塘村，只见一条新建的、宽4米多的村际公路，像舞动的银龙盘旋在山地之间。路平了，运输方便了，村里的农民搞种养、搞营运、办加工厂，曾经沉寂的偏远山村，如今开始散发出活力。梅塘村群众无不感慨：是“冷暖行动”解决了“出行难”问题，给当地带来巨大的变化！

路通财通。当地村委充分利用韶关学院驻点该村的良机，组织村民建立无公害蔬菜基地，专供学院食堂，不但增加了村民的收入，而且也确保村集体经济每年达到3万元以上。

据介绍，一年来，黄竹、梅塘、五四、黄沙等支部通过自筹、努力协调部门关系争取多方扶持，筹集到438.3万元资金，共铺设了16公里长、4米宽的硬底化村道，解决了困扰当地多年行路问题。

摘自2009年9月24日《韶关日报》

浈江区：特色种养助农民增收

记者近日在浈江区犁市镇采访时了解到，该镇自几年前被确定为省级农业方面的科技创新专业镇以来，大力发展油粘米品种、香瓜、水果、花生、蔬菜种植和三元杂交猪养殖，成为了韶关市著名的菜篮子基地，不但有效保障了市区市场供应，而且极大地提高了农民的收入水平。

犁市镇作为郊区镇，发展蔬菜种植极为有利，因此，他们按照“一村一品”的发展格局，形成了五四村的番茄、厢廊村的萝卜以及犁市村、下园村的叶菜等品牌。其中五四村番茄种植面积常年稳定在1500亩以上，产品占韶关市场的70%以上，形成了以番茄种植为土的蔬菜种植专业村，并成功申报3000亩的无公害蔬菜产地认定和番茄、白菜、菜心等3个产品的无公害蔬菜产品认证。

“梅花香”牌优质油粘米是犁市镇创立的一个名牌。他们以梅村片和新联村的水稻油粘米品种为种植基地，常年种植油粘米品种1．5万多亩。在此基础上他们大力扶持和培育农业龙头企业——梅花香粮油加工厂，通过“梅花香”粮油加工厂的加工、经营，创立了“梅花香”牌优质大米品牌，做好“梅花香”无公害食品优质大米文章。通过创品牌，走规模化经营发展的路子，梅村片的优质大米价格由原来的每公斤3.6元提高到6元以上，较大地提高了当地农民的收入水平。

随着“珠三角”养猪业逐步向山区转移，犁市镇正成为承接“珠三角”养猪业发展的重要基地，目前已落户的规模化养猪场有天益、永旺、启丰等三家。到2008年年底，全镇生猪存栏4万余头，其中母猪存栏6000多头，全年出栏肉猪5万余头。在市场进一步看好的情况下，犁市镇大力推进“三元”杂交商品猪规模化养殖，充分发挥专业大户、养殖户、运销经纪人、合作经济组织和行业协会的作用，在黄沙村委建一个年出栏10000头生猪养殖基地，在厢廊村委建一个年出栏20000的头的养殖基地。

摘自2009年10月7日《韶关日报》

浈江区整治违规夜间大排档

近段时间，浈江区多次接市民投诉，反映市区不少夜间大排档违规现象反弹，严重干扰市民正常生活秩序，影响我市创卫大局。为此，市城市管理综合执法局分局与公安部门，近期开始整治夜间大排档。

执法人员一路行经升平路、青石路、吾牙巷、站南路、南郊金沙路、北江桥头、浈江南路、启明路、五里亭等地段，发现不少夜间大排档违规占道经营，把灯箱广告、加工工具以用桌椅摆放到人行道或公共通道，特别是滨江路旁的大排档，甚至把桌子摆到了河堤走道上，烧烤档油烟四起，食客随地乱扔废弃物，致使垃圾满地，喧哗吵闹声严重影响了周边群众的休息。在当晚的执法行动中，执法人员重拳整治上述路段的夜间大排档，城管执法人员除了教育档主之外，还依法暂扣了一批桌椅和烧烤烤炉等。

摘自2009年10月12日《韶关日报》

浈江工业园配套设施进一步完善 两大型天然气储罐园区安家

近日，市城管局组织韶关港华燃气有限公司实施的浈江产业工业园两个大型LNG天然气储罐吊装工程顺利完成在右，为浈江产业工业园园区进一步完善配套基础建设打下良好的基础。

为确保LNG储罐安全顺利地吊装，市城管局要求港华燃气公司精心组织，确保一次成功。该公司成立了现场指挥部全面部署吊装的各环节，公司领导亲自到吊装现场指挥．由于准备充分、指挥得当、测算精确，从吊车准备、起吊、向上牵引、落位、固定到焊接，整个吊装工作紧张有序，一气呵成，两台LNG储罐在浈江产业园成功安家。

据了解，本工程为LNG气化站建设工程，由韶关港华燃气有限公司投资建设，每吧储罐高18米，直径约3.5米，重37.38吨，容积达100立方米，采用目前国内较为先进的天然气冷冻储存技术，低温气化。气站设备预计在10月底前全部安装调试完毕，建成通气后高峰供气量最高可达1000Nm^3/小时，年供气量最高可达876万Nm^{3}年，为产业园内各工商业用户用上清洁高效的能源提供了强有力的保障。

摘自2009年10月13日《韶关日报》

浈江区争创全国计生先进
硬件跟上　政策驱动　奖励激励

近年来，浈江区委、区政府在计生工作上迎难而上，创新思路，改进办法，勇创佳绩，并已做好全国计划生育优质服务先进区迎检最后冲刺工作。

据悉，早在2006年，浈江区就把创建“全国计划生育优质服务先进单位”纳入全区“十一五”经济社会发展总体规划，并作为每年度“政府工作要点”工作实施。区委书记刘卫东、区长张德清经常过问全区创“国优”活动开展情况，深入镇、村专题调研创“国优”工作，帮助解决存在困难。同时，该区做到制定政策优先、计生干部配备优先、财政投入优先，先后出台《韶关市浈江区农村部分计划生育家庭奖励办法》等一系列政策措施，为创“国优”活动的顺利开展打下坚实基础。

到去年，全区计生人均投入达24.95元，镇、村计生干部报酬落实率达10%，已婚育龄妇女免费享受计生服务率100%，流动人口免费服务率达90%以上；每年对落实并完成计生目标管理责任制的单位给予15万元的奖金奖励。

按照“国优”标准要求，浈江区投入1000多万元，新建了计生服务站，完成镇、办事处计划生育服务所和村（居）服务室规范化建设。

浈江区建立健全一整套奖励、扶持、救助、保障等计划生育利益导向机制：

建立计划生育奖励制度，对自愿落实结扎措施的一女户、纯二女户每对夫妻每月给予60元奖励。

制定扶持政策。对户籍在本区的部分计划生育家庭，可向当地计生部门申领计划生育优惠卡，凭卡可直接享受区教育、卫生、计划生育、民政等部门的多项优惠优先政策。

建立助学机制。启动“关爱女孩行动”助学工程，已筹措资金50多万元，资助困难家庭女孩157名。

实施困难救助。设立“人口与计划生育公益基金会”，开展“生育关怀”行动，对全区伤残、死亡、贫困的独生子女家庭开展有效救助。

探索保障新路。对独生子女、纯二女用其父母参加合作医疗个人筹资部分由区政府统筹解决。

摘自2009年10月13日《韶关日报》

首批12家企业入驻浈江区中小企业创业基地
小企业　大集群

连日来，首批拿到中小企业创业基地新建厂房的10多家中小企业，正紧张地对新厂的设备进行安装和调试，力争年内能全部投入试产，再掀起浈江区全民创业热潮。

该区进一步落实招商引资优惠政策，依托产业园区，立足于发展产业集群，积极承接发达地区的产业转移，为全民创业提供更多机遇；围绕建设新兴制造业、农产品生产加工，旅游休闲三大基地搭建产业平台，引导社会资本投入创业；充分发挥辖区中省企业较多的优势，发展关联产业，延伸产业链，引导扶持创业文体参与优势产业的上中下游各个环节，逐渐融入主导产业链条，走出一条小企业、大集群的发展路子。

去年起，该区就在浈江产业园内规划3000亩地用于创办全民创业园，鼓励引导投资者在创业园建设标准厂房，优惠出租给入驻园区民营工业小企业，降低创业者的投资成本，吸纳各类人员到企业园创业，将这里着力打造成为全市中小企业孵化基地。目前，基地已完成标准厂房建设近405万平方米，首批12家企业进入设备安装调试阶段。

为扶持入基地中小企业做大，浈江区将指导企业加强员工培训，根据产业发展需要和企业用工需求，指导开展不同类型、不同层次的全民创业培训，帮助企业培养一批高素质、高技能、专业化的实用人才。

摘自2009年10月13日《韶关日报》

田螺冲辖区供水改造见效
千五户居民畅饮放心水

浈江区田螺冲辖区供水改造工程初见成效，近1500户居民群众饮上安全水、放心水。

据了解，浈江区田螺冲辖区长期以来都是利用原田螺冲煤矿所打的深水井取水，供辖区居民使用，从去年6月起，随着煤矿关闭，田螺冲深水井的水质明显变差。经市疾病控制中心取水样化验，水中微生物严重超标。在田螺冲居住的群众反映，所用自来水只能洗衣服、洗地等，而饮水煮饭就只好购买桶装水。

接到群众反映，市领导非常重视，由市政协主席邓苏夏牵头，多次召开浈江区和市有关部门协调会，并到田螺冲办事处实地考察。经协调和多部门通力协作，将分步骤对田螺冲供水系统进行改造，投资达537万元。

目前，已完成近1500户群众的水表改造，自来水也由市供水公司供应。

摘自2009年10月13日《韶关日报》

开展消防普法宣传
教您秋冬季如何防火

近日，浈江区在市区一市场内组织消防法律法规咨询、消防知识有奖问答、展出消防宣传图片等活动，让消防知识深入群众，为该区开展火灾隐患整治营造良好环境。

随着天气进入秋季，火警发生也进入高发期。为进一步加大《消防法》等法律法规的宣传力度，让更多群众掌握火警发生时基本的自救方法，浈江区在火灾隐患重点整治区域开展一系列宣传活动，相关人员尤其是对群众提出的针对目前干燥天气如何加强防火措施做出详细回答，并向群众派发消防宣传手册等宣传资料。

摘自2009年10月13日《韶关日报》

传播先进文化

——浈江区积极探索先进文化进社区服务之路

在深入学习实践科学发展活动中，浈江区积极探索先进文化进社区服务路子，坚持把实施文化共享工程基层服务站，为先进文化进社区搭建一个良好的平台，颇受群众欢迎，在共享工程建设过程中，东河街道坚持综合利用、共建共享的原则，对街道原有教学资源进行集约整合。依托街道会议室、党员活动室，配备投影仪，建起文化信息资源播放室和文化信息资源课件图书室，现已拥有种类教学光盘200多盘，图书杂志3200余册、电子图书10万册。

依托原有党员远程教育的计算机、VCD、电视机，并配置16台电脑，建起电子阅览室；依托浈江区政府公众信息网，与全国文化信息资源共享工程网、农村党员干部现代远程教育网等网站以及有线电视进行捆绑式联网，设置安装视频点播系统，建成文化信息资源共享点播座，打造成一个信息量大、教学功能齐备、传播形式多样的现代文化信息传播平台，从根本上解决基层群众读书难、获取信息难的难题。

在发展模式上，该区把共享工程建设与党员现代远程教育、中小学现代远程教育紧密结合起来，在网络上实面互联互通，在资源建设和服务上实现共享互补，在硬件设施上实施共享共用。从而更丰富了党员教学形式，拓展学习培训内容。

在内容形式上，该区在网站设置、信息发布等方面严格把关，积极推进“绿色网络”建设，有计划、有组织地把有关政策法规以及政府各项中心工作在平台上广泛宣传。

为使文化内容更贴近百姓，共享工程服务站积极开展跨行业、跨部门的广泛合作，大量征集、整理群众急需的种植养殖技术、城市务工培训、产品供销等信息资源，造时发布信息资讯，确保平台信息新颖、实用、有趣，有较强可读性和吸引力。并实行专人负责，对社区居民定时免费开放。有些群众不熟电脑操作，辅导员在现场手把手地教。一时看不懂或看不够的，可以到电子阅览室借阅已经刻录成的课件、光碟、带回家里反复观摩、学习。

摘自2009年10月13日《韶关日报》

2009年9月30日，浈江区夕阳红歌舞团参加韶关市社区集体舞蹈大赛

全区村庄整治示范点亮点闪现 翻溪桥村干净靓丽

今年，浈江区将翻溪桥村定为村庄整治市级示范点，经过一段时间的整治，旧村现已焕发出新光彩。

来到整治后的翻溪桥村，原来进村和村内破烂泥路现在已变成环村大道和干净平坦的水泥小路，原来临时建起的小菜园也被整平准备铺上草坪。进到村内村民高兴挂在脸上，总是会不停地向客人们介绍村里整治后的变化。

该区邀请市规划设计研究院编制村庄整治整体规划，主要围绕“一带二中心”开展，即在村西面拆除一批破旧建筑，沿鱼塘新建近2公里的环村公路及暗水渠，形成鱼塘与农房辉映的休闲景观带；在村庄中部建设村庄广场、篮球场和文化活动室，形成休闲活动中心和文化体育中心。整体规划交由村民代表大会讨论通过，成了书里的村规民约。

为实现整治目标，该区制定整治工作的详细实施方案，筹措资金140多万元，其中村集体和村民出资40多万元，对全村实施道路硬底化、村容村貌美化绿化、文体设施配套化。

为配合整治工作的开展，东联村委村主动拆除了已租给老板办厂的一片平矮瓦房。村委负责人介绍，虽然拆除旧厂房影响村委的集体收入，但为了村庄整治能实现整体规划要求，给村民一个良好的生活环境，村委会还是做出拆除的决定。

据统计，在整治过程中，该村拆除近100间3655平方米的破旧房，修补房屋38间1830平方米，铺设近2000米的环村公路及2000米排水沟，建成面积1250平方米的篮球场和120平方米文化广场，经过半年的整治，老区旧村换了新颜。

摘自2009年10月13日《韶关日报》

村居“清洁美”在行动

近日，浈江区全面启动村居“清洁美”工程，建立完善城乡生活垃圾收运体系，改善村居环境卫生，促进人与环境和谐发展。

随着我市创卫工作的不断推进，市区内群众的生活环境得到明显改善。但是，边远村居由于以往缺乏统一的规划和足够投入，再加上生活习惯等原因，造成边远农村群众仍生活在脏、乱、差较为严重的环境中。

为促进城乡一体化建设，改善农村群众生活环境，浈江区全面启动村居“清洁美”工程。从今年9月起，在辖区内所有交通主干线沿线100米左右范围内的村及犁市、十里亭镇，建起户收、村集、镇运、区处置的生活垃圾处置体系和环境卫生责任体系。到2010年10月，基本建成比较完善的城乡生活垃圾收运处置体系。

该区要求，有关部门加强协作，做到人员、经费、责任和制度四个到位；健全村居卫生保洁长效机制，落实聘请保洁人购群众义务责任。同时，加强宣传教育，扭转农村群众生活陋习，确保村居“清洁美”工程目标如期实现。

摘自2009年10月13日《韶关日报》

便衣民警设伏擒盗贼
浈江警方打掉一专盗金成品团伙

今年5月13日凌晨，韶关冶炼厂电解车间灯火通明，生产岗位上工人正在紧张地忙碌着，此时阴暗处突然窜出十多条黑影，直奔锌锭成品堆放区，一人扛起一条50公斤重锌锭就跑到高高的围墙下，整个过程不到30秒，就在他们放下锌锭，折返第二次“搬运”时，刚才还在岗位上“忙碌”的“工人”迅速扑了过来。原来，这些着工装的“工人”是浈江公安局韶南派出所的伏击民警，经过20多天的潜伏，与盗窃团伙斗智斗勇，终于打掉了一个长期在韶关冶炼厂盗窃成品铅锌锭的犯罪团伙，当场抓获7人，追回被盗锌锭21块约1吨。

有色金属价高　韶冶成“唐僧肉”

韶关冶炼厂是本地著名的大型国有企业，它生产的铅锌金属成品质优价高，由于市场开放，存在有色金属回转销渠道，韶关冶炼厂生产的成品半成品便成了“唐僧肉”，引起形形色色、来自周边甚至外地不法分子的垂涎，成为盗窃的目标。不论是过去的韶南局还是现在的韶南派出所从来没有停止过反盗窃韶冶铅锌成品斗争。据韶南派出所有关人员介绍，他们追回被盗出厂区的铅、锌锭每年都有数十吨，仅2008年韶南派出所及其保安队，在制止和追击盗窃分子时，收缴到盗窃分子遗落在韶冶厂围墙边上的木梯就有120多架，平均三天就收缴一架。足见以韶冶成品铅、锌锭为目标的盗窃分子之疯狂。

由于厂区大，周边环境复杂，南靠山边临江，105国道从厂门前穿过，便于隐蔽、方便运输，易盗难防。特别是南边山坡，草密树深，盗窃分子潜在其间，不要说夜晚，就是白天也难发现，给警方打击盗窃活动带来很大困难。多年来，盗窃分子凭借这一“天然优势”与警方以及韶冶厂的内保力量一直玩着猫捉老鼠的游戏，盗窃屡有得逞，给韶关冶炼厂造成了不小的损失。

调策略集合力　截断盗窃通路

因前两年国际市场铅锌成品价格奇高，犯罪分子偷盗韶关冶炼厂成品铅锌的活动日益猖獗，盗窃的规模、频度均有较大增加，警方巡逻加定点伏击的常规打击手段已难遏制偷盗铅锌的活动，面对每天难以估算的失算的失窃损失，韶关冶炼厂的当家人非常焦急，要求警方加大打击力度，力减损失，为企业生产保驾护航。

辖区主要企业产品被盗严重，是韶南派出所辖区最主要的治安问题，根据上级部门要求机关要针对辖区主要问题开展工作，彻底解决好存在问题，确保辖区平安和谐，人民安居乐业，企业生产经营顺畅的要求，韶南派出所决定集中力量打击日益严重的入厂偷盗行为。

经过对厂区内外环境的勘查，警方经过总结分析认为，以往难以现场抓到盗窃分子的主要原因，一是厂区范围广，围墙有数公里，战线长，警力有限，分散伏击容易被发现；二是厂区内成品堆放分散、缺乏有效管理；三是无牌车进入厂区不受限制，给盗窃分子进入厂区里应外合和逃跑提供了机会。针对这种情况，韶南派出所决定改变策略，调整方法，一方面集中力量定点伏击，另一方面要求厂方将零散堆放的铅、锌锭集中堆放入库，增加盗贼下手难度；还要求厂内禁止无牌车进入厂区，截断盗窃分子里应外合的通路。做好部署后，伏击队员开始进入哨位。

布眼线反侦察　警匪斗智斗勇

在韶关冶炼厂活动的盗窃分子，人数虽然众多，但实际是几个主要人物在幕后指使，这些人多年与警方周旋，积累了一定的侦查经验。每次出去盗窃前，都会在厂区路段布下眼线，“监视”警方和派出所的一举一动，在厂区围墙外民警可能伏击的地方先搜索一番，发现伏击民警还猖狂用石袭击。要想一举打掉这些安乐窝团伙，将盗窃分子现场抓获，对韶南派出所的组、侦破能力是一个考验。

一般情况下，盗窃团伙的眼线在行动前3个小时就到位，伏击队员则比你们更早进入伏击地点；盗窃团伙反侦查，搜索伏击点，伏击精心挑选伏击队员在围墙外伏击，突然一群手持木棍铁棒的男子，沿着围墙外的小道的草丛横扫乱捅，从伏击点经过时，差点扫到伏击队员。还有一次保安员小罗和一位同事骑摩托车在厂内巡逻时，发现有两个人在剪包装好的锌锭金属包装，便上前去抓捕，此时阴暗角落里突然窜出10多个手持木棍的男子，围住小罗二人。

或许盗窃团伙嗅到了什么，伏击队员发现，有几次都看到嫌疑人进入厂区，四处走走看看，但都没动手就离开了。虽然韶南派出所新的打击策略起到了一定作用，但还是给盗窃分子找到的机会，4月的一个凌晨，伏击队员听到远离伏击点围墙下有动静，迅速包抄过去，此时盗贼已闻声逃遁，伏击队员在围墙下找到了46块约2吨的锌锭。

魔一尺道一丈　调虎离山枉然

与盗窃分子进行了多天的斗智斗勇，韶南派出所再次改变策略，改重点伏击为化装潜伏，把潜伏点设在生产岗位上，铅、锌锭旁。一方面让盗窃分子无法掌握伏击动向，使他们的眼线耳目失灵；另一方面一旦盗贼进入厂区动手时，可以缩短伏击队员出击距离便于人赃并获。

5月2日开始，伏击队员身着韶冶厂担供的工作服，驾驶民用车与生产工人一道进入岗位。5月13日凌晨1时50分，韶南派出所突然接到110报警台转来报警，称一号门不远处围墙外有一辆车在装锌锭，要求派出所出警。坐镇派出所的颜所长马上反应，这是对手的调虎离山计，目的是想引出潜伏的伏击队员，让已经潜入厂区的同伙下手。这伙盗贼真是太狡猾了！为了麻痹对手，颜所长一方面命令潜伏在生产岗位的伏击队员按兵不动，等待时机；一方面派两个留守在派出所的民警去按案地点查看，民警回报，现场是有一辆旧车，但四周空无人，也没见一块锌锭。收到这一回报，颜所长更坚定了自己的判断，果然，半小时后伏击现场就传来了喜讯。

2时30分，电解车间堆放锌锭的厂房前齐刷刷窜出10多个人，一人抱起一块锌锭就向围墙边跑去，就在他们折返准备抱第三趟时，从天车、配电房、控制房冲出10多个盗贼捡起木棍石块反抗，伏击队员立即使用催泪枪制服他们，当场抓获7人，另有5人侥幸逃脱。

疯狂炸墙入厂　盗贼悉数被擒

经审讯，警方得知，当天前往的盗贼共

有20人，一部分在厂门口望风“监视”警方动向，一部分人在厂外接应，10多功能人进厂“搬运”锌锭。

据7名盗窃嫌疑人交代，12日22时左右，他们分别从韶关火车站附近、曲江大塘、坑口到马坝集中，13日1时许人到齐到后，从马坝分别乘出租车和自备用来运送所盗锌锭的小汽车来到韶冶厂作案。到韶冶后，他们先在围墙外侦察一翻，没有发现伏击，便来到一处事先用炸药炸开的围墙洞进入厂区，在他们进入厂区的同时，一位“带班”的拨打110，谎称厂外有一辆小车装运锌锭，以引开伏击的民警，然而民警并没有上当。

据办案民警介绍说，警方跟这班盗贼已经较量了几年，这个团伙的几个主要人物非常狡猾和大胆，经常花钱雇一些无业游民参与团伙作案，对他们谎称派出所民警是“自己人”，大胆去偷，不会被捉的，令这些人“放心”为他们偷盗。这些盗贼的动作也非常迅速，几十秒就可以盗一块50公斤的锌锭。

目前此案仍在进一步审理中，对涉案的漏网分子警方正在追捕中。

摘自2009年10月14日《韶关日报》

浈江区召开档主座谈会 切实解决大排档扰民问题

针对民声热线反映浈江区辖区范围内屡整治屡反弹的烧烤档和大排档扰民问题，日前，该区创卫创园办、区城管局和城管执法分局召集建国路、云龙亭和平治巷烧烤档以及大排档的10多个档主开座谈会，并邀请市全民创业孵化基地负责人参加，解决烧烤档和大排档扰民问题。

本月1日，浈江区领导上线《民声热线》，了解到辖区范围内屡整治屡反弹的烧烤档和大排档扰民问题后，表示要加强对大排档的夜间管理，并责成有关部门处理，为市民提供一个良好的生活环境。在座谈会上，有关部门向档主们宣传国家卫生城市的标准和要求以及夜间大排档影响周边居民休息和油烟对群众的危害，希望档主们理解和配合我市创卫工作。市全民创业孵化基地负责人积极引导无档口的经营者到孵化基地经营，并表示可提供一些场所，个别档主当即表示，有意进入孵化基地经营。

摘自2009年3月8日《韶关日报》

浈江区加大保洁力度 为市民打造舒适环境

记者近日从浈江区了解到，近期以来该区切实加大保洁力度，积极拓展“创建”效应，致力为市民打造一个整洁、干净、舒适的人居环境。

据介绍，为擦亮浈江城市名片，不给城市卫生留死角，该区将创卫工作作为“一把手”工程来抓，全面推动整治工作，各项创卫工作齐头并进。

目前，该区采取分组包干的形式，将创卫工作人员下派到各社区，对辖区环境卫生开展拉网式排查，发现问题现场整改；加大保洁力度和“六乱”整治力度。抓好主城区和边缘区、城区主干道与背街小巷创卫工作的平衡，延长对重点区域、繁华路段的保洁时间，增加保洁人员，调整作业班次，做到保洁工作不脱岗、不空岗。同时，重拳整治沿街出店经营、乱摆摊点、乱贴乱画等现象，“五小”门店的整治、行业卫生达标等工作也取得明显效果，起到标准化街道典型引路、示范带动作用；加大垃圾收集和清运力度，确保垃圾日产日清，背街小巷、院落不留清扫盲区，彻底清除卫生死角；实行督查巡查制度，该区创卫办重视与居民小区、物业小区沟通协调，做好创卫的引导、教育工作，全民动员，做到对主次干道、背街小巷、集贸市场等全方位、不间断巡查，发现问题及时处置。

摘自2009年11月12日《韶关日报》

快速发展的浈江产业园

今年来，浈江区抢抓我市获得省产业转移园竞争性扶持资金的机遇，多渠道筹措园区建设资金，强力推进浈江产业园建设，加快了各项基础设施建设，园区道路已建成，各项配套设施不断完善。同时，积极打造全市中小企业创业基地，加快标准厂房建设，10月份已建成4万平方米，可确保已签订入园协议的25家中小企业在年底前全部投入生产，创造效益。

摘自2009年11月20日《韶关日报》

市运会成年组男子足球比赛结束
浈江区足球队夺冠

昨日下午，为期5天的市第十三届运动会成年组男子足球比赛在西河体育中心落下帷幕，经过70分钟的激烈角逐，浈江区代表队4∶1战胜曲江区代表队获得冠军，武江区代表队获得季军。

据介绍，本届市运会成年组男子七人制男子足球赛分为县（市、区）成年组和中央、省属企业成年组两个组别，有来自曲江、浈江、乳源等八个县（市、区）以及韶关移动、韶冶、韶钢三支厂矿企业11支队伍共158名运动员参赛。

在之前结束的比赛，韶钢队战胜韶关冶炼厂队，获中省企业成年组比赛冠军。

摘自2009年11月28日《韶关日报》

市第十三届运动会成年组篮球比赛 浈江区男篮称王

昨晚，市第十三届运动会成年组篮球比赛在市体育馆结束；经过3天的比赛，浈江区代表队获得县（市、区）成年组男子篮球冠军，南雄市代表队获得县（市、区）组成年女子篮球赛冠军，韶关供电局代表队获得中省企业成年组男子篮球赛冠军。

据介绍，本次比赛共分县（市、区）成年组男子、女子和中省企业成年组男子等三个比赛项目，共有9支代表队100多名男女运动员参赛。比赛分两个阶段进行，第一阶段先进行小组循环赛，第二阶段采用交叉淘汰赛的办法决出全部名次。

摘自2009年11月28日《韶关日报》

果满枝头香满园

——市吴礼和中心小学推进素质教育纪事

韶关市吴礼和中心小学原是韶关市十里亭小学，2005年发展成为下管六所郊区农村小学的中心学校，并正式更名为韶关市吴礼和中心小学。作为一个地处城乡结合部、较为偏僻的郊区学校，应该如何克服生源素质较差、地理位置较偏留不住优秀教师等困难，化劣势为优势参与同类学校的良性竞争呢？吴礼和中心小学通过积极倡导“以人为本、和谐发展”的办学理念，打造全新的教育模式和教育理念，积极开展校园文化和班级文化建设，今年被成功推荐为“广东省体育特色学校”和全市首批的“心理健康教育示范学校”。

为了充分开展特色教育、适应新形势的要求，吴礼和中心小学积极与香港吴礼和基金会以及上级主管部门沟通，成功争取到60万港币和30多万元人民币的资金支持，着手兴建了200米塑胶环形跑道，购买了60台电脑，充实、完善了多媒体电脑室、科学实验室和心理健康教育示范校必备功能室的设备、设施，在教学硬件上逐步达到了广东省规范化学校要求。

同时，该校结合学校申报的《小学生中华古诗文诵读活动的策略研究》这一省级研究课题，张贴了富有浓郁的古风雅韵壁画40余幅，如岳母刻字、孔融让梨、孟母三迁、凿壁借光等，着力营造一种浓郁的校园人文环境。漫步校园，广场、走廊、教室匠心设计，以橱窗、板报、条幅及宣传牌为主体，以“名人、名言、哲理、名人字画”为主题升华文化品质，或展示“追求理想，积极向上”的文化内涵，或映射出“进步与发展、环境与人类”的人文精神。

吴礼和中心小学结合校名“礼和”二字，倡导“礼之用，和为贵”，要求学生“知礼、明礼、用礼”，“与人和善、和睦相处、共建和谐”，努力引导学生珍惜集体荣誉，从小培养学生爱校爱集体的思想，每学年都有计划地开展“文明礼仪伴我行、争做文明礼和人”为主题的系列教育活动，引导学生文明守礼，通过学生“在校学习礼仪、走向社会实践礼仪、带动百万家庭传播礼仪”，形成人人讲文明、重礼仪的良好氛围，培养学生优秀品质和完美人格。

学校还开设“书香校园”、体育、艺术、科技四大类活动课，每学年举办“小学田径运动会”、“庆六一文艺汇演”、“美术书法比赛”、“中华古诗文诵读比赛”等活动，每学期举办“读书之星”、“学习标兵”、“学习进步生”、“学科竞赛”、“礼仪小天使”等评比活动，为学生的特长展示搭建平台，以此来培养“博大高雅、多才多艺”的学生。学生们在活动中不但充分展示了自己的特长，更重要的是他们在活动中感受到了学习的乐趣。

辛勤耕耘，迎来春色满园。近年来，吴礼和中心小学有4个市级立项课题实验分别获市教育科研成果二、三等奖；学校毽球队参加省毽球锦标赛，男队荣获第一名，女队荣获第二名；学校田径队参加韶关市历届中小学生田径比赛名列前茅；2008年参加浈江区第二十届中小学田径运动会获团体冠军，打破15项区运会纪录；2008年参加“红三角”中小学“英东杯”舞蹈比赛获金奖；学生参加全国小学数学奥林匹克竞赛有86人分别获一、二、三等奖；学校器乐队参加市“英东杯”钢琴演奏获一等奖。2008年，教育部到学校检查体卫工作，给予了较高评价，认为其特色办学经验具有很广泛的推广价值。

摘自2009年11月30日《韶关日报》

破茧而出看今朝

——浈江区曲仁中学见闻录

一切为了学生，为了学生一切

本月14日上午，记者刚下车，浈江区曲仁中学校长杨松柏就主动对记者说：“还是先带你们到校园里随便走走吧。”

我们走进食堂大厅，只见大厅里流光溢彩，餐桌板凳全是采用塑钢型材定做的，整齐漂亮，一尘不染。厨师们身着白装，面戴口罩，卫生防护十分严谨，一点也不比星级酒店逊色。记者问：“食堂硬件投入这么大，学生的负担加重了吗?”杨校长回答道：“一点都没有，我们舍得这方面投入，目的就是要为学生提供可靠的餐饮安全，过去的食堂面积挟小，硬件不硬，饮食安全得不到保障，我们时时担心哪天会‘吃’出问题来啊。”

路经教学楼，见到每个教室的走廊上一字排列很多开水瓶，我们感到纳闷。杨校长告诉我们，自从甲流发生后，为了学生的公共安全，学校就每天为学生烧凉茶，起到预防疾病作用。学校是甲流易染场所，但至今我校还未发生一例甲流。

一切为了学生，为了学生一切。这就是曲仁中学“以人为本”的核心价值观。

教师辛苦，学生幸福

该校王老师告诉记者：“在曲仁中学，有一个优良的传统一直没有改变，那就是晚自习的几个小时中，每个教室里都有一名教师‘坐班’，为学生们解答疑问，维护安全。直至将学生‘陪’到熄灯为止。”而学校党支部书记卢政灵接过王老师的话对我们说，传统的东西不止这一个，比如为了搞好学生的德育教育，学校还坚持设立了政教处，专门负责学生的行为品质教育，虽然只有两三个人，但他们为学生做的事可不少。现在，由于学生大部分是独生子女，有的学生比吃喝穿戴，花钱大手大脚，没劳动精神，怕吃苦，性格上经不起挫折，任性、娇气、自私……为此，该校在“精神信仰”方面做了很多工作，把道德教育融入学生的生活世界。比如把灯具、开关等每一项公物都由学生具体负责保洁和保养，大家轮流负责。如果谁偷懒或不积极，所负责的公物影响了大家的正常使用，就会受到批评或指责，使“好逸恶劳可耻”的观念在具体的行为中养成。

由于曲仁中学的前身为矿务局子弟学校，时过50多年后，很多教育设施远远跟不上时代要求。为此，杨校长多次“拉”着区领导上省城“讨钱”，近3年，学校共多方筹集了3000万元资金投入学校硬件建设。

跨越进取，营造成才摇篮

今年在新丰县召开的全市教育现场会上，曲仁中学捧回了一块闪光的先进奖牌。在此之前的2007年，这个学校已被评为广东省一级学校。3年从县级跳到省级，可谓“鲤鱼跳龙门”，不得不让人刮目相看！

3年前，由于曲仁煤矿的关闭，学校少了很多“生气”，人才思走，并且真的走了一大半。怎么办？在当时的班子会议上，杨校长沉默良久，起身拍板道：“马上行动，花本钱到外地去引进人才。我们既然坚守下来了，就要让曲仁中学翻一个身来。”于是，班子成员带队西到陕西，北上湖南、湖北“招才选将”。半年之间，雄厚的师资团队逐渐完备起来。

对于落后的教育“翻身”，3年确实太短。但在这短短的3年中，曲仁中学做了3件大事：引进人才、抓教育培训和最大化提高教师待遇。3年中的这3件大事都做得有模有样，最终得到了回报。

由一个以前最差的学校，锐变成一个全市同比升学率高达70%的省一级学校。一位家长激动地拉着校长杨松柏的手说：“我儿子原来成绩那么差，我本想他只要不学坏就行了，没想到还能考上大学！”而杨校长却有些腼腆地对记者说了这么一句话：“现在，不少领导伸出大拇指夸曲仁中学，我都有些不好意思哩。”

摘自2009年12月16日《韶关日报》

浈江区领导入村“诊脉”
破解贫困村生产生活难题

近日，浈江区委书记、人大常委会主任刘卫东带领挂点扶贫部门到新韶镇东山村调研，为该村发展诊脉制订脱贫方案。

据了解，浈江区以解决贫困村行路难、住房难、食水难、读书难、就医难等问题为重点，有劳动能力的重点引导其通过技能培训转移输出和发展生产脱贫致富，对无劳动能力的通过救济扶贫方式帮助解决实际困难，确保通过努力使贫困村集体经济有发展，贫困户稳定达到人均年收入2500元以上。

在东山村委会，当刘卫东了解到目前制约村经济发展、群众发家致富的主要原因有村庄道路差、农业生产缺水、农产品缺乏知名度销售渠道少等问题，刘卫东要求农业、建设等部门一定要千方百计筹集资金，解决好东山村生产生活条件。并要求农业、宣传部门广为宣传，提高当地农产品知名度，拓宽销售渠道，帮助农民致富。

在调研中，刘卫东要求村委会加强村委班子建设，以组织农业生产合作社等模式，引导群众发展优质农产品规模化生产，争取早日改变东山村贫困面貌。

随后，刘卫东到了挂点贫困户温其成家中，深入了解了温其成家庭和生产情况，鼓励其要树立信心。并表示会联系有爱心的民营企业家，帮助其改善生产条件，力争早日渡过难关。

摘自2009年12月29日《韶关日报》

强力推进劳动力技能培训
浈江区就业容量大效果佳

今年以来，浈江区加强人力资源培训和配置工作，依托辖区内技工院校、中职学校资源，构建起覆盖区、镇二级培训网络，有效推进劳动力转移就业。

该区结合实际制定具体实施意见、实施办法等21个规范性文件，明确培训主体和服务主体，特别是依托辖区内技工院校、中职学校资源，与院校签订培训合作协议，构建覆盖区、镇二级培训网络，由区、镇负责委托其进行农村富余劳动力的就业转移培训。建设“一网四库”，实现市、区、镇（街道）三级联网资源共享及人力资源的有效管理。建立制度，及时发布培训机构、招生人数及用工需求信息，实现劳动力转移信息的及时有效对接。

该区充分发挥公共就业服务机构和劳务中介组织的作用，组织引导劳动力有序培训和就业；充分整合资源，建立集培训、转移和维权于一体的全方位服务体系，积极帮助受过技能培训的劳动力开拓就业渠道、提高创业能力。

同时，该区采用“定单式”分类型培训产业园区附近农村劳动力，提高本地农村劳动力在产业园的就业比例。并建立评估机制，确保其技能培训转移就业的质量。

据悉，浈江区以共创的形式分别成立“就业创业扶持联盟服务中心”和建立产业园全民创业基础、民生创业园孵化基地等4个创业园创业孵化基地，鼓励有创业意愿及潜能的城乡劳动者、返乡农民工、高校毕业生、复员退役军人创业，实现以创业带动就业的倍增效应。开发公益性就业岗位帮助就业困难群体，努力扩大就业容量。

今年1～10月，全区参加技能培训803人，为市年度目标任务800人的100.4%，新增农村劳动力转移6508人，为目标任务6500人的100.1%。其中就近就地转移为3318人，转移珠三角地区为3190人。

帮助辖区内20多家生产经营正常的企业挖掘就业潜力，增加就业岗位2000多个。

摘自2009年12月29日《韶关日报》

开展重点区域节前消防检查 清除火患保平安

日前，市检查组在市政府副秘书长李克厚的带领下，到浈江区检查一市场及周边火灾隐患重点区域专项整治情况，确保节日期间人民生命财产安全。

据悉，一市场及周边区域群众居住相对集中和商贸业发达，是火灾隐患重点区域和市政府要求浈江区挂牌督办整治的地段。从今年9月启动专项整治以来，浈江区召开5次部署协调会，具体安排整治工作的开展。

该区按街不漏巷、巷不漏栋、栋不漏户、户不漏项的原则，组织开展地毯式的火灾隐患排查工作，共排查“四小”场所322家、公众聚集场所1家和高层、地下建筑2家，整治火灾隐患102处，督促配置灭火器材150多具。拨出专项经费70000多元，按市政道路每120米设置一个消防灭火栓的标准，在一市场增设4个市政消防栓，加强道路管制，保持消防车通道畅通无阻。

同时，认真开展消防安全知识宣传活动，在一市场周边地区举办了2次大型咨询宣传活动，共向单位企业居民派放宣传资料4000多份、派发专项整治通告400多份，群众消防意识明显增强。

检查组在认真听取浈江区专项整治情况汇报、实地检查和查看有关资料后，针对发现的问题，要求该区立即组织整改；有关部门要进一步加强重点区域的安全工作，建章立制，确保消防安全长治久安。

摘自2009年12月29日《韶关日报》

群众健身热浈江 一批市运会功臣获表彰

近日，浈江区召开体育工作专题会议，表彰在市运会中取得优秀成绩的体育代表团。

在市第十三届运动会中，浈江区体育代表团运动员发扬不畏艰难，勇夺第一的顽强拼搏精神，有7人破了8项市纪录，并分别获得成年组、老年组全市第一名和少年组、金牌总数、团体总分第二名的好成绩。在表彰会中，浈江区对12个有突出贡献的单位、15名优秀教练员和71名运动员给予通报表彰。

据了解，近年来浈江区不断加强体育设施的建设和加大经费投入，全区体育工作呈现出蓬勃发展的良好势头。河堤、公园和广场到处可以看到参与群众性体育活动的身影，随时可以看到学校、区业余体校精心组织运动员训练的场景，体育事业发展得到上级部门的充分肯定。日前，浈江区获得省体育先进区称号，并有两个基层单位获得全国体育先进社区称号，有3人获得全国体育优秀工作者称号。

摘自2009年12月29日《韶关日报》

力推农产品结构调整升级
特色种植带富农民

近年来，浈江区积极推动农产品结构调整升级，着力经营农业品牌带富农民。

为实现农业增产、农民增收的目标，浈江区采取因地制宜、分类发展的具体措施，加快农业发展：在近郊进一步优化种植养殖结构，目前，逐渐形成以犁市五四村番茄、厢廊村萝卜、下园村叶菜等一村一品等特色种植专业村。同时，加快科技增效、良种改良质量的步伐，引种的番茄东方红系列、苦瓜金韩系列优良品种，提高生产产量和产品质量，目前仅在犁市镇就有白菜、菜心等品种蔬菜被质检部门认定为无公害产品，形成近5000亩的无公害蔬菜生产基地，让城市居民吃上新鲜菜、放心菜。

在远郊农村着力发展优质稻工程和山地农业，如犁市镇扶持梅花香粮油加工厂创立“梅花香”品牌优质米，使犁市常年种植油粘米品种达1.5万亩以上，优质大米价格由原来的每公斤3元多提高到6元多。同时，引导远郊农民充分利用山地，大力发展具有观光休闲特色的水果种植，如黄沙、黄竹利用缓坡山地种植的杨梅、三华李等水果面积达到2000多亩，提高农民收入。

做大畜牧业和水产业。浈江区抓住养猪业逐步向山区转移，大力发展规模养猪基地，目前，天益农业科技发展有限公司、永旺名猪场发展有限公司等一批万头“三元”杂交商品猪养殖场落户浈江，提高浈江区畜牧养殖水平和扩大养殖规模。

打造农业品牌，带动农户种养。近年来，浈江区抓好农业品牌的培育和扶持力度，引导生产成规模的特色农产品积极申请农业品牌商标，提高农产品标准化生产水平。目前，该区成功打造出“犁铺头”花生油、“黄岗山”山地鸡、“莲花山”香芋等品牌，大大提高浈江农产品的知名度、信誉度。

摘自2009年12月29日《韶关日报》

多举措强力推进“创强”

今年7月，浈江区启动“创建省教育强区的工程”，计划于2011年实现创强目标。目前，全区全力以赴，攻坚克难，扎实有序地推进教育强区创建工作。

成立创强领导小组及区创强办公室，制定镇（街）创强方案，为做好创强工作提供有效的组织保障。

“把优质学校做大，把薄弱学校做强，把农村学校办好”——是该区创建教育强区的主导思想。从整合教育资源出发，该区出台《浈江区关于创建广东省教育强区实行教育区划调整的意见》，明确5镇1办共6个创建单位。制定《中小学校布局调整规划》。撤并城区薄弱学校和部分农村学校，进一步优化布局，让更多的学生享受优质教育资源。

针对资金缺口问题，该区通过加大投入

力度和争取港、澳、台湾同胞以及社会各界团体和热心人士捐资助学等，多渠道筹措资金，共建校园，共建强区。

同时，该区先后3次组织创强办领导、工作人员到清远、梅州、惠州等已成功通过创强验收的镇（街）学习取经。定期开展培训工作，组织相关人员反复学习《广东省教育强镇（乡）督导验收方案》，为顺利开展工作奠定基础。并紧紧抓住教师大会、学生大会、家长大会进行广泛宣讲，利用黑板报、学校网站、悬挂标语等形式全方位宣传，营造较好的创强氛围。

摘自2009年12月29日《韶关日报》

多形式推进“清洁美”工程 村民说：居住舒服了

自乡村清洁工程建设开展以来，浈江区将此项工作作为加快新农村建设、惠民利民的一项重点工程来抓，各乡镇按期完成全区乡村“清洁美”工程建设目标任务。

在加大宣传力度的同时，浈江区要求各乡镇充分调动村民群众的积极性，自觉参与到搞好环境卫生，美化家园的活动中来；做好整体规划，特别是要指导好垃圾站、池的布点建设和日常保洁、垃圾清运等机制建设，将乡村“清洁美”工程真正办成一件民心工程。

此外，浈江区开展“小手牵大手”推进乡村“清洁美”工程活动，让学生参与到乡村“清洁美”整治工作中来，培养农村中小学生养成良好生活习惯，也通过学生影响村内和家里的大人，共同维护好自己的家园环境卫生。

日前，在犁市镇镇区，笔者发现以前坑坑洼洼的街道现都硬底化、铺上了地砖，村庄路头都建立了标准的垃圾池；在群峰水深坝村，村委干部和群众正在村前屋后种植草坪，各家各户门前不再乱堆乱放垃圾，原来坑洼不平的破损路面经过整修，平坦了，洁净了。一位村民对笔者说，实施村庄“清洁美”工程后，大家的卫生习惯改善了许多，人住在这里舒服多了。

摘自2009年12月29日《韶关日报》

提升全区竞争软实力 服务型政府办事效率高

近日，韶关市滚动轴承制造有限公司负责人将一封感谢信交给到浈江行政服务中心负责人手中，以此表达公司对浈江行政服务中心优质服务的感激之情。

据悉，该公司是落户浈江工业园的一个项目。今年10月，当详细了解该公司在办理工商营业执照过程中遇到的困难后，浈江行政服务中心立即派出工作人员与市工商局联系，并在市工商局的大力支持下，只用几天时间就将营业执照办妥，资本金到位后，该公司仅用10天时间就从无锡、石家庄等地购置并安装好生产机床；仅用两天时间办完地税、国税、机构代码及刻制印章等相关手续，目前该公司已投产好。

为提升全区竞争软实力，浈江区今年初就提出开展机关效率年活动，把创建服务型政府作为实现工作目标的重要途径。该区各部门结合实际制订办事承诺制度，向群众承诺办事事项，实现部门自我加压，提高服务水平和质量。浈江区还专门在区监察部门开通投诉电话，接受群众投诉监督。

摘自2009年12月29日《韶关日报》

科学发展展新姿

——浈江区第三批学习实践活动纪实

在第三批学习实践科学发展观活动中，浈江区结合实际，创新载体，不断焕发新的活力，展现出新的姿态。

在活动中，浈江区各镇办时刻不忘群众的利益，积极为群众办好事实事，纾解民生。犁市镇党委班子成员深入农村调研，对有利于村经济发展和农民致富的项目，给予人财物力支持。南韶村社区充分整合资源，采取聘请专家辅导、举办专题讲座、到兄弟社区现场观摩等方式，定期对社区干部和党员实施规范化、正规化的教育培训，着力提高社区党员干部服务群众的本领。

在学习实践活动中，浈江区时刻关心群众生活，如投入537万元，分3年改造田螺冲供水系统。目前，辖区居民全部用上市区安全、卫生、放心的自来水，彻底解决了饮用水质差、不卫生的“老大难”问题，受到上级领导的肯定和广大居民的好评。

活动中，浈江区各学校党组织围绕“爱岗敬业争当模范，科学实践促进发展，教书育人奉献祖国”的主题，注重学校、老师、学生整体发展。如创建以毽球、田径为主要体艺项目的特色学校。把毽球等项目列入校本课程，通过经常性的竞赛活动，提高学生积极参与体艺活动的积极性，全面提高学生的身体素质。

浈江区各学校非常注重师德师风的建设，注重模范育人。如市八中党支部通过创建“党员形象工程”及“知心通道”工程体现先锋模范作用。通过此举，使每位党员成为党支部联系群众的“知心通道”的一座桥梁。

浈江区非公有制经济组织，认真贯彻落实党的十七届四中全会精神，认真组织，精心谋划，使学习实践活动出实效。

如浈江区车站街党工委下辖的非公有制经济组织韶关市卓兴药业有限公司党支部，面对当前金融危机，把学习实践活动融入企业的经营管理活动中，化危为机，促进企业可持续发展。

摘自2009年12月29日《韶关日报》

往事回眸

共粤北省委旧址

张九龄

余靖

浈江区经历三次区划调整

浈江区于1975年11月21日诞生后经历了三次大的区划调整。

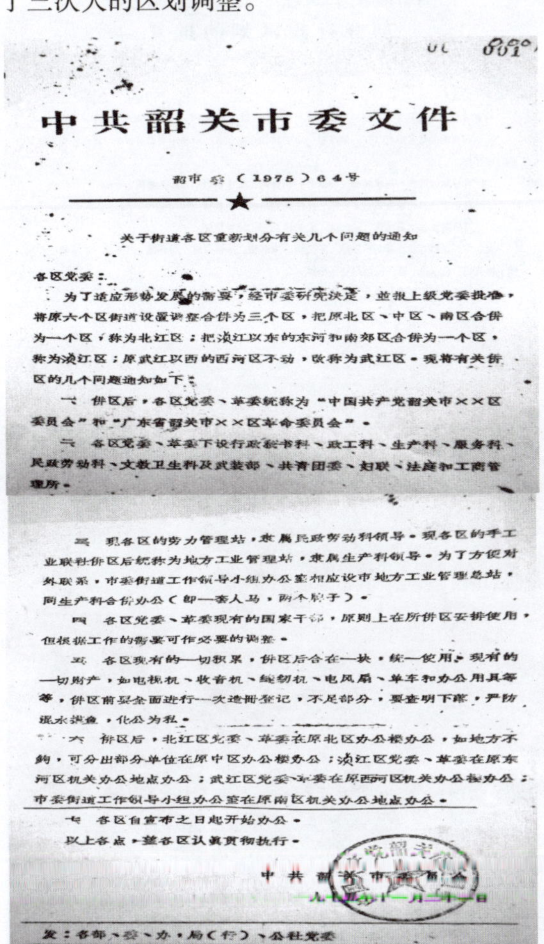

中共韶关市委文件

韶市委〔1975〕64号

关于街道各区重新划分有关几个问题的通知

各区党委：

为了适应形势发展的需要，经市委研究决定，并报上级党委批准，将原六个区街道设置调整合併为三个区，把原北区、中区、南区合併为一个区，称为北江区；把浈江以东的东河和南郊区合併为一个区，称为浈江区；原武江以西的西河区不动，改称为武江区。现将有关併区的几个问题通知如下：

一　併区后，各区党委、革委统称为"中国共产党韶关市××区委员会"和"广东省韶关市××区革命委员会"。

二　各区党委、革委下设行政秘书科、政工科、生产科、服务科、民政劳动科、文教卫生科及武装部、共青团委、妇联、法庭和工商管理所。

三　现各区的劳力管理站，隶属民政劳动科领导。现各区的手工业联社併区后统称为地方工业管理站，隶属生产科领导。为了方便对外联系，市委街道工作领导小组办公室相应设市地方工业管理总站，同生产科合併办公（即一套人马，两个牌子）。

四　各区党委、革委现有的国家干部，原则上在所併区安排使用，但根据工作的需要可作必要的调整。

五　各区现有的一切积累，併区后合在一块，统一使用。现有的一切财产，如电视机、收音机、缝纫机、电风扇、单车和办公用具等等，併区前要全面进行一次造册登记，不足部分，要查明下落，严防混水摸鱼，化公为私。

六　併区后，北江区党委、革委在原北区办公楼办公，如地方不够，可分出部分单位在原中区办公楼办公；浈江区党委、革委在原东河区机关办公地点办公；武江区党委、革委在原西河区机关办公楼办公；市委街道工作领导小组办公室在原南区机关办公地点办公。

七　各区自宣布之日起开始办公。

以上各点，望各区认真贯彻执行。

中共韶关市委办公室

一九七五年十一月二十一日

发：各部、委、办、局（行）、公社党委

—2—

第一次调整是1981年10月。为了适应形势发展的需要，重新调整城区经济发展规划的整体布局，扩大城市建设，经韶关市委、市政府研究决定，并报上级党委、政府批准，同意撤销韶关市北江区，将原北江区的行政区域划归浈江区管辖。

第二次调整是1984年6月。为有利于加强城市工作的领导，促进城市建设和工业发展，发挥中心城市帮助农村的作用，1984年6月28日，广东省人民政府粤府函〔1984〕130号文《关于设立韶关市浈江区、武江区两

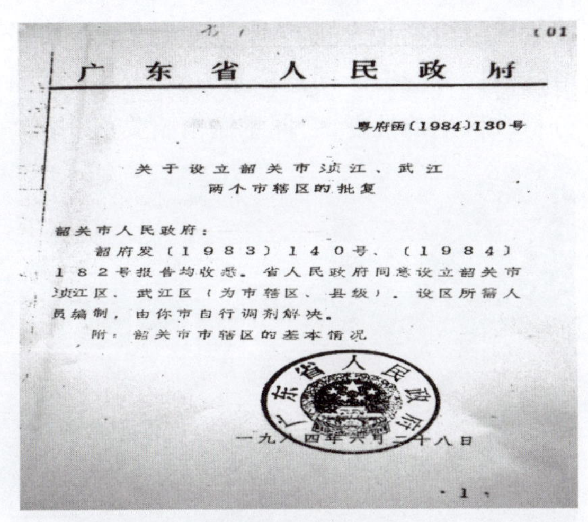

广东省人民政府

粤府函〔1984〕130号

关于设立韶关市浈江、武江两个市辖区的批复

韶关市人民政府：

韶府发〔1983〕140号、〔1984〕182号报告均收悉。省人民政府同意设立韶关市浈江区、武江区（为市辖区、县级）。设区所需人员编制，由你市自行调剂解决。

附：韶关市市辖区的基本情况

一九八四年六月二十八日

·1·

个市辖区的批复》："同意设立韶关市浈江区、武江区（为市辖区、县级）。"同年7月，经广东省人民政府批复，同意增设韶关市北江区（为市辖区、县级）。因而韶关市浈江区的行政区划作了一些调整。调整后的韶关市浈江区地处广东省韶关市的东郊，位于北纬24°

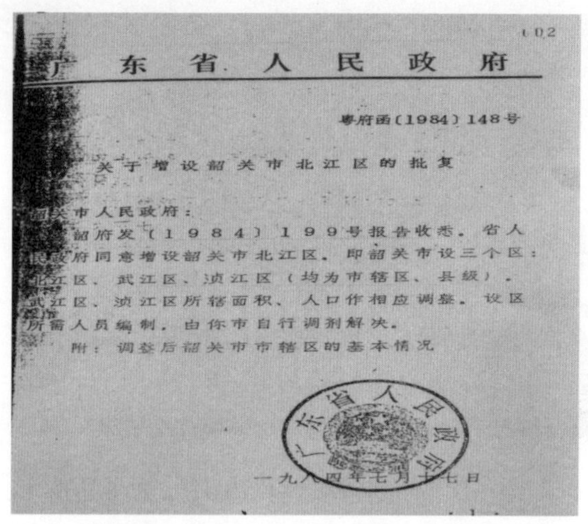

广东省人民政府

粤府函〔1984〕148号

关于增设韶关市北江区的批复

韶关市人民政府：

韶府发〔1984〕199号报告收悉。省人民政府同意增设韶关市北江区。即韶关市设三个区：北江区、武江区、浈江区（均为市辖区、县级）。武江区、浈江区所辖面积、人口作相应调整。设区所需人员编制，由你市自行调剂解决。

附：调整后韶关市市辖区的基本情况

一九八四年七月十七日

18′、东经113°36′，东邻曲江县大塘镇，南接曲江县马坝镇，西与韶关市北江相连，北接韶关市北江区。下辖新韶乡（后改新韶镇）、南郊乡（后改乐园镇）、车站街道办事处和东河街道办事处。全区总面积140平方公里，总人口12.9万多人，其中非农业人口1.9万多人。区人民政府驻韶关市浈江中路，后搬迁到韶瑶路1号（今大学路7号）。

第三次调整是2004年5月。为了有利于拉大城市框架，拓展发展空间，壮大新的经济规模。2004年5月29日，国函〔2004〕40号文《国务院关于同意广东省调整韶关市部分行政区划的批复》：同意撤销韶关市北江区、曲江县，设立韶关市曲江区，调整韶关市浈江区、武江区和仁化县的行政区划。将原北江区的行政区域和原曲江县的花坪镇、犁市镇划归浈江区管辖。调整后的浈江区地处广东省韶关市的东北部，东、南接曲江区，西临武江区、乐昌市，北连仁化县。下辖新韶、乐园、十里亭、犁市、花坪5个镇和车站、东河、南门、和平、太平5个街道办事处及曲仁、田螺冲2个办事处。全区总面积572.47平方公里，其中耕地9.68万亩、园地0.53万亩、林地55.46万亩，总人口36.25万人，其中非农业人口29.59万人。区人民政府驻韶关市韶瑶路1号。

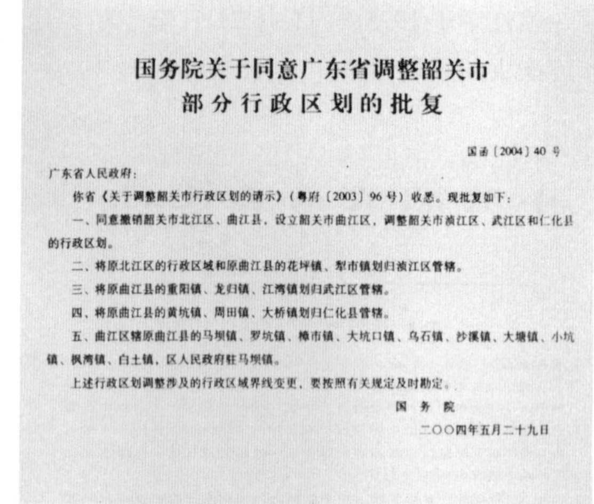

国务院关于同意广东省调整韶关市部分行政区划的批复

国函〔2004〕40号

广东省人民政府：

你省《关于调整韶关市行政区划的请示》（粤府〔2003〕96号）收悉。现批复如下：

一、同意撤销韶关市北江区、曲江县，设立韶关市曲江区，调整韶关市浈江区、武江区和仁化县的行政区划。

二、将原北江区的行政区域和原曲江县的花坪镇、犁市镇划归浈江区管辖。

三、将原曲江县的重阳镇、龙归镇、江湾镇划归武江区管辖。

四、将原曲江县的黄坑镇、周田镇、大桥镇划归仁化县管辖。

五、曲江区辖原曲江县的马坝镇、罗坑镇、樟市镇、大坑口镇、乌石镇、沙溪镇、大塘镇、小坑镇、枫湾镇、白土镇，区人民政府驻马坝镇。

上述行政区划调整涉及的行政区域界线变更，要按照有关规定及时勘定。

国务院

二〇〇四年五月二十九日

浈江区委、区政府办公大楼

省委书记情系浈江

李长春考察浈江

2002年8月的浈江，骄阳似火，群山吐绿，万木竞秀。16日，一直深切关注韶关粤北山区的中共中央政治局委员、广东省委书记李长春带领省直有关部门负责人，在韶关市委书记、市人大常委会主任覃卫东，市委副书记郑盛廷、邓苏夏等市领导的陪同下深入浈江区乐园镇下坝村委会就山区农业结构如何调整，怎样让农民的钱袋子鼓起来以及如何充分发挥党员先锋模范作用，更好地服务村民，成为农村致富奔康的带头人展开调研。

2002年8月15日，时任中共中央政治局委员、广东省委书记李长春（左二）在浈江区视察淮山、粉葛基地时深入村庄与农户交谈

所到之处，所见所闻，让笔者真切地感受到省委书记对人民的一片深情和殷殷关怀。

浈江区是韶关市辖三个区之一，地处韶关市区东面，毗邻浈江和北江，是韶关市的南、北大门，交通地位十分重要。近年来，浈江区利用靠近市区的区位优势和交通便利等条件，不断调整农业生产结构和农村经济结构，引导农民从传统的以粮食生产为主，逐步转向为以种植经济作物和发展养殖业为主，大力发展以“菜篮子”工程为主的城郊型农业，通过调整结构，推广良种良法，抓好龙头企业，推进农业产业化经营，精心培育出蔬菜、笋竹、优质肉类、优质鱼类四大优势产品，形成了具有浈江农业特色“一棵菜、一株竹、一头猪、一条鱼”四大农产品品牌和各具特色的一批专业村，乐园镇下坝村委会就是其中比较具有代表性的特色专业种植村之一。

下坝村委是浈江区20个村之一，位于市

区西南部，全村人口近1000人，是一个比较边远的小山村。10年前的下坝村靠种植水稻为主，村民们虽然在水稻种植上下了不少工夫，却卖不出好价钱，村民收入增幅不大。近年来，下坝村在区委、区政府和乐园镇的指导下，转变观念，认真贯彻省委关于“加快农业产业化进程”的指示精神，充分发挥本村优势，利用当地村民家家户户种植粉葛、淮山的传统习惯，全面实施“稻改菜”，引导农民扩大种植面积，改善种苗质量，开发了淮山、粉葛基地，并在淮山、粉葛地中套种瓜豆蔬菜，发展“菜篮子”，闯出了一条致富路。

在浈江区农业局的具体帮助下，以下坝村委会村民自愿为原则，在土质较好的地块选择1000亩水田，建立了淮山、粉葛种植基地。为使1000亩淮山、粉葛基地增加收入，村民们打破了过去的单一种植，实行在淮山、粉葛地上套种、间种瓜豆，使每亩淮山、粉葛地增加收入一两千元。现在下坝村的淮山、粉葛基地每年向市场提供淮山、粉葛1750多吨，产值420多万元，同时因套种、间种也能向市场提供大量新鲜瓜豆蔬菜。尝到了特色种植的甜头，下坝村村民在发展淮山、粉葛种植的同时，根据城郊型农业的特点，大力发展反季节蔬菜种植。全村的绿色经济作物基地逐渐形成规模，打出了品牌，农业生产正朝着规模化、产业化的方面发展。

特色农业经济的发展，大大改善了村民们的生活生产条件，全村祖祖辈辈居住的泥砖房变成了漂亮的砖瓦房，不少农户还建起了小洋楼，里面自来水、煤气灶、卫生间一应俱全……

2002年8月16日一大早，李长春来到了浈江区下坝村淮山、粉葛基地。此时，晨光洒进田头，田野一片生机。看到面积达1000亩基地内的淮山、粉葛长势喜人，李长春笑意满脸。他还当起了讲解员，为大家讲起了淮山的原产地、作用及名称来历。当他听村支书陈燮球介绍，村民们种植的淮山、粉葛除了一部分被外来老板收购外，剩下的一部分就是由农户自己用摩托车载着去市场上自卖时，他对村支书说：村委会能不能搞一个经济组织，以解决农户产前、产中、产后的服务问题？推动以公司 + 基地 + 农户为主要形式的产业化经营。公司可以是社会上的，村委为其服务，成为公司与农户之间的桥梁。村委会通过服务收取一定的服务费，这样，村集体得益，农民也得益，生产种植的规模才有可能继续扩大，也才能做出自己的品牌，增强市场竞争力，占领更大的市场份额，这就是双层经营制。他还特别说，现在要解决年集体收入3万元以下的村集体收入问题，村集体啥都没有，村党支部就没有威信，怎么能够认识江总书记的“三个代表”重要思想呢？在服务中把双层经营搞好了，村集体收入壮大了，可以给农民分红，村干部的补贴标准也可以提高，农民肯定欢迎，这样就跟农民紧密了关系，党支部的凝聚力、战斗力也增强了。当村支书表示能够成立这样的经济组织，但缺少一个经理时，李长春笑了笑说：“这个经理就由你来当。这个公司就叫‘淮山粉葛开发公司’，把你的经理职务印上名片，到各地跟大公司做生意去！”李长春诙谐的话语把众人逗乐了。

边谈话间，李长春走进了农田，当看见农民陈先秀正在田里忙碌农活时，李长春兴致勃勃地走到了粉葛地里，与陈先秀拉起了家常。看见陈先秀把粉葛一棵一棵的土挖开，并用小刀将粉葛的部分细小根系割断后又将土埋上。李长春感兴趣地询问其中原因。陈先秀对李长春说：“这是为了让营养集中到一根主根上，以保证粉葛能长得更大更好，农村人把这个过程叫做‘阉粉葛’。”陈先秀还一边讲一边给李长春示范操作要领。看到这，李长春便向陈先秀借过了小刀，找了一棵粉葛，小心地像陈先秀一样割断了粉葛的细根，并一边询问是否正确，一边了解了陈先秀家中的生活情况，当得知陈先秀全家靠种淮山、粉葛发了财，用10多万元盖上了楼房时颇为高兴，并提出到陈先秀家中看一看。

来到陈先秀家，看到一幢三层楼的小洋房，大厅里各式家具、电器摆放整齐，他笑着说：村子里的人靠种植淮山、粉葛住上了楼房，这些房干脆就叫“淮山楼”、“粉葛楼”。说到这里，说话风趣幽默的李长春又马上说：“粉”字音不好，广东人忌讳，还是叫“淮山楼”吧。一席话再度把大家说得大笑。

当李长春一再询问陈先秀，生产发展最需要解决什么问题时，陈先秀回答说：“最需要的是良种良法。”李长春说：“这得靠村级服务来解决。”说到这里，他对周围的领导干部说：“农民呼唤的是服务水平。对村一级党支部来讲，贯彻‘三个代表’重要思想要有稳步发展的特色，就是要抓好结构调整，抓好为千家万户服务。当前，村党支部抓结构调整，抓服务，就是贯彻了‘三个代表’。”他说：“立足于农业，立足于种、养加（工）也能致富。要向深加工要效益。”他希望各村今后能有更多的“淮山楼”。

李长春在陈先秀家里坐了一会，便与村文书说，到另一家村民家去坐坐。来到另一村民家，李长春与回娘家的陈秋兰攀谈了起来。在问了其家庭情况后，称赞道：“你的普通话讲得不错，原来我在其他地方到农民家时，他们不说普通话，有时还得靠‘翻译’”。得知陈一家也种淮山、粉葛，而且销售不成问题时，李长春对当地干部说：种植规模从村扩大到镇怎么样？规模大了，可以不叫淮山，而叫‘浈山’。”在谈话中，陈秋兰半岁的婴孩一直看着李长春笑。李长春见状伸开双臂将其掏在怀里，并逗着说：“笑一笑。”那婴孩果真张开小嘴笑了起来。李长春告诉婴孩的母亲好好培养孩子，同时，自己也要找一个致富门路。

农村基层党组织建设是李长春一直关心的问题。浈江区委书记沈学柏、乐园镇书记周伟灵分别就浈江区全区和乐园镇农村党员联系农户制度向李长春作了汇报：过去，随着经济和社会发展，农村党员或在家种田，或外出打工，或经商办企业等，各自为政，不少党员想自己的事、忙自己的事多，关心集体、关心群众的少。个别党员还认为“分了责任田，忙着去赚钱，管他党员不党员”，忘记了党员的责任和义务。当然，更多的党员想为群众办点事，但却苦于无明确任务，做了又怕别人说闲话、风凉话，只好持观望态度。农村党组织如何把党员组织起来，充分发挥党员的先锋模范作用，成了一大难题。为此，浈江区根据农村的实际，因地制宜，摸索出一条：《党员联系村务，村务指导党员》的路子，并首先把乐园镇作为试点。近年来，推广实行农村党员联系农户责任制，取得了良好的成效，尤其是乐园镇在全镇七个村全部实施了党员联系村务工作责任制，走在了全区的前列。乐园镇全镇222名党员联系了农户，占农村党员的96.5%，联系农户666户，占全镇农户41%。

党员联系农户责任制要求党员每人挂钩联系3个农户，带动农户完成好各项村务工作，规定党员联系村务的七大内容、四项要求、三个公开及具体的考评奖励办法。同时，党员联系村务的内容，根据不同时期的中心工作和迫切需要解决的中心问题为主轴，有针对性的联系村务，党员联系的对象也不搞一成不变，适时调整，党员互换联系户，党员也及时向上级反映联系户的呼声，关心联系户的疾苦，为联系户解决实际问题，做好事办实事。实行党员联系村和农户责任制，给党员划了一块责任田，为党员搭建了一个发挥作用的平台，充分发挥党员的先锋模范作用，增强了农村基层党组织的战斗力、凝聚力，使党的政策、方针通过党员联系村务在农村得以充分的体现落实。

当李长春得知下坝村里建立了党员联系农忙制度，干群关系相当融洽时，便兴致勃勃来到党员陈新达家。陈新达是村里有名的生产能手，他利用薄膜覆盖技术保土保肥，在淮山、粉葛固里套种苦瓜，9分地收入就达6000多元。李长春详细了解情况，他问陈新达共带了多少农户，带的成效怎么样？陈新达回答说带了3户，效果不错。陈新达还告诉李长春，以前想为群众办点事，怕别人说闲话、风凉话，自己又拉不下这个脸。实行党员联系村务后，自己家门口多了一个党员之家的门牌，帮群众做事是我们的责任，这样我们就有了底气，反而为长期不能为群众办点事而心感内疚。做了点事，心里也高兴实在，找回了当初入党宣誓时的感觉。李长春听后称赞道："实行党员带户的做法好。挂上'党员之家'牌号，光荣感有了，责任大了，也就有了压力。村党支部要成为党联系群众的桥梁和纽带，要发挥党支部的战斗堡垒作用，党员要发挥先锋模范作用，实行党员带农户致富。衡量一个村党支部坚不坚强，有没有战斗力、凝聚力，主要有两标志：一是计划生育抓好了，二是村级经济抓起来。"说到这里，李长春又转身对村文书陈燮球说："下次我再来下坝时，希望你的名片上印的是'下坝实业开发公司总经理'。"这是李长春书记对农村党员寄予的厚望，希望他们成为农村致富奔康的带头人。

临走时，李长春特意与陈新达夫妇在"党员之家"门牌前合影留念，并邀覃卫东、沈学柏和陈燮球一起留影作为见证人。这是一个历史的瞬间，这是一个党的高级干部与一个最基层党员沟通联系的见证，这更是我们党实践江泽民"三个代表"重要思想的具体体现。

浈江区蔬菜生产基地

灾情牵动省长心

黄华华视察浈江

2006年第四号强热带风暴“碧利斯”造成的灾情还没消退，五号台风“格美”又给广东重灾区韶关带来新的创伤。韶关的灾情牵动着省领导的心。7月29日至30日，黄华华省长、李容根副省长率领省直有关部门和省救灾复产工作组的负责同志，赶赴韶关市浈江区和乐昌市察看灾情，慰问解放军、武警官兵，看望受灾群众，指导救灾复产、重建家园工作。黄华华充分肯定了韶关的救灾复产工作，并指出韶关抗洪救灾已经取得阶段性胜利，今后要再接再厉，努力夺取救灾复产的全面胜利。

这次洪灾中韶关有3万多户房屋全倒户，黄华华十分关心他们的安置情况。29日上午，黄华华首先察看了韶关市浈江区犁市镇厢廊村灾民安置点。在厢廊村，黄华华走进临时搭建安置灾民的工棚查看灾民的生活条件，见到这里虽然简陋，但日常用具一应俱全，室内通风透气，并且工棚住所、厨房、公共卫生间分开布置，不禁频频点头，连连称赞搭建工棚安置灾民这个方法好。黄华华紧紧握住一位受灾群众的手说，“洪水无情，党有情、政府有情、人民有情，党和政府十分关心你们，全力帮助你们，只要我们共同努力，就一定能战胜洪灾，重建家园！”在岭下村，看到受灾群众还大量安置在帐篷里，黄华华关切地对韶关市委书记覃卫东说，现在天气十分闷热，住帐篷不是长久之计，应该尽快把受灾群众安置到工棚里同时抓紧做好重建规划，确保灾民元旦前能住进新房。

2006年7月29日上午，广东省省长黄华华到浈江区犁市镇厢廊村看望灾民

扁扁小舟救千人

——追记2006年犁市沙元村干部与群众齐心协力抗洪魔

"7·15"，一个让韶关人民难以忘怀的日子，热带风暴"碧利斯"给韶关人民带来一场沉重的灾劫，使众多人身陷洪水之中。正当到了燃眉之急时，灾民们只能靠自救以脱离险境，保全性命。其中，浈江区犁市镇沙元村的人民就是一个团结一致抗洪魔的典例。

在大灾大难面前，我们见到了真情。在这场洪水中，犁市镇沙元村受困户有一千多户，共2056人。在15日晚上，该村就有5个村小组开始浸水，村干部接到通知后，马上发动村民转移，但很多村民们觉得雨势不大，认为不走也行。人们可知道，天灾是说来就来，哪能凭人的主观意志而决定？15日晚上11点多，沙元村的水位就开始涨了，到了16日凌晨，该村告急，村民们已被洪水围困在家里。早上6点左右，村书记莫石明就和村主任莫冬林商量，马上从船民调小艇过来救人。于是，四条渔船的救人行动便拉开了序幕。

在这场拯救行动中，涌现出许多救人的英雄事迹。村主任莫冬林与其他村民一起驾驶一条能装三十多人的铁皮船进村来回抢救，在救出一百多名村民后，船的螺旋桨忽然被打坏了，船顿时失控。为了让船不随急流漂走，主任等人将船用绳子绑在几根竹子上，在固定铁皮船后，再朝有灾民的地方驶去。在船进村的各个路口，到处都有许多电缆。莫主任在撑船过程中，给电缆缠住而摔伤了。在这种情况下，他依然没放弃救人的念头，他想既然在船上站不稳那就蹲下来，拿斧头

农村进行抗洪自救

砍断缠住船的电缆，以便船能顺利行驶。奋战一个多小时后，村民们见他如此疲惫，叫他到岸边休息一下，但他说道：不管怎样都好，一定要在今晚之前把村民转移出去。在船上撑船的村民被他坚强的意志感染了，继续奋战到救人的行列中去，没有一句怨言，没有一丝松懈。

在大灾大难面前，我们可以看到许多“舍小家，顾大家”的事迹。在沙元村范围捕鱼已二十多年的渔民温天华，在接到救人通知后，将载有母亲、妻子及三个孩子的船扔在河中间，与其兄弟二人一起划着其他两条船，加入救人的行列中去。一艘小小的渔船，一次只能装五六个人，在洪灾面前却起到救死扶伤的作用。温天华在两天时间里，不顾危险，冲进急流地带，将两百多名村民安全转移出去。当他晚上回家后，发现妻子被毒蛇咬伤。为拯救灾民而将财物抛弃的温天华因没钱为妻子治疗，而在深夜里四处借债。洪水退后，他的两艘渔船被洪水冲走，剩下的那艘也在救人过程中严重破损。

刘乙贵，家里的几辈人都是渔民，他不曾改变这种职业。仍继承祖辈的基业，在沙元村打了几十年的鱼，一家人也在狭小的渔船上安家落户。16 日上午，刘乙贵驾着小船进村救人。在各个通道中，到处都是电缆和木头，刘乙贵和村支书莫石明就一边把树搬开，并用斧头砍断电缆，一边向前行驶，一心只想着把人救出来。在救人过程中，有些灾民为了使自己家人早点脱险，愿意出钱给刘乙贵，但刘乙贵说：“我把能救的人都救出来，不收钱。”经过一天的奋战，刘乙贵救出 200 多人。

洪水退后，村干部对村里的损失做了统计，全村经济损失惨重，但在全村人民的共同努力下，发扬了抗洪自救的精神，使全村人民安全转移，无一伤亡。

“生命之舟”救人两百

——追记 2006 年热心救人的骆新苟父子

在我市广大军民与洪魔搏斗的时候，除作为主力军的军警奋勇救出众多被困受灾群众外，许多被困地方的群众还纷纷采取各种手段进行自救，骆新苟、骆乙华父子用船救出受困群众近 200 人就是其中一感人故事。

热心救人的骆新苟父子

7 月 16 日清晨，一场超百年一遇的特大洪水袭击郁城，十里亭大桥下的上坝村顿时陷入一片汪洋之中。随着江水的不断上涨，临江的一些低矮房屋遭到灭顶之灾，村中的其他房屋也处于万分危急之中，有些已经轰然倒塌。就在村民们处于一片恐慌之际，在茫茫的雨色之中，忽然有一条小小的木船向村中驶过来，那些正在楼上、屋顶上瞪大眼睛四处张望渴求救援的村民仿佛见到了“生命之舟”，一时呼救声从四面八方传出。

驾船的人是居住在上坝村的骆新苟和骆乙华父子俩，他们都是众力发电设备有限公司的员工，小木船是他们家的，也是上坝村唯一的一条船。在上游洪水不断下泻的时候，骆新苟就一直在密切注视着水势的发展，他知道，如果水势继续上涨，整个上坝村会被淹没，村中那几百号人将被水围困，后果不堪设想，因此，他守着家中的木船，一夜不敢合眼。

16日上午8点左右，暴涨的江水涌进村中，上坝村转瞬间成了水乡泽国，许多原抱着侥幸心理而滞留在家中的村民们一时身处险境。这时，骆新苟和骆乙华父子俩急忙驾起这一叶轻舟，冒着咆哮的洪水向村中驶去。当时村中尚有几百号人，而这条小木船顶多只能容纳七八个人，因此他俩只能一次次往返村中，将村民一船船转移到安全地带。在救了一百多人后，他们又弄来一条小舰板，父子俩分头行动救人。就这样他们从上午八九点钟开始一直驾船救人到晚上约十点，抢救时间持续了十几个小时，救出被暴虐的洪魔围困的村民约200人。

在骆新苟、骆乙华奋不顾身抢救灾民的时候，他们靠近江边的家早已被水团团围住，水一直淹到二楼，而他们却没回去抢救自己的东西。水退后，他们才发现，家中一片狼藉，财产遭受到严重损失。事后，骆新苟这位瘦小、朴实的人说：“救人的好事不怕做，我做这些事无所图。”

建工棚“十帮一”　人文关怀暖民心

——追记2006年浈江区为灾民搭建住房纪实

大灾大难过后，总有无数灾民需要安置，而帐篷无疑是最快捷、最简便、最有效的救济手段，已经在世界各地成为最广泛使用的一种救灾方法，在我国也不例外。韶关发生“7·15”特大洪灾后，大批村民房屋倒塌，亟须安置，市委、市政府千方百计调集大量帐篷，为多数受灾群众建起了一个个临时住所。

但是，事物总是有其特殊性。由于粤北地区或多雨潮湿或高温闷热，帐篷因其材料多由加厚帆布制成，散热和通风功能相对较差，下雨时帐篷内潮湿泥泞，天晴时闷热难当，许多住进帐篷的村民反映比较难受，尤其是白天温度高得简直无法待下去。市委副书记华培强与浈江区委、区政府负责人经过反复调研，找到了用简易工棚代替帐篷的方法，受到受灾群众的普遍欢迎。7月29日至30日，省长黄华华再次来韶指导救灾复产工作时，对浈江区的这些做法给予充分肯定，并要求在全省受灾地区加以广泛推广。此外，为了帮助房屋全倒的特困户早日搬进新居，浈江区还在华培强副书记的倡导下，号召所有拿财政工资的公务员，采取“十帮一”的方式，资助受重灾的全倒户修建新房。

昨天，记者跟随市领导李萍及浈江区委负责人来到浈江区犁市镇下园村，目睹了受灾群众简易住房的搭建场面。

下园村是受灾比较严重的地方，全村400户人家有300多户房屋被洪水冲毁，无家可归。记者在村口看到不少搭建好的蓝色帐篷，但由于时值中午，温度太高，帐篷内基本上没有村民。

在村子中央，珠海建筑工程公司韶关分公司的工程技术人员正顶着酷暑为受灾群众搭建简易住房，在已建好的简易住房里，部分村民正在抓紧时间清理卫生，该公司派出的电工正忙于为每间房拉电线。正在帮忙搬建筑材料的珠海建筑工程公司韶关分公司总经理余宁告诉记者，下园村所有的受灾群众简易房均由其公司捐建。分两期进行，每期建筑面积在1000－1200平方米，可安置灾民100户左右，目前已建好33户。目前最大的困难就是进村的公路淤泥太厚，已有3部运材料的工程车被陷，只好改从下园渡口抢运，可搬运人手又不够，前两天还邀请了武警战士帮忙搬运了2000多块石棉瓦、3000多根竹子。临时简易住房采取人畜分开，睡房与厨房、厕所等公共生活功能区分开搭建，以保持卫生、防止疾病传播。

李萍一到简易住房搭建现场，便逐间察看，不时问一问正在施工的技术人员一些问题，并对他们的辛勤劳动表示感谢。看到有村民在打扫卫生、清除杂物和垃圾，华培强和李萍主动上前询问他们的生活状况以及对简易住房的意见。村民们说，相比之下，还是简易住房好。既宽敞、干爽，又通风、阴凉，住起来比帐篷舒服多了，而且还有厨房、冲凉房、卫生间等配套设施，房前还有走廊，大家住在一起，房子一排排的，又好看、又实用、又亲切，村民们大家都喜欢。

搭建简易住房是一项深受灾民欢迎的民心工程，黄华华省长来韶时曾要求浈江区原来已安排到帐篷内的500户灾民要陆续搬进简易住房，给这些受灾的村民创立一个相对更好的生活环境。包括珠海建筑工程公司韶关分公司在内的8家民营企业除积极捐款捐物外，又积极捐建简易住房，总经理都亲自参与搬运建筑材料。并表示：群众需要多少，他们就捐建多少！正因为有这些热心人士的关心和努力，浈江区所有需要安置的受灾群众都可以在本周内住进简易住房。

“十帮一”是为了确保受灾群众元旦前住进新房、多渠道筹集建新房资金的一个特殊手段。灾后重建新房必须以受灾群众自筹资金为主体，此外，各级政府补贴一点、贴息贷款解决一点、社会各界人士捐助一点，再就是实行“千干扶百户”的办法，发动浈江区全体公务员帮扶受灾群众建新房。捐资1000元对于一个拿财政工资的人来说，应该是不会降低其生活质量的，而对于一个一无所有、无能为力的全倒户来说，10个人对他的捐助将意味着三分之一座房子，将会使他的生活质量得到极大的改善和提高。真所谓：一户出小钱，帮助受灾群众解决了大难题。浈江区公布了这条措施后，立即在广大公务员中引起强烈反响，大家纷纷表示支持并踊跃认捐，“千干扶百户”活动也正式拉开了序幕，一定会取得圆满成功。

2006年7月30日，工人在搭建灾民简易住房

一切为了灾民早日住上新房

——追记2006年犁市镇灾区新村建设

2006年8月9日上午，随着一阵欢快的锣鼓声和清脆的鞭炮声，浈江区犁市镇连塘新村动工兴建，这标志着该区灾后重建家园工作全面正式启动。

据了解，由于受“7·15”特大洪涝灾害影响，浈江区犁市镇连塘村有30多户村民的房屋全部倒塌，另有重危房户11户。为了让受灾的村民早日住上新房，浈江区委、区政府通过上级党委政府的支持，及时组织发动群众开展灾后复产和重建家园工作。按照新农村建设的要求，全区灾区规划了18个新村和10个旧村改造点，并将在本月内全部动工兴建。昨日动工的连塘新村共规划51户，总用地面积25000平方米，根据每户的实际人数等情况，每户居住面积从80平方米至100平方米不等。

韶关市中港地产物业有限公司董事长周辉先生情系灾区，他不但主动要求承建连塘新村的工程建设，而且还无私为该新村的51户村民每户提供6000－8000元的支持，共给予30多万元用于支持连塘新村的建设。他表示，将会严格保证工程质量，加班加点尽快把房子盖好，确保连塘新村的受灾群众能够在元旦前住上新房。

2006年8月9日，浈江区犁市镇连塘新村开工仪式

2005年经济社会发展纪要

2005年，全区实现生产总值12.6亿元（不含犁市、花坪），同比增长13.3%，第一、二、三产业分别增长4.1%、18.2%、12.1%；地方财政一般预算收入1.02亿元（按原财政体制可比口径），同比增长20.54%；全社会固定资产投资4.7亿元，同比增长22%。

年内，浈江区认真实施科技兴农战略，大力发展特色农业、效益农业、现代农业，形成以水稻、蔬菜、销畜、塘鱼为主导的城郊型农业产业结构，全区蔬菜种植面积2086.7公顷，优质鱼养殖面积800公顷；积极开展农业招商，成功引进三雄公司、乳香元公司、天忆农场等项目，投资金额达1.37亿元。全年农业总产值达4.78亿元，增长4.4%；农村居民人均纯收入4361元，增长4.1%。

全面完成区属工业企业改革转制，引导企业技术改造和技术创新，累计投入改造资金1.1亿元，完成技改项目43个。年内，全区有规模以上企业22家、省级高新技术企业3家、省级民营科技企业13家，初步形成以化工、建材、轻工、机械、电力、制药等特色产业为主的工业体系。社会消费品零售总额增长14.6%，建筑业产值增长19.4%。全年完成工业总产值11.93亿元，同比增长19.92%。

立足区位优势实施第三产业旺区战略，成功引进华星、亿泰、永安南城、皇朝家私、国美、苏宁等一批大型商贸企业，以亿华物流、远达公司为龙头的汽车贸易市场已渐成规模，成为粤北乃至红三角地区最大的汽车贸易平台；信息咨询、中介服务、物业管理、社区服务等服务业发展迅速。全年社会消费品零售总额达23.18亿元，同比增长14.6%。

非公有制经济迅猛发展，全区个体工商户已达8426户，从业人员2.2万人，注册资金1.86亿元；私营企业370家，从业人员1.2万人，注册资金1.04亿元。年内完成省人大议案小型水库安全加固工程、一批机电排灌技改工程和灌溉渠道硬化工程，完成80公里乡村公路硬底化改造，改造农房460户，新建沼气池1558个，国道323线、省道248线过境段改造及武广铁路客运专线、黄竹公路、高尔夫球场道路建设进展顺利。森林生态市创建工作扎实推进，森林覆盖率达54.8%。大型建筑房地产项目碧桂园落户浈江区。全市规划建设面积最大的浈江产业转移工业园筹建工作进展顺利。

年内，浈江区社会各项事业迈上新台阶。小学适龄儿童入学率、初中阶段入学率均达到100%，小学、初中在校学生巩固率分别达到100%和99.5%。年内完成市属部分中小学的接收工作，承办广东省第一届攀岩锦标赛；人口与计划生育工作获省委、省政府表彰，社区卫生服务覆盖率达60%；新型农村合作医疗覆盖率达71.1%，名列全市第一。全面完成辖区煤矿的关闭工作，煤区社会生活基本保持稳定。

2006年经济社会发展纪要

2006年，全区实现生产总值18.15亿元，年均增长14%，其中第一、二、三产业分别增长3.84%、19.18%、13.45%；地方财政一般预算收入0.83亿元。

年内，浈江区以农村经济结构调整为主线，大力实施科技兴农战略，农业产业化进程加快，有效推动农业农村经济健康发展。培育优质鱼、三元杂交猪、元公害蔬菜等一批“名、优、特、新”农副产品，形成以水稻、蔬菜、禽畜、塘鱼为主导的城郊型农业产业结构。全区农业总产值4.87亿元，农村居民年人均纯收入4435元，分别增长4.83%和3.49%。

大力实施“工业强区”战略，积极引导企业技术改造、技术创新，初步形成以化工、建材、机械、电力、制药等特色产业为主的工业体系。全区规模以上企业26家，完成工业总产值14.03亿元，同比增长16.71%。全区非公经济发展和对外开放成效显著，其中个体工商户9619户，从业人员2.01万人，注册资金2.56亿元；私营企业326家，从业人员2950人，注册资金1.08亿元。全年累计签订外资合同8宗，合同利用外资1472万美元，实际利用外资760万美元；新签内联项目46宗，合同资金18.9亿元，实际到位资金2.8亿元。

充分发挥第三产业支撑作用，服装、日用百货、水果等各类专业批发市场购销两旺，肯德基、国美电器等一批国际国内连锁名店在区落户，以莱斯大酒店等为代表的饮食服务业水平不断提高，区内信息咨询、中介服务、物业管理、社区服务等新兴产业竞相发展。全年社会消费品零售总额达26.7亿元，同比增长14.5%。基础设施建设力度加大，全年完成国道323线过境段公路、省道248线犁市北段8.2公里路基建工程，武广客运专线过境段完成投资2.25亿元。提前三年完成“镇通村”公路硬底化改造任务。完成房地产建设项目30个，竣工面积55万平方米，建筑房地产税累计4677万元。产业转移工业园建设取得了重大突破，中山三角（浈江）产业转移工业园于上年6月动工建设，9月被省政府认定为广东省产业转移工业园，有13家企业签订入园投资协议，投资额12亿元。

年内，浈江区构建和谐浈江取得新成效，实现创建省体育先进区的目标；新型农村合作医疗覆盖率88%，位居全市前列；人口计生工作被省政府授予“广东省2006年人口与计划生育先进单位”光荣称号；全区共发放低保金202.01万元，做到应保尽保；全区农村共有3320个贫困学生享受书杂费减免政策，减免金额78.59万元。政府承诺为民办的5件实事全部落实。年内，辖区遭受“7·15”超百年一遇的特大洪灾，受灾人口16.94万人，全区2079户住房全倒户按省市的要求全部搬入新居。

2007年经济社会发展纪要

2007年，全区实现地域生产总值96.8亿元，同比增长16.1%，总量位居全市第一，实现区属生产总值21.5亿元，同比增长16.8%；完成地方财政一般预算收入11782万元，突破亿元大关，同比增长38.3%，增幅位居全市第三；完成区属全社会固定资产投资12.5亿元，同比增长128%；市区居民人均可支配收入13545元，同比增长12.5%；农村居民人均纯收入4996元，同比增长9.6%。多项主要经济指标跃居全市前列：

财税收入取得历史性突破。全区地方财政一般预算收入11782万元，增收3263万元，增幅创历史新高；全年工商各税区级收入10918万元，同比增长40.8%，其中：国税收入3333万元、同比增长30.4%，地税收入7655万元、同比增长45.8%，非税收入864万元、同比增长12.9%。税源结构进一步优化，其中：工业税收占32%，商业税收占16%，房地产业税收占12%，其他服务业税收占27%。

农业农村经济有新发展。着力消除“7·15”特大洪灾的影响，农业农村经济多项指标创历史新高。农业总产值5.7亿元，增长6.2%，第一产业增加值3.6亿元，同比增长6.1%。农村外出务工8100人，劳务收入4054万元，非农收入成为农民增收的重要渠道。农村居民人均纯收入同比增长9.6%，高出全市1.6个百分点。

工业经济快速增长。区属工业总产值9.8亿元，同比增长26.9%；第二产业增加值8.1亿元，同比增长17.7%，其中工业实现增加值6.2亿元，同比增长23.3%。

第三产业发展保持畅旺。年内，全区第三产业增加值9.8亿元，同比增长14.3%。第三产业的14个行业中有11个行业增速显著，特别是房地产业、运输辅助业、保险业的增幅分别比上年同期高17.2、33.9和105.9个百分点。辖区内的日用百货、水果、家具、汽车等各类专业市场购销两旺；以风度名城、永安南城、三江丹霞旅游商品城为代表的百货零售和旅游产品市场已形成规模；信息咨询、中介服务、物业管理、社区服务等新兴产业竞相发展；区属全社会消费品零售总额327亿元，同比增长20%。

招商引资工作和发展非公有制经济取得新成绩。全年共签订外资合同7宗，合同利用外资4600万美元，同比增长2.2倍，实际利用外资1509万美元，同比增长98.6%；内联项目87个，到位资金3.8亿元，同比增长35%；外贸出口7259万美元，同比增长46.2%。全区个体工商户9619户，私营企业326家。

全区24个重点项目进展良好，其中：武广铁路客运专线浈江段完成投资3.6亿元，韶赣高速公路浈江段完成投资7550万元，国道G323线、省道S248线过境段的建设和改造工程全面完成并通车；风度国际商业广场建成开业。全区房地产动工面积130万平方米，竣工面积90万平方米，区属建筑业产值完成7.7亿元，比上年增长21%，建筑房地产税收1.2亿元，增长256%。

年内，浈江区完成农村义务教育学校C、D级危房改造。新型农村合作医疗覆盖率99.98%。投入资金700多万元，建成区体育馆并投入使用。全区新增就业岗位4087个，80%的社区基本达到充分就业社区标准，城镇登记失业率为3.1%。全区共有1449户4077人纳入低保，发放低保金311.2万元，做到应保尽保。在全省率先启动“关爱女孩行动”安居工程，被省政府授予“广东省2007年度人口与计划生育先进单位”称号。投入创卫资金2400多万元。新建沼气池1406个，完成农房改造525户，超额完成年度任务。

2008年经济社会发展纪要

2008年，全区实现地域生产总值105.87亿元，首次突破百亿元大关，同比增长10%；其中：第一产业增加值3.35亿元，增长

6.3%；第二产业增加值34.03亿元，增长9.7%；第三产业增加值68.48亿元，增长10.2%。按常住人口计算，人均生产总值29457元，增长9.9%。三次产业结构由2007年的3.68：33.64：62.68调整为3.17：32.15：64.68，第一产业下降0.51个百分点，第二产业下降1.49个百分点，第三产业上升2个百分点。地方财政一般预算收入1.51亿元，同比增长28.06%，增幅比预期目标高出15个百分点；来源于浈江的财政收入8.48亿元，同比增长34.92%，增收2.2亿元。2008年城镇居民人均可支配收入1.51万元，同比增长11.1%；农民人均纯收入5854元，同比增长13%，城乡居民收入水平稳步提高。

农业　全年农林牧渔业总产值5.72亿元，增长6.43%。其中：农业增长5.15%；林业增长8.28%；畜牧业增长8.61%；渔业增长8.34%。第一产业增加值完成3.35亿元，同比增长6.3%。全年农作物播种面积125910亩，增长4.08%，其中：粮食播种面积70471亩，增长4.5%，粮食总产达2.8万吨，同比增长18%；油料种植面积19080亩，下降1.75%；蔬菜33559亩，增长5.63%。全年蔬菜上市6.16万吨、生猪出栏8.64万头、“三鸟”上市150.49万只、水产品上市7874吨，分别同比增长0.11%、13.8%、11.6%和3.6%。大力推进农业产业化和农村集体经济组织发展，目前全区已培育农业产业化单位4个，其中市级农业龙头企业3个，省级现代农业科技示范区1个。

工业　工业增加值28.38亿元，增长8.4%。规模以上工业增加值24.13亿元，增长8.2%，其中：国有及国有控股工业16.45亿元，增长9.3%；外商及港澳台工业4.38亿元，下降7.7%；股份制工业19.59亿元，增长11.1%；民营工业增加值4.41亿元，增长4.1%。全年轻工业增加值3.39亿元，增长21.8%；重工业增加值22.95亿元，增长5%。全年建筑业增加值5.65亿元，增长17.1%。资质等级以上建筑企业11家，比上年减少一家。完成建筑业产值18.38亿元，增长12.7%。二次产业占GDP的比重比上年提高了1.3个百分点，工业对经济贡献率为43.8%，比上年提高了15.2个百分点，拉动经济增长5.9个百分点。

第三产业　全区第三产业增加值完成68.48亿元，增长10.2%；地域社会消费品零售总额达到88.6亿元，同比增长24.5%。其中，批发业销售总额35.7亿元，同比增长24.4%；零售业销售总额40.6亿元，同比增长24.9%；住宿和餐饮业销售总额12.4亿元，同比增长23.9%。以科学规划引导行业形成功能分区，发展特色进一步显现。小岛片区以大润发等连锁超市为龙头，形成了商贸零售聚集区；南郊片以汽车销售、家居用品、服装和日用百货批发为主，形成了区域产品批发销售集散地；沿江地带以丽晶酒店、莱斯酒店和启明北美食街为骨干，形成了旅游配套服务带；东北片以碧桂园、银山高尔夫球场为核心，初步形成了高档商住和旅游休闲区。

招商引资　全区新签内联项目108宗，实际到位资金4.57亿元，同比增长21.2%；实际利用外资2205万美元，同比增长46.12%。在招商引资的促动下，非公有制经济加快发展。截至2008年年底，全区共有个体工商户有10004户，同比增长12.89%；从业人员20278人，同比增长8.41%；注册资金20824.95万元，同比增长19.0%；私营企业226户，新增55户，从业人员2340人，注册资金6462万元，同比增长10.80%。中小企业较集中的二、三产业，2008年完成增加值102.51亿元，占地域生产总值的96.8%。

年内，全区基础设施建设交通优势明显，辖区过境公路有：京珠高速公路、323国道、省道246线、省道248线、建设中的韶赣高速和正规划建设的广乐高速；过境铁路有：京广铁路、建设中的武广铁路客运专线和即将开工建设的韶赣铁路；航运有：浈江、武江、北江航道，是重要的黄金水运通道，辖区内建有大型集装箱码头，水上航运可直达广州、香港、澳门。辖区公路通车里程447.68公里，公路密度85.6公里/百平方公里，高级次路面公路296.04公里；等级公路444.65公里，其中一级公路7.76公里、二级公路50.71公里。辖区内码头2个，泊位4个，港口货物吞吐量8.4万吨，同比增长250%。浈江区通讯发达，信息产业技术普及，各种通讯及国际互联网接入方便快捷，为企业发展电子商务提供了技术平台。电力供应充足，电网遍布城乡。金融服务业发达，上百个服务网点遍及全区浈江区是韶关市职业技术教育基地和重要的中、高等级专业技术人才和技术工人培训基地，辖区拥有普通高等院校1所和各类职业技术学校23所。成功引进了国美、苏宁、永安南城、大润发、华星等一批大型商贸企业，城区大商贸已具规模，构建了汽车、建材、家具、服装、日用百货、水产、蔬菜、粮食、水果等龙头市场，商品辐射到整个广东和赣湘等省份。浈江区旅游服务业发达，莱斯大酒店等19家星级酒店遍布辖区。

在科技教育方面，全年向国家知识产权局申请专利99项，授权62项；大力引进和培育高新技术企业，现有省级高新技术企业14家、省级民营科技企业37家，5家企业建立了技术研发机构；取得科研成果15项，其中8项获市科技进步奖；实施“星火计划”5项。全面贯彻落实义务教育减免政策，共减免学生书杂费1146.28万元。2008年，全区小学入学率、巩固率和毕业率均为100%，初中入学率、巩固率和毕业率分别为100%、98.8%和100%，“普九”成果得到巩固；高中阶段毛入学率为92%，名列全市第一。体卫工作顺利通过国家督导组考核验收。教育收费示范区顺利通过省评估考核。在文化卫生方面，2008年，组织检查文化经营单位1339家（次），有力地维护了公平竞争的市场环境。组织文艺演出队伍深入基层演出16场，不断丰富群众文化生活。建成市区第一个文化广场，为广大市民提供了文化娱乐的活动平台。群众现代文明素质不断提高，“抗洪英雄”李大为当选“改革开放30周年感动广东人物”，花坪实验学校教师沈穗当选第六届“韶关市十大杰出青年”。积极推进群众性精神文明创建活动，文明村镇、文明社区等活动不断深入，莲花山矿冶居民区荣获“广东省文明社区”称号。城乡公共卫生水平有效提高。基层卫生机构的管理和建设进一步加强，完成区属医院转型为社区卫生服务中心的试点工作。新型农村合作医疗参合率为100%，名列全市第一。抓好传染病防治工作，有效控制流感及狂犬病疫情。组织医务人员圆满完成抗灾救灾工作任务。成功创建6个省级卫生村，创建数量名列全市第一。在体育方面，2008年，成功举办了区机关迎春运动会、外来工迎春体育活动、“三八”妇女节体育竞赛和第二届农民运动会，完成了10个行政村的农民体育健身工程，营造了全民健身的良好氛围。成功承办了广东省第四届“莱斯杯”毽球锦标赛；曲仁办事处完成创建全国体育先进社区申报工作；莲花山矿冶居民区成功创建为省体育先进社区。在就业和社会保障方面，2008年，全区新增就业人数3997人，辖区就业服务机构成功推荐3700多人（次）实现就业再就业，开发公益性工作岗位585个，财政补贴资金702万元，城镇登记失业率为3.2%。全年发放低保金407.99万元，做到应保尽保。全区向四川地震灾区捐款203.8万元。残疾人社区康复示范区顺利通过省达标验收。

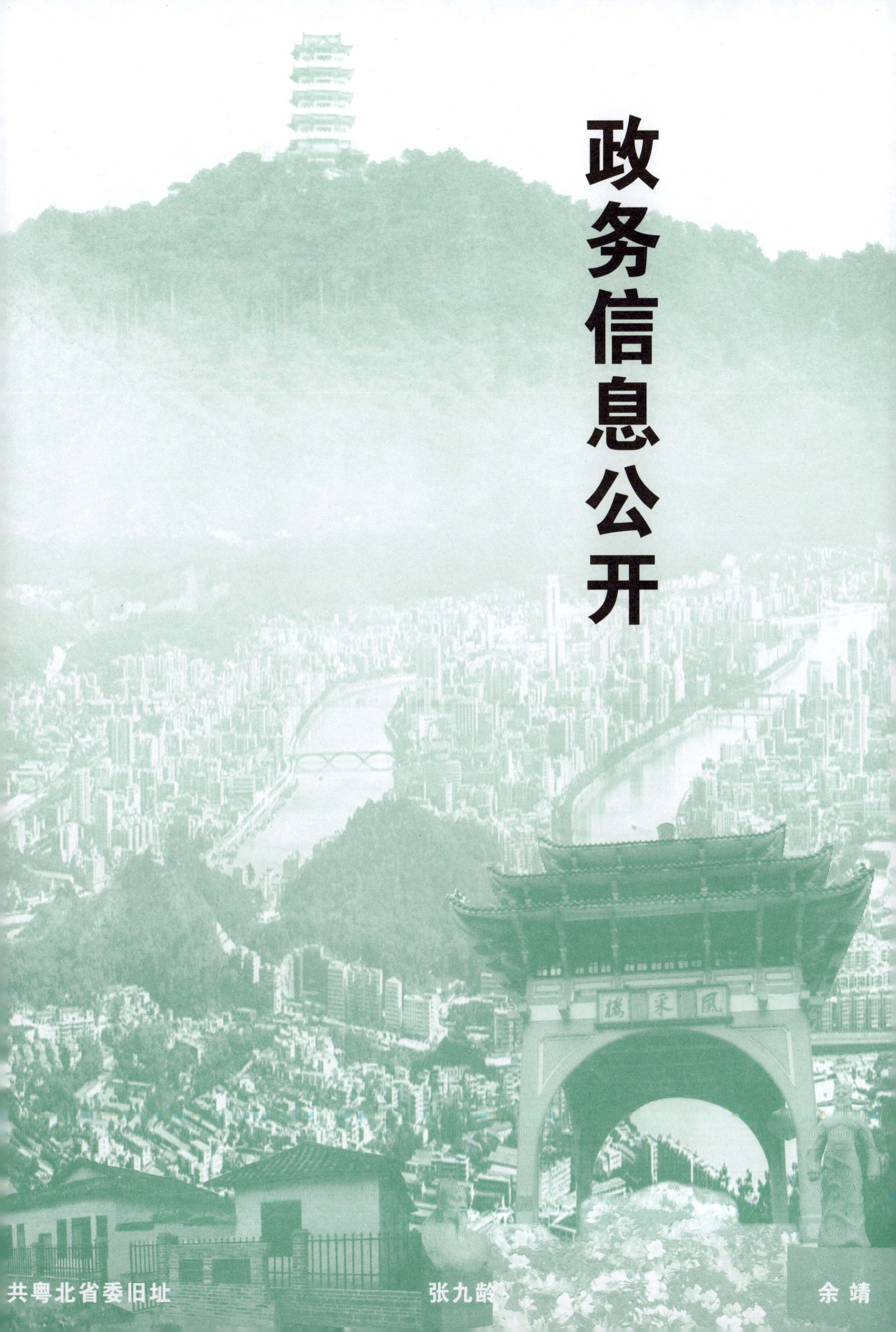
政务信息公开
鳳采樓
共粤北省委旧址
张九龄
余靖

区政府政务信息公开指南

根据《中华人民共和国政府信息公开条例》（以下简称《条例》），本机关制作和从公民、法人或者其他组织获取并由本机关保存的政府信息，除依法免予公开的外，由本机关负责主动公开或者依公民、法人或者其他组织的申请予以提供。为了更好地提供政府信息公开服务，本机关编制了《韶关市浈江区政府信息公开指南》（以下简称《指南》）。需要获得本机关政府信息公开服务的公民、法人或者其他组织，建议阅读本《指南》。

本《指南》每年更新一次。公民、法人或者其他组织可以在韶关市浈江区人民政府公众信息网（http：//www. sgzj. gov. cn/）上查阅本《指南》，也可以到本《指南》指定发放点韶关市浈江区人民政府办公室（地址：韶关市韶瑶路1号）领取。

一、信息分类和编排体系

本机关在职责范围内，负责主动或依申请公开下列各类政府信息：

（一）机构职能

主要包括：本机关机构设置及主要职能情况；机构领导及分工情况；内设机构设置及职能情况；下（直）属单位设置及职能情况等。

（二）规章文件

主要包括：由本区制定的规章；以本机关名义发布或者本机关作为主办部门与其他部门联合发布的规范性文件等。

（三）规划计划

主要包括：国民经济和社会发展规划、专项规划、区域规划；本机关阶段性工作计划、工作重点安排等。

（四）业务工作

主要包括：本部门各项行政许可的事项、依据、条件、数量、程序、期限以及申请行政许可需要提交的全部材料目录及办理情况；行政事业性收费的项目、依据、标准；政府集中采购项目的目录、标准及实施情况；重大建设项目的批准和实施情况；环境保护、公共卫生、安全生产、食品药品、产品质量的监督检查情况；扶贫、教育、医疗、社会保障、促进就业等方面的政策、措施及其实施情况；突发公共事件的应急预案、预警信息及应对情况等。

（五）统计数据

主要包括：财政预算、决算报告；国民经济和社会发展统计信息；专项统计报告；年鉴等。

（六）其他

主要包括：本机关重要会议、活动的主要情况；人事任免事项；本机关公务员及事业单位工作人员招考录用计划、程序、结果等，以及本机关职责范围内依法应当公开的其他信息。

为方便公民、法人或者其他组织查询本机关主动和依申请公开的政府信息，本机关编制了《韶关市浈江区政府信息公开目录》（以下简称《目录》）。本机关在编排以上各类政府信息时，按照业务和信息类别，划分为1～3级类目。公民、法人或者其他组织可以在韶关市浈江区人民政府公众信息网（http：//www. sgzj. gov. cn/）上查阅该《目录》，也可以到韶关市浈江区人民政府办公室（地址：韶关市韶瑶路1号）查阅。

二、获取形式

（一）主动公开

本机关主动公开的政府信息范围，详见《目录》。

公开形式

本机关政府信息公开主要采取政府网站网上公开形式。本机关网上信息公开网址为韶关市浈江区人民政府公众信息网（http：//www.sgzj.gov.cn/）。

本机关还将采用以下辅助方式主动公开政府信息：

1．通过政府公报、新闻发布会等形式和报纸、广播、电视等公共媒体主动公开政府信息；2．本机关在韶关市浈江区行政服务中心（地址：韶关市鹅坑桥永安大厦A座2楼）设有政府信息公开查阅点，公民、法人或者其他组织可以到该查阅点查阅本机关公开的政府信息；3．本机关在韶关市浈江区人民政府门楼左侧（地址：韶关市韶瑶路1号）设有政府信息公告栏、在韶关市浈江区行政服务中心（地址：韶关市鹅坑桥永安大厦A座2楼）设有电子屏幕，主动公开政府信息。

本机关网上公开的信息，除本机关机构设置及主要职能信息以外，网上留存的期限为2年。超过留存期的信息，本机关不再继续通过网上公开，公民、法人或者其他组织可以到本机关设立的公共查阅点（韶关市浈江区行政服务中心）查阅。

公开时限

本机关主动公开的政府信息，自政府信息形成或者变更之日20个工作日内予以公开。法律、法规对政府信息公开的期限另有规定的，从其规定。

（二）依申请公开

除本机关主动公开的政府信息外，公民、法人或者其他组织可以根据自身生产、生活、科研等特殊需要，向本机关申请获取相关政府信息。

本机关政府信息公开申请受理机构（见本《指南》第三条），负责受理公民、法人或者其他组织向本机关提出的政府信息公开申请。

提出申请

向本机关申请获取政府信息的，应当书面填写《浈江区人民政府信息公开申请表》（以下简称《申请表》，见附件）。《申请表》可以在受理机构处领取，也可以在本机关网站上下载电子版，复制有效。

申请人对申请获取信息的描述请尽量详尽、明确；若有可能，请提供该信息的标题、发布时间、文号或者其他有助于本机关确定信息内容的提示。

1．本机关受理书面提交的政府信息公开申请。除申请人当面提交《申请表》外，申请人通过信函方式提出申请的，请在信封左下角注明“政府信息公开申请”的字样；申请人通过电报、传真方式提出申请的，请相应注明“政府信息公开申请”的字样。

2．本机关受理通过互联网提交的政府信息公开申请。申请人可通过互联网在本机关网站上填写电子版《申请表》，向本机关提交政府信息公开申请，网址为韶关市浈江区人民政府公众信息网（http：//www.sgzj.gov.cn/）。

申请人向本机关申请获取与自身相关的注册登记、税费缴纳、社会保障等方面政府信息时，应当出示有效身份证件或证明文件，当面向本机关提交书面申请。

本机关不直接受理通过电话、短消息等方式提出的申请，但申请人可以通过电话咨询相应的服务业务。

申请处理

本机关收到公民、法人或者其他组织提出的政府信息公开申请后，根据需要，通过相应方式对申请人身份进行核对。

本机关收到申请后，将从形式上对申请的要件是否完备进行审查，对于要件不完备的申请予以退回，要求申请人补正信息。

对申请人提出的政府信息公开申请，本

机关将根据不同情况分别作出答复，详见本机关处理政府信息公开申请流程图（见附件）。

本机关办理申请人政府信息公开申请时，能够当场答复的，将当场答复；不能当场答复的，自收到申请之日起15个工作日内予以答复；确需延长答复期限的，经政府信息公开工作机构负责人同意，延长答复时间不超过15个工作日，并告知申请人。《条例》另有规定的，从其规定。

本机关依申请提供信息时，除不应当公开的内容外，根据掌握该信息的实际状态进行提供，不对信息进行加工、统计、研究、分析或者其他处理。

收费标准

本机关依申请提供政府信息的收费标准依照国家物价与财政部门制定的标准执行，收取的费用全部上缴财政。

申请公开政府信息的公民，确有经济困难的，本人可向本机关提出减免相关费用的申请，并填写《申请表》相关栏目。

三、政府信息公开工作机构

本机关政府信息公开工作机构为：韶关市浈江区人民政府办公室

办公地址：韶关市韶瑶路9号

邮政编码：512023；联系电话：0751－8882139；传真：8862635

办公时间：8:00－12:00　14:30－17:30（工作日）

电子信箱：zjqxfb@163.com

本机关政府信息公开申请受理机构为：韶关市浈江区行政服务中心

办公地址：韶关市鹅坑桥永安大厦A座2楼

邮政编码：512023；联系电话：0751－8252329；传真：0751－8252328

办公时间：8:00－12:00　14:30－17:30（工作日）

电子信箱：sgzjxzzx@163.com

四、其他

公民、法人或者其他组织认为本机关提供的与其自身相关的政府信息记录不准确的，可以向本机关提出更正申请，并提供证据材料。本机关将根据申请作出相应处理，并告知申请人。

公民、法人或者其他组织认为本机关未依法履行政府信息公开义务的，可以向本机关投诉举报（投诉电话：0751－8252329，传真：0751－8252328，电子邮箱：sgzjxzzx@163.com，办公地址：韶关市鹅坑桥永安大厦A座2楼，邮政编码：512023，接待投诉时间：工作日8:00－12:00　14:30－17:30）。

公民、法人或其他组织也可以向上级行政机关、监察机关或者政府信息公开工作主管部门举报。

公民、法人或者其他组织认为行政机关在政府信息公开工作中的具体行政行为侵犯其合法权益的，公民、法人和其他组织可以依法申请行政复议或提起行政诉讼。

附件（略）

政府办公室政务信息公开指南

为了更好地提供政府信息公开服务，方便公众快速、准确地查找浈江区人民政府办公室依法公开的政府信息，根据《中华人民共和国政府信息公开条例》的规定，制定本指南。

一、主动公开政府信息

（一）公开的范围。

浈江区人民政府办公室依法公开的政府信息为浈江区人民政府办公室印发的非涉密公文类信息，包括：涉及公民、法人、其他组织切身利益的；需要社会公众广泛知晓或者参与的；反映区政府和区政府办公室机构设置、职能、办事程序等情况的；依照法律、法规和国家有关规定应当主动公开的公文。具体参照《韶关市人民政府办公室政府信息公开目录》。

（二）公开的方式。

浈江区人民政府办公室依法公开的政府信息主要是通过浈江区政府门户网站公开，另以新闻发布会以及报刊、广播、电视等其他辅助方式公开。

浈江区人民政府门户网站（http：//www. sgzj. gov. cn）。

浈江区人民政府门户网站（http：//www. sgzj. gov. cn）开设浈江区人民政府办公室政府信息公开栏目，公众可通过浈江区人民政府办公室政府信息公开目录的引导，查找浈江区人民政府办公室公开的政府信息。

政府信息公开目录使用方法：

1. 栏目导航：将公开的政府信息划分为“机构职能”、“政府文件”和“其他”三部分，下设5个信息类别，其中“其他文件”细分为16个子类。点击其中某一个，可显示相关信息子类或信息列表；点击列表中的条目名称，可显示该信息的详细内容。

2. 信息搜索：所需政府信息可通过站内搜索引擎查询。

二、依申请公开政府信息

除主动公开的政府信息外，公民、法人或者其他组织可以根据自身生产、生活、科研等特殊需要，向韶关市人民政府办公室申请获取相关政府信息。

（一）受理机构、时间、地点。

浈江区人民政府办公室自2008年5月1日起正式受理依申请公开，受理机构为浈江区人民政府办公室，详细地址：韶关市浈江区韶瑶路1号区政府办公室，办公时间：周一至周五，8:30－12:00，14:30－17:30（节假日、公休日除外，季节性办公时间调整见公告）。联系电话：0751－8882139，传真号码：0751－8862635，电子邮箱：zjqzfb@163. com，邮政编码：512023.

（二）受理方式。

向浈江区人民政府办公室申请获取政府信息的公民、法人或者其他组织（以下简称申请人），应当填写《浈江区人民政府办公室政府信息公开申请表》（以下简称《申请表》，见附件）。《申请表》可以在受理机构处领取，也可以在浈江区人民政府门户网站（http：//www. sgzj. gov. cn）下载，复制有效。

申请人对申请获取信息的描述要尽量详尽、明确，若有可能，提供该信息的标题、发布时间、文号或者其他有助于受理机构确定信息内容的提示。

浈江区人民政府办公室暂不受理通过信函、电报、电话、传真、短消息等方式提出的申请，但申请人可以通过电话咨询相应的服务业务。

（三）申请处理。

受理机构收到申请后，将从形式上对申请的要件是否完备进行审查，对于要件不完备的申请予以退回，要求申请人补正信息。

对申请人提出的申请，受理机构将根据不同情况分别作出答复。详见处理政府信息公开申请流程图（附件）。

受理机构办理申请人的申请时，能够当场答复的，将当场答复；不能当场答复的，自收到申请之日起15个工作日内予以答复；确需延长答复期限的，经政府信息公开工作机构负责人同意，延长答复时间不超过15个工作日，并告知申请人。

（四）收费标准。

1. 依照物价与财政部门制订的收费标准，收取依申请公开政府信息过程中发生的检索、复制、邮寄成本费用，收取的费用全部上缴财政。

2. 农村五保户供养对象、城乡居民最低生活保障对象，以及领取国家抚恤补助的优抚对象，凭所在地镇（乡）人民政府或街道办事处出具的有效证明，经本人申请、韶关市人民政府办公室审核，可以免收相关费用。

附件（略）

区发展和改革（物价）局政务信息公开指南

《中华人民共和国政府信息公开条例》（以下简称《条例》）于2007年4月5日以国务院令第492号令发布，将于2008年5月1日起施行。

为了方便公民、法人和其他组织获得本机关的政府信息公开服务，按照《条例》要求，特编制本《指南》。

一、主动公开

（一）公开形式

本机关主要通过政府网站主动公开政府信息，网址为：http：//www. sgzj. gov. cn/。

此外，本机关还将采用以下辅助形式主动公开政府信息：

1. 通过广播、电视、报纸等公共媒体公开政府信息；

2.《浈江发改信息》；

3. 公开栏等其他形式。

（二）政府信息目录

本机关的政府信息目录将通过上述网站等予以公示。

（三）公开时限

按照《条例》规定，2008年5月1日起，本机关制作的政府信息属于主动公开的，自形成或变更之日起20个工作日内通过上述网站等形式予以主动公开。

二、依申请公开

公民、法人和其他组织根据自身生产、生活、科研等特殊需要，且涉及本机关的政府信息，可以填写《浈江区发展和改革局政府信息公开申请表》（以下简称《申请表》），向本机关提出申请。

（一）受理机构

本机关自2008年5月1日起正式受理政府信息公开申请，受理机构为浈江区发展和改革局办公室。

咨询电话：8230505，传真号码：8255118，通信地址：韶瑶路10号，邮政编码：512023，电子邮箱：zjqfgj@163. com。咨询时间：周一至周五：8:30－11:30，15:00－17:00，法定节假日除外。

（二）依申请的具体步骤

1. 提出申请

申请人可以填写《申请表》提出申请。申请表应当填写完整、内容真实有效。《申请表》可从本区政府网站下载或向本机关申请《申请表》。《申请表》复制有效。

采用书面形式确有困难的，申请人可以口头提出，由本行政机关工作人员代为填写政府信息公开申请。

个人提出申请时，请同时提供身份证复印件。法人或其他组织提出申请时，请同时提供组织机构代码证复印件以及营业执照复印件。

申请人应当对申请材料的真实性负责。

2. 递交申请

申请人可以通过亲自到机关、信函、传真、电子邮件等方式递交填写完整的《申请表》。通过信函方式提出申请的，请在信封左下角注明“政府信息公开申请”字样；通过传真方式提出申请的，请在传真左上角注明“政府信息公开申请”字样；通过电子邮件方式提出申请的，请在邮件主题中注明“政府信息公开申请”字样。

本机关不直接受理通过电话提出的政府信息公开申请，但申请人可以通过电话咨询申请程序。

（三）申请的办理步骤

1. 审查

本机关收到《申请表》后，对《申请表》进行审查。对于《申请表》填写不完整或未提供有效身份证明的申请，将要求补充或更正。

2. 答复

对申请公开的政府信息，本行政机关根据下列情况分别作出答复：

（一）属于公开范围的，可以告知申请人获取该政府信息的方式和途径；

（二）属于不予公开范围的，应当告知申请人并说明理由；

（三）依法不属于本行政机关公开或者该政府信息不存在的，应当告知申请人，对能够确定该政府信息的公开机关的，应当告知申请人该行政机关的名称、联系方式；

（四）申请内容不明确的，应当告知申请人作出更改、补充；

（五）申请公开的政府信息中含有不应当公开的内容，但是能够作区分处理的，本行政机关应当向申请人提供可以公开的信息内容；

（六）本行政机关认为申请公开的政府信息涉及商业秘密、个人隐私，公开后可能损害第三方合法权益的，应当书面征求第三方的意见；第三方不同意公开的，不得公开。但是，本行政机关认为不公开可能对公共利益造成重大影响的，应当予以公开，并将决定公开的政府信息内容和理由书面通知第三方。

3. 提供信息

（一）本行政机关收到政府信息公开申请，能够当场提供政府信息的，应当当场提供；

（二）本行政机关不能当场提供信息的，自收到申请之日起 15 个工作日内予以答复；如需延长答复期限的，应当经政府信息公开工作机构负责人同意，并告知申请人，延长答复的期限最长不得超过 15 个工作日。

申请公开的政府信息涉及第三方权益的，行政机关征求第三方意见所需时间不计算在本条规定的期限内。

（三）本行政机关依申请公开政府信息，应当按照申请人要求的形式予以提供；无法按照申请人要求的形式提供的，可以通过安排申请人查阅相关资料、提供复制件或者其他适当形式提供。

（四）本行政机关向申请人提供政务信息，按有关规定收取实际发生的检索、复制、邮寄、递送等成本费用。申请公开政府信息的公民确有经济困难的，经本人申请、本行政机关政府信息公开工作机构负责人审核同意，可以减免相关费用。

申请公开本行政机关的公民存在阅读困难或者视听障碍的，本行政机关可以为其提供必要的帮助。

本指南适时更新。

区经济贸易局政务信息公开指南

根据《中华人民共和国政府信息公开条例》（以下简称《条例》），本机关制作和从公民、法人或者其他组织获取并由本机关保存的政府信息，除依法免予公开的外，由本机关负责主动公开或者依公民、法人或者其他组织的申请予以提供。

为了更好地提供政府信息公开服务，本机关编制了《韶关市浈江区经济贸易局政府信息公开指南》（以下简称《指南》）。需要获得本机关政府信息公开服务的公民、法人或者其他组织，建议阅读本《指南》。

本《指南》每年更新一次。公民、法人或者其他组织可以在韶关市浈江区人民政府网站（http：//www. sgzj. gov. cn）和中国中小企业广东浈江信息网站（http：//zjq. gdsme. com. cn）上查阅本《指南》，也可以到本《指南》指定发放点韶关市浈江区经济贸易局综合办（地址：韶关市韶瑶路13号区政府楼509室）领取。

一、信息分类和编排体系

本机关在职责范围内，负责主动或依申请公开下列各类政府信息：

（一）机构职能

主要包括：本机关机构设置及主要职能情况；机构领导及分工情况；内设机构设置及职能情况；下（直）属单位设置及职能情况等。

（二）规章文件

主要包括：由本市制定的规章；以本机关名义发布或者本机关作为主办部门与其他部门联合发布的规范性文件等。

（三）规划计划

主要包括：工业商贸经济发展专项规划；本机关阶段性工作计划、工作重点安排等。

（四）业务工作

主要包括：本部门各项行政许可的事项、依据、条件、数量、程序、期限以及申请行政许可需要提交的全部材料目录及办理情况等方面的政策、措施及其实施情况等。

（五）统计数据

主要包括：专项统计信息、报告等。

（六）其他

主要包括：本机关重要会议、活动的主要情况；人事任免事项；本机关公务员及事业单位工作人员招考录用计划、程序、结果等，以及本机关职责范围内依法应当公开的其他信息。

为方便公民、法人或者其他组织查询本机关主动和依申请公开的政府信息，本机关编制了《韶关市浈江区经济贸易局政府信息公开目录》（以下简称《目录》）。本机关在编排以上各类政府信息时，按照业务和信息类别，划分为1~3级类目。公民、法人或者其他组织可以在韶关市浈江区人民政府网站（http：//www. sgzj. gov. cn）和中国中小企业广东浈江信息网站（http：//zjq. gdsme. com. cn）上查阅该《目录》，也可以到韶关市浈江区经济贸易局综合办（地址：韶关市韶瑶路13号区政府楼509室）查阅。

二、获取形式

（一）主动公开

本机关主动公开的政府信息范围，详见《目录》。

公开形式

本机关政府信息公开主要采取政府网站网上公开形式。本机关网上信息公开网址为http：//zjq. gdsme. com. cn.

本机关还将采用以下辅助方式主动公开

政府信息：

1. 通过政府公报、新闻发布会等形式和报纸、广播、电视等公共媒体主动公开政府信息；

2. 本机关在韶关市浈江区经济贸易局综合办（地址：韶关市韶瑶路 13 号区政府楼 509 室）设有政府信息公开查阅点，公民、法人或者其他组织可以到该查阅点查阅本机关公开的政府信息；

3. 本机关在韶关市浈江区经济贸易局综合办（地址：韶关市韶瑶路 13 号区政府楼 509 室）设有政府信息公告栏，主动公开政府信息。

本机关网上公开的信息，除规范性文件等信息以外，网上留存的期限为 2 年。超过留存期的信息，本机关不再继续通过网上公开，公民、法人或者其他组织可以到本机关设立的公共查阅点（韶关市浈江区经济贸易局综合信息科）查阅。

公开时限

本机关主动公开的政府信息，自政府信息形成或者变更之日 20 个工作日内予以公开。法律、法规对政府信息公开的期限另有规定的，从其规定。

（二）依申请公开

除本机关主动公开的政府信息外，公民、法人或者其他组织可以根据自身生产、生活、科研等特殊需要，向本机关申请获取相关政府信息。本机关政府信息公开申请受理机构（见本《指南》第三条），负责受理公民、法人或者其他组织向本机关提出的政府信息公开申请。

提出申请

向本机关申请获取政府信息的，应当书面填写《韶关市政府信息公开申请表》（以下简称《申请表》，见附件）。《申请表》可以在受理机构处领取，也可以在本机关网站上下载电子版，复制有效。

申请人对申请获取信息的描述请尽量详尽、明确；若有可能，请提供该信息的标题、发布时间、文号或者其他有助于本机关确定信息内容的提示。

1. 本机关受理书面提交的政府信息公开申请。

除申请人当面提交《申请表》外，申请人通过信函方式提出申请的，请在信封左下角注明“政府信息公开申请”的字样；申请人通过电报、传真方式提出申请的，请相应注明“政府信息公开申请”的字样。

2. 本机关受理通过互联网提交的政府信息公开申请。

申请人可通过互联网在本机关网站上填写电子版《申请表》，向本机关提交政府信息公开申请，网址为 http：//www. sgjm. gov. cn。

申请人向本机关申请获取与自身相关的政府信息时，应当出示有效身份证件或证明文件，当面向本机关提交书面申请。

本机关不直接受理通过电话、短消息等方式提出的申请，但申请人可以通过电话咨询相应的服务业务。

申请处理

本机关收到公民、法人或者其他组织提出的政府信息公开申请后，根据需要，通过相应方式对申请人身份进行核对。

本机关收到申请后，将从形式上对申请的要件是否完备进行审查，对于要件不完备的申请予以退回，要求申请人补正信息。

对申请人提出的政府信息公开申请，本机关将根据不同情况分别作出答复，详见本机关处理政府信息公开申请流程图（见附件）。

本机关办理申请人政府信息公开申请时，能够当场答复的，将当场答复；不能当场答复的，自收到申请之日起 15 个工作日内予以答复；确需延长答复期限的，经政府信息公开工作机构负责人同意，延长答复时间不超过15个工作日，并告知申请人。《条例》另有规定的，从其规定。

本机关依申请提供信息时，除不应当公开的内容外，根据掌握该信息的实际状态进行提供，不对信息进行加工、统计、研究、分析或者其他处理。

收费标准

本机关依申请提供政府信息的收费标准依照国家物价与财政部门制定的标准执行，收取的费用全部上缴财政。申请公开政府信息的公民，确有经济困难的，本人可向本机关提出减免相关费用的申请，并填写《申请表》相关栏目。

三、政府信息公开工作机构

本机关政府信息公开工作机构：韶关市浈江区经济贸易局综合办

办公地址：韶关市韶瑶路13号区政府楼509室

邮政编码：512023

办公时间：8:30－12:00　14:30－17:30（工作日）

联系电话：0751－8235903

传　　真：0751－8235903

电子信箱：Sgzjjm@163. com

本机关政府信息公开申请受理机构：韶关市浈江区经济贸易局综合办

办公地址：韶关市韶瑶路13号区政府楼509室

邮政编码：512023

办公时间：8:30－12:00　14:30－17:30（工作日）

联系电话：0751－8235903

传　　真：0751－8235903

电子信箱：Sgzjjm@163. com

四、其他

公民、法人或者其他组织认为本机关提供的与其自身相关的政府信息记录不准确的，可以向本机关提出更正申请，并提供证据材料。本机关将根据申请作出相应处理，并告知申请人。公民、法人或者其他组织认为本机关未依法履行政府信息公开义务的，可以向本机关投诉举报（投诉电话：8235903，传真：8235903，办公地址：韶关市韶瑶路13号区政府楼509室韶关市浈江区经济贸易局综合办，邮政编码：512023，投诉时间：工作日8:30－12:00　14:30－17:30）。

公民、法人或其他组织也可以向上级行政机关、韶关市浈江区机关效能监督投诉中心（电话：0751－8866930）或者韶关市浈江区政府信息公开工作领导小组办公室（电话：0751－8866930）举报。

公民、法人或者其他组织认为行政机关在政府信息公开工作中的具体行政行为侵犯其合法权益的，公民、法人和其他组织可以依法申请行政复议或提起行政诉讼。

附件（略）

区外经局政务信息公开指南

根据《中华人民共和国政府信息公开条例》（以下简称《条例》），本机关制作和从公民、法人或者其他组织获取并由本机关保存的政府信息，除依法免予公开的外，由本机关负责主动公开或者依公民、法人或者其他组织的申请予以提供。

为了更好地提供政府信息公开服务，本机关编制了《韶关市浈江区对外经济贸易局政府信息公开指南》（以下简称《指南》）。需要获得本机关政府信息公开服务的公民、法人或者其他组织，建议阅读本《指南》。

本《指南》每年更新一次。公民、法人或者其他组织可以到本《指南》指定发放点韶关市浈江区外经局办公室（地址：韶关市韶瑶路13号）领取。

一、信息分类和编排体系

本机关在职责范围内，负责主动或依申请公开下列各类政府信息：

（一）机构职能

主要包括：本机关机构设置及主要职能情况；机构领导及分工情况；内设机构设置及职能情况；下（直）属单位设置及职能情况等。

（二）规章文件

主要包括：由本区制定的规章；以本机关名义发布或者本机关作为主办部门与其他部门联合发布的规范性文件等。

（三）规划计划

主要包括：国民经济和社会发展规划、专项规划、区域规划；本机关阶段性工作计划、工作重点安排等。

（四）业务工作

主要包括：本部门各项行政许可的事项、依据、条件、数量、程序、期限以及申请行政许可需要提交的全部材料目录及办理情况；行政事业性收费的项目、依据、标准等。

（五）统计数据

主要包括：国民经济和社会发展统计信息；专项统计报告；年鉴等。

（六）其他

主要包括：本机关重要会议、活动的主要情况；人事任免事项等，以及本机关职责范围内依法应当公开的其他信息。

二、获取形式

（一）主动公开

公开形式

本机关政府信息公开主要采取政府网站网上公开形式。本机关网上信息公开网址为韶关市浈江区人民政府公众信息网（http：//www. sgzj. gov. cn/）。

本机关还将采用以下辅助方式主动公开政府信息：

1. 通过政府公报、新闻发布会等形式和报纸、广播、电视等公共媒体主动公开政府信息；

2. 本机关在韶关市浈江区外经局（地址：韶关市韶瑶路13号）设有政府信息公开查阅点，公民、法人或者其他组织可以到该查阅点查阅本机关公开的政府信息；

3. 本机关在韶关市浈江区外经局走廊（地址：韶关市韶瑶路13号）设有政府信息公告栏，主动公开政府信息。

本机关网上公开的信息，除本机关机构设置及主要职能信息以外，网上留存的期限为2年。超过留存期的信息，本机关不再继续通过网上公开，公民、法人或者其他组织可以到本机关设立的公共查阅点查阅。

公开时限

本机关主动公开的政府信息，自政府信息形成或者变更之日20个工作日内予以公开。法律、法规对政府信息公开的期限另有规定的，从其规定。

（二）依申请公开

除本机关主动公开的政府信息外，公民、法人或者其他组织可以根据自身生产、生活、科研等特殊需要，向本机关申请获取相关政府信息。

本机关政府信息公开申请受理机构（见本《指南》第三条），负责受理公民、法人或者其他组织向本机关提出的政府信息公开申请。

提出申请

向本机关申请获取政府信息的，应当书面填写《广东省政府信息公开申请表》（以下简称《申请表》，见附件）。《申请表》可以在受理机构处领取，复制有效。申请人对申请获取信息的描述请尽量详尽、明确；若有可能，请提供该信息的标题、发布时间、文号或者其他有助于本机关确定信息内容的提示。

1. 本机关受理书面提交的政府信息公开申请。

除申请人当面提交《申请表》外，申请人通过信函方式提出申请的，请在信封左下角注明“政府信息公开申请”的字样；申请人通过电报、传真方式提出申请的，请相应注明“政府信息公开申请”的字样。

2. 本机关受理通过互联网提交的政府信息公开申请。

申请人可通过互联网在本机关网站上填写电子版《申请表》，向本机关提交政府信息公开申请，网址为韶关市浈江区人民政府公众信息网（http：//www. sgzj. gov. cn/）。

申请人向本机关申请获取与自身相关方面的政府信息时，应当出示有效身份证件或证明文件，当面向本机关提交书面申请。

本机关不直接受理通过电话、短消息等方式提出的申请，但申请人可以通过电话咨询相应的服务业务。

申请处理

本机关收到公民、法人或者其他组织提出的政府信息公开申请后，根据需要，通过相应方式对申请人身份进行核对。

本机关收到申请后，将从形式上对申请的要件是否完备进行审查，对于要件不完备的申请予以退回，要求申请人补正信息。

对申请人提出的政府信息公开申请，本机关将根据不同情况分别作出答复，详见本机关处理政府信息公开申请流程图（见附件）。

本机关办理申请人政府信息公开申请时，能够当场答复的，将当场答复；不能当场答复的，自收到申请之日起15个工作日内予以答复；确需延长答复期限的，经政府信息公开工作机构负责人同意，延长答复时间不超过15个工作日，并告知申请人。《条例》另有规定的，从其规定。

本机关依申请提供信息时，除不应当公开的内容外，根据掌握该信息的实际状态进行提供，不对信息进行加工、统计、研究、分析或者其他处理。

收费标准

本机关依申请提供政府信息的收费标准依照国家物价与财政部门制定的标准执行，收取的费用全部上缴财政。

申请公开政府信息的公民，确有经济困难的，本人可向本机关提出减免相关费用的申请，并填写《申请表》相关栏目。

三、政府信息公开工作机构

本机关政府信息公开工作机构及申请受理机构为：韶关市浈江区外经局办公室

办公地址：韶关市韶瑶路13号

邮政编码：512023

办公时间：8:30－12:00　14:30－17:30（工作日）

联系电话：0751－8882979

传　　真：8882979

电子信箱：sg8882979@163. com

四、其他

公民、法人或者其他组织认为本机关提供的与其自身相关的政府信息记录不准确的，可以向本机关提出更正申请，并提供证据材料。本机关将根据申请作出相应处理，并告知申请人。

公民、法人或者其他组织认为本机关未依法履行政府信息公开义务的，可以向本机关投诉举报（投诉电话：0751－8255820，传真：8255820，办公地址：韶关市韶瑶路13号，邮政编码：512023，接待投诉时间：工作日8:30－12:00　14:30－17:30）。

公民、法人或其他组织也可以向上级行政机关、监察机关或者政府信息公开工作主管部门举报。

公民、法人或者其他组织认为行政机关在政府信息公开工作中的具体行政行为侵犯其合法权益的，公民、法人和其他组织可以依法申请行政复议或提起行政诉讼。

附件（略）

区教育局政务信息公开指南

根据《中华人民共和国政务信息公开条例》（以下简称《条例》），本机关制作和从公民、法人或者其他组织获取并由本机关保存的政务信息，除依法免予公开的外，由本机关负责主动公开或者依公民、法人或者其他组织的申请予以提供。

为了更好地提供政务信息公开服务，本机关编制了《浈江区教育局信息公开指南》（以下简称《指南》）。需要获得本机关政务信息公开服务的公民、法人或者其他组织，建议阅读本《指南》。

本《指南》每年更新一次。公民、法人或者其他组织可以在浈江区教育局信息网（http：//www. sgzjkj. com/）上查阅本《指南》，也可以到本《指南》指定发放点浈江区教育局办公室（地址：韶关市西堤横街4号）领取。

一、信息分类和编排体系

本机关在职责范围内，负责主动或依申请公开下列各类政务信息：

（一）机构职能

主要包括：本机关机构设置及主要职能情况；机构领导及分工情况；内设机构设置及职能情况；下（直）属单位设置及职能情况等。

（二）规章文件

主要包括：由本局制定的规章；以本机关名义发布或者本机关作为主办部门与其他部门联合发布的规范性文件等。

（三）规划计划

主要包括：本区教育事业发展规划；本机关阶段性工作计划、工作重点安排等。

（四）业务工作

1. 贯彻执行党和国家以及省、市的科技、教育的方针、政策和法规，拟订地方性科技教育规章，并组织实施。

2. 研究提出全区科技和教育事业发展的中、长期规划和年度计划，提出科技和教育改革的政策和思路以及教育发展的方向、重点、结构、速度，并协调指导实施。

3. 会同区有关部门的研究确定全区科技、教育发展重大布局，制定科技促进经济、社会发展的重点计划以及相关的政策措施，负责“星火”、“火炬”计划和重点推广应用计划项目申报和实施工作，推进各行业的技术进步。

4. 组织对科学成果鉴定、申报、奖励、推广和科技信息的咨询、分析测定。加强科普组织网络和科普队伍建设，广泛开展青少年科技教育活动和农村党员、基层干部的科技知识培训。

5. 强化高新技术产业及应用技术的开发与推广工作，指导科技成果转化，指导各种科技示范推广基地建设、促进科技型中小企业的技术创新工作；促进民营科技工作。

（六）指导学校办学体制和学校内部管理的进一步改革，做好教育教学评估、督导工作；加强对社会力量办学的管理指导。

6. 规划和指导全区教师队伍、教育行政干部队伍的建设和管理工作。

7. 充分利用教育政策法规做好教育经费筹措、拨款、投资、审计等工作，管理全区科技经费，充分利用好教育经费，努力改善办学条件。

8. 对学校进行德育、体育、卫生、美育、国防教育、安全教育和劳动技术教育的指导，保障素质教育的实施和教育目标的实现。

9. 开展勤工俭学、教学设施设备、规划指导有关学历教育、成人教育的教学及考试工作。

11. 组织和指导学校开展教学研究和改革，搞好教育管理信息收集和“普九”的统计工作，负责机关管理工作，指导基层工会和有关社会团体组织开展工作。

12. 承办区人民政府及上级科技、教育部门交办的其他工作。

（五）统计数据

主要包括：财政预算、决算报告；浈江教育发展统计信息等。

（六）其他

主要包括：本机关重要会议、活动的主要情况；人事任免事项；本机关公务员及事业单位工作人员招考录用计划、程序、结果等，以及本机关职责范围内依法应当公开的其他信息。

为方便公民、法人或者其他组织查询本机关主动和依申请公开的政务信息，本机关编制了《浈江区教育局信息公开目录》（以下简称《目录》）。本机关在编排以上各类政务信息时，按照业务和信息类别，划分为1～3级类目。公民、法人或者其他组织可以在浈江区教育网（http：//www. sgzjkj. com/）上查阅该《目录》，也可以到浈江区教育局办公室（地址：韶关市西堤横街4号）查阅。

二、获取形式

（一）主动公开

本机关主动公开的政务信息范围，详见《目录》。

公开形式

本机关政务信息公开主要采取政务网站网上公开形式。本机关网上信息公开网址为浈江区教育信息网（http：//www. sgzjkj. com/）。

本机关还将采用以下辅助方式主动公开政务信息：

1. 通过浈江教育简报、新闻发布会等形式和报纸、广播、电视等公共媒体主动公开政务信息；

2. 本机关在浈江区教育局办公楼设有政务信息公告栏主动公开政务信息。

本机关网上公开的信息，除本机关机构设置及主要职能信息以外，网上留存的期限为2年。

公开时限

本机关主动公开的政务信息，自政务信息形成或者变更之日20个工作日内予以公开。法律、法规对政务信息公开的期限另有规定的，从其规定。

（二）依申请公开

除本机关主动公开的政务信息外，公民、法人或者其他组织可以根据自身生产、生活、科研等特殊需要，向本机关申请获取相关政务信息。

本机关政务信息公开申请受理机构（见本《指南》第三条），负责受理公民、法人或者其他组织向本机关提出的政务信息公开申请。

提出申请

向本机关申请获取政务信息的，应当书面填写《政务信息公开申请表》（以下简称《申请表》，见附件）。《申请表》可以在受理机构处领取，也可以在本机关网站上下载电子版，复制有效。

申请人对申请获取信息的描述请尽量详

尽、明确；若有可能，请提供该信息的标题、发布时间、文号或者其他有助于本机关确定信息内容的提示。

1. 本机关受理书面提交的政务信息公开申请。

除申请人当面提交《申请表》外，申请人通过信函方式提出申请的，请在信封左下角注明“政务信息公开申请”的字样；申请人通过电报、传真方式提出申请的，请相应注明“政务信息公开申请”的字样。

2. 本机关受理通过互联网提交的政务信息公开申请。

申请人可通过互联网在本机关网站上填写电子版《申请表》，向本机关提交政务信息公开申请，网址为浈江区教育网（http：//www. sgzjkj. com/）。

本机关不直接受理通过电话、短消息等方式提出的申请，但申请人可以通过电话咨询相应的服务业务。

申请处理

本机关收到公民、法人或者其他组织提出的政务信息公开申请后，根据需要，通过相应方式对申请人身份进行核对。

本机关收到申请后，将从形式上对申请的要件是否完备进行审查，对于要件不完备的申请予以退回，要求申请人补正信息。

对申请人提出的政务信息公开申请，本机关将根据不同情况分别作出答复，详见本机关处理政务信息公开申请流程图（见附件）。

本机关办理申请人政务信息公开申请时，能够当场答复的，将当场答复；不能当场答复的，自收到申请之日起15个工作日内予以答复；确需延长答复期限的，经政务信息公开工作机构负责人同意，延长答复时间不超过15个工作日，并告知申请人。《条例》另有规定的，从其规定。

本机关依申请提供信息时，除不应当公开的内容外，根据掌握该信息的实际状态进行提供，不对信息进行加工、统计、研究、分析或者其他处理。

收费标准

本机关依申请提供政务信息的收费标准依照国家物价与财政部门制定的标准执行，收取的费用全部上缴财政。

申请公开政务信息的公民，确有经济困难的，本人可向本机关提出减免相关费用的申请，并填写《申请表》相关栏目。

三、政务信息公开工作机构

本机关政务信息公开工作机构为：浈江区教育局政务公开办公室

办公地址：韶关市西堤横街4号

邮政编码：512023

办公时间：8∶30－12∶00　14∶30－17∶30（工作日）

联系电话：0751－8916824

传　　真：8916824

电子信箱：sgzjkjj@163. com

四、其他

公民、法人或者其他组织认为本机关提供的与其自身相关的政务信息记录不准确的，可以向本机关提出更正申请，并提供证据材料。本机关将根据申请作出相应处理，并告知申请人。

公民、法人或者其他组织认为本机关未依法履行政务信息公开义务的，可以向本机关投诉举报（投诉电话：0751－8916824，传真：0751－8916824，电子邮箱：sgzjkjj@163. com，办公地址：韶关市西堤横街4号，邮政编码：512023，接待投诉时间：工作日
8∶30－12∶00　14∶30－17∶30）。

公民、法人或其他组织也可以向上级行政机关、监察机关或者政务信息公开工作主管部门举报。

公民、法人或者其他组织认为行政机关

在政务信息公开工作中的具体行政行为侵犯其合法权益的，公民、法人和其他组织可以依法申请行政复议或提起行政诉讼。

附件（略）

区民政局政务信息公开指南

为了方便公民、法人和其他组织获取湞江区民政局的政府信息，按照《中华人民共和国政府信息公开条例》等有关规定，编制本《指南》。

一、信息分类和编排体系

（一）湞江区民政局主动公开政府信息的分类：

具体信息可参见《湞江区民政局信息公开目录》。

（二）编排体系：

具体参见《湞江区人民政府部门信息公开目录编制规范样表》。

二、主动公开的政府信息

（一）公开方式

湞江区民政局主动公开的政府信息主要通过湞江区人民政府公众信息网站和报刊、广播、电视、公开栏等载体和形式予以主动公开。

（二）公开时限

以本局名义发布及以本局作为主办部门与其他行政机关联合发布的主动公开政府信息，自该信息形成或者变更之日起20个工作日内予以公开。法律、法规另有规定的，从其规定。

（三）查阅场所

公民、法人和其他组织可以到本局和湞江区档案局查阅政府信息。

三、依申请公开的政府信息

除本局主动公开的政府信息外，公民、法人或者其他组织根据自身生产、生活、科研等特殊需要，还需要本局提供的政府信息，向本局政府信息公开工作机构申请。

（一）申请受理机构

自2008年11月1日起正式受理信息公开申请。

受理机构：湞江区民政局

办公地址：西堤北路39号3楼

办公时间：正常工作日（法定节假日除外）

联系电话：0751－8881501

传真号码：0751－8881501

邮政编码：512009

电子邮箱地址：zjqmzj@21cn.com

（二）申请形式

申请人可根据《中华人民共和国政府信息公开条例》第二十条的要求提出书面申请，并填写《湞江区民政局政府信息公开申请表》。申请人可通过前述联系电话咨询相关申请手续。

1. 书面提出申请

（1）通过互联网提交申请。申请人可以通过电子邮件方式发送至湞江区民政局政府信息公开工作机构电子邮箱即可。

（2）通过信函、电报、传真的形式提交申请。申请人通过信函方式提出申请的，请在信封左下角注明“政府信息公开申请”的字样。申请人通过电报、传真方式提出申请的，请相应注明“政府信息公开申请”的字样。

（3）当面提出申请。申请人可以到本局当面提出申请，并填写《湞江区民政局政府信息公开申请表》。

2. 口头提出申请

原则上申请应当采取书面形式。申请人提交书面申请书确有困难的，可以口头提出，由本局的政府信息公开工作机构工作人员代为填写《浈江区民政局政府信息公开申请表》，经申请人认可后生效。

（三）申请的要求

为了提高申请的处理效率，申请人应对所需信息尽量描述详尽、明确，如提供该信息的名称（标题）、发布时间、文号或者其他有助于确定信息内容的提示。

申请人向本局申请提供与其自身相关的税费缴纳、社会保障、医疗卫生等政府信息的，应当出示有效身份证件或者证明文件。

申请人可以委托代理人提出政府信息公开申请，申请时应当出示申请人、代理人有效证件，以及授权委托书。

申请人应当保证将所取得的信息用于合法用途。

（四）申请的处理

1. 受理的程序

本局政府信息公开工作机构收到《浈江区民政局政府信息公开申请表》后将进行登记，能够当场答复的，将当场予以答复；不能当场答复的，自收到申请书之日起 15 个工作日内予以答复；如需延长答复期限的，将告知申请人。延长答复的期限最长不超过 15 个工作日。申请公开的政府信息涉及第三方权益的，本局政府信息公开工作机构征求第三方意见所需时间不计算在前述期限内。

2. 申请的结果

（1）申请的答复

对申请公开的政府信息，本局政府信息公开工作机构将根据情况分别作出下列答复：①属于公开范围的，将告知申请人获取该政府信息的方式和途径；②属于不予公开范围的，将告知申请人并说明理由；③依法不属于本机关公开或者该政府信息不存在的，将告知申请人；对能够确定该政府信息的公开机关的，将告知申请人该行政机关的名称、联系方式；对不能够确定该政府信息公开机关的，将告知申请人向政府信息公开工作主管部门咨询；④申请内容不明确的，将告知申请人作出更改、补充。前述四种情形，本局政府信息公开工作机构收到申请人书面申请的，将书面答复申请人。

（2）特殊情况的处理

本局政府信息公开工作机构认为申请公开的政府信息涉及商业秘密、个人隐私，公开后可能损害第三方合法权益的，将书面征求第三方的意见；第三方不同意公开的，不得公开。但是，本局政府信息公开工作机构认为不公开可能对公共利益造成重大影响的，将予以公开，并将决定公开的政府信息内容和理由书面通知第三方。

申请公开的政府信息中含有不应当公开的内容，但是能够作区分处理的，本局政府信息公开工作机构将向申请人提供可以公开的信息内容。

（五）所需信息的形式和反馈信息的方式

按照申请人填写《浈江区民政局政府信息公开申请表》的要求，本局政府信息公开工作机构可以提供纸质文本、电子邮件等形式的政府信息，并可以通过自行领取、信函、传真、电子邮件等方式反馈政府信息。

（六）收费标准

本局政府信息公开工作机构依申请提供政府信息，除可以收取检索、复制、邮寄等成本费用外，不得收取其他费用。收取检索、复制、邮寄等成本费用的标准按照国家有关规定执行。

本局政府信息公开工作机构不得通过其他组织、个人以有偿服务方式提供政府信息。

四、监督和保障

（一）信息更正

申请人有证据证明本局政府信息公开工作机构提供的政府信息记录不准确的，有权要求予以更正。本局政府信息公开工作机构无权更正的，将转送有权更正的行政机关处理，并告知申请人。

（二）举报

公民、法人或者其他组织认为本局政府信息公开工作机构不依法履行政府信息公开义务的，可以向上级行政机关、监察机关或者政府信息公开工作主管部门举报。

受理举报时间：正常工作日，法定节假日除外。

（三）行政复议和行政诉讼

公民、法人或者其他组织认为本局信息公开工作机构在政府信息公开工作中的具体行政行为侵犯其合法权益的，可以依法申请行政复议或者提起行政诉讼。

区司法局政务信息公开指南

根据《中华人民共和国政府信息公开条例》（以下简称《条例》），本机关制作和从公民、法人或者其他组织获取并由本机关保存的政府信息，除依法免予公开的外，由本机关负责主动公开或者依公民、法人或者其他组织的申请予以提供。

为了更好地提供政府信息公开服务，本机关编制了《韶关市浈江区司法局政府信息公开指南》（以下简称《指南》）。需要获得本机关政府信息公开服务的公民、法人或者其他组织，建议阅读本《指南》。

本《指南》每年更新一次。公民、法人或者其他组织可以到浈江区司法局（地址：浈江区启明南路7号）领取。

一、信息分类和编排体系

本机关在职责范围内，负责主动或依申请公开下列各类政府信息：

（一）机构职能

主要包括：本机关机构设置及主要职能情况；机构领导及分工情况；内设机构设置及职能情况；直属单位设置情况等。

（二）规章文件

主要包括：以区委、区人大、区政府（办公室）名义发布的与司法行政工作相关的规范性文件；以本机关名义发布或者本机关作为主办部门与其他部门联合发布的规范性文件等。

（三）规划计划

主要包括：司法行政工作发展规划；全区司法行政工作要点；本机关年度工作计划、工作重点安排等。

（四）业务工作

主要包括：本部门主管各项业务的事项、依据、条件、数量、程序、期限以及申请办理相关业务需要提交的全部材料目录；行政事业性收费的项目、依据、标准；法制宣传、律师、公证、基层法律服务、法律援助、人民调解、安置帮教、社区矫正等业务工作情况。

（五）统计数据

主要包括：司法行政统计报表情况。

（六）其他

主要包括：全区司法行政工作会议、业务部门工作会议、行业工作会议的主要情况；本部门重大活动情况，本机关职责范围内依法应当公开的其他信息。

二、获取形式

（一）主动公开

本机关主动公开的政府信息范围，详见《目录》。

公开形式

本机关政府信息公开主要采取韶关市浈江区人民政府公众信息网（http：//www.sgzj.gov.cn/）上公开形式。

本机关还将采用以下辅助方式主动公开政府信息：

1. 通过政府公报、新闻发布会等形式和报纸、广播、电视等公共媒体主动公开政府信息；

2. 本机关在浈江区启明南路7号机关内设有政府信息公告栏，主动公开政府信息。

本机关网上公开的信息，除概况信息和规范性文件、本部门主管各项业务的依据、行政事业性收费、公开服务等信息长期留存外，网上留存的期限为2年。超过留存期的信息，本机关不再继续通过网上公开，公民、法人或者其他组织可以到本机关查阅。

公开时限

本机关主动公开的政府信息，自政府信息形成或者变更之日20个工作日内予以公开。法律、法规对政府信息公开的期限另有规定的，从其规定。

（二）依申请公开

除本机关主动公开的政府信息外，公民、法人或者其他组织可以根据自身生产、生活、科研等特殊需要，向本机关申请获取相关政府信息。

本机关政府信息公开申请受理机构（见本《指南》第三条），负责受理公民、法人或者其他组织向本机关提出的政府信息公开申请。

提出申请

向本机关申请获取政府信息的，应当书面填写《浈江区司法局政府信息公开申请表》（以下简称《申请表》，见附件）。《申请表》可以在受理机构处领取，复制有效。

申请人对申请获取信息的描述请尽量详尽、明确；若有可能，请提供该信息的标题、发布时间、文号或者其他有助于本机关确定信息内容的提示。

本机关受理书面提交的政府信息公开申请。

除申请人当面提交《申请表》外，申请人通过信函方式提出申请的，请在信封左下角注明“政府信息公开申请”的字样；申请人通过电报、传真方式提出申请的，请相应注明“政府信息公开申请”的字样。

申请人向本机关申请获取与自身相关的注册登记等方面政府信息时，应当出示有效身份证件或证明文件，当面向本机关提交书面申请。

本机关不直接受理通过电话、短消息等方式提出的申请，但申请人可以通过电话咨询相应的服务业务。

申请处理

本机关收到公民、法人或者其他组织提出的政府信息公开申请后，根据需要，通过相应方式对申请人身份进行核对。

本机关收到申请后，将从形式上对申请的要件是否完备进行审查，对于要件不完备的申请予以退回，要求申请人补正信息。

对申请人提出的政府信息公开申请，本机关将根据不同情况分别作出答复，详见本机关处理政府信息公开申请流程图（见附件）。

本机关办理申请人政府信息公开申请时，能够当场答复的，将当场答复；不能当场答复的，自收到申请之日起15个工作日内予以答复；确需延长答复期限的，经政府信息公开工作机构负责人同意，延长答复时间不超过15个工作日，并告知申请人。《条例》另有规定的，从其规定。

本机关依申请提供信息时，除不应当公开的内容外，根据掌握该信息的实际状态进行提供，不对信息进行加工、统计、研究、分析或者其他处理。

收费标准

本机关依申请提供政府信息的收费标准依照国家物价与财政部门制定的标准执行，收取的费用全部上缴财政。

申请公开政府信息的公民，确有经济困难的，本人可向本机关提出减免相关费用的申请，并填写《申请表》相关栏目。

三、政府信息公开工作机构

本机关政府信息公开工作机构为：

浈江区司法局政府信息公开办公室（局办公室）

办公地址：韶关市浈江区启明南路7号3楼

邮政编码：512023

办公时间：8:30－12:00　14:30－17:30（工作日）

联系电话（传真）：8866889

电子信箱：sgzjsf@163.com

四、其他

公民、法人或者其他组织认为本机关提供的与其自身相关的政府信息记录不准确的，可以向本机关提出更正申请，并提供证据材料。本机关将根据申请作出相应处理，并告知申请人。

公民、法人或者其他组织认为本机关未依法履行政府信息公开义务的，可以向本机关投诉举报（投诉电话：8866990，办公地址：浈江区启明南路7号政工科，邮政编码：512023，投诉时间：工作日8:30－12:00　14:30－17:30）。

公民、法人或其他组织也可以向上级行政机关、监察机关或者政府信息公开工作主管部门举报。

公民、法人或者其他组织认为行政机关在政府信息公开工作中的具体行政行为侵犯其合法权益的，公民、法人和其他组织可以依法申请行政复议或提起行政诉讼。

区财政局政府信息公开指南

根据《中华人民共和国政府信息公开条例》（以下简称《条例》），本机关制作和从公民、法人或者其他组织获取并由本机关保存的政府信息，除依法免予公开的外，由本机关负责主动公开或者依公民、法人或者其他组织的申请予以提供。

为了更好地提供政府信息公开服务，本机关编制了《韶关市浈江区财政局政府信息公开指南》（以下简称《指南》）。需要获得本机关信息公开服务的公民、法人或者其他组织，建议阅读本《指南》。

本《指南》每年更新一次。公民、法人或者其他组织可以在韶关市浈江区人民政府公众信息网（http://www.sgzj.gov.cn/）上查阅本《指南》，也可以到本《指南》指定发放点：韶关市浈江区财政局办公室（地址：韶关市园前东19号二楼办公室）领取。

一、信息分类和编排体系

本机关在职责范围内，负责主动或依申请公开下列各类政府信息：

（一）机构职能

主要包括：本机关机构设置及主要职能情况；内设机构设置及职能情况。

（二）法律法规

主要包括：国家及省财政厅有关部门制定的法律、法规等财政规章制度。

（三）规划计划

主要包括：年度工作重点安排等。

（四）业务工作

主要包括：财政机关的权限和工作程序等。

为方便公民、法人或者其他组织查询本机关主动公开和依申请公开的政府信息，本机关编制了《韶关市浈江区财政局政府信息公开目录》（以下简称《目录》）。本机关在编制以上各类政府信息时，按照业务和信息类别，划分为1～3级类别。公民、法人或者其他组织可以在韶关市浈江区人民政府公众信息网（http：//www. sgzj. gov. cn/）查询该目录。

二、获取形式

（一）主动公开

本机关主动公开的政府信息范围，详见《目录》。

公开形式

本机关政府信息公开主要采取政府网站网上公开形式和公开栏。本机关网上信息公开网址为：http：//www. sgzj. gov. cn/.

本机关还将通过公开栏的形式公开。

公开时限

本机关主动公开的政府信息，自政府信息形成或者变更之日20个工作日内予以公开。法律、法规对政府信息公开的期限另有规定的，从其规定。

本机关政府信息公开申请受理机构（见本《指南》第三条），负责受理公民、法人或者其他组织向本机关提出的政府信息公开申请。

提出申请

向本机关申请获取政府信息的，应当书面填写《韶关市财政局政府信息公开申请表》（以下简称《申请表》，见附件1）。《申请表》可以在受理机构处领取，也可以在网站上下载电子版，复制有效。

申请人对申请获取信息的描述请尽量详尽、明确；若有可能，请提供该信息的标题、发布时间、文号或者其他有助于本机关确定信息内容的提示。

1. 本机关受理书面提交的政府信息公开申请。

除申请人当面提交《申请表》外，申请人通过信函方式提出申请的，请在信封左下角注明“政府信息公开申请”的字样；申请人通过电报、传真方式提出申请的，请相应注明“政府信息公开申请”的字样。

2、申请人向本机关申请与自身相关的财政业务政府信息时，应当出示有效身份证件或证明文件，当面向本机关提交书面申请。

本机关不直接受理通过电话、短消息等方式提出的申请，但申请人可以通过电话咨询相应的服务业务。

申请处理

本机关收到公民、法人或者其他组织提出的政府信息公开申请后，根据需要，通过相应方式对申请人身份进行核对。

本机关收到申请后，将从形式上对申请的要件是否完备进行审查，对于要件不完备的申请予以退回，要求申请人补正信息。

对申请人提出的政府信息公开申请，本机关将根据不同情况分别作出答复，详见本机关处理政府信息公开申请流程图（见附件2）。

本机关办理申请人政府信息公开申请时，能够当场答复的，将当场答复；不能当场答复的，自收到申请之日起15个工作日内予以答复；确需延长答复期限的，经政府信息公开工作机构负责人同意，延长答复时间不超过15个工作日，并告知申请人。《条例》另有规定的，从其规定。

本机关依申请提供信息时，除不应当公开的内容外，根据掌握该信息的实际状态进行提供，不对信息进行加工、统计、研究、分析或者其他处理。

收费标准

本机关依申请提供政府信息的收费标准依照国家物价与财政部门制定的标准执行，收取的费用全部上缴财政。

申请公开政府信息的公民，确有经济困难的，本人可向本机关提出减免相关费用的申请，并填写《申请表》相关栏目。

三、政府信息公开工作机构

本机关政府信息公开工作机构为：韶关市浈江区财政局办公室

办公地址：韶关市园前东19号二楼

办公时间：8:00－12:00　14:30－17:30（法定节假日除外）

联系电话：0751－8874580

传真号码：0751－8874580

通信地址：韶关市园前东19号

邮政编码：512000

电子邮箱：sgzjczj@163.com

本机关受理政府信息公开申请的机构为：浈江区财政局办公室

办公地址：韶关市园前东19号二楼

办公时间：8:00－12:00　14:30－17:30（法定节假日除外）

联系电话：0751－8874580

传真号码：0751－8874580

通信地址：韶关市园前东19号

邮政编码：512000

电子邮箱：sgzjczj@163.com

四、其他

公民、法人或者其他组织认为本机关提供的与其自身相关的政府信息记录不准确的，可以向本机关提出更正申请，并提供证据材料。本机关将根据申请作出相应处理，并告知申请人。

公民、法人或者其他组织认为本机关未依法履行政府信息公开义务的，可以向本机关投诉举报（投诉电话：0751－8874580；传真：0751－8874580；电子邮箱：sgzjczj@163.com；办公地址：韶关市园前东19号二楼；邮政编码：512000；投诉时间：工作日8:00－12:00　14:30－17:30）。

附件（略）

区人事局（编办）政务信息公开指南

根据《中华人民共和国政府信息公开条例》（以下简称《条例》），本机关制作和从公民、法人或者其他组织获取并由本机关保存的政府信息，除依法免予公开的外，由本机关负责主动公开或者依公民、法人或者其他组织的申请予以提供。

为了更好地提供政府信息公开服务，本机关编制了《韶关市浈江区人事局（编办）政府信息公开指南》（以下简称《指南》）。需要获得本机关政府信息公开服务的公民、法人或者其他组织，建议阅读本《指南》。

本《指南》每年更新一次。公民、法人或者其他组织可以在浈江区人民政府网站（http://www.sgzj.gov.cn）上查阅本《指南》，也可以到本《指南》指定发放点浈江区人事局（地址：浈江区政府大院综合楼二楼人事局办公室）领取。

一、信息分类和编排体系

本机关在职责范围内，负责主动或依申请公开下列各类政府信息：

（一）机构职能

主要包括：本机关机构设置及主要职能

情况；机构领导及分工情况；内设机构设置及职能情况；下（直）属单位设置及职能情况等。

（二）规章文件

主要包括：由本市制定的规章；以本机关名义发布或者本机关作为主办部门与其他部门联合发布的规范性文件等。

（三）规划计划

主要包括：各专项规划及本机关阶段性工作计划、工作重点安排等。

二、获取形式

（一）主动公开

本机关主动公开的政府信息范围，详见《目录》。

公开形式

本机关政府信息公开主要采取政府网站网上公开形式。本机关网上信息公开网址为：http：//www. sgzj. gov. cn.

本机关还将采用以下辅助方式主动公开政府信息：

1. 通过政府公报形式和报纸、广播、电视等公共媒体主动公开政府信息；2. 本机关在韶关市人事局（地址：浈江区政府大院综合楼二楼人事局办公室）设有政府信息公告栏，主动公开政府信息。

本机关网上公开的信息，除依法免予公开的以外，网上留存的期限为 2 年。超过留存期的信息，本机关不再继续通过网上公开，公民、法人或者其他组织可以到本机关设立的公共查阅点（浈江区人事局）查阅。

公开时限

本机关主动公开的政府信息，自政府信息形成或者变更之日 20 个工作日内予以公开。法律、法规对政府信息公开的期限另有规定的，从其规定。

（二）依申请公开

除本机关主动公开的政府信息外，公民、法人或者其他组织可以根据自身生产、生活、科研等特殊需要，向本机关申请获取相关政府信息。

本机关政府信息公开申请受理机构（见本《指南》第三条），负责受理公民、法人或者其他组织向本机关提出的政府信息公开申请。

提出申请

向本机关申请获取政府信息的，应当书面填写《浈江区人事局（编办）信息公开申请表》（以下简称《申请表》，见附件 1）。《申请表》可以在受理机构处领取，复制有效。

申请人对申请获取信息的描述请尽量详尽、明确；若有可能，请提供该信息的标题、发布时间、文号或者其他有助于本机关确定信息内容的提示。

1. 本机关受理书面提交的政府信息公开申请。

除申请人当面提交《申请表》外，申请人通过信函方式提出申请的，请在信封左下角注明“政府信息公开申请”的字样；申请人通过电报、传真方式提出申请的，请相应注明“政府信息公开申请”的字样。

2. 本机关受理通过互联网提交的政府信息公开申请。

申请人可通过互联网在本机关网站上填写电子版《申请表》，向本机关提交政府信息公开申请，电子邮箱为：zjqrsj@ 163. com。

申请人向本机关申请获取与自身相关的注册登记方面政府信息时，应当出示有效身份证件或证明文件，当面向本机关提交书面申请。

本机关不直接受理通过电话、短消息等方式提出的申请，但申请人可以通过电话咨询相应的服务业务。

申请处理

本机关收到公民、法人或者其他组织提

出的政府信息公开申请后，根据需要，通过相应方式对申请人身份进行核对。

本机关收到申请后，将从形式上对申请的要件是否完备进行审查，对于要件不完备的申请予以退回，要求申请人补正信息。

对申请人提出的政府信息公开申请，本机关将根据不同情况分别作出答复，详见本机关处理政府信息公开申请流程图（见附件2）。

本机关办理申请人政府信息公开申请时，能够当场答复的，将当场答复；不能当场答复的，自收到申请之日起15个工作日内予以答复；确需延长答复期限的，经政府信息公开工作机构负责人同意，延长答复时间不超过15个工作日，并告知申请人。《条例》另有规定的，从其规定。

本机关依申请提供信息时，除不应当公开的内容外，根据掌握该信息的实际状态进行提供，不对信息进行加工、统计、研究、分析或者其他处理。本机关依申请提供政府信息的收费标准依照国家物价与财政部门制定的标准执行，收取的费用全部上缴财政。

申请公开政府信息的公民，确有经济困难的，本人可向本机关提出减免相关费用的申请，并填写《申请表》相关栏目。

三、政府信息公开工作机构

本机关政府信息公开工作机构为：

浈江区人事局（编办）政府信息公开领导小组

办公地址：浈江区政府大院综合楼二楼人事局办公室邮政编码：512023

办公时间：8:00－12:00　14:30－17:30（工作日）

联系电话：0751－8866807

传真：0751－8866807

电子信箱：zjqrsj@ 163. com

附件（略）

区劳动和社会保障局政务信息公开指南

根据《中华人民共和国政府信息公开条例》（以下简称《条例》），本机关制作和从公民、法人或者其他组织获取并由本机关保存的政府信息，除依法免予公开的外，由本机关负责主动公开或者依公民、法人或者其他组织的申请予以提供。

为了更好地提供政府信息公开服务，本机关编制了《韶关市浈江区劳动和社会保障局政府信息公开指南》（以下简称《指南》）。需要获得本机关政府信息公开服务的公民、法人或者其他组织，建议阅读本《指南》。

本《指南》每年更新一次。公民、法人或者其他组织可以在韶关市浈江区人民政府公众信息网（http：//www. sgzj. gov. cn）和浈江区劳动和社会保障局公众邮箱（http：//mail. 163. com、邮箱 zjqlbj @ 163. con、密码112233445566）上查阅本《指南》，也可以到本《指南》指定发放点韶关市浈江区劳动和社会保障局办公室（地址：韶关市文化街10号）领取。

一、信息分类和编排体系

本机关在职责范围内，负责主动或依申请公开下列各类政府信息：

（一）机构职能

主要包括：本机关机构设置及主要职能情况；机构领导及分工情况；内设机构设置及职能情况；下（直）属单位设置及职能情况等。

（二）规章文件

主要包括：以本机关名义发布或者本机关作为主办部门与其他部门联合发布的规范性文件等。

（三）规划计划

主要包括：劳动和社会保障事业发展规划、专项工作推进情况和相关工作措施；本机关阶段性工作计划、工作重点安排等。

（四）业务工作

主要包括：本部门各项行政许可的事项、依据、条件、数量、程序、期限以及申请行政许可需要提交的全部材料目录及办理情况；劳动保障管理的制度性文件及执行情况；劳动保障信访规定；与公众密切相关的劳动保障工作的重大活动；劳动保障重大建设项目的批准和实施情况；社会保障、促进就业、职业技能培训、和谐劳动关系等方面的政策、措施及其实施情况等。

（五）统计数据

主要包括：劳动保障专项统计资料等。

（六）其他

主要包括：本机关重要会议、活动的主要情况；人事任免事项；以及本机关职责范围内依法应当公开的其他信息。

为方便公民、法人或者其他组织查询本机关主动和依申请公开的政府信息，本机关编制了《韶关市浈江区政府信息公开目录》（以下简称《目录》）。本机关在编排以上各类政府信息时，按照业务和信息类别，划分为1~3级类目。公民、法人或者其他组织可以在韶关市浈江区劳动和社会保障局公众邮箱（http：//mail. 163. com、邮箱 zjqlbj @ 163. con、密码112233445566）上查阅该《目录》，也可以到韶关市浈江区劳动和社会保障局办公室（地址：韶关市文化街 10 号）查阅。

二、获取形式

（一）主动公开

本机关主动公开的政府信息范围，详见《目录》。

公开形式

本机关信息公开主要采取网上公开形式。本机关网上信息公开网址为韶关市浈江区劳动和社会保障局公众邮箱（http：//mail. 163. com、邮箱 zjqlbj @ 163. con、密码112233445566）。

本机关还将采用以下辅助方式主动公开政府信息：

1. 通过浈江区劳动保障信息及省、市有关专刊等形式和报纸、广播、电视等公共媒体主动公开政府信息；

2. 本机关在韶关市浈江区劳动和社会保障局办公室（地址：韶关市文化街 10 号浈江区劳动保障局三楼）设有政府信息公开查阅点，公民、法人或者其他组织可以到该查阅点查阅本机关公开的政府信息；

3. 本机关在韶关市浈江区劳动保障局办公大厅（地址：韶关市文化街 10 号）设有政府信息公告栏，主动公开政府信息。

本机关网上公开的信息，除本机关机构设置及主要职能信息以外，网上留存的期限为 2 年。超过留存期的信息，本机关不再继续通过网上公开，公民、法人或者其他组织可以到本机关设立的公共查阅点（韶关市浈江区劳动保障局办公室）查阅。

公开时限

本机关主动公开的政府信息，自政府信息形成或者变更之日 20 个工作日内予以公开。法律、法规对政府信息公开的期限另有规定的，从其规定。

（二）依申请公开

除本机关主动公开的政府信息外，公民、法人或者其他组织可以根据自身生产、生活、科研等特殊需要，向本机关申请获取相关政府信息。

本机关政府信息公开申请受理机构（见

本《指南》第三条)，负责受理公民、法人或者其他组织向本机关提出的政府信息公开申请。

提出申请

向本机关申请获取政府信息的，应当书面填写《广东省政府信息公开申请表》（以下简称《申请表》，见附件1)。《申请表》可以在受理机构处领取，也可以在本机关网上邮箱上下载电子版，复制有效。

申请人对申请获取信息的描述请尽量详尽、明确；若有可能，请提供该信息的标题、发布时间、文号或者其他有助于本机关确定信息内容的提示。

1. 本机关受理书面提交的政府信息公开申请。

除申请人当面提交《申请表》外，申请人通过信函方式提出申请的，请在信封左下角注明“政府信息公开申请”的字样；申请人通过电报、传真方式提出申请的，请相应注明“政府信息公开申请”的字样。

2. 本机关受理通过互联网提交的政府信息公开申请。

申请人可通过互联网在本机关网上邮箱填写电子版《申请表》，向本机关提交政府信息公开申请，邮址为韶关市浈江区劳动保障局公众信息网邮箱（http：//mail. 163. com、邮箱 zjqlbj@163. con、密码112233445566)。

申请人向本机关申请获取与自身相关的政府信息时，应当出示有效身份证件或证明文件，当面向本机关提交书面申请。

本机关不直接受理通过电话、短消息等方式提出的申请，但申请人可以通过电话咨询相应的服务业务。

申请处理

本机关收到公民、法人或者其他组织提出的政府信息公开申请后，根据需要，通过相应方式对申请人身份进行核对。

本机关收到申请后，将从形式上对申请的要件是否完备进行审查，对于要件不完备的申请予以退回，要求申请人补正信息。

对申请人提出的政府信息公开申请，本机关将根据不同情况分别作出答复，详见本机关处理政府信息公开申请流程图（见附件2)。

本机关办理申请人政府信息公开申请时，能够当场答复的，将当场答复；不能当场答复的，自收到申请之日起15个工作日内予以答复；确需延长答复期限的，经政府信息公开工作机构负责人同意，延长答复时间不超过15个工作日，并告知申请人。《条例》另有规定的，从其规定。

本机关依申请提供信息时，除不应当公开的内容外，根据掌握该信息的实际状态进行提供，不对信息进行加工、统计、研究、分析或者其他处理。

收费标准

本机关依申请提供政府信息的收费标准依照国家物价与财政部门制定的标准执行，收取的费用全部上缴财政。

申请公开政府信息的公民，确有经济困难的，本人可向本机关提出减免相关费用的申请，并填写《申请表》相关栏目。

三、政府信息公开工作机构及申请受理机构

本机关政府信息公开工作机构及申请受理机构为：韶关市浈江区劳动和社会保障局办公室

办公地址：韶关市文化街10号

邮政编码：512000

办公时间：8:30－12:00　14:30－17:30（工作日）

联系电话：0751－8882570

传　　真：8882570

电子信箱：zjqlbj@163. com

四、其他

公民、法人或者其他组织认为本机关提

供的与其自身相关的政府信息记录不准确的，可以向本机关提出更正申请，并提供证据材料。本机关将根据申请作出相应处理，并告知申请人。

公民、法人或者其他组织认为本机关未依法履行政府信息公开义务的，可以向本机关投诉举报（投诉电话：0751－8879880，电子邮箱：zjqlbj@163.com，办公地址：韶关市文化街10号浈江区劳动保障局大楼3楼，邮政编码：512000，接待投诉时间：工作日8:30－12:00　14:30－17:30）。

公民、法人或其他组织也可以向上级行政机关、监察机关或者政府信息公开工作主管部门举报。

公民、法人或者其他组织认为行政机关在政府信息公开工作中的具体行政行为侵犯其合法权益的，公民、法人和其他组织可以依法申请行政复议或提起行政诉讼。

附件（略）

区城乡建设局政务信息公开指南

根据《中华人民共和国政府信息公开条例》（以下简称《条例》），本机关制作和从公民、法人或者其他组织获取并由本机关保存的政府信息，除依法免予公开的外，由本机关负责主动公开或者依公民、法人或者其他组织的申请予以提供。

为了更好地提供政府信息公开服务，本机关编制了《韶关市浈江区城乡建设局信息公开指南》（以下简称《指南》）。需要获得局信息公开服务的公民、法人或者其他组织，建议阅读本《指南》。

本《指南》每年更新一次。公民、法人或者其他组织可以在韶关市浈江区人民政府公众信息网（http：//www.sgzj.gov.cn/）上查阅本《指南》，也可以到本《指南》指定发放点韶关市浈江区城乡建设局办公室（地址：韶关市韶瑶路13号）领取。

一、信息分类和编排体系

本机关在职责范围内，负责主动或依申请公开下列各类政府信息：

（一）机构职能

主要包括：本机关机构设置及主要职能情况；机构领导及分工情况；内设机构设置及职能情况；下（直）属单位设置及职能情况等。

（二）规章文件

主要包括：由本局制定的规章；以本机关名义发布或者本机关作为主办部门与其他部门联合发布的规范性文件等。

（三）规划计划

主要包括：区人民政府制定的国民经济和社会发展规划、城乡建设专项规划、区域规划；本机关阶段性工作计划、工作重点安排等。

（四）业务工作

主要包括：本部门各项行政许可的事项、依据、条件、数量、程序、期限以及申请行政许可需要提交的全部材料目录及办理情况；行政事业性收费的项目、依据、标准；政府集中采购项目的目录、标准及实施情况；重大建设项目的批准和实施情况；环境保护、公共卫生、安全生产、工程质量的监督检查情况及与本局业务相关等方面的政策、措施及其实施情况；突发公共事件的应急预案、预警信息及应对情况等。

（五）统计数据

主要包括：财政收支；重大建设项目和区下达的主要经济指标；专项统计报告；年鉴等。

（六）其他

主要包括：本机关重要会议、活动的主要情况；人事任免事项；本机关公务员及事业单位工作人员招考录用计划、程序、结果等，以及本机关职责范围内依法应当公开的其他信息。

为方便公民、法人或者其他组织查询本机关主动和依申请公开的政府信息，本机关编制了《韶关市浈江区城乡建设局信息公开目录》（以下简称《目录》）。本机关在编排以上各类政府信息时，按照业务和信息类别，划分为1～3级类目。公民、法人或者其他组织可以在韶关市浈江区人民政府公众信息网（http：//www.sgzj.gov.cn/）上查阅该《目录》，也可以到韶关市浈江区城乡建设局办公室（地址：韶关市韶瑶路13号）查阅。

二、获取形式

（一）主动公开

本机关主动公开的政府信息范围，详见《目录》。

公开形式

本机关政府信息公开主要采取政府网站网上公开形式。本机关网上信息公开网址为韶关市浈江区人民政府公众信息网（http：//www.sgzj.gov.cn/）。

本机关还将采用以下辅助方式主动公开政府信息：

1. 通过政府公报、新闻发布会等形式和报纸、广播、电视等公共媒体主动公开政府信息；2. 本机关在韶关市浈江区行政服务中心（地址：韶关市鹅坑桥永安大厦A座2楼）设有政府信息公开查阅点，公民、法人或者其他组织可以到该查阅点查阅本机关公开的政府信息；3. 本机关在韶关市浈江区城乡建设局办公室门前的走廊（地址：韶关市韶瑶路13号4楼）设有局政务公开公告栏、在韶关市浈江区行政服务中心（地址：韶关市鹅坑桥永安大厦A座2楼）设有电子屏幕，主动公开政府信息。

本机关网上公开的信息，除本机关机构设置及主要职能信息以外，网上留存的期限为2年。超过留存期的信息，本机关不再继续通过网上公开，公民、法人或者其他组织可以到本机关设立的公共查阅点（韶关市浈江区行政服务中心）查阅。

公开时限

本机关主动公开的政府信息，自政府信息形成或者变更之日20个工作日内予以公开。法律、法规对政府信息公开的期限另有规定的，从其规定。

（二）依申请公开

除本机关主动公开的政府信息外，公民、法人或者其他组织可以根据自身生产、生活、科研等特殊需要，向本机关申请获取相关政府信息。

本机关政府信息公开申请受理机构（见本《指南》第三条），负责受理公民、法人或者其他组织向本机关提出的政府信息公开申请。

提出申请

向本机关申请获取政府信息的，应当书面填写《广东省政府信息公开申请表》（以下简称《申请表》，见附件1）。《申请表》可以在受理机构处领取，也可以在本机关网站上下载电子版，复制有效。

申请人对申请获取信息的描述请尽量详尽、明确；若有可能，请提供该信息的标题、发布时间、文号或者其他有助于本机关确定信息内容的提示。

1. 本机关受理书面提交的政府信息公开申请。除申请人当面提交《申请表》外，申请人通过信函方式提出申请的，请在信封左下角注明“政府信息公开申请”的字样；申请人通过电报、传真方式提出申请的，请相应注明“政府信息公开申请”的字样。

2. 本机关受理通过互联网提交的政府信息公开申请。申请人可通过互联网在本机关网站上填写电子版《申请表》，向本机关提交政府信息公开申请，网址为韶关市浈江区人民政府公众信息网（http：//www. sgzj. gov. cn/）。申请人向本机关申请获取与自身相关的注册登记、税费缴纳、社会保障等方面政府信息时，应当出示有效身份证件或证明文件，当面向本机关提交书面申请。

本机关不直接受理通过电话、短消息等方式提出的申请，但申请人可以通过电话咨询相应的服务业务。

申请处理

本机关收到公民、法人或者其他组织提出的政府信息公开申请后，根据需要，通过相应方式对申请人身份进行核对。

本机关收到申请后，将从形式上对申请的要件是否完备进行审查，对于要件不完备的申请予以退回，要求申请人补正信息。

对申请人提出的政府信息公开申请，本机关将根据不同情况分别作出答复，详见本机关处理政府信息公开申请流程图（见附件2）。

本机关办理申请人政府信息公开申请时，能够当场答复的，将当场答复；不能当场答复的，自收到申请之日起15个工作日内予以答复；确需延长答复期限的，经政府信息公开工作机构负责人同意，延长答复时间不超过15个工作日，并告知申请人。《条例》另有规定的，从其规定。

本机关依申请提供信息时，除不应当公开的内容外，根据掌握该信息的实际状态进行提供，不对信息进行加工、统计、研究、分析或者其他处理。

收费标准

本机关依申请提供政府信息的收费标准依照国家物价与财政部门制定的标准执行，收取的费用全部上缴财政。

申请公开政府信息的公民，确有经济困难的，本人可向本机关提出减免相关费用的申请，并填写《申请表》相关栏目。

三、政府信息公开工作机构

本机关政府信息公开工作机构为：韶关市浈江区城乡建设局

办公地址：韶关市韶瑶路13号（四楼）

邮政编码：512023

办公时间：8：00－12：00　14：30－17：30（工作日）

联系电话：0751－8255023

传　　真：8255023

电子信箱：sgcxjs_ 825@163. com

四、其他

公民、法人或者其他组织认为本机关提供的与其自身相关的政府信息记录不准确的，可以向本机关提出更正申请，并提供证据材料。本机关将根据申请作出相应处理，并告知申请人。

公民、法人或者其他组织认为本机关未依法履行政府信息公开义务的，可以向本机关投诉举报（投诉电话：0751－8255023，传真：0751－8255023，电子邮箱：sgcxjs_ 825@163. com，办公地址：韶关市韶瑶路13号4楼，邮政编码：512023，接待投诉时间：工作日8：00－12：00　14：30－17：30）。

公民、法人或其他组织也可以向上级行政机关、监察机关或者政府信息公开工作主管部门举报。

公民、法人或者其他组织认为行政机关在政府信息公开工作中的具体行政行为侵犯其合法权益的，公民、法人和其他组织可以依法申请行政复议或提起行政诉讼。

附件（略）

区文化新闻出版局政务信息公开指南

根据《中华人民共和国政府信息公开条例》（以下简称《条例》），本机关制作和从公民、法人或者其他组织获取并由本机关保存的政府信息，除依法免予公开的外，由本机关负责主动公开或者依公民、法人或者其他组织的申请予以提供。

为了更好地提供政府信息公开服务，本机关编制了《韶关市浈江区文化新闻出版局政府信息公开指南》（以下简称《指南》）。需要获得本机关政府信息公开服务的公民、法人或者其他组织，建议阅读本《指南》。

本《指南》每年更新一次。公民、法人或者其他组织可以在韶关市浈江区人民政府公众信息网（http：//www. sgzj. gov. cn/）上查阅本《指南》，也可以到本《指南》指定发放点韶关市浈江区文化新闻出版局阅览室（地址：韶关市启明南路23号浈江区文化新闻出版局三楼）领取。

一、信息分类和编排体系

本机关在职责范围内，负责主动或依申请公开下列各类政府信息：

（一）机构职能

主要包括：本机关机构设置及主要职能情况；机构领导及分工情况；内设机构设置及职能情况；下（直）属单位设置及职能情况等。

（二）规章文件

主要包括：由本区制定的规章；以本机关名义发布或者本机关作为主办部门与其他部门联合发布的规范性文件等。

（三）规划计划

主要包括：国民经济和社会发展规划、专项规划、区域规划；本机关阶段性工作计划、工作重点安排等。

（四）业务工作

主要包括：本部门各项行政许可的事项、依据、条件、数量、程序、期限以及申请行政许可需要提交的全部材料目录及办理情况；行政事业性收费的项目、依据、标准；政府集中采购项目的目录、标准及实施情况；重大建设项目的批准和实施情况；环境保护、公共卫生、安全生产、食品药品、产品质量的监督检查情况；扶贫、教育、医疗、社会保障、促进就业等方面的政策、措施及其实施情况；突发公共事件的应急预案、预警信息及应对情况等。

（五）统计数据

主要包括：财政预算、决算报告；国民经济和社会发展统计信息；专项统计报告；年鉴等。

（六）其他

主要包括：本机关重要会议、活动的主要情况；人事任免事项；本机关公务员及事业单位工作人员招考录用计划、程序、结果等，以及本机关职责范围内依法应当公开的其他信息。

为方便公民、法人或者其他组织查询本机关主动和依申请公开的政府信息，本机关编制了《韶关市浈江区文化新闻出版局政府信息公开目录》（以下简称《目录》）。本机关在编排以上各类政府信息时，按照业务和信息类别，划分为1～3级类目。公民、法人或者其他组织可以在韶关市浈江区人民政府公众信息网（http：//www. sgzj. gov. cn/）上查阅该《目录》，也可以到韶关市浈江区文化新闻出版局阅览室（地址：韶关市启明南路

23 号浈江区文化新闻出版局三楼）查阅。

二、获取形式

（一）主动公开

本机关主动公开的政府信息范围，详见《目录》。

公开形式

本机关政府信息公开主要采取政府网站网上公开形式。本机关网上信息公开网址为韶关市浈江区人民政府公众信息网（http：//www.sgzj.gov.cn/）。

本机关还在机关办公室门边设有政务公开栏，主动公开政府信息。

本机关网上公开的信息，除本机关机构设置及主要职能信息以外，网上留存的期限为2年。超过留存期的信息，本机关不再继续通过网上公开，公民、法人或者其他组织可以到本机关查阅。

公开时限

本机关主动公开的政府信息，自政府信息形成或者变更之日20个工作日内予以公开。法律、法规对政府信息公开的期限另有规定的，从其规定。

（二）依申请公开

除本机关主动公开的政府信息外，公民、法人或者其他组织可以根据自身生产、生活、科研等特殊需要，向本机关申请获取相关政府信息。

本机关政府信息公开申请受理机构（见本《指南》第三条），负责受理公民、法人或者其他组织向本机关提出的政府信息公开申请。

提出申请

向本机关申请获取政府信息的，应当书面填写《广东省政府信息公开申请表》（以下简称《申请表》，见附件1）。《申请表》可以在受理机构处领取，也可以在本机关网站上下载电子版，复制有效。

申请人对申请获取信息的描述请尽量详尽、明确；若有可能，请提供该信息的标题、发布时间、文号或者其他有助于本机关确定信息内容的提示。

1. 本机关受理书面提交的政府信息公开申请。

除申请人当面提交《申请表》外，申请人通过信函方式提出申请的，请在信封左下角注明“政府信息公开申请”的字样；申请人通过电报、传真方式提出申请的，请相应注明“政府信息公开申请”的字样。

2. 本机关受理通过互联网提交的政府信息公开申请。

申请人可通过互联网在本机关网站上填写电子版《申请表》，向本机关提交政府信息公开申请，网址为韶关市浈江区人民政府公众信息网（http：//www.sgzj.gov.cn/）。

申请人向本机关申请获取与自身相关的政府信息时，应当出示有效身份证件或证明文件，当面向本机关提交书面申请。

本机关不直接受理通过电话、短消息等方式提出的申请，但申请人可以通过电话咨询相应的服务业务。

申请处理

本机关收到公民、法人或者其他组织提出的政府信息公开申请后，根据需要，通过相应方式对申请人身份进行核对。

本机关收到申请后，将从形式上对申请的要件是否完备进行审查，对于要件不完备的申请予以退回，要求申请人补正信息。

对申请人提出的政府信息公开申请，本机关将根据不同情况分别作出答复，详见本机关处理政府信息公开申请流程图（见附件2）。

本机关办理申请人政府信息公开申请时，能够当场答复的，将当场答复；不能当场答复的，自收到申请之日起15个工作日内予以答复；确需延长答复期限的，经政府信息公开工作机构负责人同意，延长答复时间不超过15个工作日，并告知申请人。《条例》另有规定的，从其规定。

本机关依申请提供信息时，除不应当公开的内容外，根据掌握该信息的实际状态进行提供，不对信息进行加工、统计、研究、分析或者其他处理。

收费标准

本机关依申请提供政府信息的收费标准依照国家物价与财政部门制定的标准执行，收取的费用全部上缴财政。

申请公开政府信息的公民，确有经济困难的，本人可向本机关提出减免相关费用的申请，并填写《申请表》相关栏目。

三、政府信息公开工作机构

本机关政府信息公开工作机构为：韶关市浈江区文化新闻出版局

办公地址：韶关市浈江区启明南路23号

邮政编码：512023

办公时间：8:30－12:00　14:30－17:30（工作日）

联系电话（传真）：0751－8311158

电子信箱：113045122@163.com

四、其他

公民、法人或者其他组织认为本机关提供的与其自身相关的政府信息记录不准确的，可以向本机关提出更正申请，并提供证据材料。本机关将根据申请作出相应处理，并告知申请人。

公民、法人或者其他组织认为本机关未依法履行政府信息公开义务的，可以向本机关投诉举报（投诉电话：0751－8311158，电子邮箱：113045122@163.com，办公地址：韶关市浈江区启明南路23号，邮政编码：512023，接待投诉时间：工作日8:30－12:00 14:30－17:30）。

公民、法人或其他组织也可以向上级行政机关、监察机关或者政府信息公开工作主管部门举报。

公民、法人或者其他组织认为行政机关在政府信息公开工作中的具体行政行为侵犯其合法权益的，公民、法人和其他组织可以依法申请行政复议或提起行政诉讼。

区卫生局政务信息公开指南

根据《中华人民共和国政府信息公开条例》，本机关制作和从公民、法人或者其他组织获取并由本机关保存的政务信息，除依法免予公开的外，由本机关负责主动公开或者依公民、法人或者其他组织的申请予以提供。

为了更好地提供政务信息公开服务，本机关编制了《浈江区卫生局政务信息公开指南》（以下简称《指南》）。需要获得本机关政务信息公开服务的公民、法人或者其他组织，建议阅读本《指南》。

一、信息分类和编排体系

本机关在职责范围内，负责主动或依申请公开下列各类政务信息：

（一）机构职能。

主要包括：本机关机构设置及主要职能情况；机构领导及分工情况；内设机构设置及职能情况；区属单位设置及职能情况等。

（二）政策法规。

主要包括：由本省制定的规章；以本机关名义发布或者本机关作为主办部门与其他部门联合发布的规范性文件等。

（三）规划计划。

主要包括：本机关制定的医疗卫生事业发展规划、专项规划、区域规划；本机关阶段性工作计划、工作重点安排等。

（四）工作动态。

主要包括：综合管理、人事管理、规划财务、应急管理、农村卫生、新型农村合作医疗、卫生监督、医政管理、疾控管理、爱国卫生、精神文明、信息化建设等方面的政策、措施及其实施情况等。

（五）行政许可。

主要包括：本部门各项行政许可的事项、依据、条件、数量、程序、期限以及申请行政许可需要提交的全部材料目录及办理情况。

（六）卫生统计。

主要包括：卫生资源投入、分配与利用，卫生服务质量和效益，医疗服务收费变化，居民健康水平和疾病谱变化等统计数据和统计分析。

（六）公告通告。

主要包括：本机关公告、通告，法定传染病疫情和突发公共卫生事件信息；人事任免事项；本机关公务员及事业单位工作人员招考录用计划、程序、结果等；招标采购以及本机关其他需要社会公众广泛知晓或参与的信息。

为方便公民、法人或者其他组织查询本机关主动和依申请公开的政务信息，本机关编制了《浈江区卫生局政务信息公开目录》（以下简称《目录》）。

二、获取形式

（一）主动公开本机关主动公开的政务信息范围，

公开形式

本机关政务信息公开主要采取公开栏公开形式。

公开时限

本机关主动公开的政务信息，自政务信息形成或者变更之日20个工作日内予以公开。法律、法规对政务信息公开的期限另有规定的，从其规定。

（二）依申请公开。

除本机关主动公开的政务信息外，公民、法人或者其他组织可以根据自身生产、生活、科研等特殊需要，向本机关申请获取相关政务信息。

本机关政务信息公开申请受理机构负责受理公民、法人或者其他组织向本机关提出的政务信息公开申请。

提出申请

向本机关申请获取政务信息的，应当书面填写《浈江区卫生局政务信息公开申请表》。

申请人对申请获取信息的描述请尽量详尽、明确；若有可能，请提供该信息的标题、发布时间、文号或者其他有助于本机关确定信息内容的提示。

1. 本机关受理书面提交的政务信息公开申请。

除申请人当面提交《申请表》外，申请人通过信函方式提出申请的，请在信封左下角注明“政务信息公开申请”的字样；申请人通过电报、传真方式提出申请的，请相应注明“政务信息公开申请”的字样。

2. 本机关受理通过互联网提交的政务信息公开申请。

申请人向本机关申请获取与自身相关的方面政务信息时，应当出示有效身份证件或证明文件，当面向本机关提交书面申请。

本机关不直接受理通过电话、短消息等方式提出的申请，但申请人可以通过电话咨询相应的服务业务。

申请处理

本机关收到公民、法人或者其他组织提出的政务信息公开申请后，根据需要，通过相应方式对申请人身份进行核对。

本机关收到申请后，将从形式上对申请的要件是否完备进行审查，对于要件不完备的申请予以退回，要求申请人补正信息。

对申请人提出的政务信息公开申请，本机关将根据不同情况分别作出答复。

本机关办理申请人政务信息公开申请时，能够当场答复的，将当场答复；不能当场答复的，自收到申请之日起15个工作日内予以答复；确需延长答复期限的，经政务信息公开工作机构负责人同意，延长答复时间不超过15个工作日，并告知申请人。《条例》另有规定的，从其规定。

本机关依申请提供信息时，除不应当公开的内容外，根据掌握该信息的实际状态进行提供，不对信息进行加工、统计、研究、分析或者其他处理。

三、政府信息公开工作机构

本机关政务信息公开工作机构为：

韶关市浈江区卫生局办公室

办公地址：浈江区韶瑶路区政府内卫生局

邮政编码：512023

办公时间：8:30－12:00　14:00－17:30（工作日）

联系电话：0751－8251448

传真：0751－8255823

电子信箱：sgzjwsj@163.com

本机关政务信息公开申请受理机构为：

韶关市浈江区卫生局办公室

办公地址：浈江区韶瑶路区政府内卫生局

邮政编码：512023

办公时间：8:30－12:00　14:00－17:30（工作日）

联系电话：0751－8251448

传真：0751－8255823

电子信箱：sgzjwsj@163.com

四、其他

公民、法人或者其他组织认为本机关提供的与其自身相关的政务信息记录不准确的，可以向本机关提出更正申请，并提供证据材料. 本机关将根据申请作出相应处理，并告知申请人。

公民、法人或者其他组织认为本机关未依法履行政务信息公开义务的，可以向本机关投诉举报（投诉电话：0751－8251448，传真：0751－8255823，办公地址：浈江区韶瑶路区政府内卫生局，邮政编码：512023，接待投诉时间：8:30－12:00　14:00－17:30（工作日）。

公民、法人或其他组织也可以向上级行政机关、监察机关或者政务信息公开工作主管部门举报。

公民、法人或者其他组织认为行政机关在政务信息公开工作中的具体行政行为侵犯其合法权益的，公民、法人和其他组织可以依法申请行政复议或提起行政诉讼。

区人口和计划生育局政务信息公开指南

根据《中华人民共和国政府信息公开条例》（以下简称《条例》），本机关制作和从公民、法人或者其他组织获取并由本机关保存的政府信息，除依法免予公开的外，由本机关负责主动公开或者依公民、法人或者其他组织的申请予以提供。

为了更好地提供政府信息公开服务，本机关编制了《浈江区人口和计划生育局政府信息公开指南》（以下简称《指南》）。需要获得本机关政府信息公开服务的公民、法人或者其他组织，建议阅读本《指南》。

本《指南》每年更新一次。公民、法人或者其他组织可以在浈江区人民政府网站（http：//www. sgzj. gov. cn）上查阅本《指南》，也可以到本《指南》指定发放点浈江区人口和计划生育局（地址：浈江区升平路78号二楼）领取。

一、信息分类和编排体系

本机关在职责范围内，负责主动或依申请公开下列各类政府信息：

（一）机构职能

主要包括：本机关机构设置及主要职能情况；机构领导及分工情况；内设机构设置及职能情况；下属单位设置及职能情况等。

（二）规章文件

主要包括：由本省制定的规章；以本机关名义发布或者本机关作为主办部门与其他部门联合发布的规范性文件等。

（三）规划计划

主要包括：国民经济和社会发展规划、专项规划、区域规划；本机关阶段性工作计划、工作重点安排等。

（四）业务工作

主要包括：本部门各项行政许可的事项、依据、条件、数量、程序、期限以及申请行政许可需要提交的全部材料目录及办理情况；行政事业性收费的项目、依据、标准；政府集中采购项目的目录、标准及实施情况；重大建设项目的批准和实施情况；人口和计划生育工作的监督检查情况；人口和计划生育方面的政策、措施及其实施情况；突发公共事件的应急预案、预警信息及应对情况等。

（五）统计数据

主要包括：财政预算、决算报告；国民经济和社会发展统计信息；专项统计报告；年鉴等。

（六）其他

主要包括：本机关重要会议、活动的主要情况；人事任免事项；本机关公务员及事业单位工作人员招考录用计划、程序、结果等，以及本机关职责范围内依法应当公开的其他信息。

为方便公民、法人或者其他组织查询本机关主动和依申请公开的政府信息，本机关编制了《浈江区人口和计划生育局政府信息公开目录》（以下简称《目录》）。本机关在编排以上各类政府信息时，按照业务和信息类别，划分为1～3级类目。公民、法人或者其他组织可以在浈江区人民政府网站（http：//www. sgzj. gov. cn）上查阅该《目录》，也可以到浈江区人口和计划生育局（地址：浈江区升平路78号二楼）查阅。

二、获取形式

（一）主动公开

本机关主动公开的政府信息范围，详见《目录》。

公开形式

本机关政府信息公开主要采取政府网站网上公开形式。本机关网上信息公开网址为 http：//www. sgzj. gov. cn.

本机关还将采用以下辅助方式主动公开政府信息：

1. 通过政府公报、新闻发布会等形式和报纸、广播、电视等公共媒体主动公开政府信息；

2. 本机关在浈江区升平路78号二楼设有政府信息公开查阅点，公民、法人或者其他组织可以到该查阅点查阅本机关公开的政府信息；

3. 本机关在浈江区升平路78号设有政府信息公告栏，主动公开政府信息。

本机关网上公开的信息，除本地新闻信息以外，网上留存的期限为2年。超过留存期的信息，本机关不再继续通过网上公开，公民、法人或者其他组织可以到本机关设立的公共查阅点浈江区升平路78号二楼查阅。

公开时限

本机关主动公开的政府信息，自政府信息形成或者变更之日20个工作日内予以公开。法律、法规对政府信息公开的期限另有规定的，从其规定。

（二）依申请公开

除本机关主动公开的政府信息外，公民、法人或者其他组织可以根据自身生产、生活、科研等特殊需要，向本机关申请获取相关政府信息。

本机关政府信息公开申请受理机构（见本《指南》第三条），负责受理公民、法人或者其他组织向本机关提出的政府信息公开申请。

提出申请

向本机关申请获取政府信息的，应当书面填写《浈江区政府信息公开申请表》（以下简称《申请表》，见附件1）。《申请表》可以在受理机构处领取，也可以在本机关网站上下载电子版，复制有效。

申请人对申请获取信息的描述请尽量详尽、明确；若有可能，请提供该信息的标题、发布时间、文号或者其他有助于本机关确定信息内容的提示。

1. 本机关受理书面提交的政府信息公开申请。

除申请人当面提交《申请表》外，申请人通过信函方式提出申请的，请在信封左下角注明“政府信息公开申请”的字样；申请人通过电报、传真方式提出申请的，请相应注明“政府信息公开申请”的字样。

2. 本机关受理通过互联网提交的政府信息公开申请。

申请人可通过互联网在本机关网站上填写电子版《申请表》，向本机关提交政府信息公开申请，电子邮箱 zjq8872953@163. com

申请人向本机关申请获取与自身相关的人口和计划生育等方面政府信息时，应当出示有效身份证件或证明文件，当面向本机关提交书面申请。

本机关不直接受理通过电话、短消息等方式提出的申请，但申请人可以通过电话咨询相应的服务业务。

申请处理

本机关收到公民、法人或者其他组织提出的政府信息公开申请后，根据需要，通过相应方式对申请人身份进行核对。

本机关收到申请后，将从形式上对申请的要件是否完备进行审查，对于要件不完备的申请予以退回，要求申请人补正信息。

对申请人提出的政府信息公开申请，本机关将根据不同情况分别作出答复，详见本机关处理政府信息公开申请流程图（见附件2）。

本机关办理申请人政府信息公开申请时，能够当场答复的，将当场答复；不能当场答复的，自收到申请之日起15个工作日内予以答复；确需延长答复期限的，经政府信息公开工作机构负责人同意，延长答复时间不超过15个工作日，并告知申请人。《条例》另有规定的，从其规定。

本机关依申请提供信息时，除不应当公开的内容外，根据掌握该信息的实际状态进行提供，不对信息进行加工、统计、研究、分析或者其他处理。

收费标准

本机关依申请提供政府信息的收费标准依照国家物价与财政部门制定的标准执行，收取的费用全部上缴财政。

申请公开政府信息的公民，确有经济困难的，本人可向本机关提出减免相关费用的申请，并填写《申请表》相关栏口。

三、政府信息公开工作机构

本机关政府信息公开工作机构为：

浈江区人口和计划生育局办公室

办公地址：升平路78号

邮政编码：512000

办公时间：8:30－12:00　14:30－17:30（工作日）

联系电话：0751－8872953

传　　真：0751－8872953

电子信箱：Zjq8872953@163.com

本机关政府信息公开申请受理机构为：

浈江区人口和计划生育局办公室

办公地址：浈江区升平路78号二楼

邮政编码：512000

办公时间：8:30－12:00　14:30－17:30（工作日）

联系电话：0751－8872953

传　　真：0751－8872953

电子信箱：zjq8872953@163.com

四、其他

公民、法人或者其他组织认为本机关提供的与其自身相关的政府信息记录不准确的，可以向本机关提出更正申请，并提供证据材料。本机关将根据申请作出相应处理，并告知申请人。公民、法人或者其他组织认为本机关未依法履行政府信息公开义务的，可以向本机关投诉举报（投诉电话：0751－8872953，传真：0751－8872953，电子邮箱：zjq8872953@163.com，办公地址：浈江区升平路78号二楼，邮政编码：512000，投诉时间：工作日8:30－12:00　14:30－17:30）。

公民、法人或其他组织也可以向上级行政机关、浈江区机关效能监督投诉中心（电话：0751－8872953）或者浈江区政府信息公开工作领导小组办公室（电话：0751－8866930）举报。

公民、法人或者其他组织认为行政机关在政府信息公开工作中的具体行政行为侵犯其合法权益的，公民、法人和其他组织可以依法申请行政复议或提起行政诉讼。

附件（略）

区审计局政务信息公开指南

根据《中华人民共和国政府信息公开条例》（以下简称《条例》），本机关制作和从公民、法人或者其他组织获取并由本机关保存的政府信息，除依法免予公开的外，由本机关负责主动公开或者依公民、法人或者其他组织的申请予以提供。

为了更好地提供政府信息公开服务，本机关编制了《韶关市浈江区审计局政府信息公开指南》（以下简称《指南》）。需要获得本机关政府信息公开服务的公民、法人或者其他组织，建议阅读本《指南》。

本《指南》每年更新一次。公民、法人或者其他组织可以在韶关市浈江区人民政府公众信息网（http://www.sgzj.gov.cn/）上查阅本《指南》，也可以到本《指南》指定发放点：韶关市浈江区审计局办公室（地址：韶关市浈江区政府综合楼二楼208室）领取。

一、信息分类和编排体系

本机关在职责范围内，负责主动或依申请公开下列各类政府信息：

（一）机构职能

主要包括：本机关机构设置及主要职能情况；内设机构设置及职能情况。

（二）法律法规

主要包括：国家及省审计厅有关部门制定的法律、法规等审计规章制度。

（三）规划计划

主要包括：年度工作重点安排等。

（四）业务工作

主要包括：审计机关的权限和工作程序等。

为方便公民、法人或者其他组织查询本机关主动公开和依申请公开的政府信息，本机关编制了《韶关市浈江区审计局政府信息公开目录》（以下简称《目录》）。本机关在编制以上各类政府信息时，按照业务和信息类别，划分为1～3级类别。公民、法人或者其他组织可以在韶关市浈江区人民政府公众信息网（http：//www. sgzj. gov. cn/）查询该目录。

二、获取形式

（一）主动公开

本机关主动公开的政府信息范围，详见《目录》。

公开形式

本机关政府信息公开主要采取政府网站网上公开形式和公开栏。本机关网上信息公开网址为：http：//www. sgzj. gov. cn/.

本机关还将通过公开栏的形式公开。

公开时限

本机关主动公开的政府信息，自政府信息形成或者变更之日20个工作日内予以公开。法律、法规对政府信息公开的期限另有规定的，从其规定。

（二）依申请公开

除本机关主动公开的政府信息外，公民、法人或者其他组织可以根据自身生产、生活、科研等特殊需要，向本机关申请获取相关政府信息。

本机关政府信息公开申请受理机构（见本《指南》第三条），负责受理公民、法人或者其他组织向本机关提出的政府信息公开申请。

提出申请

向本机关申请获取政府信息的，应当书面填写《韶关市审计局政府信息公开申请表》（以下简称《申请表》，见附件1）。《申请表》可以在受理机构处领取，也可以在网站上下载电子版，复制有效。

申请人对申请获取信息的描述请尽量详尽、明确；若有可能，请提供该信息的标题、发布时间、文号或者其他有助于本机关确定信息内容的提示。

1. 本机关受理书面提交的政府信息公开申请。

除申请人当面提交《申请表》外，申请人通过信函方式提出申请的，请在信封左下角注明“政府信息公开申请”的字样；申请人通过电报、传真方式提出申请的，请相应注明“政府信息公开申请”的字样。

2、申请人向本机关申请与自身相关的审计业务政府信息时，应当出示有效身份证件或证明文件，当面向本机关提交书面申请。

本机关不直接受理通过电话、短消息等方式提出的申请，但申请人可以通过电话咨询相应的服务业务。

申请处理

本机关收到公民、法人或者其他组织提出的政府信息公开申请后，根据需要，通过相应方式对申请人身份进行核对。

本机关收到申请后，将从形式上对申请的要件是否完备进行审查，对于要件不完备的申请予以退回，要求申请人补正信息。

对申请人提出的政府信息公开申请，本机关将根据不同情况分别作出答复，详见本机关处理政府信息公开申请流程图（见附件2）。

本机关办理申请人政府信息公开申请时，能够当场答复的，将当场答复；不能当场答复的，自收到申请之日起15个工作日内予以答复；确需延长答复期限的，经政府信息公开工作机构负责人同意，延长答复时间不超过15个工作日，并告知申请人。《条例》另有规定的，从其规定。

本机关依申请提供信息时，除不应当公开的内容外，根据掌握该信息的实际状态进行提供，不对信息进行加工、统计、研究、分析或者其他处理。

收费标准

本机关依申请提供政府信息的收费标准依照国家物价与财政部门制定的标准执行，收取的费用全部上缴财政。

申请公开政府信息的公民，确有经济困难的，本人可向本机关提出减免相关费用的申请，并填写《申请表》相关栏目。

三、政府信息公开工作机构

本机关政府信息公开工作机构为：韶关市浈江区审计局政务公开领导小组

办公地址：韶关市浈江区政府综合楼二楼

邮政编码：512023

办公时间：8:00－12:00　14:30－17:30（工作日）

联系电话：0751－8255913

传　　真：0751－8255913

电子信箱：zjsjbgs@163.com

本机关政府信息公开申请受理机构为：韶关市浈江区审计局政务公开领导小组

办公地址：韶关市浈江区政府综合楼二楼

邮政编码：512023

办公时间：8:30－12:00　14:00－17:30（工作日）

联系电话：0751－8255913

传　　真：0751－8255913

电子信箱：zjsjbgs@163.com

四、其他

公民、法人或者其他组织认为本机关提供的与其自身相关的政府信息记录不准确的，可以向本机关提出更正申请，并提供证据材料。本机关将根据申请作出相应处理，并告知申请人。

公民、法人或者其他组织认为本机关未依法履行政府信息公开义务的，可以向本机关投诉举报。投诉电话：0751－8255913，传真：0751－8255913，电子邮箱：zjsjbgs@163.com，办公地址：韶关市浈江区政府综合楼二楼，邮政编码：512023，投诉时间：工作日8:00－12:00

附件（略）

区统计局政务信息公开指南

根据《中华人民共和国政府信息公开条例》（以下简称《条例》），本机关制作和从公民、法人或者其他组织获取并由本机关保存的政府信息，除依法免予公开的外，由本机关负责主动公开或者依公民、法人或者其他组织的申请予以提供。

为了更好地提供政府信息公开服务，本机关编制了《韶关市浈江区统计局政府信息公开指南》（以下简称《指南》）。需要获得本机关政府信息公开服务的公民、法人或者其他组织，建议阅读本《指南》。

一、信息分类和编排体系

本机关在职责范围内，负责主动或依申请公开下列各类政府信息：

（一）机构职能

主要包括：本机关机构设置及主要职能

情况；机构领导及分工情况；内设机构设置及职能情况；直属单位设置及职能情况等。

（二）规章文件

主要包括：由本市或国家、省统计局制定的规章；以本机关名义发布或者本机关作为主办部门与其他部门联合发布的规范性文件等。

（三）规划计划

主要包括：统计普法规划；统计工作要点；本机关阶段性工作计划、工作重点安排等。

（四）业务工作

主要包括：本部门行政审批/备案事项、依据、条件、数量、程序、期限以及申请行政审批/备案需要提交的全部材料目录及办理情况；统计执法检查情况等。

（五）统计数据

主要包括：统计月报、韶关市国民经济和社会发展统计公报；普查公报；统计年鉴等。

（六）其他

主要包括：本机关重要会议、活动的主要情况；人事任免事项；本机关公务员及事业单位工作人员招考录用计划、程序、结果等，以及本机关职责范围内依法应当公开的其他信息。

为方便公民、法人或者其他组织查询本机关主动和依申请公开的政府信息，本机关编制了《韶关市浈江区统计局政府信息公开目录》（以下简称《目录》）。本机关在编排以上各类政府信息时，按照业务和信息类别，划分为1~3级类目。公民、法人或者其他组织可以在韶关市浈江区人民政府公众信息网（http：//www.sgzj.gov.cn）上查阅该《目录》，也可以到韶关市浈江区统计局（地址：韶关市韶瑶路10号区政府办公楼6楼）查阅。

二、获取形式

（一）主动公开

本机关主动公开的政府信息范围，详见《目录》。

公开形式

本机关政府信息公开主要采取政府网站网上公开形式。

本机关还将采用以下辅助方式主动公开政府信息：1. 通过政府公报、新闻发布会等形式和报纸、广播、电视等公共媒体主动公开政府信息；2. 本机关在韶关市韶瑶路10号区政府办公楼6楼局机关内设有政府信息公开查阅点，公民、法人或者其他组织可以到该查阅点查阅本机关公开的政府信息。

公开时限

本机关主动公开的政府信息，自政府信息形成或者变更之日20个工作日内予以公开。法律、法规对政府信息公开的期限另有规定的，从其规定。

（二）依申请公开

除本机关主动公开的政府信息外，公民、法人或者其他组织可以根据自身生产、生活、科研等特殊需要，向本机关申请获取相关政府信息。

本机关政府信息公开申请受理机构（见本《指南》第三条），负责受理公民、法人或者其他组织向本机关提出的政府信息公开申请。

提出申请

向本机关申请获取政府信息的，应当书面填写《韶关市政府信息公开申请表》（以下简称《申请表》，见附件1）。《申请表》可以在受理机构处领取，也可以在本机关网站上下载电子版，复制有效。

申请人对申请获取信息的描述请尽量详尽、明确，若有可能，请提供该信息的标题、发布时间、文号或者其他有助于本机关确定信息内容的提示。

1. 本机关受理书面提交的政府信息公开申请。

除申请人当面提交《申请表》外，申请人通过信函方式提出申请的，请在信封左下角注明“政府信息公开申请”的字样；申请人通过电报、传真方式提出申请的，请相应注明“政府信息公开申请”的字样。

2. 本机关受理通过互联网提交的政府信息公开申请。

申请人可通过互联网在本机关网站上填写电子版《申请表》，向本机关提交政府信息公开申请，网址为：http：//www. sgzj. gov. cn.

申请人向本机关申请获取与自身相关的政府信息时，应当出示有效身份证件或证明文件，当面向本机关提交书面申请。

本机关不直接受理通过电话、短消息等方式提出的申请，但申请人可以通过电话咨询相应的服务业务。

申请处理

本机关收到公民、法人或者其他组织提出的政府信息公开申请后，根据需要，通过相应方式对申请人身份进行核对。

本机关收到申请后，将从形式上对申请的要件是否完备进行审查，对于要件不完备的申请予以退回，要求申请人补正信息。

对申请人提出的政府信息公开申请，本机关将根据不同情况分别作出答复，详见本机关处理政府信息公开申请流程图（见附件2）。

本机关办理申请人政府信息公开申请时，能够当场答复的，将当场答复；不能当场答复的，自收到申请之日起15个工作日内予以答复；确需延长答复期限的，经政府信息公开工作机构负责人同意，延长答复时间不超过15个工作日，并告知申请人。《条例》另有规定的，从其规定。

本机关依申请提供信息时，除不应当公开的内容外，根据掌握该信息的实际状态进行提供，不对信息进行加工、统计、研究、分析或者其他处理。

收费标准

本机关依申请提供政府信息的收费标准依照国家物价与财政部门制定的标准执行，收取的费用全部上缴财政。

申请公开政府信息的公民，确有经济困难的，本人可向本机关提出减免相关费用的申请，并填写《申请表》相关栏目。

三、政府信息公开工作机构

本机关政府信息公开工作机构为：韶关市浈江区统计局办公室

办公地址：韶关市韶瑶路13号区政府办公楼6楼

邮政编码：512023

办公时间：8:30－12:00　14:00－17:30（工作日）

联系电话：0751－8255762

传真：8255163

电子信箱：sgzjtj@163. com

联系电话：

四、其他

公民、法人或者其他组织认为本机关提供的与其自身相关的政府信息记录不准确的，可以向本机关提出更正申请，并提供证据材料。本机关将根据申请作出相应处理，并告知申请人。

公民、法人或者其他组织认为本机关未依法履行政府信息公开义务的，可以向本机关投诉举报（投诉电话：0751－8255762，传真：8255163，电子邮箱：sgzjtj@163. com，办公地址：韶关市韶瑶路10号区政府办公楼6楼，邮政编码：512002，投诉时间：工作日8:30－12:00　14:00－17:30）。

公民、法人或者其他组织认为行政机关在政府信息公开工作中的具体行政行为侵犯其合法权益的，公民、法人和其他组织可以依法申请行政复议或提起行政诉讼。

区安全生产监督管理局政务信息公开指南

根据《中华人民共和国政府信息公开条例》（以下简称《条例》），本机关制作和从公民、法人或者其他组织获取并由本机关保存的政府信息，除依法免予公开的外，由本机关负责主动公开或者依公民、法人或者其他组织的申请予以提供。

为了更好地提供政府安全生产信息公开服务，本机关编制了《韶关市浈江区安全生产监督管理局信息公开指南》（以下简称《指南》）。需要获得本机关信息公开服务的公民、法人或者其他组织，建议阅读本《指南》。

本《指南》每年更新一次。公民、法人或者其他组织可以在韶关市浈江区人民政府公众信息网（http：//www. sgzj. gov. cn/）上查阅本《指南》，也可以到本《指南》指定发放点韶关市浈江区安全生产监督管理局办公室（地址：韶关市韶瑶路1号区政府综合楼二楼）领取。

一、信息分类和编排体系

本机关在职责范围内，负责主动或依申请公开下列各类政府信息：

（一）机构职能

主要包括：本机关机构设置及主要职能情况；机构领导及分工情况；内设机构设置及职能情况；下（直）属单位设置及职能情况等。

（二）规章文件

主要包括：由本机关依法制定的规章；以本机关名义发布或者本机关作为主办部门与其他部门联合发布的规范性文件等。

（三）规划计划

主要包括：专项规划、区域规划；本机关阶段性工作计划、工作重点安排等。

（四）业务工作

主要包括：本部门各项行政许可的事项、依据、条件、数量、程序、期限以及申请行政许可需要提交的全部材料目录及办理情况；行政事业性收费的项目、依据、标准；安全生产综合监督管理检查情况等。

（五）统计数据

主要包括安全生产执法统计等。

（六）其他

主要包括：本机关重要会议、活动的主要情况；人事任免事项；本机关公务员及事业单位工作人员招考录用计划、程序、结果等，以及本机关职责范围内依法应当公开的其他信息。

二、获取形式、

（一）主动公开

本机关主动公开的安全生产监督管理信息范围，详见《目录》。

公开形式

本机关信息公开主要采取政府网站网上公开形式。本机关网上信息公开网址为韶关市浈江区人民政府公众信息网（http：//www. sgzj. gov. cn/）。

本机关还将采用以下辅助方式主动公开政府信息：1. 浈江区安全生产监督管理局办公室（地址：韶关市韶瑶路1号区政府大院综合楼二楼）设有本机关信息公开查阅点，公民、法人或者其他组织可以到该查阅点查阅公开的相关信息；2. 在本机关办公室门左侧设有安全生产信息公告栏，主动公开安全生产监督管理信息。

本机关网上公开的信息，除本机关机构设置及主要职能信息以外，网上留存的期限为2年。超过留存期的信息，本机关不再继续通过网上公开，公民、法人或者其他组织可以到本机关设立的公共查阅点查阅。

三、安全生产信息公开工作机构

安全生产监督管理信息公开工作机构为：韶关市浈江区安全生产监督管理局

办公地址：韶关市韶瑶路1号区政府综合楼二楼

邮政编码：512023

联系电话：0751－8255096

传　　真：8255096

办公时间：8:00－12:00　14:30－17:30（工作日）

电子信箱：sgzjaj@163. com

四、其他

公民、法人或者其他组织认为本机关提供的与其自身相关的政府信息记录不准确的，可以向本机关提出更正申请，并提供证据材料。本机关将根据申请作出相应处理，并告知申请人。

公民、法人或者其他组织认为本机关未依法履行政府信息公开义务的，可以向本机关投诉举报（投诉电话：0751－8255096，传真：0751－8255096，电子邮箱：sgzjaj@163. com

办公地址：韶关市韶瑶路1号区政府综合楼二楼，邮政编码：512023，接待投诉时间：工作日8:00－12:00　14:30－17:30）。

公民、法人或其他组织也可以向上级行政机关、监察机关或者政府信息公开工作主管部门举报。

公民、法人或者其他组织认为行政机关在政府信息公开工作中的具体行政行为侵犯其合法权益的，公民、法人和其他组织可以依法申请行政复议或提起行政诉讼。

区林业局政务信息公开指南

为了更好地为公民、法人和其他组织提供政府信息公开服务，根据《中华人民共和国政府信息公开条例》和《韶关市浈江区政府信息公开办法》等制度，结合我局实际，编制《浈江区林业局政府信息公开指南》（以下简称《指南》），本《指南》将根据政府信息公开情况及时更新。

区林业局办公室为政府信息公开部门，并负责政府信息公开的日常工作。

政府信息公开分为主动公开和依申请公开。

本《指南》每年更新一次。公民、法人或者其他组织可以在韶关市浈江区人民政府公众信息网（http://www. sgzj. gov. cn/）上查阅本《指南》，也可以到本《指南》指定发放点韶关市浈江区林业局办公室（地址：韶关市韶瑶路13号）领取。

一、主动公开

1. 公开范围。

区政务公开办公室负责向社会主动公开下列区政府的主要信息：

（1）区林业局机构设置、职能等；

（2）林业法律、法规、规章和规范性文件；

（3）区林业局行政许可办理程序及审批情况；

（4）区林业局工作信息、政务活动等动

态信息；

（5）区林业局行政执法信息；

（6）区林业局人事信息、公共资源等信息；

（7）突发性事件应急预案、预警信息及应对情况；

（8）其他依照法律、法规和国家有关规定应当主动公开的信息。

具体信息目录可参见局办公室编制的《浈江区林业局政府信息公开目录》。

2. 公开形式。

主要采取区政府公众信息网站的公开形式。公民、法人或者其他组织可登陆查阅政府信息。

3. 公开时限。

主动公开范围的政府信息，公开时限为主动公开的各类政府信息形成或变更之日起20个工作日内。

二、依申请公开

公民、法人和其他组织可需要获取主动公开信息以外的政府信息。

1. 书面申请受理机构：浈江区林业局政府信息公开领导小组办公室。

咨询电话：0751－8255110

传真号码：0751－8255110

电子邮箱：zjqlyg2009@163.com

通信地址：韶瑶路13号区林业局办公室

邮政编码：512023

咨询时间：周一至周五上班时间（法定节假日除外）

2. 申请的具体步骤。

（1）领取表格。

申请人可向受理机构申请领取《浈江区林业局政府信息公开申请表》（以下简称《申请表》，详见附件2）。

（2）提交申请。

①网络提交：

将《申请表》发送至电子邮箱，邮件主题为“政府信息公开申请”。

②书面提交：

将《申请表》寄至申请受理机构，并在信封左下角注明“政府信息公开申请”。

3. 申请的处理。

（1）审查。

《申请表》填写不完整或错误的，要求申请人作出补充或更正。

（2）登记。

符合要求提出的申请，及时予以登记。

（3）答复。

能够当场答复的当场予以答复；不能当场答复的，自登记之日起15个工作日内作出答复；如需延长答复期限的，经政府信息公开工作机构负责人同意，并告知申请人，延长答复的期限最长不得超过15个工作日：

①属于公开范围的，将向申请人提供信息或告知申请人可以获得该信息的方式和途径；

②属于免予公开范围的，将告知申请人不予公开的理由；

③不属于本机关公开范围的，将告知申请人该信息的掌握机关及联系方式；

④如需延长答复期限的，经主管领导同意并告知申请人，延长答复期限最长不超过15个工作日；

⑤申请公开的政府信息不存在的，将告知申请人。

政府信息涉及第三方权益的，应当征求第三方的意见，征求第三方意见所需时间不计算在期限内。

4. 申请流程。

《浈江区林业局依申请公开政府信息工作流程图》（详见附件1）。

5. 依申请公开提供信息的收费项目和收费标准。

依申请提供政府信息，可以收取检索、

复制、邮寄等成本费。行政机关收取检索、复制、邮寄等成本费用的标准由国务院价格主管部门会同国务院财政部门制定。

申请公开政府信息的公民确有经济困难的，经本人申请、政府信息公开工作机构负责人审核同意，可以减免相关费用。

四、监督保障

公民、法人或者其他组织认为本机关不依法履行政府信息公开义务的，可以向上级行政机关、监察机关或者政府信息公开工作主管部门举报。

公民、法人或者其他组织认为本机关在政府信息公开工作中的具体行政行为侵犯其合法权益的，可以依法申请行政复议或者提起行政诉讼。

本《指南》由浈江区林业局政府信息公开领导小组办公室负责解释。

区档案局政务信息公开指南

根据《中华人民共和国政府信息公开条例》（以下简称《条例》），本机关制作和从公民、法人或者其他组织获取并由本机关保存的政府信息，除依法免予公开的外，由本机关负责主动公开或者依公民、法人或者其他组织的申请予以提供。

为了更好地提供政府信息公开服务，本机关编制了《韶关市浈江区档案局政府信息公开指南》（以下简称《指南》）。需要获得本机关政府信息公开服务的公民、法人或者其他组织，建议阅读本《指南》。

本《指南》每年更新一次。公民、法人或者其他组织可以在韶关市浈江区人民政府公众信息网（http：//www. sgzj. gov. cn/）上查阅本《指南》，也可以到本《指南》指定发放点韶关市浈江区档案局阅览室（地址：韶关市韶瑶路10号浈江区政府办公楼七楼）领取。

一、信息分类和编排体系

本机关在职责范围内，负责主动或依申请公开下列各类政府信息：

（一）机构职能

主要包括：本机关机构设置及主要职能情况；机构领导及分工情况；内设机构设置及职能情况；下（直）属单位设置及职能情况等。

（二）规章文件

主要包括：由本区制定的规章；以本机关名义发布或者本机关作为主办部门与其他部门联合发布的规范性文件等。

（三）规划计划

主要包括：国民经济和社会发展规划、专项规划、区域规划；本机关阶段性工作计划、工作重点安排等。

（四）业务工作

主要包括：本部门各项行政许可的事项、依据、条件、数量、程序、期限以及申请行政许可需要提交的全部材料目录及办理情况；行政事业性收费的项目、依据、标准；政府集中采购项目的目录、标准及实施情况；重大建设项目的批准和实施情况；环境保护、公共卫生、安全生产、食品药品、产品质量的监督检查情况；扶贫、教育、医疗、社会保障、促进就业等方面的政策、措施及其实施情况；突发公共事件的应急预案、预警信息及应对情况等。

（五）统计数据

主要包括：财政预算、决算报告；国民

经济和社会发展统计信息；专项统计报告；年鉴等。

（六）其他

主要包括：本机关重要会议、活动的主要情况；人事任免事项；本机关公务员及事业单位工作人员招考录用计划、程序、结果等，以及本机关职责范围内依法应当公开的其他信息。

为方便公民、法人或者其他组织查询本机关主动和依申请公开的政府信息，本机关编制了《韶关市浈江区档案局政府信息公开目录》（以下简称《目录》）。本机关在编排以上各类政府信息时，按照业务和信息类别，划分为1~3级类目。公民、法人或者其他组织可以在韶关市浈江区人民政府公众信息网（http：//www. sgzj. gov. cn/）上查阅该《目录》，也可以到韶关市浈江区档案局阅览室（地址：韶关市韶瑶路10号浈江区政府办公楼七楼）查阅。

二、获取形式

（一）主动公开

本机关主动公开的政府信息范围，详见《目录》。

公开形式

本机关政府信息公开主要采取政府网站网上公开形式。本机关网上信息公开网址为韶关市浈江区人民政府公众信息网（http：//www. sgzj. gov. cn/）。

本机关还在机关办公室门边设有政务公开栏，主动公开政府信息。

本机关网上公开的信息，除本机关机构设置及主要职能信息以外，网上留存的期限为2年。超过留存期的信息，本机关不再继续通过网上公开，公民、法人或者其他组织可以到本机关查阅。

公开时限

本机关主动公开的政府信息，自政府信息形成或者变更之日20个工作日内予以公开。法律、法规对政府信息公开的期限另有规定的，从其规定。

（二）依申请公开

除本机关主动公开的政府信息外，公民、法人或者其他组织可以根据自身生产、生活、科研等特殊需要，向本机关申请获取相关政府信息。

本机关政府信息公开申请受理机构（见本《指南》第三条），负责受理公民、法人或者其他组织向本机关提出的政府信息公开申请。

提出申请

向本机关申请获取政府信息的，应当书面填写《广东省政府信息公开申请表》（以下简称《申请表》，见附件1）。《申请表》可以在受理机构处领取，也可以在本机关网站上下载电子版，复制有效。

申请人对申请获取信息的描述请尽量详尽、明确；若有可能，请提供该信息的标题、发布时间、文号或者其他有助于本机关确定信息内容的提示。

1. 本机关受理书面提交的政府信息公开申请。

除申请人当面提交《申请表》外，申请人通过信函方式提出申请的，请在信封左下角注明“政府信息公开申请”的字样；申请人通过电报、传真方式提出申请的，请相应注明“政府信息公开申请”的字样。

2. 本机关受理通过互联网提交的政府信息公开申请。

申请人可通过互联网在本机关网站上填写电子版《申请表》，向本机关提交政府信息公开申请，网址为韶关市浈江区人民政府公众信息网（http：//www. sgzj. gov. cn/）。

申请人向本机关申请获取与自身相关的政府信息时，应当出示有效身份证件或证明文件，当面向本机关提交书面申请。

本机关不直接受理通过电话、短消息等方式提出的申请，但申请人可以通过电话咨询相应的服务业务。

申请处理

本机关收到公民、法人或者其他组织提出的政府信息公开申请后，根据需要，通过相应方式对申请人身份进行核对。

本机关收到申请后，将从形式上对申请的要件是否完备进行审查，对于要件不完备的申请予以退回，要求申请人补正信息。

对申请人提出的政府信息公开申请，本机关将根据不同情况分别作出答复，详见本机关处理政府信息公开申请流程图（见附件2）。

本机关办理申请人政府信息公开申请时，能够当场答复的，将当场答复；不能当场答复的，自收到申请之日起15个工作日内予以答复；确需延长答复期限的，经政府信息公开工作机构负责人同意，延长答复时间不超过15个工作日，并告知申请人。《条例》另有规定的，从其规定。

本机关依申请提供信息时，除不应当公开的内容外，根据掌握该信息的实际状态进行提供，不对信息进行加工、统计、研究、分析或者其他处理。

收费标准

本机关依申请提供政府信息的收费标准依照国家物价与财政部门制定的标准执行，收取的费用全部上缴财政。

申请公开政府信息的公民，确有经济困难的，本人可向本机关提出减免相关费用的申请，并填写《申请表》相关栏目。

三、政府信息公开工作机构

本机关政府信息公开工作机构为：韶关市浈江区档案局

办公地址：韶关市韶瑶路13号

邮政编码：512023

办公时间：8：30－12：00　14：30－17：30（工作日）

联系电话（传真）：0751－8223993

电子信箱：sgzjda@21cn. com、sgzjda@163. com

四、其他

公民、法人或者其他组织认为本机关提供的与其自身相关的政府信息记录不准确的，可以向本机关提出更正申请，并提供证据材料。本机关将根据申请作出相应处理，并告知申请人。

公民、法人或者其他组织认为本机关未依法履行政府信息公开义务的，可以向本机关投诉举报（投诉电话：0751－8223993，电子邮箱：sgzjda@163. com，办公地址：韶关市浈江区韶瑶路10号，邮政编码：512023，接待投诉时间：工作日8:30－12:00　14:30－17:30）。

公民、法人或其他组织也可以向上级行政机关、监察机关或者政府信息公开工作主管部门举报。

公民、法人或者其他组织认为行政机关在政府信息公开工作中的具体行政行为侵犯其合法权益的，公民、法人和其他组织可以依法申请行政复议或提起行政诉讼。

附件（略）

区体育局政务信息公开指南

根据《中华人民共和国政府信息公开条例》（以下简称《条例》），本机关制作和从公民、法人或者其他组织获取并由本机关保存的政府信息，除依法免予公开的外，由本机关负责主动公开或者依公民、法人或者其他组织的申请予以提供。

为了更好地提供政府信息公开服务，本机关编制了《韶关市浈江区体育局政府信息公开指南》（以下简称《指南》）。需要获得本机关政府信息公开服务的公民、法人或者其他组织，建议阅读本《指南》。

本《指南》每年更新一次。公民、法人或者其他组织可以在韶关市浈江区人民政府公众信息网（http：//www. sgzj. gov. cn/）上查阅本《指南》，也可以到本《指南》指定发放点韶关市浈江区体育局阅览室（地址：韶关市浈江区启明南路59号浈江区体育馆三楼）领取。

一、信息分类和编排体系

本机关在职责范围内，负责主动或依申请公开下列各类政府信息：

（一）机构职能

主要包括：本机关机构设置及主要职能情况；机构领导及分工情况；内设机构设置及职能情况；下（直）属单位设置及职能情况等。

（二）规章文件

主要包括：由本区制定的规章；以本机关名义发布或者本机关作为主办部门与其他部门联合发布的规范性文件等。

（三）规划计划

主要包括：国民经济和社会发展规划、专项规划、区域规划；本机关阶段性工作计划、工作重点安排等。

（四）业务工作

主要包括：本部门各项行政许可的事项、依据、条件、数量、程序、期限以及申请行政许可需要提交的全部材料目录及办理情况；行政事业性收费的项目、依据、标准；政府集中采购项目的目录、标准及实施情况；重大建设项目的批准和实施情况；环境保护、公共卫生、安全生产、食品药品、产品质量的监督检查情况；扶贫、教育、医疗、社会保障、促进就业等方面的政策、措施及其实施情况；突发公共事件的应急预案、预警信息及应对情况等。

（五）统计数据

主要包括：财政预算、决算报告；国民经济和社会发展统计信息；专项统计报告；年鉴等。

（六）其他

主要包括：本机关重要会议、活动的主要情况；人事任免事项；本机关公务员及事业单位工作人员招考录用计划、程序、结果等，以及本机关职责范围内依法应当公开的其他信息。

为方便公民、法人或者其他组织查询本机关主动和依申请公开的政府信息，本机关编制了《韶关市浈江区体育局政府信息公开目录》（以下简称《目录》）。本机关在编排以上各类政府信息时，按照业务和信息类别，划分为1～3级类目。公民、法人或者其他组织可以在韶关市浈江区人民政府公众信息网（http：//www. sgzj. gov. cn/）上查阅该《目录》，也可以到韶关市浈江区体育局阅览室（地址：韶关市浈江区启明南路59号浈江区体育馆三楼）查阅。

二、获取形式

（一）主动公开

本机关主动公开的政府信息范围，详见《目录》。

公开形式

本机关政府信息公开主要采取政府网站网上公开形式。本机关网上信息公开网址为韶关市浈江区人民政府公众信息网（http：//www. sgzj. gov. cn/）。

本机关还在机关办公室门边设有政务公开栏，主动公开政府信息。

本机关网上公开的信息，除本机关机构设置及主要职能信息以外，网上留存的期限为2年。超过留存期的信息，本机关不再继续通过网上公开，公民、法人或者其他组织可以到本机关查阅。

公开时限

本机关主动公开的政府信息，自政府信息形成或者变更之日20个工作日内予以公开。法律、法规对政府信息公开的期限另有规定的，从其规定。

（二）依申请公开

除本机关主动公开的政府信息外，公民、法人或者其他组织可以根据自身生产、生活、科研等特殊需要，向本机关申请获取相关政府信息。

本机关政府信息公开申请受理机构（见本《指南》第三条），负责受理公民、法人或者其他组织向本机关提出的政府信息公开申请。

提出申请

向本机关申请获取政府信息的，应当书面填写《广东省政府信息公开申请表》（以下简称《申请表》，见附件1）。《申请表》可以在受理机构处领取，也可以在本机关网站上下载电子版，复制有效。

申请人对申请获取信息的描述请尽量详尽、明确；若有可能，请提供该信息的标题、发布时间、文号或者其他有助于本机关确定信息内容的提示。

1. 本机关受理书面提交的政府信息公开申请。

除申请人当面提交《申请表》外，申请人通过信函方式提出申请的，请在信封左下角注明“政府信息公开申请”的字样；申请人通过电报、传真方式提出申请的，请相应注明“政府信息公开申请”的字样。

2. 本机关受理通过互联网提交的政府信息公开申请。

申请人可通过互联网在本机关网站上填写电子版《申请表》，向本机关提交政府信息公开申请，网址为韶关市浈江区人民政府公众信息网（http：//www. sgzj. gov. cn/）。

申请人向本机关申请获取与自身相关的政府信息时，应当出示有效身份证件或证明文件，当面向本机关提交书面申请。

本机关不直接受理通过电话、短消息等方式提出的申请，但申请人可以通过电话咨询相应的服务业务。

申请处理

本机关收到公民、法人或者其他组织提出的政府信息公开申请后，根据需要，通过相应方式对申请人身份进行核对。

本机关收到申请后，将从形式上对申请的要件是否完备进行审查，对于要件不完备的申请予以退回，要求申请人补正信息。

对申请人提出的政府信息公开申请，本机关将根据不同情况分别作出答复，详见本机关处理政府信息公开申请流程图（见附件）。

本机关办理申请人政府信息公开申请时，能够当场答复的，将当场答复；不能当场答复的，自收到申请之日起15个工作日内予以答复；确需延长答复期限的，经政府信息公开工作机构负责人同意，延长答复时间不超过15个工作日，并告知申请人。《条例》另有规定的，从其规定。

本机关依申请提供信息时，除不应当公开的内容外，根据掌握该信息的实际状态进行提供，不对信息进行加工、统计、研究、分析或者其他处理。

收费标准

本机关依申请提供政府信息的收费标准依照国家物价与财政部门制定的标准执行，收取的费用全部上缴财政。

公民、法人或者其他组织获取并由本机关保存的政府信息，除依法免予公开的外，由本机关负责主动公开或者依公民、法人或者其他组织的申请予以提供。

为了更好地提供政府信息公开服务，本机关编制了《韶关市浈江区体育局政府信息公开指南》（以下简称《指南》）。需要获得本机关政府信息公开服务的公民、法人或者其他组织，建议阅读本《指南》。

本《指南》每年更新一次。公民、法人或者其他组织可以在韶关市浈江区人民政府公众信息网（http：//www. sgzj. gov. cn/）上查阅本《指南》，也可以到本《指南》指定发放点韶关市浈江区体育局阅览室（地址：韶关市浈江区启明南路59号浈江区体育馆三楼）领取。

一、信息分类和编排体系

本机关在职责范围内，负责主动或依申请公开下列各类政府信息：

（一）机构职能

主要包括：本机关机构设置及主要职能情况；机构领导及分工情况；内设机构设置及职能情况；下（直）属单位设置及职能情况等。

（二）规章文件

主要包括：由本区制定的规章；以本机关名义发布或者本机关作为主办部门与其他部门联合发布的规范性文件等。

（三）规划计划

主要包括：国民经济和社会发展规划、专项规划、区域规划；本机关阶段性工作计划、工作重点安排等。

（四）业务工作

主要包括：本部门各项行政许可的事项、依据、条件、数量、程序、期限以及申请行政许可需要提交的全部材料目录及办理情况；行政事业性收费的项目、依据、标准；政府集中采购项目的目录、标准及实施情况；重大建设项目的批准和实施情况；环境保护、公共卫生、安全生产、食品药品、产品质量的监督检查情况；扶贫、教育、医疗、社会保障、促进就业等方面的政策、措施及其实施情况；突发公共事件的应急预案、预警信息及应对情况等。

（五）统计数据

主要包括：财政预算、决算报告；国民经济和社会发展统计信息；专项统计报告；年鉴等。

（六）其他

主要包括：本机关重要会议、活动的主要情况；人事任免事项；本机关公务员及事业单位工作人员招考录用计划、程序、结果等，以及本机关职责范围内依法应当公开的其他信息。

为方便公民、法人或者其他组织查询本机关主动和依申请公开的政府信息，本机关编制了《韶关市浈江区体育局政府信息公开目录》（以下简称《目录》）。本机关在编排以上各类政府信息时，按照业务和信息类别，划分为1~3级类目。公民、法人或者其他组织可以在韶关市浈江区人民政府公众信息网（http：//www. sgzj. gov. cn/）上查阅该《目录》，也可以到韶关市浈江区体育局阅览室（地址：韶关市浈江区启明南路59号浈江区体育馆三楼）查阅。

二、获取形式

（一）主动公开

本机关主动公开的政府信息范围，详见《目录》。

公开形式

本机关政府信息公开主要采取政府网站网上公开形式。本机关网上信息公开网址为韶关市浈江区人民政府公众信息网（http：//www. sgzj. gov. cn/）。

本机关还在机关办公室门边设有政务公开栏，主动公开政府信息。

本机关网上公开的信息，除本机关机构设置及主要职能信息以外，网上留存的期限为2年。超过留存期的信息，本机关不再继续通过网上公开，公民、法人或者其他组织可以到本机关查阅。

公开时限

本机关主动公开的政府信息，自政府信息形成或者变更之日20个工作日内予以公开。法律、法规对政府信息公开的期限另有规定的，从其规定。

（二）依申请公开

除本机关主动公开的政府信息外，公民、法人或者其他组织可以根据自身生产、生活、科研等特殊需要，向本机关申请获取相关政府信息。

本机关政府信息公开申请受理机构（见本《指南》第三条），负责受理公民、法人或者其他组织向本机关提出的政府信息公开申请。

提出申请

向本机关申请获取政府信息的，应当书面填写《广东省政府信息公开申请表》（以下简称《申请表》，见附件1）。《申请表》可以在受理机构处领取，也可以在本机关网站上下载电子版，复制有效。

申请人对申请获取信息的描述请尽量详尽、明确；若有可能，请提供该信息的标题、发布时间、文号或者其他有助于本机关确定信息内容的提示。

1. 本机关受理书面提交的政府信息公开申请。

除申请人当面提交《申请表》外，申请人通过信函方式提出申请的，请在信封左下角注明“政府信息公开申请”的字样；申请人通过电报、传真方式提出申请的，请相应注明“政府信息公开申请”的字样。

2. 本机关受理通过互联网提交的政府信息公开申请。

申请人可通过互联网在本机关网站上填写电子版《申请表》，向本机关提交政府信息公开申请，网址为韶关市浈江区人民政府公众信息网（http：//www. sgzj. gov. cn/）。

申请人向本机关申请获取与自身相关的政府信息时，应当出示有效身份证件或证明文件，当面向本机关提交书面申请。

本机关不直接受理通过电话、短消息等方式提出的申请，但申请人可以通过电话咨询相应的服务业务。

申请处理

本机关收到公民、法人或者其他组织提出的政府信息公开申请后，根据需要，通过相应方式对申请人身份进行核对。

本机关收到申请后，将从形式上对申请的要件是否完备进行审查，对于要件不完备的申请予以退回，要求申请人补正信息。

对申请人提出的政府信息公开申请，本机关将根据不同情况分别作出答复，详见本机关处理政府信息公开申请流程图（见附件）。

本机关办理申请人政府信息公开申请时，能够当场答复的，将当场答复；不能当场答复的，自收到申请之日起15个工作日内予以答复；确需延长答复期限的，经政府信息公开工作机构负责人同意，延长答复时间不超过15个工作日，并告知申请人。《条例》另有规定的，从其规定。

本机关依申请提供信息时，除不应当公开的内容外，根据掌握该信息的实际状态进行提供，不对信息进行加工、统计、研究、分析或者其他处理。

收费标准

本机关依申请提供政府信息的收费标准依照国家物价与财政部门制定的标准执行，收取的费用全部上缴财政。

申请公开政府信息的公民，确有经济困难的，本人可向本机关提出减免相关费用的申请，并填写《申请表》相关栏目。

三、政府信息公开工作机构

本机关政府信息公开工作机构为：韶关市浈江区体育局

办公地址：韶关市浈江区启明南路59号

邮政编码：512023

办公时间：8:30－12:00　14:30－17:30（工作日）

联系电话（传真）：0751－8312271

四、其他

公民、法人或者其他组织认为本机关提供的与其自身相关的政府信息记录不准确的，可以向本机关提出更正申请，并提供证据材料。本机关将根据申请作出相应处理，并告知申请人。

公民、法人或者其他组织认为本机关未依法履行政府信息公开义务的，可以向本机关投诉举报（投诉电话：0751－8312271，办公地址：韶关市浈江区启明南路59号，邮政编码：512023，接待投诉时间：工作日8:30－12:00 14:30－17:30）。

公民、法人或其他组织也可以向上级行政机关、监察机关或者政府信息公开工作主管部门举报。

公民、法人或者其他组织认为行政机关在政府信息公开工作中的具体行政行为侵犯其合法权益的，公民、法人和其他组织可以依法申请行政复议或提起行政诉讼。

附件（略）

区残疾人联合会信息公开指南

根据《中华人民共和国政府信息公开条例》（以下简称《条例》），本机关制作和从公民、法人或者其他组织获取并由本机关保存的政府信息，除依法免予公开的外，由本机关负责主动公开或者依公民、法人或者其他组织的申请予以提供。为了更好地提供政府信息公开服务，本机关编制了《韶关市浈江区残疾人联合会政府信息公开指南》（以下简称《指南》）。需要获得本机关政府信息公开服务的公民、法人或者其他组织，建议阅读本《指南》。

本《指南》每年更新一次。公民、法人或者其他组织可以在韶关市浈江区人民政府公众信息网（http：//www.sgzj.gov.cn/）上查阅本《指南》，也可以到本《指南》指定发放点韶关市浈江区人民政府办公室（地址：韶关市韶瑶路1号）领取。

一、信息分类和编排体系

本机关在职责范围内，负责主动或依申请公开下列各类政府信息：

（一）机构职能：主要包括本机关机构设置及主要职能情况；机构领导及分工情况；内设机构设置及职能情况；下（直）属单位设置及职能情况等。

（二）规章文件：主要包括由本区制定的规章；以本机关名义发布或者本机关作为主办部门与其他部门联合发布的规范性文件等。

（三）规划计划：主要包括国民经济和社会发展规划、专项规划、区域规划；本机关阶段性工作计划、工作重点安排等。

（四）业务工作：主要包括本部门各项行政许可的事项、依据、条件、数量、程序、期限以及申请行政许可需要提交的全部材料目录及办理情况，政府集中采购项目的目录、标准及实施情况；重大建设项目的批准和实施情况；扶贫、教育、医疗、社会保障、促进就业等方面的政策、措施及其实施情况；突发公共事件的应急预案、预警信息及应对情况等。

（五）统计数据：主要包括财政预算、决算报告；国民经济和社会发展统计信息；专项统计报告；年鉴等。

（六）其他：主要包括本机关重要会议、活动的主要情况；人事任免事项；本机关公务员及事业单位工作人员招考录用计划、程序、结果等，以及本机关职责范围内依法应当公开的其他信息。

为方便公民、法人或者其他组织查询本机关主动和依申请公开的政府信息，本机关编制了《韶关市浈江区政府信息公开目录》（以下简称《目录》）。本机关在编排以上各类政府信息时，按照业务和信息类别，划分为1～3级类目。公民、法人或者其他组织可以在韶关市浈江区人民政府公众信息网（http：//www. sgzj. gov. cn/）上查阅该《目录》，也可以到韶关市浈江区人民政府办公室（地址：韶关市韶瑶路1号）查阅。

二、获取形式

（一）主动公开

本机关主动公开的政府信息范围，详见《目录》。

公开形式：本机关政府信息公开主要采取政府网站网上公开形式。本机关网上信息公开网址为韶关市浈江区人民政府公众信息网（http：//www. sgzj. gov. cn/）。

本机关还将采用以下辅助方式主动公开政府信息：

1. 通过政府公报、新闻发布会等形式和报纸、广播、电视等公共媒体主动公开政府信息；2. 本机关在韶关市浈江区行政服务中心（地址：韶关市鹅坑桥永安大厦A座2楼）设有政府信息公开查阅点，公民、法人或者其他组织可以到该查阅点查阅本机关公开的政府信息；3. 本机关在韶关市浈江区人民政府门楼左侧（地址：韶关市韶瑶路1号）设有政府信息公告栏、在韶关市浈江区行政服务中心（地址：韶关市鹅坑桥永安大厦A座2楼）设有电子屏幕，主动公开政府信息。

本机关网上公开的信息，除本机关机构设置及主要职能信息以外，网上留存的期限为2年。超过留存期的信息，本机关不再继续通过网上公开，公民、法人或者其他组织可以到本机关设立的公共查阅点（韶关市浈江区行政服务中心）查阅。

公开时限

本机关主动公开的政府信息，自政府信息形成或者变更之日20个工作日内予以公开。法律、法规对政府信息公开的期限另有规定的，从其规定。

（二）依申请公开

除本机关主动公开的政府信息外，公民、法人或者其他组织可以根据自身生产、生活、科研等特殊需要，向本机关申请获取相关政府信息。

本机关政府信息公开申请受理机构（见本《指南》第三条），负责受理公民、法人或者其他组织向本机关提出的政府信息公开申请。

提出申请

向本机关申请获取政府信息的，应当书面填写《广东省政府信息公开申请表》（以下简称《申请表》，见附件1）。《申请表》可以在受理机构处领取，也可以在本机关网站上下载电子版，复制有效。

申请人对申请获取信息的描述请尽量详尽、明确；若有可能，请提供该信息的标题、发布时间、文号或者其他有助于本机关确定信息内容的提示。

1. 本机关受理书面提交的政府信息公开

申请。除申请人当面提交《申请表》外，申请人通过信函方式提出申请的，请在信封左下角注明“政府信息公开申请”的字样；申请人通过电报、传真方式提出申请的，请相应注明“政府信息公开申请”的字样。

2. 本机关受理通过互联网提交的政府信息公开申请。申请人可通过互联网在本机关网站上填写电子版《申请表》，向本机关提交政府信息公开申请，网址为韶关市浈江区人民政府公众信息网（http://www.sgzj.gov.cn/）。

申请人向本机关申请获取与自身相关的注册登记、税费缴纳、社会保障等方面政府信息时，应当出示有效身份证件或证明文件，当面向本机关提交书面申请。

本机关不直接受理通过电话、短消息等方式提出的申请，但申请人可以通过电话咨询相应的服务业务。

申请处理

本机关收到公民、法人或者其他组织提出的政府信息公开申请后，根据需要，通过相应方式对申请人身份进行核对。

本机关收到申请后，将从形式上对申请的要件是否完备进行审查，对于要件不完备的申请予以退回，要求申请人补正信息。

对申请人提出的政府信息公开申请，本机关将根据不同情况分别作出答复，详见本机关处理政府信息公开申请流程图（见附件2）。

本机关办理申请人政府信息公开申请时，能够当场答复的，将当场答复；不能当场答复的，自收到申请之日起15个工作日内予以答复；确需延长答复期限的，经政府信息公开工作机构负责人同意，延长答复时间不超过15个工作日，并告知申请人。《条例》另有规定的，从其规定。

本机关依申请提供信息时，除不应当公开的内容外，根据掌握该信息的实际状态进行提供，不对信息进行加工、统计、研究、分析或者其他处理。

收费标准

本机关依申请提供政府信息的收费标准依照国家物价与财政部门制定的标准执行，收取的费用全部上缴财政。

申请公开政府信息的公民，确有经济困难的，本人可向本机关提出减免相关费用的申请，并填写《申请表》相关栏目。

三、政府信息公开工作机构

本机关政府信息公开工作机构为：韶关市浈江区人民政府办公室

办公地址：韶关市韶瑶路1号

邮政编码：512023

办公时间：8:30－12:00　14:30－17:30（工作日）

联系电话：0751－8866136

传　　真：6992500

电子信箱：zjcl_123@163.com

四、其他

公民、法人或者其他组织认为本机关提供的与其自身相关的政府信息记录不准确的，可以向本机关提出更正申请，并提供证据材料。本机关将根据申请作出相应处理，并告知申请人。

公民、法人或者其他组织认为本机关未依法履行政府信息公开义务的，可以向本机关投诉举报（投诉电话：0751－8866136，传真：0751－6992500，电子邮箱zjcl_123@163.com，办公地址：韶关市韶瑶路1号邮政编码：512023，接待投诉时间：工作日8:30－12:00 14:30－17:30）。

公民、法人或其他组织也可以向上级行政机关、监察机关或者政府信息公开工作主管部门举报。

公民、法人或者其他组织认为行政机关在政府信息公开工作中的具体行政行为侵犯其合法权益的，公民、法人和其他组织可以依法申请行政复议或提起行政诉讼。

区行政服务中心政务信息公开指南

根据《中华人民共和国政府信息公开条例》（以下简称《条例》），本中心制作和从公民、法人或者其他组织获取并由本中心保存的政府信息，除依法免予公开的外，由本中心负责主动公开或者依公民、法人或者其他组织的申请予以提供。

为了更好地提供政府信息公开服务，本中心编制了《浈江区行政服务中心政府信息公开指南》（以下简称《指南》）。需要获得本中心政府信息公开服务的公民、法人或者其他组织，建议阅读本《指南》。

公民、法人或者其他组织可以在浈江区人民政府网站：（http：//www. SGZJ. gov. cn）上查阅本《指南》，也可以到本《指南》指定发放点浈江区鹅坑桥永安大厦A座二楼行政服务中心办公大厅领取。

一、信息分类和编排体系

本中心在职责范围内，负责主动或依申请公开下列各类政府信息：

（一）机构职能

主要包括：本中心机构设置及主要职能情况；机构领导及分工情况；内设机构设置及职能情况；下（直）属单位设置及职能情况等。

（二）规划计划

主要包括：本中心阶段性工作计划、工作重点安排等。

（三）统计数据

主要包括：财政预算、决算报告等。

（四）其他

主要包括：本中心重要会议、活动的主要情况；人事任免事项；本中心公务员及事业单位工作人员招考录用计划、程序、结果等，以及本中心职责范围内依法应当公开的其他信息。

为方便公民、法人或者其他组织查询本中心主动和依申请公开的政府信息，本中心编制了《浈江区行政服务中心政府信息公开目录》（以下简称《目录》）。本中心在编排以上各类政府信息时，按照业务和信息类别，划分为1～3级类目。公民、法人或者其他组织可以在浈江区人民政府网站（http：//www. SGZJ. gov. cn）上查阅本《目录》，也可以到本《目录》指定发放点浈江区鹅坑桥永安大厦A座二楼中心办公大厅领取。

二、获取形式

（一）主动公开

本中心主动公开的政府信息范围，详见《目录》。

公开形式

本中心政府信息公开主要采取政府网站网上公开形式。本中心网上信息公开网址为浈江区人民政府网站（http：//www. SGZJ. gov. cn）

本中心还将采用以下辅助方式主动公开政府信息：

本中心在浈江区鹅坑桥永安大厦A座二楼设有信息公开查阅点，公民、法人或者其他组织可以到该查阅点查阅本中心公开的政府信息；

本中心网上公开的信息，网上留存的期限为2年。超过留存期的信息，本中心不再继续通过网上公开，公民、法人或者其他组织可以到本中心设立的公共查阅点查阅。

公开时限

本中心主动公开的政府信息，自政府信息形成或者变更之日 20 个工作日内予以公开。法律、法规对政府信息公开的期限另有规定的，从其规定。

（二）依申请公开

除本中心主动公开的政府信息外，公民、法人或者其他组织可以根据自身生产、生活、科研等特殊需要，向本中心申请获取相关政府信息。

本中心政府信息公开申请受理机构（见本《指南》第三条），负责受理公民、法人或者其他组织向本中心提出的政府信息公开申请。

提出申请

向本中心申请获取政府信息的，应当书面填写《政府信息公开申请表》（以下简称《申请表》，见附件 1）。《申请表》可以在受理机构处领取，也可以在本浈江区政府网站上下载电子版，复制有效。

申请人对申请获取信息的描述请尽量详尽、明确；若有可能，请提供该信息的标题、发布时间、文号或者其他有助于本中心确定信息内容的提示。

1. 本中心受理书面提交的政府信息公开申请。

除申请人当面提交《申请表》外，申请人通过信函方式提出申请的，请在信封左下角注明“政府信息公开申请”的字样；申请人通过电报、传真方式提出申请的，请相应注明“政府信息公开申请”的字样。

申请人向本中心申请获取与自身相关的注册登记、税费缴纳、社会保障等方面政府信息时，应当出示有效身份证件或证明文件，当面向本中心提交书面申请。

本中心不直接受理通过电话、短消息等方式提出的申请，但申请人可以通过电话咨询相应的服务业务。

申请处理

本中心收到公民、法人或者其他组织提出的政府信息公开申请后，根据需要，通过相应方式对申请人身份进行核对。

本中心收到申请后，将从形式上对申请的要件是否完备进行审查，对于要件不完备的申请予以退回，要求申请人补正信息。

对申请人提出的政府信息公开申请，本中心将根据不同情况分别作出答复。

本中心办理申请人政府信息公开申请时，能够当场答复的，将当场答复；不能当场答复的，自收到申请之日起 15 个工作日内予以答复；确需延长答复期限的，经政府信息公开工作机构负责人同意，延长答复时间不超过 15 个工作日，并告知申请人。《条例》另有规定的，从其规定。

本中心依申请提供信息时，除不应当公开的内容外，根据掌握该信息的实际状态进行提供，不对信息进行加工、统计、研究、分析或者其他处理。

收费标准

本中心依申请提供政府信息的收费标准依照国家物价与财政部门制定的标准执行，收取的费用全部上缴财政。

申请公开政府信息的公民，确有经济困难的，本人可向本中心提出减免相关费用的申请，并填写《申请表》相关栏目。

三、政府信息公开工作机构

本中心政府信息公开工作机构为：浈江区行政服务中心政府信息公开工作领导小组：

办公地址：浈江区鹅坑桥永安大厦 A 座二楼。

邮政编码：512000

办公时间：8：30－12：00　14：30－17：30（工作日）

联系电话：8252329

传　　真：852329

电子信箱：SGZJXZZX@163.COM

本中心政府信息公开申请受理机构为：浈江区行政服务中心政府信息公开工作领导小组办公室

办公地址：浈江区鹅坑桥永安大厦A座二楼。

邮政编码：512000

办公时间：8:00-12:00　14:30-17:30（工作日）

联系电话：8252329

传　真：8252329

电子信箱：SGZJXZZX@163.COM

四、其他

公民、法人或者其他组织认为本中心提供的与其自身相关的政府信息记录不准确的，可以向本中心提出更正申请，并提供证据材料。本中心将根据申请作出相应处理，并告知申请人。

公民、法人或者其他组织认为本中心未依法履行政府信息公开义务的，可以向本中心投诉举报（投诉电话：8252329，传真：8252329，办公地址：浈江区鹅坑桥永安大厦A座二楼。邮政编码：512000，投诉时间：工作日8:30-12:0014:30-17:30）。

公民、法人或其他组织也可以向区政府办公室、浈江区机关效能监督投诉中心（电话：0751-8862635）或者浈江区政府信息公开工作领导小组办公室（电话：0751-8252329）举报。

公民、法人或者其他组织认为市行政服务中心在政府信息公开工作中的具体行政行为侵犯其合法权益的，公民、法人和其他组织可以依法申请行政复议或提起行政诉讼。

浈江产业转移工业园信息公开指南

根据《中华人民共和国政府信息公开条例》（以下简称《条例》），本机关制作和从公民、法人或者其他组织获取并由本机关保存的政府信息，除依法免予公开的外，由本机关负责主动公开或者依公民、法人或者其他组织的申请予以提供。为了更好地提供政府信息公开服务，本机关编制了《韶关市浈江产业转移工业园信息公开指南》（以下简称《指南》）。需要获得本机关政府信息公开服务的公民、法人或者其他组织，建议阅读本《指南》。

本《指南》每年更新一次。公民、法人或者其他组织可以在韶关市浈江产业转移工业园指定发放点韶关市浈江产业转移工业园办公室（地址：韶关市浈江区犁市镇五四村委产业转移工业园办公楼）领取，或在韶关市浈江区人民政府公众信息网（http://www.sgzj.gov.cn/）查阅本单位信息。

一、信息分类和编排体系

本机关在职责范围内，负责主动或依申请公开下列各类政府信息：

（一）机构职能

主要包括：本机关机构设置及主要职能情况；机构领导及分工情况；内设机构设置及职能情况；下（直）属单位设置及职能情况等。

（二）规章文件

主要包括：由本区制定的规章；以本机关名义发布或者本机关作为主办部门与其他部门联合发布的规范性文件等。

（三）规划计划

主要包括：国民经济和社会发展规划、

专项规划、区域规划；本机关阶段性工作计划、工作重点安排等。

（四）业务工作

主要包括：本部门各项行政许可的事项、依据、条件、数量、程序、期限以及申请行政许可需要提交的全部材料目录及办理情况；行政事业性收费的项目、依据、标准；政府集中采购项目的目录、标准及实施情况；重大建设项目的批准和实施情况；环境保护、公共卫生、安全生产、食品药品、产品质量的监督检查情况；扶贫、教育、医疗、社会保障、促进就业等方面的政策、措施及其实施情况；突发公共事件的应急预案、预警信息及应对情况等。

（五）统计数据

主要包括：财政预算、决算报告；国民经济和社会发展统计信息；专项统计报告；年鉴等。

（六）其他

主要包括：本机关重要会议、活动的主要情况；人事任免事项；本机关公务员及事业单位工作人员招考录用计划、程序、结果等，以及本机关职责范围内依法应当公开的其他信息。

为方便公民、法人或者其他组织查询本机关主动和依申请公开的政府信息，本机关编制了《韶关市浈江产业转移工业园信息公开目录》（以下简称《目录》）。本机关在编排以上各类政府信息时，按照业务和信息类别，划分为1～3级类目。公民、法人或者其他组织可以在韶关市浈江产业转移工业园指定发放点韶关市浈江产业转移工业园办公室（地址：韶关市浈江区犁市镇五四村委产业转移工业园办公楼）领取，或在韶关市浈江区人民政府公众信息网（http：//www. sgzj. gov. cn/）查阅本单位信息。

二、获取形式

（一）主动公开

本机关主动公开的政府信息范围，详见《目录》。

公开形式

本机关政府信息公开主要采取自主查询取阅的方式。

本机关还将采用以下辅助方式主动公开政府信息：1. 通过政府公报、新闻发布会、网络等形式和报纸、广播、电视等公共媒体主动公开政府信息；2. 本机关网上公开的信息，除本机关机构设置及主要职能信息以外，网上留存的期限为2年。超过留存期的信息，本机关不再继续通过网上公开，公民、法人或者其他组织可以到本机关设立的公共查阅点查阅。

公开时限

本机关主动公开的政府信息，自政府信息形成或者变更之日20个工作日内予以公开。法律、法规对政府信息公开的期限另有规定的，从其规定。

（二）依申请公开

除本机关主动公开的政府信息外，公民、法人或者其他组织可以根据自身生产、生活、科研等特殊需要，向本机关申请获取相关政府信息。

本机关政府信息公开申请受理机构（见本《指南》第三条），负责受理公民、法人或者其他组织向本机关提出的政府信息公开申请。

提出申请

向本机关申请获取政府信息的，应当书面填写《广东省政府信息公开申请表》（以下简称《申请表》，见附件1）。《申请表》可以在受理机构处领取，也可以在相关网站上下载电子版，复制有效。

申请人对申请获取信息的描述请尽量详尽、明确；若有可能，请提供该信息的标题、发布时间、文号或者其他有助于本机关确定信息内容的提示。

1. 本机关受理书面提交的政府信息公开申请。

除申请人当面提交《申请表》外，申请人通过信函方式提出申请的，请在信封左下角注明“政府信息公开申请”的字样；申请人通过电报、传真方式提出申请的，请相应注明“政府信息公开申请”的字样。

2. 本机关受理通过互联网提交的政府信息公开申请。

申请人可通过互联网在本机关网站上填写电子版《申请表》，向本机关提交政府信息公开申请，网址为韶关市浈江区人民政府公众信息网（http：//www. sgzj. gov. cn/）。

申请人向本机关申请获取与自身相关的注册登记、税费缴纳、社会保障等方面政府信息时，应当出示有效身份证件或证明文件，当面向本机关提交书面申请。

本机关不直接受理通过电话、短消息等方式提出的申请，但申请人可以通过电话咨询相应的服务业务。

申请处理

本机关收到公民、法人或者其他组织提出的政府信息公开申请后，根据需要，通过相应方式对申请人身份进行核对。

本机关收到申请后，将从形式上对申请的要件是否完备进行审查，对于要件不完备的申请予以退回，要求申请人补正信息。

对申请人提出的政府信息公开申请，本机关将根据不同情况分别作出答复，详见本机关处理政府信息公开申请流程图（见附件2）。

本机关办理申请人政府信息公开申请时，能够当场答复的，将当场答复；不能当场答复的，自收到申请之日起15个工作日内予以答复；确需延长答复期限的，经政府信息公开工作机构负责人同意，延长答复时间不超过15个工作日，并告知申请人。《条例》另有规定的，从其规定。

本机关依申请提供信息时，除不应当公开的内容外，根据掌握该信息的实际状态进行提供，不对信息进行加工、统计、研究、分析或者其他处理。

收费标准

本机关依申请提供政府信息的收费标准依照国家物价与财政部门制定的标准执行，收取的费用全部上缴财政。

申请公开政府信息的公民，确有经济困难的，本人可向本机关提出减免相关费用的申请，并填写《申请表》相关栏目。

三、政府信息公开工作机构

本机关政府信息公开工作机构为：韶关市浈江产业转移工业园办公室

办公地址：韶关市浈江区犁市镇五四村委产业转移工业园办公楼

邮政编码：512023

办公时间：8∶30－12∶00　14∶30－17∶00（工作日）

联系电话：0751－8235213
　　　　　0751－8838014

传　　真：0751－8235213
　　　　　0751－8838014

电子信箱：sgzjcyy@163. com

本机关政府信息公开申请受理机构为：韶关市浈江产业转移工业园办公室

办公地址：韶关市浈江区犁市镇五四村委产业转移工业园办公楼

邮政编码：512023

办公时间：8∶30－12∶00　14∶30－17∶00（工作日）

联系电话：0751－8235213
　　　　　0751－8838014

传　　真：0751－8235213
　　　　　0751－8838014

电子信箱：sgzjcyy@163. com

四、其他

公民、法人或者其他组织认为本机关提

供的与其自身相关的政府信息记录不准确的，可以向本机关提出更正申请，并提供证据材料。本机关将根据申请作出相应处理，并告知申请人。

公民、法人或者其他组织认为本机关未依法履行政府信息公开义务的，可以向浈江区人民政府行政服务中心投诉举报（投诉电话：0751－8252329，传真：0751－8252328，电子邮箱：sgzjxzzx@163.com，办公地址：韶关市鹅坑桥永安大厦A座2楼，邮政编码：512023，接待投诉时间：工作日8:00－12:00 14:30－17:30）。

公民、法人或其他组织也可以向上级行政机关、监察机关或者政府信息公开工作主管部门举报。

公民、法人或者其他组织认为行政机关在政府信息公开工作中的具体行政行为侵犯其合法权益的，公民、法人和其他组织可以依法申请行政复议或提起行政诉讼。

附件（略）

区畜牧兽医水产局政务信息公开指南

根据《中华人民共和国政府信息公开条例》（以下简称《条例》），本机关制作和从公民、法人或者其他组织获取并由本机关保存的政府信息，除依法免予公开的外，由本机关负责主动公开或者依公民、法人或者其他组织的申请予以提供。

为了更好地提供政府信息公开服务，本机关编制了《韶关市浈江区畜牧兽医水产局政府信息公开指南》（以下简称《指南》）。需要获得本机关政府信息公开服务的公民、法人或者其他组织，建议阅读本《指南》。

本《指南》每年更新一次。公民、法人或者其他组织可以在韶关市浈江区人民政府公众信息网（http://www.sgzj.gov.cn/）上查阅本《指南》，也可以到本《指南》指定发放点韶关市浈江区畜牧兽医水产局（地址：韶关市韶瑶路13号4楼）领取。

一、信息分类和编排体系

本机关在职责范围内，负责主动或依申请公开下列各类政府信息：

（一）机构职能

主要包括：本机关机构设置及主要职能情况；机构领导及分工情况；内设机构设置及职能情况；下（直）属单位设置及职能情况等。

（二）规章文件

主要包括：由本机关制定的规章；以本机关名义发布或者本机关作为主办部门与其他部门联合发布的规范性文件等。

（三）规划计划

主要包括：畜牧、水产业发展规划、专项规划、区域规划；本机关阶段性工作计划、工作重点安排等。

（四）业务工作

主要包括：本部门各项行政许可的事项、依据、条件、数量、程序、期限以及申请行政许可需要提交的全部材料目录及办理情况；行政事业性收费的项目、依据、标准；畜牧、水产方面重大建设项目的批准和实施情况；动物防疫、种畜禽管理、兽医、药政、兽药、水产品质量的监督检查情况；突发公共事件的应急预案、预警信息及应对情况等。

（五）统计数据

主要包括：财政预算、决算报告；专项统计报告；年鉴等。

（六）其他

主要包括：本机关重要会议、活动的主要情况；以及本机关职责范围内依法应当公开的其他信息。

为方便公民、法人或者其他组织查询本机关主动和依申请公开的政府信息，本机关编制了《韶关市浈江区畜牧兽医水产局政府信息公开目录》（以下简称《目录》）。本机关在编排以上各类政府信息时，按照业务和信息类别，划分为1～3级类目。公民、法人或者其他组织可以在韶关市浈江区人民政府公众信息网（http：//www.sgzj.gov.cn/）上查阅该《目录》，也可以到韶关市浈江区畜牧兽医水产局（地址：韶关市韶瑶路13号4楼）查阅。

二、获取形式

（一）主动公开

本机关主动公开的政府信息范围，详见《目录》。

公开形式

本机关政府信息公开主要采取政府网站网上公开形式。本机关网上信息公开网址为韶关市浈江区人民政府公众信息网（http：//www.sgzj.gov.cn/）。

本机关还在机关办公室门边设有政务公开栏，主动公开政府信息。

本机关网上公开的信息，除本机关机构设置及主要职能信息以外，网上留存的期限为2年。超过留存期的信息，本机关不再继续通过网上公开，公民、法人或者其他组织可以到本机关查阅。

公开时限

本机关主动公开的政府信息，自政府信息形成或者变更之日20个工作日内予以公开。法律、法规对政府信息公开的期限另有规定的，从其规定。

（二）依申请公开

除本机关主动公开的政府信息外，公民、法人或者其他组织可以根据自身生产、生活、科研等特殊需要，向本机关申请获取相关政府信息。

本机关政府信息公开申请受理机构（见本《指南》第三条），负责受理公民、法人或者其他组织向本机关提出的政府信息公开申请。

提出申请

向本机关申请获取政府信息的，应当书面填写《广东省政府信息公开申请表》（以下简称《申请表》，见附件1）。《申请表》可以在受理机构处领取，也可以在本机关网站上下载电子版，复制有效。

申请人对申请获取信息的描述请尽量详尽、明确；若有可能，请提供该信息的标题、发布时间、文号或者其他有助于本机关确定信息内容的提示。

1. 本机关受理书面提交的政府信息公开申请。

除申请人当面提交《申请表》外，申请人通过信函方式提出申请的，请在信封左下角注明“政府信息公开申请”的字样；申请人通过电报、传真方式提出申请的，请相应注明“政府信息公开申请”的字样。

2. 本机关受理通过互联网提交的政府信息公开申请。

申请人可通过互联网在本机关网站上填写电子版《申请表》，向本机关提交政府信息公开申请，网址为韶关市浈江区人民政府公众信息网（http：//www.sgzj.gov.cn/）。

申请人向本机关申请获取与自身相关的政府信息时，应当出示有效身份证件或证明文件，当面向本机关提交书面申请。

本机关不直接受理通过电话、短消息等方式提出的申请，但申请人可以通过电话咨询相应的服务业务。

申请处理

本机关收到公民、法人或者其他组织提

出的政府信息公开申请后，根据需要，通过相应方式对申请人身份进行核对。

本机关收到申请后，将从形式上对申请的要件是否完备进行审查，对于要件不完备的申请予以退回，要求申请人补正信息。

对申请人提出的政府信息公开申请，本机关将根据不同情况分别作出答复，详见本机关处理政府信息公开申请流程图（见附件2）。

本机关办理申请人政府信息公开申请时，能够当场答复的，将当场答复；不能当场答复的，自收到申请之日起15个工作日内予以答复；确需延长答复期限的，经政府信息公开工作机构负责人同意，延长答复时间不超过15个工作日，并告知申请人。《条例》另有规定的，从其规定。

本机关依申请提供信息时，除不应当公开的内容外，根据掌握该信息的实际状态进行提供，不对信息进行加工、统计、研究、分析或者其他处理。

收费标准

本机关依申请提供政府信息的收费标准依照国家物价与财政部门制定的标准执行，收取的费用全部上缴财政。

申请公开政府信息的公民，确有经济困难的，本人可向本机关提出减免相关费用的申请，并填写《申请表》相关栏目。

三、政府信息公开工作机构

本机关政府信息公开工作机构为：韶关市浈江区畜牧兽医水产局

办公地址：韶关市韶瑶路13号4楼

邮政编码：512023

办公时间：8:30－12:00　14:30－17:30（工作日）

联系电话（传真）：0751－8255062

电子信箱：zjqsyscg@163.com

四、其他

公民、法人或者其他组织认为本机关提供的与其自身相关的政府信息记录不准确的，可以向本机关提出更正申请，并提供证据材料。本机关将根据申请作出相应处理，并告知申请人。

公民、法人或者其他组织认为本机关未依法履行政府信息公开义务的，可以向本机关投诉举报（投诉电话：0751－8255062，电子邮箱：zjqsyscg@163.com，办公地址：韶关市浈江区韶瑶路13号4楼，邮政编码：512023，接待投诉时间：工作日8:30－12:00 14:30－17:30）。

公民、法人或其他组织也可以向上级行政机关、监察机关或者政府信息公开工作主管部门举报。

公民、法人或者其他组织认为行政机关在政府信息公开工作中的具体行政行为侵犯其合法权益的，公民、法人和其他组织可以依法申请行政复议或提起行政诉讼。

附件（略）

区农机管理总站信息公开指南

根据《中华人民共和国政府信息公开条例》（以下简称《条例》），本机关制作和从公民、法人或者其他组织获取并由本机关保存的政府信息，除依法免予公开的外，由本机关负责主动公开或者依公民、法人或者其他组织的申请予以提供。为了更好地提供农机管理总站信息公开服务，本机关编制了《韶关市浈江区农机管理总站信息公开指南》

（以下简称《指南》）。需要获得本机关农机管理总站信息公开服务的公民、法人或者其他组织，建议阅读本《指南》。本《指南》每年更新一次。公民、法人或者其他组织可以在韶关市浈江区人民政府公众信息网（http：//www. sgzj. gov. cn/）上查阅本《指南》。

一、信息分类和编排体系本机关在职责范围内，负责主动或依申请公开下列各类政府信息

（一）机构职能：主要包括本机关机构设置及主要职能情况，机构领导及分工情况，内设机构设置及职能情况等。

（二）规章文件：主要包括由本区制定的规章，以本机关名义发布或者本机关作为主办部门与其他部门联合发布的规范性文件等。

（三）规划计划：主要包括本机关阶段性工作计划、工作重点安排等。

（四）业务工作：主要包括规划指导辖区农机管理服务体系的建设，协助农机户组织建立农机服务组织；努力做好站办经济实体的管理和指导工作，引进、试验、示范、推广先进适用的农业机械，做好农业机械购置补贴的申请审核；组织农业机械跨区作业，协助农机服务组织签订作业合同，努力确保农机作业组织健康发展；负责农业机械的牌、证技术管理和农机维修资质认定，指导建立健全农业机械技术档案；实施农业机械安全生产监督管理，做好农业机械驾驶员、操作员的安全教育，协助指导农机学校做好农业机械驾驶人员、操作人员的业务技术培训工作；认真做好各类统计报表填报和汇总上报工作；完成区委、区政府和上级业务主管部门领导交办的工作等。

（五）统计数据：主要包括财政预算、决算报告等。

为方便公民、法人或者其他组织查询本机关主动和依申请公开的农机管理总站信息，本机关编制了《韶关市浈江区农机管理总站公开目录》（以下简称《目录》）。本机关在编排以上各类农机管理总站信息时，按照业务和信息类别，划分为 1 ~ 3 级类目。公民、法人或者其他组织可以在韶关市浈江区人民政府公众信息网（http：//www. sgzj. gov. cn/）上查阅该《目录》，也可以到韶关市浈江区人民政府办公室（地址：韶关市韶瑶路 1 号）查阅。

二、获取形式

（一）主动公开

本机关主动公开的农机管理总站信息范围，详见《目录》。

公开形式

本机关农机管理总站信息公开主要采取政府网站网上公开形式。本机关网上信息公开网址为韶关市浈江区人民政府公众信息网（http：//www. sgzj. gov. cn/）。

本机关还将采用以下辅助方式主动公开政府信息：本机关在韶关市浈江区农机管理总站办事处门口左侧设有农机管理总站信息公告栏主动公开农机管理总站信息。

本机关网上公开的信息，除本机关机构设置及主要职能信息以外，网上留存的期限为 2 年。超过留存期的信息，本机关不再继续通过网上公开，公民、法人或者其他组织可以到区政府设立的公共查阅点（韶关市浈江区行政服务中心）查阅。

公开时限

本机关主动公开的农机管理总站信息，自信息形成或者变更之日 20 个工作日内予以公开。法律、法规对农机管理总站信息公开的期限另有规定的，从其规定。

（二）依申请公开

除本机关主动公开的农机管理总站信息外，公民、法人或者其他组织可以根据自身生产、生活、科研等特殊需要，向本机关申请获取相关信息。

本机关信息公开申请受理机构（见本《指南》第三条），负责受理公民、法人或者其他组织向本机关提出的农机管理总站信息公开申请。

提出申请

向本机关申请获取信息的，应当书面填写《广东省政府信息公开申请表》（以下简称《申请表》）。《申请表》可以在受理机构处领取，也可以在区政府网站上下载电子版，复制有效。

申请人对申请获取信息的描述请尽量详尽、明确；若有可能，请提供该信息的标题、发布时间、文号或者其他有助于本机关确定信息内容的提示。

1. 本机关受理书面提交的政府信息公开申请。

除申请人当面提交《申请表》外，申请人通过信函方式提出申请的，请在信封左下角注明“政府信息公开申请”的字样；申请人通过电报、传真方式提出申请的，请相应注明“政府信息公开申请”的字样。

2. 本机关受理通过互联网提交的农机管理总站信息公开申请。

申请人可通过互联网在本机关网站上填写电子版《申请表》，向本机关提交信息公开申请，网址为韶关市浈江区人民政府公众信息网（http：//www. sgzj. gov. cn/）。

本机关不直接受理通过电话、短消息等方式提出的申请，但申请人可以通过电话咨询相应的服务业务。

申请处理

本机关收到公民、法人或者其他组织提出的信息公开申请后，根据需要，通过相应方式对申请人身份进行核对。

本机关收到申请后，将从形式上对申请的要件是否完备进行审查，对于要件不完备的申请予以退回，要求申请人补正信息。

对申请人提出的信息公开申请，本机关将根据不同情况分别作出答复。

本机关办理申请人信息公开申请时，能够当场答复的，将当场答复；不能当场答复的，自收到申请之日起15个工作日内予以答复；确需延长答复期限的，经农机管理总站信息公开工作机构负责人同意，延长答复时间不超过15个工作日，并告知申请人。《条例》另有规定的，从其规定。

本机关依申请提供信息时，除不应当公开的内容外，根据掌握该信息的实际状态进行提供，不对信息进行加工、统计、研究、分析或者其他处理。

收费标准

本机关依申请提供农机管理总站信息的收费标准依照国家物价与财政部门制定的标准执行，收取的费用全部上缴财政。

申请公开农机管理总站信息的公民，确有经济困难的，本人可向本机关提出减免相关费用的申请，并填写《申请表》相关栏目。

新韶镇政务信息公开指南

根据《中华人民共和国政府信息公开条例》（以下简称《条例》），本机关制作和从公民、法人或者其他组织获取并由本机关保存的政府信息，除依法免予公开的外，由本机关负责主动公开或者依公民、法人或者其他组织的申请予以提供。

为了更好地提供政府信息公开服务，本机关编制了《韶关市浈江区新韶镇政府信息公开指南》（以下简称《指南》）。需要获得本机关政府信息公开服务的公民、法人或者其他组织，建议阅读本《指南》。

本《指南》每年更新一次。公民、法人或者其他组织可以在韶关市浈江区人民政府公众信息网（http：//www.sgzj.gov.cn/）上查阅本《指南》，也可以到本《指南》指定发放点韶关市浈江区新韶镇人民政府（地址：韶关市启明路31号）领取。

一、信息分类和编排体系

本机关在职责范围内，负责主动或依申请公开下列各类政府信息：

（一）机构职能

主要包括：本机关机构设置及主要职能情况；机构领导及分工情况；内设机构设置及职能情况；下（直）属单位设置及职能情况等。

（二）规章文件

主要包括：由本镇制定的规章；以本机关名义发布的规范性文件等。

（三）规划计划

主要包括：国民经济和社会发展规划、专项规划、区域规划；本机关阶段性工作计划、工作重点安排等。

（四）业务工作

主要包括：本部门各项行政许可的事项、依据、条件、数量、程序、期限以及申请行政许可需要提交的全部材料目录及办理情况；行政事业性收费的项目、依据、标准；政府集中采购项目的目录、标准及实施情况；重大建设项目的批准和实施情况；环境保护、公共卫生、安全生产、食品药品、产品质量的监督检查情况；扶贫、教育、医疗、社会保障、促进就业等方面的政策、措施及其实施情况；突发公共事件的应急预案、预警信息及应对情况等。

（五）统计数据

主要包括：财政预算、决算报告；国民经济和社会发展统计信息；专项统计报告；年鉴等。

（六）其他

主要包括：本机关重要会议、活动的主要情况；人事任免事项；本机关公务员及事业单位工作人员招考录用计划、程序、结果等，以及本机关职责范围内依法应当公开的其他信息。

为方便公民、法人或者其他组织查询本机关主动和依申请公开的政府信息，本机关编制了《韶关市浈江区新韶镇政府信息公开目录》（以下简称《目录》）。本机关在编排以上各类政府信息时，按照业务和信息类别，划分为1～3级类目。公民、法人或者其他组织可以在韶关市浈江区人民政府公众信息网（http：//www.sgzj.gov.cn/）上查阅该《目录》，也可以到韶关市浈江区人民新韶镇党政办公室（地址：韶关市启明路31号）查阅。

二、获取形式

（一）主动公开

本机关主动公开的政府信息范围，详见《目录》。

公开形式

本机关政府信息公开主要采取政府网站网上公开形式。本机关网上信息公开网址为韶关市浈江区人民政府公众信息网（http：//www.sgzj.gov.cn/）。

本机关还将采用以下辅助方式主动公开政府信息：

1. 通过政府、人大报告、和报纸、广播、电视等公共媒体主动公开政府信息；2. 本机关在韶关市浈江区行政服务中心（地址：韶关市鹅坑桥永安大厦A座2楼）设有政府信息公开查阅点，公民、法人或者其他组织可以到该查阅点查阅本机关公开的政府信息；3. 本机关在韶关市浈江区新韶镇人民政府大院内（地址：韶关市启明路31号）设有政府信息公告栏。

本机关网上公开的信息，除本机关机构设置及主要职能信息以外，网上留存的期限为2年。超过留存期的信息，本机关不再继续通过网上公开，公民、法人或者其他组织可以到本机关设立的公共查阅点（韶关市浈江区行政服务中心）查阅。

公开时限

本机关主动公开的政府信息，自政府信息形成或者变更之日20个工作日内予以公开。法律、法规对政府信息公开的期限另有规定的，从其规定。

（二）依申请公开

除本机关主动公开的政府信息外，公民、法人或者其他组织可以根据自身生产、生活、科研等特殊需要，向本机关申请获取相关政府信息。

本机关政府信息公开申请受理机构（见本《指南》第三条），负责受理公民、法人或者其他组织向本机关提出的政府信息公开申请。

提出申请

向本机关申请获取政府信息的，应当书面填写《广东省政府信息公开申请表》（以下简称《申请表》，见附件1）。《申请表》可以在受理机构处领取，也可以在本机关网站上下载电子版，复制有效。

申请人对申请获取信息的描述请尽量详尽、明确；若有可能，请提供该信息的标题、发布时间、文号或者其他有助于本机关确定信息内容的提示。

1. 本机关受理书面提交的政府信息公开申请。

除申请人当面提交《申请表》外，申请人通过信函方式提出申请的，请在信封左下角注明“政府信息公开申请”的字样；申请人通过电报、传真方式提出申请的，请相应注明“政府信息公开申请”的字样。

2. 本机关受理通过互联网提交的政府信息公开申请。

申请人可通过互联网在本机关网站上填写电子版《申请表》，向本机关提交政府信息公开申请，网址为韶关市浈江区人民政府公众信息网（http：//www. sgzj. gov. cn/）。

申请人向本机关申请获取与自身相关的注册登记、税费缴纳、社会保障等方面政府信息时，应当出示有效身份证件或证明文件，当面向本机关提交书面申请。

本机关不直接受理通过电话、短消息等方式提出的申请，但申请人可以通过电话咨询相应的服务业务。

申请处理

本机关收到公民、法人或者其他组织提出的政府信息公开申请后，根据需要，通过相应方式对申请人身份进行核对。

本机关收到申请后，将从形式上对申请的要件是否完备进行审查，对于要件不完备的申请予以退回，要求申请人补正信息。

对申请人提出的政府信息公开申请，本机关将根据不同情况分别作出答复，详见本机关处理政府信息公开申请流程图（见附件2）。

本机关办理申请人政府信息公开申请时，能够当场答复的，将当场答复；不能当场答复的，自收到申请之日起15个工作日内予以答复；确需延长答复期限的，经政府信息公开工作机构负责人同意，延长答复时间不超过15个工作日，并告知申请人。《条例》另有规定的，从其规定。

本机关依申请提供信息时，除不应当公开的内容外，根据掌握该信息的实际状态进行提供，不对信息进行加工、统计、研究、分析或者其他处理。

收费标准

本机关依申请提供政府信息的收费标准

依照国家物价与财政部门制定的标准执行，收取的费用全部上缴财政。

申请公开政府信息的公民，确有经济困难的，本人可向本机关提出减免相关费用的申请，并填写《申请表》相关栏目。

三、政府信息公开工作机构

本机关政府信息公开工作机构为：韶关市浈江区新韶镇人民政府党政办公室

办公地址：韶关市启明路31号

邮政编码：512022

办公时间：8:00－12:00　14:30－17:30（工作日）

联系电话：0751－8867516

传　真：0751－8867516

电子信箱：zjqxsz@163.com

本机关政府信息公开申请受理机构为：韶关市浈江区行政服务中心

办公地址：韶关市鹅坑桥永安大厦A座2楼

邮政编码：512023

办公时间：8:00－12:00　14:30－17:30（工作日）

联系电话：0751－8252329

传　真：0751－8252328

电子信箱：sgzjxzzx@163.com

四、其他

公民、法人或者其他组织认为本机关提供的与其自身相关的政府信息记录不准确的，可以向本机关提出更正申请，并提供证据材料。本机关将根据申请作出相应处理，并告知申请人。

公民、法人或者其他组织认为本机关未依法履行政府信息公开义务的，可以向本机关投诉举报（投诉电话：0751－8252329，传真：0751－8252328，电子邮箱：sgzjxzzx@163.com，办公地址：韶关市鹅坑桥永安大厦A座2楼，邮政编码：512023，接待投诉时间：工作日8:00－12:00　14:30－17:30）。

公民、法人或其他组织也可以向上级行政机关、监察机关或者政府信息公开工作主管部门举报。

公民、法人或者其他组织认为行政机关在政府信息公开工作中的具体行政行为侵犯其合法权益的，公民、法人和其他组织可以依法申请行政复议或提起行政诉讼。

附件（略）

乐园镇政务信息公开指南

根据《中华人民共和国政府信息公开条例》（以下简称《条例》），本机关制作和从公民、法人或者其他组织获取并由本机关保存的政府信息，除依法免予公开的外，由本机关负责主动公开或者依公民、法人或者其他组织的申请予以提供。

为了更好地提供政府信息公开服务，本机关编制了《韶关市浈江区乐园镇政府信息公开指南》（以下简称《指南》）。需要获得本机关政府信息公开服务的公民、法人或者其他组织，建议阅读本《指南》。

本《指南》每年更新一次。公民、法人或者其他组织可以在韶关市浈江区人民政府公众信息网（http://www.sgzj.gov.cn/）上查阅本《指南》，也可以到本《指南》指定发放点韶关市浈江区乐园镇党政办公室（地址：韶关市韶南大道二公里半）领取。

一、信息分类和编排体系

本机关在职责范围内，负责主动或依申请公开下列各类政府信息：

（一）机构职能

主要包括：本机关机构设置及主要职能情况；机构领导及分工情况；内设机构设置及职能情况；下（直）属单位设置及职能情况等。

（二）规章文件

主要包括：由本镇制定的规章；以本机关名义发布或者本机关作为主办部门与其他部门联合发布的规范性文件等。

（三）规划计划

主要包括：国民经济和社会发展规划、专项规划、区域规划；本机关阶段性工作计划、工作重点安排等。

（四）业务工作

主要包括：本部门各项行政许可的事项、依据、条件、数量、程序、期限以及申请行政许可需要提交的全部材料目录及办理情况；行政事业性收费的项目、依据、标准；政府集中采购项目的目录、标准及实施情况；重大建设项目的批准和实施情况；环境保护、公共卫生、安全生产、食品药品、产品质量的监督检查情况；扶贫、教育、医疗、社会保障、促进就业等方面的政策、措施及其实施情况；突发公共事件的应急预案、预警信息及应对情况等。

（五）统计数据

主要包括：财政预算、决算报告；国民经济和社会发展统计信息；专项统计报告；年鉴等。

（六）其他

主要包括：本机关重要会议、活动的主要情况；人事任免事项；本机关公务员及事业单位工作人员招考录用计划、程序、结果等以及本机关职责范围内依法应当公开的其他信息。

为方便公民、法人或者其他组织查询本机关主动和依申请公开的政府信息，本机关编制了《韶关市浈江区乐园镇政府信息公开目录》（以下简称《目录》）。本机关在编排以上各类政府信息时，按照业务和信息类别，划分为1～3级类目。公民、法人或者其他组织可以在韶关市浈江区人民政府公众信息网（http：//www. sgzj. gov. cn/）上查阅该《目录》，也可以到韶关市浈江区乐园镇党政办公室（地址：韶关市韶南大道二公里半）查阅。

二、获取形式

（一）主动公开

本机关主动公开的政府信息范围，详见《目录》。

公开形式

本机关政府信息公开主要采取政府网站网上公开形式。本机关网上信息公开网址为韶关市浈江区人民政府公众信息网（http：//www. sgzj. gov. cn/）。

本机关还将采用以下辅助方式主动公开政府信息：1. 通过政府公报、新闻发布会等形式和报纸、广播、电视等公共媒体主动公开政府信息；2. 本机关在韶关市浈江区乐园镇政府（地址：韶关市韶南大道二公里半）设有政府信息公开查阅点，公民、法人或者其他组织可以到该查阅点查阅本机关公开的政府信息；3. 本机关在韶关市浈江区乐园镇人民政府大院设有政府信息公告栏，主动公开政府信息。

本机关网上公开的信息，除本机关机构设置及主要职能信息以外，网上留存的期限为2年。超过留存期的信息，本机关不再继续通过网上公开，公民、法人或者其他组织可以到本机关设立的公共查阅点查阅。

公开时限

本机关主动公开的政府信息，自政府信息形成或者变更之日20个工作日内予以公开。法律、法规对政府信息公开的期限另有规定的，从其规定。

（二）依申请公开

除本机关主动公开的政府信息外，公民、法人或者其他组织可以根据自身生产、生活、科研等特殊需要，向本机关申请获取相关政府信息。

本机关政府信息公开申请受理机构（见本《指南》第三条），负责受理公民、法人或者其他组织向本机关提出的政府信息公开申请。

提出申请

向本机关申请获取政府信息的，应当书面填写《广东省政府信息公开申请表》（以下简称《申请表》，见附件1）。《申请表》可以在受理机构处领取，也可以在韶关市浈江区人民政府公众信息网（http：//www. sgzj. gov. cn/）上下载电子版，复制有效。

申请人对申请获取信息的描述请尽量详尽、明确；若有可能，请提供该信息的标题、发布时间、文号或者其他有助于本机关确定信息内容的提示。

1. 本机关受理书面提交的政府信息公开申请。

除申请人当面提交《申请表》外，申请人通过信函方式提出申请的，请在信封左下角注明“政府信息公开申请”的字样；申请人通过电报、传真方式提出申请的，请相应注明“政府信息公开申请”的字样。

2. 本机关受理通过互联网提交的政府信息公开申请。

申请人可通过互联网在本机关网站上填写电子版《申请表》，向本机关提交政府信息公开申请，网址为韶关市浈江区人民政府公众信息网（http：//www. sgzj. gov. cn/）。

申请人向本机关申请获取与自身相关的注册登记、税费缴纳、社会保障等方面政府信息时，应当出示有效身份证件或证明文件，当面向本机关提交书面申请。

本机关不直接受理通过电话、短消息等方式提出的申请，但申请人可以通过电话咨询相应的服务业务。

申请处理

本机关收到公民、法人或者其他组织提出的政府信息公开申请后，根据需要，通过相应方式对申请人身份进行核对。

本机关收到申请后，将从形式上对申请的要件是否完备进行审查，对于要件不完备的申请予以退回，要求申请人补正信息。

对申请人提出的政府信息公开申请，本机关将根据不同情况分别作出答复，详见本机关处理政府信息公开申请流程图（见附件2）。

本机关办理申请人政府信息公开申请时，能够当场答复的，将当场答复；不能当场答复的，自收到申请之日起15个工作日内予以答复；确需延长答复期限的，经政府信息公开工作机构负责人同意，延长答复时间不超过15个工作日，并告知申请人。《条例》另有规定的，从其规定。

本机关依申请提供信息时，除不应当公开的内容外，根据掌握该信息的实际状态进行提供，不对信息进行加工、统计、研究、分析或者其他处理。

收费标准

本机关依申请提供政府信息的收费标准依照国家物价与财政部门制定的标准执行，收取的费用全部上缴财政。

申请公开政府信息的公民，确有经济困难的，本人可向本机关提出减免相关费用的申请，并填写《申请表》相关栏目。

三、政府信息公开工作机构

本机关政府信息公开工作机构及公开申请受理机构为：韶关市浈江区乐园镇党政办公室

办公地址：韶关市韶南大道二公里半

邮政编码：512027

办公时间：8:30－12:00　14:30－17:30

（工作日）

联系电话：0751－8293966

传　　真：8293966

电子信箱：sglyzdzb@126.com

四、其他

公民、法人或者其他组织认为本机关提供的与其自身相关的政府信息记录不准确的，可以向本机关提出更正申请，并提供证据材料。本机关将根据申请作出相应处理，并告知申请人。

公民、法人或者其他组织认为本机关未依法履行政府信息公开义务的，可以向本机关投诉举报（投诉电话：0751－8293966，传真：0751－8293966，电子邮箱：sglyzdzb@126.com，办公地址：韶关市韶南大道二公里半乐园镇政府办公楼4楼，邮政编码：512027，接待投诉时间：工作日8:30－12:00 14:30－17:30）。

公民、法人或其他组织也可以向上级行政机关、监察机关或者政府信息公开工作主管部门举报。

公民、法人或者其他组织认为行政机关在政府信息公开工作中的具体行政行为侵犯其合法权益的，公民、法人和其他组织可以依法申请行政复议或提起行政诉讼。

附件（略）

十里亭镇政务信息公开指南

为了更好地提供政府信息公开服务，方便公民、法人和其他组织获取政府信息，根据《中华人民共和国政府信息公开条例》，我们编制了《十里亭镇政府信息公开指南》（以下简称《指南》）。本镇依据相关职责和法规行使行政职能所掌握的政府信息，除依法免予公开之外，凡与经济、社会管理和公共服务相关的政府信息，均予以公开或者依公民、法人和其他组织的申请予以提供。

一、主动公开

（一）公开范围

本镇主动向社会免费公开的信息主要有以下9类：

1. 概况信息。包括本镇总体情况，机构职能，领导分工和重要活动、讲话。

2. 法规文件。包括本镇负责执行的法律、法规、规章和上级机关制定的规范性文件；本镇制定的规范性文件和其他有关文件。

3. 发展规划。包括本地国民经济和社会发展规划、专项规划及相关政策；本机关年度工作、重点工作、阶段性工作的计划。

4. 工作动态。包括本镇重要会议、经济社会发展、惠民实施事项目等最新动态；突发公开事件应急预案、预警信息及应对情况；政务公告、公示；综合性和阶段性统计数据。

5. 人事信息。包括领导干部任免公告；公务员招录、事业单位工作人员招聘；公务员、事业单位工作人员的表彰和奖励。

6. 财经信息。包括财政决算及审计情况；政府集中采购项目目录、标准及实施情况，政府投资项目招投标及建设资金使用情况；行政事业性收费的项目、依据、标准；政府设置的专项资金管理情况，征用土地、房屋拆迁中由政府支付的补偿、补偿费用的发放、使用情况，抢险救灾、优抚、救济、社会捐助等款物的管理、分配、使用情况；税收政策及税收工作情况；金融政策及金融工作情况；保险政策及保险工作情况；政府投资重大建设项目批准和实施情况，重大社会公益事业建设情况；招商引资情况。

7. 行政执法。包括本镇负责实施的行政许可、行政处罚、行政强制、行政征收、行政确认、行政给付、行政裁决等具体行政行为的法律依据；行政执法及行政复议等情况。

8. 公共服务。政府有关面向公民、企业或其他经营者及涉外服务方面的信息。

9. 其他公开的信息。

具体参见本镇编制的《十里亭镇政府信息公开目录》（以下简称《目录》)。公民、法人和其他组织可以到本镇主要办公场所进行查阅，查阅地点：十里亭镇政府；联系电话：0751－6105566。

（二）公开形式

对主动公开信息，本镇主要采取在主要办公场所公开的形式。

（三）公开时限

本镇公开的信息，除概况信息、发展规划、行政事业性收费、公开服务等信息长期留存外，其他信息留存的期限不超过1年。超过留存期的信息，本镇不再继续公开，公民、法人和其他组织可以到本机关主要办公场所查阅。

属于本镇主动公开范围的政府信息，将自政府信息形成或者变更之日起20个工作日内依法予以公开。

二、依申请公开

公民、法人和其他组织需要本镇主动公开以外的政府信息，可以向本镇申请获取。

（一）受理机构

本镇自2008年5月1日起正式受理政府信息公开申请，受理机构、办公地址、联系电话、传真号、邮政编码、受理时间等公示如下：

受理机构：十里亭镇党政办公室

办公地址：浈江区十里亭镇

联系电话：0751－6105566

传真号码：0751－6105566

邮政编码：512031

受理时间：法定节假日除外

（二）申请程序

1. 提出申请。

向本镇提出申请的，填写《十里亭镇政府信息公开申请表》（以下简称《申请表》)。申请表复制有效，可以在受理机构领取。为了提高处理申请的效率，申请人对所需信息的描述请尽量详细、明确；若有可能，请提供该信息的标题、发布时间、文号或者其他有助于本镇确定信息载体的提示。

申请人可通过下列方式提出申请：

（1）当面申请。申请人可以到本镇当场提出申请。

（2）通过信函、传真申请。申请人通过信函方式提出申请的，请在信封左下角注明“政府信息公开申请”的字样；申请人通过传真方式提出申请的，请相应注明“政府信息公开申请”的字样。

法人或者其他组织提出申请的，需出具单位委托书及经办人身份证。

2. 申请处理。

本镇收到政府信息公开申请后，对《申请表》的要件是否完备进行审查，对于要件完备，可以当场受理的，当场受理登记并出具《登记回执》；对于要件不完备的，可以要求申请人补正。

本镇收到政府信息公开申请后，按规定程序对申请进行审查，能够当场答复的，当场予以答复；不能当场答复的，自收到申请日起在15个工作日内予以答复；如遇特殊情况需延长答复期限的，经本镇信息公开工作机构负责人同意，并告知申请人，可延长15个工作日。

本镇根据收到申请的先后次序来处理申请，一件申请中同时提出几项独立请求的，将全部处理完毕后统一答复。鉴于针对不同请求的答复可能不同，为提高处理效率，建议申请人就不同请求分别申请。

申请获取的信息如果属于本镇已经主动公开的信息，本镇告知申请人获得信息的方式和途径。

依法不属于本机关公开或者该政府信息不存在的，告知申请人，对能够确定该政府信息的公开机关的，告知申请人该行政机关的名称、联系方式。

（三）不予公开的政府信息

1. 属于国家秘密的；

2. 属于商业秘密或者公开可能导致商业秘密被泄露的；

3. 属于个人隐私或者公开可能导致个人隐私造成不当侵害的；

4. 法律、法规规定免予公开的其他情形。

三、监督方式

公民、法人和其他组织可以通过以下方式对本镇政府信息公开工作进行监督。

公民、法人或其他组织认为本镇未依法履行政府信息公开义务的，可以向本镇监察室投诉。

监督电话：0751－6105566

传真电话：0751－6105566

通信地址：浈江区十里亭镇

邮政编码：512031

接待投诉时间：法定节假日除外

公民、法人和其他组织也可以向上级行政机关或者政府信息公开工作主管部门投诉。

公民、法人和其他组织认为本镇在政府信息公开工作中的具体行政行为侵犯其合法权益的，可以依法申请行政复议或提起行政诉讼。

犁市镇政务信息公开指南

根据《中华人民共和国政府信息公开条例》（以下简称《条例》），本机关制作和从公民、法人或者其他组织获取并由本机关保存的政府信息，除依法免予公开的外，由本机关负责主动公开或者依公民、法人或者其他组织的申请予以提供。

为了更好地提供政府信息公开服务，本机关编制了《浈江区犁市镇政府信息公开指南》（以下简称《指南》）。需要获得本机关政府信息公开服务的公民、法人或者其他组织，建议阅读本《指南》。

本《指南》每年更新一次。公民、法人或者其他组织可以到本《指南》指定发放点浈江区犁市镇人民政府党政办公室（地址：犁市镇政府内）领取。

一、信息分类和编排体系

本机关在职责范围内，负责主动或依申请公开下列各类政府信息：

（一）机构职能

主要包括：本机关机构设置及主要职能情况；机构领导及分工情况；内设机构设置及职能情况；下（直）属部门设置及职能情况等。

（二）规章文件

主要包括：由本镇制定的规章；以本机关名义发布或者本机关作为主办部门与其他部门联合发布的规范性文件等。

（三）规划计划

主要包括：国民经济和社会发展规划、专项规划、区域规划；本机关阶段性工作计划、工作重点安排等。

（四）业务工作

主要包括：本部门各项行政许可的事项、依据、条件、数量、程序、期限以及申请行政许可需要提交的全部材料目录及办理情况；行政事业性收费的项目、依据、标准；政府集中采购项目的目录、标准及实施情况；重大建设项目的批准和实施情况；环境保护、公共卫生、安全生产、食品药品、产品质量的监督检查情况；扶贫、教育、医疗、社会保障、促进就业等方面的政策、措施及其实施情况；突发公共事件的应急预案、预警信息及应对情况等。

（五）统计数据

主要包括：财政预算、决算报告；国民经济和社会发展统计信息；专项统计报告；年鉴等。

（六）其他

主要包括：本镇的重要会议、活动的主要情况；人事任免事项；本机关公务员及事业单位工作人员招考录用计划、程序、结果等以及本机关职责范围内依法应当公开的其他信息。

为方便公民、法人或者其他组织查询本机关主动和依申请公开的政府信息，本机关编制了《浈江区犁市镇政府信息公开目录》（以下简称《目录》）。本机关在编排以上各类政府信息时，按照业务和信息类别，划分为1~3级类目。公民、法人或者其他组织可以在韶关市浈江区人民政府公众信息网（http：//www. sgzj. gov. cn/）上查阅该《目录》，也可以到浈江区犁市镇人民政府党政办公室（地址：犁市镇政府内）查阅。

二、获取形式

（一）主动公开

本机关主动公开的政府信息范围，详见《目录》。

公开形式

本机关政府信息公开主要采取政府网站网上公开形式。本机关网上信息公开网址为韶关市浈江区人民政府公众信息网（http：//www. sgzj. gov. cn/）。

本机关还将采用以下辅助方式主动公开政府信息：1. 通过政府公报、设立公开栏等形式和报纸、广播、电视等公共媒体主动公开政府信息；2. 本机关在浈江区犁市镇人民政府内设有政府信息公告栏、在民政、计生、国土、城建等部门主动公开政府信息；3. 本机关网上公开的信息，除本机关机构设置及主要职能信息以外，网上留存的期限为2年。超过留存期的信息，本机关不再继续通过网上公开，公民、法人或者其他组织可以到本机关设立的公共查阅点查阅。

公开时限

本机关主动公开的政府信息，自政府信息形成或者变更之日20个工作日内予以公开。法律、法规对政府信息公开的期限另有规定的，从其规定。

（二）依申请公开

除本机关主动公开的政府信息外，公民、法人或者其他组织可以根据自身生产、生活、科研等特殊需要，向本机关申请获取相关政府信息。

本机关政府信息公开申请受理机构（见本《指南》第三条），负责受理公民、法人或者其他组织向本机关提出的政府信息公开申请。

提出申请

向本机关申请获取政府信息的，应当书面填写《广东省政府信息公开申请表》（以下简称《申请表》）。《申请表》可以在受理机构处领取，也可以在浈江区政府网站上下载电子版，复制有效。

申请人对申请获取信息的描述请尽量详尽、明确；若有可能，请提供该信息的标题、发布时间、文号或者其他有助于本机关确定信息内容的提示。

1. 本机关受理书面提交的政府信息公开申请。

除申请人当面提交《申请表》外，申请人通过信函方式提出申请的，请在信封左下角注明“政府信息公开申请”的字样；申请人通过电报、传真方式提出申请的，请相应注明“政府信息公开申请”的字样。

申请人向本机关申请获取与自身相关的注册登记、税费缴纳、社会保障等方面的政府信息时，应当出示有效身份证件或证明文件，当面向本机关提交书面申请。

本机关不直接受理通过电话、短消息等方式提出的申请，但申请人可以通过电话咨询相应的服务业务。

申请处理

本机关收到公民、法人或者其他组织提出的政府信息公开申请后，根据需要，通过相应方式对申请人身份进行核对。

本机关收到申请后，将从形式上对申请的要件是否完备进行审查，对于要件不完备的申请予以退回，要求申请人补正信息。

对申请人提出的政府信息公开申请，本机关将根据不同情况分别作出答复。

本机关办理申请人政府信息公开申请时，能够当场答复的，将当场答复；不能当场答复的，自收到申请之日起15个工作日内予以答复；确需延长答复期限的，经政府信息公开工作机构负责人同意，延长答复时间不超过15个工作日，并告知申请人。《条例》另有规定的，从其规定。

本机关依申请提供信息时，除不应当公开的内容外，根据掌握该信息的实际状态进行提供，不对信息进行加工、统计、研究、分析或者其他处理。

收费标准

本机关依申请提供政府信息的收费标准依照国家物价与财政部门制定的标准执行，收取的费用全部上缴财政。

申请公开政府信息的公民，确有经济困难的，本人可向本机关提出减免相关费用的申请，并填写《申请表》相关栏目。

三、政府信息公开工作机构

本机关政府信息公开工作机构为：浈江区犁市镇人民政府党政办公室

办公地址：犁市镇人民路北1号

邮政编码：512023

办公时间：8:30－12:00　14:30－17:30（工作日）

联系电话：0751－6521399

传　　真：6521128

电子信箱：zjqlszzf@ sohu. com

四、其他

公民、法人或者其他组织认为本机关提供的与其自身相关的政府信息记录不准确的，可以向本机关提出更正申请，并提供证据材料。本机关将根据申请作出相应处理，并告知申请人。

公民、法人或者其他组织认为本机关未依法履行政府信息公开义务的，可以向本机关投诉举报（投诉电话：0751－8252329，传真：0751－8252328，电子邮箱：sgzjxzzx@163. com，办公地址：韶关市鹅坑桥永安大厦A座2楼，邮政编码：512023，接待投诉时间：工作日8:00－12:00　14:30－17:30）。

公民、法人或其他组织也可以向上级行政机关、监察机关或者政府信息公开工作主管部门举报。

公民、法人或者其他组织认为行政机关在政府信息公开工作中的具体行政行为侵犯其合法权益的，公民、法人和其他组织可以依法申请行政复议或提起行政诉讼。

花坪镇政务信息公开指南

根据《中华人民共和国政府信息公开条例》（以下简称《条例》），本机关制作和从公民、法人或者其他组织获取并由本机关保存的政府信息，除依法免予公开的外，由本机关负责主动公开或者依公民、法人或者其他组织的申请予以提供。

为了更好地提供政府信息公开服务，本机关编制了《韶关市浈江区花坪镇政府信息公开指南》（以下简称《指南》）。需要获得本机关政府信息公开服务的公民、法人或者其他组织，建议阅读本《指南》。

本《指南》每年更新一次。公民、法人或者其他组织可以在韶关市浈江区花坪镇人民政府信息网查阅本《指南》，也可以到本《指南》指定发放点韶关市浈江区花坪镇人民政府党政办领取。

一、信息分类和编排体系

本机关在职责范围内，负责主动或依申请公开下列各类政府信息：

（一）机构职能

主要包括：本机关机构设置及主要职能情况；机构领导及分工情况；内设机构设置及职能情况；下（直）属单位设置及职能情况等。

（二）规章文件

主要包括：由本镇制定的规章；以本机关名义发布或者本机关作为主办部门与其他部门联合发布的规范性文件等。

（三）规划计划

主要包括：国民经济和社会发展规划、专项规划、区域规划；本机关阶段性工作计划、工作重点安排等。

（四）业务工作

主要包括：本部门各项行政许可的事项、依据、条件、数量、程序、期限以及申请行政许可需要提交的全部材料目录及办理情况；行政事业性收费的项目、依据、标准；政府集中采购项目的目录、标准及实施情况；重大建设项目的批准和实施情况；环境保护、公共卫生、安全生产、食品药品、产品质量的监督检查情况；扶贫、教育、医疗、社会保障、促进就业等方面的政策、措施及其实施情况；突发公共事件的应急预案、预警信息及应对情况等。

（五）统计数据

主要包括：财政预算、决算报告；国民经济和社会发展统计信息；专项统计报告；年鉴等。

（六）其他

主要包括：本机关重要会议、活动的主要情况；人事任免事项；本机关公务员及事业单位工作人员招考录用计划、程序、结果等，以及本机关职责范围内依法应当公开的其他信息。

为方便公民、法人或者其他组织查询本机关主动和依申请公开的政府信息，本机关编制了《韶关市浈江区花坪镇政府信息公开目录》（以下简称《目录》）。本机关在编排以上各类政府信息时，按照业务和信息类别，划分为1～3级类目。公民、法人或者其他组织可以在韶关市浈江区花坪镇政府信息网上查阅该《目录》，也可以到韶关市浈江区花坪镇人民政府党政办查阅。

二、获取形式

（一）主动公开

本机关主动公开的政府信息范围，详见《目录》。

公开形式

本机关政府信息公开主要采取政府网站网上公开形式。本机关网上信息公开网址为韶关市浈江区花坪镇人民政府信息网

本机关还将采用以下辅助方式主动公开政府信息：1. 通过政府公报、新闻发布会等形式和报纸、广播、电视等公共媒体主动公开政府信息；2. 本机关在花坪镇政府设有政府信息公开查阅点，公民、法人或者其他组织可以到该查阅点查阅本机关公开的政府信息；3. 本机关在花坪镇人民政府内设有政府信息公告栏，主动公开政府信息。

本机关网上公开的信息，除本机关机构设置及主要职能信息以外，网上留存的期限为2年。超过留存期的信息，本机关不再继续通过网上公开，公民、法人或者其他组织可以到本机关设立的公共查阅点（花坪镇人民政府）查阅。

公开时限

本机关主动公开的政府信息，自政府信息形成或者变更之日20个工作日内予以公开。法律、法规对政府信息公开的期限另有规定的，从其规定。

（二）依申请公开

除本机关主动公开的政府信息外，公民、法人或者其他组织可以根据自身生产、生活、科研等特殊需要，向本机关申请获取相关政府信息。

本机关政府信息公开申请受理机构（见本《指南》第三条），负责受理公民、法人或者其他组织向本机关提出的政府信息公开申请。

提出申请

向本机关申请获取政府信息的，应当书面填写《广东省政府信息公开申请表》（以下简称《申请表》，见附件1）。《申请表》可以在受理机构处领取，也可以在本机关网站上下载电子版，复制有效。

申请人对申请获取信息的描述请尽量详尽、明确；若有可能，请提供该信息的标题、发布时间、文号或者其他有助于本机关确定信息内容的提示。

1. 本机关受理书面提交的政府信息公开申请。

除申请人当面提交《申请表》外，申请人通过信函方式提出申请的，请在信封左下角注明“政府信息公开申请”的字样；申请人通过电报、传真方式提出申请的，请相应注明“政府信息公开申请”的字样。

2. 本机关受理通过互联网提交的政府信息公开申请。

申请人可通过互联网在本机关网站上填写电子版《申请表》，向本机关提交政府信息公开申请。

申请人向本机关申请获取与自身相关的注册登记、税费缴纳、社会保障等方面政府信息时，应当出示有效身份证件或证明文件，当面向本机关提交书面申请。

本机关不直接受理通过电话、短消息等方式提出的申请，但申请人可以通过电话咨询相应的服务业务。

申请处理

本机关收到公民、法人或者其他组织提出的政府信息公开申请后，根据需要，通过相应方式对申请人身份进行核对。

本机关收到申请后，将从形式上对申请的要件是否完备进行审查，对于要件不完备的申请予以退回，要求申请人补正信息。

对申请人提出的政府信息公开申请，本机关将根据不同情况分别作出答复，详见本机关处理政府信息公开申请流程图（见附件2）。

本机关办理申请人政府信息公开申请时，能够当场答复的，将当场答复；不能当场答复的，自收到申请之日起15个工作日内予以答复；确需延长答复期限的，经政府信息公开工作机构负责人同意，延长答复时间不超

过15个工作日，并告知申请人。《条例》另有规定的，从其规定。

本机关依申请提供信息时，除不应当公开的内容外，根据掌握该信息的实际状态进行提供，不对信息进行加工、统计、研究、分析或者其他处理。

收费标准

本机关依申请提供政府信息的收费标准依照国家物价与财政部门制定的标准执行，收取的费用全部上缴财政。

申请公开政府信息的公民，确有经济困难的，本人可向本机关提出减免相关费用的申请，并填写《申请表》相关栏目。

三、政府信息公开工作机构

本机关政府信息公开工作机构与政府信息公开申请受理机构均为：韶关市浈江区花坪镇人民政府党政办公室

办公地址：浈江区花坪镇花坪大道

邮政编码：512149

办公时间：8:30－12:00　14:30－17:30（工作日）

联系电话：0751－6551322

传　　真：6551322

电子信箱：sgszjqhpz@126.com

四、其他

公民、法人或者其他组织认为本机关提供的与其自身相关的政府信息记录不准确的，可以向本机关提出更正申请，并提供证据材料。本机关将根据申请作出相应处理，并告知申请人。

公民、法人或者其他组织认为本机关未依法履行政府信息公开义务的，可以向本机关投诉举报（投诉电话：0751－6551322，传真：0751－6551322，电子邮箱：sgszjqhpz@126.com，办公地址：浈江区花坪镇花坪大道，邮政编码：512149，接待投诉时间：工作日8:30－12:00　14:30－17:30）。

公民、法人或其他组织也可以向上级行政机关、监察机关或者政府信息公开工作主管部门举报。

公民、法人或者其他组织认为行政机关在政府信息公开工作中的具体行政行为侵犯其合法权益的，公民、法人和其他组织可以依法申请行政复议或提起行政诉讼。

附件（略）

车站街道办政务信息公开指南

《中华人民共和国政府信息公开条例》（以下简称《条例》）于2007年1月17日国务院第165次常务会议通过，2008年5月1日起施行。

根据《条例》，所掌握的信息，除依法不予公开的，凡与人民群众生产、生活和经济社会活动密切相关的政府信息，均应主动公开或者依公民、法人或者其他组织的申请予以提供。

为了更好地提供政府信息公开服务，提高政府工作的透明度，本街道编制了《车站街道办事处政府信息公开指南》（以下简称《指南》），需要获得本街道政府信息公开服务的公民、法人或者其他组织，建议阅读《指南》。

《指南》每年更新一次，公民、法人或者其他组织可以在本街道通过现场查询途径获得。

一、主动公开

（一）公开范围

本街道主动向社会免费公开的信息范围参见《车站街道办事处信息公开目录》（以下简称《目录》）。

（二）公开形式

本街道对于主动公开的政府信息，主要采取以下方式公开：

1. 通过政府网站公开政府信息，网址为：http：//www.sgzj.gov.cn/。

2. 通过本街道政务服务大厅查询，地址在浈江区四通市场内兴通大厦B座3楼；开放时间为周一到周五（法定节假日除外），每天8∶00－12∶00　14∶30－17∶30；联系电话0751－8232240。

（三）公开时限

政府机关主动公开的政府信息，将在信息形成或变更之日起二十个工作日内予以公开。

二、依申请公开

公民、法人或者其他组织可根据自身生产、生活、科研等特殊需要向本街道申请获取主动公开以外的政府信息。本街道依申请提供信息时，根据掌握该信息的实际状态进行提供。

（一）受理机构

本街道自2008年11月1日起正式受理政府信息公开申请。

受理机构：车站街道办事处

办公地址：浈江区四通市场内兴通大厦B座3楼

联系电话：0751－8232240

传真号码：0751－8232240

通信地址：浈江区站南路四通市场内兴通大厦B座3楼

邮政编码：512026

电子邮箱地址：sgzjczjd@163.com

咨询时间为周一至周五（法定假日除外），每天8∶00－12∶00　14∶30－17∶30。

（二）申请的具体步骤

1. 提出申请。

向本街道提出申请的，推荐填写《韶关市浈江区政府信息公开申请表》（以下简称《申请表》）。申请表复制有效，可以在受理机构处领取，也可以在区政府网站上下载电子版。

为了提高处理申请的效率，申请人对所需信息的描述请尽量详尽、明确；若有可能，请提供该信息的名称、生成日期或其他有助于本机关确定信息的提示。

目前，申请人可以通过以下两种途径提出申请：

（1）当面申请。申请人可以到受理机构处，当场提出申请。

（2）信函、电报、传真申请。申请人通过信函方式提出申请的请在信封左下角注明“政府信息公开申请”的字样；申请人通过电报、传真方式提出申请的，请相应注明“政府信息公开申请”的字样。

特别说明：

申请人申请获取税费缴纳、社会保障、医疗卫生等方面与自身相关的政府信息的，应当持有效证件或者证明文件，当面向本街道提交书面申请。

本街道不直接受理通过电话方式提出的申请，但申请人可以通过电话咨询相应的业务。

2. 登记。

对于有效的申请登记并出具登记回执。

申请获取的信息如果属于本街道已主动公开的信息，本街道终止受理申请程序，并在法定时限内告知申请人获得信息的方式和途径。

3. 答复。

收到申请后，能当场答复的，将当场给予书面答复；不能当场答复的，在登记之日起15个工作日内书面答复申请人。如需延长答复期限的，应当经本街道政府信息公开工作机构负责人同意，并告知申请人，延长答复的期限最长不得超过15个工作日。

（1）属于应当公开的，应当告知申请人获取信息的方式和途径，出具《政府信息公开告知书》。需要延长公开期限的，应说明延长的理由和期限；

（2）属于不予公开的，应当告知申请人不予公开，出具《政府信息不予公开告知书》，并告知其不予公开的理由；

（3）不属于本街道公开的，应当告知申请人；能够确定该信息公开部门的，告知该部门的名称、联系方式，出具《非本单位政府信息告知书》；

（4）申请公开的政府信息不存在的，应当告知申请人，出具《政府信息不存在告知书》；

（5）申请公开的内容不明确的，应当告知申请人更改、补充申请，出具《政府信息补正申请通知书》；

（6）申请公开的政府信息中含有不应当公开的内容，如能作区分处理，应当告知申请人，出具《政府信息部分公开告知书》。

（三）收费

本街道依申请提供政府信息收取的检索、复制、邮寄等成本费用依照国家、省物价部门和财政部门制定的标准执行，收取的费用全部上缴财政。

申请公开政府信息的公民，确有经济困难的，本人可向本机关提出减免相关费用的申请，并填写《申请表》相关栏目。

三、救济方式及程序

公民、法人或者其他组织认为本街道不依法履行政府信息公开义务的，可以向浈江区人民政府办公室举报。

举报电话：0751－8882139

政府信息公开意见箱：zjqxfb@163.com

地址：韶关市韶瑶路1号

邮编：512022

传真：0751－8862635

接待时间：8:00－12:00　14:30－17:30，法定节假日除外。

公民、法人或者其他组织也可以向监察机关或者上级行政机关举报，接受举报的机关将予以调查处理。

公民、法人或者其他组织认为行政机关在政府信息公开工作中的具体行政行为侵犯其合法权益的，可以依法申请行政复议或者提起行政诉讼。

东河街道办政务信息公开指南

《中华人民共和国政府信息公开条例》（以下简称《条例》）于2007年1月17日国务院第165次常务会议通过，2008年5月1日起施行。根据《条例》，所掌握的信息，除依法不予公开的，凡与人民群众生产、生活和经济社会活动密切相关的政府信息，均应主动公开或者依公民、法人或者其他组织的申请予以提供。

为了更好地提供政府信息公开服务，提高政府工作的透明度，本街道编制了《东河街道办事处政府信息公开指南》（以下简称《指南》），需要获得本街道政府信息公开服务的公民、法人或者其他组织，建议阅读《指南》。

《指南》每年更新一次，公民、法人或者其他组织可以在本街道通过现场查询途径获得。

一、主动公开

（一）公开范围

本街道主动向社会免费公开的信息范围参见《东河街道办事处信息公开目录》（以下简称《目录》）。

（二）公开形式

本街道对于主动公开的政府信息，主要采取以下方式公开：

1. 通过政府网站公开政府信息，网址为：http：//www. sgzj. gov. cn/.

2. 通过本街道政务服务大厅查询，地址在浈江区十二横巷12号；开放时间为周一到周五（法定节假日除外），每天8:00－12:00 14:30－17:30；联系电话0751－8884762。

3. 通过浈江区政府信息公开查阅中心进行查询。办公时间请致电相关单位。

（三）公开时限

政府机关主动公开的政府信息，将在信息形成或变更之日起20个工作日内予以公开。

二、依申请公开

公民、法人或者其他组织可根据自身生产、生活、科研等特殊需要向本街道申请获取主动公开以外的政府信息。本街道依申请提供信息时，根据掌握该信息的实际状态进行提供。

（一）受理机构

本街道自2008年11月1日起正式受理政府信息公开申请。

受理机构：东河街道办事处

办公地址：浈江区十二横巷12号东河街道政务服务大厅

联系电话：0751－8884762

传真号码：0751－8310343

通信地址：浈江区十二横巷12号

邮政编码：512022

电子邮箱地址：zjqdhjd@126. com

咨询时间为周一至周五（法定假日除外），每天8:00－12:00　14:30－17:30。

（二）申请的具体步骤

1. 提出申请。

向本街道提出申请的，推荐填写《韶关市政府信息公开申请表》（以下简称《申请表》）。申请表复制有效，可以在受理机构处领取，也可以在区政府网站上下载电子版。

为了提高处理申请的效率，申请人对所需信息的描述请尽量详尽、明确；若有可能，请提供该信息的名称、生成日期或其他有助于本机关确定信息的提示。

目前，申请人可以通过以下两种途径提出申请：

（1）当面申请。申请人可以到受理机构处，当场提出申请。

（2）信函、电报、传真申请。申请人通过信函方式提出申请的请在信封左下角注明“政府信息公开申请”的字样；申请人通过电报、传真方式提出申请的，请相应注明“政府信息公开申请”的字样。

特别说明：

申请人申请获取税费缴纳、社会保障、医疗卫生等方面与自身相关的政府信息的，应当持有效证件或者证明文件，当面向本街道提交书面申请。

本街道不直接受理通过电话方式提出的申请，但申请人可以通过电话咨询相应的业务。

2. 登记。

对于有效的申请登记并出具登记回执。

申请获取的信息如果属于本街道已主动公开的信息，本街道终止受理申请程序，并在法定时限内告知申请人获得信息的方式和途径。

3. 答复。

收到申请后，能当场答复的，将当场给

予书面答复；不能当场答复的，在登记之日起15个工作日内书面答复申请人。如需延长答复期限的，应当经本街道政府信息公开工作机构负责人同意，并告知申请人，延长答复的期限最长不得超过15个工作日。

（1）属于应当公开的，应当告知申请人获取信息的方式和途径，出具《政府信息公开告知书》。需要延长公开期限的，应说明延长的理由和期限；

（2）属于不予公开的，应当告知申请人不予公开，出具《政府信息不予公开告知书》，并告知其不予公开的理由；

（3）不属于本街道公开的，应当告知申请人；能够确定该信息公开部门的，告知该部门的名称、联系方式，出具《非本单位政府信息告知书》；

（4）申请公开的政府信息不存在的，应当告知申请人，出具《政府信息不存在告知书》；

（5）申请公开的内容不明确的，应当告知申请人更改、补充申请，出具《政府信息补正申请通知书》；

（6）申请公开的政府信息中含有不应当公开的内容，如能作区分处理，应当告知申请人，出具《政府信息部分公开告知书》。

（三）收费

本街道依申请提供政府信息收取的检索、复制、邮寄等成本费用依照国家、省物价部门和财政部门制定的标准执行，收取的费用全部上缴财政。

申请公开政府信息的公民，确有经济困难的，本人可向本机关提出减免相关费用的申请，并填写《申请表》相关栏目。本街道政府信息公开申请的流程

三、救济方式及程序

公民、法人或者其他组织认为本街道不依法履行政府信息公开义务的，可以向浈江区人民政府办公室举报。

举报电话：0751－8882139

政府信息公开意见箱：zjqxfb@163.com

地址：韶关市韶瑶路1号

邮编：512022

传真：0751－8862635

接待时间：8:00－12:00　14:30－17:30，法定节假日除外。

公民、法人或者其他组织也可以向监察机关或者上级行政机关举报，接受举报的机关将予以调查处理。

公民、法人或者其他组织认为行政机关在政府信息公开工作中的具体行政行为侵犯其合法权益的，可以依法申请行政复议或者提起行政诉讼。

曲仁办事处信息公开指南

根据《中华人民共和国政府信息公开条例》（以下简称《条例》），本机关制作和从公民、法人或者其他组织获取并由本机关保存的政府信息，除依法免予公开的外，由本机关负责主动公开或者依公民、法人或者其他组织的申请予以提供。

为了更好地提供政府信息公开服务，本机关编制了《韶关市浈江区人民政府曲仁办事处信息公开指南》（以下简称《指南》）。需要获得本机关政府信息公开服务的公民、法人或者其他组织，建议阅读本《指南》。

本《指南》每年更新一次。公民、法人

或者其他组织可以在韶关市浈江区人民政府公众信息网（http：//www. sgzj. gov. cn/）上查阅本《指南》，也可以到本《指南》指定发放点韶关市浈江区人民政府办公室（地址：韶关市韶瑶路1号）领取。

一、信息分类和编排体系

本机关在职责范围内，负责主动或依申请公开下列各类政府信息：

（一）机构职能

主要包括：本机关机构设置及主要职能情况；机构领导及分工情况；内设机构设置及职能情况；下（直）属单位设置及职能情况等。

（二）规章文件

主要包括：由本办制定的规章；以本机关名义发布或者本机关作为主办部门与其他部门联合发布的规范性文件等。

（三）规划计划

主要包括：国民经济和社会发展规划、专项规划、区域规划；本机关阶段性工作计划、工作重点安排等。

（四）业务工作

主要包括：本部门各项行政许可的事项、依据、条件、数量、程序、期限以及申请行政许可需要提交的全部材料目录及办理情况；行政事业性收费的项目、依据、标准；政府集中采购项目的目录、标准及实施情况；重大建设项目的批准和实施情况；环境保护、公共卫生、安全生产、食品药品、产品质量的监督检查情况；扶贫、教育、医疗、社会保障、促进就业等方面的政策、措施及其实施情况；突发公共事件的应急预案、预警信息及应对情况等。

（五）统计数据

主要包括：财政预算、决算报告；国民经济和社会发展统计信息；专项统计报告；年鉴等。

（六）其他

主要包括：本机关重要会议、活动的主要情况；人事任免事项；本机关公务员及事业单位工作人员招考录用计划、程序、结果等，以及本机关职责范围内依法应当公开的其他信息。

为方便公民、法人或者其他组织查询本机关主动和依申请公开的政府信息，本机关编制了《韶关市浈江区人民政府曲仁办事处信息公开目录》（以下简称《目录》）。本机关在编排以上各类政府信息时，按照业务和信息类别，划分为1～3级类目。公民、法人或者其他组织可以在韶关市浈江区人民政府公众信息网（http：//www. sgzj. gov. cn/）上查阅该《目录》，也可以到韶关市浈江区人民政府办公室（地址：韶关市韶瑶路1号）查阅。

二、获取形式

（一）主动公开

本机关主动公开的政府信息范围，详见《目录》。

公开形式

本机关政府信息公开主要采取政府网站网上公开形式。本机关网上信息公开网址为韶关市浈江区人民政府公众信息网（http：//www. sgzj. gov. cn/）。

本机关还将采用以下辅助方式主动公开政府信息：1. 通过政府公报、新闻发布会等形式和报纸、广播、电视等公共媒体主动公开政府信息；2. 本机关在韶关市浈江区行政服务中心（地址：韶关市鹅坑桥永安大厦A座2楼）设有政府信息公开查阅点，公民、法人或者其他组织可以到该查阅点查阅本机关公开的政府信息；3. 本机关在韶关市浈江区曲仁办事处（地址：韶关市浈江区曲仁办事处机关大院内）设有政府信息公告栏

本机关网上公开的信息，除本机关机构

设置及主要职能信息以外，网上留存的期限为2年。超过留存期的信息，本机关不再继续通过网上公开，公民、法人或者其他组织可以到本机关设立的公共查阅点（韶关市浈江区行政服务中心）查阅。

公开时限

本机关主动公开的政府信息，自政府信息形成或者变更之日20个工作日内予以公开。法律、法规对政府信息公开的期限另有规定的，从其规定。

（二）依申请公开

除本机关主动公开的政府信息外，公民、法人或者其他组织可以根据自身生产、生活、科研等特殊需要，向本机关申请获取相关政府信息。

本机关政府信息公开申请受理机构（见本《指南》第三条），负责受理公民、法人或者其他组织向本机关提出的政府信息公开申请。

提出申请

向本机关申请获取政府信息的，应当书面填写《广东省政府信息公开申请表》（以下简称《申请表》，见附件1）。《申请表》可以在受理机构处领取，也可以在本机关网站上下载电子版，复制有效。

申请人对申请获取信息的描述请尽量详尽、明确；若有可能，请提供该信息的标题、发布时间、文号或者其他有助于本机关确定信息内容的提示。

1. 本机关受理书面提交的政府信息公开申请。

除申请人当面提交《申请表》外，申请人通过信函方式提出申请的，请在信封左下角注明“政府信息公开申请”的字样；申请人通过电报、传真方式提出申请的，请相应注明“政府信息公开申请”的字样。

2. 本机关受理通过互联网提交的政府信息公开申请。

申请人可通过互联网在本机关网站上填写电子版《申请表》，向本机关提交政府信息公开申请，网址为韶关市浈江区人民政府公众信息网（http：//www. sgzj. gov. cn/）。

申请人向本机关申请获取与自身相关的注册登记、税费缴纳、社会保障等方面政府信息时，应当出示有效身份证件或证明文件，当面向本机关提交书面申请。

本机关不直接受理通过电话、短消息等方式提出的申请，但申请人可以通过电话咨询相应的服务业务。

申请处理

本机关收到公民、法人或者其他组织提出的政府信息公开申请后，根据需要，通过相应方式对申请人身份进行核对。

本机关收到申请后，将从形式上对申请的要件是否完备进行审查，对于要件不完备的申请予以退回，要求申请人补正信息。

对申请人提出的政府信息公开申请，本机关将根据不同情况分别作出答复，详见本机关处理政府信息公开申请流程图（见附件2）。

本机关办理申请人政府信息公开申请时，能够当场答复的，将当场答复；不能当场答复的，自收到申请之日起15个工作日内予以答复；确需延长答复期限的，经政府信息公开工作机构负责人同意，延长答复时间不超过15个工作日，并告知申请人。《条例》另有规定的，从其规定。

本机关依申请提供信息时，除不应当公开的内容外，根据掌握该信息的实际状态进行提供，不对信息进行加工、统计、研究、分析或者其他处理。

收费标准

本机关依申请提供政府信息的收费标准依照国家物价与财政部门制定的标准执行，收取的费用全部上缴财政。

申请公开政府信息的公民，确有经济困

难的，本人可向本机关提出减免相关费用的申请，并填写《申请表》相关栏目。

三、政府信息公开工作机构

本机关政府信息公开工作机构为：韶关市浈江区人民政府曲仁办事处党政办公室

办公地址：韶关市浈江区曲仁办事处机关大院

邮政编码：512049

办公时间：8:00－12:00　14:30－17:30（工作日）

联系电话：0751－6556384

传　　真：6556384

电子信箱：zjqqrbsc@163.com

本机关政府信息公开申请受理机构为：韶关市浈江区行政服务中心

办公地址：韶关市鹅坑桥永安大厦A座2楼

邮政编码：512023

办公时间：8:00－12:00　14:30－17:30（工作日）

联系电话：0751－8252329

传　　真：0751－8252328

电子信箱：sgzjxzzx@163.com

四、其他

公民、法人或者其他组织认为本机关提供的与其自身相关的政府信息记录不准确的，可以向本机关提出更正申请，并提供证据材料。本机关将根据申请作出相应处理，并告知申请人。

公民、法人或者其他组织认为本机关未依法履行政府信息公开义务的，可以向本机关投诉举报（投诉电话：0751－8252329，传真：0751－8252328，电子邮箱：sgzjxzzx@163.com，办公地址：韶关市鹅坑桥永安大厦A座2楼，邮政编码：512023，接待投诉时间：工作日8:00－12:00　14:30－17:30）。

公民、法人或其他组织也可以向上级行政机关、监察机关或者政府信息公开工作主管部门举报。

公民、法人或者其他组织认为行政机关在政府信息公开工作中的具体行政行为侵犯其合法权益的，公民、法人和其他组织可以依法申请行政复议或提起行政诉讼。

田螺冲办事处政务信息公开指南

根据《中华人民共和国政府信息公开条例》（以下简称《条例》），本办制作和从公民、法人或者其他组织获取并由本办保存的政府信息，除依法免予公开的外，由本办负责主动公开或者依公民、法人或者其他组织的申请予以提供。

为了更好地提供政府信息公开服务，本办编制了《韶关市浈江区人民政府田螺冲办事处信息公开指南》（以下简称《指南》）。需要获得本办事处信息公开服务的公民、法人或者其他组织，建议阅读本《指南》。

本《指南》每年更新一次。公民、法人或者其他组织可以在韶关市浈江区人民政府公众信息网（http://www.sgzj.gov.cn/）上查阅本《指南》，也可以到本《指南》指定发放点韶关市浈江区人民政府田螺冲办事处党政办公室（地址：韶关市浈江区田螺冲168号）领取。

一、信息分类和编排体系

本办事处在职责范围内，负责主动或依申请公开下列各类政府信息：

（一）机构职能

主要包括：本办事处机构设置及主要职能情况；机构领导及分工情况；内设机构设置及职能情况；下（直）属单位设置及职能情况等。

（二）规章文件

主要包括：由本办制定的规章；以本办事处名义发布或者本办事处作为主办部门与其他部门联合发布的规范性文件等。

（三）规划计划

主要包括：国民经济和社会发展规划、专项规划、区域规划；本办事处阶段性工作计划、工作重点安排等。

（四）业务工作

主要包括：本部门各项行政许可的事项、依据、条件、数量、程序、期限以及申请行政许可需要提交的全部材料目录及办理情况；行政事业性收费的项目、依据、标准；政府集中采购项目的目录、标准及实施情况；重大建设项目的批准和实施情况；环境保护、公共卫生、安全生产、食品药品、产品质量的监督检查情况；扶贫、教育、医疗、社会保障、促进就业等方面的政策、措施及其实施情况；突发公共事件的应急预案、预警信息及应对情况等。

（五）统计数据

主要包括：财政预算、决算报告；国民经济和社会发展统计信息；专项统计报告；年鉴等。

（六）其他

主要包括：本办事处重要会议、活动的主要情况；人事任免事项；以及本办事处职责范围内依法应当公开的其他信息。

为方便公民、法人或者其他组织查询本办事处主动和依申请公开的政府信息，本办事处编制了《韶关市浈江区人民政府田螺冲办事处信息公开目录》（以下简称《目录》）。本办事处在编排以上各类政府信息时，按照业务和信息类别，划分为1～3级类目。公民、法人或者其他组织可以在韶关市浈江区人民政府公众信息网（http：//www. sgzj. gov. cn/）上查阅该《目录》，也可以到韶关市浈江区人民政府田螺冲办事处党政办公室（地址：韶关市浈江区田螺冲168号）查阅。

二、获取形式

（一）主动公开

本办事处主动公开的政府信息范围，详见《目录》。

公开形式

本办事处政府信息公开主要采取政府网站网上公开形式。本办事处网上信息公开网址为韶关市浈江区人民政府公众信息网（http：//www. sgzj. gov. cn/）。

本办事处还将采用以下辅助方式主动公开政府信息：1. 通过政府公报、新闻发布会等形式和报纸、广播、电视等公共媒体主动公开政府信息；2. 本办事处设有政府信息公开查阅点（地址：韶关市浈江区田螺冲168号），公民、法人或者其他组织可以到该查阅点查阅本办事处公开的政府信息；3. 本办事处设有政府信息公告栏（地址：韶关市浈江区田螺冲168号）。主动公开政府信息。

本办事处网上公开的信息，除本办机构设置及主要职能信息以外，网上留存的期限为2年。超过留存期的信息，本办事处不再继续通过网上公开，公民、法人或者其他组织可以到本办事处设立的公共查阅点（地址：韶关市浈江区田螺冲路168号）查阅。

公开时限

本办事处主动公开的政府信息，自政府信息形成或者变更之日20个工作日内予以公开。法律、法规对政府信息公开的期限另有规定的，从其规定。

（二）依申请公开

除本办事处主动公开的政府信息外，公民、法人或者其他组织可以根据自身生产、生活、科研等特殊需要，向本办事处申请获取相关政府信息。

本办事处政府信息公开申请受理机构（见本《指南》第三条），负责受理公民、法人或者其他组织向本办事处提出的政府信息公开申请。

提出申请

向本办事处申请获取政府信息的，应当书面填写《广东省政府信息公开申请表》（以下简称《申请表》，见附件1）。《申请表》可以在受理机构处领取，也可以在韶关市浈江区人民政府公众信息网（http：//www. sgzj. gov. cn/）网站上下载电子版，复制有效。

申请人对申请获取信息的描述请尽量详尽、明确；若有可能，请提供该信息的标题、发布时间、文号或者其他有助于本办事处确定信息内容的提示。

1. 本办事处受理书面提交的政府信息公开申请。

除申请人当面提交《申请表》外，申请人通过信函方式提出申请的，请在信封左下角注明“政府信息公开申请”的字样；申请人通过电报、传真方式提出申请的，请相应注明“政府信息公开申请”的字样。

2. 本办事处受理通过互联网提交的政府信息公开申请。

申请人可通过互联网在韶关市浈江区人民政府公众信息网（http：//www. sgzj. gov. cn/）网站上填写电子版《申请表》，向本办事处提交政府信息公开申请。

申请人向本办事处申请获取与自身相关的注册登记、税费缴纳、社会保障等方面政府信息时，应当出示有效身份证件或证明文件，当面向本办事处提交书面申请。

本办事处不直接受理通过电话、短消息等方式提出的申请，但申请人可以通过电话咨询相应的服务业务。

申请处理

本办事处收到公民、法人或者其他组织提出的政府信息公开申请后，根据需要，通过相应方式对申请人身份进行核对。

本办事处收到申请后，将从形式上对申请的要件是否完备进行审查，对于要件不完备的申请予以退回，要求申请人补正信息。

对申请人提出的政府信息公开申请，本办事处将根据不同情况分别作出答复，详见本办事处处理政府信息公开申请流程图（见附件2）。

本办事处办理申请人政府信息公开申请时，能够当场答复的，将当场答复；不能当场答复的，自收到申请之日起15个工作日内予以答复；确需延长答复期限的，经政府信息公开工作机构负责人同意，延长答复时间不超过15个工作日，并告知申请人。《条例》另有规定的，从其规定。

本办事处依申请提供信息时，除不应当公开的内容外，根据掌握该信息的实际状态进行提供，不对信息进行加工、统计、研究、分析或者其他处理。

收费标准

本办事处依申请提供政府信息的收费标准依照国家物价与财政部门制定的标准执行，收取的费用全部上缴财政。

申请公开政府信息的公民，确有经济困难的，本人可向本办事处提出减免相关费用的申请，并填写《申请表》相关栏目。

三、政府信息公开工作机构

本办事处政府信息公开工作机构为：韶关市浈江区人民政府田螺冲办事处党政办公室

办公地址：韶关市浈江区田螺冲路168号

邮政编码：512004

办公时间：8：00－12：00　14：30－17：30（工作日）

联系电话：0751－8925913

传　　真：8925913

电子信箱：tianluochog@163.com

本办事处政府信息公开申请受理机构为：韶关市浈江区人民政府田螺冲办事处党政办公室

办公地址：韶关市浈江区田螺冲路168号

邮政编码：512004

办公时间：8:00－12:00　14:30－17:30（工作日）

联系电话：0751－8925913

传　　真：0751－8925913

电子信箱：tianluochong@163.com

四、其他

公民、法人或者其他组织认为本办提供的与其自身相关的政府信息记录不准确的，可以向本办提出更正申请，并提供证据材料。本办将根据申请作出相应处理，并告知申请人。

公民、法人或者其他组织认为本办事处未依法履行政府信息公开义务的，可以向本办投诉举报（投诉电话：0751－8925913，传真：0751－8925913，电子邮箱：tianluochong@163.com，办公地址：韶关市浈江区田螺冲路168号，邮政编码：512004，接待投诉时间：工作日8:00－12:00　14:30－17:30）。

公民、法人或其他组织也可以向上级行政机关、监察机关或者政府信息公开工作主管部门举报。

公民、法人或者其他组织认为行政机关在政府信息公开工作中的具体行政行为侵犯其合法权益的，公民、法人和其他组织可以依法申请行政复议或提起行政诉讼。

风采街道办政务信息公开指南

为了更好地提供政府信息公开服务，方便公民、法人和其他组织获得政府信息，根据《中华人民共和国政府信息公开条例》，我们编制了《风采街道信息公开指南》（以下简称《指南》）。本街道依据相关职责和法规行使行政职能所掌握的政府信息，除依法免予公开之外，凡与经济、社会管理和公共服务相关的政府信息，均予以公开或者依公民、法人和其他组织的申请予以提供。

一、主动公开

（一）公开范围

本街道主动向社会免费公开的信息主要有以下4类：

1. 概况信息。包括本街道总体情况，机构职能，领导分工和重要活动、讲话。

2. 发展规划。包括本街道国民经济和社会发展规划、专项规划及相关政策；街道年度工作、重点工作、阶段性工作的计划。

3. 工作动态。包括街道重要会议、经济社会发展、惠民实事项目等最新动态；突发公共事件应急预案、预警信息及应对情况；政务公告、公示；综合性和阶段性统计数据。

4. 公共服务。政府有关面向公民、企业和其他经营者及涉外服务方面的信息。

具体参见本街道编制的《风采街道信息公开目录》（以下简称《目录》）。公民、法人和其他组织可以到本街道主要办公场所进行查阅。

查阅地点：仁爱路10号

开放时间：周一至周五8:30－12:00　14:30－17:30

联系电话：0751－8882081

（二）公开形式

对主动公开信息，本街道主要采取在主要办公场所公开形式。

（三）公开时限

本街道公开的信息，除概况信息、发展规划、公共服务等信息长期留存外，其他信息留存的期限不超过1年。超过留存期的信息，本街道不再继续公开，公民、法人和其他组织可以到本街道主要办公场所查阅。

属于本街道主动公开范围的政府信息，将自政府信息形式或者变更之日起20个工作日内依法予以公开。

二、依申请公开

公民、法人和其他需要本街道主动公开以外的政府信息，可以向本街道申请获取。

（一）受理机构（接受信函、传真申请）

本街道自2009年8月1日起正式受理政府信息公开申请，受理机构为风采街道办事处党政办公室，受理机构联系电话：8882081，传真号码：8882081。通信地址：仁爱路10号，邮政编码512000。

（二）当面受理点（接受当面申请）

街道信息公开当面申请受理点设在仁爱路10号，受理时间为：工作日的08:30-17:30。

（三）提出申请

向本单位提出申请的，推荐填写《风采街道政府信息公开申请表》（以下简称《申请表》）。申请表复制有效，可以在受理机构处领取。为了提高处理申请的效率，申请人对所需信息的描述请尽量详尽、明确；若有可能，请提供该信息的标题、发布时间、文号或者其他有助于本单位确定信息载体的提示。

1. 信函、传真申请。申请人通过信函方式提出申请的，请在信封左下角注明“政府信息公开申请”的字样；申请人通过传真方式提出申请的，请相应注明“政府信息公开申请”的字样。

2. 当面申请。申请人可以持有效身份证件，当场提出申请。

3. 特别程序。申请人申请获取与自身相关的政府信息的，应当持有效身份证件，当面向本街道提交书面申请。

本街道不直接受理通过电话方式提出的申请，但申请人可以通过电话咨询相应的服务业务。

（四）申请处理

本单位收到申请后，应当场登记。除可以当场予以答复的外，应当自登记之日起15个工作日内进行实质性审查，并根据下列不同情况，作出答复：

1. 属于应当公开的，制作公开决定书；

2. 属于免予公开的，制作不予公开决定书；

3. 属于主动公开的政府信息，各单位已经主动向社会公开的，应当引导告知信息公开权利人；

4. 属于应当主动公开，但未公开的政府信息，应当向社会公开，并且引导告知信息公开权利人；

5. 申请的政府信息不属于受理机关掌握范围的，应当告知申请人，如能够确定该信息掌握机关的，应当告知联系方式；

6. 申请公开的政府信息不存在的，应当告知申请人；

7. 申请公开的内容不明确的，应当告知申请人更改、补充。

因正当理由不能在规定的期限内作出答复的，经上一级政府机关信息公开工作机构同意，可以将答复的期限适当延长，并书面告知申请人，延长期限最长不超过15个工作日。

申请公开流程图

（三）不予公开的政府信息

1. 属于国家秘密的；

2. 属于商业秘密或者公开可能导致商业

秘密被泄露的；

3. 属于个人隐私或者公开可能导致对个人隐私造成不当侵害的；

4. 法律、法规规定免予公开的其他情形。

三、监督方式

公民、法人和其他组织可以通过以下方式对本街道信息公开工作进行监督。

公民、法人和其他组织认为本街道未依法履行政府信息公开义务的，可以向本街道监察室投诉。

监督电话：0751－8882081

传　　真：0751－8882081

通信地址：仁爱路 10 号

邮政编码：512000

接待投诉时间：法定节假日除外。

浈江区城区一角

经济社会统计资料

中共粤北省委旧址

张九龄

余靖

2009年浈江区社会经济统计资料表

表16

序号	指标	单位	说明
1	行政区域土地面积	平方公里	国土资源部门资料
2	地区生产总值	7万元	当年价格
3	第一产业	万元	当年价格
4	第二产业	万元	当年价格
5	工业	万元	当年价格
6	第三产业	万元	当年价格
7	人均地区生产总值	元	当年价格（注明按常住人口或户籍人口计算）
8	地区生产总值指数	上年=100	可比价格
9	第一产业	上年=100	可比价格
10	第二产业	上年=100	可比价格
11	工业	上年=100	可比价格
12	第三产业	上年=100	可比价格
13	人均地区生产总值指数	上年=100	可比价格
14	年底总人口	人	公安年报
15	农业人口	人	公安部门资料
16	少数民族人口（连南，连山，乳源）	人	公安部门资料
17	城镇单位职工人数	人	劳动年报
18	城镇单位在岗职工工资总额	万元	劳动年报
19	城镇单位在岗职工平均工资	元	劳动年报
20	全社会固定资产投资	万元	固定资产投资年报

续上表

序号	指　　标	单位	说　　明
21	基本建设投资	万元	固定资产投资年报
22	更新改造投资	万元	固定资产投资年报
23	房地产开发投资额	万元	固定资产投资年报
24	地方一般预算财政收入	万元	地方财政，不含中央、省财政返还和基金
25	地方一般预算财政支出	万元	地方财政，不含中央、省财政上缴和基金
26	农村居民人均纯收入	元	农业年报
27	城镇居民人均可支配收入	元	城镇住户抽样调查资料
28	乡村从业人员	人	农业年报
29	农林牧渔业	人	农业年报
30	常用耕地面积	公顷	国土资源部门资料
31	农林牧渔业总产值	万元	农业年报（当年价格）
32	农林牧渔业总产值指数	上年=100	农业年报（可比价格）
33	总播种面积	公顷	农业年报
34	粮食产量	万吨	农业年报
35	工业总产值	元	国有及规模以上非国有工业企业
36	工业总产值指数	上年=100	国有及规模以上非国有工业企业
37	公路里程	公里	交通部门资料
38	民用汽车拥有量	辆	公安部门资料
39	邮电业务总量	万元	邮电部门资料，不变价格
40	固定电话用户	户	电信部门资料
41	乡村	户	电信部门资料
42	移动电话用户	户	电信部门资料
43	社会消费品零售总额	万元	批发和零售业、住宿和餐饮业年报
44	外贸出口额	万美元	海关资料，按经营单位所在地分
45	实际外商直接投资额	万美元	外经年报
46	城乡居民储蓄存款余额	万元	全部金融机构
47	小学学校数	所	教育部门资料
48	小学在校学生数	人	教育部门资料
49	普通中学学校数	所	教育部门资料
50	普通中学在校学生数	人	教育部门资料

2009年浈江区国民经济和社会发展统计公报

2009年，全区人民在区委、区政府的正确领导下，以邓小平理论和“三个代表”重要思想为指导，深入贯彻落实科学发展观，积极应对国际金融危机，扎实开展各项工作，确保了经济平稳增长，社会和谐稳定，人民生活水平进一步提高。

一、综合

初步核算，全年地区生产总值109.38亿元（当年价），按可比价格计算，同比增长7.4%。其中：第一产业增加值3.55亿元，增长6.2%；第二产业增加值29.72亿元，增长-2.6%；第三产业增加值76.11亿元，增长12.2%。三次产业结构为3.25∶27.17∶69.58。民营经济增加值45.65亿元，增长12.7%。按常住人口计算，人均生产总值30427元，增长3.12%。

年末全区从业人员16.86万人。其中：第一产业2.09万人；第二产业3.95万人；第三产业10.82万人。全区城镇单位在岗职工4.46万人，其中：企业单位2.42万人；事业单位1.68万人；机关单位0.36万人。就业形势保持稳定，年末城镇登记失业人员1640人，登记失业率3.1%，全年城镇新增就业岗位3577个，安置下岗失业人员再就业2818人，其中“4050”人员946人。据工商部门统计，年末全区工商登记注册的城镇私营单位和个体户从业人员2.62万人，其中城镇2.44万人。

全年地方财政一般预算收入17533万元，增长16.2%，其中税收收入14570万元，增长10.53%；财政一般预算支出38845万元，增长15.46%。

二、农业

农业生产稳步发展，全年农林牧渔业总产值5.68亿元，增长6.3%。其中农业增长5.18%；林业增长8.23%；畜牧业增长7.75%；渔业增长5.83%。

全年农作物播种面积累计129180亩，增长8.6%，其中粮食播种面积69475亩，增长5%，油料种植面积20260亩，增长6.2%；蔬菜播种面积32630亩，增长5.6%。

2009年浈江区主要农产品产量统计表

表17

农产品名称	计量单位	绝对数	比上年±%
粮食作物	万吨	2.64	4.9
其中：稻谷	万吨	2.28	3.5
蔬菜	万吨	6.2	8.2
花生	万吨	0.49	10.1
水果	万吨	0.7	75.9
出栏肉猪	万头	8.94	9.0
出售和自宰家禽	万只	13.47	16.1
水产品起水量	万吨	0.82	3.98

农业生产条件进一步改善。年末全区农业机械总动力6.51万千瓦，比上年增长2.69%；拥有大中型拖拉机20台，小型拖拉机709台，联合收割机44台，农用排灌电动机177台，农用水泵75台，农用运输车373台，农村用电量3043万千瓦时，增长9.1%；化肥施用量（折纯）3178吨，增长6.6%；农药使用量144吨，增长2.1%；有效灌溉面积5.23万亩，增长-1.8%。

三、工业和建筑业

受金融危机影响，工业生产在低位运行。全年工业企业实现增加值22.9亿元，增长-8.8%。规模以上工业实现增加值18.86亿元，增长-11.2%，其中：国有及国有控股工业增加值12.38亿元，增长1.4%；外商及港澳台工业增加值1.07亿元，增长-63.4%；民营工业增加值4.96亿元，增长8.4%。股份制工业完成增加值15.4亿元，增长1.8%。浈江产业转移工业园实现增加值1.83亿元，增长52.6%。

2009年浈江区规模以上工业主要产品产量统计表

表18

产品名称	计量单位	绝对数	比上年±%
十种有色金属	万吨	34.57	2.63
水轮发电机组	万千瓦	19.43	45.98
小型拖拉机	台	1680	-5.78
液压元件	万件	1.75	-28.03
白银	吨	126.82	-2.95
粗钢	万吨	6.36	9.0
硫酸	万吨	42.45	-10.22

1～11月，规模以上工业企业经济效益综合指数136.52%。规模以上工业企业主营业务收入68.74亿元，下降18.74%，实现利税总额0.72亿元，下降86.7%，其中利润-0.91亿元，下降154.96%。工业产品销售率95.76%。

建筑业持续较快增长。全年建筑业增加值6.82亿元，增长27.0%。全区资质等级以上建筑企业11家，完成建筑施工产值25.67亿元，增长39.8%；实现利润0.31亿元，增长150.7%。房屋施工面积73.64万平方米，增长-8.5%；房屋竣工面积25.52万平方米，增长103.4%。

四、固定资产投资

全年完成固定资产投资44.43亿元，增长-15.4%。其中：基本建设完成投资24.63亿元，增长29.4%；更新改造完成投资3.1亿元，增长-58.9%；房地产开发投资14.74亿元，增长-39.5%，其他项目投资1.96亿元，增长26%。商品房销售额20.5亿元，增长135%；销售面积61.89万平方米，增长138.2%。全年重点建设项目28个，完成投资21.2亿元，增长-25.4%。

五、贸易、外经贸

全年社会消费品零售总额106.39亿元，增长20.0%。其中：批发零售贸易业零售额

91.66亿元，增长20.2%；住宿和餐饮业零售额14.73亿元，增长19.2%。

全年新批外资项目4个，增长33%。合同吸收外资644万美元，增长-63%。实际利用外资1523万美元，增长-30.9%。外贸出口总额2758万美元，增长-12%。内联合同项目124个，增长15%，合同引进资金5.08亿元，增长67%，到位资金4.69亿元，增长3%。

六、交通和旅游

全年交通运输和邮电业实现增加值13.45亿元，增长-6.8%。全年完成建制村公路硬底化改造25公里。辖区内码头8个。

全年接待旅游者人数258.69万人次，旅游总收入17.8亿元，分别增长19%和32.1%。

七、教育和科学技术

全面实施城乡免费义务教育。全年对1660名困难家庭学生发放生活补助45.625万元。适龄儿童小学入学率100%，初中学龄人口入学率100%，小学毕业升学率100%，初中毕业升学率98.9%。年末共有幼儿园52所，在园幼儿6735人；共有中小学学校66所，当年新招生人数8246人，在校学生36787人。全区中小学教育发展情况如下：

高中：2所，新招生人数1206人，在校学生数3607人，比上年减少253人。

初中：11所，新招生人数3737人，在校学生数10936人，比上年减少5人。

小学：53所，新招生人数3303人，在校学生数22244人，比上年减少1508人。

年末省认定的高新技术企业4家，省级民营科技企业36家。实施“星火计划”10项，其中省级1项，市级9项。申请专利73件，专利授权67件。

八、文化、卫生和体育

年末各类专业艺术团体4个，文化站8个，公共图书馆1个，文化广场1个。2009年区文化局组织演出14场，有7个表演项目获市级以上表彰。

年末区医疗卫生机构147个，其中医院17个，卫生院2个，床位1602张。各类卫生技术人员1877人，其中执业（助理）医师699人，注册护士754人。乡镇卫生院2个，床位40张，卫生技术人员50人，乡村医疗点47个。新型农村合作医疗工作稳步推进，全区参加合作医疗6.7万人，农村合作医疗人口覆盖率100%。农村自来水普及率92.14%；农村居民卫生户厕普及率90.11%。全年无偿献血230人次。

2009年我区体育代表团参加市第十三届运动会获得金牌65枚，取得团体总分第二名和金牌总数第二名的历史最好成绩。曲仁办事处创建成为全国城市体育先进社区；莲花山矿冶居民区创建为广东省城市体育先进社区；犁市镇和莲花山矿冶居民区管委会被国家体育总局授予“全国群众体育先进单位”称号。全区有35个村委完成了“农民健身工程”建设，有34个行政村完成篮球场地的铺设工作。全年销售体育彩票2487万元，增长36%。

九、人民生活、社会保障与安全生产

据居民家庭抽样调查，全区城乡居民人均收入15087元，增长8.2%。其中：城镇居民人均可支配收入16368元，增长8.3%；农民人均纯收入6420元，增长6.6%。城镇在岗职工年平均工资36895元（不含粤北开发区），增长10.97%。

全年房地产业竣工住宅面积10.75万平方米，增长-75.3%，其中商品房竣工住宅面积8.71万平方米，增长-79.8%。

年末拥有社会福利机构4所（敬老院3所，社会福利院1所），床位150张，在院人数114人。全区各种社区服务设施103个。全年城乡居民享受最低生活保障人数3923人，其中城镇2300人。全年发放保障资金575.77

万元，救济物资折款24.18万元，累计救济0.5万人次。

全年共发生工矿商贸企业、交通、火灾事故2356起，比上年减少2.64%，死亡34人，减少19%，直接经济损失215.74万元，增加15.6%。其中：道路交通事故2349起，减少2.41%，死亡32人，减少20%，直接经济损失173.59万元，增加30.57%；工矿商贸企业事故2起，增加100%，死亡2人，直接经济损失40万元，分别与上年持平。亿元地区生产总值（GDP）生产安全事故死亡人数0.31人，下降21.7%。

十、人口、资源与环境

年末全区户籍人口354297人，减少764人。其中：非农业人口288772人；农业人口65525人。全年出生人口3101人，出生率8.67‰；死亡人口1445人，死亡率4.04‰；人口自然增长率4.63‰。年末全区常住人口35.96万人，增加0.02万人。

据国土部门统计，全区土地面积572.47平方公里。其中耕地9.68万亩，园地0.53万亩，林地55.46万亩。

全年平均降水量1269毫米，年平均气温20.6℃，年平均日照时数1835小时。年末大中型水库1座，蓄水量0.1151亿立方米，减少0.085亿立方米。小型水库62座，蓄水量0.025亿立方米，减少0.017亿立方米。辖区内汇流面积超过100平方公里以上的河流8条。

年末全区林业用地面积3.21万公顷，森林覆盖率50%，林木绿化率50.5%，活立木总蓄积量149.97万立方米。人均公共绿地面积8.33平方米。

注： 1、本公报各项统计数据为初步统计数；

2、生产总值、增加值、产值绝对数按当年价计算，增长速度按可比价计算；

3、规模以上工业含义为年产品销售收入500万元及以上的工业企业。

浈江区城区一角

附录

共粤北省委旧址　张九龄　余靖

在区委七届五次全会第一次全体会议上的讲话

刘卫东

（2009年1月22日）

同志们：

这次全会的主题是，深入学习贯彻党的十七届三中全会、中央经济工作会议、省委十届四次全会和市委十届六次全会精神，认真总结去年工作，全面部署今年任务，团结和动员全区广大党员干部群众，应对新形势，抢抓新机遇，努力开创科学发展新局面。现在，我代表区委常委会向全会报告2008年的工作，并提出2009年的工作任务，请大家审议。

2009年1月12日，区委书记刘卫东在中共浈江区委七届五次全会上讲话

2008年的工作情况

过去的一年，在市委、市政府的正确领导下，区委认真贯彻落实党的十七大、十七届三中全会和省、市第十次党代会精神，以科学发展观统领经济社会发展全局，团结带领全区党员和干部群众，战胜了罕见的低温雨雪冰冻灾害，大力支援汶川地震灾区抗震救灾，全力以赴做好北京奥运会残奥会信访维稳工作，沉着应对国际金融危机的冲击，着力承接产业转移，促进了经济平稳较快发展，政治建设、文化建设、社会建设和党的建设取得了新成效。

（一）以理论学习为先导，党员和干部的思想素质有新提高。2008年，我们把解放思想深化改革学习讨论活动贯穿于全年理论学习的始终，扎实抓好党员干部的理论学习。各级领导干部带头学习，带头调查研究，带头查找思想问题，带头寻求破解发展难题的对策。我们及时转化活动成果，制定了《关于解放思想，深化改革，开创科学发展新局面的实施意见》，并陆续出台了政策措施，确定了把我区建设成为“韶关城市经济主力军、韶关产业集聚示范区、全市实施‘双转移’战略排头兵、韶关宜居环境首选地”的发展目标。通过开展这一活动，促进了思想人解放，明确了发展思路和举措，增强了推进科学发展的信心。以浈江产业园为重要组

成部分的东莞（韶关）产业转移工业园获得全省第二批产业转移竞争性扶持资金，全区经济社会实现又好又快发展，充分反映了我区解放思想深化改革学习讨论活动的成果。

（二）以发展为第一要务，经济建设取得新成绩。2008 年，实现地域生产总值 105.87 亿元，同比增长 10%；区属生产总值 23.92 亿元，同比增长 13.39%；完成地方财政一般预算收入 15088 万元，同比增长 28.06%。区属工业平稳增长，以商贸物流、旅游服务为主的第三产业平稳发展，城市型农业较快发展，重点建设项目进展顺利，产业园基础设施建设有效推进，税收持续快速增长。

（三）以稳定为第一责任，维稳工作取得新成效。我们坚持把稳定作为第一责任，通过强有力的举措，去年实现了全国和省“两会”、北京奥运会残奥会等敏感时期到省进京零上访，受到省、市的充分肯定；非正常访和越级访大幅下降，重要案件息案率明显提高，进一步扭转了信访维稳局面。同时，大力开展社会治安综合治理，突出抓好治安重点部位的治安整治工作，积极防范和妥善处置群体性突发事件；保持严打高压态势，适时开展各种专项斗争，严厉打击各类违法犯罪活动，刑事案件发案率下降 4%，维护了社会稳定，有力保障了人民群众的生命财产安全。

（四）以人为本，解决民生问题的能力有新提升。全面贯彻落实城乡免费义务教育政策，普九成果不断巩固和提高；高中阶段毛入学率 92%，超过全市平均水平 5.5 个百分点，位居全市第一。完成了区属两家医院改造为社区卫生服务中心的工作，全市社区卫生服务中心现场会在我区召开；2009 年新型农村合作医疗参合率为 100%，居全市第一；我区成功创建 6 个省级卫生村，创建数量在全市名列第一。在全省率先启动计划生育“关爱女孩行动安居工程”，得到了国家和省、市有关部门的充分肯定。成功承办广东省第四届毽球锦标赛，10 个行政村完成了农民体育健身工程任务。成功创建省残疾人社区康复示范区。重视做好扩大与促进就业工作，城镇失业登记率为 3.2%；外出务工人员纷纷回乡创业；农村劳动力培训完成年度任务的 115.6%；新增农村劳动力转移完成年度任务的 208.7%。扎实做好社会保障工作，加强社保扩面和征收清欠工作，全面铺开城镇居民基本医疗保险工作，城乡居民最低生活保障制度和社会救助制度进一步完善，低保和五保对象实现应保尽保。农村沼气建设、农房改造全面完成市下达的任务。解决了农村 1808 户 8337 人饮水安全问题。2 个新农村建设市级示范点分别获得市二等奖、三等奖。城乡居民收入水平不断提高，预计 2008 年市区居民人均可支配收入达到 1.5 万元，农民人均年纯收入 5656 元，同比分别增长 11%、13.1%。

（五）以扩大基层民主和提高人的综合素质为着力点，政治文明和精神文明建设取得新进步。进一步加强和改善党对人大、政协工作的领导，大力支持人大、政协依法依章履行职责。进一步巩固和发展爱国统一战线，重视发挥工青妇等人民团体的桥梁纽带作用，充分调动各方面的积极性，营造团结干事的良好氛围。人民武装等工作取得新成绩。党务、政务、村务、厂务公开工作不断推进，基层民主自治体制机制进一步完善。依法治区和“五五”普法有效推进。深入开展现代公民道德教育活动，不断提高公民的现代文明素质，“抗洪英雄”李大为当选“改革开放 30 周年感动广东人物”，十里亭个体户林锐生荣获市十佳道德模范，花坪实验学校教师沈穗当选市十大杰出青年。创建国家卫生城市顺利通过国家级暗访，创建国家园林城市通过省级考核，莲花山矿冶居民区荣获“广东省文明社区”称号，文明村镇、文明社区等创建活动不断深入。2008 年建成市区第一个文化广场，为广大市民提供了文化娱乐的活动载体。

（六）以党的先进性建设和执政能力建设为主线，党的建设展现新面貌。不断加强区委常委会自身建设，完善常委会议事规则和决策制度；强化区委对经济建设和社会各项事业的领导，发挥区委的领导核心作用。加强理论武装，加大公务员和中青年干部培训力度，提高干部队伍素质。推进干部选用工作的科学化、民主化和制度化，严格按照《条例》规定的民主推荐、民主测评、民主考察、党委酝酿、常委票决、任前公示的程序选用干部。一年来，区委常委会共讨论干部事项3 次，通过票决共调整任免干部 7 人，交流调整 7 人。重视引进、培养和使用人才，加强对选调生和新招录公务员的实践锻炼。进一步加强基层组织建设，圆满完成了村、社区“两委”换届选举工作任务，扭转了我区前几届农村换届选举不顺的局面；扎实开展“百姓冷暖我先知行动”试点工作，切实帮助农村基层解决了一批突出问题；加强村级制度建设，及时编印下发了《浈江区村级规章制度汇编》；大力推动社区、机关、企业、学校、“两新”组织等领域党的基层组织建设，不断扩大党组织、党的工作和党的影响力的覆盖面。加强党风廉政建设和反腐败斗争，健全和完善惩治和预防腐败体系，狠抓党风廉政建设责任制的落实，认真做好纠风和执法监察工作，坚决查处各种违纪违法案件。

2009 年的主要任务

科学确定今年发展目标、任务和措施，需要我们客观、准确地判断我区目前所面临的形势。

充分认识全球金融危机的严峻挑战，做好应对更加严峻局面的准备。由美国次贷危机引发的金融危机不仅本身尚未见底，而且对实体经济的影响正进一步加深，其后果还会进一步显现，今年的发展环境将更加严峻。世界经济增长明显减速，经济增长的外部拉动作用明显不足。全国经济继续放缓行走，消费需求和消费结构升级减慢，股市、楼市和车市继续波动，房地产投资减慢，中小企业的生存艰难，外贸出口额继续减少，就业形势严峻。就我区而言，主要面临十大挑战：一是地域工业增长将严重下滑。据预测，辖区大型及出口企业的产值将大幅下降，其他工业企业无法填补这些企业巨额减产。二是财政收入不容乐观，国家实施扩内需、促消费，势必对税收政策作出大的调整，同时房地产税源随市场低迷而萎缩，这将直接影响我区的财政收入；民生工程刚性支出增大，使原本压力较大的财政收支矛盾更加突出。三是新的经济增长点缺乏，重点项目结构不够优化，企业科技含量低，自主创新能力不强，难以抵御风险。四是区产业转移园土地价格偏高，招商门槛高。五是市场景气状况严重影响投资者信心，将制约我区招商引资和承接产业转移的效果。六是在国家新出台的扩大内需政策中，我区能获得国家投资的竞争性项目少。七是信访维稳形势严峻，并随着国际金融危机的蔓延，各种矛盾更为尖锐。八是村级组织建设薄弱，农村问题突出。九是干部队伍断层，年轻干部少，专业人才缺。十是市辖区职能缺失。对此，各级各单位要进一步增强忧患意识和危机意识，增强责任感和紧迫感，切实做好打硬仗、吃大苦、受大累的思想和工作准备。

充分把握应对困难的有利条件和机遇，增强战胜困难的信心。从国际上看，尽管国际资本收缩，但国际资本为获取利润，将谨慎选择包括中国等政局稳定，劳动力、技术等要素保障水平较高，消费市场巨大，回报率高的国家。从国内看，中央经济工作会议明确把保持经济平稳较快发展作为今年经济工作的首要任务，实施积极的财政政策、适度宽松的货币政策和有效的投资政策，并出台了扩大内需的“十条政策”。从全省看，省政府已提出促进经济快速增长的“十六条措施”，5年内计划投资2.37万亿元实施“新十项工程建设”；着力推进产业和劳动力“双转移”，促进区域协调发展；着力加大支持力度，促进中小企业发展壮大。从全市看，东莞（韶关）产业转移工业园获得省第二批产业转移竞争性扶持资金，将有力推进产业园建设。国家、省、市的政策和措施，有利于我们扩大投资规模，掀起新一轮投资热潮，将直接拉动我区经济社会加快发展。从本区情况看，我区已具有一定的经济基础，一批重大交通、能源基础设施和酒店等旅游配套设施项目相继开工建设，对拉动本区内源型经济的增长将发挥积极作用。拥有省级产业转移园，完全可以更大规模地承接高端产业和人才技术的转移；辖区内职业技术教育发达，是我市重要的高中等专业技术人才和技术工人培训基地，推进“双转移”战略实施的基础条件已经具备。第三产业优势凸显，处于平稳增长且现代服务业水平加速提升阶段，建筑房地产业有较好的基础。更为可喜的是，我们有一支历经磨炼、政治坚定、团结协作、求真务实、开拓创新的干部队伍，广大干部群众求发展的愿望迫切，促发展的干劲很大。

综上所述，我们既面临着严峻挑战，又拥有很多难得的机遇和条件。只要我们凝聚全区人民的智慧和力量，趋利避害，抢抓机遇，廉洁高效，狠抓落实，就一定能推动我区经济平稳较快发展。

2009年我区经济社会发展的指导思想是：高举中国特色社会主义伟大旗帜，以邓小平理论和“三个代表”重要思想为指导，认真学习贯彻党的十七大、十七届三中全会、中央经济工作会议、省委十届四次全会和市委十届六次全会精神，深入学习实践科学发展观，围绕区委七届四次全会提出的奋斗目标，以抓项目、保增长作为今年经济工作的主线，突出“发展与稳定”两大主题，着力推进“以改善民生为重点的社会建设和党的建设”这两大建设，开展“强化基层组织建设年、优化政务环境年、加强城市管理年”三项活动，力争经济发展创一流，社会管理争先进，精神文明做先锋，和谐建设当标兵，努力开创科学发展新局面。

今年要着重抓好五项工作。

（一）坚持“第一要务”，确保经济平稳较快增长。抓项目、保增长是今年经济工作的首要任务。要采取一切措施，努力实现今年区属生产总值增长10%、地方财政一般预算收入增长8%、农村居民人均年纯收入增长6%、固定资产投资增长20%的目标。

加快工业发展，拉动经济增长。要抓住机遇，用活资金，用足政策，积极承接珠三角产业转移。加大浈江产业转移园基础设施建设力度，改善园区投资环境，争取更多项目入园开工建设、早日投产。实施机械装备、化工、油缸等工业产业发展规划，引导相关的工业产业集聚。要全方位服务企业，积极帮助扶持企业渡过难关，研究和实施财税支持中小企业发展专项政策措施，努力解决中小企业融资难的问题，选择一批高增长、有自主品牌、市场竞争力强、自主创新能力强的中小企业争取列入市重点扶持的100家中小企业范围；策划项目，争取上级政策、资金支持；扶持有条件的企业增资扩产，或进行技术改造，降低成本，增强企业的自主创新能力和竞争力，重点培育1－2家工业企业成为我区工业龙头企业。

加快现代服务业发展，做大城市经济。坚持以规划引导投资，促进城区商贸业从低端向高端提升。重点是加快风度国际大酒店和财富广场、雍华豪庭建设步伐，形成城市商务核心区，出台优惠政策，引入企业总部进驻，发展总部经济；推动东堤路商贸街等一批商业项目的开发建设；加快东联物流中心建设，做大做强韶峰物流等物流企业，构建现代物流大格局。同时，大力发展旅游服务业，加快碧桂园凤凰酒店和银山高尔夫假日酒店的建设步伐，提高旅游接待水平；以丹霞山黄竹、湾头旅游服务中心建设和湾头水利枢纽工程建设为契机，规划打造从东山樱花基地至黄竹的50平方公里的旅游经济带，逐步形成集农业生态、花卉苗木、浈江山水、度假休闲为一体的旅游品牌。

加快城市型农业发展，增加农民收入。要贯彻落实《中共中央关于推进农村改革发展重大若干问题的决定》，加强农业基础，增加农民收入，促进农村和谐。着力策划一批涉农工程项目，争取国家和省、市资金支持，增加农村基础设施建设投入。按照打造“四基地一中心”要求，建立农业产业园。推进城市型农业规模发展。着力培育特色农产品品牌；通过农民专业合作社和各类农业行业协会发展规模农业，培育农业龙头企业。推进天绿源项目建设，打造农产品加工基地和农产品物流中心。加强实用新型农业机械的推广应用，优化农机装备结构。启动农村集体林权制度改革，调动社会各界参与林业建设的积极性。加快推进社会主义新农村建设。切实做好农村劳动力的培训转移工作。健全严格规范的农村土地管理制度，鼓励引导农民以转包、出租、互换、转让、股份合作等形式流转土地承包经营权；整治农村违法违规用地，规范农村建房。

加快镇村经济发展，提高自主发展能力。要制定符合浈江实际、操作性较强的区与镇村税收共享方案，调动镇村发展经济的创造性和积极性。发挥近郊村优势，大力发展以有形市场为主体的第三产业经济。探讨以村集体资本入股浈江产业转移园的形式，增加贫困村集体收入；抓住东莞与我区农村结对共建等机遇，多渠道扶持贫困村集体经济发展。

加快重点项目建设，增强发展后劲。抓好重点项目建设是今年全区经济工作的重中之重。今年规划建设的重点项目总投资135亿元，其中年内计划投资30亿元。要继续实行区领导和区直单位挂点联系重点项目制度，强化责任，狠抓落实，力促已签合作意向的项目早日立项，未动工的项目尽快开工，在建项目加快进度并使其早竣工早见效。同时，抢抓国家扩大内需政策，策划项目争取国家或省的立项，储备一批发展项目。

加大招商引资和全民创业力度，提高经济发展速度和质量。要进一步落实招商引资责任制，创新招商引资方式，注重产业招商和园区招商，注重引进工业项目尤其是大工业项目、现代物流业项目等，努力扩大招商引资成效。要全面落实区委、区政府支持全民创业的各项政策措施，推动全民创业；加快推进全民创业园建设，为小企业提供创业平台。

注重财税工作，增加经济效益。要以提高税收效益，增加财政收入为目标，通过各种途径培植税源。加强税收征管工作，做到应收尽收。坚持依法理财，做好增收节支工作，严格财政预算，确保各项工作的正常运转。

加强生态文明建设，打造韶关宜居环境首选地。要以打造韶关宜居环境首选地为目标，推进生态文明建设。抓紧制定全区生态文明建设规划。加快发展生态经济，以发展循环经济为重点，培育和发展特色工业；以绿色环保为方向，培育发展生态农业，推广运用农村集约化沼气建设，以森林资源为基础，培育和发展生态林业；以生态资源为依托，培育和发展生态旅游。调动和保护非公有制企业或个人造林的积极性，三年内基本消灭荒山；不断加强生态环境综合治理，严格控制并逐步削减污染物排放总量，有效保护生态环境。

（二）坚持“第一责任”，促进社会和谐稳定。维护社会和谐稳定是各级党委、政府义不容辞的政治责任。

加强民主法制建设。要进一步加强和改进党委对人大、政府、政协和司法机关的领导和协调，充分发挥各民主党派、工商联、无党派人士的参政议政、民主监督作用，积极支持工青妇等人民团体创造性地开展工作。建立健全与群众利益密切相关的重大事项社会公示和听证制度，落实依法决策、民主决策、科学决策的工作机制，完善村（居）民自治，不断加强基层民主法制建设。深入开展“五五”普法教育，提高全民法制意识，大力营造文明法治环境。加强执法队伍、司法队伍的规范化建设，确保严格、公正、文明执法。加强党管武装工作，促进人武部建设，力争区人武部办公楼今年建成并投入使用。

维护社会稳定。切实做好信访维稳工作，加强镇（办）综治中心建设，发挥其应有的作用，理顺镇（办）司法所行政、业务管理机制；强化信访维稳工作责任制，继续实行包片包案负责制，把维稳工作作为考核各级领导干部的重要内容，作为镇（办）考核的重中之重；深入开展书记大接访活动，落实领导班子成员接访处访制度；加大矛盾纠纷排查调处和息诉罢访力度，组织专门力量调处重要信访案件；发挥村和社区主体作用，把信访维稳的重心和责任下移到村和社区。加强社会治安综合治理，深入开展平安浈江、平安村镇、平安社区、平安单位等平安创建活动，依法严厉打击各种违法犯罪活动，确保社会安定有序；强化安全监管，保障人民群众生命财产安全。

（三）坚持抓好精神文明建设，全面提高人的综合素质。加强精神文明建设，要重在提高人的整体素质。

加强思想道德建设和社会主义核心价值体系建设。深入开展现代公民道德教育，进一步加强未成年人思想道德教育，在全社会形成知荣辱、讲正气、守法纪、促和谐的社会主义新风尚。把社会主义核心价值体系融入精神文明建设全过程，坚持不懈地用马克思主义中国化最新成果武装全党、教育人民，用中国特色社会主义共同理想凝聚力量，以爱国主义为核心的民族精神鼓舞斗志，以改革创新为核心的时代精神引领风尚，巩固全社会团结奋斗的共同思想基础。

开展加强城市管理年活动。以创建国家卫生城市和国家园林城市为动力，突出这两个创建重点，开展“加强城市管理年活动”。要按照国家卫生城市和国家园林城市的标准抓好城市管理工作，彻底理顺城市管理体制机制，加强城管队伍建设，保障城市管理的经费投入，提高城市管理水平。同时，广泛深入开展文明单位、文明村镇、文明行业、文明家庭和“六好”平安和谐社区等群众性文明创建活动，提高全社会文明素质。

加快和谐文化建设。大力实施“文化惠民”工程，推动群众文化活动深入开展。进一步抓好基层文化站（室）建设，积极打造广场（公园）文化、社区文化、校园文化等特色文化品牌。大力发展文化产业，扶持发展公益性文化事业。推进行政村公共体育场地设施建设。积极备战第十三届市运会，力争取得好成绩。广泛开展全民健身运动，提高全民健康水平。

（四）坚持以人为本，切实改善民生。要加大解决民生问题的力度，加快推进以改善民生为重点的社会建设，让发展的成果惠及广大群众。

大力发展科教事业。继续推动科教兴区战略的实施。加大科技投入，推进科技创新，提高推广和运用科技的水平。优先发展教育事业。继续落实城乡免费义务教育政策，巩固提高高中阶段教育的普及工作成果，办好职业技术教育、民办教育，做好贫困学生的救助工作；加强义务教育阶段学校规范化建设。加强教师队伍建设，尤其要优化教育资源，配强农村师资力量，促进城乡之间义务教育均衡发展。加大创建教育强镇力度，逐步实现教育强区目标。坚持以人为本、德育为先，大力实施素质教育，不断提高教育水平。

扩大就业和加快完善城乡社会保障体系。强化政府促进就业的服务职能，落实扶持就业和再就业各项政策，重点解决“4050”人员、“零就业家庭”、残疾人、被征地农民等困难群体的就业问题，把城镇登记失业率控制在3.6%以内。以全省实施“双转移”战略为契机，落实农村劳动力技能培训普惠制度并提高就业率。加大劳动监察执法力度，依法维护劳动者权益。突出抓好城乡基本养老、基本医疗、最低生活保障制度等重点，逐步扩大保障覆盖面，提高社会保障水平。健全基本生活救济制度，大力发展社会福利和慈善事业。扎实推进“十大民心工程”的实施，多为群众办实事好事。

建立健全基本医疗卫生制度，加强人口和计划生育工作。深化医疗卫生体制改革，进一步提高城镇居民医保参保率，巩固新型农村合作医疗覆盖面。完善农村卫生服务和城市社区卫生服务网络，加强村卫生站、镇卫生院和社区卫生服务中心建设。加强人口和计划生育工作，再创省人口和计划生育先进单位，努力创建“全国计划生育优质服务先进单位”，全面提升我区人口计生管理和服务水平。

（五）坚持加强和改进党的建设，提高党建工作水平。贯彻为民、务实、清廉的要求，以改革创新精神全面推进党的建设。

加强理论武装。建立和落实公务员培训、村（社区）“两委”干部培训和党员干部培训制度，提高干部队伍整体素质。按照中央和省、市委的部署，扎实开展深入学习实践科学发展观活动，做到对科学发展观的认识有新提高，在构建有利于科学发展的机制上有新进展，在解决人民群众和基层反映强烈的突出问题上有新举措，在改进党员干部作风上有新成就，在推进科学发展上有新局面。

加强领导班子和干部队伍建设。要在完成区中层领导班子届中考察的基础上，结合进行部分行政区划和机构调整，加紧做好干部统筹调整配备工作；加大干部交流、轮岗力度，合理调配各单位干部。创新选人用人机制。建立健全科学的干部选拔任用机制和干部考核评价体系，把狠抓落实的优秀干部选拔到各级领导班子中来；大力培养选拔优秀年轻干部，特别是35岁以下的年轻干部，着力解决中层干部断层问题；坚持选派选调生和新招录公务员到农村和基层单位挂职锻炼，增长才干。

开展强化党的基层组织建设年活动。突出抓好村级组织建设这个重点，以加强制度建设和经济发展为突破口，切实把农村基层党组织建设成为推动农村改革发展、带领农民致富、维护农村稳定的核心。着力整治问题突出村，实行区级领导干部包村负责制。扎实推进“百姓冷暖我先知行动”。出台提高基层干部的政治、生活待遇方案，稳定基层干部队伍，调动工作积极性；按照分类指导的原则，着手研究解决村“两委”干部养老保障问题。在困难村，实施农业产业化经营工程和农村劳动力技能致富工程；在相对富裕村，实施农业产业化经营工程、农村发展环境建设工程和农村文明廉政建设工程。切实做好机关、企事业单位和新经济组织、新社会组织党建工作，加强对流动党员的管理。

开展优化政务环境年活动。完善规章制度，建立健全督查、考核、奖惩工作机制，不断完善行政首长问责办法、机关工作人员效能责任追究办法；落实“开短会、讲短话、发短文”制度。强化工作纪律，倡导和推行务实、求真、创新的工作作风，切实优化政务环境。全面落实党风廉政建设责任制，深入推进惩治和预防腐败体系建设，从严查办各种违纪违法案件，继续抓好治理商业贿赂专项工作，进一步加大对专项资金的监督检查力度，坚决纠正部门和行业不正之风，营造风清气正、政通人和的政治氛围。

同志们，困难和挑战考验着我们，责任和使命激励着我们，全区人民期待着我们。我们要以前所未有的工作责任心、前所未有的工作作风、前所未有的工作力度和前所未有的工作方法来战胜前所未有的困难。让我们在邓小平理论、“三个代表”重要思想和科学发展观的指引下，高举中国特色社会主义伟大旗帜，紧密团结在以胡锦涛同志为总书记的党中央周围，带领全区人民坚定信心，奋力拼搏，共克时艰，不断开创我区科学发展新局面，以优异成绩迎接新中国成立60周年！

浈江河堤

政府工作报告

——浈江区第七届人民代表大会第三次会议

代理区长 张德清

（2009年3月12日）

各位代表：

现在，我代表区人民政府向大会作政府工作报告，请予审议，并请各位代表和其他列席人员提出意见。

2008年工作回顾

2008年，是我们浈江区发展进程中经受严峻考验并取得显著成绩的一年。这一年，在市委、市政府和区委的正确领导下，在区人大及其常委会和区政协的监督支持下，区政府坚持以邓小平理论和“三个代表”重要思想为指导，树立和落实科学发展观，贯彻落实党的十七大、十七届三中全会精神和省、市各项工作部署，坚持经济建设这个中心，突出发展与和谐两大主题，合力抗击冰灾洪灾，大力支援抗震救灾，积极应对国际金融危机，奋力拼搏，攻坚克难，圆满完成了区七届人大二次会议确定的各项目标任务。

2009年3月12日，区长张德清在浈江区七届人代会上作政府工作报告

一、发展特色产业，经济总量跨上新台阶

2008年，地域生产总值完成105.87亿元，首次突破百亿元大关，同比增长10%；区属生产总值完成23.92亿元，同比增长13.39%。围绕打造“四大经济带”的产业定位，通过发展特色产业提高产业市场竞争力。一是城市型农业加快发展。全年蔬菜上市6.16万吨、生猪出栏8.64万头、三鸟上市150.49万只、水产品上市7874吨，分别同比增长0.11%、13.8%、11.6%和3.6%。农村经济总收入28.36亿元，同比增长13%。第一产业增加值完成3.35亿元，同比增长6.3%。二是工业在困境中发挥重要拉动作用。着力应对国际金融危机，新增规模以上工业企业12家，全区规模以上企业达到80家。韶关众力发电设备有限公司、韶关浪奇有限公司、韶关市化工厂、韶关铸锻机械设备有限公司、韶关华德铸造有限公司等区属规模以上工业

企业年产值超亿元。区属工业总产值 23.13 亿元，同比增长 17%；工业增加值完成 7.42 亿元，占第二产业增加值的 78.3%，同比增长 19.96%，工业对全区经济的拉动作用增强。三是第三产业快速发展。第三产业增加值完成 11.78 亿元，同比增长 13.6%，其中：房地产业投资增势强劲，全年完成投资 14.48 亿元，同比增长 51.1%，占区属固定资产投资的 72.5%；酒店服务业接待水平进一步提升，莱斯大酒店为韶关首家荣膺国家五星级旅游饭店殊荣的酒店；商贸市场购销两旺，区属社会消费品零售总额 40.95 亿元，同比增长 25.1%。

二、着力拓源培财，财税收入取得新突破

充分依托区位优势，着力培育工业、商贸、房地产等传统优势产业税源，其中建筑房地产业完成税收 1.54 亿元，同比增长 28.7%，仅碧桂园项目年纳税 8900 万元，成为全区税收增长的最大亮点。各级各有关单位积极配合做好财税收缴工作，税务部门切实抓好税源监控，加强税收预测分析，从强化征管上促增收，做到应收尽收。全年地方财政一般预算收入 1.51 亿元，同比增长 28.06%，增幅比预期目标高出 15 个百分点；来源于浈江的财政收入 8.48 亿元，同比增长 34.92%，增收 2.2 亿元。

三、强化责任落实，重点项目建设呈现新亮点

2008 年，全区地域固定资产投资完成 52.49 亿元，同比增长 36.8%；区属固定资产投资 19.97 亿元，同比增长 60.38%。29 个重点项目累计完成年度投资 28.4 亿元，超额完成年度投资计划，其中：碧桂园、莲花小镇、花拉寨垃圾填埋场、武广客运专线、金苹果饲料有限公司、恒丰泰金属材料工贸有限公司等 6 个项目提前完成年度投资计划；银山高尔夫球场完成了练习场和首期前 9 洞建设并已开业。我区被市政府评为重点建设项目年度先进责任单位。同时，投入资金 1040 多万元，完成水库除险加固工程 9 宗、机电排灌工程 10 宗。投入资金 260 多万元，解决农村 1808 户 8337 人饮水安全问题。投入资金 890 万元，完成 36 公里乡村道路改造。投入资金 3400 多万元，新建沼气池 1328 个、农房改造 411 户，超额完成市下达任务。贯彻落实农机购置补贴政策，落实补贴资金 56 万元，农民购农机 180 多台（套），惠及农户 161 户。扎实开展森林生态市创建工作，投入资金 1700 多万元，造林 2 万多亩。投入资金 140 多万元，完成电子政务和行政审批电子监察系统建设。

四、抢抓政策机遇，“双转移”工作取得新进展

产业园已累计投入基础设施建设资金 1.49 亿元，其中区财政多渠道筹措投入资金 8300 多万元，园区 8.25 公里主干道建设工程加快推进，能确保在今年 4 月全线通车。中机重工、新弘立、嘉昶实业、德丰机械等四个项目已开工建设，鼎泰实业、赛力乐、永明机电即将动工。同时，切实抓好农村劳动力培训及转移就业工作。全年完成农村富余劳动力和“双转移”培训 1937 人，为年度目标的 115.6%；完成农民工技能提升培训 645 人，为年度目标的 172%。农民外出劳务收入 5083 万元，同比增长 15%。

五、完善责任考核，招商引资取得新成绩

我们修订完善了《浈江区 2008 ~ 2009 年度招商引资责任制考评办法》，调整下达了新一轮招商任务，提高了奖励标准，进一步调动了各责任单位招商引资的积极性。经认定，有 40 个单位全面完成去年招商引资任务，其中有 11 个责任单位完成招商引资任务的两倍以上。2008 年，全区新签内联项目 108 宗，实际到位资金 4.57 亿元，同比增长 21.2%；

实际利用外资2205万美元，同比增长46.12%。

六、推进全民创业，城乡居民收入水平实现新提高

我们制订出台了《关于大力推进全民创业，促进富民兴区的实施意见》，广泛利用民资、调动民力、集中民智，大力推进全民创业，大力发展非公有制经济。截至2008年底，个体工商户达10004户，新增2669户；私营企业226户，新增55户。2008年城镇居民人均可支配收入1.51万元，同比增长11.1%；农民人均纯收入5854元，同比增长13%，城乡居民收入水平稳步提高，形成人人促进发展、共享发展成果的可喜局面。

七、坚持以人为本，构建和谐浈江取得新成效

科教事业加快发展。全年向国家知识产权局申请专利99项，授权62项；大力引进和培育高新技术企业，现有省级高新技术企业14家、省级民营科技企业37家，5家企业建立了技术

研发机构。全面贯彻落实义务教育减免政策，共减免学生书杂费1146.28万元。全区小学入学率、巩固率和毕业率均为100%，初中入学率、巩固率和毕业率分别为100%、98.8%和100%，“普九”成果得到巩固；高中阶段毛入学率为92%，位居全市第一。体卫工作顺利通过国家督导组考核验收。教育收费示范区顺利通过省评估考核。

精神文明建设成效显著。组织检查文化经营单位1339家（次），有力地维护了公平竞争的市场环境。组织文艺演出队伍深入基层演出16场，不断丰富群众文化生活。建成市区第一个文化广场，为广大市民提供了文化娱乐的活动平台。深入开展现代公民道德教育活动，不断提高群众的现代文明素质，“抗洪英雄”李大为当选“改革开放30周年感动广东人物”，花坪实验学校教师沈穗当选第六届“韶关市十大杰出青年”。积极推进群众性精神文明创建活动，文明村镇、文明社区等活动不断深入，莲花山矿冶居民区荣获“广东省文明社区”称号。

体育工作扎实推进。成功举办了区机关迎春运动会、外来工迎春体育活动、“三八”妇女节体育竞赛和第二届农民运动会，完成了10个行政村的农民体育健身工程，营造了全民健身的良好氛围。成功承办了广东省第四届“莱斯杯”毽球锦标赛；曲仁办事处完成创建全国体育先进社区申报工作；莲花山矿冶居民区成功创建为省体育先进社区。

城乡公共卫生水平有效提高。完成区属医院转型为社区卫生服务中心的试点工作。2009年新型农村合作医疗参合率为100%，名列全市第一。基层卫生机构的管理和建设进一步加强。抓好传染病防治工作，有效控制流感及狂犬病疫情。组织医务人员圆满完成抗灾救灾工作任务。爱国卫生工作有新进展，成功创建6个省级卫生村，创建数量位居全市第一。

就业和社会保障体系进一步健全。全区新增就业人数3997人，辖区各就业服务机构成功推荐3700多人（次）实现就业再就业，开发公益性工作岗位585个，财政补贴资金702万元，城镇登记失业率为3.2%。全年发放低保金407.99万元，做到应保尽保。向四川地震灾区捐款203.8万元。顺利通过省残疾人社区康复示范区达标验收。

社会管理不断加强。人口计生工作迈出新步伐。在全省率先启动了“关爱女孩行动”安居工程，首批10户家庭已在2008年春节前喜迁新居。全面启动“生育关怀”活动，首批61户贫困计生户得到资助。全区政策生育率为95.15%，人口自然增长率为4.99‰，无政策外多孩出生镇（办）8个，占66.67%，无政策外出生村（居）60个，占56.07%。安全生产工作扎实推进。以安全生产“隐患

治理年”为契机，扎实开展安全生产和消防安全专项整治，及时做好隐患整改工作，查处违法经营危险化学物品76吨，全区没有发生较大以上安全生产事故，火灾起数同比下降29.4%。社会治安综合治理成效明显，防控能力进一步增强；坚决与敌对势力作斗争，全力做好奥运安全保卫工作；继续坚持严打方针，扎实开展一系列专项行动，刑事案件发案率下降4%，社会治安秩序进一步好转。切实加强信访维稳工作，实现了省和全国“两会”、北京奥运会残奥会等敏感时期到省进京零上访，得到省、市领导的充分肯定。积极开展食品安全和市场专项整治，严厉打击非法传销和生产、销售假冒伪劣产品等违法行为，较好地规范了市场经济秩序。第二次全国经济普查工作顺利推进。创建国家卫生城市工作扎实推进。切实加强“六乱”整治、创卫基础设施建设、“四防”装置清理维护、清扫保洁等工作，创卫取得阶段性成果，为全市创卫工作顺利通过国家级暗访作出了积极贡献。创建国家园林城市顺利通过省级考核验收。

五件实事得到落实。区人力资源市场已建成启用；区社会福利院大楼扩建工作在今年春节前完工；全面完成10个行政村农民体育健身工程的场地建设和器材安装工作；为满足创建“全国计划生育优质服务先进单位”的需求，原定扩建区计生服务大楼已调整为与卫生资源整合建立新型服务机构；区人民武装部独立营院已奠基并开工建设。

此外，人民武装工作取得了连续23年24次无责任退兵的佳绩；《浈江区志》、《北江区志》的编纂工作加快推进；统计、审计、工商、国土、人事、人防、物价、档案、民族宗教、妇女儿童、外事侨务等各项事业也取得了新进步。

八、加强自身建设，政府行政效能取得新提升

认真执行区人大及其常委会决议、决定，自觉接受区人大的法律监督、工作监督。支持区政协发挥政治协商、民主监督、参政议政作用。办理区人大代表建议18件，区政协委员提案15件，办复率和满意、基本满意率为100%。主动听取工会、共青团、妇联、工商联等群众团体的意见建议。提前两个月圆满完成了村（居）“两委”换届选举工作任务，一举扭转了前几届村（居）换届选举工作的被动局面。深入开展“五五”普法教育，中期工作被市评为优秀等次，区普法办被省评为先进单位。认真落实《全面推进依法行政实施纲要》，完善政府决策机制，提高决策科学化、民主化水平，行政行为不断规范。以扎实开展解放思想深化改革学习讨论活动为契机，深入实施行政监察、审计监督、财政监管、绩效考核和“一岗双责”廉政建设责任制，机关行政效能和服务水平有了新提高，廉洁高效作风进一步树立。一年来，区属机关有2个单位（个人）荣获2项国家级表彰，有13个单位（个人）荣获23项省级表彰，有77个单位（个人）荣获110项市级表彰，全区上下呈现出政通人和、奋力拼搏、加快发展的良好局面。

各位代表，过去的一年，是励精图治、攻坚克难的一年，也是充满喜悦、成果丰硕的一年。这一年，全区广大干部群众的思想更加解放，改革开放的意识更加强烈；这一年，全区上下形成了说干就干、实干善干的好作风和想大事、干大事、干成事的好氛围；这一年，全区人民团结更加紧密，社会更加和谐安康；这一年，全区经济保持平稳较快发展，经济活力明显增强，社会各项事业协调快速发展。这些新成绩和新变化，是市委、市政府和区委正确领导的结果，是区人大及其常委会和区政协大力支持、依法监督、民主监督的结果，是全区人民团结拼搏、奋发进取和社会各界积极参与、鼎力支持的结果。

在此，我代表区人民政府，向全区广大工人、农民、知识分子、干部职工和离退休老同志，向驻区人民解放军、武警部队官兵、人民警察和各民主党派、人民团体、社会各界人士，致以崇高的敬意！并向关心支持浈江发展的港澳台同胞、海外侨胞、驻区中省市单位干部职工和国内外朋友，表示衷心的感谢！

各位代表，在充分肯定成绩的同时，我们也必须清醒地看到，受国际金融危机持续蔓延的影响，目前我区经济运行中的困难增加，社会发展和政府工作还存在一些问题。一是经济下行压力加大，生产总值、工业增加值、固定资产投资等主要经济指标增长难度加大；二是企业融资难度加大，部分企业经营困难、利润空间缩减；三是财政收支矛盾仍然突出，税收新的增长点不多，而民生工程刚性支出增大；四是政府自身建设和管理需进一步加强。对此，我们必须高度重视，切实加以解决。

2009 年工作安排

今年是新中国成立60周年，也是我区推动经济社会全面转入科学发展轨道、实现“十一五”规划目标的关键之年。目前，国际金融危机对实体经济的影响正进一步加深，对我区的滞后影响开始显现。但我们必须清醒地看到，中央、省、市为有效应对国际金融危机，出台了一系列加大投资、扩大内需、促进消费的新政策，为我区加快发展带来了重大历史机遇。面对复杂的经济形势和难得的发展机遇，我们必须坚定信心、积极应对，千方百计保增长、保民生、保稳定、促发展，努力开创我区科学发展新局面。

2009 年我区政府工作的总体要求是：坚持以邓小平理论和“三个代表”重要思想为指导，深入贯彻落实科学发展观，贯彻落实党的十七大、十七届三中全会、中央经济工作会议和省委十届四次全会、市委十届六次全会、区委七届五次全会精神，注重抢抓发展机遇，注重抓项目保增长，注重培育经济增长亮点，注重推进农村改革发展，注重构建和谐浈江，注重提高政府行政效能，齐心协力，实干巧干，促进全区经济社会又好又快发展。

综合考虑各种因素，2009 年我区经济社会发展的预期目标是：区属生产总值增长10%，地方财政一般预算收入增长8%，全社会固定资产投资增长20%，社会消费品零售总额增长13%，实际利用外资比上年有所增长，城镇登记失业率控制在3.6%以内，城镇居民人均可支配收入增长8%，农村居民人均纯收入增长6%，人口自然增长率控制在6.1‰以内，节能减排达到市区的标准。全力开创浈江科学发展新局面，力争经济发展创一流，社会管理争先进，精神文明做先锋，和谐建设当标兵。

为实现上述目标，我们要以解放思想为引领，以改革开放为动力，以抓项目、保增长为主线，始终坚持发展是硬道理的战略思想，把保持全区经济平稳较快发展作为首要任务，做到“抢抓两大机遇，着力夯实全区发展基础；开展三项活动，着力优化全区发展环境；推进四大建设，着力实现全区经济社会全面协调可持续发展；完善五项机制，着力加强政府自身建设”。

一、抢抓两大机遇，着力夯实全区发展基础

抢抓省委、省政府实施“双转移”战略机遇，进一步优化区域产业布局和大力提高劳动力素质。为夯实发展基础，要重点落实好如下工作：一要加快浈江产业园基础设施建设步伐。抢抓我市已获得省产业转移园竞争性扶持资金的机遇，多渠道筹措园区建设资金，尽快完善园内道路、供电、给排水、环保等各项基础设施。要以加快园区内的全民创业园建设为重点，尽快完成标准厂房建设。二要争取省市国土部门在产业园建设用地指标安排上给予适度倾斜，最大限度解决园区建设用地需求。三要制订园区招商优惠政策，努力降低入园企业在用地、用电、用工等方面的投入，提高产业园的吸引力。四要做好对珠三角发达地区用工需求调查，根据珠三角地区用工需要，着力培养和输出具有较高技能和素质的适用型劳动力，有效转移农村富余劳动力。五要把产业转移园作为吸纳农村劳动力就业的重要载体，制定产业园吸纳当地农村劳动力的培训就业方案并抓好落实。六要加强农村劳动力职业技能培训，年内培训农村劳动力不少于 1500 人（次）。七要建立优秀农民工激励机制。按照有技能、贡献大、有发明创造等条件，开展优秀农民工认定工作，政府对其中特别优秀的农民工给予表彰和奖励。

抢抓扩大内需政策机遇，增强区域经济发展活力。为有效应对国际金融危机，中央经济工作会议明确把保持经济平稳较快发展作为今年经济工作的首要任务，实施积极的财政政策和适度宽松的货币政策，在今后两年时间内安排约 4 万亿元资金；省政府提出了促进经济快速增长的十六条措施，5 年内计划投资 2. 37 万亿元实施“新十项工程建设”。要按照国家和省市的措施对应申报一批建设项目，争取更多项目落户我区，争取更多的政策性资金支持。要大力推动社会投资，努力争取上级批准一批、提前开工建设一批、提早建成一批、策划储备一批重点项目。要加强舆论宣传，广泛宣传促进经济平稳较快发展和改善民生的各项政策措施，增强公众信心，营造良好的社会氛围。

二、开展三项活动，着力优化全区发展环境

今年，我们要扎实开展“强化基层组织建设年、优化政务环境年、加强城市管理年”三项活动，把浈江打造成为干事创业和投资兴业的优选地。

开展强化基层组织建设年活动。要以深化村务公开、财务监督、群众评议为重点，进一步健全农村民主管理制度，实现政府行政管理与基层群众自治有效衔接和良性互动，推进村民自治制度化、规范化、程序化。要加强对村（居）“两委”干部的培训和对群众的政策法规教育，提高他们珍惜发展机遇、营造良好发展环境的意识，使各类项目引得进、建设顺、发展好、效益高。要出台提高基层干部的政治生活待遇方案，稳定基层干部队伍，调动工作积极性。

开展优化政务环境年活动。要进一步转变机关工作作风，完善政府机关管理规章制度，提高行政效能。强化公务员的诚信意识、大局意识、服务意识和效率意识，把工作精力集中到为企业和投资者提供优质服务上来。要实行引资项目办证全程代理制，强化联络员制度，做到服务企业“零距离”，着力打造投资成本低、投资回报快、办事效益高、政府信誉好的环境品牌。

开展加强城市管理年活动。以继续抓好创卫创园工作为载体，理顺城市管理体制机制，加强城管队伍建设，保障城市管理的经费投入，强化城区综合执法和卫生清扫保洁力度，推进区直机关和辖区企事业单位创建园林单位，为全市创建国家卫生城市和国家园林城市作出更大贡献，为全区人民创造一个洁净、优美、舒适的工作、学习和生活环境。

三、推进四大建设，着力实现全区经济社会全面协调可持续发展

坚持经济建设、政治建设、文化建设和社会建设协调推进，始终使四大建设有机地融为一体，努力建设经济强区，构建和谐浈江。

（一）推进经济建设，确保全区经济平稳

较快增长

第一，大力实施以主导产业带动、重点项目拉动、招商引资推动、区域合作促动“四轮驱动”举措，增强经济发展活力

实施主导产业带动举措。在当前严峻的经济环境下，我们要创造一切有利条件，充分挖掘工业、商贸物流业、旅游服务业、建筑房地产业等主导产业的增长潜能。一是工业经济要有新亮点。力争新开工建设企业 20 家以上，新投产企业 5 家以上，新增规模以上企业 5 家以上，重点扶持具有较好发展前景的高新科技企业 5 家以上，确保产业集聚取得新突破。要进一步深入企业调查研究，密切关注企业经营环境变化，帮助企业解决生产经营中遇到的困难和问题。要跟踪服务好辖区重点企业，进一步强化区领导挂点重点企业工作，做到每一家企业都有责任领导，及时解决企业在用地、融资、用工等方面遇到的困难。二是服务业要上新台阶。重点要在商贸流通、现代物流、信息服务、旅游服务等重点行业发展上取得突破。进一步完善城区商贸基础设施建设，推动东堤路商贸街、原液压元件厂、北江桥头商贸市场等一批商业地产项目的开发建设，加大专业市场的引进和改造力度，构建城市商务区新格局。扶持引导亿华物流、韶峰物流建立物流运输、公共信息、仓储配送三大平台，力争年内设立国际快件海关监管场，打造现代化区域物流中心。大力发展总部经济。三是建筑房地产业要作新贡献。继续抓好碧桂园项目的后续开发建设，加快财富广场、雍华豪庭等项目建设步伐，创造条件促使一批新楼盘开工建设，确保建筑房地产税收平稳较快增长。四是生态经济要有新发展。要以发展循环经济为重点，加强节能降耗，在产业园推行节能减排集成应用技术。要大力发展生态农业、生态林业和生态旅游。

实施重点项目拉动举措。今年我区确定重点建设项目 30 个，计划年度总投资 24.77 亿元；前期预备重点建设项目 10 个，总投资 64.46 亿元。要加快产业园、碧桂园、银山高尔夫球场二期建设步伐。全力抓好粤港农产品进出口加工物流中心、韶赣高速公路、武广客运专线、广乐高速公路、湾头水利枢纽工程、韶赣铁路浈江段工程的征地和建设工作。加快推进碧桂园凤凰酒店、风度国际大酒店、莱斯大酒店二期、银山高尔夫假日酒店等五星级酒店的建设。启动东山樱花基地至黄竹湾头旅游经济带的规划建设，包括黄金村至韶赣高速公路韶关东互通道路一期工程、石山经大陂接国道 323 线的公路扩建工程、田螺冲商住区、锦鲤基地等项目。抓好华电等重点项目的跟踪、协调和服务工作。要进一步完善加强重点项目建设的工作机制，强力落实重点建设项目联席会议制度、区四套班子成员及责任单位挂点制度、进展情况月报制度，制定实施方案，细化分工、明确责任，强化督查，确保重点项目在勘测、论证、立项、征地、拆迁、建设等各环节工作正常开展。挂点领导要当好指挥员，统筹掌握项目进展情况，及时协调解决存在问题。责任单位要切实履行职责，详细制定实施方案，狠抓工作落实。

实施招商引资推动举措。招商引资是我们抢占先机、争取主动、加快发展的必由之路。我们要继续把招商引资作为扩大开放、增加总量、推动发展的重要举措。全年完成内联实际到位资金比上年增长 10%，实际利用外资比上年有所增长。一要精心打造招商引资平台。进一步优化园区的投资环境，千方百计突破园区用地瓶颈，促使签约项目尽快开工建设，增强投资者信心。二要改进招商方式。按照“龙头企业拉动、配套企业跟进、产业集群发展”的产业链招商思路，突出产业招商，围绕机械装备、化工、油缸等特色产业，着力引进关联度大、带动力强的

大项目，拉长产业链，增强产业集聚效应。进一步整合招商力量，采取协会招商、登门招商、网上招商等方式，力求取得新成效。积极组织参加各类经贸活动，宣传推介我区招商环境，提高知名度。三要强化对2008～2009年度招商引资责任制落实情况的督促检查，及时通报各责任单位完成任务情况，表扬先进，鞭策后进。同时，抓好两年的招商引资认定考核工作，奖勤罚懒。

实施区域合作促动举措。在加快推进浈江产业园建设步伐的同时，加强区域合作，主动承接珠三角产业转移，力争年内有总投资10亿元以上的工业项目转移落户园区。邀请珠三角地区商会组织企业家到我区考察，做好投资环境推介工作，大力开展园区招商。依托辖区是全市重要的高中等专业技术人才和技术工人培训基地的优势，培养一大批市场急需的中高级技工和熟练工人，重点做好农村富余劳动力的技能提升培训和转移就业工作。加强与珠三角地区党政机关之间的交流，学习借鉴发达地区思想解放、务实高效的工作机制。

第二，加强财税工作，进一步完善公共财政体系

抓增收，夯实财政运行基础。要千方百计筹措资金加大对产业园的投入，力促入园企业尽快建成投产，培植税基，涵养财源。要进一步加大对工业、建筑房地产业、商贸物流业、旅游服务业等重点税源企业和增值税、营业税、企业所得税等重点税种的监管，做到应收尽收。要以提高资源性和资产性的收益为重点，有效增加非税收入。抓节支，提高财政运行质量。强化预算约束，坚持依法编制、审批、执行预算。进一步调整优化财政支出结构，严格控制和压缩一般性支出，增加对完善社会保障体系、农村合作医疗制度、城镇居民医疗保险制度和城镇农村义务教育等重点支出的需要。进一步完善国库集中支付，深化收支两条线管理，扎实开展镇财县（区）管信息系统试点工作，在保证财政资金安全的前提下提高工作效率。

第三，深化“三农”工作，确保农村改革发展取得新突破

突出重点难点，加强农村制度建设。推进农业经营体制机制创新，扶持培育农民建立新型合作组织，鼓励龙头企业与农民建立紧密型利益联结机制，着力提高农业集约化水平。进一步搞好农村土地确权、登记、颁证工作，防范化解农村土地纠纷，并切实调处一批权属纠纷案件。鼓励农民以转包、出租、互换等形式流转土地承包经营权，建设一个千亩优质农产品生产基地。严格实行一户一宅基地管理制度，狠抓违法违规用地查处整治工作。启动农村集体林权制度改革。建立政府扶持、多方参与、市场运作的农村信贷担保机制，引导更多信贷资金和社会资金投向农村。

大力发展城市型农业，提高农业综合生产能力。按照高产、优质、高效、生态、安全的要求，以市场需求为导向、科技创新为手段、质量效益为目标，科学确定农业发展重点，形成优势突出和特色鲜明的产业带。大力发展“一村一品”，逐步实现全区各行政村都有特色农产品，着力推进油粘米、番茄、花生油、淮山、粉葛、香芋、香瓜等优质农产品供应基地建设。加快粤港农产品进出口加工物流中心建设步伐，力争今年上半年开工建设。要壮大农业科技人才队伍，加强农业技术推广普及，促进农业机械化。引进新试种（养）新品种，提高农产品的品质效益。继续开展农业技术和劳动技能培训，提高农民种养技能和从事二、三产业的就业能力，有效增加农民收入。发展农业产业化经营，扶持壮大龙头企业，培育知名品牌。扎实开展“建设林业生态文明万村绿”大行动，发展经济速生林，提高林业经济、生态效益；

造林1万亩，确保三年内基本消灭荒山。

加快发展农村公共事业，促进农村社会全面进步。一是促进农村医疗卫生事业发展。巩固我区新型农村合作医疗实现全覆盖的成果；加大财政投入，进一步完善行政村卫生站建设。二是健全农村社会保障体系。建立健全新型农村社会养老保险、被征地农民社会保障、农村最低生活保障、农村五保供养、农村受灾群众救助等制度。三是加强农村基础设施和环境建设。抓好中低产田改造和新造耕地。投入资金880多万元，完成20宗省人大议案农村机电排灌改造工程。投入资金2890万元，完成18宗小型水库除险加固工程。计划完成乡村道路改造20公里、农房改造430户。筹措资金650多万元，完成农村1.16万人饮水安全工程。实施农村清洁工程，加快改水、改厨、改厕、改圈，开展垃圾集中处理，不断改善农村卫生条件和人居环境。四是扎实推进新村建设工作，科学制定村庄建设规划，规范农民建房。

（二）推进政治建设，发展社会主义民主政治

要不断扩大公民有序的政治参与，最广泛动员和组织人民依法管理社会事务。一是拓宽民主渠道。推进决策科学化、民主化，完善决策信息和智力支持系统，增强政府决策透明度和公众参与度。支持人民政协围绕团结和民主两大主题履行职能，把政治协商纳入决策程序，提高参政议政实效。支持工会、共青团、妇联等人民团体依照法律和各自章程开展工作，参与社会管理和公共服务，维护公民合法权益。二是发展基层民主。健全基层群众自治机制，扩大基层群众自治范围，完善民主管理制度；完善以职工代表大会为基本形式的企事业单位民主管理制度，深入推进厂务公开、办事公开，支持职工参与管理，维护职工合法权益；三是扎实推进法制建设。坚持依法治区，加强法制宣传教育，扎实开展“五五”普法工作，提高全社会的法制意识。

（三）推进文化建设，为经济、政治、社会建设提供有力的思想保证、精神动力和智力支持

要加强文化基础设施建设。各镇要进一步完善文化站硬件设施，行政村要建有文化室，并利用这些文化阵地开展农民乐于参与、便于参与的文化活动，丰富农民文化生活。扎实推进“农家书屋”等文化惠民工程。要建设和谐文化。坚持把社会主义核心价值体系融入国民教育和精神文明建设全过程，大力弘扬爱国主义、集体主义、社会主义精神，以增强诚信意识为重点，加强社会公德、职业道德、家庭美德、个人品德建设，发挥道德模范榜样作用，引导人们自觉履行法定义务、社会责任、家庭责任。加强青少年思想道德教育工作，为青少年健康成长创造良好社会环境。广泛开展文明社区、生态文明村示范点等各类精神文明创建活动。广泛开展全民健身运动，认真备战第十三届市运会，争取好成绩。要推进文化创新。充分利用区文体广场，组织群众文化团体定期组织文艺演出；扶持文化团体创作更多反映人民主体地位和现实生活、群众喜闻乐见的优秀精神文化产品，丰富群众文化生活。

（四）推进社会建设，切实保障和改善民生

大力推动科技进步。加大对科技投入，积极推进科技进步和自主创新；弘扬科学精神，普及科学知识；加快创新体系建设，营造有利于科技进步、技术创新的大环境，增强科技持续创新能力，为促进全区经济社会发展提供强大动力。大力发展教育事业。落实义务教育免费政策和完善经费保障机制，确保教育经费及时、足额到位。建立健全城乡教育互助机制，办好农村教育事业，促进城乡义务教育均衡发展。加强教师队伍建设，

提高教育教学质量；大力发展普高教育。千方百计扩大就业。贯彻落实积极就业政策，推进全民创业，促进以创业带动就业。加强农村富余劳动力转移就业培训。加强政策引导，鼓励企业建立劳动力就业安置基地，探索建立“培训、就业、企业发展”互促共进的“双转移”结合发展模式。充分发挥区人力资源市场作用，帮助求职者与企业搭建最佳的人才招募和人才培养渠道。扎实开展全省构建和谐劳动关系试点工作，依法维护劳动者权益。建立健全覆盖城乡居民的社会保障体系。稳步提高低保和五保供养水平，实现应保尽保，确保困难群众基本生活。成立浈江区慈善会，积极筹措慈善资金；认真开展慈善救助活动，不断完善救助方式，实现慈善救助与社会救助、社会福利制度的有机衔接。详查辖区内人均住房面积10平方米以下的低保户，建档造册，争取列入市政府廉租房、经济适用房等保障性住房计划，切实改善低收入群体的居住条件。全面落实双拥优抚安置政策，深入开展军民共建活动。深入推进殡葬改革。发扬人道主义精神，发展残疾人事业。建立健全基本医疗卫生制度。加快农村基层卫生服务网络和城市社区卫生服务体系建设，努力实现人人享有初级卫生保健的目标。严格执行药品采购制度。进一步完善突发公共卫生事件应急预案，提高应对突发公共卫生事件的能力。进一步完善社会管理。以创建全国计划生育优质服务单位和全省人口和计划生育工作先进单位为总目标，深入开展创“两无”和省村民自治示范区活动，加快基层服务站所建设，强化计生绩效考核，进一步完善安居工程等计生利益导向机制，努力开创我区人口计生工作新局面。坚持安全发展，高度重视安全生产、消防安全和食品安全工作，强化源头管理和日常监督，确保人民群众的生命财产安全。加强市场整治和监管，着力开展打假、打私和打传工作，维护食品药品安全。加强社会治安综合治理，严厉打击各类违法犯罪活动，确保全区社会治安秩序进一步好转。健全信访工作责任制和矛盾纠纷排查调处机制，抓好息诉罢访工作，及时化解各种社会矛盾。继续抓好第二次全国经济普查工作，确保经济普查任务圆满完成。

今年区政府确定为民办好5件实事：

1. 新建大为中学教学楼。

2. 实施西牛潭灌区改造工程。

3. 解决1.16万农村人口饮水安全问题。

4. 完成5个行政村农民体育健身工程。

5. 建设曲仁垃圾填埋场。

四、完善五项机制，着力加强政府自身建设

我们要以扎实开展深入学习实践科学发展观活动为契机，进一步完善工作机制，狠抓落实，确保各项决策部署落实到位。

完善依法行政机制。贯彻落实《国务院关于加强市县政府依法行政的决定》，加快建设法治政府。通过健全领导干部学法制度、强化行政执法人员的普法培训等措施，提高行政机关工作人员依法行政的意识和能力。要进一步完善重大行政决策听取意见、听证、合法性审查、集体决定、实施情况后评价、责任追究等六项制度，完善政府行政决策机制。严格规范性文件制定权限和发布程序，完善规范性文件备案和定期清理制度。

完善公共应急机制。深入贯彻执行国务院《突发公共卫生事件应急条例》和《国家突发公共事件总体应急预案》，把提高政府应对公共危机的能力，作为全面履行政府职能的一项重要任务。依托先进的信息技术平台，建立突发公共事件预警系统，时刻对危机进行动态监测，及时评估各种灾害的危险程度，提高政府应急管理的效率和科学性。完善各类突发公共事件应急预案，确保在短时间内迅速做出果断的决策，调动各个部门，动用各种资源，尽快控制危机的发展，恢复社会秩序，不断提高政府应对突发公共事件能力。

完善防腐保廉机制。坚持以人为本，教育为先，积极开展形式多样的党风廉政教育，努力筑牢拒腐防变的思想防线。深化财政管理、干部人事制度改革和投资体制改革，进一步规范政府采购和有形市场的管理，建立结构合理、配置科学、程序严密、制约有效的权力运行机制，推动权力沿着制度化和法制化的轨道运行。明确各级领导班子廉政建设责任范围和责任分工，结合目标管理责任制考核办法，使党风廉政建设工作制度化、规范化、日常化。把党内监督同人大监督、政协监督、行政监督、群众监督、舆论监督有机结合起来，形成监督合力，确保监督到位。加强执法监察，强化监督检查，提高工作效能，坚决纠正和查处有法不依、有令不行、有禁不止、顶风违纪的行为。

完善督促检查机制。一是设立督查工作机构。区委、区政府成立联合督查督办工作组，加强对各级各单位落实工作的督促检查力度；政府各职能部门要确定一名负责同志分管本单位的督查工作，一级抓一级，一级对一级负责，促使各项工作高效有序推进，确保各项决策部署落到实处。二是加强对区委常委会和区政府常务会议决议的执行情况以及区委、区政府的重要决策、重点工作、重点项目的落实情况进行检查监督；加强与人大、政协有关部门的配合，对人大议案、代表建议和政协委员提案的落实进行督查。三是建立督查与调研相结合的工作机制。紧紧围绕区委、区政府重大决策和社会关注的重大问题、群众反映强烈的热点问题开展督查调研，为政府决策提供依据，做到在调研中推动督查，在督查中研究解决问题。四是建立督查专报制度。凡党中央、国务院和省委省政府、市委市政府各项重大决策出台后，以《督查专报》形式及时报告实施情况和存在问题，对落实不力的及时问责。

完善绩效考核机制。进一步完善镇（办）考核机制，把考核的重点放在经济发展、人口计生、安全生产、信访维稳等经济社会管理的重点工作上，对按要求完成特殊任务的镇（办）给予重奖。强化机关效能考核，进一步优化考核内容，促使各单位切实转变职能，增强服务意识和提高服务质量。完善公务员考核制度，把公务员考核作为内强素质、外树形象的一项重要工作。各单位要建立岗位目标责任制，严格考核程序。要把考核结果和公务员的奖惩、职务升降、级别和工资的调整相挂钩，鼓励先进，鞭策后进，激发公务员的竞争意识，调动公务员的积极性和主动性。

各位代表，2009 年的目标任务已明确。做好今年政府工作，任务繁重而艰巨，责任重大而光荣。让我们紧密团结在以胡锦涛同志为总书记的党中央周围，高举中国特色社会主义伟大旗帜，以邓小平理论和“三个代表”重要思想为指导，全面贯彻党的十七大和十七届三中全会精神，以深入开展学习实践科学发展观活动为动力，在市委、市政府和区委的坚强领导下，坚定信心，奋力拼搏，以优异的成绩迎接新中国成立 60 周年！

顺江区人大会议会场

在全区开展深入学习实践科学发展观活动动员大会上的讲话

刘卫东

（2009年3月9日）

同志们：

按照中央和省、市委的统一部署，今天，我们召开全区深入学习实践科学发展观活动动员大会，对开展深入学习实践科学发展观活动进行动员部署。刚才，友权同志就我区开展深入学习实践科学发展观活动实施方案和总体安排作了说明。讲得很好，我完全赞同。下面，我代表区委深入学习实践科学发展观活动领导小组，就如何开展好全区学习实践活动，讲三点意见。

浈江区开展深入学习实践科学发展观活动动员大会会场

一、强化认识，统一思想，深刻领会深入学习实践科学发展观活动的重大意义

科学发展观运用马克思主义世界观和方法论，立足社会主义初级阶段的基本国情，深入总结我国发展实践经验和人类社会发展经验，不仅回答了当前中国什么是发展、为谁发展、靠谁发展和怎样发展的重大问题，而且对新世纪人类的发展具有重要的意义。科学发展观是同马克思列宁主义、毛泽东思想、邓小平理论和“三个代表”重要思想既一脉相承又与时俱进的科学理论，是我国经济社会发展的重要指导方针，是发展中国特色社会主义必须坚持和贯彻的重大战略思想。中央和省、市委对开展学习实践科学发展观活动非常重视，先后召开动员大会对深入学习实践科学发展观活动进行了部署。最近，中央和省、市委又对第二批学习实践科学发展观活动进行了全面布置。我们要站在全局和战略的高度，深刻领会深入学习实践科学发展观的重要意义，进一步增强责任感和使命感，把思想和行动统一到中央和省、市委的部署上来，切实抓好学习实践活动各项措施的落实。

（一）开展深入学习实践科学发展观活动，是我区进一步解放思想，提振信心，应对形势发展变化的迫切要求。当前，国际金融危机仍未化解，对我区经济发展的影响仍未减弱，经济发展面临的形势依然十分严峻。从各方面情况看，今年将是新世纪以来我区发展最为困难的一年，促进经济平稳较快发展和维护社会和谐稳定的任务异常艰巨。在如此严峻的经济社会发展形势下，如何教育引导党员干部解放思想、提振信心，牢固树立科学发展的理念，真正把坚持科学发展观作为应对危机的治本之策，是全区各级党组织和广大党员干部必须研究的重大课题，也是摆在我们面前一项重大而紧迫的政治任务。去年，我区通过开展解放思想深化改革学习讨论活动，查摆了一批阻碍和影响科学发展的突出问题，形成了一系列促进思想解放、改革发展的思路和对策。今年我区开展深入学习实践科学发展观活动，进一步深化对科学发展观重要性的认识，全面把握科学发展观的科学内涵、精神实质、根本要求，将有助于我们增强战胜困难的信心，增强应对危机的能力，提高科学发展的水平；有助于我们把握机遇，共克时艰，冲出困境，走出低谷，全面加快我区经济社会发展步伐。

*（二）开展深入学习实践科学发展观活动，是我区建设经济强区、构建和谐浈江的强大动力。*区划调整组建成立新浈江区以来，我区经济社会发展取得了巨大的成就，但是与发达地区相比差距在进一步拉大，而且在与全市其他县市区的竞争中，优势逐渐缩小，压力不断加大，要实现建设经济强区、构建和谐浈江的目标，道路并不平坦，任务非常艰巨。开展学习实践活动的根本目的，就是要用科学发展观武装头脑、指导实践、推动工作，既要看到我们面临的困难，又要看到我们潜在的机遇，引导全区党员干部在科学发展观的指导下，消除疑虑，轻装上阵，化压力为动力，变劣势为优势，着力改变不适应、不符合科学发展观的思想观念，认真解决影响和制约科学发展的突出问题，完善激励科学发展的政策措施，为建设经济强区、构建和谐浈江奠定坚实的基础。要把开展学习实践活动贯穿于建设经济强区、构建和谐浈江的全过程，落实省委十届四次全会、市委十届六次和区委七届五次全会精神，立足于浈江的客观实际，创新发展理念，转变发展方式，破解发展难题，开创我区科学发展的新局面。

*（三）开展深入学习实践科学发展观活动，是提高全区各级党组织执政能力和水平的重要途径。*科学发展，关键在党、关键在人。党的十六大以来，我们按照中央的部署，以改革创新精神全面推进党的执政能力建设和先进性建设，全区各级党组织的创造力、凝聚力、战斗力不断增强。但是，也要清醒看到，当前我区部分党员干部的思想观念、能力素质、工作作风与科学发展实践不相适应，与党的先进性要求不相符合。有的学习不深入、不扎实，发展观、事业观、政绩观不够正确；有的思想不够解放，因循守旧，改革创新精神不足；有的缺乏谋划和推动科学发展的知识和本领，不善于总揽全局和驾驭复杂局面；有的搞形式主义、做表面文章、敷衍塞责；有的党性不强、自律不严，滋生腐败行为和不正之风，等等。可见，当前我区管党治党的任务比过去任何时候都更为繁重。因此，要在开展学习实践活动中，紧紧把握党的执政能力建设这一主线，切实解决党员干部队伍中与科学发展观要求不相适应、不相符合的突出问题，努力提高党员干部科学判断形势、驾驭复杂局面、推动科学发展、促进社会和谐的能力。以世界眼光和战略思维去谋划科学发展，努力把各级党组织建设成为贯彻落实科学发展观的坚强堡垒，把党员干部建设成为贯彻落实科学发展观的骨干力量，为科学发展提供坚强的组织保证。

二、抓住关键，突出重点，确保深入学习实践科学发展观活动取得实效

必须按照中央和省、市委的要求，准确把握学习实践活动的指导思想、基本原则、目标任务和方法步骤，结合浈江实际，突出实践特色，围绕“六注重六提高”，认真开展

学习实践活动，努力确保学习实践活动取得实效。

（一）注重领导班子思想政治建设，提高领导班子领导科学发展的能力

根据中央的部署，第二批学习实践活动必须突出县级以上党员领导干部这个重点，要求领导班子和党员领导干部要以身作则，率先垂范，带头加强思想政治建设，不断提高领导科学发展的能力。

一是带头树立科学发展的理念。胡锦涛总书记指出，实现科学发展，首先必须牢固树立科学发展理念。各级领导干部在学习实践活动中，要把加强理论武装摆在突出位置，带头学习领会毛泽东、邓小平、江泽民同志关于科学发展的重要思想，带头理解和掌握党的十六大以来关于科学发展的一系列重要观点，坚定不移地把科学发展观贯彻落实到经济社会发展各个方面。要大力弘扬理论联系实际的学风，切实提高正确处理改革、发展、稳定三者关系的能力，真正把学习成果转化为推动科学发展的坚强意志、谋划科学发展的正确思路、促进科学发展的政策措施、领导科学发展的综合能力和体现科学发展的实际成效。我区作为欠发达地区，发展的任务相当繁重，发展的要求更加严格，必须坚持以科学发展观为指导，自觉地从传统发展观念的束缚中解放出来，从传统发展的路径依赖中解放出来，从过时的条条框框桎梏中解放出来，着力解决领导班子危机意识不强，发展动力不足的问题，推进领导干部带头解放思想，自觉解放思想，真正解放思想，进而带动全区干部群众思想的大解放和观念的大更新，确保改革发展目标任务的全面实现。

二是带头提振实现科学发展的信心。信心是战胜一切困难的前提。2008 年，尽管面对冰灾、水灾、国际金融危机冲击等众多挑战，我区仍然实现了经济平稳较快增长，全区生产总值、人均生产总值、地方财政一般预算收入、固定资产投资总额等多项指标的增幅，均超过全市平均增长水平。这些成绩的取得，是我们在困难面前坚定信心，迎难而上，克难求进，团结拼搏的结果。新形势、新任务给我们提出了更高的要求，我们面临的挑战和考验将会更加严峻，各级领导干部一定要科学地判断当前的经济社会发展形势，在科学发展观的引领下，始终保持昂扬进取的斗志和直面挑战的勇气，树立自信，增强底气，坚定实现科学发展的信心，充分利用开展学习实践活动这一重要契机，围绕经济社会发展的热点难点问题，深入开展调查研究，摸清新情况，找准新问题，落实新举措，力求新突破，为推动科学发展赢得先机。

三是带头弘扬狠抓落实的作风。优良的作风是推进工作落实的保障。以扎实的作风抓好工作落实，就是要扑下身子抓重点，咬住青山不放松，在抓重点、打基础、管长远、固根本上下工夫。在开展学习实践活动中，各级领导干部要按照胡锦涛总书记倡导的“八个方面”良好作风建设的要求，把主要精力放在抓好落实、注重效果、讲求效率上。坚持反对高高在上的官僚主义、华而不实的形式主义、各自为政的自由主义。坚决克服小富即安的庸人思想，怕险畏难的懒汉思想和推诿扯皮的不良作风。要带头贯彻落实区委、区政府的决策部署，落实责任，勇挑担子，靠前指挥，形成人人有责任、层层抓落实的格局。要突出抓好重大部署、重点工作落实情况的督促检查。健全干部绩效考评机制，对领导干部而言，抓好落实就是称职，抓不好落实就是不称职，不抓落实就是失职，坚决克服干与不干一个样，干好与干坏一个样的不良现象。大力弘扬求真务实的作风，带头结合本单位本部门的实际，创造性地开展工作，努力创造出经得起实践、人民和历史检验的新业绩。

（二）注重发展第一要务，提高破解难题

的创新能力

破解发展难题，是学习实践科学发展观活动的重要内容。各单位各部门的学习实践活动都必须紧紧抓住科学发展这一主题，全力以赴破解影响和制约浈江科学发展的难题。当前，要努力在以下六个方面寻求新突破：

一是在实施“双转移”战略上有新突破，争当全市实施“双转移”战略排头兵。“双转移”战略是省委、省政府在开展解放思想学习讨论活动中催生出来的重大决策，是解决区域发展不平衡、加快实现区域协调发展的关键。在开展学习实践活动中，要抓住省委、省政府实施“双转移”战略的机遇，发挥好政府的主导作用，创造条件，通过搭建平台、政策支持等措施，进一步完善基础设施，改善投资软环境，积极主动承接珠三角产业转移，推进产业升级，提升浈江经济整体竞争力。要借省委、省政府实施《珠江三角洲地区改革发展规划纲要》的东风，大力开展招商引资，特别要注重产业招商，改善产业结构，提高产业水平，争取在实际利用外资和投资总额上都有新的突破。要抓好人力资源培训和配置，把开发本地人力资源、转移农村劳动力作为首要工作来抓，整合各类培训资源，创新我区的职业技术教育体制机制，把我区建设成为韶关的现代职业教育基地和一流的农民工培训基地；制定农村劳动力培训方案和转移计划，对农村劳动力进行职业技能培训，切实提高劳动力素质，推动农村富余劳动力向二、三产业转移，增加农民收入。

二是在提高产业集聚度上有新突破，打造韶关产业集聚示范区。我区产业发展虽然有一定的基础，但也存在着规模小、产业化程度较低等状况。要树立全区一盘棋的思想，以战略眼光和超常规举措推进浈江产业园区建设，加快园区配套基础设施建设，进一步提高产业集聚度，增强区域创新能力。统筹规划转移产业布局，加快与珠三角地区产业对接，打造特色产业基地，使我区的产业基地建设不断加快，产业结构日益优化，产业层次加速提升。有的放矢地推进工业、商贸物流、建筑房地产、服务业等主导产业发展。当前，要重点建设好浈江产业园这一产业集聚发展的重要载体，实行高起点规划，高标准建设，高水平管理，发挥中山三角（浈江）产业转移工业园在东莞（韶关）产业转移工业园中的重要作用，力促东莞（韶关）产业转移工业园尽快建设成为省级示范性产业转移工业园。出台鼓励支持产业集聚政策措施，围绕传统产业的改造升级和产业集群的培育壮大，逐步衍生和吸引更多相关企业集聚。

三是在发展城市经济上有新突破，打造韶关城市经济主力军。要把学习实践活动与发展城市经济结合起来，坚持以规划引导投资，促进城区商贸业从低端向高端提升。重点是加快风度国际大酒店和财富广场、雍华豪庭建设步伐，形成城市商务核心区，出台优惠政策，引入企业总部进驻，发展总部经济；推动东堤路商贸街等一批商业项目的开发建设；做大做强韶峰物流等物流企业，构建现代物流大格局。同时，大力发展旅游服务业，加快碧桂园凤凰酒店和银山高尔夫假日酒店的建设步伐，提高旅游接待水平；以丹霞山黄竹、湾头旅游服务中心建设和湾头水利枢纽工程建设为契机，规划打造从东山樱花基地至黄竹的50平方公里的旅游经济带，逐步形成集农业生态、花卉苗木、浈江山水、度假休闲为一体的旅游品牌。

四是在宜居环境建设上有新突破，打造韶关宜居环境首选地。按照全市城区主体功能定位和“一心五组团”的未来城市发展规划要求，精心经营老城区这一城市核心区，推进韶大组团和韶关碧桂园建设，将我区打造成为韶关宜居环境首选地。

五是在争取国家和省、市扩大内需政策

上有新突破，实现保增长预期目标。去年以来，国家和省出台了扩内需、促增长的一系列政策措施，要充分利用好这些政策，克服当前困难，积蓄发展后劲。各单位各部门要增强紧迫感，把抓项目、保增长作为今年经济工作的主线，深入系统研究中央和省的政策精神，加强与上级有关部门的衔接沟通，积极争取省、市的项目、资金支持。认真落实市出台的“十九条措施”，以“三促进一保持”为着力点，调整优化经济结构，提高自主创新能力，加快转变发展方式，全面完成今年各项工作任务。

六是在促进人的全面发展上有新突破，实现人的全面发展。促进人的全面发展是实践科学发展观的本质要求。要通过开展学习实践活动，在保持经济平稳增长方面有新的作为，实现2009年的人均GDP与GDP总量同步增长，城镇居民可支配收入和农村居民人均纯收入有较大增长，保证人民群众的生活水平有所提高。大力发展教育事业，巩固提高城乡义务教育水平。进一步完善农村卫生服务和城区社区卫生服务网络，提高城乡居民的卫生保健水平。完善公共文化服务体系，深入广泛地开展群众性文化活动，丰富广大人民群众的精神生活。着力创建文明村镇、文明社区、文明行业、文明家庭，不断提高全社会的文明水平。以建设生态型村庄为目标，抓好规划，加大投入，着力整治村容村貌，提高农村生态环境质量。

（三）注重“三项活动”，提高服务能力

开展学习实践活动要和“三项活动”相结合，着力解决机关部门和基层工作作风中存在的突出问题，增强服务意识，提高服务水平。要求“三项活动”3月底出台工作方案，4月份正式启动。

1. 开展优化政务环境年活动。一是认真查找存在的问题。在学习实践活动中，各单位各部门要认真开展“四对照四查找”，对照为发展服务、为基层服务、为群众服务的要求，查一查本部门职能转变是否到位；对照区委区政府的中心工作和重大部署，查一查贯彻执行是否到位；对照服务对象的期望，查一查主动服务是否到位；对照行政问责的要求，查一查监督检查是否到位。二是进一步转变政府职能。通过开展学习实践活动，进一步深化政府机构改革，加快转变政府职能，树立新型服务理念，公开办事程序，减少办事环节，提高办事效率和服务质量，进一步优化科学发展的政务环境，使各级部门工作高效、协调、有序推进。进一步强化行政问责制，明确各项工作的领导责任，推动各级各部门把应做的事情做到位，把肩负的责任担起来，把所抓的工作完成好，形成有利于科学发展的正确导向，促进作风的根本转变。三是加强监督检查。建立机关作风的民意调查制度，完善机关作风暗访长效机制，对作风问题突出、严重影响工作的干部，要及时调整，造成严重后果的要严肃处理，保证职能和作风的转变落到实处。认真落实区委、区政府重大决策督办专员制度，促使各项工作高效有序推进。

2. 开展强化基层组织建设年活动。突出抓好村级组织建设这个重点，着力整治问题突出村，实行区级领导干部包村负责制。全力抓好制度的建立健全和落实工作，完善乡规民约，实行村务、财务公开，建立有效的监督制约机制。扎实推进“百姓冷暖我先知”行动。出台提高基层干部的政治和生活待遇方案，稳定基层干部队伍，调动工作积极性；着手研究解决村“两委”干部养老保障问题。

3. 开展“加强城市管理年”活动。按照国家卫生城市和国家园林城市的标准，继续抓好创建工作，加强城市管理，彻底理顺城市管理体制机制，保障城市管理经费投入，提升城市形象。

（四）注重党风廉政建设，提高党员干部

拒腐防变能力

各级党组织要把党风廉政建设摆在事关党的生死存亡的高度，认真学习贯彻胡锦涛同志在中纪委三次全会上的重要讲话和汪洋同志今年1月来韶调研时的重要指示精神，在开展学习实践活动中，增强廉洁自律意识，为推动浈江科学发展营造良好的环境。

一是加强理想信念教育。理想信念是我们的立身之本。要毫不松懈地抓好党员干部的理想信念教育和党性教育，牢固树立正确的事业观、工作观、政绩观，始终保持共产党人的本色，做到立身不忘做人之本，为政不移公仆之心，用权不谋一己之私。要把加强党性修养、弘扬优良作风作为重要内容纳入学习实践活动，认真开好民主生活会，大力开展批评和自我批评，把自己摆进去，查一查自己的理想信念是否坚定、精神状态是否振作、团结共事是否融洽、工作作风是否扎实、生活作风是否严谨、为民服务是否到位等问题，努力解决好党员干部党性党风党纪方面群众反映强烈的突出问题，以坚定的理想信念，推动科学发展观的贯彻落实，不断赢得群众的信赖和支持。

二是建立健全预防腐败机制。经验表明，一些党员干部犯错误，除了主观因素外，机制不完善、制度不落实、监督不到位也是重要原因。要通过开展学习实践活动，针对在反腐倡廉方面存在的突出问题，建立健全预防腐败的体制机制，特别要坚持民主决策和科学决策，凡是涉及经济社会发展的重大事情，凡是涉及重大公共利益和人民群众切身利益的问题，必须经过科学论证，必须向社会公开征求意见，必须实行集体决策，必须接受群众监督，从源头上防范违法违纪问题的发生。建立健全反腐倡廉教育机制，通过正面的廉政教育和反面的警示教育，提高党员干部对腐败极端危害性的认识，增强廉洁从政意识。建立健全反腐倡廉的监督机制，通过党内监督、社会监督、舆论监督等多种渠道，把党员干部置于强有力的监督体系之下，强化内在约束和外在监督的双重作用，达到增强拒腐防变能力的目的。建立健全反腐倡廉的惩处机制，坚持从严治党，加大惩处腐败的工作力度，以反腐败的实际成果取信于民。

三是认真落实党风廉政建设责任制。广大党员干部要不断增强党风廉政建设的责任感和紧迫感，严格遵守党纪、政纪和国家的法律法规。要按照党风廉政建设责任制的要求，明确党风廉政建设责任内容，坚持“一岗双责”，履行好各自在党风廉政建设中的职责，既要管好自己，又要管好分管部门党员干部的党风廉政建设。强化责任考核和责任追究，对领导干部分管的工作部门和党员干部，在党风廉政建设中出现问题的，严格追究党风廉政建设责任人的责任。广大党员干部特别是领导干部要切实筑牢拒腐防变的思想防线，塑造为民务实清廉的良好形象。

（五）注重解决民生问题，提高构建和谐社会的能力

以人为本是科学发展观的核心。在学习实践活动中，我们必须突出这个核心，始终把提高人民群众的收入水平和生活质量作为保障和改善民生的根本之策，更加注重社会发展和解决民生问题，使全区人民共享改革发展成果。

一是注重洞察民意。要深入基层、深入群众，紧紧围绕群众反映强烈的就业、教育、医疗、住房、低保等热点问题，开展调查研究，认真倾听群众的呼声，了解群众的需求，做到问政于民、问需于民、问计于民，着力解决群众反映强烈而又急需解决的问题。

二是制定利民措施。高度重视调研成果的运用，适时将调研成果转化为科学决策，制定利民惠民措施。加大城乡统筹力度，加快推进城乡低保、城乡医保、城乡养老保障

“三个一体化”，形成长期起作用的有效机制，使广大人民群众真正感受到开展深入学习实践活动所带来的新变化、新气象。

三是促进公共服务机会均等化。始终坚持把“人民群众得实惠”作为检查学习实践活动的重要标准，大力推进惠民工程。优化城乡教育资源配置，切实改变城乡教育发展不均衡状况；深化医疗体制改革，切实解决城乡居民看病难、看病贵的问题；完善覆盖城乡的社会保障体系，切实解决城乡困难群体的基本生活需要；密切关注社会治安、生产安全、食品药品安全等事关民生的重大问题，维护群众的切身利益和合法权益。

（六）注重信访维稳，提高化解社会矛盾的能力

牢固树立稳定是第一责任，全力做好信访维稳工作，强化信访维稳工作责任制，继续开展书记大接访活动，坚持实行包片包案负责制，把维稳工作作为考核各级领导干部的重要内容，作为镇（办事处）考核的重中之重，把矛盾化解在萌芽之中、化解在基层。力争在各个敏感期实现到省进京零上访，不发生群体性事件和重大事故；群众越级上访量明显下降，不发生到省进京非正常访；重要案件息诉罢访率力争达到80%以上。

三、加强领导，强化责任，为开展深入学习实践科学发展观活动提供强有力的组织保障

开展深入学习实践科学发展观活动，是当前全党政治生活中的一件大事。各级党组织要高度重视，切实把开展学习实践活动摆上重要议事日程，周密部署，精心组织，努力使学习实践活动达到党员干部受教育、科学发展上水平、人民群众得实惠的目的。

（一）落实领导责任。抓好学习实践活动，关键在领导，责任在班子。为加强领导，区委成立了深入学习实践科学发展观活动领导小组。各级党组织要全面负责本单位本部门的学习实践活动，主要负责同志要切实履行第一责任人的职责，分管领导要承担起直接责任人的责任，其他党员领导干部要担负分管部门的活动领导责任，形成第一责任人全面抓，直接责任人直接抓，其他领导干部协助抓，一级抓一级、一级带一级、层层抓落实的工作格局。各级党员领导干部要身体力行，带头深入学习，带头调查研究，带头解放思想，带头分析检查，带头整改落实，充分发挥模范带头作用。要加强督促检查，推动每一个阶段、每一个环节工作措施的落实，杜绝形式主义，确保活动不出偏差、不走过场。区委派出的指导检查组要增强责任感和使命感，以高度负责的精神，加强对落实“六注重六提高”等重点内容的督导，确保学习实践活动取得实效。

（二）加强分类指导。按照学习实践的总体要求和总体安排，根据区直机关、事业单位、学校的不同实际，有针对性地实行分类指导。区直机关要着重围绕落实中央和省、市、区委推动科学发展的各项决策部署开展学习实践活动。各事业单位和学校要在党组织的领导下，组织好学习实践活动的开展。各单位要注意吸收本单位的党外领导干部、业务骨干参与学习实践活动。流动党员的学习实践活动，原则上由流入地党组织负责，流出地党组织协助。

（三）动员群众参与。必须坚持把党的群众路线贯穿于学习实践活动的每一个环节，切实做到破解发展难题，要集中民智；推动和落实科学发展，要调动民力；评价学习实践活动成效，要重视民意；科学发展成果，要惠及民众。要把群众满意不满意作为检验活动成效的第一标准，广泛开展群众满意度测评，真正使学习实践活动成为群众关心、群众支持的民心工程。要创新群众参与方式，采取座谈会、个别访谈、问卷调查等多种形式，努力营造宽松和谐的民主氛围，畅通与

群众沟通的渠道，使群众乐于参与、便于参与、有序参与，使学习实践活动成为发扬民主的创新性实践。

（四）搞好舆论引导。要紧密结合“六注重六提高”，大力宣传学习实践活动中的重大部署、群众关注的重大问题、取得的重大成果等内容，不断扩大活动的影响力。做好双向反馈，及时收集社会各界的意见和建议，改进宣传工作。发挥我区党员干部现代远程教育网的作用，对学习实践活动实行全程跟踪服务，扩大学习实践活动的覆盖面。充分利用各种宣传阵地开展宣传，努力营造积极向上的舆论氛围。要善于深入基层抓亮点、抓特色、抓创新，提高宣传质量。坚持正面宣传为主，既要宣传推广好经验、好做法，也要解剖与科学发展观要求不符合、不适应的事例，推动学习实践活动深入开展。

（五）坚持统筹兼顾。学习实践活动的目的是为了指导工作实践，推动科学发展。各单位各部门要统筹兼顾、合理安排，正确处理好开展学习实践活动与做好当前各项工作的关系，把学习实践活动与贯彻落实省、市委全会和区委七届五次全会精神结合起来，与保持经济平稳较快发展、维护社会和谐稳定结合起来，与全面完成今年各项工作任务结合起来，真正做到“两不误、两促进”。要把学习实践活动的成效体现到解决突出问题、促进各项工作上，用工作的实际成果来衡量和检验学习实践活动的成效。

同志们，开展深入学习实践科学发展观活动，意义重大而深远。我们要按照中央的部署和省、市委提出的质量第一、实践第一、群众满意第一的要求，以更加饱满的政治热情、更加良好的精神状态、更加扎实的工作作风，高标准、高质量地完成活动各阶段的工作任务，在建设经济强区、构建和谐浈江、推动科学发展上迈出新步伐，向党和人民交出一份满意的答卷！

深入学习实践科学发展观活动动员大会会场

在庆祝中华人民共和国成立60周年暨人民政协成立60周年座谈会上的讲话

刘卫东

（2009年9月27日）

同志们，朋友们：

今天，我们在这里欢聚一堂，庆祝中华人民共和国成立60周年和人民政协成立60周年。首先，我代表中共浈江区委、区人大常委会、区人民政府、区政协，向在座各位并通过你们向全区人民，致以节日的祝福和诚挚的问候！向与中国共产党风雨同舟、团结奋斗，共同致力于浈江发展大业的各民主党派、工商联、无党派人士和人民团体，表示崇高的敬意！向为我区人民政协事业发展做出重要贡献的老同志、老委员，表示衷心的感谢！向全区政协委员、广大政协工作者和所有关心、支持人民政协工作的各界人士，表示亲切的问候！

60年来，在中国共产党的领导下，勤劳、勇敢、充满智慧的中国人民，在华夏大地上创造出了举世瞩目的人间奇迹，昔日积贫积弱的中国发生了翻天覆地的历史巨变。

60年来，全区人民在党的正确领导下，奋发图强、锐意进取，各项事业快速发展。特别是2004年我市实行部分行政区划调整、组建成立新浈江区以来，浈江大地更是迸发出蓬勃生机，全区各项建设和发展取得了辉煌成就。以迅猛发展的商贸服务业和建筑房地产业，以及蓬勃发展的辖区工业、现代农业和现代服务业为主要特征，全区经济快速发展、综合实力明显增强，城镇化水平大幅提高，城乡基础设施明显改善，人民群众生活水平大幅提高，社会更加和谐。2008年，全区地域生产总值完成105.87亿元，首次突破百亿元大关；区属生产总值完成23.92亿元，比2004年增长了2倍多；地方财政一般预算收入1.51亿元，比2004年增长了近2倍。

60年来，我们伟大祖国的巨变，我们家乡的巨变，特别是去年举国上下团结一致、气壮山河的抗震救灾斗争，奥运会和残奥会的成功举办，充分体现了我们祖国国力的极大增强，体现了社会主义制度和体制的极大优越性，体现了在中国共产党领导下中华民族空前的凝聚力和巨大的向心力。回顾共和国走过的历程，有五条经验值得我们认真总结并长期坚持。一是必须坚持解放思想。我们必须始终坚持一切从实际出发，解放思想，与时俱进，进一步更新发展观念、转变发展思路、破解发展难题，使思想和行动更加符合实事求是的思想路线，更加符合经济社会发展规律、自然规律和党的执政规律，更加符合科学发展观的要求。二是必须坚持发展第一要务。只有加快发展，才能战胜困难、化解矛盾；只有加快发展，才能不断改变城乡面貌，满足人民群众的物质文化需求，实现富民强区。我们必须始终坚持以科学发展观为统领，始终坚持以经济建设为中心，始终坚持加快发展、科学发展、又好又快发展的总体取向，坚定发展信心，加快发展速度，提高发展质量，不断创造发展成果，倾力造福全区人民。三是必须坚持改革开放。我们必须进一步深化改革，积极破解影响经济社会发展的深层次矛盾和问题，最大限度地解放和发展生产力。紧紧围绕“两个关键”，实施“双转移”战略，加快对接广州、融入珠三角，以大开放促进大发展。四是必须坚持以人为本。我们必须坚持“加快发展，造福人民”，始终做到发展依靠人民、发展为了人民、发展成果由人民共享，始终做到作决策、办事情，一切以人民群众满意为最高标准。必须高度关注民生，切实解决好群众最关心、最直接、最现实的利益问题，让人民群众得到更多实惠。五是必须坚持艰苦奋斗。作为粤北山区欠发达地区，我区的发展基础仍较薄弱，取得的一系列发展成就都是全区人民艰苦奋斗的结果。我们必须继续发扬这一精神，艰苦创业，奋力爬坡，真抓实干，再创辉煌。

60年来，人民政协与全国人民一道前进，与共和国一起成长，走过了光辉的历程，创造了非凡的业绩，为推动中国革命、建设和改革事业作出了重要贡献。浈江区政协作为人民政协的地方委员会，走过了25年的光辉历程。25年来，区政协始终高举爱国主义、社会主义旗帜，牢牢把握团结和民主两大主题，紧紧围绕中心、服务大局，不断创新履行职能的方式方法，切实履行政治协商、民主监督、参政议政职能，充分发挥协调关系、汇聚力量、建言献策、服务大局的作用，为我区经济建设、政治建设、文化建设、社会建设和生态文明建设作出了重要贡献。回顾人民政协事业走过的光辉历程，我们总结出几点宝贵经验和深刻启示：一是必须坚持正确的政治方向，坚持共产党的领导，坚定不移地走中国特色社会主义道路；二是必须坚持多党合作和政治协商制度，加强中国共产党同各民主党派的合作共事；三是必须坚持运用人民政协这一民主形式，为实现党的总任务总目标服务；四是必须坚持发展最广泛的爱国统一战线，为建设中国特色社会主义凝聚力量。

同志们、朋友们，今天我们在这里庆祝建国60周年和人民政协成立60周年，就是要以此为契机，在新的历史起点上实现新的更大的发展。我们要继续深入贯彻党的十七大精神，认真学习贯彻党的十七届四中全会精神，扎实开展深入学习实践科学发展观活动，认真落实省委、市委的决策部署，围绕把浈江打造成为韶关城市经济主力军、韶关产业集聚示范区、全市实施“双转移”战略排头兵、韶关宜居环境首选地的发展定位，推动科学发展，促进物质文明、政治文明、精神文明和生态文明建设全面协调发展。力争到2011年，全区地域生产总值年递增12%以上，达150亿元；地方财政一般预算收入年递增21%，突破2.5亿元；年人均生产总值比2005年翻一番以上。到2020年，全区地域生产总值年递增12%以上，达400亿元；地方财政一般预算收入年递增11%，突破6.5亿元。为此，我们必须继续牢牢把握发展第一要务，千方百计加快经济发展；必须坚持以稳定为第一责任，扎实推进和谐社会建设；必须高度关注和改善民生，努力提高人民群众的生产生活水平；必须坚持以科学发展观为统领，促进经济社会全面协调发展；必须坚持以党的执政能力建设和先进性建设为主线，全面推进党的建设。

当前，我区正处于推进科学发展、全面建设小康社会的关键时期。面对新形势新任务，人民政协要进一步强化责任，找准定位，扎实工作，不断开创人民政协事业的新局面，谱写爱国统一战线的新篇章。

一要围绕科学发展，加强政治协商。政

协组织要深入贯彻落实科学发展观，充分发挥人才荟萃、智力密集的优势，紧紧围绕党委、政府关注的大事要事和人民群众关心的热点难点问题，深入调查研究，积极献计出力。当前，尤其要加强对应对全球金融危机、狠抓“三促进一保持”等重大现实问题的讨论协商，提出有见解、有分量的意见建议，为党委、政府科学决策提供更多的依据和参考。

二要维护和谐稳定，加强民主监督。政协组织要进一步强化民主监督，积极协助党委、政府做好协调关系、化解矛盾、理顺情绪的工作，不断促进社会和谐稳定。要在完善制度中保障民主监督，建立健全民主监督的责任制度、落实反馈制度、运行制度。要在创新形式中拓展民主监督，开展民主评议，加强跟踪问效。要在形成合力中延伸民主监督，将民主监督与其他监督形式有机结合起来，不断扩大民主监督的效果。

三要牢记人本理念，加强参政议政。政协组织和广大政协委员要把维护最广大人民群众的根本利益，作为参政议政的出发点和落脚点，在保障和改善民生方面，多建良言，多献实策。要组织政协委员和政协机关干部多深入基层，了解社情民意，及时将群众的诉求反馈给党委、政府。要下大力气构建畅通的民意反映渠道，进一步推动人民群众最关心、最直接、最现实的利益问题的有效解决，实实在在地为群众排忧解难。

四要坚持与时俱进，加强自身建设。政协组织要主动适应新形势新任务的要求，在遵守宪法和政协章程的前提下，锐意创新，开拓进取，积极探索政协工作的新形式，拓展政协工作的新领域。政协委员是政协工作的主体，是各界群众的代表，一定要不负人民的重托，努力加强学习，不断提高自身素质和本领，做合作共事的模范、发扬民主的模范、廉洁奉公的模范和联系各界群众的模范。

政协工作是党的全局工作的重要组成部分。我们要认真贯彻落实《中共中央关于加强人民政协工作的意见》，深刻认识政协工作的重要性，把政协工作摆上党委工作的重要议事日程，进一步加强和改善党对政协工作的领导，支持人民政协依照章程独立负责、协调一致地开展工作，充分发挥人民政协的重要作用。各级党委、政府要倾听来自人民政协的批评和建议，自觉接受人民政协的监督，依法保护好政协委员的民主监督权利。

政协党组是党在人民政协中的派出机构，必须坚定不移地贯彻执行党关于人民政协的方针政策，把党的有关重大决策和工作部署贯彻到人民政协的全部工作中去，扎扎实实地完成党所赋予的各项任务。政协委员中的中共党员和政协机关中的中共党员，要增强政治责任感，努力提高自身修养和能力，带头贯彻党的方针政策，带头广交、深交党外朋友，充分发挥好先锋模范作用。

同志们，朋友们，回顾人民政协走过的光辉历程，我们无比自豪；展望浈江发展的宏伟事业，我们责任重大。让我们更加紧密地团结在以胡锦涛同志为总书记的党中央周围，高举中国特色社会主义伟大旗帜，深入贯彻落实科学发展观，同心同德，奋力拼搏，不断把人民政协事业推向前进，为推进浈江科学发展、全面建设小康社会作出新的更大贡献！

庆祝新中国成立六十周年文艺汇演刘卫东（右五）、张德清（右四）等区领导参加演出

关于加强流动人口和出租屋管理服务工作的通知

各镇人民政府、办事处，区府直属有关单位：

为加强我区流动人口和出租屋综合管理服务工作，保障流动人口和出租屋主的合法权益，区政府去年制定下发了《浈江区改革和加强流动人口和出租屋管理服务工作实施方案》。为确保流动人口和出租屋管理工作取得成效，现提出如下工作要求：

一、提高思想认识，加强组织领导

加强流动人口和出租屋管理工作，是创建“和谐浈江”的重要组成部分，各有关单位应从维护社会稳定、服务经济又好又快发展的大局出发，提高对流动人口和出租屋管理工作重要性和紧迫性的认识，加强组织领导，采取有力措施，逐步实现流动人口和出租屋管理服务工作的法制化和制度化。

二、制订工作方案，落实管理措施

各有关单位要根据《浈江区改革和加强流动人口和出租屋管理服务工作实施方案》的要求，成立领导机构，并制定具体的工作实施方案，采取确实有效的工作措施，落实工作责任制，确保流动人口和出租屋管理服务工作落到实处。

三、加大宣传力度，营造社会氛围

要加强宣传教育，通过宣传栏、宣传车、张贴标语、告示、举办现场咨询、印发宣传资料、手册等形式和途径，采取群众喜闻乐见、通俗易懂的方式，有计划地开展经常性和专题性的宣传活动，广泛宣传加强流动人口和出租屋管理服务工作的重大意义、规定和要求，争取群众的理解和支持，引导群众自觉配合、参与管理服务工作。

四、加强沟通协调，实现齐抓共管

出租屋流动人口管理工作需要各有关单位共同努力才能取得实效。各有关单位要按照各自的职能分工，明确职责，在区政府的统一领导下，积极开展工作，加强沟通、协调，互通工作信息。对流动人口和出租屋管理服务工作中存在的薄弱环节，要适时组织联合行动，共同整治交叉存在的问题，共同抓好流动人口和出租屋管理服务工作，保障流动人口和出租屋主的合法权益，切实维护社会稳定。

附件：浈江区改革和加强流动人口和出租屋管理服务工作实施方案

二OO九年三月十八日

浈江区改革和加强流动人口和出租屋管理服务工作实施方案

为贯彻落实省委办公厅、省政府办公厅转发省维稳及综治委《关于进一步加强流动人口和出租屋管理服务工作的意见》，公安部、中央综治办、民政部、建设部、国家税务总局、国家工商总局联合下发的《关于进一步加强和改进出租屋管理工作有关问题的通知》，韶关市政府下发的《韶关市改革和加强流动人口和出租屋管理服务工作整体推进方案》和省、市流动人口治安综合管理工作会议精神，全面改革我区流动人口和出租屋管理服务工作机制，创新管理方法，加强我区流动人口和出租屋综合管理服务工作，维护社会稳定，保障流动人口和出租屋主的合法权益，开创工作新局面，特制定本方案。

一、工作目标

流动人口和出租屋综合管理工作以“创新机制、加强管理、优化服务、促进发展”为指导思想，建立“党委、政府领导，部门参与，保障有力，综合治理”的工作格局，健全各项管理制度，流动人口和出租屋底数清、情况明，流动人口和出租屋主的合法权益得到保障，逐步实现管理和服务工作的法制化和规范化。

二、主要要求

（一）构建管理体系

区政府成立流动人口和出租屋管理工作领导小组，由区政府分管领导担任组长。领导小组下设办公室，作为其内设办事机构，配若干名工作人员。办公室成员由相关职能部门抽调人员组成。

领导小组及办公室的主要职责是贯彻落实上级有关流动人口和出租屋管理的方针、政策，研究制订切合我区实际的管理措施，领导、组织、协调、督促和检查工作的开展。办公室负责招聘、培训、管理和使用流动人口和出租屋协管人员，并负责日常管理工作。

各镇（办）暂住人口在2000人以上的设立流动人口和出租屋管理服务站，负责落实具体管理措施和开展相关服务工作。服务站由一名镇（办）分管负责人担任主任，并配备一名专职副主任和若干名工作人员，负责日常管理工作。

（二）组建管理队伍

按照暂住人口2%～3%的比例配一名管理人员的要求，组建一支综合协管员队伍，由流动人口和出租屋管理工作领导小组办公室负责招聘、培训、管理和使用，公安机关负责对招聘人员进行审核。各相关职能部门负责对协管员的业务培训和工作指导，并对其履行相关业务工作职责负责。协管员主要协助各相关职能部门做好流动人口和出租屋管理的日常工作，包括暂住人员登记办证、出租屋登记备案、流动人口计划生育管理、检查验证、档案管理、掌握流动人口和出租屋动态、代征相关税费等。

（三）加强协作配合

公安、劳动和社会保障、计生、建设、国土、民政、工商、教育、卫生、司法、财政、地税、物价、工会和共青团，按照各自的职能分工，明确职责，制定出各自的具体管理措施，各负其责，在区委、区政府的统一领导下协调工作。各部门的主要职责是：

1. 公安部门：(1) 贯彻执行上级流动人口治安管理的方针政策，研究、制订流动人口治安管理的政策和措施。(2) 开展流动人口治安管理工作，预防和打击流动人口违法犯罪活动。(3) 开展出租屋消防安全审核和管理。(4) 与出租屋主签订房屋租赁治安、消防责任书。(5) 建立和维护暂住人口、出租屋信息网络系统。(6) 参与做好维护流动人口合法权益有关工作。(7) 制发暂住证。

2. 劳动和社会保障部门：负责对流动就业人员的劳动管理与就业服务。(1) 研究、分析劳动就业形势，贯彻执行流动人口劳动就业的方针政策，制订流动人口劳动就业的指导性政策。(2) 对用人单位招用流动人口进行宏观调控和管理。(3) 指导管理流动人口劳动就业和社会保险以及职业介绍机构工作，维护劳动力市场秩序。(4) 开展劳动监察、劳资纠纷调处，维护劳动者的合法权益。(5) 开展流动人口技能培训和有序流动就业等工作。(6) 与有关部门一起负责春运期间组织民工有序流动工作。

3. 人口和计划生育部门：(1) 贯彻执行、研究制订流动人口计划生育工作的政策，指导计划生育管理服务机构做好流动人口计划生育工作。(2) 做好流动人口计划生育证明的发放和查验工作。(3) 组织落实为流动人口提供避孕药具和有关服务。(4) 组织开展对流动人口的计划生育宣传教育活动。(5) 与出租屋主签订流动人口计划生育责任书。

4. 建设、国土部门：(1) 研究、制订成建制施工企业、从业人员和工地的管理办法，协助有关部门落实流动人口和出租屋管理的各项措施。(2) 负责房屋租赁的登记备案工作。(3) 开展对出租房屋建筑安全的审核和使用安全的检查工作。

5. 民政部门：开展城市生活无着落流浪乞讨人员救助管理和流浪少年儿童救助保护工作。

6. 工商部门：(1) 开展流动人口申领工商营业执照的核发、管理和服务工作。(2) 开展流动人口从事个体经营活动的管理工作。

7. 教育部门：负责做好流动人口子女接受义务教育工作。

8. 卫生部门：(1) 开展对流动人口的健康教育、健康检查、妇幼保健和疾病预防控制工作。(2) 开展为流动人口提供计划生育技术服务工作。(3) 配合有关部门打击非法行医。(4) 建立健全医疗卫生服务网络，为流动人口提供适宜的基本医疗服务。

9. 司法部门：(1) 开展对流动人口和出租屋主的法制宣传教育。(2) 指导和开展为流动人口提供法律援助服务工作。(3) 配合有关政法部门开展教育、改造、挽救流动人口中的违法犯罪人员，维护流动人口的合法权益。

10. 财政部门：(1) 制订流动人口、出租屋管理和服务工作经费管理办法。(2) 落实流动人口和出租屋管理工作经费。(3) 监督相关工作经费的开支使用情况。

11. 地税部门：(1) 贯彻执行、研究制订加强对出租屋税收征管的办法。(2) 开展相关税收征管工作。

12. 物价部门：(1) 研究制订对流动人口、出租屋管理的收费政策。(2) 监督对流动人口、出租屋的收费实施情况，查处违规收费。

13. 工会：(1) 开展用工单位建立工会组织工作。(2) 履行工会职能，依法维护在企业务工的流动人口的合法权益，并制订、执行相关政策。

14. 共青团：(1) 加强流动人口中的团建工作，做好团员发展和登记管理工作，组织开展组织生活。(2) 组织开展有益于流动人口团员青年身心健康和创业的活动。

(四) 保障管理经费

流动人口和出租屋管理所需经费按照

“分级管理、分级承担”的原则，将流动人口和出租屋管理经费纳入区财政和镇财政预算，保障流动人口和出租屋管理机构工作人员的所需经费开支。

依法加大对流动人口、出租屋税费的收取和管理力度，按照中央综治委等八部委《关于取消暂住人口管理性收费后进一步加强暂住人口管理工作的通知》、《广东省群众治安联防组织的规定》和国家对房屋租赁税收的有关规定，做好治安联防费等行政事业性收费的征收工作，加强对房屋出租的税收征管。

（五）广泛宣传发动

流动人口管理机构和相关职能部门要利用宣传栏、宣传车，张贴标语、告示、举办现场咨询、印发宣传资料、手册等途径，采取群众喜闻乐见、通俗易懂的方式，有计划地开展经常性和专题性宣传活动，广泛宣传加强流动人口和出租屋管理和服务的重大意义、规定和要求，争取群众的理解和支持，引导群众自觉配合、参与管理和服务工作。

（六）落实管理措施

采取暂住登记、注销、办理暂住证、建立暂住人口和出租屋档案、通报协查、巡查走访、检查验证等措施加强管理和服务，及时掌握暂住人口动态信息。把居住在单位内部的、租住在出租屋的和流浪街头的暂住人员区分管理，重点加强对居住在出租屋和流浪街头的暂住人员的管理。对居住在单位内部的暂住人员以登记掌握人员基本信息为主，流动人口和出租屋管理服务站要与用人单位建立联系制度，定期交换、核对暂住人员信息；对租住在出租屋和流浪街头的暂住人员以掌握动态信息为主，通过加强查访、验证和重点整治，了解其姓名、户籍所在地、从事职业、经济来源、社会关系等情况，掌握其活动规律，落实管控措施。

按照国务院六部、局、办《关于进一步加强和改进出租房屋管理工作有关问题的通知》要求，实行房屋租赁登记备案制度。建设部门加强对房屋租赁市场的监管，掌握出租房屋的底数和基本情况。对已经租赁的房屋，要对出租人及房屋建筑、消防等情况登记造册，发给相关登记凭证，纳入管理范围，并将房屋租赁的相关信息及时向所在地公安机关通报备案。公安、计生等部门要与出租屋主签订治安、消防、计划生育责任书，并督促其履行相关责任。流动人口协管员要定期对出租的房屋进行安全检查，落实防火、防盗措施，及时排除治安隐患，发现出租的房屋内有违法活动或者犯罪嫌疑人，应当及时报告所在地公安机关，并配合公安机关查处。加强对房屋租赁中介机构的管理，规范房屋租赁中介机构行为，保护租赁当事人的合法权益。流动人口和出租屋管理服务站应当开展房屋租赁免费中介服务。对不履行相关责任的房屋出租人，有关部门要依照相关法律、法规和规章对房屋出租人予以处罚。

出租屋实行分类分层次管理，根据居住在出租屋的暂住人口类型，把出租屋分为重点户、一般户、放心户或单身型、家庭型、混住型等层次类别进行管理，并结合实际，借鉴庭院式管理、旅业式管理、小区式管理、居住中心式管理等行之有效的管理办法，落实管理措施。要突出重点管理，降低管理成本，提高管理效率。

（七）优化服务工作

要处理好管理与服务的关系，把管理与服务融合起来，寓管理于服务之中。不断优化对流动人口的服务措施，拓宽服务领域，提高服务质量，做好流动人口权益保障工作。按照“公平对待、合理引导、完善管理、搞好服务”的方针，进一步完善劳动力市场供求信息的采集、分析和发布制度，积极创造条件，为流动人口就业提供服务，做好流动就业人员技能培训工作，妥善调处劳资纠纷，完善日常劳动纠纷调和和举报投诉查处机制，指导流动人口较多的大中型企业设立劳动争议调解组织。加大对使用农民工单位劳动保障和安全生产的监察力度，切实解决务工流动人员的劳动安全保障问题。开展对流动人口的计划生育宣传教育活动，落实为流动人口提供避孕节育和优生优育有关服务，确保实行计划生育的流动育龄夫妇享有国家规定的免费计生服务。加强流浪乞讨人员救助站和流浪儿童保护教育中心建设，做好社会救助和教育服务工作。开展对流动人口的健康知识教育，积极为流动人口提供健康检查、疾病预防和控制及节育技术服务，加大对流动人口的职业病防治力度。不断加大投入，改善办学条件，切实解决流动人口子女上学问题。广泛开展对流动人口的法制教育和法律援助工作，大力推进法律服务进社区活动，让流动人口知法、守法、懂法，增强自我保护能力。注重流动人口集中居住地和工作单位的党、团、工会组织建设，积极吸收流动人口加入工会组织，开展优秀农民工评选活动。

（八）建立信息系统

在市流动人口和出租屋管理工作领导小组办公室完成全市统一综合信息系统（平台）后，由区流动人口和出租屋管理工作领导小组办公室负责全区综合信息系统（平台）组建工作。为区委、区政府和相关部门提供及时、准确、详尽的数据资料。

三、组织实施

（一）流动人口和出租屋管理工作领导小组办公室负责组织协调相关成员单位开展工作，督促各相关职能部门按照职责分工落实工作措施，及时向区委、区政府和区综治办流动人口治安管理工作领导小组办公室报告工作情况。

（二）区流动人口和出租屋管理工作领导小组负责组织制订本区各级管理机构设置、队伍整合、经费供给和部门协调配合方案，并报区委、区政府批准执行。

（三）各流动人口管理机构要及时总结、推介进行管理和服务工作的好经验、好做法。

（四）流动人口和出租屋管理工作领导小组及办公室要定期向区委、区政府及市流动人口和出租屋管理工作领导小组办公室报送工作情况。

（五）流动人口和出租屋管理工作领导小组办公室定期通报各级各单位工作进展情况。

四、工作步骤

（一）筹备阶段

1. 成立流动人口和出租屋管理工作领导小组及办公室，暂住人口在2000人以上的镇（办）设立流动人口和出租屋管理服务站。

2. 配备上述机构工作人员。

3. 制定和完善部门协调运作机制。

4. 制定管理工作经费保障办法。

5. 组建流动人员协管队伍。

（二）实施阶段

1. 开展宣传发动。

2. 制定相关工作制度。

3. 落实管理措施。

4. 开展相关管理服务。

5. 组建综合信息系统。

五、考核考评

将流动人口、出租屋管理和服务工作作为社会治安综合治理领导责任制和社会治安综合治理目标管理责任制的考核内容。区流动人口和出租屋管理工作领导小组办公室负责对全区流动人口和出租屋管理服务工作的考评考核。考评考核采取集中统一考核与日常工作考评相结合、专项检查与常规检查相结合、量化考核与测评评议相结合的方式进行。

印发《浈江区进一步做好促进就业工作的实施意见》的通知

各镇人民政府、办事处，区府直属各相关单位：

《浈江区进一步做好促进就业工作的实施意见》业经区政府同意，现印发给你们，请认真贯彻落实。

二〇〇九年三月二十七日

浈江区进一步做好促进就业工作的实施意见

为贯彻落实《中华人民共和国就业促进法》、《国务院关于做好促进就业工作的通知》、省政府《关于进一步做好促进就业工作的通知》、《关于鼓励创业带动就业工作的意见》和《印发韶关市进一步做好促进就业工作实施意见的通知》的精神，进一步加强就业再就业工作，落实创业带动就业，促进社会充分就业，结合我区实际，提出如下实施意见：

一、强化政府促进就业的领导责任，统筹城乡就业

（一）努力拓宽就业渠道，扩大就业规模。以扩大就业为导向，结合我区经济发展规划统筹安排城乡就业工作，把实现充分就业作为重要目标，坚持劳动者自主择业、市场调节就业、政府促进就业的方针，制定有利于促进就业的经济发展战略，实现经济与就业同步较快增长。支持和引导个体、私营等非公有制经济发展，加快发展现代服务业，努力拓宽就业渠道。研究制定鼓励创业的政策措施，建立健全创业服务体系，引导和鼓励劳动者积极创业并带动就业。

（二）积极推动“双转移”。紧紧抓住“提高城市和产业集聚度，培训和配置人力资源”两个关键，全面贯彻落实产业和农村劳动力“双转移”的各项政策措施，扩大对外开放，加强招商引资，积极主动承接珠三角产业转移，做大产业规模，优化产业结构，增强特色产业集聚度，大力发展特色工业、生态农业和现代服务业，加强培训和就业指导，引导我区农村劳动力加快向城镇的二、三产业转移，打造粤北区域中心城市，促进我区经济社会又好又快发展。

（三）实行城乡统筹就业。统筹兼顾城乡就业，在做好城镇就业工作的同时，做好本地农村劳动力转移就业和外来人员流动就业工作。加快形成城乡平等的培训就业制度、城乡贯通的公共就业服务体系、覆盖城乡劳动者的权益保护机制、惠及城乡劳动者的社会保障计划。

（四）完善市场服务功能。采取“政府推动、市场运作”模式，整合市场，集中各种要素，为人力资源供需双方提供优质服务。实现有形市场和网络市场的统一、就业指导与就业服务的统一、政府调控与市场配置的协调统一。充分利用我区新落成的人力资源市场，构建服务规范化、工作制度化、功能多样化、信息网络化、城乡一体化的市场就业服务平台。成立浈江区人力资源管理协会，搭建政府与高校、技工学校、企业之间交流、沟通的平台，促进企业人力资源管理水平提高，为政府制定人力资源政策提供服务。提高人力资源配置效益。

（五）进一步完善促进就业工作协调机制，健全就业工作目标责任制。区促进就业工作领导小组负责全区就业工作重大问题的研究、统筹和协调，组织全区促进就业工作监督检查和考核表彰活动。各镇（办）要把促进就业工作作为事关发展全局的“民心工程”来抓，切实加强对促进就业工作的领导，确保城镇新增就业、下岗失业人员再就业、农村劳动力培训转移就业、就业困难人员就业、控制失业率等就业工作主要目标任务的完成。进一步完善促进就业工作目标责任考评制度，继续将扩大与促进就业指标作为各级、各部门政绩考核的重要内容。加强促进就业工作的监督检查和考核。

（六）加大促进就业宣传力度。大力宣传积极创业、自谋职业的个人和积极吸纳就业的用人单位，树立先进典型，弘扬技能创业、技能就业精神。对在促进就业工作中取得显著成绩的单位和个人给予表彰和奖励，为就业工作营造良好的舆论环境和社会氛围。

（七）加强失业调控。在安排投资和确定重大建设项目时，要充分考虑可能给就业造成严重影响的各种因素，妥善做好相关人员的安置工作。要加强对企业裁员行为的规范和指导，严禁企业随意裁员，避免因企业裁员造成大规模失业。除关闭破产企业外，原则上企业一次性裁员超过10%的或者一年内累计超过20%的，要事先向区劳动保障局报告。根据我区就业失业形势，制订完善失业调控工作方案，建立加强失业预警机制，保持就业局势基本稳定。

二、继续完善和落实积极就业政策

（八）税收优惠。登记失业人员创办企业并符合相关规定条件的，可按国家规定享受税收优惠政策。对符合条件的企业，在新增加的岗位中，当年招用持《再就业优惠证》人员，与其签订1年以上期限劳动合同并缴纳社会保险费的，按规定在相应期限内定额依次减免营业税、城市维护建设税、教育费附加和企业所得税，审批期限延长至2009年年底。对持《再就业优惠证》人员从事个体经营的，按规定在限额内依次减免营业税、城市维护建设税、教育费附加和个人所得税，审批期限延长至2009年年底。对于残疾人取得的工资、薪金所得、劳务报酬所得、稿酬所得，特许权使用费所得，可享受减征个人所得税优惠。残疾人员从事个体工商户生产、经营所得，对企事业单位的承包经营、承租经营所得，个人举办独资企业、合伙企业取得的所得，区别情况分别予以减征个人所得税。本意见所称登记失业人员，是指按照《就业服务与就业管理规定》及广东省相关规定，在我区行政区域内办理了失业登记的人员。

（九）收费减免。除国家限制的行业（包括建筑业、娱乐业以及销售不动产、转让土地使用权、广告业、房屋中介、桑拿、按摩、网吧、氧吧等）外，对持有“再就业优惠证”的下岗再就业人员和残疾人从事个体经营的，按国发［2008］5号文规定免收属于管理类、登记类和证照类的各项行政事业性收费，政策扶持期限最长不超过3年。

（十）职业培训和鉴定补贴。对登记失业人员、本省进城务工的农村劳动者按规定提供一次性职业培训或创业培训补贴，其中就业困难人员、本省进城务工的农村劳动者通过初次职业技能鉴定（限国家规定实行就业准入制度的特殊工种），取得职业资格证书的，可给予一次性职业技能鉴定补贴。

（十一）职业介绍补贴。各类社会职业中介机构对登记失业人员和本省进城务工农村劳动者提供免费职业介绍服务的，签订一年以上期限劳动合同，参加社会保险缴费的可按实际成功就业人数向劳动保障部门和财政部门申请职业介绍补贴。

（十二）小额担保贷款。持《广东省就业失业手册》的本市户籍城镇登记失业人员、城镇复员转业退役军人和就业困难人员创业的，可按规定程序向经办金融机构申请2～5万元的小额担保贷款。城镇复员转业退役军人和就业困难人员申请小额担保贷款并从事微利项目的，由财政按规定给予全额贴息。贷款的具体操作办法和担保条件，按《韶关市下岗失业人员小额担保贷款管理办法》及其他相关规定执行。本意见下发前核准的小额担保贷款项目仍按原政策执行。

（十三）劳动密集型小企业贷款。经劳动保障部门认定的劳动密集型小企业，当年新招用本市登记失业人员达到企业在职职工总数的30%以上（或在职职工超过100人，当年新招用本市登记失业人员达到在职职工总数的15%以上），并与其签订1年以上期限劳动合同的，可申请劳动密集型小企业贷款，贷款额度控制在100万元以内。财政贴息、经办银行的手续费补助、呆坏账损失补助等按有关规定执行。对发展前景较好、提供担保确有困难的企业，经财政、劳动保障部门和信贷部门审核同意，可利用小额贷款担保基金为劳动密集型小企业提供贷款担保服务。

（十四）资金投入。加大促进就业工作的资金投入，根据每年就业状况和就业工作目标，在财政预算中安排就业专项资金用于促进就业工作。就业专项资金主要用于职业介绍、职业培训、公益性岗位、职业技能鉴定、特定就业政策和社会保险等的补贴、小额贷款担保基金和微利项目的小额担保贷款贴息等。重点安排用于解决公共就业服务的工作经费。

（十五）政策衔接。《国务院关于进一步加强就业再就业工作的通知》和《关于贯彻落实国务院关于进一步加强就业再就业工作的通知的意见》规定的各项扶持政策继续执行，审批截至2008年年底，享受期限最长不超过3年。2009年1月1日起不再新发“再就业优惠证”，原有的“再就业优惠证”从2009年1月1日起逐步将相关信息转入《广东省就业失业手册》或《社会保障卡》，劳动者凭《广东省就业失业手册》或《社会保障卡》继续享受相关扶持政策。广东省户籍劳动者异地就业的，经就业地县级以上劳动保障部门审核确认，凭《广东省就业失业手册》或《社会保障卡》享受与当地居民同等待遇。

有关税费减免、职业介绍补贴、职业培训补贴、职业技能鉴定补贴、小额担保贷款和就业专项资金管理的具体办法，按省、市劳动保障部门会同有关部门另行制订的文件执行。

有关创业促进就业的扶持政策继续按区委、区政府《关于推进全民创业促进富民兴区的实施意见》的规定执行。

三、积极促进创业带动就业

（十六）实施创业带动就业工程。2008－2010年计划每年组织参加“创办和改善你的企业”培训量保持在80人以上，并达到90%以上的培训合格率，力争扶持100名城乡劳动者成功创业，带动就业不低于300人的倍增效应。鼓励青年创业，每年组织60名有创业意愿及潜能的青年开展创业培训，力争培训合格率达90%以上，创业成功率达50%以上。

（十七）鼓励高校毕业生创业。除国家限制的行业外，凡高校毕业生从事个体经营，办理工商登记日期在其毕业后2年以内的，自其工商登记注册之日起3年内免交有关登记类、证照类、管理类收费；凡与招用的韶关市户籍人员签订1年以上期限劳动合同并按规定缴纳社会保险费的，在相应期限内给予社会保险补贴，期限最长不超过3年。

（十八）鼓励复员退役军人创业。广东省户籍退役士兵从事个体经营（国家限制的行业除外），自工商部门批准其经营之日起，凭退出现役证明3年内免交有关登记类、证照类和管理类行政事业性收费；对从事个体经营（国家限制的行业除外）的军队转业干部、退役士兵，经主管税务机关批准，自办理税务登记之日起3年内免征营业税、城市维护建设税、教育费附加和个人所得税。

（十九）建设创业孵化基地。进一步完善全民创业工业园相关配套设施，鼓励和扶持创业者（含二次创业者）在东莞（韶关）产业转移工业园（浈江片区）内设立的全民创业工业园租用标准工业厂房投资创业，具体扶持优惠政策按《韶关市全民创业工业园优惠办法》执行。

（二十）优化创业服务。进一步优化创业环境，健全创业服务体系，完善创业扶持政策，降低创业门槛，广开创业门路，大力推进形式多样的创业活动。建立创业项目库，开发一批市场前景好、投资见效快、适合创业者需要的创业项目向创业者推荐，也可以采取政府购买服务的形式，引进社会创业咨询服务机构参与项目开发和后续服务工作。聘请知名企业家、创业成功人士、专家学者和社会各界人士组建创业专家辅导队伍，向创业者提供公益性创业咨询服务。设立创业服务公共平台，为创业者提供政策咨询、创业培训、项目推介、跟踪扶持等服务，实现“一站式”、“一条龙”服务。

四、建立健全面向全体劳动者的职业技术教育培训制度

（二十一）构建劳动者学有所教的职业技术教育培训体系。根据我区产业转移和提升产业竞争力的要求，把提高劳动者技能水平放在更加重要的位置，进一步健全面向全体劳动者的职业技术教育培训体系，力争使本区劳动力每5年至少接受1次技能提升培训。认真落实《韶关市农村劳动力技能培训及转移就业实施办法》、《韶关市百校扶百镇双百挂钩对口培训工程实施方案》要求，真正把培训和人力资源配置作为缩小差距的关键，通过大力开展农村劳动力技能等级培训，促进农村富余劳动力向城市和二、三产业转移，实现技能就业、素质就业。

（二十二）大力开展职业技能培训。2008－2012年，力争组织劳动预备制培训（含入读技工学校和中职学校）、转移就业培训、在岗技能提升培训、转岗转业培训、创业培训、高技能人才培养等技能劳动者2万人次以上。到2012年年底，力争全区技能劳动者占非农产业人员的比重达到30%以上，高技能人才占技能劳动者总量的比重达到20%左右。

（二十三）加强职业培训基础能力建设。利用辖区丰富的技工教育资源优势，将经市认定的一批实力较强的农村劳动力培训定点机构列为我区培训定点基地，并建立远程职业培训平台。“十一五”期末，建立1个就业训练基地。

（二十四）进一步拓展职业培训资金筹措渠道，加大培训投入。通过财政预算安排、企业职工教育培训经费统筹、社会资助或捐赠等多种渠道，加大职业技能培训资金投入。同时积极争取省、市的支持，继续贯彻落实《中共广东省委广东省人民政府关于大力发展职业教育的决定》精神，将不低于30%的城市教育费附加用于发展职业技术教育（含技工教育）。企业按职工工资总额2.5%提取并列入成本列支的教育培训经费，充分利用市、区两级政府可统筹其中的0.5个百分点，用于促进职业技术教育和职业培训均衡发展。

五、完善面向城乡就业困难人员的就业援助制度

（二十五）我区就业困难人员对象范围包

括：1. 持《广东省就业失业手册》符合“4050”年龄条件（男年满50周岁、女年满40周岁）失业且难以实现再就业的人员；2. 在法定劳动年龄内持《残疾证》未实现再就业的人员；3. 享受城市居民最低生活保障的城镇登记失业人员；4. 领取失业保险金期间的失业人员；5. 连续失业1年以上的城镇登记失业人员；6. 被征地农民且在1年内未能实现就业的人员；7. 经区确定的其他困难人员。

（二十六）实行特殊技能援助。就业困难人员可享受1次以上免费的职业技能（创业）培训和技能鉴定。享受城市最低生活保障的就业困难人员和农村贫困家庭劳动力在培训期间可申请生活补贴，具体操作办法按市由财政、劳动保障部门另行制定的文件执行。

（二十七）给予扶持创业补贴。就业困难人员以从事家庭手工、家庭服务业、农村种养业、社区服务业等形式实现创业，连续正常经营6个月以上，并依法纳税的，可优先申请小额担保贷款。提供就业岗位多、成效显著的创业典型由市直全民创业专项基金给予一定的创业扶持、奖励资金，具体申报条件按《韶关市直全民创业专项资金管理办法》执行。

（二十八）给予社会保险补贴和岗位补贴。各类用人单位招用企业所在地户籍的“4050”就业困难人员，与其签订1年以上期限劳动合同并按规定缴纳社会保险费的，按实际招用人数，在相应期限内给予社会保险补贴和岗位补贴，社会保险补贴按企业应为所招人员缴纳的养老、失业、医疗、工伤、生育5项社会保险之和计算，个人应缴纳的部分仍由其本人负担，岗位补贴标准为每人每月50－80元。社会保险补贴和岗位补贴期限，除对距法定退休年龄不足5年的人员可延长至退休外，其余人员最长不超过3年。实现灵活就业并依法参加社会保险的就业困难人员，按国家和省规定的险种及应缴费额度给予50%的社会保险补贴。《国务院关于进一步加强就业再就业工作的通知》规定的对持“再就业优惠证”人员的各项社会保险补贴、岗位补贴政策继续执行，审批截至2008年年底，享受期限最长不超过3年。

（二十九）实施公益性岗位援助。政府投资开发的社会公益性岗位、机关事业单位的后勤非在编岗位以及街道社区筹资开发的就业岗位等公益性岗位，应按隶属关系报市和区促进就业工作领导小组办公室备案，并按不低于40%的比例招用本地就业困难人员，公益性岗位招用就业困难人员的具体办法，由劳动保障、人事和财政部门另行制订。

（三十）建立城市居民最低生活保障工作与就业再就业工作联动机制。享受城市居民最低生活保障人员实现就业再就业后，其家庭人均月收入达到或超过当地最低生活保障标准的，可继续保留6个月的低保待遇。符合就业条件的城市居民最低生活保障人员，无正当理由拒绝参加劳动保障部门、乡镇（街道）和社区组织的就业培训或推荐就业两次的，从次月起民政部门可取消其家庭的低保待遇。

六、强化公共就业服务功能

（三十一）重点抓好就业困难人员就业援助服务。各级公共就业服务机构要全面掌握辖区就业困难人员的基本情况，健全就业困难人员就业情况台账，分类制订援助方案，建立困难就业援助联系制度，通过创建充分就业社区活动，实行“一对一”就业帮扶和动态管理机制。要创新就业援助服务模式，开展“路径”就业服务，提高就业服务效率。组织成立困难人员就业—创业援助联盟，在有志创业的失业人员和企业、政府之间搭建一个有效、快捷沟通的平台，重点扶持困难就业人员自主创业，实现再就业。乡镇（街道）等基层公共就业服务机构要加强对辖区"零就业家庭"的跟踪服务，做到"出现一户、服务一户、扶持一户、解困一户"。

（三十二）做好就业和失业登记管理工作。进一步完善就业失业登记制度，加快发放《广东省就业失业手册》，特别要做好稳定就业半年以上常住人员的就业失业登记和就业服务。要做好"再就业优惠证"的换证工作，及时将下岗失业人员已享受的相关扶持政策信息转录到《广东省就业失业手册》。要建立完善就业失业统计和劳动力抽样调查制度，定期调查、统计全社会就业与失业状况并予以公布。

（三十三）加强公共就业服务能力建设。深化公共就业服务专业化、制度化、社会化建设，完善公共就业服务功能和质量监管制度，制订公共就业服务标准，统一公共就业服务程序，创新公共就业服务手段，建立健全绩效评估体系，不断提高公共就业服务质量和效率。

（三十四）健全公共就业服务体系。完善各级公共就业服务体系，规范公共就业服务机构，明确服务职责和范围，合理确定各级公共就业服务机构的人员编制，加强公共就业服务能力建设，将公共就业服务经费纳入财政预算，保障其向劳动者提供免费的就业服务。依托区人力资源市场，区人力资源管理协会等平台为劳动者和用人单位提供"一站式"就业服务；镇（办）和社区公共就业服务机构要设立服务窗口，开展公共就业服务，重点向"零就业家庭"成员等就业困难人员提供就业援助。要规范公共就业服务机构服务流程和标准，提高服务质量和效率。

（三十五）各镇（办）、各有关部门执行中遇到的问题，请径向区劳动保障局反映。

关于下达2009年全区农房改建任务的通知

各镇人民政府，区府直属有关单位：

为贯彻落实市政府关于切实抓好农房改建工作的决策部署，确保我区农房改建工作任务顺利开展，经区政府研究决定，现将2009年农房改建任务下达给你们，请结合实际认真贯彻落实。

农房改建工作是社会主义新农村建设的重要内容，各镇要根据实际情况做好规划，将任务迅速分解到各村委会，落实到户，并于4月25日前将任务分配情况报区农房改建办公室（区农业局内），联系电话：8255081。

附件：浈江区2009年农房改建任务分配表

二〇〇九年四月二日

2009年浈江区农房改建任务分配表

表19

项目镇别	农房改建任务（户）	备 注
犁市镇	170	
花坪镇	40	

续上表

项目镇别	农房改建任务（户）	备　注
十里亭镇	30	
新韶镇	130	
乐园镇	30	
合　计	400	

关于印发《浈江区2009年地质灾害防治方案》的通知

各镇人民政府、办事处，区府直属及驻区有关单位：

经区人民政府同意，现将《浈江区2009年地质灾害防治方案》印发给你们，请结合本单位实际，认真组织实施。

二〇〇九年二月二十三日

浈江区2009年地质灾害防治方案

为最大限度地避免和减少地质灾害发生所造成的损失，切实维护好人民群众生命财产安全和社会稳定，构建和谐浈江，根据国务院《地质灾害防治条例》、《广东省地质环境管理条例》的规定，结合我区实际，制定本方案。

本方案所称地质灾害，是指自然因素或人为活动引发的危害人民群众生命和财产安全的山体崩塌、滑坡、泥石流、地面塌陷、地裂缝、地面沉降等与地质作用有关的灾害。

一、地质灾害趋势预测

根据以往地质灾害发生时段、类型分析，结合今年气象趋势预测等因素，预测今年地质灾害易发时段主要集中在5～8月份，在降雨达到一定程度时，极易引发山区风化残坡积土滑坡、公路边坡崩塌、矿山宕面及地下开采采空区的塌陷等地质灾害的发生。在汛期间，必须对稳定性差的地质灾害隐患点加强监测，发现有异常情况立即报告。如有涉及人员生命财产安全的，应参照重点隐患点的管理要求落实防灾措施，并编制应急预案。

二、地质灾害防治的重点地区

根据以往我区地质灾害发生的情况，结合我区的地理地质环境，极端恶劣天气因素仍是诱发地质灾害的主要原因，其灾害的类型主要有：崩塌、滑坡、泥石流和地面塌陷等。防范的重点地区如下：

（一）公路沿线。主要有正在动工建设的韶赣高速公路，其坡体削方量大、坡高、坡陡且未加支护的地段，这些地段如遇强降雨容易发生崩塌和滑坡，如遇长时间降雨或强降雨也极易发生崩塌和滑坡等地质灾害。

（二）山区居民聚集地。主要包括城镇居民区、山区中小学、依山傍水的住宅区，特别是随着新农村建设的扎实推进，山区群众削坡建房急剧增加，在未对削坡体进行必要的支护和治理的情况下，这些地区的山体不稳定斜坡，遇较长时间降雨或强降雨使土体饱和，极易引起坡体变形、滑动，产生崩塌、滑坡等地质灾害。

（三）生产砖厂区。正在生产的砖厂，过大的取土区和堆土区，山体遭切削后，破坏了土体的应力平衡，遇雨水冲刷及浸润，极易发生山体崩塌和滑坡而引发的地质灾害。

（四）已关闭矿山。露天开采矿山容易因植被破坏经雨水冲刷及浸润造成水土流失，矿山矿渣、尾矿坝容易因强降雨或山洪引发坝体崩塌、滑坡和泥石流灾害；对已关闭矿山、特别是已关闭煤矿的采空区，汛期容易发生地面塌陷等地质灾害。

（五）水利设施的坝体。在电站、水库的坝体，特别是坝体下游有人居住的地区，要预防坝体、坝底渗漏，防止出现管涌、坝体崩塌或滑坡等地质灾害。

（六）大型建设工程。主要指在建设中需要削坡的工程，其原有山体遭切削后，破坏了土体的应力平衡，遇雨水冲刷及浸润，极易发生山体崩塌和滑坡等地质灾害。

三、地质灾害防治工作的要求

（一）提高思想认识，加强组织领导。要以科学发展观为统领，以群测群防为手段，把地质灾害防治工作列入重要议事日程。各镇、办要完善领导机制，建立健全地质灾害应急指挥机构，组建抢险救灾应急队伍，并按照《地质灾害防治条例》和《地质灾害防治规划》的要求，认真总结经验，对重要隐患点制定具体的防灾和勘查治理计划，最大限度地降低灾害带来的损失。

（二）加强宣传教育，普及防灾知识。要加大对地质灾害危害性的宣传力度，大力普及鉴别地质灾害及其发生前兆、避让地质灾害、减少和防止其危害等科普知识，提高广大群众尤其是易发区和隐患区群众对地质灾害的保护意识，增强自测、自报、自防、自救和互救等防御能力。

（三）做好监测预报，加强险情巡查。各镇、办要落实监测负责人，积极开展、完善地质灾害气象预报预警工作，及时对辖区内地质灾害可能发生的时间、地点、成灾范围和影响程度作出预报，根据预报内容，有针对性地部署防灾工作。国土部门要会同建设、水利、旅游等相关部门和各镇、办做好辖区范围内地质灾害隐患点、危险点的巡查工作。山区要重点巡查有潜在重大危害的地质灾害隐患点及村民削坡平基形成的高陡边坡；矿区要重点巡查尾矿坝、废渣堆场及地下开采形成的采空区；公路沿线要重点巡查不稳定边坡、孤立岩；旅游景点要重点巡查可能危及游客安全的不稳定斜坡、栈道。对巡查出的隐患点，要落实群测群防责任制，并采取有效的防灾减灾措施。

（四）落实汛期值班制度，做好抢险救灾工作。国土部门、各镇（办）及相关部门要严格执行汛期值班、灾情速报制度，保证24小时不间断通讯联络。一旦出现灾情，要按灾情速报制度向上级报告，启动相应的突发性地质灾害应急预案，组织人员在第一时间赶赴现场，组织实施各项抢险救灾工作。各有关部门应当按照突发性地质灾害应急预案的分工，做好相关的应急工作。

关于印发《浈江区推行免费婚前医学检查实施方案》的通知

各镇人民政府、办事处，区府直属各单位及驻区有关单位：

《浈江区推行免费婚前医学检查实施方案》业经区政府同意，现印发给你们，请认真贯彻执行。

二〇〇九年七月二十日

浈江区推行免费婚前医学检查实施方案

为进一步提高我区人口素质，促进优生优育，构建和谐浈江，根据《中华人民共和国婚姻法》、《中华人民共和国母婴保健法》、《韶关市妇女发展规划（2001～2010年）》、《韶关市儿童发展规划（2001～2010年）》和《韶关市推行免费婚前医学检查实施方案》精神，制定本方案。

一、指导思想

以深入贯彻落实科学发展观为指导，坚持以人为本，全面推进《浈江区妇女发展规划（2001～2010年）》、《浈江区儿童发展规划（2001～2010年）》的实施，切实提高我区婚检率，保障母婴健康，减少出生缺陷的发生，有效提高人口素质。借鉴其他地区的先进经验，全区推行免费婚前医学检查，实行“二个一”（婚检“一个工作日完成”、“一条龙”服务）优质婚检服务，努力实现和谐家庭、和谐浈江。

二、工作目标

2009、2010年我区婚检率均达到全省平均水平以上，力争实现“两个规划”目标。

三、婚检对象

凡为浈江区户籍人口、符合《中华人民共和国婚姻法》有关规定计划领取结婚证的、或已在我区婚姻登记机关进行结婚登记3个月内尚未婚检的新婚夫妇，男女双方可凭户口簿或身份证到婚姻登记部门、婚检部门、计生部门、村（居）委会领取免费婚检表，到婚检服务单位享受免费婚检服务。

四、婚检规定

（一）婚检机构：根据《中华人民共和国母婴保健法》、《韶关市推行免费婚前医学检查实施方案》及相关规定，浈江区城镇村（居）民可到韶关市妇幼保健院、浈江区生殖保健中心进行免费婚检。

（二）婚检项目：包括体格检查和常规辅助检查两大类，共10个项目，每人收费120元。

（三）费用渠道：

1. 农业人口：婚检费用列入农村合作医疗补偿范围，采取全额或定额的方式予以核报（已参加农村合作医疗者方可享受）。

2. 城镇人口：党政机关和企、事业单位职工及城镇居民参加医疗保险的人员列入医疗保险报销范围，由婚检机构与医保中心进行每月核报，每季核算。

3. 其余人口：未参加医疗保险的人员，婚检费由市、区财政各承担50%，区财政每年安排婚检预算经费，经审核批准后，按实际发生的婚检人数及经费额度于每季度末划拨到区婚检机构。

（四）各单位各部门可根据有关规定实行给予参加婚检人员带薪假期等鼓励措施。

五、婚检服务

（一）婚检内容。

1. 婚前卫生指导。对准备结婚的男女双方开展以生殖健康为主要目的、与结婚生育相关的医疗保健知识宣传教育。

2. 婚前卫生咨询。婚检医师针对医学检查所发现的异常情况及服务对象提出的具体问题进行认真解答、交换意见、提供信息，帮助受检对象在知情的基础上做出适宜的选择。

3. 婚前医学检查。对准备结婚的男女双方可能患影响结婚和生育的疾病进行医学检查。检查项目包括询问病史、体格检查（血压、五官、心、肺、肝、脾以及内外生殖器）、常规辅助检查（血常规、胸透、谷丙转氨酶、乙肝、G－6PD、梅毒、淋病、艾滋病）。特殊自费检查项目根据医学建议和自愿原则确定。

4. 出具医学指导意见。婚前医学检查单位应向接受婚前医学检查的当事人出具《婚前医学检查证明》，并提出相应的“医学意见”，例如：建议“适宜结婚”、“不宜结婚”、“暂缓结婚”、“不宜生育”以及其他预防、治疗的意见。

（二）婚检流程。

1. 在婚姻登记处或村（居）委会领取并填写申请表，由婚姻登记处对申请表予以确认盖章后到婚前保健机构进行婚前医学检查。大力推行“两个一”（“一个工作日完成”、“一条龙”服务）优质服务。

2. 直接到婚前保健机构申请婚前医学检查的，需提交相关证明（户口簿或身份证，合作医疗证或其他相关医保证件证明，查原件留复印件；小一寸个人照片两张）。

3. 已领取了经相关部门确认盖章的婚检申请表格而未参加婚检的，由婚检服务机构负责追踪落实婚检。

4. 准备领取计划生育服务证（登记结婚三个月内）未进行婚检的夫妇，由计生部门发放《婚检申请表》并确认盖章后到婚前保健机构进行婚前医学检查。

5. 各妇幼保健院设立婚前医学检查人性化咨询门诊及绿色通道，做到场所独立、标识清晰、简便快捷。开展宣传咨询工作，帮助受检者在知情维权的基础上做出适宜的选择。各妇幼保健院对受检人员做好信息登记，提供规定项目的婚前保健服务。并按季上报统计报表到本级卫生部门。

六、工作要求

（一）切实加强领导。各镇人民政府、办事处、区直有关部门要将此项工作纳入重要议事日程，给予财力物力保证，精心组织，狠抓落实。为确保免费婚检工作的顺利实施，要把婚检工作纳入各镇、办的年终考核，各机关、事业单位和国有企业为落实本单位婚前医学检查工作的责任主体，要确保本单位婚检率达100%。

（二）落实工作责任。

1. 区妇联（区妇儿工委办）。组织协调各相关部门开展各种宣传教育活动。充分利用和发挥妇联自身的优势，通过妇女学校在广大妇女中宣传有关婚前检查、优生优育的好处、婚检内容、婚检流程及政府出台有关实施婚检的利民政策、文件，提高广大女青年自觉参与婚前医学健康检查重要性的意识。定期组织相关部门总结分析婚前医学检查实施情况，组织相关人员监督检查各地婚检开展工作。

2. 宣传部门。牵头组织在全社会大力宣传政府的利民举措、婚检好处以及婚前医学健康等知识，积极营造良好的社会氛围，努力提高人们对婚检的认知程度和参加婚检的自觉性。

3. 卫生部门。负责监督、管理婚前医学检查工作和协调其他各部门的工作，开展各种宣传教育活动。加强对实施婚检的医疗保健机构的监督检查，建立婚前及孕期医学保健信息。区生殖保健中心要负责落实具体婚前保健工作服务，做好信息登记及跟踪随访管理。依法明确婚检项目和收费，建立绿色通道，实行一站式服务。婚检工作要做到科学规范、方便快捷。并将婚前保健有关信息每季上报给区卫生局、民政局、人口和计划生育局。

4. 人口和计划生育部门。要充分利用计划生育管理和服务网络大力开展婚检、优生优育的组织发动和宣传培训，将婚前医学检查工作纳入计划生育目标责任制，镇村两级例会要将婚检情况纳入信息通报内容，“一室三栏”要开展婚前检查、优生优育的宣传。要大力普及婚检知识，对前来领取计划生育服务证（登记结婚三个月内）未进行婚检的夫妇，给予咨询、指导，动员计划怀孕的妇女和孕妇接受婚前医学保健、孕期服务，并发放《婚检申请表》，做好跟踪随访服务。

5. 民政部门。积极宣传、动员前来登记结婚的男女双方主动实行婚检。提供开展婚检咨询的场所，负责向结婚登记的男女双方发放《婚检申请表》，派发婚检宣传资料。全力落实《中华人民共和国婚姻法》规定“患有医学上认为不应当结婚的疾病”的要求。要定期将辖区户籍人口的婚姻登记信息反馈给区卫生局、人口和计划生育局。

6. 劳动和社会保障部门。负责制定参加城镇职工医疗保险、城镇居民医疗保险人员婚检费用补偿办法，并建立相应结报程序，按照实际婚检费用与婚检承办单位结算补偿资金。

（三）加强信息沟通

1. 建立联席会议制度。由妇儿工委办牵头，各有关成员部门参加，研究工作中出现的问题，提出解决方法，协调指导，推进工作。

2. 建立婚检例会制度。各婚检单位与民政局婚姻登记处、人口与计划生育局是为辖区居民提供婚前保健服务的主要承办单位和协办单位，每季度应定期沟通情况，通报结婚和婚检人数，掌握结婚人员对婚检工作的意见和建议，不断改进相关工作。

3. 建立信息通报制度。要及时总结经验，示范带动，帮助改进、推动工作。

4. 婚检单位要设立婚前医学检查电话咨询热线，为广大群众提供有关婚前医学检查问题的解答，同时定期对新登记的结婚人员进行电话沟通，及时了解其生育情况并给予医学指导。

（四）加大宣传力度。婚前医学检查的宣传教育工作，是一项长期、艰苦的观念转变工作，对免费婚前医学检查的宣传教育要与宣传各项惠民政策结合起来，要与推进各项惠民福祉工程结合起来，要与建设新农村工作结合起来，要与青春期、新婚期健康知识教育结合起来。由宣传部牵头，卫生、民政、计生、劳动保障等单位要充分利用各自职能优势，利用板报、宣传栏等各种载体大力开展婚前医学检查的宣传教育，努力使我区公民依法履行其社会义务和道德义务。

（五）加强监督管理

1. 实施婚检的机构。

（1）建立健全各项制度，加强人员培训及质量控制，重视疑难病例讨论和资料统计分析，提高疾病诊断、医学指导意见的准确率和服务对象的满意率。

（2）婚前医学检查应充分尊重受检人的隐私和意愿，对参加婚检当事人的婚检结果一律保密，不对外泄露。

（3）婚前检查信息、资料应由专人负责，按要求及时统计、汇总、上报，并做好信息反馈。

2. 工作人员管理。从事婚前医学检查保健服务的医务人员应严守职业道德、严格履行工作职责。有下列行为之一的，由所在单位给予行政处分，情节严重触犯法律的，移交司法机关处理

（1）违反规定条件和审批程序的；

（2）出具不实证明及材料的；

（3）玩忽职守，徇私舞弊或贪污、挪用专项资金的。

3. 服务对象管理。享受婚检优惠政策的对象如采取虚报、隐瞒、伪造等手段骗取款项的，由民政、计生部门给予批评教育或警告，责令其补交婚检费用。情节严重触犯法律的，移交司法机关处理。

4. 区妇儿工委每年组织进行两次婚检工作专项检查，年终把检查结果纳入各镇、办人口与计划生育管理工作责任制，作为区直单位评先评优的依据。

关于印发浈江区2010年新型农村合作医疗制度实施方案的通知

各镇人民政府，区府直属有关单位：

《浈江区2010年新型农村合作医疗制度实施方案》业经区政府同意，现印发给你们，请认真贯彻执行。

二〇〇九年十月二十日

浈江区2010年新型农村合作医疗制度实施方案

为了进一步做好2010年我区新型农村合作医疗工作，按照省的要求和《韶关市2010年新型农村合作医疗工作方案实施指导意见的通知》文件精神，结合我区实际，制订本实施方案。

一、工作目标

实行以保大病住院和门诊补偿为特征的新型农村合作医疗制度，2010年参合率继续保持100%，确保农村五保户、低保户、残疾人和其他贫困人口参加合作医疗。

二、组织管理

（一）区、镇、村合作医疗管理机构的主要职责：

1. 区农村合作医疗领导小组负责制定本区农村合作医疗实施方案，不断完善合作医疗各项管理规章，制定合作医疗资金的使用和管理办法，区农村合作医疗办公室负责监督镇级合作医疗服务和审核费用结算，监督农民医药费用的审核和报销工作，查处各种违规行为，对镇级合作医疗管理人员进行培训和考核，向同级人大、政府、农村合作医疗工作领导小组和监督委员会报告工作，处理合作医疗争议。完成省、市交办的各项农村合作医疗工作任务。

2. 镇农村合作医疗领导小组根据上级的部署，组织宣传发动工作，筹集辖区农户参

加合作医疗的统筹资金，以村为单位造册登记。镇合医办负责农户合作医疗报销日常工作，负责参保人员报销补偿的登记，及时公布合作医疗报销情况，协助上级做好合作医疗统计工作。

3. 村委会负责宣传发动本村村民参加合作医疗，协助筹集合作医疗资金，做好农户参加合作医疗的造册登记工作。

（二）各镇合作医疗经办机构要配备合适工作人员（熟悉电脑操作），工作经费纳入同级财政预算。各镇要根据实际工作需要，配足人员，落实办公经费。区财政应按参合人数人均1元的标准安排区级农村合作医疗工作经费，镇的合医工作经费纳入镇公共财政预算，保障工作的正常运作。

（三）农村合作医疗工作实行信息化管理。各镇的农村合作医疗农户资料、报销补偿等工作全部录入电脑，网上传输，实行信息化管理。

（四）实行目标责任管理，农村合作医疗工作列入政府和基层组织年度考核。

三、参合人的权利和义务

（一）户籍在本区的农民（必须是农业户口）只要承认本合作医疗章程，符合章程规定条件，依时交纳农村合作医疗保障金，都可以参加农村合作医疗。

（二）农民参加合作医疗，以户为单位参加。在履行交费义务后，由合作医疗管理机构核发《新型农村合作医疗证》。

（三）参合人权利：享受规定的医疗卫生保健服务；享受规定的各项医疗卫生保健补偿；监督合作医疗资金的使用和管理，对合作医疗的管理提出意见和建议。

（四）参合人义务：遵守和维护农村合作医疗的章程及有关规定；按时交纳合作医疗保障金；妥善保管合作医疗凭证；检举破坏合作医疗的不良行为和冒名顶替等现象。

四、资金的筹集

（一）合作医疗基金由政府扶持、农民自筹、集体支持三部分组成：

1. 财政扶持。2010年筹集资金每人每年150元。参合农民交纳30元，政府配套120元（中央、省财政补助84元，市、区、镇财政补助36元）。区、镇扶持资金要列入本级财政预算，2010年我区新型农村合作医疗区、镇财政安排的农村合作医疗补助资金应在每年7月前全部划入区农村合作医疗社会保障基金财政专户。

2. 农民个人交纳资金。参加合作医疗的农民个人出资每人每年30元。经核定享受最低生活保障的特困农户和五保户个人出资部分由区民政局在财政转移支付的基本医疗救助金中支付；经各镇计生办审核并报计生局核定的纯二女、独生子女的父母落实长效节育措施后，纯二女、独生子女及其父母应负担的参加合作医疗参合金由区政府计生经费中统筹。

3. 集体支持。有集体经济的村委会和村民小组，要积极筹措资金扶持本村农民参加合作医疗。

（二）农村合作医疗保障救助基金的筹集由各级财政扶持，发动社会力量募集。区财政每年扶持农村合作医疗保障救助基金1万元以上。

（三）每年10月至11月为合作医疗宣传发动和个人缴费阶段，缴费截止时间为11月30日，12月为资金入户、登记造册、统计上报、录入电脑。合作医疗的实施时间从缴费后次年1月1日起至12月31日止。

（四）各镇收缴农户的资金和各类帮扶资金应在12月上旬全部划入区农村合作医疗收入专户，以收入户入账资金核实上报参合人数。

五、补偿办法

（一）农村合作医疗资金主要用于因疾病

住院的报销支付，部分用于门诊补偿，除此之外，不得用于其他任何方面的开支和投资营运。

（二）住院补偿。按照“以收定支、保障适度、收支平衡、略有节余”的原则，合理确定住院医药费用补偿比例、起付线和支付上限。

1. 起付线。参加合作医疗的农民在区属镇级卫生院、区属区级医院、区外医院住院，其医药费报销起付线分别为100元、200元、600元。

2. 补偿报销比例。参加合作医疗的农民因患病住院，其医药费报销比例分别为区属镇级卫生院报75%、区属区级医院报70%、区外医院报50%。

3. 支付上限。每人每年累计报销住院费最高封顶线为80000元。

4. 2010年参加合作医疗的农民，在区属医疗机构住院，采用即时补偿方式。主管部门定期与定点医疗机构结算，在协议规定的日期内拨付资金。参合农民可以自主选择市内定点医疗机构住院，医药费先由农民个人垫付。到市外定点医疗机构就医，实行转诊或报告制度（在外务工或探亲因病住院者，必须提供所在单位证明和医院住院科室电话号码）。经许可在市外医疗机构就医的参合农民，凭住院费用收据、住院证明、费用清单、个人证件，在三个月内到所属镇经办机构办理补偿，超过三个月未办理报销手续的，作为自动放弃处理。

5. 参加合作医疗的农民办理报销时，凭合作医疗证、户口本、住院发票和疾病诊断证明书和费用清单，填写《农村合作医疗住院补偿呈报表》，经所属村委会签字盖章后，到镇农村合作医疗办公室核实，镇主管领导审批，按照规定比例报销。如其他人代办的，需同时提供代办人的身份证原件及复印件。

（三）门诊补偿。

按当年每人筹资总额20%预算门诊补偿资金。在本区区医院（社区医疗服务中心）、镇卫生院和村卫生站实行即时补偿，取消门诊补偿卡。门诊补偿不设起付线，报销比例为30%，卫生站每人每日报销封顶额5元。

（四）医疗救助。

1. 大病救助对象为五保户、低保户，其因病住院，可以向合作医疗管理机构申请资金救助，经区农村合作医疗工作领导小组办公室研究同意，给予适当的补偿，具体补偿金额由领导小组办公室研究决定。

2. 符合医疗救助条件的农民，必须向户籍所在地镇合医办提出书面申请，填写《农村医疗救助对象申请审批表》，经镇核实后，报区合医办审批和发放医疗救助金。

（五）慢性病大额门诊治疗费用补偿。

1. 根据我区目前情况，现暂规定将以下19种慢性病种大额门诊纳入大病补偿：慢性肾衰竭（尿毒症期）、慢性病毒性肝炎、慢性阻塞性肺疾病、冠心病、地中海贫血或海洋性贫血、再生障碍性贫血、血友病、系统性红斑狼疮、类风湿性关节炎、规定项目组织器官移植后门诊抗排异治疗、肝硬化失代偿期、癌症（放化疗）、脑中风后遗症、心肌梗死恢复期、精神病、糖尿病、高血压（Ⅱ期）、白内障手术、计划生育手术后遗症。在韶关市范围内的定点医疗机构门诊费用按30%的比例报销，市外门诊费用不得报销（经区合医办批准者除外），年最高限额和住院费用补偿一并共为8万元。报销时间每季度一次，实行即时补偿，不设起付线。

2. 慢性病种大额门诊费报销需提交的手续：在规定范围内提交本市医疗机构门诊费用的正式发票及诊断证明、身份证（户口簿）、《合作医疗证》及区核发的慢性病门诊医疗手册。

（六）住院分娩补偿。计划内生育的产妇住院分娩纳入补偿范围，按每例600元的标准补偿。

（七）参加农村合作医疗的农民婚前检查费用，实行定点医疗机构免费婚前检查（按韶关市婚前医学检查项目及收费标准为每人120元）。

六、基金的管理和使用

（一）区合作医疗基金和救助基金纳入单独的农村合作医疗保障基金财政专户（以下简称“财政专户”），实行“收支两条线”管理，专款专用，任何部门、单位和个人不得挤占和挪用，也不得用于平衡财政预算。

1. 农村合作医疗基金财政专户由区财政部门设立，统一储存和管理。合作医疗的各项收入必须缴入财政专户。

2. 区农村合作医疗办设立农村合作医疗基金支出账户，根据财政部门核定的合作医疗基金年度预算及月度收支计划，填写财政部门统一印制的用款申请书，加盖本单位用款专用章，报送财政部门。财政部门对用款申请审核无误后，应在5个工作日内将基金从财政专户拨付到支出户。

3. 区合医办根据各镇每月的实际报销情况核拨合作医疗资金。每月审核、结算一次。

4. 镇级支出分户只能由区支出专户转入资金和支付农户报销医药费用，不能现金存入和转出资金（年底清零转专入财政户除外）。镇级支出分户由镇财政结算中心和镇经办机构共同管理和建账。镇经办机构负责农民日常补偿工作并记合作医疗补偿出纳账，于每月10号前将经过区级合作医疗办审核后的上月补偿报销原始凭证、银行对账单、合作医疗补偿明细表交本镇财政结算中心。镇财政结算中心负责建立合作医疗会计账。

（二）镇合医办负责合作医疗住院（门诊）费用审核报销工作。镇合医办支付给农民的住院报销费用，通过现金取款凭证（一人次一张）兑付，不得直接支付现金。

（三）不予补偿范围包括：

1. 犯罪、打架、服毒、自杀、酗酒、性病、镶牙、配镜、整容、矫形、器官移植等均不予补偿。

2. 自请医生、自购药品以及公费医疗规定不能报销的药品，不予报销。

3. 伙食费、营养费、取暖费、水电费、陪护费、救护车费、自请护士特护费，不予报销。

4. 第三方有责任赔付的项目，如交通事故对方有责任或有保险的伤害。

5. 已参加城镇职工和城镇居民医疗保险者（个人参加商业保险者除外）。

6. 所有定点医疗机构开出手写发票和没有费用清单，不予报销。

七、基金的监督

（一）成立由人大、纪检、财政、审计、监察、物价、卫生等部门有关人员组成的新型农村合作医疗监督委员会，在党委、政府的领导下，定期对区和镇合作医疗资金的使用和管理情况进行检查、监督和指导。

（二）建立农村合作医疗公示制度。区和镇合医办每季度定期公布一次本辖区农村合作医疗资金的收支情况（包括住院报销人数、名单和报销金额以及农村特困户资金救助情况等），公示地点：区人民政府公众网和每个镇政府、村委、村卫生站、区定点医疗机构，接受村民和社会各界的监督。

（三）农村合作医疗经办机构工作人员在农村合作医疗资金管理过程中，玩忽职守，营私舞弊，弄虚作假的，按有关规定严肃处理，情节严重构成犯罪的移交司法机关追究刑事责任。

八、医疗卫生服务

（一）定点医疗机构要为参合农民提供优质的医疗服务，必须执行省基本医疗保险药品目录、诊疗目录和收费价格标准，降低医疗成本，纠正滥用药、滥收费等不正当医疗行为。各定点医疗机构必须实行电脑收费管理，逐步实现与新农合联网对接，实行即时补偿。对病人进行治疗，出具住院费用清单，电脑打印发票。

（二）医务人员如有开大处方、开搭车药、出具假证明、假文书、假发票等弄虚作假行为的，根据情节轻重，给予待岗、停薪、解聘、免职的处理。

九、附则

（一）本方案由浈江区农村合作医疗办公室负责解释。

（二）本方案自2010年1月1日起施行。

关于进一步加强甲型H1N1流感疫情防控工作的通知

各镇人民政府、办事处，区府直属及驻区有关单位：

近日，我市新增了多例甲型H1N1流感病例，在有关部门的努力下，疫情得到了有效的控制。为进一步加强我区对甲型H1N1流感疫情的防控工作，根据区政府的工作部署，现就我区进一步加强甲型H1N1流感疫情防控工作的有关工作要求通知如下：

一、领导重视，提高认识

各单位各部门要高度重视甲型H1N1流感防控工作，按照属地化管理、联防联控的原则，在区政府的领导下，各镇（办）、卫生、教育、公安、民政、文新、经贸、建设等部门密切配合，形成各司其职、各负其责的甲型H1N1流感联防联控工作格局。

二、明确责任，落实各项防控措施

（一）区卫生局

负责协调和督导区属医疗卫生机构各项防控措施的实施，协助市疾病预防控制中心做好辖区内的疫情防控工作。区属医疗卫生机构负责各医疗机构内疫情监测报告、病例诊治、流行病学调查、防病知识宣教等工作。

（二）区教育局

负责组织落实《学校甲型H1N1流感防控工作方案（试行）》，科学有序地做好教育系统甲型H1N1流感疫情防控工作；落实晨检制度，开展学校、托幼机构症状监测和因病缺课监测，及时报告不明原因发热病例和流感样症状病例；落实以环境清洁和开窗通风为主的卫生措施，控制和减少大型室内集会；扎实开展健康教育工作，落实防控措施。

（三）各镇人民政府、办事处

1. 负责动员当地企事业单位、村（居）委会和联防联控机制成员单位开展社区预防甲型H1N1流感疫情工作，明确职责，科学防控，落实责任，有效应对，尽力避免社区疫情发生。

2. 做好密切接触者居家观察和轻症病人居家治疗工作。对密切接触者和轻症病人采取居家观察、治疗隔离措施时，由密切接触接触者（或轻症病人）居家隔离（观察）居住地社区村（居）委在公安部门配合下落实隔离措施。

3. 利用多种形式广泛开展健康教育工作，普及甲型H1N1流感防控知识，倡导良好的个人卫生习惯。

（四）公安浈江分局

依据《中华人民共和国传染病防治法》

第三十九条，协同医疗卫生机构、社区落实强制医学观察及隔离、治疗等措施。

（五）区民政局、区文新局、区经贸局、区建设局等有关行业管理部门

按照甲型H1N1流感疫情防控要求，督促落实所管理（管辖）的养老院、福利院、网吧（歌舞娱乐场所）、大型商场、建筑工地等场所的各项防控措施，采取以环境清洁和开窗通风为主的卫生措施，进行必要的消毒处理工作。

（六）区府直属及驻区有关单位

落实环境清洁和开窗通风为主的卫生措施，加强职工健康教育工作，对流感样症状的疑似病例及时报告、隔离。

三、加强沟通，及时上报防控情况，各级各单位在疫情防控工作遇到的问题要及时上报。韶关市疾病预防控制中心，联系电话：8728263；区甲型H1N1流感疫情防控工作领导小组办公室

联系人：雷小军，联系电话：8251448、13509866076，传真：8255823。

二OO九年十月十六日

关于印发《浈江区非煤矿矿山整顿关闭工作方案》的通知

各镇人民政府、办事处，区府直属及驻区有关单位：

《浈江区非煤矿矿山整顿关闭工作方案》业经区政府同意，现印发给你们，请认真贯彻执行。

二OO九年十二月十五日

浈江区非煤矿矿山整顿关闭工作方案

根据省安监局《关于提请县级以上人民政府依法关闭非煤矿矿山企业的函》、韶关市人民政府《关于依法关闭部分非煤矿矿山企业有关事项的通知》精神，我区共有13家非法生产的非煤矿山企业要依法关闭。为确保关闭工作顺利进行，特制定本方案。

一、工作思路

以科学发展观为统领，以“安全生产年”和“机关效能年”活动为动力，以开展“三项行动”为抓手，政府统一领导，部门联合执法，在全区范围形成打击非煤矿矿山安全生产非法、违法行为的高压态势，坚决依法打击非法生产和关闭不具备安全生产条件的非煤矿矿山，努力实现全区矿山企业安全生产形势进一步好转。

二、工作目标

到2010年1月15日前，坚决依法关闭辖区内无证非法生产的非煤矿矿山（石场、黏土砖厂）。

三、保障措施

（一）加强领导，完善机制

1. 建立整顿关闭工作联系协调机制。成立由分管副区长麦桥悠为组长，区政府办主任、区安监局长为副组长，各镇（办）、监察、安监、建设、国土、公安、工商、供电等部门负责人为成员的非煤矿矿山整顿关闭

工作领导小组，负责组织开展联合执法活动。领导小组下设办公室，办公室设在区安监局，由周卫新局长兼任办公室主任，协调解决关闭中的有关问题。

2. 做好前期工作。12月中旬召开非煤矿矿山整顿关闭工领导小组工作会议，研究部署对整顿关闭企业的法定程序及步骤，同时做好对整顿关闭企业法人、从业人员的宣传解释工作；下旬召集辖区内要整顿关闭的13家非煤矿山企业负责人会议，认真听取企业意见、建议及解决办法，摸清企业详细情况。

（二）广泛宣传，营造氛围

充分发挥新闻媒体舆论导向和监督作用，加强宣传、广泛动员，使非煤矿矿山整顿关闭的重要意义深入人心，形成全社会对非煤矿矿山整顿关闭工作广泛支持的良好氛围。

（三）明确职责，加强监管

1. 国土部门负责依法吊（注）销采矿许可证。

2. 安监部门负责依法暂扣安全生产许可证，并对关闭是否到位情况进行监督和指导。

3. 公安机关负责依法吊销《爆炸物品使用许可证》或《爆破作业单位许可证》，收缴民用爆炸物品，并监督企业妥善处理剩余民用爆炸物品。

4. 工商部门负责依法吊（注）销营业执照。

5. 供电部门负责停止供电，并拆毁其供电线路和设施。

6. 监察、公安、建设、镇（办）等单位负责解释和维护关闭现场治安秩序和社会稳定工作，负责对整顿关闭过程的执法工作进行监察。

7. 国土、镇（办）负责对关闭后的非煤矿山实施日常监管，防止死灰复燃。

（四）严格执法，形成合力

各单位要明确分工，履行职责，深入现场，检查督促整顿关闭工作的实施情况，做到齐抓共管、形成合力。2010年1月15日前，区内13家非法生产的非煤矿山企业要彻底关停。区整顿关闭工作领导小组在1月15日前按关闭标准（韶府办［2009］247号规定6条标准）组织检查验收，1月20日前将材料上报韶关市政府办公室。

有关部门要按照“谁发证、谁监管、谁负责”的原则，切实加大对非煤矿矿山持有证照的监管力度，凡不符合颁证条件或证照过期的非煤矿矿山，一律责令其停产整顿，依法及时注（吊）销其相关证照，直至关闭。对有意转产环保砖的砖厂企业，督促其尽快转产办证。

附：浈江区依法关闭非煤矿山企业名单

浈江区依法关闭非煤矿山企业名单

（共13家）

表20

1	粤FM安许证字［2006］1013号	韶关市浈江区大陂水口机砖厂
2	粤FM安许证字［2006］1014号	韶关市浈江区高头建材厂
3	粤FM安许证字［2006］1015号	韶关市浈江区新韶东郊砖厂（申办转产，已取得采矿等证件）
4	粤FM安许证字［2006］1266号	韶关市浈江区犁市镇振兴砖厂
5	粤FM安许证字［2006］1268号	韶关市十里亭金凤砖厂

续上表

6	粤 FM 安许证字［2006］1269 号	韶关市浈江区大陂机砖厂
7	粤 FM 安许证字［2006］1273 号	韶关市浈江区犁市镇厢廊红砖厂
8	粤 FM 安许证字［2006］1016 号	韶关市浈江区乐园镇四海砖厂
9	粤 FM 安许证字［2006］0627 号	韶关市浈江区黄金村砖厂（申办转产，已取得采矿等证件）
10	粤 FM 安许证字［2006］0628 号	韶关市浈江区大陂德兴建材厂（证照到期关闭，已停业）
11	粤 FM 安许证字［2006］0630 号	韶关市浈江区十里亭镇一石场（已关闭）
12	粤 FM 安许证字［2006］1267 号	浈江区犁市镇东犁建材厂
13	粤 FM 安许证字［2006］0631 号	韶关市浈江区下坑石场（武广铁路边，证照到期关闭，已停业）
	另；无证（开采证）	靖村砖瓦厂

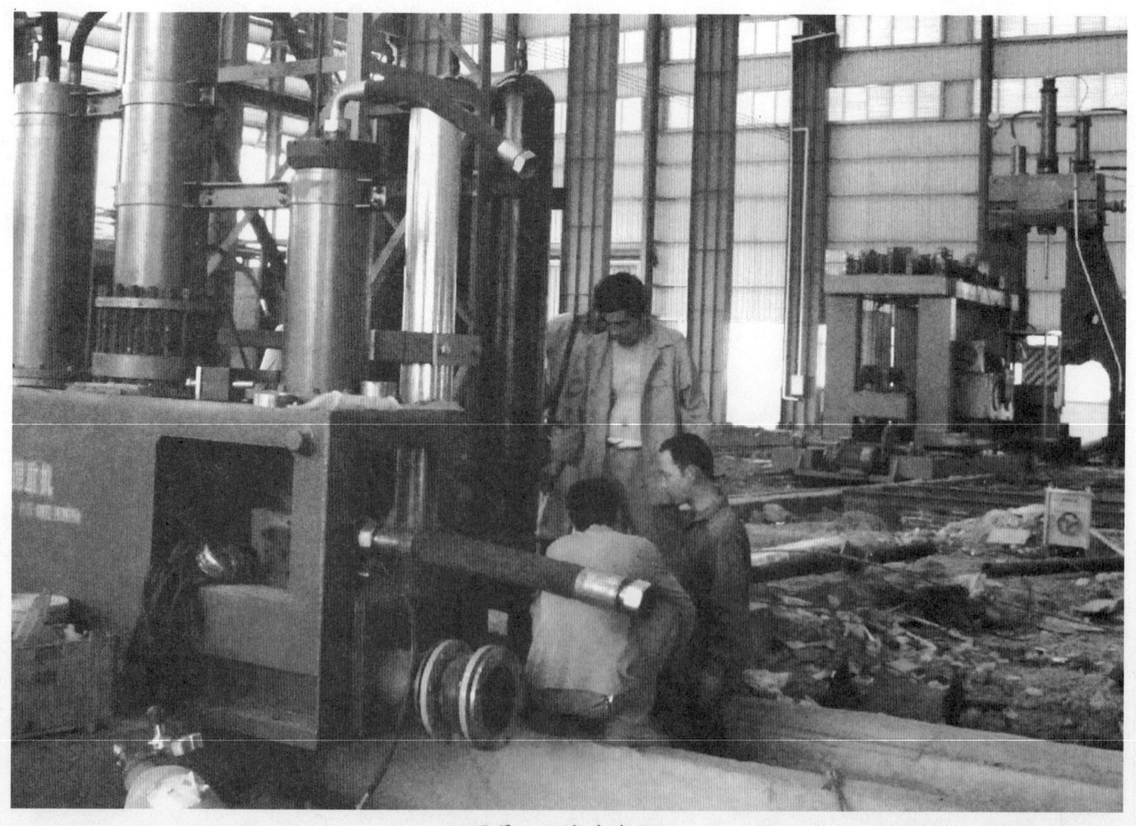

区属工厂生产车间

2009年浈江区人民政府规范性文件目录表

表21

序号	文件名称	内容描述	发文日期	文　号
1	印发浈江区人民政府依法行政报告制度的通知	浈江区人民政府依法行政报告制度	2009/1/5	
2	关于印发《浈江区促进中小企业平稳健康发展的实施意见》的通知	《浈江区促进中小企业平稳健康发展的实施意见》	2009/5/6	
3	关于印发《浈江区消防安全责任制规定》的通知	《浈江区消防安全责任制规定》	2009/12/11	韶浈府办〔2009〕141号
4	关于印发《浈江区农村饮水安全工程建后管理办法》的通知	《浈江区农村饮水安全工程建后管理办法》	2009/12/29	韶浈府办〔2009〕173号
5	关于印发《浈江区行政事业单位公共资产处置管理暂行办法》的通知	《浈江区行政事业单位公共资产处置管理暂行办法》	2009/12/31	韶浈府办〔2009〕183号
6	韶关市浈江区人民政府关于依法关闭13家非煤矿矿山企业的通告	关于依法关闭13家非煤矿矿山企业的通告	2009/12	韶浈府〔2009〕144号
7	韶关市浈江区人民政府关于发展总部经济的若干意见	韶关市浈江区人民政府关于发展总部经济的若干意见	2009/3/9	韶浈府〔2009〕16号
8	关于批转区司法局《浈江区关于进一步完善基层司法所管理体制的意见》的通知	批转区司法局《浈江区关于进一步完善基层司法所管理体制的意见》	2009/4/26	韶浈府办〔2009〕37号
10	关于印发《韶关市浈江区2009年科技工作计划》的通知	《韶关市浈江区2009年科技工作计划》	2009/6/26	韶浈府〔2009〕60号
11	关于印发《浈江区创建广东省教育强区工作实施方案（2009～2011年）》的通知	《浈江区创建广东省教育强区工作实施方案（2009～2011年）》	2009/7/3	韶浈府〔2009〕65号
12	关于印发《浈江区打击违法添加非食用物质和滥用食品添加剂专项整治工作实施方案》的紧急通知	《浈江区打击违法添加非食用物质和滥用食品添加剂专项整治工作实施方案》	2009/1/23	韶浈府办〔2009〕6号
13	关于印发《浈江区2009年地质灾害防治方案》的通知	《浈江区2009年地质灾害防治方案》	2009/2/23	韶浈府办〔2009〕10号

续上表

序号	文件名称	内容描述	发文日期	文　　号
14	关于印发《浈江区打击传销集中行动工作方案》的通知	《浈江区打击传销集中行动工作方案》	3009/3/5	韶浈府办〔2009〕16号
15	关于印发《浈江区农村集体经济组织与资产管理实施方案》的通知	《浈江区农村集体经济组织与资产管理实施方案》	3009/3/12	韶浈府办〔2009〕22号
16	关于加强流动人口和出租屋管理服务工作的通知	加强流动人口和出租屋管理的服务工作	3009/3/18	韶浈府办〔2009〕27号
17	印发《浈江区进一步做好促进就业工作的实施意见》的通知	《浈江区进一步做好促进就业工作的实施意见》	2009/2/27	韶浈府办〔2009〕29号
18	关于下达2009年全区农房改建任务的通知	2009年全区农房改建任务	2009/4/2	韶浈府办〔2009〕32号
19	关于印发《浈江区2009年农村劳动力培训转移就业工作方案》的通知	《浈江区2009年农村劳动力培训转移就业工作方案》	2009/4/21	韶浈府办〔2009〕33号
20	关于加强重点税源税收征管工作的意见	加强重点税源税收征管工作的意见	2009/4/22	韶浈府办〔2009〕34号
21	关于印发《浈江区2009年网吧专项整治工作方案》的通知	《浈江区2009年网吧专项整治工作方案》	2009/6/9	韶浈府办〔2009〕号
22	关于转发《韶关市关于全面建设农村生活垃圾收运处置体系的意见》的通知	转发《韶关市关于全面建设农村生活垃圾收运处置体系的意见》	2009/6/9	韶浈府办〔2009〕48号
23	关于印发《浈江区（陈江）现代农业产业园建设工作实施方案》的通知	《浈江区（陈江）现代农业产业园建设工作实施方案》	2009/6/17	韶浈府办〔2009〕51号
24	转发区财政局《关于对区属行政事业单位资决及收益实行统管的工作方案》的通知	关于对区属行政事业单位资决及收益实行统管的工作方案	2009/7/14	
25	关于印发《浈江区镇财政区管改革实施方案》	浈江区镇财政区管改革实施方案	2009/7/10	韶浈府办〔2009〕68号
26	关于印发《浈江区推行免费婚前医学检查实施方案》的通知	浈江区推行免费婚前医学检查实施方案	2009/7/20	韶浈府办〔2009〕69号

续上表

序号	文件名称	内容描述	发文日期	文　号
27	关于印发《浈江区关于开展乡村清洁美工程建设工作实施方案》的通知	浈江区关于开展乡村清洁美工程建设工作实施方案	2009/8/4	韶浈府办〔2009〕78号
28	关于进一步加强甲型H1N1流感疫情防控工作的通知	进一步加强甲型H1N1流感疫情防控工作	2009/10/16	韶浈府办〔2009〕125号
29	关于印发浈江区2010年新型农村合作医疗制度实施方案的通知	浈江区2010年新型农村合作医疗制度实施方案	2009/10/20	韶浈府办〔2009〕130号
30	关于印发《浈江区非煤矿矿山整顿关闭工作方案》的通知	《浈江区非煤矿矿山整顿关闭工作方案》	2009/12/15	韶浈府办〔2009〕162号

浈江区国民经济和社会发展规划文件

表22

规划名称	内容描述	通过日期	通过会议
韶关市浈江区2008年国民经济和社会发展计划执行情况与2009年计划（草案）	韶关市浈江区2008年国民经济和社会发展计划执行情况与2009年计划（草案）	2009年3月12日	韶关市浈江区第七届人民代表大会第三次会议

韶关市浈江产业园立体规划图

主题索引

说　明

一、本索引采用主题分析方法，款目按汉语拼音字母（同音字按声调）循序排列。

二、文中的类目题、分目题用黑体字表明，其余用宋体字排印。表格、图片在其款目后分别注明“表”或“图”。

三、索引款目后的数字表示内容所在的页码。

四、本索引对《区委、区政府工作报告及纪实》、《浈江区大事记》、《规范规范性文件》等篇不作内容主题分析。

D

E

F

G

K

L

P

Q

R

S

T

Y

Z

表格索引

图片索引

编 后 记

在中共韶关市浈江区委、区人民政府的关怀下，在《浈江年鉴》编纂委员会的领导下，浈江区第一部综合性年鉴——《浈江年鉴》（2010•创刊号）正式问世了，这是一件值得庆贺的事情。我们特对参与和支持这一工作的所有单位和同志表示衷心感谢！

地方综合年鉴是政府公报性质的大型资料工具书，是地情百科年刊，是信息事业的一项重要建设。为编好《浈江年鉴》，我们根据浈江区的实际，设计出《浈江年鉴》框架初稿，并多方征求修改意见。5月，区政府办发出关于做好《浈江年鉴》编纂工作的通知。并于6月23日召开《浈江年鉴》组稿工作会议，部署了《浈江年鉴》的编写任务。

编纂年鉴的重要特征之一必须具有当年特色，在编纂年鉴过程中，我们反复分析区情特点，从篇目的拟订和鉴稿的撰写中，力求体现在2009年的政治、经济、文化和社会生活中的显影地位，努力反映各项事业在发展过程和变化中的特色。

与此同时，我们在编纂过程中，多次召开年鉴撰稿人座谈会，在掌握原始资料的基础上，加以分析研究，去粗取精，去伪存真，然后编写鉴稿，并于2010年12月底交付印刷厂排印。

年鉴的编纂，需要在实践中不断提高。《浈江年鉴》（2010•创刊号）的编纂出版，是我们对年鉴编纂工作的初次尝试。虽然已经积累一些经验，但也还有不尽如人意之处。《浈江年鉴》的编纂是没有穷期的，对年鉴编纂工作的探索，也是没有穷期的。我们将在今后的编纂实践中不断努力，不断探索，不断进步。

《浈江年鉴》编辑部办公地点在韶关市区韶瑶路13号，邮政编码512023，电话（包括传真）（0751）8223993，网站网址:www.gd-info.gov.cn/shtml/zjq/index.shtml。欢迎广大读者和海内外同行批评、指正，并加强联系，交流信息，增进友谊。

《浈江年鉴》编辑部

2010 年 12 月

董事长：陈木生

韶关市万通房地产有限公司创立于1994年，是以房地产开发经营为主，具有三级房地产开发资质的企业，拥有一批精干的工程技术人员和房地产经营管理人才，员工80%具有大专学历和专业技术职称，有着扎实的理论知识和丰富的经验。公司设董事会，下设行政办公室、策划发展部、工程部、财务部、销售部、物业服务部、资料档案室。在董事长的领导下，团结合作，相互协调，形成了一个上进、勇于开拓的企业团队。

公司以“创新”、“求变”的精神去适应市场的需求，呈现出其特有的创造力和勇于改革的活力，同时保持着稳健和务实的作风，致力于各类精品楼盘的开发建设，以提供优质住宅为己任。近年来开发完成的项目有：得月楼、丽江楼、168大厦、万通国际花园；目前正在开发时代花园和拟开发佳和印染厂“三旧”改造项目。所有工程质量合格率为100%，优良率达65%。

公司始终坚持诚实、守法的经营方针和遵循重质量、守信用、优质服务的宗旨。所开发的产品以“品质与服务并重，诚信与你同在”的理念深受客户的好评。公司取得了可喜的社会效益和经济效益，被评为“AAA级中国质量信用企业”、“广东省诚信示范企业”、“韶关市房地产行业价格诚信单位”，为企业做大、做强奠定了坚实的基础。公司以信誉开拓市场，并且通过不断的改革、创新，积极寻求探索房地产发展的新思路，拓宽经营领域，公司得到了快速、健康的发展，现已成为一个集开发建设、销售、装饰、物业管理等全方位发展的房地产企业。